国家出版基金项目
NATIONAL PUBLICATION FOUNDATION

刘大年全集

中国近代史稿

五

長江出版傳媒
湖北人民出版社

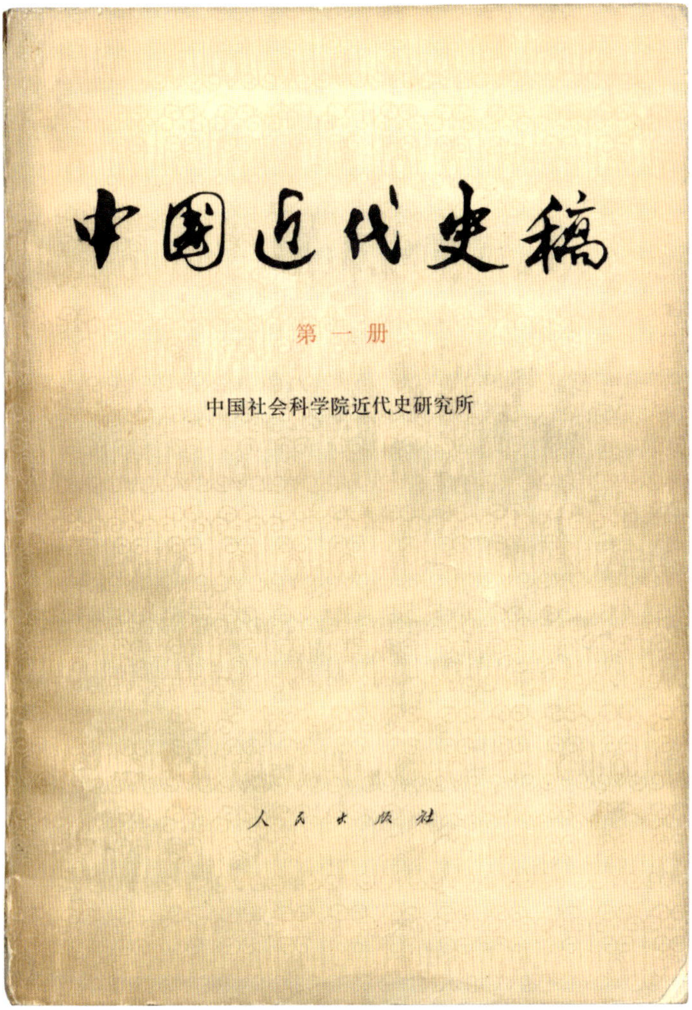

《中国近代史稿》（第一册）人民出版社 1978 年版书影

编者说明

本卷编入《中国近代史稿》第一、二、三册。

《中国近代史稿》的前身是郭沫若主编《中国史稿》的近代史部分，后经郭沫若提议独立出来出版。本书业已出版三册：第一册（含第一编，1840—1864年），人民出版社1978年9月版；第二、第三册（含第二编，1864—1901年），人民出版社1984年6月版。这三册的编写工作，是由刘大年负责组织的，全书初稿都经刘大年改写并定稿。

1986年，由张海鹏对业已出版的各册作了一次校订，并于同年8、9、10月出版了校订本。本卷即以1986年校订本为底本，并作了进一步的校订。

本卷编辑时，将原来分编在第一册、第三册的大事年表和外人译名对照表合并处理。

本卷所引马克思、恩格斯和列宁的著作，均出自《马克思恩格斯全集》《列宁全集》中文第1版，或《马克思恩格斯选集》《列宁选集》人民出版社1972年版，引文及注释均保持原貌；所引《毛泽东选集》，改用1991年第2版，注释页码也作了相应的变动。

本卷正文中的插图，有一部分模糊不清，能找清晰原版替换的尽量替换，无法找到清晰原版的则维持原貌。

本卷由中国社会科学院近代史研究所研究员姜涛负责编辑校订。

目　录

第二编

半殖民地半封建制度的形成。中国人民为反对列强的统治和分瓜中国而斗争（1864—1901年）

附 录

插图目录

图版目录

说　明

《中国近代史稿》原是郭沫若同志主编的。它的前身是《中国史稿》的近代史部分，因为字数较多，也照顾读者的不同需要，经郭沫若同志提议，把它独立出来出版。

在《中国近代史稿》第一册排印过程中，郭沫若同志不幸逝世，我们表示深切的悼念。本书未能得到他的最后审定，是一个不可弥补的损失。我们将努力工作，争取早日完成全书的编写，实现郭沫若同志的遗愿。

《中国近代史稿》分为三册，叙述的内容从 1840 年第一次鸦片战争起到 1919 年五四运动止。全书的编写、定稿工作是由刘大年同志负责的。参加编写第一册初稿的有中国社会科学院近代史研究所丁名楠、钱宏、樊百川、刘仁达、金宗英等同志；参加修改，提供资料，查对史料等工作的有俞旦初、吕良海、张海鹏等同志。

我们在编写过程中，得到有关单位和许多同志的帮助，谨此致谢。本书出版后，希望同志们继续给我们批评指教。

《中国近代史稿》编写组

1978 年 1 月 24 日初稿

6 月 15 日修改

《中国近代史稿》第二编原定为本书第二册，因篇幅较多，现分成两册，作为第二、三册出版。这一编的编写、定稿工作，由刘大年同志负责。参加编写、提供部分初稿和查对资料、参加讨论的同志（按姓氏笔画为序）有：丁名楠、王明伦、龙盛运、刘仁达、吕良海、严敦杰、张振鹍、张海鹏、金宗英、俞旦初、钱宏、樊百川。

1983 年 8 月

第一编

中国遭受外国资本主义奴役的开始，封建经济的破坏，中华民族反侵略战争和农民战争（1840—1864 年）

第一章　一八四〇年以前的世界和中国

1840年英国资产阶级发动侵略中国的鸦片战争。这个战争使中国的社会发展划了一道明显的分界线。鸦片战争以前，中国是一个封建社会，在这以后，中国成了半殖民地半封建社会。中国没有独立的资本主义社会，通常所说的中国的近代，是指半殖民地半封建时代。鸦片战争是中国沦为半殖民地半封建社会的开始，也就是近代中国的起点。

1840年往前推二百年，是十七世纪四十年代。英国资产阶级就在那个时候发动革命，取得了资本主义对封建制度第一次重大的胜利。英国资产阶级革命和后来的法国资产阶级革命具有同样重要的意义。这两次革命“并不是英国的革命和法国的革命；这是欧洲范围的革命”。“这两次革命不仅反映了它们本身发生的地区即英法两国的要求，而且在更大得多的程度上反映了当时整个世界的要求”。[①] 英国资产阶级革命到鸦片战争的二百年间，资本主义继续上升，封建制度继续没落、瓦解。资产阶级、农民阶级和广大人民群众反对封建阶级的斗争，无产阶级和其他劳动群众反对资产阶级的斗争，殖民地半殖民地人民反对殖民主义，反对外国侵略、压迫的斗争，构成了接连两个世纪的阶级斗争的主要内容或新的内容。和这相联系的还有资本主义宗主国之间尖锐的矛盾和斗争。它们在世界的广大地区彼此争夺势力范围，争夺海外贸易和殖民地。十八世纪六十年代，英国开始“工业革命”，社会生产力迅速提高。半个多世纪以后，英、法、美等国的主要工业部门采用机器，大机器生产在纺织业中并占有主导地位。输出商品，扩大产品销路的需要，推动资产阶级不断去寻求、扩大新的原料产地，新的商品倾销市场。到十九世纪三四十年代，非洲大陆的北部和南部，美洲的加拿大，大洋洲，亚洲的西部、中部、东南部已经或者正在变为欧美资本主义的殖民地、半殖民地。世界上不同的国家和民族日益增多地被卷进资本主义的漩涡里面。从国外的一

---

① 马克思：《资产阶级和反革命》，《马克思恩格斯全集》第6卷，第125页。

面讲，鸦片战争是这个形势所引出的，往后一系列新的事变，也是以这个形势为背景一幕一幕地展开的。

英国、法国、美国是主要的资本主义强国或宗主国，德国、俄国、日本后来也加入了同一个行列。印度、缅甸、越南和朝鲜等是与中国边境相连的国家。其中有殖民地，也有封建的独立国。下面看一看十七世纪四十年代以后二百年或稍多一点的时间里这些国家、地区的大致状况。

英国：十七世纪资产阶级开始夺取政权，十八世纪出现“工业革命”，是世界最先进的工业国。单是 1760 年起的短短十年里，织布机、纺纱机、水力纺纱机、自动织布机、蒸汽机等各种机械纷纷出现和完成。资本主义的生产关系有利于这些机械的发明、创造，这些机械的应用、推广，更加促进了资本主义生产的发展。煤的产量 1700 年为二百六十万吨，1795 年增加到一千万吨，1836 年更增加到三千万吨。1839 年英国的煤产量比法国、比利时、普鲁士的总和多三倍。生铁的产量 1740 年仅一万七千多吨，1800 年增加到十九万三千吨，1840 年更增加到一百四十万吨。机械纺纱业所用的棉花量，十八世纪七十年代是五百万磅，1841 年增加到五亿二千八百万磅。1830 年大量修筑铁路，二十年间，筑成铁路近一万公里。英国成了世界各国的机器的供应者。恩格斯在 1845 年指出：“六十年至八十年前，英国和其他任何国家一样，城市很小，工业少而不发达，人口稀疏而且多半是农业人口。现在它却是和其他任何国家都不一样的国家了：有居民达 250 万的首都，有许多巨大的工业城市，有供给全世界产品而且几乎一切东西都是用极复杂的机器生产的工业，有勤劳而明智的稠密的人口，这些人口有三分之二从事于工业。”[①] 近代工业的发展，迅速暴露了资本主义制度内在的不可克服的矛盾。1825 年，英国爆发了世界资本主义历史上第一次生产过剩的危机，棉纺织工人发生暴动。资产阶级从此陷在周期性的经济恐慌和工人阶级越来越强大的包围下面。1836 年，英国工人阶级掀起规模巨大的“宪章运动”，经历了三次高潮，斗争持续十多年。资产阶级一面对内加强阶级剥削和压迫，一面对外加紧发动侵略战争，到处扩张殖民地，开辟新的更大的市场。十九世纪前期，英国拥有的殖民地领土为二百多万平方公里，人口达一亿，掌握着资本主义世界的霸权。英国侵略中国的鸦片战争，就是在这个历史背景下发动的。

---

① 恩格斯：《英国工人阶级的状况》，《马克思恩格斯全集》第 2 卷，第 295 页。

法国、美国：法国的资本主义发展仅次于英国。十七世纪，手工业进到手工工场阶段，农村中出现资产阶级化的地主，富农阶层也有增加。十八世纪，手工工场更加发达，冶炼、采煤等工业中出现集中的大规模生产。阶级分化、阶级斗争激烈。农民起义席卷全国，工人罢工不断发生。资产阶级利用人民斗争热潮，领导了1789—1794年的法国大革命。这次革命横扫封建制度，为资本主义的广泛发展扫清了道路，工业生产迅速上升。生铁产量1814年十万吨，1840年增加到三十五万吨；煤产量1831年一百七十六万吨，1847年增加到五百一十五万吨。棉织业产量1815—1840年间增加了三倍。1830年以后修建铁路，到1846年，通车的铁路达一千五百多公里，正在修建的有五百多公里。十八世纪中叶，法国在北美和印度的殖民势力大部被英国逐出，海外力量一度削弱，但这并没有阻止它后来重新跃起，成为仅次于英国的殖民主义强国。美国在法国大革命爆发的几年以前，即1775—1783年取得反对英国殖民主义的革命战争的胜利，建立了美利坚合众国。美国资本主义那时还很弱小，南方各州奴隶制占着统治地位。与英、法比，经济落后，但发展很快。机械纺织的纱锭数1805年只有四千五百锭，1815年增加到十五万锭，1825年更增加到八十万锭，1850年已将近五百万锭。铁路线1850年已长达一万五千公里，居世界第一位。1803年、1819年美国分别从法国、西班牙购得大片肥沃土地，领土不断扩张。十九世纪初期，又利用欧洲混战的机会，迅速发展商业，获得巨额利润。1805年，美国商人曾经掌握国际贸易的三分之一，活跃于世界各地。当英国把侵略的锋芒指向中国的时候，美国资产阶级成了一个重要帮凶。

德国、俄国、日本：德、俄、日资本主义的兴起，时间上落后于英、法、美。德国从十九世纪三十年代起，资本主义工业有较快的成长。1824年莱茵河上开始行驶轮船，1835年第一条铁路通车。一些新兴的工业城市这时也陆续出现。但直到五十年代，德国依然是个四分五裂的国家。德意志联邦中包括普鲁士等三十多个独立国，各自为政，资本主义的发展受到严重阻碍。1846年柏林只有四十万人口，1847年全普鲁士仅有蒸汽机一千台。社会生产力薄弱限制了德国早期在东方的行动。到六七十年代，普鲁士统一德意志帝国，资本主义工业急速上升。德国资产阶级立刻在国际资产阶级侵略中国的行列里猖狂活动，充分暴露出它的军国主义的本性。沙皇俄国是一个长期处在封建农奴制统治下的欧洲国家，经济远比西欧国家落后。十八世纪后期出现资本主义的手工工场，十九世纪前半期封建经济仍占统治地位。俄国这时是欧洲反动势力的主要堡垒，号称“欧洲宪兵”。1861 年沙皇政府由于对外战争失败和国内农民起义，被迫废除农奴制，资本主义才有了较快发展。早在十七世纪中叶，俄国就兼并乌克兰，征服西伯利亚。彼得一世打败瑞典，扩张步伐加快。白俄罗斯、波罗的海沿岸地区、北高加索、摩尔达维亚、波兰、芬兰等地陆续并入俄国版图。十七世纪中叶，刚刚征服西伯利亚的俄国侵略者，继续向东方扩张，一直把他们的活动推进到中国黑龙江流域。十九世纪六七十年代，俄国又吞并布哈拉、希瓦、浩罕等中亚汗国，侵及中国新疆地区。在野心勃勃的侵略国中，俄国是唯一在从西到东的辽阔土地上与中国边界相连的国家。日本则是中国东面的近邻。1603—1867 年，日本处在德川家族封建军事专政下面。封建土地所有制和发达的小农经济，同欧洲中世纪的情况非常相似。从十八世纪后期起，一些藩国陆续出现资本主义手工工场。到十九世纪中期，十个工人以上的手工业企业，全国约三四百个。少数企业有上百名工人，并使用水力发动的机械。江户、京都、大阪、长崎等城市人口集中，形成商业手工业中心。1840 年英国发动侵略中国的战争，使日本幕府受到很大震动，并在 1841 年进行所谓“天保改革”。再过二三十年，日本就由一个藩主割据的封建国家一跃而为一个由天皇制统一起来的军事封建性的资本主义国家，首先把朝鲜、中国作为进攻、掠夺的对象。

印度：十六世纪前期到十七世纪中叶，由松弛的莫卧儿帝国所统治。内部复杂的封建集团之间的斗争和外族的入侵连绵不断。十六世纪，欧洲殖民主义势力乘机侵入。1600 年英国殖民者成立东印度公司，在印度进行商业剥削，建立武装据点，从事海盗抢劫。法国东印度公司也在印度横行一时。1757 年英军在普拉西战役中打败孟加拉，占领了印度最富庶的地区；1756—1763 年英法两国争夺北美和印度的战争中，英国取得了决定性的胜利，压倒了争夺印度的主要对手。英国东印度公司这时由一个英国政府特许的商人的合股公司发展为拥有广大领土的国家政权，奠定了英国在整个远东殖民统治的基础。1849 年英国吞并旁遮普，1858 年英国正式把全印度统一到自己的殖民政权之下。印度占据着印度洋区域和由欧洲到远东的海道上的中心位置，统治印度使英国在与西方竞争者的斗争中占了极大的优势。印度一经被征服，它就由英国向东方扩展的前线变成了后方。十九世纪，英国对中国以及对东非、波斯、阿富汗、缅甸、印尼所发动的各次侵略战争，就是以印度为根据地，利用那里的人力和物力进行的。孟加拉生产的鸦片是英国用来打开中国大门的特殊商品。中国在漫长地段上与印度边界相连，广阔的中国领土因此容易遭受英国殖民者的鲸吞蚕食。印度彻底沦为殖民地，对西方资本主义世界和对中国都产生了深远的影响。

缅甸、尼泊尔、锡金、不丹：缅甸以前是一个独立的封建王国。十七世纪初期起，葡、荷、英、法殖民势力相继侵入。英国在1824年以后屡次发动侵缅战争，图谋完全占领缅甸。尼泊尔、锡金、不丹北面紧连中国西藏地区，南面与英国殖民地印度接壤。尼泊尔是中印之间的主要商道，经济上与中国长期互相贸易，政治上与清政府联系密切。十八世纪中叶，廓尔喀王朝建立，国力强盛，拒绝与英国通商。1814年，英国借口印、尼边界领土争执，对尼泊尔发动侵略战争。1816年尼泊尔战败，与英国订立条约，被迫割让一部分领土；并规定英国派使常驻加德满都，尼泊尔与锡金发生纠纷时由英国仲裁等。尼泊尔开始受到英国控制。锡金又名哲孟雄，居民有尼泊尔人、锡金族、菩提族和藏族。十七世纪初，西藏黄教兴盛，一部分红教喇嘛进入哲孟雄，并建立政权。它的首领对清政府自称哲孟雄部长，年节向驻藏大臣、达赖和班禅“禀呈方物”。英国在侵略尼泊尔的同时，把魔爪伸入锡金。1835年，英国在“租借”名义下占领锡金的大吉岭。不丹在中国原叫布鲁巴克。十六世纪，西藏喇嘛教中的白教首领进入不丹，自立为法王。不丹、中国之间长期保持一定的联系。1826年，英国占领阿萨姆土邦，接着就分割不丹领土。缅甸、尼泊尔、锡金、不丹继印度以后或者被吞灭，或者受到控制，都与中国密切相关。西方资本主义在中国西南的整个边境线上，建立了进攻的前沿阵地。

越南：十六、十七、十八世纪的大部分时期，处在内部几个封建集团割据对峙的局面下。黎氏、莫氏、郑氏、阮氏等封建集团争夺政权，内战不息。1669年开始有法国兵船闯到北圻。1749年法国第一次派使臣到越南交涉通商。1771—1802年，西山农民发动大起义。农民和其他革命群众经过连续斗争，推翻南、北方的封建割据政权，打败帮助黎氏王朝镇压起义的清朝军队，建立起以阮文岳为首、号称“中央皇帝”的统一政权。西山农民起义在越南农民革命史上留下了重要篇章。残存于广南一带的阮映福集团，为了恢复旧日的统治，卖身投靠法国侵略者。1787年法、阮双方订立所谓《凡尔赛条约》，规定法国以武力协助阮氏复国，将越南的昆仑岛、土伦等地割给法国，作为报酬。那个条约虽因法国爆发革命没有实现，印度法属殖民地的军舰和士兵仍然被调来对西山农民军作战。1802 年西山农民起义失败，越南归阮氏王朝统治，法国势力乘机深入。吞并越南，并把它作为北向侵略中国的跳板，是法国侵略者的最后目的。

朝鲜：十四世纪末年起，一直在李氏封建王朝统治下。到十九世纪中叶以前，社会的经济基础是自然经济。封建统治者规定的社会等级，叫做“两班”“中人”“常汉”和“贱奴”。两班即文官（东班）和武官（西班），他们是土地所有者阶级。中人为世袭的技官如医师、地师、术客等。绝大多数的人分属于包括农民、手工业工人的常汉和被认为是从事于卑贱职业的贱奴。他们是被剥削、被压迫者。地主阶级的各个集团为了争夺统治、剥削人民的权利，彼此争斗，派系林立。所谓东人、西人，南人、北人，老论、少论等的对立和斗争，层出不穷，连续一个多世纪。封建统治早已十分衰落腐朽。1592—1598 年，日本军阀丰臣秀吉两次发动大规模的侵朝战争。朝中两国军队联合抵抗，把日本侵略军赶出朝鲜。1832 年和 1845 年，英国军舰两次窥伺朝鲜沿海。1835 年，法国天主教耶稣会传教士潜入京城，搞颠覆活动。1846 年、1847 年，法国军舰接踵而来。以后，俄国、美国军舰又分别闯进元山、大同江等处，威胁讹诈。在朝鲜人民的英勇斗争下，外国的这些侵略活动一一遭到失败。最后日本军国主义侵入朝鲜，形势急剧改变。

从上述世界形势和有关国家的情况中，可以清楚地看出：到十九世纪四十年代，由于工业革命的广泛开展，世界资本主义处在更大规模上升时期，欧美强国为了扩大商品市场、争夺原料产地，征服殖民地的活动日益加紧。英国到处横行，充当着侵略国的急先锋。资本主义的侵略，俄国的疯狂扩张，已经或者正在将中国的一些邻近地区、邻近国家变为殖民地半殖民地或势力范围。它们与中国之间的缓冲地带越来越少了。

中国在 1840 年以前还是一个独立的封建国家。中国社会保持原来的独立的行程，生产自给自足。古老的万里长城，顽强地抵挡着外国资本主义廉价商品那种重炮的轰击。在地主阶级看来，资产阶级的生产方式和资本主义的所谓文明，不但是有害的东西，事实上也是完全陌生的东西。他们的对外政策，基本上是闭关自守。西方资本主义势力像潮水一样汹涌向东方推进，又必然使中国不断受到冲击。因此，鸦片战争以前，中国的阶级、阶级斗争继续着旧的内容、旧的格局，也开始出现了新的内容、新的形势。

一、封建制度没有改变，但资本主义萌芽有所增长。

中国十七世纪四十年代的大事变，是经历了农民阶级与地主阶级的又一次阶级大搏斗和地主阶级统治的改朝换代。李自成、张献忠领导的席卷全国的农民革命遭到失败，清王朝代替了明王朝的统治。清王朝是以明朝在中国东北的地方政权建州卫为基础迅速扩大起来的。建州等地是东北的少数民族满族和它的前身女真族世代聚居的地方，建州卫指挥由满族首领担任。明王朝的腐败惊人，对全国的管理松弛无力。十七世纪二三十年代，以满族为核心的政权已经把中国东北广大地区置于自己的管辖之下，并几次举兵入关，和以汉族地主为核心的明王朝争夺全国政权。1644年，李自成统率的农民革命大军进入北京，打倒了统治中国二百七十六年的明朝封建政权。满族统治势力在汉族地主势力勾结下，乘机从东北进入关内。满族贵族和汉族地主很快联合起来，把农民革命残酷镇压下去，在这个基础上建立起清王朝的统治。清政权和明朝一样，是地主阶级的政权。与汉族相比，满族人口少，经济落后。以爱新觉罗氏为首的满族贵族在政权中占有特殊地位，他们必须对满族以外的其他各族严加控制，才能保持那种地位。国内的民族矛盾改变了以前的势态，清政权的性质则不是由这个矛盾规定的，而是由地主阶级掌握政权这个阶级实质所规定的。它所代表的是整个地主阶级的利益，是地主阶级对农民阶级的专政。

李自成、张献忠领导的农民革命及其失败、清政权代替明政权的时候，正是英国资产阶级革命及其胜利的时候。发生在亚洲和欧洲的这两次革命的性质截然不同。李自成、张献忠领导的农民战争是中国历史上无数次农民阶级与地主阶级生死搏斗的重演。它起了推动历史前进的重大革命作用，但是没有、也不可能使中国摆脱封建制度的轨道。

清政权统治下的中国，封建经济一直占压倒地位。封建土地所有制是基本的所有制。清代前期到鸦片战争前后，一些记载所提供的情况是：土地最分散的地区以西北甘肃为例，百分之六七十的人口是有土地的“粮户”，没有土地的“穷丁”占人口的百分之二三十。土地集中程度一般的地区以中部的湖南为例，地主占有土地百分之五十至六十，没有或只有少许土地的佃农占人口百分之六十左右。土地高度集中地区以东部的苏南为例，百分之一二十的人口占有土地，百分之八九十的人口没有土地。农民阶级、地主阶级是当时对立的两个主要阶级。只有农民和手工业工人是创造社会物质财富、精神财富的基本阶级。统治阶级——皇帝、贵族、地主、官僚、富商依靠对农民、手工业者敲骨吸髓的剥削，聚集大量财富，过着荒淫无耻的生活。康熙（1662—1722 年）年间著名的大地主如北京祝家，宛平查家、盛家，怀柔郝家，江苏泰兴季家，山西平阳亢家等，各自拥有大量的田产房屋，备极豪华奢靡。他们或者一天的饭食可以花去上万的钱财；或者家里有几套歌舞班子，一名歌妓的装饰费达到上千两银子。乾隆（1736—1795 年）时的权臣和珅得宠二十年，拥有土地八十多万亩，当铺、银号、古玩店、洋货店遍布各地。财产后来被抄没入官，共一百零九号，其中估价的二十六号即值二亿二千多万两，大致相当于当时五年的国库收入；全部财产约值八亿两左右。嘉庆（1796—1820 年）时四川一个道员为巴结上司，一次就献出珍珠三斗，蜀锦一万匹。道光（1821—1850 年）时做陕西粮道这个官，一年可以搜刮三四十万两银子装进自己的腰包。地主阶级的天堂就是农民阶级的悲惨地狱。广大农民和其他劳动群众在残酷的封建剥削、压迫下，过着牛马奴隶的生活。康熙年间，有人叙述农民的生活说："贫民方寄食于富民之田，值岁丰，规其赢羡以给妻子，日给之外，已无余粒。设一遭旱潦，尽所有以供富民之租，犹不能足。既无立锥以自存，又鬻妻子，为乞丐，以偿丁负。"[①] 道光年间的记载："佃户一人所耕不过十亩，亩之所收不过二石。以其半与粮户，曰'租米'，而自食其半。"佃户一切耕作费用和生活所需，都从这一半中取给。因此"场功既毕，米谷随尽，至有以糠秕糊口者。故佃户有不可终日之势"。[②] 农民在地主阶级统治下所遭受的苦难，实际上超过任何这类描写不知多少倍。一面是地主阶级日趋富有，无耻享乐；一面是农民日益贫困，在死亡线上挣扎。这就是当时社会生活鲜明对照，尖锐对立的两面。

农民阶级、手工业工人所进行的阶级斗争，他们的辛勤劳动，推动着社会的前进。清朝入关初期，土地荒芜，人口大量减少。各族劳动人民的创造使生产很快得到恢复，并继续向前发展。照《大清会典》等书的记载：1661 年（顺治十八年），全国田亩总数五百四十九万三千余顷，田赋银二千一百五十七万余两，人丁二千一百余万。到 1724 年（雍正二年），全国田亩数增加到六百八十三万七千余顷，田赋银二千六百三十六万余两，人丁二千五百余万。

① 盛枫：《江北均丁说》，《皇朝经世文编》第 30 卷。

② 彭翊：《一得刍言》，《无近名斋杂著》。

1766年（乾隆三十一年）全国田亩总数达到七百四十一万四千余顷，田赋银二千九百九十一万余两，人丁达二亿零九百多万。会典等书上列举的田亩限于注籍纳赋的数字；人丁一项，由于一段时间要缴纳丁税，必定有不少隐瞒；实际的土地、人丁数字，显然比这要大一些。单就这些远非准确的数字也可以看出，那个时期土地开发、人口增加，社会生产力增长的速度是很快的。封建经济达到了它所能具有的高度。

“中国封建社会内的商品经济的发展，已经孕育着资本主义的萌芽，如果没有外国资本主义的影响，中国也将缓慢地发展到资本主义社会”①。清代前期，随着社会生产力的提高，封建经济内部的资本主义萌芽逐渐增长。这一时期，丝织、棉纺织、漂染、制茶、制糖、造纸、陶瓷、冶铸、木材加工等手工业，都有相当发展。一些行业中出现了具有资本主义因素的手工工场。以前的行会手工业的行东脱离原来的地位而变为工场主，以前的师匠则变为雇佣劳动者。他们之间的关系松弛，雇佣劳动者形式上可以照自己的愿望选择就业机会。以雍正、乾隆年间苏州丝织业为例：一些丝织业工人没有固定的工场，每天黎明在某地等候，顾主临时去“唤找”；在与工场主的斗争中，成批的手工业工人“聚众勒歇”，即打破场主的束缚，联合起来罢工。手工工场雇佣工人的数目，少的数人、数十人，多的达几百人。陕西造纸业的情形：西乡县纸厂二十余所，定远厅纸厂上百所，洋县华阳地区二十余所。大厂雇工百数十人，小厂四五十人。道光年间福建瓯宁制茶业的情形：一县之内，不下千厂。大厂百余人，小厂数十人。广州附近的一家制茶工场，男女童工达五百人。冶铸业的规模就更大一些。广东佛山一个炉场包括采掘、烧炭、冶炼，工人上千人。汉口有铁厂十三家，铁工五千余名。陕西留坝厅一座铁炉连挖矿、烧炭、冶炼一百数十人；小厂三四炉，普通六七炉。有的铁厂同时铸锅和制造农具，合起来一厂多达二三千人。手工工场分工细密，技术卓越。著名的手工业城镇人口密集。乾隆到咸丰初年，南京人口近九十万；汉口号称八十万；景德镇周袤十余里，人口上十万；佛山“烟火逾十万家”。农村某些地区出现货币地租，若干农产品进一步商品化。商业资本在农村有了更多的活动余地。

与这同时，更加重要的事实是：在清政权建立全国统治以后的二百年间，

① 毛泽东：《中国革命和中国共产党》，《毛泽东选集》第2卷，第626页。

与小农业相结合的家庭手工业仍像汪洋大海一样遍布各地。从事商品简单再生产的城市个体小工业，没有减少它的重要性。大的手工工场更多的是供封建统治者的需要而生产的官营手工业，如江宁等地的“织造”、景德镇等地的“官窑”等都是。它对民间手工业起着压制、排斥的作用。清政府从地主阶级利益出发，一贯推行所谓“重本抑末”的政策，把一切新事物都看做“奇技淫巧”，严厉禁止。手工业行会在各地普遍存在，那种封建组织束缚着手工业的成长壮大。因此，资本主义萌芽增长了，封建势力的桎梏没有减轻。资本主义因素是与陈旧躯体相对立的新生细胞，封建经济则是社会的整个躯体。没有等到那些细胞广泛成长起来改变旧事物的性质，西方资本主义便猖狂侵入，打断了中国社会独立前进的道路。

二、封建国家保持着自己的独立，但开始了与西方殖民者的斗争。

西方殖民主义势力，早在十六世纪中叶以后就来到中国活动。葡、西、英、荷等殖民强盗也正是在这个时期踏上亚洲的印度、印尼、斯里兰卡等国土地的。最初到达中国的葡萄牙、荷兰的侵略军为明朝所击败。1557 年葡萄牙人贿赂广东官吏，被准许在澳门租地建屋居住。1603 年和 1622 年荷兰两次侵占澎湖。1624 年荷兰占据台湾南部，1626 年西班牙占据台湾北部。先后侵入澎湖、台湾的荷兰、西班牙侵略军，都被中国军民驱逐。1637 年英国船只闯进广州，炮击虎门炮台，击沉中国商船和水师船只，中英间发生第一次冲突。与早期殖民主义者的武装侵略相配合，天主教耶稣会势力自 1583 年利玛窦进入中国内地以后日渐滋长。耶稣会传教士利用天文、历算、地理、军事等方面的技术知识，取得封建统治者的信任，在中国设堂传教。崇祯末年，天主教遍及十三省，有教徒十五六万人。西方殖民势力甚至阴谋利用南方的反清斗争把他们的武装力量伸进中国内地。天启（1621—1627 年）年间，葡萄牙武官带领本国兵丁四百余人，从澳门北上援助明军抵御清军，因受阻没有达到目的地。1647 年（永历元年），教士毕方济领洋兵三百在桂林与清军作战。毕方济、瞿纱微并参与南明永历帝朱由榔的军事机密。他们想利用中国的内战扩大殖民势力，建立外国武装侵略的据点。西方在印度、印尼等地最早的军事据点，就是照这个古老公式建立起来的。

中国境内各民族在经济、文化上的悠久联系，各族劳动人民在阶级斗争中的息息相关，要求全国在政治上进一步统一和加强起来。他们所拥有、所创造的巨大物质力量使这种统一和加强具备了条件。清政权建立后，利用这个条件扭转了明朝统治下西方侵略势力渐渐渗入的那种局势。清初吴三桂等“三藩”割据着西南数省。郑成功留下的抗清力量尚驻守于台湾。清政府还没有在西藏、新疆、漠北地区建立起巩固的权力。从康熙到乾隆期间，清政权从事了一系列加强地主国家的权力、稳定中国广大版图、进一步统一全国的斗争。1681 年平定“三藩”，统一西南各省。1683 年降服郑克塽，统一台湾地区。1690—1697 年，三次击败噶尔丹，统一漠北地区。1720 年进军西藏，驱逐准噶尔，重新统一西藏地区。1722 年进军乌鲁木齐，1759 年最后削平新疆封建主的分裂势力。1644—1755 年，逐步改建东北地区的行政设置。与统一国内的同时，1689 年清政府与俄国在平等的基础上签订《尼布楚条约》，划定了以外兴安岭至海、格尔必齐河和额尔古纳河为分界线的中俄东段边界。1728 年，签订《恰克图条约》，又划定中俄中段边界。中国的疆域，东至库页岛、台湾，南达南海的南沙群岛，西北至巴尔喀什湖，西跨葱岭，北连西伯利亚。疆域辽阔，民族众多的封建国家，达到了前所未有的统一集中。

清政权在国内建立起较稳定的统治，加强了它与西方早期殖民势力进行斗争的地位。斗争的一个方面，是实行禁海政策，保卫边疆地区。没有统一台湾以前，清政府曾禁止人民入海，封锁大陆与台湾的交通。1685 年开海禁，设闽、粤、江、浙四关，定澳门、漳州、宁波、云台山为对外贸易港口。西方殖民势力不断在海上出没，或者借口通商，刺探国情。清政府制定海上禁令，加以抵制。1757 年（乾隆二十二年），停闭江、浙、闽三处口岸，限定广州一口通商。然后又陆续颁布各种指令、章程，如《防夷五事》（1759 年）、《民夷贸易章程》（1809 年）、《防范夷人章程》（1831 年）等，制止外人在华任意活动。外国商人必须通过公行商人进行贸易，活动限于指定的范围。进口货物要征收较高的税额。围绕着贸易问题，中外发生一系列冲突。西方，主要是英国人要求取消那些限制，清政府毫不退让，坚持那些限制。清朝统治者采取禁海政策的出发点，自然也包含着惧怕外国人支持国内的反对势力，要防范臣民与外人接触的意思。即使这样，它所起的作用，客观上仍然有利于维护国家主权，阻止外国侵略阴谋。英国这时千方百计要打进中国。1774 年（乾隆三十九年）、1783 年（乾隆四十八年）英国两次派人进入西藏地区，要求与清政府订立地方性通商条约。1791—1792 年，英国为了窥探虚实，怂恿尼泊尔侵入西藏。英国这些活动受到清政府的抵制和还击，没有得逞。1793 年（乾隆五十八年）、1816 年（嘉庆二十一年），英国又两次派遣使臣到中国，要求增辟通商口岸、割让海岛、减轻税率、准许传教及派使臣常驻北京。清政府一概严加拒绝，英国侵略者怨恨不满。

斗争的又一个方面，是严禁耶稣会士的活动。康熙、雍正年间斗争尤其激烈。十七世纪后期，法国在波旁王朝路易十四的专制统治下，称雄西欧，并极力追求世界霸权。路易十四不惜与全欧洲为敌，对天主教耶稣会加以卵翼、支持。来到中国的传教士，多是由法国政府精心选择、派遣的。他们的任务是充当殖民主义者攻打中国的先锋和爪牙。其中少数人来到中国以后曾为清政府所聘用，但他们并不是正直地服务。在中俄《尼布楚条约》交涉中，担任钦天监等职务的南怀仁，写信向俄国表示忠诚，提供秘密情报。徐日升充当译员，因为偏袒俄国，受到沙皇政府的奖赏。1705 年（康熙四十四年）、1720 年（康熙五十九年）罗马教皇两次派使臣来华，要求禁止中国教徒崇拜祖先。宗教信仰之争的背后，隐藏着对中国内部事务的干涉。清政府坚持耶稣会传教士必须遵守中国政令习俗，否则不准在中国留住。传教士中有些人企图抗拒，清政府断然加以处置。教皇第一次派来的使臣被解至澳门，囚死狱中。第二次来使被驱逐出境。传教士有的受到监禁、严审，有的几乎被判处死刑。康熙末年，允禩等争夺皇位，耶稣会士暗中参与活动。雍正取得权力，严惩允禩等，禁止天主教流传。殖民主义者受到又一次打击。此后一百多年里，中国从这一条防线上堵住了欧洲资本主义势力的渗入。乾隆时期，天主教多少可以活动，但禁令终未撤销。直到鸦片战争英国的大炮摧毁那个禁令，情况才完全改变。

世界资本主义急速发展的二百年里，封建专制统治下的中国，简短地说就是：资本主义有了萌芽，但封建的经济基础仍然根深蒂固；与西方殖民势力有了接触，但国家的地位、权力没有受到重要影响。中国这个时期里的阶级斗争，既表现出社会历史由旧的矛盾到新的矛盾、由封建制向资本主义制过渡的一般规律，又表现出人民群众顽强斗争、国家统一的显著特点。

清朝统治的腐朽，到十八世纪后期进一步暴露出来了。政治愈加黑暗，军备废弛，财政拮据。土地兼并不已，税捐、地租和高利贷剥削日益加重。阶级矛盾随之激化。广大农民、手工业工人的斗争接踵而起。1774 年王伦（手工业工人）领导清水教在山东临清起义。1781 年甘肃回民起义。1787 年林爽文、庄大田领导天地会在台湾起义。1796 年更爆发了刘之协、聂杰人、徐天德、张汉潮等人为首的白莲教领导的湖北、四川、陕西农民大起义。他们以

“兴汉灭满”为宗旨，用一人连十，十人连百，百人连千，千凑成万的办法，组织起广泛的革命群众（“白莲”隐含“百连”的意思）。这是张献忠、李自成以后又一次震动全国的农民革命战争。在西方，当时美国资产阶级领导的独立战争已经取得胜利，如火如荼的法国资产阶级大革命还在尾声。1796年的起义，先后投入的群众多至几百万人。起义农民转战湖北、四川、河南、陕西、甘肃等省，纵横驰骋，历时九年。清政府的常备军——八旗和绿营被打得望风而逃。最后依靠汉族地主组织地方武装“乡勇”，极尽野蛮地屠杀血洗，才把这次农民大起义镇压下去。1813年白莲教支派天理会首领李文成（木匠出身）又在河南滑县发动起义。其中由林清（药铺学徒）率领的天理会群众潜入北京，一度打进皇宫。北方白莲教发动的大规模农民战争失败以后，南方天地会和其他地区人民的反清斗争继续进行。1817年和1832年广东、广西相继发生群众起义。1801年有贵州苗族的起义，1831年有湘西瑶族的起义。十八世纪末到十九世纪初各地群众起义的一个显著特点，是手工业工人、城市下层群众在斗争中日趋活跃。阶级斗争的猛烈和深度，表现出清朝的统治现在不但陷入了历史上多次重演的封建王朝衰落的危机，而且也碰到了中国古老封建社会临近灭亡的深刻危机。清王朝这个地主阶级政权在经过短暂的兴盛以后，已经同产生它的封建制度一起快要走到尽头，处在风雨飘摇中了。

就在这个时候，英国资产阶级向中国加紧输入鸦片，中国社会的动荡更加剧烈。英国输入鸦片、中国禁止鸦片，表面上是通商争执，本质上是英国开拓殖民地、中国抵制英国侵略的斗争。英国资产阶级并且积极准备用战争手段来实现它的目的。世界资本主义的上升，矛盾和斗争，终于把中国卷进了它的漩涡。原先的阶级、阶级斗争还在表演，新的阶级、阶级斗争又拉开了帷幕，先后登上了舞台。

第二章　第一次鸦片战争，中国人民反抗外国资本主义侵略的开始

第一节　严厉的禁烟运动

西方殖民国家向中国输入鸦片，最早有葡萄牙和荷兰。英国占领印度鸦片产地孟加拉以后，竭力发展对华鸦片贸易。美国在对华鸦片贸易中占有重要地位。沙俄也从中亚把鸦片运进中国。鸦片是一种具有强烈麻醉性能的毒品，严重损害吸食者的健康。英国资产阶级把向中国输入鸦片，作为掠夺殖民地、进行资本原始积累的一个部分。以前的中英贸易中，中国出口茶叶、生丝、药材、瓷器、土布等，英国只向中国出口数量有限的毛织品、金属制品和棉花，中国一直保持出超。1781—1790 年，中国向英国出口的商品，仅茶叶一项就达九千六百多万元（银元，下同）；1781—1793 年，中国从英国进口的全部商品总共才一千六百多万元。英国必须以现银抵补巨大的贸易差额。十九世纪二十年代起，英国运进中国的鸦片激增。据估计，1820—1824 年，每年平均输入七八八九箱；1825—1829 年，每年平均输入一二五七六箱；1830—1834 年，每年平均输入二〇三三一箱；1835—1838 年，每年平均输入三五四四五箱；1838—1839 年，输入达四〇二〇〇箱。每箱鸦片重一百斤或一百二十斤，售价通常是六百元到八百元，有时高至一千多元。鸦片烟价，不但抵补了英国以前的贸易逆差，而且大有盈余。英属印度政府从鸦片贸易中取得巨额税收。1835 至 1838 年间，印度每年财政总收入为二千一二百万镑，其中鸦片税收每年达一百四五十万镑，占总收入百分之六七以上。鸦片贩子大发横财，利润最多的年份每箱高达一千元。白银的流向因此改变，中国由长期保持白银入超变为出超。印度的孟买、加尔各答和马德拉斯三处海关记载：1833—1839 年的六个年度里，中国平均每年流出白银达四百二十万两。估计鸦片战争前夕，中国每年全部白银流出量在一千万两以上。鸦片贸易就这样为英国

资产阶级开辟了大宗财源。

插图 1：英国设在印度的鸦片储藏库

（采自 C. Holcombe and B. Broomhell，China's Past and Future，p.227）

英国资产阶级中同对华贸易有直接利害关系的主要有两部分人。一部分是在中国或印度的英籍烟商，如著名的烟贩查顿、颠地等人。他们的利润直接来源于贩运鸦片。一部分是英国本土与对华贸易有关的工业家、进出口商、航运资本家、银行家等。这一部分人在英国资产阶级中占有重要的势力。他们的利润主要来自向中国推销工业产品和从中国贩回货物。鸦片贸易使英国资产阶级中这两部分人的利益紧密结合在一起。英属印度政府强迫孟加拉一带农民种植鸦片，出卖给中国，既使英商从中国获得大量产品和白银，又利用农民种植鸦片的收入，使英国工业产品在印度市场上增加销路。英国对华输入鸦片就这样起着双重的作用：一是开辟中国市场，剥削中国劳动者；二是发展英国在印度的市场，剥削印度劳动者。猖狂的鸦片贸易，尖锐地暴露了英国政府的所谓基督文明的真相。它以帝国政府的资格，装做好像与私贩鸦片绝无关系，并且订出禁止鸦片贸易的条约。可是它同时又以印度政府的资格，迫使农民种植罂粟，用垫款等方法操纵鸦片生产，力求适合中国吸食者的口味，在市场上由官吏拍卖给投机商人，然后转运到中国。无限的贪婪，极端的虚伪，这就是在鸦片斗争中出场的英国资产阶级、英国政府的丑恶面目。

中国在嘉庆初年开始禁止鸦片入口，长期没有产生任何实际效果。英、美等国鸦片贩子在本国政府支持下，不顾清政府的禁令，与中国私贩勾结在一起，贿买清朝官吏，把鸦片偷偷运进中国。道光掌握政权，继续宣布严禁鸦片，但鸦片走私却越发猖獗。沿海一带负责查拿烟贩的官吏，直至皇帝任命的海关监督、巡抚、总督，大部分明里挂着禁烟的招牌，暗里收受贿赂，包庇、纵容鸦片走私。远在北京的一些衙门的大小官吏直到皇帝，也直接间接从鸦片走私中得到好处。这使外国烟贩得以破坏中国禁烟。马克思指出："中国人在道义上抵制的直接后果是英国人腐蚀中国当局、海关职员和一般的官员。浸透了天朝的整个官僚体系和破坏了宗法制度支柱的营私舞弊行为，同鸦片烟箱一起从停泊在黄埔的英国趸船上偷偷运进了天朝。"[①]但白银外流所造成的银荒，给清政府的统治也带来了新的困难。官吏、士兵吸食鸦片，走私和贿赂公行，吏治更加败坏。统治阶级遭受腐蚀而遇到了内部瘫痪的危机。这使它又要求禁止鸦片输入。

十九世纪三十年代，鸦片输入量进一步增加，烟毒到处泛滥。据1835年的估计，全国吸食鸦片的人数在二百万以上，流行地区已从沿海地区扩大到内地十几省。鸦片吸食者中有贵族、官僚、地主、商人、衙役、士兵、游民、乞丐等各种人，而绝大部分是剥削阶级和剥削阶级的依附者。他们的这笔庞大支出，或者靠加重对农民的地租剥削和高利贷搜刮，或者直接来自对群众的敲榨勒索，种种额外诛求。烟毒泛滥造成大量白银外流，引起银贵钱贱，又直接威胁到广大劳动人民的生活。有的地区过去银钱的比价，白银一两换铜钱一千文左右，1830年涨到一千三百多文，1838年竟涨到一千六百多文。同一时期内工农业产品的价格并没有变动。农民和手工业者仅有的少量产品零星出售，只能换回铜钱。他们在缴纳各种捐税时却要折合成银两，从前交钱一千文可以抵银一两，而现在却要交一千六百多文。他们的实际负担随着银价的高涨而增加。白银外流愈多，劳动人民的生活就愈益恶化。他们在鸦片贸易中遭到残酷掠夺。劳动人民坚决要求禁烟，是禁烟运动的动力和主力。

人民群众对外国侵略者与官吏的狼狈为奸，早就非常不满。民间许多揭

---

① 马克思:《鸦片贸易史——二》,《马克思恩格斯选集》第2卷，第26页。

帖，控诉洋人明知鸦片有害，却要大批运进中国，害我百姓，骗我钱财，简直是一群贪得无厌的豺狼。1838 年 9、10 月至 1839 年 4 月，湖北、湖南、江苏、广西、贵州、浙江、河南、山西、盛京、直隶等省，纷纷上报查获烟土、吸食人犯和铲除罂粟秧苗。湖南、湖北短期内收缴烟枪四千七百余杆，大沽口一次即拿获烟土十三万一千余两。这些都是在群众的揭发检举、积极斗争下取得的。1838 年 12 月 12 日，广州人民自发地进行要求严禁鸦片的大示威。这一天，广州地方当局决定在外国商人居住的洋馆附近广场处决一名中国贩烟罪犯。英、美等国暴徒竟横蛮干涉，捣毁刑场，气焰十分嚣张。群众闻讯立刻从四面八方赶来，顷刻间，上万人不约而集，占据广场，围住洋馆，用砖瓦石块还击外国暴徒的袭击。人们高呼消灭“洋鬼子”的口号，严正声讨这帮家伙破坏中国主权的侵略罪行。群众痛恨外国侵略者的海盗行为和要求严厉禁止鸦片的愤怒情绪积压已久，这时一齐爆发出来。

清政府内部在鸦片问题上逐渐形成了主张严禁和弛禁两派。在群众斗争的推动和压力下，双方的争论更加激烈起来。严禁派不满意对禁烟的因循敷衍，要求对贩卖和吸食鸦片的人处以重刑。弛禁派则认为靠严刑重典不能禁止鸦片，与其长此让白银外流，不如弛禁征税，解决财政困难。弛禁派的主张为外国烟贩以及在鸦片贸易中获利的官吏们所欢迎。1836 年 6 月，弛禁派太常寺卿许乃济奏请取消鸦片输入的禁令，准许公开买卖。严禁派随即发起还击。1838 年 6 月，鸿胪寺卿黄爵滋向道光上奏，痛陈鸦片的祸害，指出以往禁烟有名无实是由于官吏的庇护，建议以严厉惩办吸食者来抵制鸦片输入。严禁、弛禁两种主张的共同点是：他们都承认鸦片问题是迫切需要采取行动的严重问题，这表现出英国用鸦片这种武器攻打中国大门，造成了尖锐的民族矛盾。严禁、弛禁两种主张的矛盾、分歧又暴露了清政府内部在民族危机面前存在着矛盾、分歧，这个矛盾、分歧的实质是对鸦片侵略进行坚决抵抗还是妥协投降。严禁的议论有相当声势，是禁烟斗争的宣传运动。经过中央和地方官吏们反复讨论，严禁派取得了暂时的胜利。10 月，道光下令将许乃济革职，随后召林则徐进京讨论禁烟措施。道光是一个全无世界知识、满脑子装着满族贵族偏见的封建君主。处事动摇不定，很少了解下情。好行小惠，不务大体。著名的奸相穆彰阿，绰号“黄金贼”、拥有两万多亩土地的大地主琦善，卖国贼伊里布等一伙地主阶级当权派中极端腐朽的代表人物，长期为道光所宠信。现在道光暂时站到了严禁派的一边，集中显示出了人民斗争压力的强大。

林则徐（1785—1850年）字少穆，福建侯官人，做过浙江道员、江苏巡抚，办事认真，具有爱国思想。他在湖广总督任上，雷厉风行禁烟，收到较好的效果，成为禁烟派的领袖。1838年12月，林则徐到北京，道光连续召见多次，最后任命他为钦差大臣，节制广东水师，前往广州查禁鸦片。林则徐肯实心作事，表示他是地主阶级事业忠诚、积极的分子，在道光眼里是一个有用的工具。他在讨论禁烟问题的奏报中，从维护地主阶级的统治着眼，指出：鸦片危害极大，若不认真查禁，“数十年后，中原几无可以御敌之兵，且无可以充饷之银”①。林则徐在禁烟斗争中与外国的矛盾，既反映中国剥削者与外国剥削者、即中国地主阶级与英国资产阶级的矛盾；同时，又是突出了中华民族反抗外国资本主义侵略的民族矛盾。禁烟斗争是保卫中国民族利益的需要。林则徐禁烟坚决，受到广大群众的支持。群众反对鸦片侵略的高昂斗志，使他受到很大鼓舞，在对外斗争中感到有信心。

插图2：林则徐像

（采自中国史学会主编《中国近代史资料丛刊·鸦片战争》第1册）

广东是鸦片走私最多的地方。在两广总督邓廷桢的主持下严厉查禁，不限于官府查拿，而且准许民间告发，群众的情绪更加高涨。1839年3月，林则徐到达广州后，立即与邓廷桢和广东水师提督关天培等整顿海防，严拿烟贩，惩处受贿买放的水师官弁。他召集粤秀、越华、羊城书院肄业生数百人，托名检查学业，关起门来考试，在试

① 林则徐：《钱票无甚关碍宜重禁吃烟以杜弊源片》，中国史学会主编《中国近代史资料丛刊·鸦片战争》（以下简称《鸦片战争》）第2册，第142页。

卷里夹带纸条，提出要调查、了解的问题，让与试学生就各人所知道的，详细写在纸上。调查的问题中包括大窑口和零星贩户的姓名、地址，所见所闻的情况，禁绝鸦片的办法等项。鸦片屯户、小贩的活动，水师受贿买放的黑幕等一下子掌握了。在这之前，通知外国商人在三天内将所存烟土全部交出，听候处理。林则徐宣称“若鸦片一日未绝，本大臣一日不回，誓与此事相始终，断无中止之理”[①]，表示决心禁绝鸦片。

中国严厉禁烟，严重打击了外国烟贩们的利益。英国资产阶级决不甘心放弃鸦片贸易。英国政府代表、驻华商务监督义律亲自出面来破坏林则徐的禁烟措施。义律曾在英国殖民部任职，充当过英属几内亚高级官员，富有殖民侵略经验。义律在澳门接到林则徐的缴烟通知，企图用威胁手段进行对抗。他下令所有停泊在洋面的英国船只开赴香港，悬挂英国国旗，由在中国海面游弋的英国军舰调度，作战斗准备。同时写信给两广总督，无理抗议广州设防，质问中国是否想同在中国的英国船只和人员作战。他在写给英国外交大臣的信中表示深信，只要用坚决的言词，坚决的态度，就会挫败广东当局的卤莽举动。3 月 24 日，义律从澳门潜入广州洋馆，阻止外商缴烟，指使大烟贩颠地夜间逃跑。林则徐下令停止中英贸易，派兵封锁洋馆。义律再施恫吓，要求颁发牌照，撤退英船英人。林则徐严加驳斥，指出违抗阻挠的不在颠地等烟贩，而是义律本人。义律看出蛮横抗拒已经不能保护鸦片贸易，便改变手法，以英国政府代表的身份，命令英商缴烟，保证烟价由英国政府赔偿。义律为联合美国一致对华，也劝美国人缴烟，声明烟价同样由英国政府负责赔偿。义律这样干，是要把中国处分不法英商的问题，扩大为中英两国间的问题，为英国政府发动侵略中国的战争制造借口。破坏中国禁烟，武力打开中国门户，这正是英国资产阶级所追求的目的。

从 1839 年 4 月下旬至 5 月中旬，英国、港脚（印度）、美国商人分别呈缴烟土，共计一万九千八十七箱，又二千一百一十九袋，约二百三十七万多斤。林则徐下令将所缴烟土在虎门海滩当众销毁。[②]6 月 3 日起开始销烟，连续二十几天才全部销毁干净。虎门销烟是中国禁烟运动的一个胜利，它向全

---

① 林则徐：《谕各国商人呈缴烟土稿》，《林则徐集・公牍》，第 59 页。

② 销烟办法：在海滩上挖池，前设涵洞，后通水沟。先在池中制成卤水，后将鸦片投入浸泡，再放进石灰焚化。退潮时，打开涵洞，随潮出海。

世界表明了中国人民纯洁的道德心和反抗外国侵略的坚强意志。近半个世纪以来越来越严重的鸦片祸害，终于局部地暂时地被阻止了。中国人民革命胜利以后矗立在北京天安门广场上的人民英雄纪念碑的第一幅巨型浮雕，就是"六三"销烟的激动人心的场面。

轰轰烈烈的禁烟斗争，在国外引起了不同的反响。西方国家的正直舆论认为中国禁烟完全出于正当，林则徐所采取的办法是公正的。外国人办的《澳门月报》所刊载的各地消息，有不少是持这种看法的。一则新加坡消息说："鸦片系不法之贸易，中国官府理应禁止。因禁鸦片尽其所能而行，所事皆是公正合理之事"。"近来钦差之法度"，"我等见得并无一条道理可以驳之，说其不善"。[①] 一则伦敦消息说："律士丹合递一禀，讲论中国停止贸易，皆由鸦片犯禁起见，请国王将鸦片贸易停止。""若按英国律例，即应按各客商所有之鸦片，更加三倍罚银，今中国不过将其鸦片收缴而已。然因此致累我国正当贸易亦受亏缺，所以不能任人再卖。我等自知以鸦片贻害中国之故，为中国人所憎恶。"[②]《澳门月报》的这些消息，说明中国禁烟的正义性是为世界公正舆论所承认的。但是英国资产阶级侵略分子则是另一种议论。他们说吸食鸦片并不引起对社会经济的破坏。他们举出英国历史上屡次禁饮浓酒，始终无效，后来解禁，饮浓酒的人反而减少为例，来证明鸦片是无法禁止的。有些更疯狂的资本家竟无耻宣称中国禁烟是对英国的侵略。英国资产阶级侵略分子的反应是个危险的信号：西方资本主义国家采用输入鸦片作为进攻中国的主要武器的时代就要结束，全面的、更严重的斗争即将开始。

第二节　英国发动侵略战争，清政府从组织抵抗到卑屈求和

1839 年 8 月 5 日，林则徐命令外商呈缴鸦片的消息传到伦敦。英国资产阶级立刻沸腾起来。一些英国市镇的商会、工商联合会等组织和个人纷纷向英国政府提出各种建议和要求，发出一片侵华叫嚣。他们强调对华贸易对英国工商业利益的重要性，说中国禁烟是对英国生命财产的侵犯，是对英国的

---

① 《鸦片战争》第 2 册，第 372—373 页。

② 同上书，第 535 页。

“侮辱与侵略”。有的人认为中国禁烟给了英国一个战争的机会，不能轻易放过。[①] 短时间内，在英国资产阶级中间，充满了对华战争的空气。英国资本家们先是成立一个伦敦九人委员会作为策动侵华战争的指挥中心，他们中间有银行资本家、纺织资本家、航运资本家、进出口商和鸦片贩子。9月底，更由下院议员、伦敦印度中国协会主席拉本德，银行家、对华航运投资人、外交大臣巴麦尊的亲密伙伴约翰·史密斯和怡和洋行老板、最大的鸦片贩子查顿组成九人委员会的三人核心小组，主持策动战争的活动。这些人正是英国资产阶级中的鸦片利益集团和对华贸易有关的资本家的主要代表者。他们在政府和议会里影响很大，是英国资产阶级中最富有侵略性的部分。就在这时，英国政府接到义律4月初发回的密信。信中建议英国抓住机会发动战争，“使用足够的武力”，对中国进行“迅速而沉重的打击”。[②] 义律的主张与国内资产阶级侵略集团不谋而合。10月1日，英国辉格党内阁遵照资本家的意旨，正式作出向中国出兵的决定。1840年2月，英国政府任命懿律和义律为正副全权代表，并任懿律为侵华英军总司令。外交大臣巴麦尊在给义律的训令和致清政府的照会中，提出了一系列的侵略要求，包括赔偿烟价——美其名曰“货价”、割让沿海岛屿、开放通商口岸、领事裁判权等等。巴麦尊是替英国资产阶级抢占殖民地有功，连续担任大臣三十年、后来并两次担任首相的侵略分子。他被认为是一个善于扮演悲剧、喜剧等多种角色的演员，是一个干丑事的能手。从这时起，他干出了侵略中国的一桩桩丑事。

英国政府公然为保护可耻的鸦片贸易而派兵侵入中国，并且企图由此取得大批侵略权利，它所进行的是侵略战争，是非正义的战争。英国人民是反对这场肮脏战争的。资产阶级中有一部分人也指责政府包庇鸦片贸易。东印度公司某理事斥责查顿等人是罪恶的走私贩子。他的主张为反对鸦片贸易的教友派人士所拥护。剑桥大学一个学院的布道士著《鸦片罪过论》一书，指责鸦片贸易“给英国国旗带来了莫大的侮辱”。议会中有些不属于辉格党的议员，也认为鸦片贸易是罪恶的、有伤道德的，拒绝支持政府的战争政策。[③] 英

---

①《英国蓝皮书：和对华贸易有关的英商呈英政府文》，《鸦片战争》第2册，第653、661页。

②《义律致巴麦尊》，《近代史资料》1958年第4期，第16—18页。

③ 马士：《中华帝国对外关系史》（H. B. Morse. The International Relations of the Chinese Empire，London & New York，1910）第1卷，第253页。

国政府因此对于10月1日的内阁决定和所有战争部署，都一直严守秘密，不敢公开动员。迟至1840年3月19日，才在下院宣布向中国出兵的决定，又到4月初才在议会辩论，以九票多数通过支付军费案。广大阶层的反对，英政府的诡秘行动，正是对英国资产阶级发动的这个战争的非正义性的极大揭露。

英中之间远隔重洋，相距几万里。苏伊士运河这时尚未开凿，英船东来必须绕行非洲好望角；轮船刚开始应用，双桅和三桅帆船仍是重要的运输工具；西方同远东的电讯联系也还没有建立起来。英国对华作战，除了兵力严重不足以外，在交通运输、通讯联络、后勤补给方面都很不方便。印度因此很自然地成了英国侵华战争的重要基地。英国政府实际上把对华作战的任务交给印度总督奥克兰执行，由他从印度抽调军队，垫支军费和供应部分给养。侵略军四千余人中，英军第十八团、二十团、四十九团、五十三团、九十八团是从锡兰、加尔各答等防地抽调来的，印籍炮兵连、步兵连、工程兵队是从马德拉斯等防地调来的。英属印度政府在这次战争中，共垫支军费五十七万三千余镑，后来这笔钱由英国从中国勒索去的赔款中归还。印度总督接到英国政府命令以后，进行了紧张的战争准备工作。

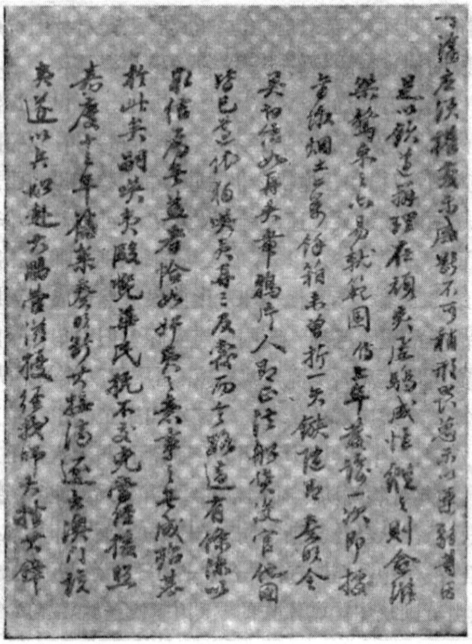

插图3：林则徐手迹

（采自中国社会科学院近代史研究所藏片）

在中国境内，林则徐销毁烟土后坚持禁绝鸦片，义律则继续破坏禁烟。双方展开了一系列的斗争。英商缴烟以后，林则徐下令开放中英贸易，要进口各船出具甘结，保证“永不夹带鸦片，如有带来，一经查出，货尽没官，人即正法”[①]。这表明了中国赞成正当的国际贸易，坚决取缔鸦片走私的严正立

① 林则徐：《谕各国商人呈缴烟土稿》，《林则徐集 · 公牍》，第59页。

场。少数英船愿意具结进口，被义律阻止。不法英商继续从印度运来大批鸦片，在偏僻口岸贱价诱人偷买。1839 年 7 月，英国水手在香港码头对岸的尖沙嘴行凶，殴毙居民林维喜。林则徐严令义律交出凶犯抵罪；义律玩弄卑鄙手法，拒不交出凶犯，有意破坏中国的主权。林则徐命令停止供应英人物资，义律发动武装挑衅。9 月间，英国兵船在九龙附近炮击中国水师兵船，双方激战。英军有人回忆这次战斗说：如果中国师船炮火充足，英军将无人生还。11 月，义律率兵船在穿鼻洋面对中国水师发动进攻，提督关天培亲督师船奋勇抗击，英兵船受伤撤退。九龙和穿鼻海战是中英间的前哨战。几次战斗的微小胜利造成了清政府极大的错觉。道光昏昏然，认为禁烟的主要斗争已成过去，今后的问题是净绝根株，一劳永逸。1840 年 1 月，林则徐奉道光的命令在广州正式封港，断绝中英贸易。林则徐、邓廷桢这时会奏，也以为断绝中英贸易后主要是办理善后的问题。清政府君臣都陷在一片自我陶醉中，没有意识到一场大的战争已经开始了。

1840 年 6 月，英国战舰和其他船只四十余艘，士兵四千余名到达中国海面，第一次鸦片战争正式开始，到 1842 年 8 月结束，战争经过三个段落。

英军首先进犯广州海口。林则徐这时担任两广总督。4 月间，他探知大批英国侵略军即将到来，立刻报告清政府。道光这才发现禁烟事尚未了，斗争愈加复杂。林则徐主张抵抗，态度坚决，认真备战。他看到了广东人民高涨的爱国热情，认为“察看民情，所有沿海村庄，不但正人端士，衔之刺骨，即渔舟村店，亦俱恨其强梁，必能自保身家，团练抵御”①。他相信人心可用，招募疍户、渔民五六千人，编为水勇，并出告示说：英军兵船一进内河，许以人人持刀痛杀。懿律按照英政府的训令，避免在广东拖延，在封锁珠江后，率主力北上。7 月，英军进攻福建厦门，被已调任为闽浙总督的邓廷桢督师击退。不久，英军攻陷浙江定海。8 月，英军舰船到达天津海口，投递巴麦尊给清政府的等于最后通牒的照会，宣称如果不能满足照会中提出的所有要求，“必相战不息”，以武力威胁清政府屈服。

在中华民族与外国资本主义侵略者之间的矛盾激化为民族战争和广大群众要求抵抗侵略的强大压力面前，清政府内部分裂为抵抗与投降两派。一部分

---

① 林则徐：《英人非不可制应严谕英船新到烟土查明全缴片》，《林则徐集·奏稿（中）》，第 678 页。

坚持禁烟和具有民族自尊心、要求抵抗外侮的官员构成抵抗派。林则徐、邓廷桢、裕谦、关天培等是这些人的代表。在坚决反对外国侵略这一点上，抵抗派和广大群众的要求接近一致。一部分原来就反对禁烟或者惧怕对外战争，尤其是惧怕人民的官僚构成投降派，首席军机大臣穆彰阿、直隶总督琦善、两江总督伊里布等是他们的代表。这一派人是地主阶级当权派的骨干人物，在清政府中拥有很大的实权。他们在禁烟运动进入高潮和反侵略战争取得胜利时，暂时保持沉默，但一直在伺机而动。定海失守和英军舰船到达天津海口，以穆彰阿为首的投降派乘机活动起来。他们向道光大进谗言，说“夷兵之来，系由禁烟而起”①；“上年广东缴烟，先许烟价而后负约，以至激变”②。并诬指林则徐接受英国国王文书，私自销毁。道光一看英军来势猖獗，又对林则徐等怀疑，很快发生动摇。8 月 20 日，即接到英国照会的第二天，他发出指示，表示上年林则徐查禁烟土，“措置失当”，“必当逐细查明，重治其罪”，替英国人“代伸冤抑”，③ 并令琦善到天津海口和英国人谈判。

琦善一接手就主张对敌人妥协，发出英人船坚炮利，难以取胜；“且本年即经击退，明岁仍可复来，边衅一开，兵结莫释”④ 等投降论调。他与义律等英军头目在大沽口海滩帐棚里会面，一开始就表示愿意替英国惩办林则徐、邓廷桢，只要英船返回广东，就可以满足他们的要求。英军头目气焰嚣张，舞弄洋枪飞刀相恐吓。琦善隐忍受辱，反过来向道光谎报：英人“情词恭顺”，北来是伸冤抑。英人不满意琦善的答复，但兵力很小，不敢任意挑战，加以军中疾疫流行，舰船在北方港口也不能久留，同意迁往南方交涉。道光派琦善为钦差大臣，到广州继续谈判。不久又下令将林则徐、邓廷桢撤职，抵抗派遭到了严重的打击。

11 月底，琦善到达广州。他一反林则徐所为，自动撤防，解散全部水勇，镇压抗英民众，向英国侵略者讨好。义律这时接替懿律成为侵华全权代表。琦善几乎接受了义律提出的全部侵略要求，只是对割让香港一事表示不敢作主，答应代向皇上请求。狡猾的义律看出，与琦善打交道，只要施以恫吓，便会有满意的结果。1841 年 1 月初，英军在谈判进行中，突然攻陷沙角、大角炮

①《筹办夷务始末（道光朝）》第 16 卷，第 19 页。

② 魏源：《道光洋艘征抚记》卷上。

③《筹办夷务始末（道光朝）》第 13 卷，第 3 页。

④《筹办夷务始末（道光朝）》第 14 卷，第 32 页。

台。琦善受到英国人的威逼，赶紧与义律议和，订立《穿鼻草约》，主要内容是割让香港，赔偿烟价六百万元，开放广州等。战争由此结束了第一个段落。在这以前，伊里布也在浙江与英军议和。伊里布同琦善一样，以替英国惩治禁烟派首领为得计，并且向英人恳求要“教我们下得去，教我们奏得大皇帝”①。在伊里布等人心目中只有地主阶级、封建官僚的利害得失，根本不存在什么国家利益、民族尊严和一致对外的问题。

战争的第一个段落中，双方在军事上互有胜负，中国并非完全处于劣势。由于清政府中真正掌握实权的并不是抵抗派，战争的第一个段落终于以对侵略者妥协而结束。清政府对外国侵略者卑屈求和的态度，在广大群众中引起了普遍不满，群众反对妥协投降的斗争日益高涨。浙江镇海曾爆发有一千多人参加的请愿运动，反对伊里布在与英军停战后撤退镇海防兵。英军宣布根据《穿鼻草约》占领香港的消息传到广州，群情大哗。爱国士绅、书院学生聚集学宫，一致要求当局驱逐英军，收复香港。许多倾向于抵抗派的官员，这时也纷纷呈递奏折，要求罢免琦善，重新起用林则徐、邓廷桢，坚持抗战。道光昏头昏脑，原以为只要惩办林则徐、邓廷桢，允许英国在广州照旧通商，默认鸦片走私，英国就会很快交还定海，从此罢兵。不料义律提出了许多无理要求，而且态度蛮横，定海也没有立刻交还，使他感到地主阶级的统治地位受到了重大的损伤。在广大群众和抵抗派官员要求抵抗的压力下，他经过一番犹豫，又倾向主战。1841 年 1 月底，清政府在接到沙角、大角炮台失守的报告后决定对英宣战，声讨侵略者的罪状，派御前大臣宗室奕山往广东主持战事。抵抗派的领袖林则徐、邓廷桢依旧遭到排斥，不但没有重新获得局部的战争指挥权，而且每当战事失利的时候，道光就要拿他们重新贬谪一次，直至把林、邓充军到新疆。他这样做的目的，是想要推卸失败的责任，并向要求抵抗的人们示威。

2 月，奕山还没有到广州，义律知道情况有变，决定先发制人，派兵进攻虎门炮台。关天培率军死战，琦善多方阻挠，不发援兵。关天培年已六十，一身受伤数十处，还亲自燃放大炮，坚守炮台。因寡不敌众，与将士数百人一同壮烈牺牲，虎门炮台失陷。虎门失败后，琦善被锁拿入京问罪。3 月间，英军继续进攻，占领离广州约三十里的二沙尾炮台。不久又攻陷海珠等炮台，并

---

① 张喜：《探夷说帖》，《鸦片战争》第 5 册，第 336 页。

占领洋馆，广州城已完全处在英军的威胁之下。这时散泊在各处的两万多吨英国商船不能进口，三千万磅茶叶无法运出，将使英国政府至少损失茶叶税款三百万镑。义律又玩弄狡猾手段，向充任参赞大臣的投降主义分子杨芳提议停战。3 月下旬，广州恢复对外贸易。

4 月，奕山等大军一万七千多人先后齐集广州。奕山是皇室近支，在清政府中权位很高，是投降派的又一个活标本。他在反对外国侵略的战争中不但不依靠群众，反而与人民群众尖锐对立。奕山到广州以后给北京的第一个报告就大讲“粤省情形，患不在外而在内”，荒谬绝伦地把广东人通通称为“汉奸”“贼党”，咒骂主战的人都是“无赖之徒”。[①] 奕山甚至对从各省征调来的绿营兵也不放心，将他们互调分配，各离营伍，弄得兵不见将，将不见兵，纷纷扰扰，全无纪律。他的明确方针是“防民甚于防寇”，也就是对内镇压人民，对外投降侵略者。这条方针成了后来一切独夫、卖国贼的金科玉律。奕山日夜饮酒作乐，纵容部下争肥差敛财。5 月 21 日，奕山怀着侥幸心理，派军队夜袭英船，初获小胜。第二天，英军开始反扑，经过五天战斗，城外炮台尽失。中国军队全部退入城内。27 日，奕山的投降派面目完全公开，狼狈向英军乞和，订立城下之盟——《广州和约》。奕山缴赎城费六百万元，自己退出广州城。他明明是战败投降，却谎报英军遭到痛击，被迫“乞抚”，“只求照前通商”，把赔款说成是还清“商欠”。道光和奕山一样，无耻弄虚作假，讳败为胜，欺骗人民。他以“准令通商”的说法批准了《广州和约》。这是战争的第二个段落。

当中国出师抵抗侵略的时候，英国资产阶级正在策划扩大战争。1841 年 4 月，英国内阁接到义律订立《穿鼻草约》的报告，认为从中国抢到的权益太少，不予批准。英国政府为了满足本国资产阶级贪得无厌的侵略野心，决定撤换义律，派在印度干了近四十年殖民勾当的璞鼎查为全权公使，增调援军来中国进一步扩大战争。巴麦尊在给璞鼎查的训令中指出，只有清政府无条件地接受英国所提出的全部要求，才能停止军事行动。那些要求比同一个巴麦尊先前签署的致清政府照会中列举的项目更进一步，也就是后来《南京条约》的雏形。8 月中旬，璞鼎查率领英军向福建进犯，战争的第三个段落开始。

清政府对英国调兵遣将扩大侵略战争毫无准备，沿海各省还在继续撤兵

---

① 《筹办夷务始末（道光朝）》第 27 卷，第 33 页。

裁勇。8月初，裕谦获知英军可能再度进攻浙江的消息后，奏请暂缓撤退江、浙两省调防官兵。道光批驳说："不必为浮言所惑，以致糜饷劳师。"战争再度爆发，中国军队完全处于被动挨打的地位。

8月26日，英军攻陷厦门。9月下旬，英军主力集结在浙江舟山洋面，准备大举进犯。驻守镇海前线的钦差大臣、两江总督蒙古镶黄旗人裕谦，与林则徐有交往，是一个坚决的抵抗派人物。当英军初次占领定海时，他任江苏巡抚，就坚决反对伊里布的妥协政策，主张出兵收复定海。广东沙角、大角炮台失守后，裕谦上奏折揭发琦善的卖国罪状。他和林则徐一样，主张利用民众力量抵抗外国侵略。他说制服外敌，首先靠熟悉民情，人民意志坚定，乐于抵抗，就什么敌人都可以打败。[①]英军再度进犯浙江，裕谦集众宣誓，表示要与镇海共存亡，激励军民同心杀敌。10月初，英军第二次攻陷定海，总兵葛云飞、王锡朋、郑国鸿率五千守军浴血奋战六昼夜，抬枪鸟枪红透不能装火药，犹持短兵格斗，最后全军将士壮烈牺牲。接着，英军进攻镇海，裕谦亲自登城指挥战斗，广大官兵士气高涨，斗志昂扬。浙江提督余步云负责守招宝山险要，贪生怕死，不等英军来攻，便弃军而逃。镇海城失陷，裕谦投水自尽，履行了自己的誓言。不久，宁波也失陷。英军在进犯浙江的同时，先后两次侵犯台湾。当地人民奋起抵御，爱国热情异常高涨。台湾道姚莹等由于人民的要求和支持，采取积极抵抗的态度。1841年9月、1842年2月中国军民两次击沉英军舰船，俘虏敌军二百余人。

浙江连失三城，清政府决定第二次出师。协办大学士皇侄奕经等被派往浙江应战，并从江西、湖北、安徽、四川、河南、陕西、甘肃等省调集军队。1842年2月，奕经等到绍兴前线，各省军队陆续到达。奕经和奕山一样代表封建统治最黑暗的势力，走着和奕山一样的失败主义、投降主义的老路。奕经军营中的腐败情况十分惊人。他带着大批亲戚故旧和王公大臣所推荐的随员，一路上游山玩水，成天沉迷在酒色歌舞之中，到处骚扰勒索，法纪荡然。从北京到浙江，这一群害民贼慢腾腾地走了四个月。奕经对于如何与敌人作战，并无认真部署。有人向他建议：多招募民间乡勇，分散在宁波、镇海、定海附近，随时随地以小队水陆分扰敌人，等到敌人疲敝时，用大军出击，内外夹攻，可以获取全胜。奕经等人和奕山同样惧怕人民，根本不能实行这个

---

①《筹办夷务始末（道光朝）》第26卷，第32页。

需要在一定程度上依靠人民的作战方案，而把胜利的希望寄托在侥幸一试上面。3月，大军从绍兴分三路，冒雨在夜间向宁波、镇海、定海出发，希冀同时克服三城。因事机不密，英军早有准备，结果大败而回。英军乘机攻陷慈溪，奕经等逃到杭州，从此主张投降，不敢再战。清政府的第二次出师完全失败。

中华民族与英国侵略者的矛盾、国内农民阶级与地主阶级的矛盾现在呈现着复杂的情况。英国发动战争，清政府先后两次出兵和英军所到之处广大群众协同清军一致对敌，表现了民族矛盾的尖锐、突出，国内阶级矛盾、包括农民阶级与地主阶级这个主要矛盾暂时降到了次要和服从的地位。广州战役、浙江战役以后，英国继续对中国进行侵略战争，民族矛盾并没有缓和，但清政府在战争中遭到彻底失败和它所暴露的重重黑暗，引起了广大人民的极度愤慨。战事按照老样子进行下去，中国再也没有取得胜利的希望，前面是漆黑一团。庞大的战费开支以及官吏们借战争大量搜刮自肥，人民的负担加重。当时有人指出："近海之区，借防堵以派费，于征兵之境，借征调以索财，以及道路所经，辄以护送兵差、供给伕马为名，科敛无度。"[①] 军队的骚扰直接加深了人民的痛苦，人心摇动，怨讟四起。英国发动战争后暂时缓和的人民群众与封建统治者之间的阶级矛盾，在新的形势下又重新趋向激化。1842年初，湖北崇阳县突然爆发了以钟人杰为首的农民起义。参加起义的群众一万多人，很快占领崇阳、通城，进攻蒲圻、通山，大战清兵。武昌、汉口纷纷戒严。这次起义使清政府受到很大的震动。道光手忙脚乱，从湖南增兵五千，前往镇压，并命令湖南、江西两省"严密防堵"。远在江苏的清朝大吏也深怕这次起义不能迅速平定，蔓延成燎原之势。清政府花了二十多万两银子的军费，用了一个月时间，才把崇阳起义镇压下去。在这前后，广东，广西，云南永昌、广南，湖南郴州、桂阳，安徽，浙江慈溪、绍兴，福建厦门，江苏镇江、仪征、扬州，山东青州、曹州等地，都发生相当规模的群众反抗斗争。他们散布揭帖，抗拒清军，捣毁官衙，惩办土豪劣绅，夺取地主豪富的财物。卷入这些斗争的有会党、盐民、水手和其他贫苦群众。早就神经十分衰弱的清朝统治者这时更加担心，如果不立即结束对外战争，很可能出现一个所谓"外患未除，内讧又起"的局面，不可收拾。也就在这个时候，典型的投机取

① 《筹办夷务始末（道光朝）》第45卷，第17页。

巧、见风使舵的封建官僚浙江巡抚刘韵珂向道光上了一个“十可虑”的奏折，劝他赶快向英国侵略者妥协。刘韵珂十分强调国内形势不稳，特别提醒道光注意：倘若战争再延长下去，“安保此外不另有不逞之徒，乘机而起”①。封建统治阶级讲到人民有可能造反的时候，一致表现出忧心如焚，不寒而栗。

以道光为总头子的地主阶级当权派这时必须迅速在下面两条中间作出选择：一条，缓和与人民的对立，依靠群众力量把反侵略战争进行下去。这是唯一可以取得胜利的道路。但是地主阶级当权派完全不敢接受这种胜利。中国地主阶级已经是一个垂死的阶级。它与农民阶级、广大人民的矛盾非常尖锐，必须靠残酷镇压人民来维持统治。一旦放松镇压和人民一经行动起来，这个统治就有被推翻的危险。地主阶级根本无法与农民阶级求得妥协，自然更加谈不上依靠人民的问题。再一条，向英国屈膝投降，结束战争局面，保住清朝的政权。由于对外国资产阶级还不了解，这样做也不能没有顾虑。但是同意英国提出的割地、赔款、通商等要求，就表面看，多少不同于历史上的对外纳贡称臣。对于地主阶级的统治，比较之下，外国人远不像本国人民那么可怕。因此，与外国侵略者妥协，谋求和议，结束对外战争，就成了清政府唯一可以走的道路。

奕经在浙江失败后，清政府立即派盛京将军耆英带同伊里布到浙江议和，要他们“设法羁縻”，“切不可再失时机”。②清政府急着求和，英军却偏要求战。英国侵略者的胃口很大，决心进一步施行军事打击，彻底压服清政府，不许它有讨价还价的余地。英军对耆英等人的求和活动不加理睬，按照预定计划侵入长江，直扑南京。

1842年5月，英军攻占江、浙两省海防重镇乍浦，守军坚决抵抗，大部壮烈牺牲。6月，英国从印度派来的援军计大小舰船百余艘，陆军士兵一万多人陆续到达中国。英军进攻长江口吴淞炮台。江南提督老将陈化成率部奋起抗敌，击中英舰两艘。英军分兵进犯，两江总督牛鉴惊慌失措，抛弃靴帽逃命，全军大溃。陈化成坚持抵抗，一连三次拒绝牛鉴要他撤退的命令，死守炮台，力竭牺牲。上海、宝山官员逃避一空，两城相继陷敌。英军溯长江攻入镇江，守城官兵顽强抵抗，与英军展开激烈的巷战。一路耀武扬威的侵略

①《筹办夷务始末（道光朝）》第44卷，第32页。

②同上书，第36页。

者在这里受到了沉重的打击。

与吴淞、镇江前线将士英勇抗敌相反，在英军进入长江后，中央政权和地方势力中的投降派，上下呼应，一齐出动。牛鉴从上海逃到太仓，立刻向北京报告：英军的凶猛，实在出乎意料之外；不管将士如何听从指挥，现在也没有可能阻止敌军前进。[①]这就是说，只有投降是唯一出路。一向在幕后指挥的投降派首领穆彰阿这时也公开发言了。他说："兵兴三载，糜饷劳师，曾无尺寸之效。剿之与抚，功费正等，而劳逸已殊。靖难息民，于计为便。"[②]道光急如星火，催促耆英向英军求和，不可有丝毫耽误。[③]长江下游两岸地主豪绅纷纷给英军送去银钱、食物，向侵略者乞降。英军并没有到扬州，那里以早就主张对英人"暂事羁縻"的反动大官僚阮元为首的一批大乡绅、大地主、盐商等，急忙措集白银五十万两和许多牛、酒、猪、鸡，派人在江边上等候英国兵舰，"头顶说帖，跪迎江干"[④]。地方上那些土豪劣绅向外国侵略者摇尾乞怜的丑恶表演，与中央政权中投降派的活动如出一辙。他们惶惶不可终日，要求投降越快越好。不同环境下地主阶级代表人物的行动，把他们共同的反动阶级性表现得格外刺眼。8月初，英国兵舰到达南京江面，耆英作为清政府"永定和好"的全权代表，急忙赶到南京办理投降手续。他的工作就是照英国提出的全部侵略条款一字不改地俯首签字画押。8月29日和议宣告成立，第一次鸦片战争结束。

从战争一开始，清政府中出现的抵抗、投降两派，最后是抵抗派遭到失败，投降派取得胜利。但是南京议和，并没有使两派的斗争熄灭。当时传说，道光在最后决定要签订《南京条约》的时候，生怕主战的大臣阻挠，鬼鬼祟祟地把命令交给穆彰阿去执行。宣布南京和约的"上谕"里说：所以要讲和，是"念江南数百万生灵，一经开仗，安危难保"[⑤]，是"因亿万生灵所系"[⑥]。人民的头号敌人忽然口口声声要以民命为重，变得关心起人民来了，这是因为只有借口人民的利益，才足以封住抵抗派的口，并洗刷自己投降卖国的罪

---

①《筹办夷务始末（道光朝）》第50卷，第28页。

② 夏燮：《江上议款》，《中西纪事》第8卷。

③《筹办夷务始末（道光朝）》第55卷，第27页。

④ 梁章钜：《浪迹丛谈》第2卷。

⑤《筹办夷务始末（道光朝）》第58卷，第36页。

⑥《筹办夷务始末（道光朝）》第59卷，第3页。

责。南京议和的第二年——1843年，道光准备把曾经在两年前定为“斩监候，秋后处决”的琦善，免罪重新起用。抵抗派抓住机会，起来表示异议。这一次是由御史陈庆镛出面上疏，严厉批评起用琦善为“刑赏失措，无以服民”。道光被迫暂时收回成命，厚着脸皮承认一些错误，说应归咎于他“无知人之明”，“惟有反躬自责”。[①]这证明抵抗派是有潜在力量的。外国的侵略是一个客观存在，中华民族与外国侵略者的民族矛盾就是一个客观存在。地主阶级当权派出卖民族利益，外国的侵入变本加厉。清政府内部抵抗派与投降派的继续斗争，是从阶级斗争全局的一个侧面，即从地主阶级内部反映出了中华民族与外国侵略者这个主要矛盾的存在。

中国在反鸦片战争中进行的是自卫的、正义的战争。中国在人力、物力和军队数量上都处于优势地位。不算团练等地方武装，清政府有绿营兵六十万人，旗兵二十万人，水师若干。全部动员起来，数量可观。中国广大士兵在抵御外国侵略的战斗中是勇敢的。英国军人记述定海守军英勇作战的情形说：葛云飞壮烈牺牲，他的部下一致奋起与英军短兵接战。某高地上的旗手选择了一个最显著的地点站着摇旗，丝毫不怕从英舰打来落在他身边的炮弹。最后一发炮弹把旗手打倒，另一个立刻上去接住旗子，继续战斗。[②]恩格斯评论镇江战斗时，热烈赞扬守军顽强的斗争精神。他说：“驻防旗兵虽然不通兵法，可是决不缺乏勇敢和锐气。这些驻防旗兵总共只有一千五百人，但却殊死奋战，直到最后一人。”“在这次战斗中，英军损失了一百八十五人……如果这些侵略者到处都遭到同样的抵抗，他们绝对到不了南京。”[③]凡是前线指挥官抵抗意志坚决的，士兵就浴血奋战，可歌可泣。士兵很勇敢，问题只在于由哪种思想和什么人去指挥。中国在自己的国土上作战，能够得到坚决抗敌的千百万民众的直接支持，具有进行持久战，拖垮、赶走侵略者的一切有利条件。英国进行的是侵略的、非正义的战争。英国这时的军事力量根本没有什么了不起。它分布在本国和殖民地的全部军队不过十万人，投入侵华战争的最初只有四千人，最多的时候也只到过一万五千人。用这样有限的兵力对富有革命传统的地大物博、人口众多的中国进行侵略战争，加上远离本土、

①《筹办夷务始末（道光朝）》第66卷，第10页。

② 宾汉：《英军在华作战记》，《鸦片战争》第5册，第264页。

③ 恩格斯：《英人对华的新远征》，《马克思恩格斯全集》第12卷，第189—190页。

补给线长等重要弱点，困难是很大的。近代工业使英军在装备、训练方面比中国先进一点，但是船坚炮利只有在沿海沿江可以发挥它的若干优越性，深入内地就很困难。对比双方的优劣形势，英国绝不是一头真正的狮子，而中国则是一个蕴藏着雄厚力量的巨人。中国所以遭到失败，根本原因就是一条：掌握国家政权的是已经十分腐朽的地主阶级。它与人民群众尖锐对立，把自己从人民群众中最大限度地孤立起来。这是促使清政府对外投降的原因，也是决定中国在鸦片战争中失败的原因。道光动摇不定，时战时和，朝令夕改，前线指挥混乱，军伍废弛等等，都是从这个原因产生的；反过来它们又成为一种因素，促使战争遭到失败。清政府在反侵略的民族自卫战争中，从组织抵抗到卑屈求和，表明地主阶级在外国资本主义进攻的面前已经不可能也没有力量来保卫中国的独立。

不同阶级的代表人物，在鸦片战争中把他们的不同地位和作用表现得最为明显不过。道光这个地主阶级的总头子尤其如此。琦善私割香港被揭发以后，他大骂琦善"为此遗臭万年之举"[①]。琦善是对外割地赔款、出卖主权的发端者，道光是这件事的完成者。他给琦善下的定论，正好就是给他自己下的定论。中国近代史上从道光起的所有投降派、卖国贼，他们都是遗臭万年的民族罪人。

第三节 沿海人民自发的反侵略斗争

中国人民富有反抗外来民族压迫的革命传统。英国资产阶级以武力压迫中国人民，中国人民就用革命的武装斗争反对英国侵略者。第一次鸦片战争期间，东南沿海地区的广大人民，在清政府对英国进行抵抗的时候，积极支持和配合军队作战。当统治阶级转向屈辱投降的时候，人民就自发地继续坚持进行反侵略斗争。

英国侵略军足迹所到之处，烧杀抢劫，奸淫掳掠，无恶不作。英军在广州大肆抢掠，原来与外国商人进行贸易的"十三行"被洗劫一空；攻陷宁波后抢去大量现银、粮食和绸缎，又掳走大批妇女；在乍浦进行了大屠杀，浮

---

①《筹办夷务始末（道光朝）》第22卷，第17页。

尸满河；到上海后，勒索赎城费五十万元，强迫供应物资，还在城内和四郊抢劫；在镇江更是奸淫焚掠，把繁荣的镇江城变成一片瓦砾场。英军的这种残暴行为是和英国政府发动这次战争的侵略性质完全符合的，是集中代表所谓“西方文明”的英国资产阶级的反动本质的表现。英国侵略者的滔天罪行，更加激发了中国人民的反抗精神。

插图 4：英军劫掠队（漫画）

（采自 W. D. Bernard, Narrative of the Voyages and Services of the Nemesis, London，1845,p.367）

广东、福建、台湾、浙江、江苏等地人民，对侵略者进行了坚决的斗争。英军攻占福建厦门后，到附近各乡恣意抢劫，遭到乡民猛烈抵抗。晋江、惠安、南安、同安、马巷、厦门各厅县群众纷纷“自相团练，各保乡村”。台湾人民在英军侵入时成立的自卫团体，一时多至数万人。半守本庄，半听官调，踊跃上前线杀敌。英军扰及澎湖，当地人民自发起来奋勇抗击。浙江沿海群众的抵抗斗争纷纷而起。定海三十六岙群众齐集神庙，订立盟誓，相约同心杀敌。他们发布《定海县民人告白》，表示对英军“逢人即杀，见船无备遂烧。……一次无成，二次再举。水战不胜，陆战再图。明不得手，暗可施谋。或放虫下毒，或挟刀行刺，使彼有防所不及防，备有不能备。以彼数万里深入之孤军，与我数十岙土著之众庶为仇，杀一人则少一人，烧一船即无一船。

将见其有尽之人船，立见消亡于不觉”[①]。群众协助守军作战，捕捉汉奸，破坏英军的食物、淡水供应，不断袭击零星外出滋扰的敌人。城西山村青林岙民众击毙英兵，俘获探测地形的英军官。沈山头乡民奋勇杀敌，大破海上火轮兵船，声威远播。镇海乡民伏击英军侦察队，俘获英军官兵。宁波有黑水党，在城内外四处埋伏，勇敢、机智地截杀小股英军。鄞县、余姚、慈溪等县组成团练乡勇数万人，随时迎击侵略军的进犯。江苏崇明武装民众事先设下埋伏，派人引诱上岛抢劫逞凶的英军进入伏击圈，然后打击之。英军侵入长江时，一路遇到沿江人民的反抗。太仓、江阴的农民以竹竿、锄头袭击侵略者。儿童、妇女也加入战斗行列，拾石块奋击。靖江人民阻止英人抢劫，杀死杀伤英军。瓜洲、仪征一带盐民、农民组成几万人的义勇，袭击敌人，焚烧船只。广东最早受到外国侵略的祸害，战争在那里持续最久，当地人民的反侵略斗争也最激烈。林则徐在广东主持抗英战争期间，人民纷纷参加他所招募的水勇和当地士绅组织的团练，与军队配合作战。奕山等在广州向英军求和以后，群众怀着强烈的义愤，继续自发地进行反侵略斗争。

1841年5月30日广州北郊三元里战斗，是群众抗英斗争的一个高潮。前一天，英军到三元里抢劫行凶，调戏妇女。群众当场打死英兵数人，又联络附近各乡代表集会，决定联合起来对敌。30日清晨，三元里附近一百零三乡约五千义勇向英军占领的四方炮台进攻。英军除少数留守炮台，出动约一千人迎战。战斗在三元里北面的牛栏冈展开，手持刀矛锄耙的农民从四面八方赶来，人数越聚越多。“老弱馈食，丁壮赴战，一时义愤同赴，不呼而集者数万人”[②]。这时又遇到雷雨，英军不敢作战，仓皇撤退。一部分英军被群众包围，他们的火药已被淋湿，枪械无法使用，双方展开了肉搏战。群众人多势众，围开复合。那些无恶不作的英国侵略军被打得“各弃其鸟枪，徒手延颈待戮，乞命之声震山谷”[③]。这一仗，打死打伤英军近五十人[④]，缴获许多战利品。有人称赞：“自从航海屡交锋，数万官军无此绩。”[⑤]31日，三元里一带人民将四方炮台团团围住，旌旗、刀矛如林，杀声震天。英军龟缩在炮台

---

① 佐佐木正哉编：《鸦片战争の研究》（资料篇），第300页。

② 梁廷枏：《夷氛闻记》第3卷。

③ 同上书。

④ 麦华生：《在华二年记》，见《三元里人民抗英斗争史料》，第245、247页。

⑤ 梁信芳：《牛栏冈》，阿英编《鸦片战争文学集》下册，第929页。

里毫无办法。义律跑去找广州官吏求救。广州知府用欺骗威胁手段，迫令群众解散，英军才得逃脱重围。6月初，英国侵略军撤出虎门。义律临走，老着脸皮出告示说：“百姓此次刁抗，蒙大英官宪宽容，后勿再犯。”群众立刻出告示痛加驳斥，表示人民“不用官兵，不用国帑，自己出力……若不杀尽汝等猪狗，便非顶天立地男子汉”[①]。三元里的抗英斗争，成了中国人民自发地武装起来反抗外国资本主义侵略的第一声，显示了中国人民决不屈服和敢于同敌人斗争的英雄气概。斗争的领导人之一林福祥说：三元里一仗，敌兵死伤惨重，我民损失不多，“夷兵俱有火枪大炮，而乡勇只用长棍短刀，又何尝见夷兵之可怕，又何尝见夷兵之利害，断无可胜之法乎！”[②] 群众从斗争实践中感到了气势汹汹的外国侵略者并没有什么可怕，人民群众自己最有力量，敢于战斗，就能胜利。

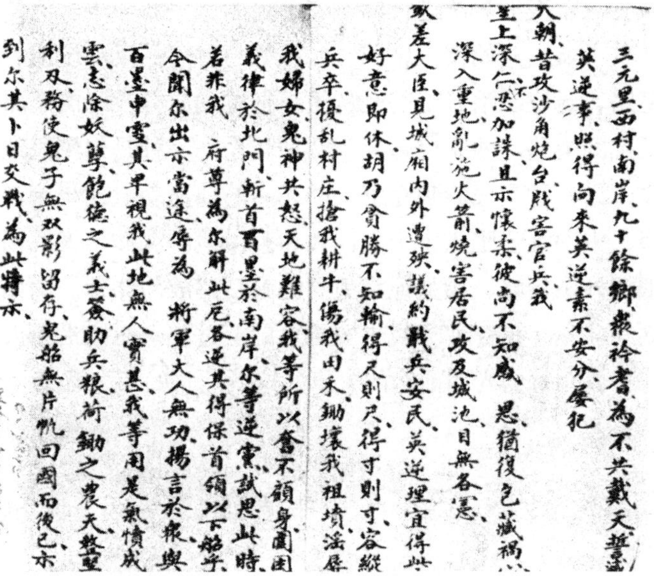
三元里西村南岸九十餘鄉衆衿耆爲不共戴天
英逆事照得向來英逆素不安分屢犯
天朝昔攻沙角炮台戕害官兵我
皇上深仁恐加誅且示懷柔彼尚不知感 恩猶復包藏禍
深入重地亂施火箭燒害居民攻及城池目無各憲
欽差大臣見城廟内外遭殃議約戢兵安民英逆理宜得此
好意即休胡乃貪勝不知輸得尺則尺得寸則寸容縱
兵卒擾亂村庄搶我耕牛傷我田禾鋤壞我祖墳淫辱
我婦女鬼神共怒天地難容我等所以奮不顧身圍困
義律於北門斬首百墨於南岸爾等逆黨試思此時
若非我 府尊爲爾解此厄各逆其得保首領以下船乎
今聞爾出示當逆虜爲 將軍大人無功揚言於衆與
百墨中靈其卑視我此地無人實甚我等用是氣憤成
雲志除妖孽飽德之義士發助兵糧荷鋤之農夫整望
利及務使鬼子無双影留存鬼船無片帆回國而後已示
到尔其卜日交戰爲此特示

插图5：三元里人民讨英檄文

（采自北京历史博物馆编《中国近代史参考图片集》上集）

东南沿海人民的反侵略斗争是自发的分散的斗争。斗争的参加者主要是

① 《尽忠报国全粤义民申谕英夷告示》，《鸦片战争》第4册，第20页。

② 林福祥：《平海心筹》，《鸦片战争》第4册，第590页。

农民。《三元里等乡痛骂鬼子词》说："是以饱德之义士，佥助兵粮；荷锄之农夫，操戈御敌。"[①]《全粤义士义民公檄》说："无事则各归农业，有事则协心从戎。"[②]当时人写的描述三元里斗争的诗歌说："妇女同心即健儿，犁锄在手皆兵器。"[③]"田家岂识孙吴略，队队分明有律兵。"[④]英国人的记载也说：在广州随时随地拿起武器抗击英军的"显然是在田间工作的农民"[⑤]。手工业工人在战斗中也占重要的地位。广州的打石工人、丝织业工人多次参与对英军作战。丝织业工人梁永图在三元里战斗中英勇牺牲。此外还有渔民、盐民和社会其他下层群众。斗争的领导者最初多半是地主阶级中具有爱国思想的人和有功名的知识分子，表现出民族矛盾的尖锐性。这些反抗斗争，有的是事前有组织的，如各地的团练、义勇等；有的是临时组织的，如广州三元里抗英武装队伍等；而最普遍的则是猝然发生，既无组织，又无准备，人数较少的抵抗活动。战斗所需要的器械、经费，也多半由群众自己筹集。

中国人民在东南沿海所进行的不屈不挠的反侵略斗争，清楚地昭示给人们：外国资本主义一开始侵入中国，人民就与封建的反动统治者走着两条根本不同的道路。封建统治者走的是从组织抵抗到屈辱投降的道路，而人民走的是坚决抵抗的道路。两条道路导致两种前途。一种是半殖民地和殖民地的黑暗的前途，另一种是民族独立解放的光明的前途。封建统治者向外国侵略者屈辱投降，中国逐步陷入了半殖民地和殖民地的深渊，人民则始终昂首挺胸，坚决抵抗外国侵略，顽强地为中国的独立解放而斗争。两条道路、两种前途的对立和斗争，贯穿着近代中国历史的全过程。东南沿海人民第一次高举起了民族解放斗争的光明前途的大旗。这就是它的伟大意义。

第四节　近代史上第一个不平等条约——《南京条约》

1842年8月，中英签订《南京条约》，英国发动战争的目的全部得到实

---

① 《鸦片战争》第4册，第22页。

② 《鸦片战争》第3册，第355页。

③ 张维屏：《三元里》，见《三元里人民抗英斗争史料》，第192页。

④ 梁信芳：《螺涌杂咏》，见同上书，第192页。

⑤ 宾汉：《英军在华作战记》，《鸦片战争》第5册，第218页。

现。《南京条约》是中国近代史上第一个丧权辱国的不平等条约。它是英国资产阶级想要把中国变为殖民地的第一次胜利。从此，东方的形势大改变，中国的形势发生根本改变。

《南京条约》共十三款，主要内容有：一、中国割让香港；二、向英国赔偿烟价六百万元，商欠三百万元，兵费一千二百万元，共计二千一百万元；三、开放广州、福州、厦门、宁波、上海等五处为通商口岸，英国在那里可以派驻领事等官；四、取消以往英商只准与清政府指定的行商进行贸易的限制，英商可以自由与中国商人进行贸易；五、英商"应纳进口、出口货税、饷费，均宜秉公议定则例"；等等。1843年10月，耆英又与璞鼎查签订了《五口通商附粘善后条款》和中英《五口通商章程》。《五口通商章程》在正式签订前，已于7月间公布实施。在这两个条约中，英国又取得了领事裁判权和片面的最惠国待遇等特权；同时中英双方又共同议定，实际上是按照英方意愿制定了海关税则，开了中国与外国协议关税的恶例。

中英《南京条约》签订后，美国和法国趁火打劫，又先后胁迫清政府与它们签订不平等条约。

美国在对华鸦片贸易中的地位仅次于英国。据英国东印度公司估计，1817年各国运来中国的鸦片总数是四千五百担，其中美国人运来的达一千九百担，占总数的百分之四十二。林则徐所缴获的鸦片，有一千五百多箱是出自美国人手中的。英、美两国资产阶级在打开中国门户、压榨中国人民这一点上是完全一致的。中英贸易断绝后，美商帮助英商继续进行对华贸易。美国人把大量英国船只转移到自己的名义下从事走私偷运。后来义律说：英国女王要向美国人道谢，英商已经把他们所有的货物运进，并且运出了足够的丝、茶。战争期间，美国派出舰队到中国为英军声援。美国在英国侵略活动中成了主要的帮凶。《南京条约》签订后，美国第一个跟踪而来，要求清政府与它订约。1844年2月，美国代表顾盛一到中国，就施展出狡猾手段，坚决不与广州地方官谈判，表示非进北京面见皇帝不可。清政府官吏不答应，顾盛便公然以战争相威胁，叫嚷什么拒绝接待使节，是战争的正当理由，逼迫清政府接受他所提出的全部要求。这年7月，清政府在美国侵略者的恫吓下，订立了中美《望厦条约》。美国在这个条约中取得了英国在《南京条约》中夺取的一切特权，并且扩大了领事裁判权的范围，还正式规定中国变更关税税则要与美国领事共同商定，美国兵船可以到中国沿海各港口巡查贸易以及在五口建立教堂、医院等特权。这些都比《南京条约》更进一步地破坏了中国的主权和独立。顾盛在给美国国务院的报告中说，美国及其他国家必须感谢英国，因为它订立了《南京条约》，打开了中国的门户。现在，英国及其他国家也要感谢美国，因为美国把中国的门户打开得更大了。

法国不久也派专使拉萼尼来中国进行讹诈。1844 年 10 月，清政府与法国签订了《黄埔条约》，法国取得了中英、中美条约中规定的全部特权。后来法国还强迫清政府取消对天主教的禁令，准许他们在通商口岸自由传教。基督教随后也取得了同样的权利。

美、法强迫中国订约前后，比利时、瑞典、挪威等西方国家也争相要求援例给予各种特权，清政府抱定"一视同仁"的卖国原则，一概允准。

通过中英《南京条约》、中美《望厦条约》和中法《黄埔条约》等一系列不平等条约，外国资本主义在中国攫取了如下的侵略权益：一、通商口岸从以往的广州一地，增加为五口；外国人在这些通商口岸有居住权，此后侵略者得寸进尺，利用机会在许多口岸设立租界，作为扩大侵略的据点。二、外国侵略者取得了协议关税权，使中国的关税税则完全有利于外国商品倾销和外人对中国工农业产品的掠夺，破坏了中国的关税主权。三、领事裁判权。外国人在中国违法犯罪，民刑诉讼，都由各该国领事审判处理，中国不能过问，侵略者在中国土地上可以横行无忌。四、外国兵船可以在中国沿海自由行驶，破坏了中国的领海权。五、取消天主教禁令，外国在通商口岸可以自由传教。六、片面的最惠国待遇。中国给一个国家的特权和利益，其他各国都可以享受。

鸦片战争是中国遭受外国资本主义奴役的开始，也是中国人民反对外国资本主义侵略的起点。中国社会在鸦片战争以后急速变化。毛主席指出："自从一八四〇年的鸦片战争以后，中国一步一步地变成了一个半殖民地半封建的社会。"[①] 鸦片战争以前，中国在经济上自给自足。现在中国的门户被打开，封建经济受到外国资本主义的猛烈冲击，逐渐解体。鸦片战争以前，中国是个独立的封建国家，清政府可以行使全部主权，不受外国干涉。西方资本主义强加予中国的一系列不平等条约，改变了清政府的地位，也改变了它以前那种单纯的性质。以前清政府是地主阶级对中国农民阶级的专政，现在开始

① 毛泽东：《中国革命和中国共产党》，《毛泽东选集》第 2 卷，第 626 页。

变为同时又是外国资产阶级统治中国人民的工具。保护中国地主阶级对农民的统治秩序，保护地主阶级的剥削利益，是它原有的使命；保护外国资产阶级对中国人民的统治秩序，保护外国资产阶级在中国的剥削利益，则是它新领受的使命。必须能够担当后面这个使命，适合外国资产阶级利益的需要，它的统治才能够存在下去。清政府站在中国人民头上发号施令，外国资产阶级却站在它的头上发号施令，这就是那许多条约特权的实质。鸦片战争以前，中国社会的根本矛盾是封建地主阶级和农民阶级的矛盾。战后，外国资产阶级和中华民族的矛盾成为中国社会的另一个根本矛盾，随着外国侵略的深入，"帝国主义和中华民族的矛盾，乃是各种矛盾中的最主要的矛盾"①。两座大山压在中国人民头上，一座是帝国主义，一座是封建主义。中国人民肩负着的再也不单是反封建的任务，而是反帝国主义和反封建的双重任务。中国革命是要"对外推翻帝国主义压迫的民族革命和对内推翻封建地主压迫的民主革命，而最主要的任务是推翻帝国主义的民族革命"②。鸦片战争就这样成为一个关键，中国社会的阶级、阶级斗争，中国的伟大革命运动出现了前所未有的新内容，新局面。一面是帝国主义、地主阶级和买办资产阶级，一面是农民阶级、民族资产阶级、工人阶级和广大人民群众，从此以后展开了空前大搏斗。

---

① 毛泽东：《中国革命和中国共产党》，《毛泽东选集》第 2 卷，第 631 页。

② 同上书，第 637 页。

第三章　第一次鸦片战争以后的社会状况。农民革命的酝酿

第一节　四五十年代中国社会经济的变化

《南京条约》和以后的几个不平等条约的签订，为外国资本主义打开了侵入中国的大门。中国的社会经济从十九世纪四十年代起出现新的深刻的变化，人们从日常生活中感到了社会的剧烈动荡。这种变化，有几个方面表现得尤其显著。

四十年代，鸦片输入继续增加。英、美等国鸦片贩子利用中英条约和关税协定中没有关于鸦片问题的条款，把非法的鸦片贸易公开化。英美来中国的商人，几乎无例外地利用机会参与这项毒品生意。从事贩毒、有名字可查的洋行多至五十几家。他们共拥有一百多艘专门从事鸦片走私的船只，总吨位达二万余吨。这种船只武装齐备、速度很快，被称做“鸦片飞剪船”。南起广东，北到奉天的许多港口，成了鸦片走私船经常出没的地方。鸦片输入的数量，四十年代末，每年达四万多箱，五十年代增至六万多箱。其价值从一千数百万元增到二千多万元和三千多万元。外国鸦片贩子每年从中国运走一千万元以上的白银。鸦片战争前已经很严重的白银外流问题现在更趋严重。银、钱比价的差额愈益扩大。1838年，白银一两换铜钱一千六百文，1842年已涨到一千七百余文，1849年更达二千三百五十余文。中国的财政金融、人民生活受到的威胁更加严重。

外国商品倾销开始破坏中国的手工业生产。西方资产阶级，特别是英国资产阶级在鸦片战争结束的时候兴奋得发狂。《南京条约》一签字，璞鼎查就向英国资本家报功，说给他们开辟了一个无限广阔的新市场，倾兰开夏全部纺织厂的产品也不能满足中国一个省日常需要的布料。英国资本家以为“只消中国人每人每年需用一顶棉织睡帽，不必更多，那英格兰现有的工厂就已经

供给不上了”[①]。他们把大量棉纺织品和其他各种工业产品运到中国来销售，甚至把中国人根本不使用的餐具刀叉之类以及钢琴等等，也大批运进来。英国输华货物总值，1837—1839年平均每年不到一百万镑，1845年迅速增长到二百三十九万多镑。其中主要工业产品棉布、棉纱的输华总值，从1842年的七十一万多镑增长到1845年的一百七十三万多镑。美国资本家这时也向中国倾泻了不少货物。

十九世纪四十年代，小农业与家庭手工业相结合的自然经济在中国仍占据统治地位。商品经济在广大农村依旧很不发达。供应城市的各种用品，除了一部分是由城市手工业提供的，其余就是由与小农业相结合的各种家庭手工业提供的。这种生产“造成的巨大的节约和时间的节省”，“对大工业产品进行了最顽强的抵抗”。[②]那些潮水一般地涌进中国的外国货物，不得不大批地积压起来。从1846年起，英国对华商品输出量开始急剧下降。这一年英国输华货物总值为一百七十九万多镑，一下子降低了四分之一。直到1854年，英国输华货物总值只有一百万镑，比鸦片战争前某些年份的数字还要低。

中国的自然经济单凭本身力量终究无法阻止外国大工业产品的输入及其增长。进口商品由于价格便宜，首先在通商口岸及其附近地区为自己打开了销路。这些地方的富裕阶层和商业人口穿用洋布的逐渐增多。英国输华货物总值，从1855年起重新上升。1856年再达二百多万镑，1859年增为四百多万镑。外国棉布、棉纱的销售，必然要排斥相当数量的中国土布、土纱。东南沿海一带的家庭纺织业首当其冲，发生衰退。上海开市以后三年，松江、太仓布市就“消减大半”[③]。1847年，一个英国人在报告中说：他在上海发现，由于英国布的销行，中国的织布业已迅速下降。[④]厦门、广州附近的土布、土纱滞销，妇女纺织半数停工。资本主义的世界贸易，“在它已经扎根的地方，它就会把一切以生产者本人劳动为基础或只把多余产品当作商品出售的商品生产形式尽行破坏”[⑤]。外国进口棉布同中国土布在东南沿海城市市场的竞争

---

①香港《中国邮报》(China Mail)1847年12月2日社论，见严中平《英国资产阶级纺织利益集团与两次鸦片战争的史料》，《经济研究》1955年第2期，第120页。

②马克思：《资本论》第3卷，《马克思恩格斯全集》第25卷，第373页。

③包世臣：《安吴四种》第26卷。

④彭泽益：《中国近代手工业史资料》第1卷，第495页。

⑤马克思：《资本论》第2卷，《马克思恩格斯全集》第24卷，第43—44页。

大约经过了十几年，进口棉布成为战胜者，中国土布大量退出沿海城市市场。五十年代下半期外国商品输入的激增，表明外国资本主义的侵略势力，已经在中国“扎根”，中国牢固的自然经济开始解体。

中国出口贸易受到外国资本的控制。丝、茶是中国传统的出口商品。丝在鸦片战争以前每年一般出口几千包，最多不过一万多包。1847 年达到二万二千多包，1853 年增至六万多包。茶叶在战前每年出口约五千多万磅，1845 年超过八千万磅，1853 年以后增至一亿磅以上。[①] 丝、茶的大量出口，刺激了国内丝、茶业的发展，上海辟为商埠后，浙江湖州出产的生丝直接由上海出口，附近各地纷纷养蚕缫丝，产量激增。湖南、福建、江西、浙江、广东的植茶业都有发展，上海、广州等地且有茶商附设茶厂，专门加工制造适合外国人需要的茶叶。这时中国的丝、茶出口贸易，几乎全部掌握在外国商人特别是英国商人手中。无论是贸易的数量和价格，都受他们所左右。一部分中国商人则开始领用外国资本。中国的丝、茶业走上了依赖外国资本的道路，被迫服从于外国资本的需要。

东南沿海一些城市，成了外国深入侵略中国，推行殖民活动的基地。《南京条约》规定开放广州、福州、厦门、宁波、上海为通商口岸。除广州是旧有以外，其余四口在 1843—1844 年间相继开放。外国人陆续在这些地方建立租界或居留地，开设商行，经营贸易，贩运鸦片，从事种种罪恶活动，扩大侵略势力。上海在五口中变化最快，外国侵略者最早在那里划定租界。英国、法国、美国租界各占地数千亩。1844 年，上海对外贸易总值只有二百八十万两，1849 年达到八百多万两，1853 年增为二千多万两，超过广州而成为全国对外贸易的中心。外国商行的数目在这期间从十一家增到一百二十多家。大商行如英国的宝顺洋行、怡和洋行、沙逊洋行、仁记洋行，美国的旗昌洋行、琼记洋行，都最早在上海设立机构。外国的殖民地银行如丽如银行、有利银行、麦加利银行也先后在上海开设分行。外国人在这里又开辟码头仓库，建立船舶修造厂等等。输入商品、掠夺原料的一套殖民搜括的机构开始在这里建立起来。香港自被侵占后，英国人大事经营，很快把它变成了一个侵略中国的货物运转地和海军基地。四十年代已从原来的二千人发展到二万多人，五十年代增至七八万人。外国的商行、银行、码头、船坞纷纷设立。英国的

---

① 马士：《中华帝国对外关系史》（中译本）第 1 卷，第 413 页附表。

海盗，鸦片走私船只，掠卖人口的奸商，都以香港为渊薮。1849 年，葡萄牙殖民主义者追逐在澳门的中国官吏，拒交地租，强占澳门。中国东南沿海一带出现了第一批殖民地、半殖民地性质的城市。

西方资产阶级为了侵略的必要，迅速在中国造成了买办或买办商人。原来在鸦片战争以前，广州的外国商行，都须经由中国公行雇用官厅特许的人做管事，办理驳运、伙食，经管账目和其他杂务。广州的中国公行也雇用一些人看视进口货样，议定价格，开舱起货，并代洋商购办土货。这些人都替洋商购办物品，所以通称为买办。鸦片战争以后，公行制度撤销，外国商人在华推销商品，收购货物，依然不直接与中国人打交道，而通过雇佣的中国买办去进行。这些人直接受雇于外国商行，与外商的权利、义务关系，由契约规定。有的兼开行栈，为外国商人推销商品和收购出口货物。他们的身份不再是鸦片战争前受公行控制的“采买者”或“采办员”，而是外国资产阶级所延揽、雇佣的居间人或代理人，是外国侵略中国的工具。早期买办、买办商人主要有以下这几个来源：一是原来在广东围绕公行经营进出口贸易的商人、有关的雇员。公行制度取消后，他们相率投靠外国商人，跟随外国侵略势力，迅速扩展到各个通商口岸。例如上海宝顺洋行、怡和洋行、旗昌洋行早期的著名买办之中，就有以前在广州、澳门的进出口贸易商人和公行雇员等。二是东南沿海其他地区一部分旧式商人与外国商人贸易往来，逐渐转化为买办商人。例如宁波丝行、钱庄商人，上海钱庄职员，湖州大丝商，都有一些人转化为外国洋行买办。三是外国资本家直接培植了一批买办。其中有香港英国学校的华籍学生，更多的是原来的鸦片贩子。

四五十年代出现的这批买办和买办商人，其活动范围，主要是推销外国输入的鸦片和工业产品，收购外商所需要的丝茶土产。由于买办和买办商人的忠实服务，西方资产阶级迅速在各通商口岸建立了巨大的侵略势力。一个外国人心满意足地追述当时上海的情形说：“这个新地方的交易方法，远较广州公行统制下为自由，有利得多。外国商人派遣中国代理人，信任他们，给以大宗款项到内地去直接采购外商所需要的丝和茶。这就开辟了更大的出口贸易，远非广州所可比拟。”① 国际资产阶级的这批代理人也在他们从事买办活动中获得了巨额财富。他们从外国洋行取得薪金，或者作为企业合伙人取得

① 转引自彭泽益编《中国近代手工业史资料》第 1 卷，第 474 页。

一部分利润，作为经纪人取得大量佣金和回扣，利用外人势力自己经营商业，从各方面残酷剥削劳动人民。有些人在短时间里骤然获得数十万、上百万以至数百万的资产。外国侵略势力越扩大，买办、买办商人势力和他们占有的社会财富也就跟着增加。

外国侵略者在经济领域实行买办制度，只是事情的开始。买办制度的推广，使一个新的阶级在中国社会生活中的出现，这就是买办资产阶级。买办资产阶级的生存和发展完全是附属于国际资产阶级的。它和地主阶级同样代表中国最落后和最反动的生产关系，阻碍中国生产力的发展。“特别是大地主阶级和大买办阶级，他们始终站在帝国主义一边，是极端的反革命派”①。买办资产阶级的这种反革命性不久就在政治上突出地表现出来了。

第二节　人民反侵略斗争的继续

西方资产阶级的文明，在鸦片战争以后突出地由英美等国的驻华官员、士兵、水手、商人、传教士等带到了中国人面前。形形色色的冒险家到处乱闯，横行霸道。他们公开兜售鸦片，绑架、掠卖人口，非法传教，四处刺探中国社会状况、民间风俗和自然资源情报，攫掠商店货物，讹诈钱财，追逐殴打平民，污辱妇女，成群结队骚扰乡村，拦海抢劫船只，霸占土地房屋，持刀行凶，任意开枪杀人，凡此种种，屡见不鲜。英军盘踞下的香港，更是暗无天日。群众匿名揭帖上说：“本地理事之官，视唐人如草芥，作生命如虫蚁。请观审事之判断，受冤枉者十居其七八。……或有本属理亏而求托，致有理反受屈而无伸者；有匪徒抢夺，优游事外，良人无辜，诬陷为盗者；又有盗掠，而附近小民平空受累者；又有英人被窃，将雇工押抵填者；又有雇工受殴辱，告而不理者；有番人欠账，问讨反责者；有因小过而重罚银者；有番人酒醉而到门辱骂，忍气吞声者；有夤夜叫开铺门，任意锁拿，揑其犯夜者；有知其店铺有些本钱，其人忠厚，差人设计陷害，串同诈食者；有与传供人及禄衣头人串同，教哄勒诈者。种种冤屈，不可胜数。”②侵略者把他们这一

① 毛泽东：《中国社会各阶级的分析》，《毛泽东选集》第1卷，第4页。

②《香港匿名揭帖》，佐佐木正哉编《鸦片战争の研究》（资料篇），第312—313页。

套殖民秩序，强盗行径，或者说成绝对没有不合理的地方，或者认为不过是为了寻找一点乐趣，甚至杀人也是“正当的行动”。野蛮落后的中国，必须由独一无二的西方资产阶级“文明”来加以改造。

中国人民遭受侵略者的迫害，忍无可忍，在通商口岸和香港、澳门等地继续自发地进行反抗斗争。1842 年 12 月 7 日，广州人民举行反英大暴动。那天，英船水手在十三行附近强取食物，不给分文，反将中国商人刺伤。路人愤愤不平，群起责问。水手逃回英国洋馆，从楼上抛掷砖瓦挑衅。群众将洋馆包围，侵略者竟向密集的人群开枪，击伤多人。愤怒的人们齐呼“杀贼报仇”，火烧十三行洋馆。1844 年 5 月，广州河南四十八乡三千多人举行示威，反对英人图谋占领土地，建立租界。地主绅士、商人也卷入了这一行动。同年，香港人民发动了反对英国殖民者征收“人头税”的斗争。1846 年 7 月，广州又一次爆发反英运动，抗议英国侵略者无理殴打中国商人。上万的群众大呼“杀洋鬼子！”“打洋鬼子！”包围洋馆，凭砖头石块与武装的英美暴徒搏斗。同年，福州群众捣毁英国商行。1847 年 3 月，英美冒险分子七人到广东佛山“游历”，被当地群众赶跑；同年 12 月，英国冒险分子六人窜至广州附近黄竹岐滋扰，被当地群众击毙。1848 年 3 月，上海青浦地区漕运水手痛打散书传道的英国传教士三人，把他们撵走。同年 4 月、8 月、11 月，广州、福州连续发生群众反对英国侵略分子的斗争。1849 年，澳门人民杀死葡萄牙侵略分子澳门总督亚马勒。1852 年，厦门举行群众性大示威，抗议外国人口贩子掠卖华工。屈服于外国压力下的清政府，对参加斗争的群众血腥镇压，动不动就砍头示众。群众不顾流血牺牲，遇到不平就挺身而起。他们不干涉安分的外国人，不要外国人的财物，遭到镇压受酷刑，也不出卖战友，表现出崇高的爱国精神。

1843—1849 年广州人民反对英国侵略者进入广州城的斗争是所有那些斗争中规模最大、最具有代表性的。广州进城问题是英国蓄意制造的。战前，外国商人来中国贸易，一向居住在广州城外洋馆。《南京条约》也没有英人可以进城的规定。英国坚持进入广州城，是想要任意扩大它在中国取得的侵略权利。清政府同意英人可以进城，群众坚决反对，斗争十分激烈。1843 年 7 月，英人提出进城要求，钦差大臣耆英表示接受。群众闻讯，立即反对。主持社学的地方绅士上书耆英，指出“各县联络千有余乡，团练义民十余万众”[①]，舆论沸腾，可要当心。耆英只得向英方说好话，要它暂时等待。1844 年、1845 年英人与耆英多次交涉，因为广州人民反对英人进城的“偏见”没有减少，还是无法实现。1846 年 1 月，耆英在英国公使德庇时威逼下，与广东巡抚联名发布准许英人进城的告示。群众中传说广州知府与英人密订进城日期，怒不可遏，纷纷贴出告白，警告官吏如果准许英人进城，“义民将攫官而杀之”。数千群众蜂拥冲进广州知府衙门，烧毁知府的朝珠公服，说他要投降外国，不配做中国的官了！知府越后墙狼狈逃走。耆英被迫将知府撤职，贴出杜绝英人进城的告示。群众斗争情绪更加高涨，发出揭帖，约期进攻洋馆。德庇时不敢进广州城，退回香港。1847 年 4 月，英军舰大小二十余艘，载士兵一千多名，突然占领虎门各炮台，炮轰广州。一时人心激愤，社学义勇纷纷出动，大规模的群众反抗斗争一触即发。耆英怕事态扩大，急忙接受德庇时的最后通牒，答应英人在两年以后自由进城。英军舰从省河退出。1849 年 2 月，英国公使文翰带兵船到虎门口外要求履行条约。屠杀广东人民的刽子手耆英这时已经调走，新任两广总督徐广缙受到群众斗争的强大压力，向文翰指出以前的约许无法实行。英人大施恫吓，形势紧张。群众雷厉风行动员起来，准备同敌人展开武装斗争。许多告白警告英人，他们倘若轻举妄动，将被一鼓歼灭，片帆不返。广州市区及附近农村，纷纷建立公所，筹集经费，制造器械，设置栅栏。壮丁按街道地段编成队伍，少的几十人，多的几千人，十来天工夫，共组织起团勇十几万人。从 2 月到 4 月，各区乡团勇每天晚上操演检阅，游行示威。当时人记载：“当勇之夜出也，四城灯烛照耀，殆同白日，枪炮声闻十里，首尾凡十旬。城西之密迩夷馆者，登层楼四望，了在眉睫。……平视阻隔之处，夷设巨镜，高擎而倒影之，火点如乱星，诸夷结舌不能语。”[②]貌似强大的英国侵略者，在人民群众的革命斗争面前马上暴露出它是虚弱和渺小的。文翰在向广东官吏“抗议”的掩饰下，宣布放弃进城的要求。广州人民持续多年的反进城斗争取得了胜利。

东南沿海人民面对外国的侵略，在斗争中自发地形成了爱国自卫的统一战线。广州反进城斗争中的“社学”和按照“街约”组织的“团勇”，就是

① 梁廷枏：《夷氛闻记》第 5 卷。

② 同上书。

这种自发的爱国自卫统一战线的战斗组织。社学以前是“学人课艺”“绅士讲睦”的地方。鸦片战争期间，社学编练义勇参加抗英斗争。以后群众自发的反抗斗争继续进行，社学也就在这方面继续发挥着组织群众的作用。有的社学告白明确号召大家组织起来，齐心合力，抗敌自卫，指出：尽管外国侵略者挟持清朝官吏残害百姓，只要群众“同患相扶，协力共救，则彼亦无奈我（何）”[①]。番禺、南海、从化、花县、增城等地都有社学分布。其中以广州附近的升平、东平、南平、隆平等社学最为著名。街约团勇建立于反进城斗争后期，分布在城区和近郊。群众自发的反侵略斗争，分别通过社学和街约团勇这种形式，把力量集结起来。社学的领导权掌握在爱国士绅、有功名的知识分子手里，基本群众是广大农民。许多关于社学的文献上记载着：团练壮勇“各人平时务农工”[②]。“农隙讲武，可战可守。耰锄襏襫之农夫，指顾而成修戟同袍之劲旅”[③]。“踵寓兵于农之法……无事则负耒力田，闻警则操戈御侮”[④]。“夷氛渐靖……尽归农业”[⑤]，等等。清朝官吏报告也说：社学“各聚其乡之父兄子弟，互相保卫，无事散处田间”[⑥]。街约团勇的主持者是省城里更有地位的士绅和知识分子，如粤秀、越华、羊城三个书院的监院、教授等人。他们最初在一些行会行东和店铺老板的推动和支持下出来活动。与外商利害关系密切的匹头行、棉花行等进出口大商人，一开始就站在地区性的街约外面，单独成立团体。街约团勇的主要成员是行会手工业工人、店员和城市其他劳动群众。一个名为《公议省城各街按户出丁章程》的文献中说：每街各约及各横巷，无论居民铺户，一律按财产多寡分为大中小三等。财产多的大户出丁三人，中户出丁二人，小户出丁一人。这些丁勇“即以本户伙伴、工人择其强壮者充补”[⑦]。官府的文件也说得很明确：“居民则以工人，铺户则以伙伴。”“无事则各安工作，有事则立出捍卫，明处不见荷戈持

①《九图社学公启》，佐佐木正哉编《鸦片战争后の中英抗争》，第311页。

②《升平社学众绅耆公议章程》，同上书，第327页。

③《创建东平公社记》，《三元里人民抗英斗争史料》，第153页。

④《重建社学碑记》，同上书，第166页。

⑤《番禺东北路六社客民禀督宪请准建东平公社文》，同上书，第156页。

⑥《筹办夷务始末（道光朝）》第75卷，第37页。

⑦佐佐木正哉编：《鸦片战争后の中英抗争》，第322页。

戟之人，暗中实皆折冲御侮之士。”[①] 爱国士绅在社学和街约团勇中所起的作用是号召群众。但他们与官府保持密切联系，在斗争中动摇不定，有时直接与官府站在一起来镇压群众。例如1847年12月，黄竹岐村民在自卫中殴毙英兵六人，村里士绅就在官府追查时，交出十多名抗英群众，使四人惨遭杀害。广州士绅也按官府旨意草拟文告，说往后遇有英兵到村口，应听其自来自去，即使调戏妇女，枪伤平民，也只可送官讯办，不许自卫还击。[②] 耆英的奏报上说：“近年以来，不惟滋扰府署、与官为仇者，社学之人不与其事，即焚毁公司馆与夷构衅者，亦并无社学之人。”“缙绅之家，守法奉公，唯市井小民，好斗轻生。”[③] 耆英的话是对的，只是所说社学的人不参与其事，其实是社学的绅士不参与其事。外国人的记载也说：在街头战斗的是“最下等的人”[④]。广大农民、小手工业者、城市手工业工人、店员和其他劳动人民反侵略斗争最坚决，具有极大的革命积极性。广州反进城斗争的基本群众正是这些人。一开始，他们就表现出是中国近代史上反帝反封建的主力军。

插图6：“升平社学”门额拓片

（采自《中国近代史参考图片集》上集）

人民反侵略斗争的继续高涨，进一步揭露出清政府求媚外国侵略者、敌视人民群众的面目。两广总督耆英等人始终认定：外国的步步进逼，中国人民的反抗斗争，只是“民”与“夷”之间的问题。“官”的地位是站在两者之间

---

①《筹办夷务始末（道光朝）》第80卷，第14页。

②梁廷枏：《夷氛闻记》第5卷。

③《筹办夷务始末（道光朝）》第75卷，第37页；第66卷，第40页。

④《澳门月报》1846年7月号，转引自马士《中华帝国对外关系史》（中译本）第1卷，第430页。

“斟酌调停”。这当然并不意味着对侵略者与人民保持同等的距离，一切都只是为封建统治者的利益打算。外国的压力增大，官府就残酷镇压人民，满足外国人的要求。有人估计，1846 年一年，广州即有一千二百人被杀，数千人下狱。其中许多人肯定是为反侵略斗争而牺牲的。1848 年一个英国侵略分子在广州开枪打死两名中国人，自己逃跑了。官府反而污蔑群众“闹事”，斩首八人，终身流放五人。巴麦尊这个英国侵华的罪魁也不得不假惺惺地说：“中国施行的极刑范围，在这些事上，是与英国的一般感觉不谐调的。”[①]他们并没有要求对那些人施以极刑。清政府把这种情形叫做“抑民抚夷”。执行这一政策，可以暂时安抚一下洋人，但没有、也不可能抑制人民群众的反侵略斗争，而且使群众斗争的锋芒必然也同时指向清朝封建统治者自己。广州有许多揭帖揭露政府官吏说，洋人放肆，无恶不作，都是由于官无血性，恬不识羞，以致辱国殃民。在人民斗争的强大压力面前，“官”就改变作法，违逆一点洋人的要求。1849 年，群众掀起巨大的反进城斗争浪潮，广东官吏认为这时答应英国人进城，人民就有可能各路同时并起，广州、香港同归于尽，因此，劝阻英人不要进入广州。他们这样做，并不是与反侵略斗争的人民走向了立场一致，而只是为了躲开人民群众斗争的锋芒。徐广缙在给道光的报告中说，这个时候，对英人“婉阻之未必遽开边衅，轻许之必至立启兵端，且阻其进城而有事，则众志成城，尚有爪牙之可恃，许其进城而有事，则人心瓦解，必至内外之交讧。”[②]清政府把这种情形叫做“顺民阻夷”。中华民族与外国侵略者之间的矛盾、人民大众与封建统治阶级之间的矛盾都是不可调和的。“官”站在“民”“夷”两者之间操纵利用的结果，既没有减少与人民群众的矛盾对立，也没有从侵略者那里讨得丝毫保证。它自己反而落到了非常狼狈的境地。与实际斗争联系密切的一些官吏叙述形势说：“粤民与英夷为仇雠，即与地方官为仇雠。”“该夷不敢与民为难，但思与官为难。”[③]他们仇恨人民，也抱怨侵略者，却在无意中道出了鸦片战争以后，阶级斗争所突出的主题。那就是：中国人民是抵抗外国侵略的中流砥柱，为了反侵略，人民必须与封建统治者坚决作斗争；封建统治势力不能、也无力抵抗侵略，因为

---

①《巴麦尊致文翰函》，1849 年 5 月 12 日，转引自马士《中华帝国对外关系史》（中译本）第 1 卷，第 445 页。

②《筹办夷务始末（道光朝）》第 79 卷，第 43 页。

③《筹办夷务始末（道光朝）》第 75 卷，第 34—35 页；第 79 卷，第 46 页。

它的阶级利益与人民群众是根本对立的，是脱离人民的；外国资产阶级可以压服封建统治势力，把它变为自己统治中国的工具，中国人民则是它永远不可战胜的顽强对手。

反动派总是过低估计人民的力量，又最惧怕人民的力量。1849 年文翰在遭到失败以后给英政府的报告中承认：广州“附近民众和团勇会坚决抵抗我们入城，结果使我们非用极大的武力不能达到目的。因为他们的抵抗力量比 1841 年第一次抵抗时要强得多”[①]。侵略者挨了揍，感到了人民的拳头的份量。但他们对失败绝不甘心。不久巴麦尊又找出机会，在给文翰的指示中猖狂叫嚣，如果需要，英国军队有力量把广州毁得片瓦不留，“给该城居民以一次严厉的惩罚”[②]。西方资产阶级对中国的侵略，中国人民的反侵略斗争，都必定要在更大的规模上继续下去。

第三节　南方几省的农民暴动。洪秀全、冯云山革命活动的开始

十九世纪四十年代，与东南沿海人民反侵略斗争的同时，全国各地农民反封建的斗争也在广泛进行。农民阶级与地主阶级的深刻矛盾，在鸦片战争以后迅速以新的姿态展开。

地主阶级的清政府在战争中支出了大量钱财，国库早已空虚。《南京条约》赔款二千一百万元，广州、浙江等各地“赎城”费和英军直接抢走的至少上千万两，清军的耗费几千万两。这都要从劳动人民身上搜刮出来，加以填补。地丁、漕赋这两项清政府的主要财政收入，普遍加重浮收。地丁额征银两，漕赋或收本色（直接纳米），或收折色（按米折算银两）。江浙一带，漕赋一石，须纳米二石五六斗至三四石之多。[③] 折色纳钱，米价每石二千文，折价至七八千甚至十数千文。[④] 由于收本色的少，收折色的多，农民卖米换钱，

---

① 英国蓝皮书《关于英国海军在广州的活动》，1857 年（Papers Relating to the Proceedings of Her Majesty's Naval Forces at Canton, 1857），第 156 页。

② 转引自 W. C. 科斯汀《1833—1860 年的英国和中国》（W. C. Costin : Great Britain and China 1833—1860. London,1937），第 149 页。

③ 冯桂芬：《致许抚部书》，《显志堂稿》第 5 卷。

④ 吴云：《致潘季玉观察书》，《两罍轩尺牍》第 5 卷。

要吃米价贱的苦，拿钱换银，又要吃银价高的亏。苏、松、常、太地区，以前卖米三斗输一亩田的课有富余，这时卖米六斗输一亩田的课还不足。[①]江西、湖广的情况也很严重。湖南地丁正银一两，民间须缴纳数两；漕米一石，民间要费至数石。[②]其他各省情况大致相似。经手官吏的巧立名目，丁胥差役的骚扰勒索，层出不穷。据当时一个对江苏田赋作过专门研究的人记载，苏松粮道每办一次漕赋，平均起来，门丁、漕书可以各得万金；书伙数十人，共二三万金；粮差正副三五十人，每人二三百金，合共一二万金；粮书二三百人，每人一二百金，又是三四万金。[③]州县官和地方绅士还要各得一份，又是一笔大数目。剥削阶级中的人也承认，官吏种种巧取豪夺的手段，神仙也莫测其高深。[④]田赋名义上是由地主向清政府交纳，实际上地主富豪用各种办法把负担转嫁到农民身上。当时有人估计：各省地丁钱粮，出于富户的不过十之二三，短交的数目，由小户补偿。小户包括小土地所有者，主要的是只有少量土地的农民。他们因此加速破产，生活在水深火热之中。

地主官僚的奢靡挥霍，因鸦片弛禁、洋货输入，支出也比以前增加。官场愈加黑暗，贿赂公行。京官自军机大臣以下，都公开收受各种名目的贿赂，并有一定的行情。例如藩（布政使）、臬（按察使）一类的官向京官送“别敬”一项，是军机大臣四百两，六部尚书一百两，侍郎、九卿五十两，以次递减。军机章京或者办稿或者通风报信，按各人的交情厚薄，从十多两到百十两不等。据一个自称“官声”不错的官僚记载：他从1845年起历次得官“留别”的情形是：陕西督粮道，费银一万七千两；四川臬司，费银一万四千两；贵州藩司，花银一万一千余两；河南藩司，花银一万三千两。[⑤]地方官从总督、巡抚到道府州县，无不层层行贿、受贿。同一个记载：陕西督粮道主管收支本省兵粮，对总督、巡抚、将军、都统等必须定期致送贿赂。照惯例，将军分三节、两寿致送，一年五次，每次银八百两，门包四十两，其他费用若干；两都统分三个节日致送，每次每人银二百两，其他费用若干；八旗协统八员，分三个节日致送，每员银二十两，上等白米四石；巡抚分四季致送，每季

---

① 曾国藩：《备陈民间疾苦疏》，《曾文正公全集》奏稿，第1卷。

② 骆秉章：《沥陈湖南筹饷情形折》，《骆文忠公奏议》湘中稿，第12卷。

③ 冯桂芬：《与许抚部书》，《显志堂稿》第5卷。

④ 同上。

⑤《张集馨自订年谱》（抄本）。

一千三百两，三节、两寿另送门包杂费；总督分三个节日致送，每次一千两，另加门包杂费，按时送往兰州。官僚们的借机肥己、挥霍浪费同样惊人。一个钦差从北京到山西省城太原查办一次盗案，地方要额外开支四五万两。一个四川总督上任，要换绣花门帘七百余条。颜伯焘任闽浙总督罢官回粤，扛夫、兵丁搬运行李辎重从漳州经过，每天六七百人，连续十天不绝，最后一批近三千人，漳城一地即开支招待费一万余两。严重贪赃枉法、营私舞弊或侵吞公款的到处皆是。充斥清政府的大小官吏贪污、挥霍多少，劳动人民就要把他们的血汗额外贡献出多少。在京城里活动的官僚，为了行贿，有的向远在广东的公行商人大量地借高利贷。封建阶级和专对外国人做生意发横财的行商结合起来压榨人民，这是形式的一种。

地租剥削，在鸦片战争以后越发加重。征收货币地租的地区，佃户首先受银贵钱贱的影响。例如江西官田额租每亩缴银一两，以前银一两换铜钱不过千文，1840 年以后，银价涨至一千八九百文至二千一百文，租额无形中增加了一倍。实物地租额这时也有增加。有的地方在鸦片战争以前，佃农向地主交纳四成、五成的收获物，战后一般在五成以上，有六成、七成的。和地租剥削相联系的，地主还利用商业、高利贷等活动榨取农民。地主掌握大批粮食，可以囤积居奇，操纵粮价，逼使农民秋熟以低价出售谷物，冬春用高价买回口粮。一出一入，两面都是宰割农民的刀口。经营高利贷的典当业，有的地区与兼并土地结合在一起。例如山东文登县的典当，放出粗粮二三斗，值钱不过七八百文，要照千文计息。农民如果不能按时清偿，就要拿田亩作抵押，或干脆书写出卖土地的文契，不少自耕农倾家荡产。[①]

残暴腐败的封建统治和沉重的封建剥削，逼得农民群众无法忍受，只得走上反抗的道路。仅仅根据统治者编修的《清实录》等书的记载，1843—1850 年间，群众暴动和武装起义，大小不下七十余起，几乎遍及内地各省。其中有抗捐、抗粮、抗租和饥民暴动等，主要是经济性的斗争；也有攻城占地，建号称王等武装起义。边远地区回、藏、瑶、壮、彝等少数民族的反抗斗争也相继发生。捻党、幅党、白莲教、天地会等许多民间秘密组织积极活动。短短几年内，广大群众的反抗斗争雨后春笋一般地兴起，显示出国内阶级矛盾的特别尖锐化，宣告了农民革命大风暴的正在来临。

---

① 《邑人林培玠记典肆始末》，《民国文登县志》第 3 卷。

广东、广西、湖南一带受到鸦片战争的直接冲击，社会动荡特别剧烈。战后大批被解散的壮勇流落于广东各处，有些循西江进入广西。同时，广东、广西连续发生天灾，饥民流离失所，四出逃荒，出现了一幅十分凄惨的流民图，而以广西的情况最为严重。广西、湖南西部又是多民族聚居地区，民族压迫和阶级压迫在这里极为残酷，矛盾日益尖锐。广州一带人民坚持不懈的反侵略斗争，在本省和邻近各省散播了反抗斗争的种子，并激荡着这些地区的反封建斗争。所有这一切，使广东、广西、湖南三省成了当时全国阶级斗争最尖锐的地区。湖南从 1843 年起不断爆发规模不同的抗租、抗粮斗争。1847 年，天地会首领新宁瑶族雷再浩等起义，转战湖南、广西边境。同年道州李魔旺聚众攻入广西灌阳；乾州厅苗族佃户抗租暴动，冲永绥厅苗寨，烧毁屯仓，挑走新收租谷。1849 年，雷再浩的旧部李沅发领导起义。11 月率众杀新宁知县，占据县城，立号称王。起义群众最多时达四五千人，纵横湘、桂、黔三省边境十余州县。广东在 1845 年时，天地会已十分活跃。广州府附近结党聚会的就有几万人。1848 年广东钦州与广西横州、宾州等地会党联合起义。张钊、田芳等人领导的西江船艇水手起义群众也进入广西，势力达到梧州、浔州、柳州一带。广西这时从浔江两岸直到南宁、思恩等地，反清群众蜂拥而起，各立旗号，与官府对抗。他们少的几十人，多的成千上万人，股数众多，声势浩大。李观保、任文炳、陶八、黄晚、陈亚贵、张嘉祥等是著名的大股。以广西的大瑶山地区为中心，南北千余里，东西近千里的广大地面上，到处都燃起反抗斗争的烽火，清政府的统治处在半瘫痪的状态中。

遍布广西的反清群众起义，大多数是由三合会（天地会别名）发动的。三合会是一种旧式会党，山堂分立，组织松懈，缺乏统一领导。起义队伍，时合时分，各自为战，往往是“随起随灭，随灭随起”。某些首领如张钊、田芳、陶八等对清朝统治者时降时“叛”，动摇不定。张嘉祥在降清后，改名张国梁，死心塌地充当清军镇压农民起义的鹰犬。群众斗争的这种状况表明：在急风暴雨的革命时期，仅仅有大多数的意志是不够的；必须要有组织性较强、觉悟较高、武装较好的少数迫使大多数服从自己的意志，才能赢得胜利。就在同一时期，洪秀全、冯云山在广西群众斗争最激烈的地区所传播、发展起来的拜上帝会，一开始就表现出了与旧式会党不同的特点。拜上帝会有一致的信仰，有比较明确的纲领和严密的组织。这些特点恰恰适合起义群众的需要。拜上帝会的活动，终于把分散的农民起义团聚成一股革命的洪流。

洪秀全（1814—1864年），广东花县人，是一个出生于中农家庭的农村知识分子。青年时曾参加农业劳动，后来在本地做了十来年的私塾教师，对农民的痛苦生活有切身的体会。洪秀全的家乡官禄㘵离广州不及百里，交通便利。鸦片战争前后他不止一次到广州考秀才。外国的侵略，清政府的腐败，广州群众反侵略斗争的高涨，洪秀全耳闻目睹，受到很大的刺激，又因自己在科场中一再失意，便激起了反抗思想。马克思说，英国用大炮强迫中国输入名叫鸦片的麻醉剂，不仅“没有起催眠作用，反而起了惊醒作用”①。洪秀全反抗思想的形成，是这方面的显著例子，它有力地说明，鸦片输入，英国侵略，大声地把中国人民唤醒了。

1843年，洪秀全最后一次到广州应试失败，回家后阅读了一部前几年在广州偶然得到的传播基督教的书籍《劝世良言》，这对于采取什么形式来表现他的反抗思想起了重要作用。《劝世良言》是包括九种小册子的总名，内载《圣经》译文多章和阐发基督教教义的文章若干篇。编著者梁发最初在广州以刻字为生，后信基督教，成了伦敦会的雇员，给外国传教士作帮手。宗教是从精神上麻醉人民的鸦片。《劝世良言》的内容自然并不例外。那上面反复宣传的，无非是要人们崇敬神天上帝，依赖救世主耶稣，让灵魂得救；富人要修善积德，生前死后都好住在幽雅圣洁的地方；穷人则要“固穷守分，凡事听命于神天上帝”②，等死后上天堂享受世界上所没有的幸福；谁也不要反抗世上现存的权力，那都是神授给的，反抗一定自取罪罚等荒唐透顶的神学说教。总之，“对于工作一生而贫困一生的人，宗教教导他们在人间要顺从和忍耐，劝他们把希望寄托在天国的恩赐上。对于依靠他人劳动而过活的人，宗教教导他们要在人间行善，廉价地为他们的整个剥削生活辩护，廉价地售给他们享受天国幸福的门票”③。《劝世良言》的这种思想，当然不可能对洪秀全产生什么积极的影响。相反，它对洪秀全革命思想的深化，对农民群众觉悟的提高，对革命事业的发展，只能起到束缚和限制的作用。但是，那上面所宣传的基督教教义中某些东西，却使洪秀全得到了启示。例如：宇宙间只有一个造化天地人万物，管理全世界的所谓“神天上帝”，其他所有神佛菩萨，都

① 马克思：《中国记事》，《马克思恩格斯全集》第15卷，第545页。

② 梁发：《劝世良言》，第105页。

③ 列宁：《社会主义和宗教》，《列宁全集》第10卷，第62页。

是魔鬼邪神；一切人都是上帝的子女，在上帝面前，大家都是平等的；上帝差遣他的儿子耶稣降世，受难受死，替世人赎罪等等。洪秀全于是附会六年前自己病中所经历的幻梦，以天父上帝的次子、天兄耶稣之弟自居，并自称病中曾上天堂受了上帝的天命，下凡救世。他自行洗礼，表示洗除罪恶，去旧从新，劝人们只拜上帝，不敬邪神。又毅然砸烂村塾中的孔子牌位，公开宣布对孔学造反。几千年来被封建统治阶级崇奉为“至圣先师”的孔丘，竟然被洪秀全看作邪神，这是中国历史上破天荒的大事。这件事也充分表现了洪秀全强烈的反抗精神。

最早接受洪秀全宣传拜上帝的，是他的少数族人和亲友。其中冯云山（1822—1852 年）是他的同乡同学，也是一个考试失意的塾师。洪秀全宣传拜上帝，冯云山首先受洗。冯云山有杰出的组织才能，从此成了洪秀全的得力助手。拜上帝的宣传，由于既不崇奉神佛菩萨等偶像，又废弃孔子牌位，遭到当地封建势力的强烈反对。洪仁玕回忆那种情形说：在宣传中，人们有闻而相信的，有闻而反对的，有承认其为真理而不敢信从的，有起初踌躇后来相信的。“但其不信者，其心为魔鬼所迷，反对而迫害我等”[①]。1844 年，洪秀全、冯云山受到迫害，失去了塾师的职业。二人于是离开本乡，辗转到广西贵县进行宣传组织工作。不久，洪秀全回花县，冯云山到桂平县偏僻的紫荆山区继续活动。1845 年到 1847 年间，他们分别做了重要的工作。

洪秀全首先抓住意识形态问题，写出《原道救世歌》《原道醒世训》和《原道觉世训》等作品。在这些作品中，他在拜上帝的宗教形式下，创立了一种以朴素的平等思想为内容的农民革命理论，这是农民阶级推翻地主阶级专政的舆论准备。它的要点是：一、宇宙间唯有“独一真神”“皇上帝”，拥有莫大的权威。人人皆是“皇上帝”的子女，因此人与人之间的关系应该是平等的，无私的。《原道醒世训》中说：“天下多男人，尽是兄弟之辈，天下多女子，尽是姊妹之群，何得存此疆彼界之私，何可起尔吞我并之念？”[②] 二、封建帝王不过是妄自尊大，在上帝面前没有他的地位。《原道救世歌》中说：“开辟真神惟上帝，无分贵贱拜宜虔，天父上帝人人共”，“何得君王私自专”。[③]

---

①罗孝全:《洪秀全革命之真相》，中国史学会主编《中国近代史资料丛刊·太平天国》（以下简称《太平天国》）第 6 册，第 823 页。

②《太平天国》第 1 册，第 92 页。

③同上书，第 87 页。

《原道觉世训》中又指出：“皇上帝乃是帝也，虽世间之主，称王足矣，岂容一毫僭越于其间哉！”[1] 历代君王，“他是何人，敢靦然称帝者乎！”[2] 那些僭号侵权的家伙只应当打进地狱。三、人民被残酷剥削压迫的黑暗世界就要过去，理想的“天下一家，共享太平”的大同世界就要到来。洪秀全在《原道醒世训》中引述了《礼记》中的“大道之行也，天下为公”一段话后，满怀信心地说：“乱极则治，暗极则光，天之道也。于今夜退而日升矣……几何乖漓浇薄之世，其不一旦变而为公平正直之世也！几何凌夺斗杀之世，其不一旦变而为强不犯弱、众不暴寡、智不诈愚、勇不苦怯之世也！”[3] 中国古代的大同思想，最初反映了被压迫阶级对原始社会的缅怀，当剥削阶级也讲到这种思想的时候，它所起的作用就像基督教宣传的“千年王国”一样，不过是对不满现实的人灌输幻想，磨灭被压迫群众的反抗意志。现在洪秀全却认为“太平”

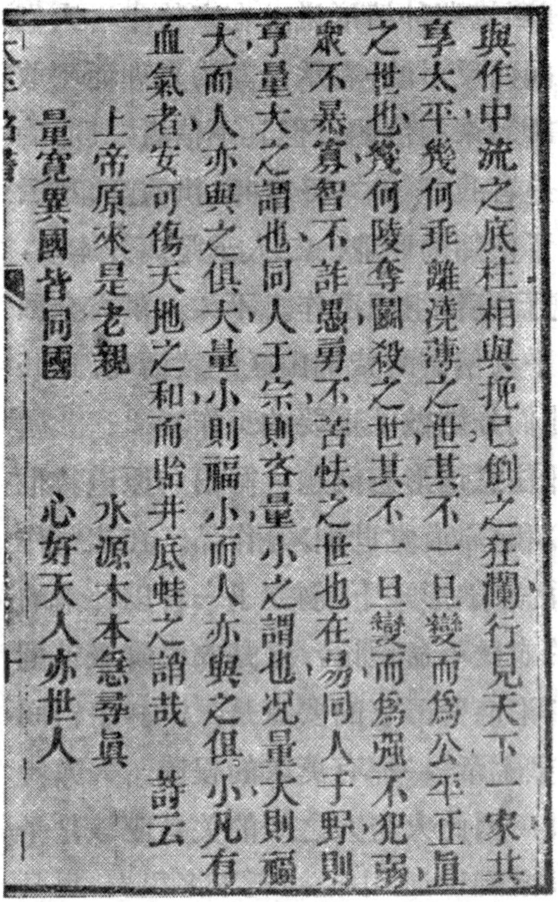
與作中流之底柱相與挽已倒之狂瀾行見天下一家共享太平幾何乖離澆薄之世其不一旦變而爲公平正直之世也幾何陵奪鬬殺之世其不一旦變而爲强不犯弱衆不暴寡智不詐愚勇不苦怯之世也在易同人于野則亨量大之謂也同人于宗則吝量小之謂也况量大則福大而人亦與之俱大量小則福小而人亦與之俱小凡有血氣者安可僞天抛之和而貽井底蛙之誚哉　詩云

上帝原來是老親　水源木本急尋眞

量寬異國皆同國　心好天人亦世人

插图 7：《原道醒世训》一页

（采自南京太平天国历史博物馆编《太平天国印书》第 1 册）

---

①《太平天国》第 1 册，第 97 页。

② 同上书，第 97 页。

③ 同上书，第 92 页。

世界很快就可以到来，“天国”应该建立在地上，这就给了在痛苦中呻吟的广大被压迫被剥削群众一种新的希望和力量。四、独拜皇上帝，击灭一切神仙菩萨、妖魔鬼怪。据说中国在古代，原来是“敬拜皇上帝”的，只是到后来，由于人们被魔鬼迷蒙灵心，向一切木石泥团纸画各偶像跪拜，“尽中蛇魔阎罗妖诡计，陷入地狱沉沦而不自知”[①]。人们要想解脱地狱的苦难，永享天堂的快乐，就必须对蛇魔阎罗妖“击灭之惟恐不速”[②]。中国封建社会里的一切神佛菩萨，木石偶像，全是地主阶级对人民群众特别是农民进行精神统治的工具。洪秀全现在把它们的“神性”一下子剥夺了，成了应当彻底扫除的牛鬼蛇神。天上神与妖的斗争，仅仅是人间阶级斗争的反映。洪秀全在这里号召广大农民群众起来为推翻人间的封建统治而斗争，正是体现了农民的这种迫切愿望和要求。

洪秀全所创立的农民革命理论，虽然采取了同基督教相似的宗教形式，但它与当时外国传教士在中国传播的基督教，有着本质的区别。这一点，某些外国传教士本能地感觉到了。1847年春，洪秀全到广州找到美国牧师罗孝全，要求受洗礼。罗孝全认为洪秀全“对于圣经之知识无多”[③]，而加以拒绝。到了后来，与太平军交过手的英国侵略分子普鲁斯、夏福礼对这一点就说得更透彻了。普鲁斯说，洪秀全的宗教宣言，表示出他“如果不是一个骗子，就是一个无知狂徒”[④]。夏福礼把太平军的宗教信仰称为“教义和伦理方面一次空前的渎神大骗局。在历史上还找不到能和这些宗教教义相提并论的东西”[⑤]。基督教与农民革命的理论，一个是为西方资产阶级开拓殖民地说教的，一个是鼓舞中国农民去进行革命斗争的，它们的对立，是两个阶级、两种社会前途的对立。宗教是一个外壳，不可能调和或取消这两者的对立。洪秀全毕竟

---

①《太平天国》第1册，第94页。

② 同上书，第93页。

③ 罗孝全：《洪秀全革命之真相》，《太平天国》第6册，第824页。

④《普鲁斯致罗素函》，1860年9月4日，见英国蓝皮书《关于中国事件（1859—1860）的通讯》（Correspondence Respecting Affairs in China. 1859—1860. London,1861），第132页。

⑤ 见W. H. 塞克斯《致〈亚伯丁自由报〉编辑部的第五封信》，1862年7月12日，《中国太平叛乱，它的起源、发展及现状——致〈亚伯丁自由报〉和伦敦〈每日新闻〉书信汇编》（W. H. Sykes，The Taeping Rebellion in China，Its Origins，Progress，and Present Condition，in a Series of Letters Addressed to the “Aberdeen Free Press” and the London “Daily News”. London，1863）。

是中国开始进入半殖民地半封建时代的一个知识分子，他不可避免地要受到儒家经典的灌输，同时也无法冲破基督教教义的束缚。1847 年，广州人民的反进城斗争正在高潮，洪秀全跑到那里从外国传教士受学，逗留徘徊，表现出他在反抗斗争的道路上并不是笔直前进的。阶级斗争的现实，促进了他与旧世界的决裂。

同一个时间里，冯云山在紫荆山区所进行的深入的宣传工作和组织工作，同样取得了很大的成绩。紫荆山区在桂平县西北部。桂平、武宣、贵县、平南一带靠近广西大瑶山，是湖南、广东、广西三省激烈的群众斗争的中心地区，人民有着反抗清朝封建统治的光荣传统。这里的社会矛盾、阶级斗争是更大地面上的社会矛盾、阶级斗争的一个缩影。土地高度集中，封建剥削十分残酷。以金田村为例，全村水田约七百五十亩，本村韦、谢两姓地主各占有约一百亩，外村地主又占去四百四十多亩，地主所占土地共达六百四十多亩，为百分之八十五以上。[①] 地租一般是所谓“百种千租”，即百斤种子的田收千斤租谷，也有百种千五六百租，最高的竟至百种二千租。[②] 农民在如此沉重的压榨下，日益贫困，许多人不得不以种蓝或烧炭为副业。一遇水旱灾荒，依然无法求生，只得铤而走险，举行武装反抗。

1844 年秋，冯云山只身来到紫荆山区。最初他四处流动，为人挑泥担土，割禾打谷，做苦工糊口，在劳动群众中宣传拜上帝。1846 年，冯云山在一曾姓家中任塾师，得到一个立脚点，更积极开展活动。经过冯云山的艰苦工作，到 1847 年上半年，在紫荆山区的信徒已达二千多人，正式建立了名为“拜上帝会”的组织。

1847 年 8 月，洪秀全再次到广西，在紫荆山与冯云山会合，呈现在眼前的是一个令人鼓舞的大好革命局面。他们立即共同制定拜上帝会的各种宗教仪式和十款天条，去进一步发动、组织群众。十款天条的内容是：“崇拜皇上帝，不好拜邪神，不好妄题皇上帝之名，七日礼拜颂赞皇上帝恩德，孝顺父母，不好杀人害人，不好奸邪淫乱，不好偷窃劫抢，不好讲谎话，不好起贪心。”[③] 十款天条平时是拜上帝会会众的生活准则，起义时就成为革命纪律，

① 广西壮族自治区通志馆：《太平天国革命在广西调查资料汇编》，第 12—13 页。

② 广西省太平天国文史调查团：《太平天国起义调查报告》，第 13 页。

③《天条书》，《太平天国》第 1 册，第 78—80 页。

具有重要的实践意义。洪秀全、冯云山又派人四出活动，在西起贵县，东到平南、藤县，北至武宣、象州，南达博白、陆川以及广东信宜的广大地区，不少汉、壮、瑶族贫苦农民纷纷加入拜上帝会。洪秀全从这些被压迫被剥削的劳苦群众身上，看到了实现自己理想的希望。事实上，也正是由于越来越多的劳动群众参加到拜上帝会中来，日益赋予拜上帝会以鲜明的政治内容。

拜上帝会在发展过程中，同封建势力逐渐展开了斗争。这种斗争很快由最初带有宗教色彩发展为直接的政治斗争。1847 年 10 月，洪秀全、冯云山率领会众前往象州捣毁甘王庙。相传甘王是著名凶神，附近群众都惧怕他显灵降祸，祭祀非常虔敬。洪秀全、冯云山将甘王神像毁坏，并宣布其十大罪状，拜上帝会威名大振，会众到处破坏神庙社坛。地主阶级大为恐惧，他们凭借地主武装团练来进行压制。12 月，地主团练头子逮捕冯云山，拜上帝会众在途中拦截，冯云山脱回。1848 年，团练头子再度将冯云山逮捕，以结盟聚会，不从清朝法律等罪名向桂平知县控告。冯云山被关进监狱，洪秀全急忙回广东设法营救。后来冯云山被递解回籍，又在路上说服解差，获得释放。1849 年 7 月，洪秀全与冯云山重新返回紫荆山。这时，拜上帝会与地主团练的斗争非常激烈。“团练与拜上帝之人两有分别。拜上帝人与拜上帝人一和（伙），团练与团练一和（伙）。各争自气，各逞自强，因而逼起”[①]。两个营垒，一个是革命的农民，一个是反革命的地主武装，旗帜鲜明，水火不容，都想吞灭对方。

1850 年，广西地区阶级斗争的形势更加紧张。严重的自然灾害，清政府和地主阶级催粮逼租，刻不容缓，使已经紧张的形势越发加剧。三合会和其他群众的反抗斗争继续增多。不少参加斗争的群众被清军打散，投入拜上帝会。地主阶级惊呼：群众造反，延及七府一州，如果不能及时压平，就会滋蔓难图。[②] 又说：粤西近日情势，如人满身疮毒，脓血所至，随即溃烂，必有溃败不可收拾的一天。[③] 就在这时，洪秀全写诗说：“近世烟氛大不同，知天有意启英雄。神州被陷从难陷，上帝当崇毕竟崇。明主敲诗曾咏菊，汉皇置酒尚歌风。古来事业由人做，黑雾收残一鉴中。”[④] 形势十分有利，拜上帝会

① 《李秀成书供原稿》，第 2 页下。

② 见谢兴尧《太平天国前后广西的反清运动》，第 21 页。

③ 龙启瑞：《经德堂文集》第 6 卷。

④ 见韩山文《太平天国起义记》，《太平天国》第 6 册，第 869 页。

起义的时机已经成熟。7月，洪秀全发布“团营”（总动员）令。紫荆山根据地，贵县、平南、象州、陆川、博白、化州、廉江等县会众，纷纷变卖田产房屋，男女老幼成群结队，向拜上帝会总机关所在地金田村进发。11月，各路会众在金田村汇集，总数将近两万人。在“团营”过程中，积极制备器械，编制营伍。不论以前是否拜上帝会成员，这时一律都要同拜上帝，严格遵守拜上帝会的教规和纪律。广大分散的农民被组成了一个严密的武装集团，斗志昂扬，只等起义号令。

参加拜上帝会的群众，主要是贫苦农民，所谓“从者俱是农夫之家，寒苦之家”①。如紫荆山区最早参加“拜上帝会”的三百余家山民，多数是以烧炭为副业的贫苦农民；金田村“团营”时参加拜上帝会的桂平饥民一二千人，大都是破产失业的农民；贵县三千余客家人因与土著居民械斗失败后投奔金田村，主要也是农民群众。其次是矿工和手工业工人。贵县龙山银矿有矿工千余人参加拜上帝会，各地有许多木工、铁匠等手工工人参加金田团营。贫苦农民、手工业工人，他们是拜上帝会起义的基本群众。此外，还有一些贫穷的农村知识分子和家庭富裕而社会地位较低的人，也参加进来。

拜上帝会在发展和斗争中逐渐涌现出一批领袖人物。其中除洪秀全、冯云山外，有杨秀清、萧朝贵、韦昌辉、石达开等人。杨秀清（？—1856年），广西桂平人，“生长深山之中，五岁失怙，九岁失恃，零丁孤苦，困厄难堪”②，成年后在紫荆山烧炭为生。1848年，冯云山被捕，洪秀全回广东设法营救，拜上帝会一时主持无人，会众发生动摇；杨秀清假托天父下凡，传言安定群心，洪秀全归来后承认杨秀清代上帝发言的权力。以后杨秀清的地位仅次于洪秀全。金田村团营时，洪秀全、冯云山密藏在平南花洲山人村，杨秀清实际主持团营大计。萧朝贵（？—1852年），广西武宣人，后迁居紫荆山，出身贫农，“其境之逆，遇之啬，难以枚举”③。杨秀清假称天父下凡，萧朝贵也伪托天兄耶稣附身，后来一并得到洪秀全的承认，因此，他在领导集团中的地位也在冯云山之上。萧朝贵忠实坦直，勇敢刚强，具有农民阶级的优良品质。韦昌辉（？—1856年），广西桂平人，地主兼典当商，又捐过监生，因

---

①《李秀成书供原稿》，第1页下。

②《天情道理书》，《太平天国》第1册，第370页。

③同上，第371页。

受本村别的地主的欺凌和贪官的勒索，愤而加入拜上帝会。石达开（1831—1863年），广西贵县人，“家富读书，文武备足”[①]，因非当地土著，并不得志。金田团营时，他率领贵县拜上帝会会众前来会合。韦、石二人各自拥有一部分群众，在拜上帝会中取得了一定的地位。

拜上帝会在团营期间，即与清军展开战斗。1850年12月，清军侦知洪秀全、冯云山密藏的地方，四面包围起来。杨秀清派部队前往救援，击溃清军，迎接洪秀金、冯云山等回到金田。1851年1月1日，清军向金田村发动进攻，拜上帝会众立即迎击，在蔡江村奋战告捷，杀清军副将。与清军几次作战胜利，大大鼓舞了革命群众的斗志。

①《李秀成书供原稿》，第2页上。

第四章　太平天国革命运动兴起。席卷全国的农民战争

第一节　太平天国革命的胜利进军

1851年1月11日，拜上帝会群众在广西桂平县金田村正式起义，建号“太平天国”。太平军随即东进，占领交通要道江口镇。天地会罗大纲、苏三娘（女）等股几千人投入太平军，声势更加壮大。3月，太平军转而西进，入武宣县境。洪秀全在武宣东乡即位称天王，封杨秀清为中军主将、萧朝贵为前军主将、冯云山为后军主将、韦昌辉为右军主将、石达开为左军主将。此后半年中，太平军转战武宣、象州和紫荆山区，设法打破清军的包围堵截。

太平天国金田起义，引起清政府的极大震惊。封建统治者很快就认识到太平军是广西许多支起义势力中最强大的力量，调兵遣将，企图尽早把它扼杀在摇篮之中。1851年1月初，清政府特派广西督师的钦差大臣、前两江总督李星沅赶赴桂林督战，很快因军事失败，畏罪自杀。4月间，又派大学士、首席军机大臣赛尚阿为钦差大臣，调集安徽、云南、贵州、湖南、广东、四川等省军队前往广西进行镇压。7月，赛尚阿到桂林指挥。在紫荆山前线与太平军接战的清军，有广州副都统乌兰泰、广西提督向荣等部，共约三万人。太平军几次遭受清军猛扑，处境险恶。9月，太平军出敌不意，夜间从山间僻径越过清军防线，到达平南县境。向荣率部追击，被太平军伏兵杀得大败，逃入平南县城，托病一个多月，不敢出战。

太平军乘胜一举攻克永安州城（今蒙山县），并在州城和城郊设防。永安是太平军自起义以来占领的第一座城池，这对于鼓舞士气，整顿队伍，补充军需，都有重要作用。清军调集重兵前来围困，但由于屡次失败的教训，又因内部矛盾，只能遥遥相望，严加封锁。太平军抓住机会，进行休整。在这里，洪秀全封杨秀清为东王、萧朝贵为西王、冯云山为南王、韦昌辉为北王，

石达开为翼王，西王以下各王，俱受东王节制。又封秦日纲为天官丞相（后封燕王）、胡以晄为春官丞相（后封豫王），其余有功将士，分别擢拔任职。太平天国的政治制度初具规模。洪秀全又针对农民起义队伍在战斗过程中产生的实际问题，发布许多诏令：严禁兵将私藏在战斗中缴获的金银财帛宝物，一切财物要归公，进一步巩固圣库制度；告诫全军恪遵天条天令，严守纪律，警惕敌人的各种诱惑；勉励将士团结一致，同心协力，“男将女将尽持刀”，“同心放胆同杀妖”。[①] 一些暗藏的奸细，及时被清洗出去。《太平诏书》《太平军目》《太平条规》《天父下凡诏书》等一批革命文献同时刊刻公布。经过半年休整，纯洁、巩固了革命队伍，战斗力得到进一步提高。

1852 年 4 月，太平军按预定计划自永安出击北上。4 月 5 日夜，大雨倾盆，太平军约两万五千人离开永安东进。先锋罗大纲率精兵二千，迅速攻下城东二十里敌军设有重防的要隘古苏冲，并夺得火药十余担，全军胜利突围。乌兰泰、向荣闻迅来追，后卫秦日纲部与敌军激战竟日，损失两千余人。清军继续追赶，4 月 8 日，洪秀全、杨秀清在大洞设伏大破清军，斩杀敌军四个总兵官及兵丁五千人。清军丧胆，不敢再追。永安战役是太平天国胜利进军的一个重要战役。清军集中兵力四五万众，一说七八万人[②]，糜费上千万两，凭恃火器精、粮饷足、兵勇众，终于阻遏不住这支崛起于金田的人心齐、地理熟、胆气壮的农民革命军队。这是革命的武装对反革命的武装以少胜多的重要例子。

永安突围后，太平军经荔浦、阳朔，疾趋省城桂林。向荣火急抢到桂林，固守不出，乌兰泰在城郊受创毙命。太平军攻桂林不下，撤围北上。6 月克全州，入湖南。在全州战斗中，南王冯云山负重伤，随即身死。冯云山最初协助洪秀全宣传教义，组织群众，坚忍卓绝，贡献居第二位。他的牺牲，对太平天国是一个极大损失。太平军进入湖南后，连克道州、江华、永明、嘉禾、蓝山、桂阳、郴州等地。天地会在这一带很活跃，群众争相参加太平军的，多达五六万人。其中挖煤工人数千，擅长挖掘地道，另立土营。从湖南至南京，

---

① 《天命诏旨书》，《太平天国》第 1 册，第 68 页。

② 围困永安的清军兵力，包括兵勇、团练，据《太平军在永安》一书作者钟文典统计为四万六千人左右。据姚莹《平贼事宜状》估计为四万人左右。江忠源《致彭晓杭学博书》也说“现调各省兵勇不下四万有奇”。曾在永安前敌大营办理文案的萧盛远在《粤匪纪略》中却说有七八万之多。而《遐迩贯珍》则记为“是时官兵壮勇，几近十万之众”。

凡遇攻坚，土营开挖地道，放置地雷轰塌城墙，在战争中发挥了很大的作用。9月，太平军猛攻长沙。西王萧朝贵身先士卒，中炮牺牲。萧朝贵地位仅次于东王杨秀清，勇敢刚强，富有军事才能。他的战死，使太平天国蒙受了又一个重大损失。不久，洪秀全亲率大军进抵长沙城下，战斗更加激烈。清军集中兵勇六七万，赴援的领兵大员包括军机大臣一人、总督二人、巡抚三人、提督三人、总兵十一二员挤在长沙一地[①]，才勉强守住阵脚。11月，太平军撤长沙围，转经益阳、岳州，向湖北挺进。益阳、岳州一带民船集中，许多船户、水手积极参加太平军，在岳州又缴获大批清军船只，建成水营，全军战斗力继续增强。

1852年12月至1853年1月，太平军连克汉阳、汉口、武昌，防守的清军溃散。武昌是湖北省会，号称九省通衢。太平军入城，宣布："官兵不留，百姓勿伤。"[②]人民群众踊跃参军，有的地段，"男子从者十之九，女子从者十一二"[③]，革命队伍陡增至五十万人。2月，全军顺长江东下，水陆并进，樯橹连云，旌旗蔽日，清军望风披靡，不战而溃。太平军克九江，下安庆，取芜湖，一路滔滔，势如破竹。3月19日，占领东南第一大城市南京。从到达武昌起，连破湖北、安徽等省城，毙清军大将、大吏湖北巡抚常大淳、湖北提督双福、安徽巡抚蒋文庆、两江总督陆建瀛、江宁将军祥厚等，革命的威势席卷东南，震荡全国。从此，太平天国以南京为都城，改称天京。不久，又攻下镇江和扬州。太平天国从金田起义到定都天京，前后经过两年多一点的时间，军事进展极为迅速，革命形势蓬勃发展。

太平军从广西北上的途中，以杨秀清、萧朝贵的名义发布《奉天诛妖救世安民》谕、《奉天讨胡檄布四方》谕等三篇文告。文告中揭露清政权的黑暗统治，历数它的罪恶："凡有水旱，略不怜恤，坐视其饿莩流离，暴露如莽"；"又纵贪官污吏，布满天下，使剥民脂膏，士女皆哭泣道路"；"官以贿得，刑以钱免，富儿当权，豪杰绝望"[④]等等。文告明白揭出太平军起义的目的是推翻清朝的封建统治，解放被压迫的人民，"上为上帝报瞒天之仇，下为中国解

① 见《骆文忠公自订年谱》卷上。

② 陈徽言：《武昌纪事》，《太平天国》第4册，第592页。

③ 佚名：《武吕兵燹纪略》，同上书，第572页。

④《颁行诏书》，《太平天国》第1册，第162页。

下首之苦，务期肃清胡氛，同享太平之乐”[①]。文告号召广大群众，积极响应太平军，发动起义，推进革命大业。对于各地的三合会群众，特别启发他们要记住洪门歃血、结义拜盟、同心灭清的宗旨，不要北面事仇。《奉天讨胡》檄文里面又指出：“慨自有明失政，满洲乘衅，混乱中国（按：这里的中国指汉族，下同）……而中国以六合之大，九州之众，一任其胡行而恬不为怪，中国尚得为有人乎！”等等，着重提出了满汉矛盾的问题。这有两个方面的含义：一方面，满汉矛盾主要是满族贵族与汉族地主之间争夺权力、利益的冲突，即统治阶级内部的矛盾，统治阶级从自己的需要出发，常常煽动狭隘的民族主义情绪，以模糊人们反抗封建压迫的斗争，檄文表现了统治阶级的宣传在农民革命队伍中的影响；又一方面，清朝皇帝是代表整个地主阶级来对农民阶级和其他劳动者进行统治的，农民提出反满，实质上就是反对地主阶级的总代表，就是要推翻满汉封建势力的剥削、压迫，太平天国农民革命，一切都环绕着这个核心问题。以前的革命宣传，大半用借来的宗教语言讲这个问题，檄文直接了当，呼吁人们进行政治斗争，把锋芒直指清王朝，从神秘的世界进到了现实的世界。

太平军所到之处，杀逐清朝官吏、地主豪绅，焚毁田契债券，对整个封建统治秩序进行革命的扫荡；同时又放出狱囚，把财物散给贫民，给劳苦群众带来安慰与希望。太平天国的主张和号召符合广大农民的要求，太平军的实际行动，又向群众证明自己是代表被压迫被剥削者的利益的。军行所至，群众竞相欢迎，踊跃参加。有的攀山越岭接济粮食及军用品；有的探听消息，递送情报；有的替太平军作宣传，造声势，或者起义响应，照反革命派的说法是所谓“动辄贴粤匪之伪示，张太平之逆旗，甚至乞儿偷盗，三五成群，亦敢倡言谋乱，毫无忌惮”[②]；更大量的群众直接投入太平军。其中有广大农民、开矿工人、铁木匠作、沿江纤夫、船户、码头挑脚、轿夫、小商小贩等农村和城市里没有恒产、衣食艰难、受压迫受剥削的各式人群。太平军从起义时连妇女老幼在内总共不足二万人，迅速发展为到达天京时水陆号称一百万人。革命队伍浩浩荡荡，热气腾腾，一派兴旺景象。

攻下南京以前，太平天国没有固定的根据地，攻占的地方都弃而不守。定

---

①《颁行诏书》，《太平天国》第1册，第164页。

②曾国藩：《移驻衡州折》，《曾文正公全集》奏稿，第2卷。

都天京后，正式建立了一个与清朝封建政权对峙的农民革命政权。敌人不给革命以稳定的时间。1853 年 3 月底，新任命的钦差大臣向荣率清军尾随太平军到南京郊外，扼守孝陵卫，号称江南大营。向荣是地主阶级镇压农民革命的一条忠实走狗。早在 1813 年，他还是一名小卒的时候就因为替清军卖命，在道口镇受到滑县天理会起义群众的惩治，右脸被砍去一块；现在更加凶相毕露，虽然屡吃败仗，仍坚决与太平军为敌。4 月，清朝另一钦差大臣、鸦片战争中的卖国贼琦善又督兵驻扎扬州附近，号称江北大营。敌人从南北两面紧紧监视着天京，但是并没有阻止住革命向反革命的继续进攻。这时太平天国的军事斗争仍在向前发展，同时进行了北伐和西征。

1853 年 5 月，北伐军约二万人，由天官副丞相林凤祥、地官正丞相李开芳、春官副丞相吉文元等率领，自扬州出发，经浦口向滁州方向前进。其中称为左二军的部分在六合城外遭到团练武装夜间偷袭，损失很大，退回天京。[①] 林凤祥等率所部进入安徽后，破临淮关，攻克凤阳。6 月，克怀远（今蚌埠）、蒙城、亳州，入河南境，攻下归德府城（今商丘）。那里是当时渡过黄河的捷径。太平军因缺乏船只，顺河西走。巩县煤矿工人响应太平军，发动起义。他们之中有的来不及改换服装，穿着戏班演出的衣衫参加战斗。7 月，北伐军在巩县乘运煤船渡过黄河，进围怀庆（今沁阳）。9 月，撤怀庆围，入山西，经垣曲、曲沃、平阳、洪洞，再折而东向，由沁源、屯留、潞城经河南涉县、武安入直隶境。太平军乘虚蹈瑕，横冲直撞，如入无人之境。清政府寄予极大希望、破格提拔的钦差大臣胜保率领的清军，也只是像送行一样跟在后面奔跑，太平军在路边竖立木板，写上几个大字："胜保免送。"10 月，北伐军一举攻克临洺关，把清直隶总督纳尔经额所部一万多人消灭大半。然后长驱直入，连克任县、柏乡、赵州、藁城，前锋一度攻到保定附近。清廷大起恐慌，北京戒严，地主、官僚纷纷迁徙出城。惠亲王绵愉、蒙古科尔沁郡王僧格林沁等亲贵重臣被急忙派往前线调集重兵防堵。北伐军改从藁城东进，经深州、献县、沧州等地直取天津。城里的大地主大商人自动捐输巨款，组织团练，又挖开运河堤岸放水，把天津周围变成泽国，凭险防守。僧格林沁等也

---

① 北伐军人数有各种不同的说法，此处据倪在田《扬州御寇录》和 1963 年第 1 期《近代史资料》所载《张维城口述》。又周长森《六合纪事》说，太平军自浦口分两路北上，一往滁州，一往六合。据杨秀清写给林凤祥等人的指示信、《张维城口述》以及向荣在《请搜察渡江奸细片》中所讲的情况，都说明，林凤祥等是孤军挺进，没有第一路军、第二路军的分法。

随后赶到。11 月，北伐军退守静海、独流一带。将士绝大部分是南方人，不惯北地寒冷，又缺乏棉衣、食粮，加以清军四面围攻，兵力大受耗损，处境逆转。1854 年 2 月，从静海一带突围南走，吉文元在阜城牺牲。5 月，林凤祥、李开芳率部到东光、连镇等待援军。天京派出的援军进到山东临清，遇阻退回，途中遭清军袭击，大部溃散。李开芳分兵南下接应援军，又被围困于山东高唐州。从此林凤祥军坚守连镇十一个月，与僧格林沁相持，李开芳军坚守高唐州一年多，与胜保相持，进行着极其英勇顽强的斗争。1855 年 3 月，连镇北伐军粮尽，兵士饥极不能举刀矛，营地被僧格林沁攻破。全军将士，宁死不屈。林凤祥被俘，大节凛然。在敌人寸磔的酷刑面前，“刀所及处，眼光犹视之，终未尝出一声”[①]。僧格林沁集中全力攻高唐州，李开芳率部突围，在茌平冯官屯再次被围困。5 月，清军引水灌冯官屯，北伐军营垒又被攻破，将士大部战死，李开芳向清军投降，后被解到北京杀掉。北伐军深入敌后，孤军挺进，它的失败是难免的。这支军队经历江苏、安徽、河南、山西、直隶、山东六省，转战数千里，深入反革命统治的心脏地区，给清政府以极大的打击和威胁，迫使它必须用最大的努力，包括集中北方反革命武装的全部精锐，才得以勉强撑持下去，充分表现出了太平天国革命农民的高昂战斗意志和不屈不挠的革命精神。

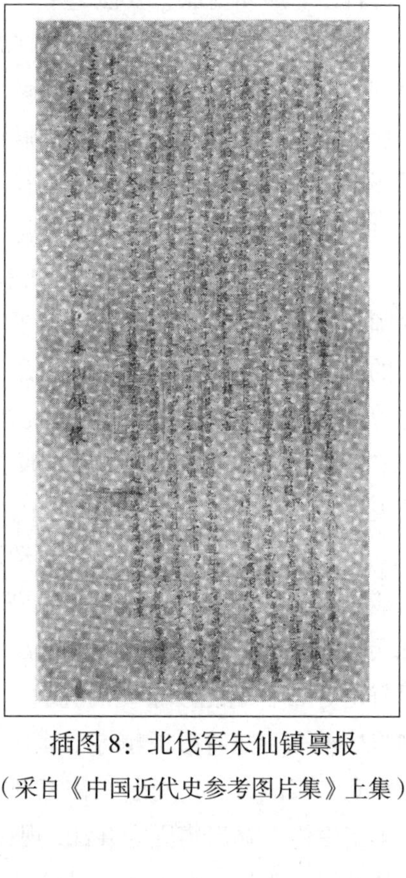

插图 8：北伐军朱仙镇禀报

（采自《中国近代史参考图片集》上集）

与北伐进军的同时，太平军又从天京一带出发西征。1853 年 5 月，夏官副丞相赖汉英等率战船千余艘，溯长江西上，6 月攻克安庆，这是一个起点。太平军从此对安徽、江西、湖北、湖南发动一系列进攻，长江中游的广大地区到处升起农民革命战争的烽火。

① 潘士安：《玉珍河钓徒见闻杂记》。

1853年6月，首先围攻南昌。清军从四面八方调集重兵防守，太平军派国宗石祥贞、国宗韦俊等率部前往增援，双方对南昌展开激烈的争夺。赣南一带天地会乘机起义，攻占城池。9月，太平军撤南昌围，但江西革命斗争的局面开始打开。10月，石祥贞、韦俊等从九江出发，向清军水陆军集结地田家镇进攻。清军大败，田家镇水陆军溃散，太平军乘胜攻克蕲州、黄州，第二次占领汉口、汉阳。同一个时间里，春官丞相胡以晄、检点曾天养等进军皖北，连克集贤关、桐城、舒城，围攻清军的安徽临时省城庐州（今合肥）。1854年1月攻下庐州城，守敌三千人全被歼灭，安徽巡抚江忠源投水死。江忠源是一个极其狡诈凶悍的地主阶级分子，他靠办团练、杀害雷再浩及其部下起家，早在紫荆山就开始与太平军为敌，又先后血腥镇压浏阳、通城、崇阳、嘉鱼、蒲圻等地群众起义。他终于逃脱不了革命人民的惩罚。这对反革命派是一个严厉打击。庐州克服，安徽二十多个州县建立起了革命政权。

1854年，太平军西征的攻势在湖北、湖南继续展开。2月，皖北战场上的胜利之师进入湖北，破清军黄州堵城大营，杀清湖广总督吴文镕。这是庐州以后的又一个大胜仗。太平军乘胜西上，第三次进占汉口、汉阳；并且北抵随州，西克宜昌。与这同时，石祥贞、春官又副丞相林绍璋、曾天养率领所部进入湖南，占领长沙北面的靖港，间道奇袭湘潭，准备南北夹攻长沙。4、5月间，与反革命刽子手曾国藩统率的湘军在靖港、湘潭展开激战。靖港湘军水师几乎全军覆没，曾国藩吓破了胆，投水寻死，被从人捞起。在湘潭、岳州的战斗中，太平军不幸失利。敌人非常惧怕的农民战争的优秀指挥员、老将曾天养在岳阳城陵矶奋勇杀敌、单骑冲入敌阵时牺牲。6月间，太平军虽然第二次占领了武昌，但在湘军的反扑下，10月间又失守了。不久在田家镇再遭失败，太平军长江上游的水上优势，从此转到敌人手里。

1855年，太平军在西战场发动进攻。1、2月间在湖口、九江与湘军主力恶战，打了一个大胜仗。1月初，曾国藩所部湘军在田家镇、黄梅得逞以后，陈兵九江、湖口间，想要夺取长江进入江西的这个要隘。投入的兵力有湖南提督塔齐布、湖北按察使胡林翼、道员罗泽南、知府李续宾、道员李孟群、副将杨载福、知府彭玉麟等水陆各部，差不多集中了湘军所有精卒悍将。曾国藩亲自督战，湖广总督杨霈率部在湖北黄梅、广济一线作牵制行动。太平军本来由检点林启容固守九江，现在又以冬官丞相罗大纲守湖口西岸梅家洲。石达开奉命驰援，驻守湖口县城，指挥全局。湘军几个月以来，得到了一些便宜，兵骄将疲，求胜心切。太平军针对这种情况，采取坚壁固守，用小部队袭扰敌人，寻机歼敌的策略，与敌军相持了一个多月。1月29日，湘军水陆师进攻湖口梅家洲，水师一部共舢板轻舟一百二十余只，精卒两千，冲入鄱阳湖内。太平军抓住战机，堵死湖口水卡，一下子把湘军水师分割成了两个部分。轻捷能战的舢板被封锁在内湖，笨重不灵的长龙、快蟹等大船被隔绝在外江，湘军水师的优势立即失去。当夜太平军以小艇驶入外江围攻敌人大船，两岸火箭喷筒数千，连续施放，敌船无法防御，被焚大战船及各色座船四十余只。湘军水师被迫退回九江城外大营。罗大纲随即赶到九江对岸小池口扎营，石达开也亲到九江督战。曾国藩连忙调湘军陆师胡林翼、罗泽南部回援九江。2月11日夜三更，九江和小池口太平军乘月黑迷漫，驾百余小舟，突袭湘军水师，火弹喷筒齐发，烧毁战船百余只，擒获曾国藩座船，湘军大败。曾国藩又一次表演投水寻死的丑剧。九江、湖口的胜利，改变了太平军在西战场上的被动局面。

与九江大捷同时，秦日纲、陈玉成等向湖北黄梅、广济一线猛攻，清湖广总督杨霈统率的大营全军溃败，奔逃数百里。秦日纲、陈玉成追敌西进，4月，太平军第三次克复武昌，9月，又在金口、汉阳一带大败清军。石达开从湖北移军江西，与来自广东的天地会起义军相呼应。江西八府五十多个州县归附到了革命势力下面。

从1853年3月定都天京，到1856年上半年，经过三年的反复斗争，太平军北伐虽然失败，在长江流域却取得了重大的胜利。湖北东部，江西、安徽的大部分土地都为革命政权所控制。1856年4月，秦日纲率冬官正丞相陈玉成、地官副丞相李秀成等攻破江北大营大小营垒一百二十多座，清军望风而逃。6月又大破清江苏巡抚吉尔杭阿军于镇江高资，吉尔杭阿自杀。然后秦日纲等又与由安徽回师的石达开大军二万人会合，一举摧毁清军江南大营，残敌狼狈逃往丹阳。清钦差大臣、督办江南军务向荣丧魂落魄，自缢而死。清军江北大营和江南大营先后被击溃，解除了天京的肘腋之患。太平天国在军事上达到了全盛时期。

太平天国在与敌人作剧烈的军事斗争的同时，在自己管辖的地区内进行了各方面的改革，进一步建立起自己的军事、政治制度。

金田团营的时候，就把参加起义的群众按军队的编制组织起来，随着革命形势的发展，各种制度更加完备。太平军的编制为：五人为伍，设伍长一人，辖伍卒四人；五伍为两，设两司马一人；四两为卒，设卒长一人；五卒为旅，设旅帅一人；五旅为师，设师帅一人；五师为军，设军帅一人。每军官兵共一万三千一百五十六人。军帅以上，以监军、总制、将军来节制。它既是战斗组织，也是生活单位。全军将士不保留私人财产，实行大体平均的供给制度。百工技艺，按所长专业，设立诸匠营和百工衙，从事生产，以保证军事需要。实行这种办法，对于保持军队的战斗纪律、革命队伍的团结和发挥群众的革命积极性起了巨大的作用。革命战争能够迅速胜利前进，这是一个重要的原因。天京定都后，太平天国试图把军队中实行的一套原则和制度照样推行到社会上去。

插图9：《天朝田亩制度》封面
（采自《太平天国印书》第9册）

1853年，太平天国颁布了一个包括政治、经济和社会生活等方面的革命纲领——《天朝田亩制度》。这个纲领规定：县以下设立各级乡官；乡官不仅管理地方民政，居民的经济和文化生活也都由乡官来组织；乡官的体制、称呼都与军队相同。居民凡二十五家设国库一所，礼拜堂一所，成为一个政治、经济和文化生活的基层单位，管理的人叫做两司马。每当农业生产收成时，由两司马督率伍长，留下二十五家每人所食可接新谷的口粮，其余全归国库。副业生产如苎麻、布帛、鸡犬各物也是一样。二十五家中所有婚丧弥月等项开支，都由国库按定制发给。五家中的陶冶木石等匠，用伍长或伍卒为之。两司马同时又是教师，负责儿童的教育。凡礼拜日，伍长各率领男妇到礼拜堂，听讲道理。又规定实施乡兵制度，每家出一人为伍卒，有警为兵，杀敌捕贼；无事为农，耕田生产。关于国家的司法制度，官吏的保举、升贬、奖惩等等，也都各有条目。《天朝田亩制度》中最重要的内容，是关于土地制度的规定，其中有几段话说：

凡天下田，天下人同耕。此处不足，则迁彼处；彼处不足，则迁此处。凡天下田，丰荒相通，此处荒则移彼丰处，以赈此荒处；彼处荒则移此丰处，以赈彼荒处。务使天下共享天父上主皇上帝大福，有田同耕，有饭同食，有衣同穿，有钱同使，无处不均匀，无人不饱暖也。

凡田分九等，其田一亩，早晚二季可出一千二百斤者为尚尚田，可出一千一百斤者为尚中田……可出四百斤者为下下田。尚尚田一亩当尚中田一亩一分，当尚下田一亩二分……当下下田三亩。

凡分田照人口，不论男妇，算其家口多寡，人多则分多，人寡则分寡，杂以九等。如一家六人，分三人好田，分三人丑田，好丑各一半。

凡男妇，每一人自十六岁以尚受田，多逾十五岁以下一半。如十六岁以尚，分尚尚田一亩，则十五岁以下减其半，分尚尚田五分。又如十六岁以尚，分下下田三亩，则十五岁以下减其半，分下下田一亩五分。①

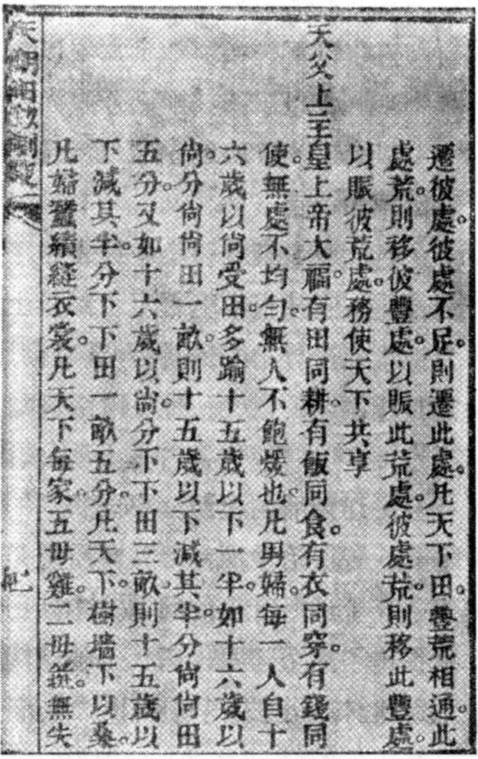
遷彼處。彼處不足。則遷此處。凡天下田。豐荒相通。此處荒。則移彼豐處。以賑此荒處。彼處荒。則移此豐處以賑彼荒處。務使天下共享
天父上主皇上帝大福。有田同耕。有飯同食。有衣同穿。有錢同使。無處不均勻。無人不飽煖也。凡男婦。每一人自十六歲以尚受田。多踰十五歲以下一半。如十六歲以尚。分尚尚田一畝。則十五歲以下減其半。分尚尚田五分。又如十六歲以尚。分下下田三畝。則十五歲以下減其半。分下下田一畝五分。凡天下。樹墻下以桑。凡婦蠶績縫衣裳。凡天下每家五母雞二母彘。無失

插图10:《天朝田亩制度》一页

（采自《太平天国印书》第9册）

《天朝田亩制度》集中地表现了太平天国的农民革命性质。它从根本上否定了封建土地所有制，明确规定把土地平分给农民耕种，具有彻底消灭封建剥削、推翻封建制度的意义。地主阶级利用封建土地所有制，压迫、剥削农民，地主占有土地，农民失掉土地，是封建社会一切矛盾的根源。中国长期的封建社会里，所谓“一治

①《太平天国》第1册，第321页。

一乱，治少而乱多”，本质上是农民阶级与地主阶级争夺土地所有权的问题。中国历史上的农民革命早就提出了这个问题。唐代王仙芝起义，主张社会要“平均”；北宋王小波、李顺提出“均贫富”的口号；南宋钟相、杨么以“等贵贱，均贫富”相号召；明末李自成起义进一步要求“均田免粮”；这些都在不同程度上表达了农民渴望获得土地的要求。《天朝田亩制度》更加鲜明、更加强烈地反映了农民的这个要求。它表示出太平天国革命全面地把中国封建社会中的农民战争，推向了一个新的高峰。《天朝田亩制度》中又宣布：“天下人人不受私，物物归上主”，希望达到“处处平匀，人人饱暖”。[①] 革命的农民群众，不仅要求摆脱封建剥削，而且要求消灭私有制，废除人剥削人的社会制度。太平天国这个纲领所提出的主张，正是农民革命、农民群众的民主主义运动异常高涨的象征和特点。农民群众长期处在黑暗、匮乏、艰苦、闭塞的环境中，他们一经觉醒，起来斗争，并且看来光明就在眼前的时候，必然想要把亲身遭受的一切压迫剥削，一劳永逸地连根拔掉，把可能取得的胜利果实夸大多少倍，这是很自然的事情。平分土地，作为社会主义乌托邦是错误的，但是作为农民群众特殊的、有历史局限性的民主主义斗争的表现却是正确的。太平天国农民群众反封建的伟大革命精神，在这个纲领里得到了正确的表现。

太平军进军安徽、江西以后，洪秀全、杨秀清发出的文件中，允许各地“照旧交粮纳税”[②]，实际上承认了原来的土地所有制。《天朝田亩制度》所制定的平分土地的办法，给农民的生产和生活所设计的那一套方案，一开始就没有真正实行。因为它是要在小生产的基础上废除私有制和平均一切社会财富，以求人人平等，这是农民的平均主义思想表现，是一种空想。它们越是制订得详尽细密，就越是堕入纯粹幻想的境地。但是太平天国关于平分土地的宣传号召，所提出的是亿万农民生死攸关、长期渴望解决的问题。他们对这个号召，表示了热烈的欢迎，并且总是按照自己的理解，去把它变成现实。1852 年以后，到太平军进军苏南、杭州以前，湖南、湖北、安徽，江苏、浙江等省许多地方，不管是太平天国占领区，还是清朝统治区，农民拒绝交租，从地主手中夺取土地所有权的斗争，纷纷而起。地主有的被杀，有的逃亡，农

---

① 《太平天国》第 1 册，第 322 页。

② 张德坚：《贼情汇纂》，《太平天国》第 3 册，第 204 页。

民不再交租。不少庵观寺院的田产充公，归农民自种。大部分留下来的地主陡然失去了昔日的威风。在斗争高涨的地区，谁要收租，农民就不客气地用实力斗争去回答。照地主阶级方面的一些记载：湖南澧县，湖北松滋、公安，群众成立“穷团”，“勒典减息，勒田主减租，勒增雇工工价，煽诱南北穷民”[①]。湖南常德，桃花溪佃农强分财东庄谷。湖北黄梅，农民与地主斗争，“佃风大坏”[②]。安徽桐城，“东庄有佃化为虎，司租人至攖其乳，西庄有佃狠如羊，掉头不顾角相当”[③]。芜湖，某地主田二千一百余亩，咸丰三年起，籽粒无收。贵池，群众得知太平军要“均田以赈贫穷”[④]，人心振奋。江西湖口，农民设立盟会，限制每亩纳租数额，倡议“斩富填贫”[⑤]。江苏，天京附近农民打翻封建势力，“不复交田主粮”[⑥]。扬州，佃农豚酒结盟，抗租不纳；某恶霸地主强征租息，佃农群起要杀他。无锡、金匮，面长埄大地主开仓收租，群众抗租抢掠；三坝桥农民抗租聚众，并宣布造反；二坝桥赵氏开仓收租，被掠取一空。常熟，佃农团结抗租，把领兵下乡的县官吓跑。昭文，张市地主收租，佃户聚众，将家屋尽行毁坏；东周市地主征租，佃户聚众千人，拆毁业主房屋；茅家村、土地堂，佃户反对收租，鸣锣聚众二百余人，寻获差船，打毁烧坏。吴江、震泽，佃户齐心不还田租；陆孝中等抗租，聚众数千人。太仓，三家市地主收租，佃户拆毁差船闹事，又太仓农村，四处打毁差船。松江华、娄各乡，佃户纷纷结社，决心抗租。华亭辉庵乡，农民鸣锣倡议抗租。金山，阮姓地主催租，农民聚众拆房，并捣毁县署大门；干吕港地主马某请兵催租，群众武力抗拒。浙江慈溪，龙山十九都等地佃农决议只交半租，设立局所，派人巡逻。有私自照旧交租的，抄毁家室。余姚，农民大规模抗租。先是黄李鲍群众以黄春生为首，冲入县署，强迫县令出示和勒石县堂，规定田租只交七成，制造样斛分发各乡行使。两陇、姜家渡一带农民纷起响应。大地主谢姓组织团练武装前往镇压。黄春生、宣文士、倪庆三等设立十八局，聚众至数万人，坚持武装斗争。反革命派称他们为“佃匪”“局

① 骆秉章：《澧州石门奸民滋事剿捕完竣折》，《骆文忠公奏议》湘中稿，第7卷。

② 邓文滨：《睡醒录初集》。

③ 光聪诚：《闲斋诗集》。

④ 李召棠：《乱后记所记》，《近代史资料》总34期，第180页。

⑤ 张宿煌：《备志纪年》，同上书，第189页。

⑥ 汪士铎：《乙丙日记》。

匪”。太平军进军浙东，抗租农民乘机攻克慈溪，参加太平天国革命。[①] 海宁，佃户乘机抗租，每十不还一。总之，到处都是农民与地主的对立，都是两个阶级的搏斗，它的中心是农民要求推翻封建土地所有制。这是在太平天国武装斗争强大威力推动下进行的，是《天朝田亩制度》的革命精神在一定程度上的实现。两湖、江浙一带农民斗争的胜利影响，鼓舞华北直至东北等地的佃农、自耕农也纷纷起来抗租、抗粮。蒙古，1852 年科尔沁旗佃民集众抗租，抵拒清兵。山西，陵川县郊义里等村群众发动抗粮。河南，1854、1855 年尉氏、禹州、滑县、封丘、孟县、汜水、辉县等地群众分别聚众抗粮，延及彰德、卫辉、怀庆三府。奉天佃民孟王龄、霍义等结盟抗租，使业户全年所收不及三分之一。云南，开化府回民发生抗粮斗争。

插图 11：太平天国春纳执照

（采自罗尔纲《太平天国文物图释》）

以《天朝田亩制度》为中心的一套理论、教义，和广大农民拒绝交租、夺取土地所有权的群众革命斗争，一个是思想、理论，一个是实践；两者合在一起，构成了太平天国农民革命反对封建土地所有制斗争的全貌。《天朝田亩制度》和太平军实际执行的土地政策之间存在着很大的距离，但那一套革命理想仍然极大地鼓舞了农民起来摧毁封建统治的革命热情。《天朝田亩制度》无论在思想、理论的意义上和推动反封建斗争的实践意义上，都是世界农民革命运动的一个光辉文献。

太平天国还试行过一套管理城市的办法。天京一度完全废除私有财产，全体居民的生活必需品由圣库供给。男

① 据柯超《辛壬琐记》，中国科学院历史研究所第三所近代史资料编辑组编《太平天国资料》，第 194 页；又《清实录（咸丰朝）》第 271 卷，咸丰八年十二月初二上谕。

女居民与军队一样分别男行女行，虽夫妻不得同居。男子除参加军队的以外，都要参加生产或在政府机关中服役；女子大致也与男子相同。年老残疾的编入牌尾馆。诸匠营、百工衙也推行到天京，把各行业的手工业工人分别组织在有关的营、衙中，从事生产。商业曾一度被废止。1855年初，允许男女匹配，恢复家庭生活，其他的各项规定也陆续有所变更。在手工业和商业很发达的城市中，农民的平均主义的空想，显然比农村更加不可能实现。

妇女是太平天国革命中的一支重要力量。金田起义时就有女兵，她们在以后的一些战役中建立了功勋。妇女一样参加社会生产劳动，有的并在政权机构中供职。《天朝田亩制度》明确规定妇女与男子分得同样多的土地。娼妓、缠足都被禁止，婚姻不许论财产。在理论上妇女的人格、地位受到尊重。

轰轰烈烈的太平天国革命，对封建社会的制度和思想进行了猛烈的冲击，给封建统治秩序以严重的破坏，农民阶级的伟大革命作用，在这里得到了最充分的表现。农民阶级又是一个与封建制度一起诞生的阶级，它不是新的生产力的代表者。农民阶级不可能靠自己独立地建立起一个符合于历史发展的新的社会制度，以代替必定要被推翻的封建的社会制度。太平天国农民革命走过一段飞跃发展的道路以后，政治上逐渐陷于停滞的状态。地主阶级、农民阶级两个阶级在军事、政治、经济、思想领域所进行的激烈斗争，不可避免地要对革命队伍内部产生强烈的影响。不少地主、商人等剥削分子卷进革命势力一边，清朝的奸细也乘机混入，地主同农民的阶级斗争在革命阵营内部呈现出日益复杂、尖锐的情况。

一些暗藏的反革命分子从内部破坏捣乱，这是斗争的一种形式。1854年天京城内发生了清朝奸细活动的重大案件。奸细分子的头目原是清朝的一名廪生。太平军进攻南京时，其人协助清军筹划城防，并亲自率领千余人上阵作战。太平军攻克南京后，奸细分子改姓换名，混入革命队伍，与另外一些潜藏的反革命分子结成死党，到处窥探消息，准备暴动叛乱。他们散播谣言，制造太平军内部矛盾，挑拨东王亲兵与湖南籍水营士兵互斗；后来又煽惑织营、土营、木营中的人及其他一些士兵密谋为清军内应。他们几次与清军江南大营联络，约定攻城日期和接应步骤。这伙反革命分子的阴谋被群众发觉，没有造成严重的破坏。农民革命的领导人对于地主阶级的这类进攻，是有所警惕的，敌人在这方面很少得逞。

地主阶级用腐朽的思想意识向革命的农民进攻，这是斗争的另一种形式。

混入太平军的地主阶级分子，极力以封建的思想意识来腐蚀太平军，特别是腐蚀农民革命的一些领导者。所谓“奉令承教靡不为，阿谀取容罔敢惰”[①]，就是这种人的嘴脸。他们的目的是用地主阶级的思想去改造革命农民的思想，促使革命走向失败。农民阶级由于小生产的特点，政治眼光受到限制，对于这种形式的阶级斗争往往认识不清楚。洪秀全等领导者出身、经历各有不同，但是旧环境、旧思想同他们总有这样那样的粘连。农民革命者缺乏战胜封建思想的武器，封建思想意识很容易侵入农民革命队伍，特别是在它的上层发挥出破坏性。最初由于革命战斗的需要所建立的各级指挥职务和制度，逐渐变成了等级特权。从天王到普通士兵之间等级繁复，体制严格，不许逾越。例如乘轿一项，照规定：天王轿夫六十四人，东王轿夫四十八人，以次递减，至两司马还有轿夫四人。高级官员出行，下级官员和兵士必须回避，或跪在道旁，否则格杀勿论。一些领导人贪图享乐的倾向也滋长起来，生活起居方面豪华铺张。洪秀全还沿袭了封建帝王的嫔妃制度，选取民间秀女入宫。领导集团的奢侈腐化，同广大士兵和人民群众在战争时期的艰苦生活形成尖锐的对照。上层受到地主阶级的严重腐蚀，已经脱离了群众。

封建阶级从外部和内部的进攻，农民小生产者的分散性，必然要在领导集团内反映出来。杨秀清坐镇天京，握有军政实权；韦昌辉、石达开统帅军队在战场上指挥作战，分别拥有一部分实力。东、北、翼诸王各有独立的王府，设置官吏，发号施令。他们几个人都以自己为中心，逐渐形成几个不同的集团，进行着争夺权力的斗争。杨秀清掌握的军政实权越大，夺取最高权力的野心也跟着越大。他擅立威福，借故苛责其他诸王；对天王也假借天父下凡，要加杖责。天王对于他，只不过是一个可以暂时利用的傀儡。韦、石对杨秀清早已怀恨在心。韦昌辉这个投机革命的地主阶级阴谋家、野心家对杨秀清阴一套阳一套，表面上极尽献媚逢迎之能事，暗地里准备下毒手。1856 年，太平天国领导集团终于爆发了公开的分裂。这一年夏天，革命在军事上达到全盛的时候，杨秀清决定进一步夺取洪秀全的最高领导者的地位。他假借天父下凡，逼迫洪秀全封他为“万岁”。洪秀全密召在江西的韦昌辉和在湖北的石达开带兵回天京杀杨秀清。韦昌辉以为时机已到，火急从江西前线赶回，9 月 2 日清晨，杀杨秀清和他的全家。韦昌辉故意扩大事态，同他的附从者秦

① 马寿龄：《金陵癸甲新乐府》，《太平天国》第 4 册，第 738 页。

日纲在两个多月里，杀杨秀清部属和群众男女老幼二万余人，浮尸随秦淮河水漂往城外。天京一时陷于韦昌辉的反革命恐怖中。石达开从湖北赶回，斥责韦昌辉不应滥杀无辜。韦昌辉又要杀石达开，石闻讯连夜吊城逃走，家属被全部杀光。石达开回到安庆，起兵讨韦。11月初，天京官兵上下同心，杀死韦昌辉，洪秀全召石达开回京辅政。不久，洪秀全封其长兄洪仁发为安王、次兄洪仁达为福王。他想这样分散一些石达开的权力，免得重蹈杨、韦覆辙。但安、福二王既少功劳，为人又不廉正，洪秀全的这次分封是不得人心的。石达开不顾大局，于1857年6月离开天京出走。他临行发出一个布告，为自己的分裂行动表白，又谎言亲奉密诏，转回粤西，拉走很大一批军队，其中多半是太平军的精锐。这场事变，从杨秀清篡权发端，韦昌辉乘机暴乱，秦日纲助韦昌辉为虐，最后石达开破坏大局，把所有早期的领导人都卷进去了。领导集团的分裂，直接引起了革命武装力量的涣散、分裂。杨秀清被杀的时候，定为“东孽”。事变过去后，洪秀全作了改变，规定杨秀清死的这一天为东王升天节，表示承认他仍是革命队伍中的一员。韦昌辉死去，群众痛恨他，呼为“北奸”，等于揭露了他是混进革命队伍内部的地主阶级代理人。太平天国的《朝天朝主图》上再也没有韦昌辉、秦日纲的座位，把他们从革命队伍中开除了。

太平天国领导集团的分裂，成了这次农民革命由胜利发展走向衰微的转折点。革命元气大损，实力削弱，人们思想上留下了深重的创伤。反革命阵营则因此得到喘息机会，马上气焰嚣张起来。咸丰欣喜若狂，扬言要“乘其内乱，次第削平”。军事上把这个形势反映得特别明显。敌人很快在东、西几个战场上发动反扑，太平军被迫从战略进攻转向战略防御。

第二节　各地风起云涌的群众起义

太平天国革命的胜利发展，迅速地推动了全国各地风起云涌的群众反封建起义。太平军经过的地区，封建统治秩序被打乱了，群众要求翻身，纷纷起来造反。另外的一些地区或因清政府的军队调走，反革命统治削弱，群众乘机而起；或因清政府为供应军需，加重捐税压榨，激起群众的猛烈反抗。它们彼此推动，互相激荡，以太平天国为中心，形成了中国近代史上第一个革命高潮。

湖南、湖北、江西：太平军在这里往返作战，一些民间秘密结社积极响应。1851 年，湖南中部斋教（又名青教）盛行。每股数百人至数千人，宣称奉四川峨眉山万云龙为总领袖，秘密从事反清斗争。1852 年，湖北天地会在武昌活动，贴出布告，劝谕人民归从天德皇帝，并悬赏诛锄清朝官吏。湖南浏阳天地会征义堂周国虞等起义，势力发展至广东、广西。太平军围攻长沙，周国虞率领数千人助战。郴州刘代伟等矿工起事，攻入州城。在遭到镇压失败以后，余部加入太平军。1853 年，湖南道州天地会首领何贱苟起事，称普南王。攸县黄杰高等起事，受太平军札封。安仁、桂东、常宁白沙堡、衡山草市、永兴狮子寨等处都有群众起事，有的打着太平军旗号活动。湖北通城、崇阳、嘉鱼、蒲圻刘立简、陈北斗、熊开宇等举事，钟人杰余部并起。黄陂县大城潭一带金鼓莲会千余人起义，接应太平军。广济群众抗粮起事，攻入县城，杀前往镇压的清黄州知府、黄梅知县等。江西上犹县刘洪义等起义，攻入湖南桂东、永兴等地。太和县群众起义，攻破县城，焚毁官署，释放狱囚，准备与太平军会合。景德镇陶瓷手工业工人加入太平军。1854 年，湖南常宁等县群众起义。江西宁州、武宁群众起义，接应太平军，围攻城池。1854 年以后，湖南邻近两广地区的天地会同时大举。股数众多，少者千人，多者万余人。郴州许月桂（女）称大元帅，兴宁焦玉晶称三省军师，是这些众多的股数中比较出名的。直接配合、接应太平军，是这个地区群众起义的一个特点。

广东、广西：天地会的势力继续发展。1851 年阳山县天地会支派“沙包会”领袖萧王氏（女）率众起义，攻入湖南，杀清军千总、把总等。天地会大首领朱九涛（又名邱昌道），以“广东老万山”为堂名，组织群众，准备起事，自称太平王。1852 年 9 月广西南宁天地会起义。这个集团以胡有禄、朱洪英为首，有众数万人，多次攻下湖南、广东边界各县城。1853 年天地会首领吴凌云（壮族）在宣化（今南宁）起事。参加者多为壮汉两族农民。吴凌云死后他的儿子吴亚忠领导部众坚持斗争。广东、江西交界处天地会三千余人也在这年起事。阳山起事群众亦发展至三千余人。南宁起义的天地会群众，1854 年 9 月占领灌阳，建号“升平天国”。胡有禄称定南王，朱洪英称镇南王。太平天国天官丞相罗大纲写信约他们往天京会合。胡、朱接信，下令蓄发，并出兵进占湖南东安。1855 年 9 月，湘军王鑫击败升平军，胡有禄被俘死难，朱洪英退回广西富川，也遭杀害。部众由陈永秀、黄金亮等率领，继续活动。这一年又有苏凝三、李士青等在廉州起义，攻打县城。

插图 12：广东天地会首领之一陈显良致英、美、法照会
（采自太平天国起义百年纪念展览会编《太平天国革命文物图录》）

1854 年广东天地会由陈开（三水箍桶匠）、李文茂（粤剧艺人）等领导在佛山起义。一时广东南海、番禺、东莞、顺德、香山等县，广西浔、梧两府天地会纷起响应。起义群众蓄发易服，宣称为明朝复仇。两广许多地方都落入这个起义集团手里。他们围攻广州城，长达半年之久。1855 年 1 月撤广州围，陈开等又联合广西浔、梧一带的天地会众，攻克肇庆府。罪恶滔天的大屠夫清两广总督叶名琛联合地主豪绅组织的团练对起义群众进行血腥镇压。英、美驻在广州的代表更利用他们的实力支持清政府，干涉起义军。十几万群众先后惨遭反革命屠杀。据目击的人说，单是 1855 年夏天即杀七万五千余人。刑场血流成渠，无头的尸体纵横遍地，任其暴露于烈日之下。时方盛暑，气温在华氏九十度以上。刑场四围两公里以内，空气恶劣如毒雾，闻之令人作呕。[①] 起义群众并没有被反革命的屠杀所吓倒，他们擦去身上的血污，继续斗争。1855 年 6 月，李文茂等率主力转入广西。这年 9 月攻下浔州，建号“大成国”，改浔州为秀京。李文茂称平靖王，陈开称镇南王。梧、浔两府沿江一带以水手船户为主的反清武装都附入大成国，有船千余只。浔州四周的贵县、平南、武宣、象州、柳州等地也都为这个起义集团的势力所控制。大成国和

① 容闳：《西学东渐记》，第 35—36 页。

升平天国成了当时两广地区反清斗争的两个中心。1855 年广东又有周培德、葛耀明等分别领导的天地会起义，共数万人。这个起义集团从粤北经湖南，攻入江西和太平军石达开部会合，一部分加入太平军。地主阶级惧怕他们，称为“红头贼”。当初广州三元里抗英斗争和反进城斗争的农民、手工业工人，这时又成了反封建起义的发动者和参加者。包括三元里抗英战争中的著名农民英雄颜长浩（绰号定拳长）、联升社学的活动分子周春等，分别加入到陈开、周培德等人领导的起义军中；周春并进入江西参加太平军，著有战功。农民群众一旦有了革命的觉悟，就既是反封建的英勇战士，也是反对外国侵略者的英勇战士。

两广天地会这时起义的大股，还有修仁、荔浦、平乐一带的张高友，苍梧一带的罗华观，贺县、平乐一带的陈金刚，容县一带的范亚音，上林一带的李锦贵等。小股多至数百，此伏彼起。

福建、台湾：1787 年林爽文在台湾起义失败，天地会仍继续活动，福建天地会的支派更多。汀州、武平有“红会”，长汀等县有“红湖会”，厦门有“小刀会”（又名双刀会），又有三合会。1852 年，太平天国革命风暴席卷大陆，也越过海峡推动台湾人民的反清斗争，并使台湾和大陆的斗争联成一片。1852 年台湾嘉义有洪纪领导的反清起义。1853 年闽南小刀会首领黄位、黄得美在同安一带发动起义。这个起义集团从 5 月 14 日至 21 日的短短七天内，攻占海澄、龙溪、同安、厦门等九个县镇。人数从千余人发展到万余人，占领厦门之后，起义军改用“天德”年号，宣布以“反清复明”为宗旨。与此

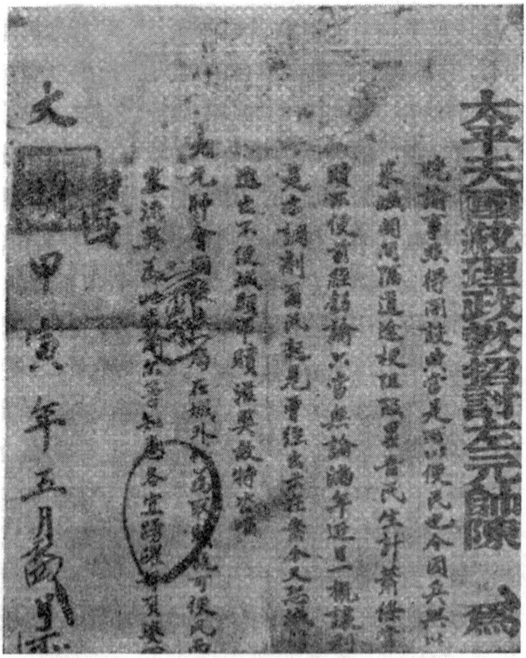

插图 13：小刀会首领之一陈阿林布告
（采自中国科学院上海历史研究所筹备委员会编《上海小刀会起义史料汇编》）

同时闽中有林俊（武生）联合天地会支派红钱会、黑钱会发动的起义，有众数千人，攻占德化、永安等县。林俊称钦命统兵大元帅，也采用“天德”年号和“反清复明”的口号。与林俊有联系的女领袖邱氏打着“顺天命邱娘娘”的旗号进攻惠安。

当黄位率领下的群众占领漳州、厦门时，台湾爆发了李石、林恭响应福建小刀会的起义。李石，台湾（台南）县人，这年6月初树起“兴汉灭满”的旗帜，率众攻杀清台湾县令。接着凤山林恭起义响应，攻占凤山县署，开仓济贫。清政府地方官吏纠合地主武装，到8月底把这次起义镇压下去，李石、林恭死难。黄位、林俊两部因受清军阻击，内部又有矛盾，势力不久削弱，但仍分别斗争至1858年。黄位更在1854年、1858年两次联合台湾起义群众攻下基隆。1853年至1854年，台湾还有林文英在噶玛兰厅（宜兰）的起义，林义、黄在基等进攻府城的起义，曾鸡角在嘉义的起义等，陆续不绝。

上海：1853年小刀会（又名匕首党）在上海起义。先是这年8月，嘉定地区以徐耀为首的农民千余人起义，一度占领县城。9月初又有周立春联合徐耀和上海小刀会起义，再占嘉定。起义群众用“义兴公司”名义张贴告示，豁免钱粮，镇压土豪劣绅。紧接着上海广东帮小刀会首领刘丽川（洋行小职员）联合福建帮小刀会首领李咸池、陈阿林等发动起义，占领上海县城，杀死清知县，生擒上海道吴健彰。起义军占领上海后又分两路在短时间内攻占宝山、南汇、川沙、青浦等城，迅速发展至万余人，并进攻太仓，计划夺取苏州，当地清军逃散一空。

这个起义集团表现了与太平天国合作的诚意。参加者有农民、城市贫民、外地来此谋生的劳动者、水手、手工业者、小商贩和散兵游勇。他们的行帮团体繁多，有小刀会、青中会（粤、闽帮）、编钱会（江西南赣帮）、双刀党（广勇）、乌党（闽党）、百龙党（乡勇）等名色。起初刘丽川称“大明国总理政教招讨大元帅”，部众红巾蓄发。占领上海、宝山等地后刘丽川即主动与太平军联系，报请洪秀全“差官莅任”[①]。刘丽川此后的文告都改称“太平天国招讨大元帅”。他又致各国领事照会，宣称：“本军与太平军已属一体”，并

①刘丽川:《上天王奏》，中国科学院上海历史研究所筹备委员会编《上海小刀会起义史料汇编》，第12页。

自豪地说："今日之中华实已与外邦并驾齐驱矣。"[①] 太平军这时正在西征北伐，无暇东顾。小刀会群众仍在上海地区坚持斗争。

清军因小刀会占领上海，江南大营主要饷源的江海关税收陷于停顿，漕粮海运也深受影响，从江南大营抽调军队来镇压。这年 9 月底，小刀会失去所有外围城市，被困在上海县城里。外国侵略者帮助清政府，供给船只、军火，又实行经济封锁，断绝租界与上海县城的交通。最后法海军提督辣厄尔更指挥法军协助清军攻城。1855 年 2 月 17 日，起义群众被迫撤出上海，刘丽川突围战死。部众一部分加入太平军，一部分走江西后，又参加当地天地会起义，一部分逃散或遭清军杀害。起义失败，斗争共十七个月。

安徽、河南、山东、苏北：捻军一跃而起，成为这一带抗清运动的一支主要力量。早在康熙至嘉庆年间，河南、安徽已有捻党出没，但那时还只限于小股零星活动。秋收农暇，首领召集乡里丁壮，部署为兵，游骑四出，攻打地主村堡，分其资财。既无名号，彼此也不相统属。

1853 年太平军北伐，道出安徽、河南。捻党乘机举事，张洛行、龚德树等为首的捻党首领，率领群众在安徽涡阳、淝河地区集结，响应太平军。安徽泗县、灵璧、宿州，山东兖州、沂州、曹州等地群众亦相继而起，势力逐渐壮大，地主的统治受到很大的威胁。捻军初起，组织仍极涣散，许多人遭到清军杀害，力量失散。张洛行、龚德树等集中起来的队伍人数较多，一直活跃于淮北平原上。

1855 年秋[②]，各地捻军首领大会于安徽亳州、蒙城间的雉河集（今涡阳县城）。会议推张洛行为盟主，以雉河集为中心，建国号"大汉"。张洛行称大汉明命王，分五色旗统领各军。龚德树领白旗，侯世维领红旗，苏天福领黑旗，韩万领蓝旗，张洛行自统黄旗。五旗以下又设五种镶边旗和其他旗号，由孙葵心等许多人分领。雉河集会议以后，捻军的活动虽多少集中了些，但仍保持着它原有的特色，是一支大部分不脱离生产的农民组成的队伍。每逢出征，由首领发出命令，把农民从田野里召集起来，按照事先编好的队别集

---

① 刘丽川：《致各国领事函》，中国科学院上海历史研究所筹备委员会编《上海小刀会起义史料汇编》，第 17 页。

② 雉河集会议时间，《涡阳县志》载在六年正月，《亳州志》载在五年六月，《永城县志》载在三年八月。王闿运《湘军志 · 平捻篇》记为五年，张瑞墀《两淮戡乱记》作六年。罗尔纲据《豫军纪略》宋郡窦世铨等五十五人呈词考证，雉河集会议应在五年秋。

中。农民放下锄头镰刀，拿起藏在家里的大刀长矛立刻成为战士。因此行军打仗，常常是几千几万人，戈矛旗帜如林，声势震动。地主团练和清军屡次镇压，碰到这种场面，逃跑唯恐不速，毫无办法。不脱离农业生产这个特点，集中表现了捻军的成分主要是农民和手工业工人等农村贫苦群众。

与捻党同样有长久历史的幅党，也以山东为中心进行活动。参加者主要是漕运水手、运河边上的小商小贩、帮工贫民等。他们在太平军的影响下抄袭、打击清军。1853 年，安徽定远陆遐龄、陆连元等聚饥民四千余人起事。1855 年，山东金乡陶三相等聚众起事。河南密县群众起事，进攻郑州。

贵州：苗民和白莲教支派分别起义。贵州是少数民族的聚居区，又是白莲教各支派活跃的地区。这里的少数民族有苗、侗、彝、回等，白莲教支派有红号、白号、黄号、灯花教、斋教（魔教）、缘教等。白莲教支派和苗、侗等族农民先后举事，又互相推动，斗争愈演愈烈。1854 年 3 月，斋教首领杨元保（汉族）抗捐起事，部众二千余人，同年 9 月桐梓斋教首领杨凤（又名杨龙喜），声言与湖北太平军有约，率众起事。杨凤称兵马大元帅，自立年号，改这一年为江汉元年，改桐梓为兴州，宣布废除苛捐杂税。附近欠租欠税群众纷起响应，攻克仁怀县，进围遵义。黔西南安南、普安两县的斋教徒和杨元保部下相率响应，众至万余人。

杨元保、杨凤起事是这时贵州各族人民大起义的前奏。1855 年春，台拱（今台江）苗民要求减免过重的赋税无法实现，发动起义。雇农出身的张秀眉（苗族）是这个起义军的主要领袖。1855 年初，张秀眉用跳芦笙舞等方式，秘密组织群众，4 月底在台拱西部发动，一时苗民相从的数万人。张秀眉称九元帅，另有高禾、包大肚、潘老冒、金干干等重要首领。这个起义集团很快成了黔东南苗民反清斗争的中心。

白莲教系统的群众这时乘机发动。以服饰、旗帜的颜色区分的号军纷纷并起，铜仁徐廷杰领导的红号，一时最称大股。徐廷杰以田赋折银价过高，号召以实物完粮，从者万人。这表示中小地主也反对清政府的繁重捐税，要参加反抗斗争。1855 年 11 月，红号攻入铜仁，远近响应。不到一个月，连克松桃、思南、印江、石阡、玉屏、思州等府县，全省震动。

四川、云南、甘肃、直隶：比较重要的有 1851 年四川马边、屏山等厅县彝族群众反清起事。1852 年云南湾甸（保山县）景福保起事。甘肃凉州镇羌卡外藏族集合二千人起事。1853 年青海藏族起事。云南哀牢山彝民的反清斗争也在这时开始。东川府又有马二花起事，占领东川、寻甸一带，众至三千余人。附近回民四起响应，势力很大，“官不能制”。直隶很多县有盐民、饥民骚动。安肃县天竺教数万人起事。1854年甘肃西宁（现属青海）一带藏族群众起事。甘肃陇西县石沅应等起义，杀清在籍候补知县。起义群众在坚持抗清遭到失败时，英勇不屈，纷纷焚烧房堡，投火自尽。1856年，云南蒙化回民杜文秀起义，攻入大理府。有些地区过去失败了的反抗首领又纷纷起来，斗争规模越来越大。各地的群众起义，除极少数情况以外，一般都表现出显著的中国农民战争的传统和特点。

各地各族参加起义斗争的主要是最穷苦的农民群众。当时阶级矛盾非常尖锐，农民斗争的大风暴来势猛烈，有横扫一切之势。因此卷入起事的群众还有手工业者、矿工、运输脚夫、小商贩、水手、城市贫民等等。有些地区有少量土地的小地主也在“抗粮”“减赋”的要求下加入了群众斗争的行列。但只有农民是斗争中的骨干。皖豫的捻党，各省抗租的发动者，固然是农民，南方天地会所组织起来的，主要的也是农民群众。水手、运输脚夫等在闽粤一带天地会中占很大数量。例如江西玉山县是由江西进入浙江的商路的过载码头。广东、湖北等省及江西省内地货物，运往浙江的如干果、锡、蜡水油、纸张、药材、杂货每年不下三四十万石，玉山县一地，每天需伕数百名，多或千名。江西大庾县是由江西进入广东的商路的过载码头。自浙江、江西运往广东内地销售的货物如绸缎、梭布、瓷器、药材、绍酒等，每年数十万石，又来自福建、浙江的茶叶一二十万石。大庾、吉安、赣州以及广东南雄等地分别出动大批人伕，其中绝大多数人是束缚在土地上的农民。他们往往在农闲或运输繁忙的季节，出来当脚贩、挑伕，觅利糊口。挑脚走码头，使许多人成了天地会的群众。

个体经济和农民所处的地位，中国地域辽阔和交通阻塞，决定农民反抗斗争，无法在全国范围内组织起一个统一的运动，只能彼此推动，分散进行。捻党、天地会、白莲教和各地自发的抗租斗争等，不但相互之间没有联系，是各自孤立的，而且它们内部也是互不统属，各自分立的。捻党内部长期是一捻自成一路，有事则联合作战，无事则各自独立。天地会的显著特点也一向是山堂林立，各有门户。每个山堂自成一个大小不等的集团，独立活动。如广西朱洪英的公义堂，吴凌云的全胜堂，柳州的洪胜堂，平乐的广义堂，都有万余人。李锦贵的大勇堂有数万人，杨西安的连义堂有四万余人。但彼此很少联系，势力分散。又如福建小刀会、红钱会、黑钱会、乌旗军、白旗军等，也都是各自分立，不相统摄的。白莲教更是支派繁多，各有教宗，不足成为一个统一的力量。天地会、白莲教提出的政治目标和动员群众的口号仍是“反清复明”“兴汉灭满”“替天行道”“劫富济贫”“官逼民反”等陈旧口号。它的真实意义是表示贫富对立、农民和以清政府为代表的地主阶级的对立。捻党中流传的孔子曾向穷人范丹借粮，后来孔子赖债，因此作为范丹后代的捻党，要向作为孔子后代的读书人索还欠债的故事，正是贫苦农民一种朴素的阶级斗争的理论。

许多分散的以农民群众为主体的反封建起义，同太平天国一起，构成了全国规模的农民战争。清政府的反革命统治被全国范围的农民战争打得七零八落，但是它没有最后垮台，还正在拼命挣扎。农民阶级与地主阶级两个阶级在新的历史条件下展开了你死我活的决斗。

第三节　咸丰的统治，地主阶级中以曾国藩为中心的反动势力的出现

全国农民起义的大风暴正在到来的时候，1850 年清朝道光皇帝死去，第四子奕詝继位，改年号为咸丰（1851—1861 年）。太平天国革命的大爆发以及全国范围的反清起义，构成了对清政权空前严重的威胁。十八岁的奕詝和以他为首的地主阶级统治集团面对着一个风声鹤唳、兵慌马乱的局面。竭尽全力镇压农民革命，保住清王朝的反革命统治，这是咸丰一代一切重要措施的出发点。

封建统治集团的头目们多方策划，首先在一些最尖锐的问题上装出姿态，企图这样来缓和群众的激烈反抗，调和统治集团的内部矛盾。一个是鸦片战争中对外投降的问题，一个是地主集中土地的问题。1850 年 12 月，咸丰发布朱笔谕旨，革斥穆彰阿、耆英。谕旨强调穆彰阿在对待英国侵略的过程中，倾排异己，妨贤病国，居心阴险，实不可问；耆英丧尽天良，在广东时只知抑民媚外，上乖天道，下逆人情，差一点变生不测。照他们看来，只要抛出穆彰阿、耆英等人作为替罪羊，全部清政府的卖国罪行就可以洗刷掉，民愤就可以平息。1851 年 10 月，大学士祁寯藻等人会议，重申禁止地主夺佃，禁

止地主增加租额，其目的是要表示清政府对农民缺少土地、生活困难的关心，掩盖农民与地主的尖锐阶级矛盾。对于封建统治集团内部，咸丰一伙也采取一些行动来防止它加速瓦解。1852 年以后，屡次下令，提督、总兵等统兵大员临阵脱逃，贻误军机的，上司要立即揭发，请旨诛杀；参将、游击以下军官失地丧师的，要一面报告，一面在军前斩首。1853 年 3 月，下令查抄已经撤职的钦差大臣赛尚阿、徐广缙、陆建瀛等人的全部家财。他们想用严刑峻法制止军队的溃败。同一个时间里，又传令住在京城的大地主大官僚捐助军饷。第一批名单十八家，第二批四十家。其中包括穆彰阿、耆英、陈介祺、崇实等等。[①] 他们全都拥有大量土地和其他资产，是地主阶级中最豪富的家族和清政府反动统治的重要支柱。各家捐款，有三四万两的，有一二万两的。它的用意不单在增加一些经费收入，更重要的还在于动员地主阶级，实力支持清政府，与农民阶级相对抗。

统治集团的种种欺骗、补救都没有能改变它的危急处境。整个官僚机构早已运转失灵，上下欺蒙，唯利是图，专横残暴，暗无天日。农业、手工业生产下降，社会经济凋敝、混乱。北京的情况：1853 年 1—3 月，即太平军第一次克服武汉以后，京城里的富商大贾、钱庄老板，就纷纷从店铺、银号抽回股本，装运下乡。整个春天，运白银出城的络绎不绝，数目据说上千万两。投机商人乘机操纵，银钱比价暴起暴跌。前一天，银一两，值铜钱二千有零；第二天，值一千八百有零；第三天，只值九百文了。因漕运和交通受阻，粮价猛涨。米一斤，铜钱八十文。纸币、票据不再受到信用，挤兑的人群填街塞巷，不分昼夜。银号、典当、店铺大批宣告歇业、倒闭；一天少则几家，多则几十家。城市手工业和商业陷于半停顿状态。许多贫苦群众生计无着，四出逃亡或结伙反抗。北京如此，其他地方可以想见。这种情况严重地影响到本来极端困难的财政收入。1851 年以前，清政府岁收银三千七八百万两，各项支出加在一起，大致相等。在那以后，统治区域缩小，没有被太平天国等革命力量占领的地区，因灾荒和生产衰落，征解也不能足额，收入总数大为减少。支出则因军事费用浩繁而急剧增加。1851 年到 1853 年 7 月，不足三年的时间，单是支出军饷一项，即达二千九百六十余万两，平均每年约一千万

---

① 黄辅辰：《戴经堂日钞》，《太平天国资料》，第 52 页；又见崇实《惕盦年谱》，第 30—32 页。

两。户部库存这时仅剩二十多万两，连发一个月的军饷也不够，面临各省请饷，一筹莫展。到1856年，仅江苏、安徽、江西、湖北四省兵营的军饷，一年就需要一千三四百万两，加上僧格林沁、胜保等军，每年在二千万两左右，其他各省尚不在其内。军饷不过是军费中的一部分，要维持统治机器的活动，各种费用有增无减。清政府用卖官鬻爵、挨户派捐，广铸大钱、滥发钞票、设立厘金等办法强行搜括。大钱分当千、当五百、当百等多种。把一千个制钱改铸成当千的大钱，可得三十个，转手之间，获利三十倍。官票、宝钞分别以银两、制钱为计算单位。行使大钱、钞票最初使清政府从人民手中搜括到不少油水，但很快引起通货膨胀、物价飞涨、经济生活陷入混乱。江北大营首先拒绝用大钱发兵饷，大钱和官票不久被迫废止。1853年，帮办江北大营军务的刑部侍郎雷以諴在扬州仙女庙等地创办厘金，第二年清政府下令推广到各地，变成为经常的税收制度。从这时起，直到1930年取消，七十多年里，清政府及以后一切反动政府一直利用这个制度来残酷剥削人民，保持一笔重要财政收入。所谓厘金，就是以商货为对象，在通商码头冲要城镇设立局卡，按物价征收百分之一的捐税。捐税中一种叫做行厘，属于过境税性质，从行商抽取；一种叫做坐厘，属于交易税性质，从坐贾抽取。厘金这个办法一出，清政府统治地区，水陆通衢以至乡村小径，处处插起“奉宪抽厘”旗号，十里一局，五里一卡，大至行商坐贾，车载船运，小至茶房饼铺，肩挑步担，无不巧立名目，一网打尽。甚至行人携带的盘川，妇女的随身包裹，也要留难搜查，敲诈勒索。资本充足的商人最终总是把一切负担转嫁到消费者身上，并且可以囤积居奇，谋取厚利。最受苦的是自产自销的手工业者、出卖少量农副产品换回某些必需品的贫苦农民，一出一进，两面付出血汗。清政府的多方搜括，反过来又迫使更多的劳动人民流离失所，饥饿死亡，社会生产遭到新的严重的破坏，恶性循环，没有出路。

地主阶级专政的主要支柱、清军主力绿营兵在太平军和各地起义群众的猛烈打击下土崩瓦解。这支反人民的军队平时凭借武力在握，吓唬残害人民，作恶多端。于今被太平军一路杀得落花流水，将帅闻风丧胆，兵卒情绪颓丧，纸老虎现了原形。从1851年1月到1853年2月接连四次更易前线统帅，先后调集兵勇五十余万，都不能使清军免于一败涂地。1853年，全体翰林联名向咸丰奏报这种情形说：军队起初只愿守城，不敢进攻，不久就城也守不住了；起初只是丢失州县，很快就丢失府城了；起初一个地方还守七八十天，二三十天，接着敌军一到就丢失，再接着敌军没有到，城里就逃跑一空了；起初地方官弃城逃走，还找个借口或逐步后退，往后就掉头不顾，一逃千余里之远了；起初要逃跑还向北京报告一声，后来就根本不打招呼了。绿营军屡战屡败，清政府又寄希望于地主武装团练。1853年2、3月间，咸丰任命湖南等十省在籍大官僚四十余人为督办团练大臣。多的一省达九、十人，少的也有二、三人。他们都是些大地主、大乡绅，做过总督、巡抚、尚书、侍郎、藩司、臬司等大官，最低也拥有御史、候补京卿之类的头衔。这些人高高在上，只知道争权夺利，安闲享乐，远不了解斗争的实际。湖南、江西、安徽、河南、山东、浙江、江南、江北等地所有最初由大官僚直接办理的团练，或者一开始就遭到失败，或者残害人民有余，与太平军斗争完全无力。地主阶级在农民大革命的进攻面前，一片仓皇混乱，四分五裂，矛盾重重。军事危机集中反映了清政府统治的全面危机。1853年，太平军从武汉沿江东下，咸丰在朝堂上放声痛哭，群臣相对而泣。统治集团感到了末日来临的恐惧和悲哀。

地主阶级现有的当权势力显然太腐朽了，再也无力自上而下对局势加以控制。除非这个阶级重新集合起一股能够适应新的形势的反革命势力，清政权将难于保持下去。满族贵族中一部分人看到了这种形势，主张把更多的权力交给汉族地主，去有效地反对农民革命。历任道光、咸丰两朝大臣的满人文庆说："欲办天下大事，当重用汉人。"[①] 咸丰朝后半期掌握大权的宗室肃顺也认为"满人胡涂不通，不能为国家出力"[②]，国家遇有大疑难事，"非重用汉人，不能已乱"[③]。文庆、肃顺等所指望的汉人，当然不是现在身居高位的汉族大官僚，这种人从来就不缺少，他们实际上是指望地主阶级中能产生出一批新的更有反革命本领的分子，筑起堤防，挡住革命的洪流。

阶级斗争哪里最激烈，革命阶级与反革命阶级就在哪里分别把自己的力量结合在一起，壁垒分明。太平天国革命尚在酝酿，广西、湖南、安徽等省人民先后起义的时候，当地农村的一部分地主即自行举办团练，协助清军镇压人民。以后太平军进入长江流域，各地群众纷纷起义响应，清军连续溃败，于是，地主豪绅组织的团练、乡勇，就紧跟着在各地一拥而上。正如农民自

① 薛福成：《书长白文文端公相业》，《庸盦文续编》卷下。

② 坐观山人：《清代野记》卷下。

③ 尚秉和：《辛壬春秋》第26卷。

发地参加反封建斗争一样，地主阶级的实力分子也自动地站到了反对农民革命的最前线，并不等待什么人发令指使。那些团练、乡勇中凶悍著名的有：湖南新宁县江忠源、刘长佑的楚勇，湘乡罗泽南、王鑫等的湘勇，东安席宝田、靖州储玫躬、郴州罗正仁、浏阳艾国兴、攸县谭国昌等的团练；湖北罗田县闻其政、廖新的罗勇，黄冈县张店、潘塘各区的团勇，麻城、黄安的团练；江西南昌刘于浔、燕毅的江军和五局练勇，万载、萍乡的团练；安徽卢江吴长庆父子组织的武装，桐城马三俊的团练，合肥张树声兄弟、周盛波兄弟、刘铭传、潘鼎新等人的淮勇；江苏宿迁臧纡青的练勇，清河一带的七十二局团勇，六合的团练等等。所有这些地主武装的头目都是直接剥削农民的地主分子，一般都拥有不少土地，有的光凭自己的力量，或者联合一些地主，就能够筹足召募团练的开办经费。他们平时干涉、把持地方事务，武断乡曲，是封建政权统治劳动人民的基层力量。革命一起来，他们成了群众首先打击的对象。太平军所到之处，富家巨室的财产衣物被分配给贫苦群众，土豪劣绅受到毫不客气的对待，昔日威风扫地以尽。由于切身利害，他们对于革命农民怀着刻骨的仇恨。在地主阶级的整个统治序列里，这些人的政治地位不高。大部分人的封建功名是生员、捐纳监生等，最高的不过是个举人，如穷凶极恶的罗泽南，最初办湘勇时是一个“假馆四方，穷年汲汲，与其徒讲论濂洛关闽之绪”[①]的只有生员身分的失意知识分子；江忠源也只是举人，后来才加一个“拣选知县”的头衔；有的甚至没有什么封建功名。他们生活在农村，具有剥削、迫害群众的实际经验，大多数根本没有什么名气，顾虑较少，为了争夺功名利禄，敢于实干，不怕冒危难风险。与当权的大地主大官僚相比，他们是新浮现出来的有组织的反革命势力，对革命进行疯狂顽抗的程度远远地超过号称正规军的八旗兵和绿营兵。反革命大阴谋家曾国藩以地主阶级里这部分势力为基础，充当他们的利益、要求的代表者和首领，最后组成一支新的地主武装，这就是与太平天国血战十年之久，同外国侵略者一起屠杀了千百万中国人民的罪恶累累的湘军。

曾国藩（1811—1872 年），湖南湘乡人，出身地主家庭。1838 年应科举成进士，1849 年已升官至礼部侍郎。他是穆彰阿的门生，又与号称理学大师的倭仁（蒙古正红旗人，官至大学士）在一起讨论学问，同一些当权的贵族关系

---

① 曾国藩：《罗忠节公神道碑铭》，《曾文正公全集》文集，第 4 卷。

密切。他讲求程朱派唯心主义哲学，经常标榜一个“诚”字宣传自己，欺骗别人，以维护衰朽没落的封建伦常道德和封建统治秩序的死硬分子自居。人民起义的烽火燃遍各地，地主阶级的统治朝不保夕，使他切身感到光用“不诚无物”一类的说教是不行的。于是又提出今日言政治，必须“综核名实”，“振之以猛”[①]，要像管仲、商鞅那样齐民严整[②]，要学武健之吏[③]，严刑峻法，“一意残忍”[④]。这就是说，要同时用孔孟圣道和刽子手的屠刀两手对付人民。1853年曾国藩因丧母在籍，咸丰任命他帮助湖南巡抚督办团练。他到长沙后，首先区别团与练，采取与其他团练大臣完全不同的作法。团就是挨户把居民编成保甲，委派当地土豪恶霸主持，清查户口，捕捉革命人民。练则是在城厢集中训练乡兵，随时出动镇压群众反抗斗争。曾国藩号召各地普遍办团，并放手让地方绅士鱼肉乡民，任意生杀予夺。他在省城设审案局，凡各地被迫害捕捉到局里的群众，照曾国藩自己说是：“重则立决，轻则毙之杖下，又轻则鞭之千百。”[⑤]总之都是处死。残忍、惨酷，令人发指。湖南人民同声咒骂，称之为“曾剃头”。他替自己辩护，说同前代最凶恶的屠夫还不足以相比。[⑥]曾国藩表面上着重在办团，不重在办练，说团要遍地兴办，练不可轻易办，城厢办练也不宜多；实际上则是不许地方绅士办练，而自己好在省城集中募勇办练，免得别人插手。因为必须如此，才能别树一帜，逐渐以练勇代替绿营，攫取到军事大权。

封建势力之间的重重矛盾，使曾国藩的如意算盘一开始就受到打击。他刚着手办练，便想借镇压兵卒立威。兵勇因为有掌握着绿营兵的提督作后台，根本不把他放在眼里，反而全军大哗，围住巡抚衙门，非要宰了他不可。碰了一个大钉子，他从此忍气吞声，搬往别处办事。罗泽南、王鑫等的湘勇一千多人，这时调来防守省城。罗泽南、王鑫都具有地主阶级杀人嗜血的特性，但都没有什么政治地位。曾国藩乘机把这一千多人抓到自己手里，加以改组、扩充，开始了他编练湘军，与太平军拼死为敌的反革命生涯。绿营兵不但不能

① 曾国藩：《复贺耦耕函》，《曾文正公全集》书札，第1卷。
② 曾国藩：《辛酉八月日记》，《曾文正公全集》日记，卷上。
③ 曾国藩：《与冯树堂》，《曾文正公全集》书札，第2卷。
④ 曾国藩：《与魁荫亭太守》，同上书。
⑤ 曾国藩：《复欧阳晓岑》，同上书。
⑥ 曾国藩：《复陈岱云》，同上书。

打仗，而且根本不听指挥。鉴于这种情况，曾国藩办湘军必须采取另外一条方针。它的特点，是实行封建乡土结合，建立严格的个人隶属关系。大小将领主要用湘乡人，大部分是至亲密友，门生故旧。他们出生于地主家庭，受孔孟之道熏陶，口称愿为保卫“圣道”“伦常”而死，是一群在科举道路上失意，一心想借军功求取富贵的恶棍。士兵也都招募湖南人，最多的仍是湘乡人。整个湘军营制，大帅选用统将，统将自置营官，营官自拣哨官，哨官自行挑选什长、士兵。每个营只能服从营官一人，各军只服从统将一人。各军各营彼此独立，互不相统属，全军只服从曾国藩一人，不受其他任何节制。曾国藩反复强调，各军将领“止可直隶鄙人麾下，未便又立总统”[①]，表面上是说怕造成内部不团结，骨子里是怕别人分他的军权。大将王鑫打算把自己的部队扩充数营，又稍改营制，大遭嫉忌，终被排斥。自上而下的严密封建隶属关系，造成曾国藩在湘军中的牢固统帅地位和军队归私人所有的性质。曾国藩在这一点上成了近代中国一切军阀的祖师爷。他的徒子徒孙李鸿章、袁世凯、段祺瑞、蒋介石无不照抄那一套，充当帝国主义统治中国的走狗，祸国殃民。反复斗争近一百年，军阀这个祸害连同产生它的半殖民地半封建社会一起，最后被伟大的中国人民干净、彻底地扫进了历史的垃圾堆。

1854 年 2 月，湘军水陆军练成，全军约一万七千人。曾国藩发布一篇叫做《讨粤匪檄》的文字，号召地主阶级起来对抗太平天国。《讨粤匪檄》是一个反革命政治宣言书，集中叙述了地主阶级在一系列问题上的立场、理论，表达了它的强烈思想感情。主要的几点是：一、坚持私有制和封建剥削是天经地义，攻击太平天国《天朝田亩制度》所宣布的平分土地、公有财富的空想社会主义思想。他坚决反对“农不能自耕以纳赋，而谓田皆天主之田；商不能自贾以取息，而谓货皆天主之货”，以为这是罪大恶极，千古奇变。二、极力维护封建统治、封建等级制度，诋毁太平天国反封建的朴素的平等观念。说君臣父子、上下尊卑是自古以来谁也不能改变的，太平天国居然上自天王，下至士兵，“皆以兄弟称之，谓惟天可称父；此外凡民之父，皆兄弟也，凡民之母，皆姊妹也”，完全是毁灭人伦，冠履倒置。三、保卫孔孟之道，痛心疾首责骂太平天国破除了中国的旧思想、旧文化。说“士不能诵孔子之经，而别有所谓耶稣之说，新约之书，举数千年礼仪人伦、诗书典则，一旦扫地荡

① 曾国藩：《复夏憩亭》，《复刘霞仙》，《曾文正公全集》书札，第 4 卷。

尽”，实在丧心病狂，孔子孟子在九泉也号啕痛哭。四、保护神鬼迷信，咀咒太平天国对封建统治阶级在思想上束缚人民群众的神权的冲击。他列举太平军所过郡县，先毁庙宇，什么关帝岳王、佛寺道院、城隍社坛，无庙不焚，无象不灭；然后说这是连鬼神都不会饶恕的，必定要在冥冥之中报仇雪恨。其他就是挑拨革命队伍内部团结，呼吁地主阶级起来顽抗；再加上一些当今皇帝如何爱民，“田不加赋、户不抽丁”① 等谁也不相信的鬼话。

《天朝田亩制度》等太平天国文献与曾国藩这篇文字，一个是农民阶级大革命的产物，一个是地主阶级疯狂反对农民革命的产物。两个阶级，两种思想，针锋相对，激烈斗争。农民阶级说好得很的，地主阶级就说糟得很；在农民眼里糟得很的，在地主阶级眼里就好得很。在这里，农民阶级所主张、地主阶级所反对的事物，多半鲜明地具有前进的、光明的、合理的性质；反过来，农民阶级要打倒、地主阶级要维护的，又都是陈腐、倒退、黑暗、必然要被历史淘汰的事物。真理在农民一边，不在地主阶级一边。农民阶级推动历史前进，地主阶级阻碍历史前进，两个阵营的全面搏斗，包括它们的文字纲领、意识形态，集中起来，都是说明了这个问题。曾国藩这篇文字的另一个意义，是它切实反映了整个地主阶级这时所处的地位和精神状态，那就是西风残照，一片哀鸣抽泣。他诬蔑太平天国宣传拜上帝是“窃外夷之绪”②，这一点，可以迷惑一些封建知识分子。

湘军活动的意图和部署是：以湖南为出省作战的根据地，先攻下武汉，掌握湖北，扼长江上游形势；再攻九江，把江西作为前进的基地；然后第三步，向安徽进军，占领安庆，最后去夺取天京。事情并不是依照反动派的主观愿望发展的。1856 年以前，太平天国蒸蒸日上。湘军在湖南、湖北、江西各个战场上与太平军对抗，虽然有时也取得相当胜利，总起来胜少败多。1856 年 3 月，江西樟树镇湘军大营被太平军一举踏平。4 月，悍将罗泽南又在武昌城外毙命，全军精锐大损。曾国藩坐困南昌，内外隔绝，已成瓮中之鳖。正当这时，不幸太平天国领导集团发生分裂，江西、湖北太平军失去指挥，向后撤退，曾国藩和湘军侥幸逃过了覆灭的命运。

清军不断遭受失败，其所以能够撑持下去，除了勾结外国侵略势力，就

① 以上所引皆见《讨粤匪檄》，《曾文正公全集》文集，第 3 卷。

② 《讨粤匪檄》，同上书。

靠屠杀人民泄愤和任意搜括财物自肥来刺激、维持士气。湘军在这两方面表现得格外凶恶无耻。太平军凡被俘虏，不论多少，一律杀死，残酷备至。曾国藩屡次绘声绘色描写那种地狱惨象，向咸丰报功请赏。湘军一旦攻下城池，就“大呼直入”，“斩薙无遗”，[①]不分太平军与居民，全城杀光，房屋米粮付之一炬，鸡犬不留。一个湘军头目自称1858年攻陷九江的情形是：“直教殄灭无遗种，尸拥长江水不流。”[②]这伙贼匪攻陷天京，在全城进行大屠杀。据一个亲临现场的曾国藩的心腹幕僚记载，“其老弱本地人民，不能挑担，又无窖可挖者，尽遭杀死，沿街死尸十之九皆老者。其幼孩未满二三岁者亦砍戳以为戏，匍匐道上。妇女四十岁以下者一人俱无，老者无不负伤，或十余刀，数十刀，哀号之声，达于四远”[③]。曾国藩自己也说：“城破后……分段搜杀，三日之间，毙贼共十余万人，秦淮长河尸首如麻。”[④]人民拥护太平军，仇恨清军，湘军吃了败仗，又把兽性发泄到群众身上，疯狂烧杀，到处哭声震野，尸骸狼藉。一个英国人揭露他亲眼所见的一场大规模屠杀群众的惨景以后说，即使在古代罗马史书上肯定也找不到先例。英国外交大臣看到揭露材料以后也不得不认为那种景象“非常可怕而又可厌，我简直不敢相信”[⑤]。当时人估计，在战争中死亡的达二千五百万人[⑥]，又一说为五千万人。其中很大一部分无疑是被曾国藩率领的湘军这群贼匪所杀害，另一部分是外国侵略者欠下的中国人民的血债。

抢劫财物是湘军作战的一个重要目标。许多人抢掠饱了就逃跑回乡，添置土地房产，当大地主。曾国藩与罗泽南最初讨论，申明约束与纵兵抢劫哪

---

① 曾国藩：《克复宁国府城折》，《曾文正公全集》奏稿，第16卷。

② 彭玉麟：《攻克九江屠城》，《彭刚直公奏稿》附诗集，第2卷。

③ 赵烈文：《能静居士日记》，太平天国历史博物馆编《太平天国史料丛编简辑》第3册，第376页。

④ 曾国藩：《金陵克复全股悍贼尽数歼灭折》，《曾文正公全集》奏稿，第20卷。曾国藩在这里供认的，湘军进入天京后大肆屠杀革命人民，确是事实。但所说有十余万太平军被杀，显系向清廷谎报战功。据《李秀成自述别录》载，天京城破时，城中不过三万人，太平军不过万余人。据威尔逊所著《常胜军》载，镇江英国代理领事亚德金曾去失陷后的天京考察，他估计太平军只有一万人。据威尔逊本人的意见，天京城中战士不超过二万人，城破时逃走约一千五百人，约七千人被杀。

⑤《英国外交大臣罗塞尔致麦华陀信》，王崇武等编译《太平天国史料译丛》，第47页。

⑥ 容闳：《西学东渐记》，第86页。

个有利，实行的当然是后者。湘军在江西作战，因放肆掳抢，与当地封建势力利害冲突，一次就被地方团练杀掉一百多人。一些地主的眼前利益受到损害，纷纷叱骂湘军跟土匪一样，没有纪律。曾国藩为着答复那种指责，洗刷自己，颠倒黑白，污蔑太平军，但也被迫承认了一点事实。他说从各地城乡所见，没有不毁的房屋，没有不破的富家，没有不被欺凌的穷民，大概清军干的有十之二三。湘军惯例，每次攻陷城邑，先大杀大抢，群众杀光跑光了，然后他们再来"出榜安民"。金币珍宝以及一切可以拿走的财物，无不抢掠一空。天京陷落，自军将到员弁，每人置备一个大竹篓，抢到钱财就往竹篓里藏纳。曾国藩听说这种情形时，眉飞色舞，以为理所当然。只对一件事深为不满，就是他的难弟曾国荃被人称为"老饕"即大贪污分子，骂名满天下，在他看来曾家抢得的财物还不够多，未免冤枉！各省军营十多年里保举的武职共十几万人，三品以上的超过一万人，提督、总兵以千百计算。曾国藩的湘军从招募到裁撤前后十二年，共支出军饷二亿九千余万两。分得这笔巨大财富的最大份额的当然是这万把人，几千人。曾国藩的一个朋友说，"湘军于饷艰难，其后人人足于财，十万以下资，殆百数"[①]，主要来源就在于抢劫。几千万人死在血泊之中，更多的人饥饿死亡，所换得的是一个封建王朝的暂时延续和万把人、几千人、几百人一下子上升为新的特号大地主。地主阶级在这里最突出地暴露出自己与历史的前进是尖锐对立、不可调和的，它被消灭的日子正在临近。

第四节　虚伪"中立"的外国侵略者

外国资产阶级十多年来一直在努力从东南沿海向中国内地扩张。他们对太平天国革命在长江流域的胜利发展，感到极大震惊。英国侵略者的喉舌上海《北华捷报》一再发表社论，主张支持清政府，实行武装干涉。他们预言，太平天国革命的胜利将是对在华外人采取敌视手段的信号，推翻清王朝只能使外国人损失很多而什么也得不到。因此希望英国政府站在清朝皇帝一边，帮助镇压他那顽梗不化的臣民，同时乘机逼迫清政府签订新的通商条约。当太

① 王闿运：《湘军志 · 筹饷篇》。

平军浩浩荡荡地由武汉蔽江而下时，清朝江苏地方官吏卑鄙地向英、美、法驻上海的领事乞援。英国在华官员这时也跃跃欲试，准备以武力干涉中国革命。英国驻上海领事报告英驻华公使文翰说："当皇帝还处在有权订约地位的时候"，"英国同列强一起或单独"从他那里取得长期来渴望得到的让与权利，例如无限制地进入内地和沿海一切口岸，"同北京建立直接关系及鸦片贸易合法化——所有这些，两个月内都能得到"[①]。文翰在广州人民反进城斗争中受过一点教训，现在又忘乎所以了，急忙转告英外交部，认为这个意见值得重视。他本人并匆忙从香港赶往上海去了解情况，参加策划。但由于南京迅速为太平军所占领，他们的计划未能实现。

1853年至1859年间，英、法、俄等国发生了一系列重大事变。1853年至1856年，俄国同土耳其、英国、法国在克里米亚进行大战。俄国为夺取黑海海峡，扩张在巴尔干半岛上的势力，首先对土耳其发动进攻，英法结成联盟，站在土耳其一边对俄国宣战。1856年这场被称为独一无二错中错大喜剧的战争，以俄国失败、签订《巴黎条约》而结束。1857年至1859年印度民族大起义。起义声势浩大，席卷印度广大地区，对于推动印度民族独立运动、打击英国侵略凶焰，产生了深远影响。中国广东人民听说英兵败绩，印兵大胜，辗转相告，人心振奋。英、法、俄侵略中国的活动，直接受到这些重大事变的限制或影响。他们即使想大举干涉太平天国，也心有余而力不足。再加上1853年以后的几年里，太平天国北伐西征，势如破竹，外国侵略者对清政权能否继续存在下去也发生了怀疑。于是英、法、美等国相继宣布"中立"，准备看一看形势，伺机取利。太平天国定都南京后一个月，文翰打着"中立"的幌子，乘军舰到天京，对太平天国进行刺探和讹诈。他在致太平军当局的信上说："清政府某些当权人士发表声明称，他们曾向西方国家借得轮船十余艘供其使用，那些船只将驶往长江以攻击贵军。此事纯属子虚。按我国既定惯例，对于我国臣民经商所到国家可能发生的任何内部争端都绝对不予干涉。因此，在当前中国的冲突中由我出借轮船予以援助一事，是根本不可能的。"[②]

---

①《阿札国致文翰函》，1853年3月3日，见邓嗣禹《太平叛乱和西方列强》（S. Y. Teng, The Taiping Rebellion and the Western Powers，Oxford，1971），第208页。

②《文翰致义军首领函》，1853年4月28日，见英国蓝皮书《关于中国内战的文件》（Papers Respecting the Civil War in China, London，1853），第31页；译文又见金毓黻等编《太平天国史料》，1959年版，第184页。

这就是说英国的中立是不应当受到怀疑的。但也就在同时，文翰把《南京条约》的中文抄本交给太平军，一再声称要竭力维护已经获得的条约权利，特别强调要用武力保持在五口尤其上海的特权；并公然恐吓太平军说：如果太平军触动英国人的特权，英国“必将立即以同样手段施行报复，就像十年前所曾采取的报复行动一样；那时，英国曾占领镇江、南京及附近各城，并签订和约”[①]。同年12月，法国公使布尔布隆到天京。其目的是搜集情报，获得这次大革命的确实消息。布尔布隆告诉太平天国领袖们，法国与中国订有条约，并对太平天国地区的天主教徒的自由和安全，表示严重关切。1854年5月，美国新任驻华公使麦莲也到天京进行活动。他经过一番考察之后，很快作出了必须反对太平天国的判断。同年6月，新任英国驻华公使包令又派翻译麦华陀等人再去天京。包令指示麦华陀等要利用机会搜集一切可能得到的关于太平军地位、计划、前途及其政治见解、政府组织以及宗教信仰、社会习俗等各方面的情报，还要询问能否采购煤炭。[②]麦华陀到天京提出各种问题，要求答复。

中国人民与西方资本主义进行斗争，积累了许多感性知识。农民革命建立起自己的政权以后如何运用革命外交政策对付侵略者，则是一个新的问题。在这方面，太平天国领袖们完全没有经验。当文翰反复表示英国无意帮助清政府以后，他们因宗教形式相同的缘故，把信奉基督教做招牌的侵略者当成“洋兄弟”。太平军在答复文翰的照会中，准许英国人自由出入，“无论协助我天兵歼灭妖敌，或照常经营商业，悉听其便”[③]。但太平天国领袖们在外国侵略者的恫吓面前，丝毫没有软弱的表示。他们词严义正告诫英国人，“尔等如帮助满人，真是大错，但即令助之，亦是无用的”[④]，同时又禁止英国人在中国贩卖鸦片。对麦华陀等人提出的问题，东王杨秀清批复说：“立埠之事，候后方定，害人之物（指鸦片）为禁。”“平定时不惟英国通商，万国皆通商。”“但通商者务要凛遵天令，凡欲来天国通商者，准到镇江焦山下听守镇江大员办

①《文翰致义军首领函》，见《关于中国内战的文件》，第32—33页。

②《包令在麦华陀等即赴南京时的指示信》，1854年6月13日，见J. S. 格列戈里《大不列颠和太平军》（J. S. Gregory, Great Britain and the Taiping, New York & Washington, 1969），第173页。

③ 杨秀清：《致文翰书》，《太平天国》第6册，第909—910页。

④ 密迪乐：《与北王、翼王的谈话》，同上书，第903页。

理。”“自后凡欲贩运煤炭者，请免来也。”[1]革命的农民在外国资本主义侵略者面前表现了它反对外国侵略的鲜明的革命立场。

英、法、美等国政府的代表在实地调查以后一切都明朗化了。他们看出太平天国执行的是捍卫民族利益的政策，决不会履行对英、法、美等国的所谓“条约义务”。要这个革命政权屈服是不可能的。反过来，清政府虽然还不令他们满意，但以往的经验证明，它是可以吓倒并加以利用的。麦莲、包令向本国政府提出的报告一致断言：西方资产阶级为了自己的商业和政治利益，只应当与清朝皇帝谈判，支持清政府，“不管它是多么恶劣、腐败和愚昧”[2]。因此，他们的“中立”不过是一个双重骗局。其实际内容，一是站在清朝一边反对革命；一是乘机渔利，从中国夺取更多权益。上海、广州发生的事情就是这样。

上海小刀会和广东天地会起义后，英、法、美等驻上海、广州领事宣布他们在起义军与清军之间保持“中立”。但是，他们的行动立即暴露了那种宣布是完全虚伪的。上海小刀会起义后，英、法、美各国乘机侵犯中国主权，宣布上海租界为中立区。小刀会一举占领上海县城，清军逃散，清朝在上海的政权立即解体。英、法、美武力阻止小刀会占领军事上和经济上的重要据点上海租界，帮助清军获得喘息机会，卷土重来。不久，清军从江南大营中抽调兵力，水陆夹击上海县城。英、法、美领事发出联合公告，要求外国商人不得为小刀会服务，否则各该国政府不负保护责任。此后英美公使与上海三国领事决定实行经济封锁，对小刀会断绝供应。1855年1月，法国海军提督指挥法兵协同清军一度攻进上海县城。起义群众英勇抵御，毙伤法军官兵六十余人。1855年2月，小刀会弹尽援绝，被迫突围，一部分起义者逃入租界，被搜捕交给清军杀害。在这个过程中，外国侵略者从清政府手中攫取了一系列特权。1854年4月，迫使清政府承认“租界不可侵犯”的原则。6月，上海官吏与英、法、美领事签订《海关征税规则》九款，由三国建立“上海关税管理委员会”，上海海关管理权就这样拱手让给了外国。7月，三国又提出一个《上海英美法地皮章程》，要清政府承认，同时在租界建立统治机构——

①《1854年6月太平天国东王答复英国人三十一条并责问五十条诰谕》，《新建设》编辑部编《文史》第1辑。

②《包令致克拉兰敦函》，1854年6月22日，见邓嗣禹《太平叛乱和西方列强》，第230页。

工部局，设立警察，处理中国人的民刑案件，征收捐税。租界成为国中之国，从此开了先例。在广州，外国人暗中把军火、粮食运入城内，卖给被围困的清军。起义军提出严重抗议，他们置之不理。1855 年 1 月中旬，英公使包令以香港总督和所谓香港立法会议的名义，装模作样对来华的英国人发出命令：凡对中国现政府和现在、将来可能反对政府的各派势力中的任何一方，无论本人或介绍他人为其服役，或提供、出售与代办一切种类的战争物资，包括代为装备船只、以有意采取的其他行动给以援助，使得中立遭到破坏的，应视为违背法律，一律要受到惩处。[①] 也恰恰就在这个月中，包令与清两广总督叶名琛狼狈为奸，以保护广州英侨为名，率领兵船到广州。[②] 他诬蔑天地会起义军为“海盗”，破坏起义军对广州的水上封锁，叫嚣不许在外国船只附近有战争行动。英国海军后来直接对起义军进行攻击，在珠江口和广东沿海发起“扫荡”，帮助清军守住广州城。

外国侵略者与太平天国接触和与清政府打交道的时间越长，他们就越发确信：要不断获得侵华的新权益，只有向清政府方面去寻求。他们对于鸦片战争以来夺取的特权和利益早已感到不满足，要求大大增加；为此，从 1854 年开始了所谓修改条约的活动。这一年，《南京条约》届满十二年，英国借口中美《望厦条约》中有“贸易及海面各款，恐有不无稍有变更之处，应俟十二年后两国派员公平酌办”的规定，牵强附会，援引最惠国条款，要求全面修改条约。法美两国支持英国修约要求。10 月，英、美公使和法国公使的代表到大沽口与清政府交涉。英国提出十八条，主要为中国全境开放通商，至少长江自由航行，废除进口货物的内地税，外国公使驻扎北京，承认鸦片为合法贸易等。美国提出十一条，要求开放长江，准许美国人在中国沿海捕鱼、开矿、设立官栈寄囤货物等。法国要求释放违约潜入内地的天主教士。照上

---

① 见 W. H. 塞克斯《致〈亚伯丁自由报〉编辑部的第三封信》，1862 年 6 月 21 日，《中国太平叛乱，它的起源、发展及现状——致〈亚伯丁自由报〉和伦敦〈每日新闻〉书信汇编》。

② 艾德《香港史》(E.J. Eitel, Europe in China. The History of Hongkong from the Beginning to the Year 1882, London & Hongkong，1895 ）记载这件事是发生在 1855 年 1 月，他说：“包令爵士借口保护广州英侨生命财产，同赐德令海军司令急忙来到广州（ 1855.1 ），并率领一支强大的兵力。此行收到了预期的效果，太平军（ 引者案：应为陈开起义军 ）立即吓退了。”（ 第 304 页 ）J. S. 格列戈里《大不列颠和太平军》则记载此事发生于 1854 年 12 月中旬，作者对英美的态度多所解释，但仍承认，文翰虽然表示不卷入冲突，“但他似乎考虑过同清军之间某种形式的合作。他企图利用这个机会来实现英国长期以来要求进入广州城的权利”（ 第 35 页 ）。

面这些条款，实际上是外国侵略者要求订立一个新的内容极其广泛的不平等条约。他们对清政府一面提供诱饵，一面施加恫吓，宣称这些要求“如蒙奏准，自当襄助中华，削平反侧；否则奏明本国，自行设法办理”[①]。清政府一开始就表示愿意对外国侵略者妥协，答应考虑减轻上海关税、广东关税等项，但对其他各款认为不能让步。这次交涉没有结果，包令等退回香港。1856年，《望厦条约》届满十二年，美国出面再次要求修改条约。主要内容有：三国派遣使臣长驻北京，中国全境开放，三国通商贸易不受限制，全中国臣民信仰自由，改造中国司法机关等。英、法公使分别照会两广总督叶名琛，支持美国的要求。清政府的态度是既不敢与外国侵略者决裂，也不同意全面修改条约。美国转到上海活动仍没有达到目的。英公使报告英外交部说：“用孤单的行动而不伴以强大的军事压力，没有希望从中国取得任何重要的让步。”[②]侵略者说出了他们一贯抱有的思想。以英国为首的西方资产阶级现在决定发动一场新的侵略战争，来把中国进一步纳进他们在东方的殖民统治的轨道。

---

①《筹办夷务始末（咸丰朝）》第8卷，第20页。

②马士：《中华帝国对外关系史》（英文本）第1卷，第687页。

第五章　第二次鸦片战争。太平天国失败

第一节　第二次鸦片战争，《天津条约》和《北京条约》，沙俄割占中国大片领土

1856年，英国向中国发动武装进攻，第二年扩大为英法联军的侵华战争。侵略者发动这次战争的目的在于扩大第一次鸦片战争中所得到的权益。英法联军侵华战争是第一次鸦片战争的继续。

这年3月，克里米亚战争以英法胜利而告结束，这使它们腾出了手，可以把欧洲和土耳其战场上的军队调出来屠杀中国人。沙俄在克里米亚战争中遭到失败，通往近东的道路被截住。它像一只野兽到处乱窜，西面碰了壁，又掉头往东，分几路加紧侵入中国。美国与英法在远东加强勾结，采取联合侵华的政策。因此，第二次鸦片战争，是英、法两国出面，俄、美两国卖力支持的一场侵略战争。

英、法为发动战争各自寻找借口。英国的借口是所谓“亚罗号事件”。1856年10月，中国水师在一只停泊在广州黄埔的中国船“亚罗号”上捕捉海盗。英国驻广州领事巴夏礼在英驻华公使、香港总督包令指使下，借口“亚罗号”曾在香港领过一张登记证（登记证已经过期），横蛮要挟。他硬说，那只船属英国所有，并且捏造船上曾悬挂英国旗被中国兵勇侮辱，要求送回被捕者和公开道歉。清两广总督叶名琛最初对巴夏礼的无理要求加以驳斥，不久惧怕事情闹大，完全屈服，把被捕人犯全数送到英领事馆。巴夏礼蓄意扩大事端，拒绝收受。10月23日，英军突然发动进攻，占领猎德、龟江、凤凰冈、东安、西固、海珠等沿江炮台。接着又轰击广州，一度攻入内城。第二次鸦片战争实际上从此开始。当时英国在华兵力有限，又遭到当地人民奋起反抗，因此英军不敢在广州久留。1857年1月，侵略军陆续自省河撤走，等待援军。

英军在广州发动进攻的消息传到英国后，引起英国资产阶级内部一场争

吵。辉格党首脑、内阁首相巴麦尊原是挑起第一次鸦片战争的罪魁，他极力主张扩大对中国的侵略。英国大资产阶级一片喧嚷，声称要“按照自己的意愿来安排我们同中华帝国的关系”[①]，支持巴麦尊侵华。在野党托利党争权夺利，他们在议会辩论中举出包令承认船籍登记证无效，船不在英国保护之下，但千万不要泄露给中国人等事实攻击巴麦尊。英国资产阶级表演的这出闹剧，彻底揭穿了英国政府处心积虑发动侵略战争的阴谋，“亚罗号”事件，不过是他们捏造的一个卑劣谎言。当英国议会下院通过了反对英国政府制造“亚罗号事件”的提案时，巴麦尊独断专行，解散下院，任命前加拿大总督额尔金为全权代表，统率一支陆海军开赴中国。他的任务是勒索赔款，要清政府允许外国公使驻扎北京，增辟口岸，修订税则，鸦片弛禁，内地传教等项。总之，中国必须把更多的主权奉献给殖民者。

法国早在英国人以前就制造了一个“马神父事件”，对中国进行讹诈。天主教法籍神父马赖违法到中国内地活动，于1856年2月在广西西林县被处死。代表金融贵族和工业巨头的拿破仑第三，这时正在法国推行反革命军事独裁。为了血腥镇压工人阶级并扩张大资产阶级的海外利益，他便抓住“马神父事件”，以保护教会为名，与英国勾结侵华。葛罗受命为全权专使，统率一支侵略军来中国，协同英国作战。

沙俄作法更简单，它懒得寻找借口，干脆先武装占领中国领土，然后要求与清政府谈判。1847年以后，东部西伯利亚总督木哩斐岳幅多次派海军由海上闯入黑龙江。1850年到1853年，先后强占我国庙街、奇集、阔吞屯等处，还占领库页岛南端。1854年到1856年，大批船舰运载哥萨克军和枪炮，窜入黑龙江，顺流而下，在黑龙江下游建立军人村屯，在中上游北岸战略地点设置军事哨所。1856年，沙俄政府悍然宣布设立以庙街为中心的“滨海省”，囊括黑龙江下游大块地区。与此同时，沙俄还在中国西部边疆加紧蚕食。1847年侵占哈喇塔勒（今塔尔迪·库尔干附近），1854年又侵占古尔班阿里玛图（今阿拉木图），并建立联结这些据点的堡垒线，巴尔喀什湖以东以南的大片中国领土全被占据。1856年，英国在广州发动进攻，沙俄政府认为时机已到，派海军上将普提雅廷来到中国，要求清政府割让黑龙江以北乌苏里江以东中国领土。普提雅廷在北京交涉很久，没有结果，悻悻而去，对清政府施加威

---

①《泰晤士报》，引自《马克思恩格斯全集》第12卷，第117页。

胁。

1857年10月，额尔金率领的英军在参加镇压印度民族大起义以后到香港集结，葛罗统率的法军同时到达，11月，美使列卫廉、俄使普提雅廷也分别赶到香港。他们聚在一起合谋：英、法发动军事进攻，外交上四国代表共同行动。英、法、俄、美，三名海上强盗，一名陆上强盗，就这样结成了一条侵华联合战线。英、法与俄国昨天还是战场上厮杀的敌人，今天已经是亲密盟友，因为它们对于宰割中国，利益完全一致。

同年12月，英法联军向广州进攻。

当英、法两国发动战争的时候，以太平天国为中心的全国农民大起义与清政府之间的斗争正在激烈进行。一面是外国的大举入侵，一面是国内的农民革命。一个民族矛盾，一个国内阶级矛盾，两者都非常尖锐。阶级关系、阶级斗争的形势复杂化了。清朝统治者现在面临着一个"内忧外患交迫"的空前危险的局势。为了使支离破碎的封建政权不被最后推翻，它既要"安内"，也要"安外"，必须解决这两者之间的关系，即解决对谁进攻，对谁妥协、屈服的问题。地主阶级与造反的农民没有妥协余地，只有拼个你死我活，那是确定了的；因此，对外国侵略者可以妥协，不可能采取坚决抵抗的立场，这也是确定了的。"顺内"而后才能"安外"。关于清政府的这种态度，一个姓段的官僚记载有咸丰在1859年召见他时的一段对话。咸丰问："方今夷人强横，粤匪扰乱，是天下两大患也。据尔看来，如何办理，办理宜以何者为先，何者为后？"段答："夷人扰害中国，今已二十余年，猝欲除之，势必不能。夷人之志，不过专心营利，未必遂有他志。刚者必缺，自然之理，不久夷人当自虚弱。皇上为中国百姓忍辱含羞，天下自能谅之。目下粤匪到处掠人赀财，毁人庐室……此万姓所切齿，而天地所不能容者也。皇上且振刷精神，命将出兵，奠安海内，以顺舆情。粤匪既灭，夷人自驯，内顺外安，有不期然而然者矣。"咸丰没有表示反对，那些军机大臣们表示"段臬司之言是也"。①但是咸丰对洋人的企图究竟还把握不住，而且在洋人面前一味卑躬屈膝，就意味着向全国人民进一步暴露自己的虚弱和卖国贼面目，统治集团内部也必然更加矛盾分裂。清政府在这种情形下采取的行动是：对于镇压农民革命那一面，加紧反革命战争，坚定不移；对待外国的侵略这一面，被动应付，时

① 段光清：《镜湖自撰年谱》，第144页。

战时和，动摇不定，到最后，只要保住封建统治，对外国侵略者的一切要求都接受下来。

12月中旬，英、法向叶名琛投递照会，要求进入广州城，赔偿损失，限十日答复。叶名琛忠实执行清政府的政策，不作任何布置，坐等侵略者摆布。英法联军在只有部分清军自动零星抵抗的情形下，一举占领广州，叶名琛俯首就擒。当时有的人形容那种情形是“不战不和不守，不死不降不走”，其实那是掩盖了他投降屈服的本质。仅仅两年以前他屠杀广州一带十几万革命人民时何等凶悍、坚决，于今在外国人面前成了一只引颈受戮的羔羊。地主阶级投降派在本国人民和外国侵略者面前一种反动立场、两副丑恶的嘴脸，暴露得非常彻底。巡抚柏贵、广州将军穆克德讷等无耻投敌。柏贵等在以巴夏礼为首的英法三人委员会的严密监视下，以担任原来的巡抚、将军等名义，替侵略者维持地方秩序，禁止人民反抗活动。这是近代史上外国侵略者在中国所制造的第一个地方傀儡政权。它统治广州达三年之久。

1858年4月，英、法、俄、美四国公使到大沽口外，进一步对清政府进行军事恫吓和外交讹诈。清政府派代表与他们谈判。英、法两国故意在清政府代表是否具有全权的问题上多方挑剔，拖延时间来加紧战争准备。俄、美两国公使则在与清政府进行谈判中，表示愿意充当中国与英、法之间的“调人”，麻痹清政府。美国专使在得知英、法发动进攻的日期以后，立刻训令美国代表中止正在进行的谈判，并要他“丝毫不让中国人得知联军的意图”[①]。

5月20日，英、法军队发动进攻，陷大沽炮台；随即直扑天津，扬言即将进攻北京。清政府慌作一团，立即派大学士桂良、吏部尚书花沙纳赶往天津议和。他们在英法侵略者的威吓下，于6月26日、27日分别订立《中英天津条约》《中法天津条约》。前者共五十六条，附约一条；后者四十二条，附约六条。中英、中法天津条约的主要内容：一、公使驻北京；二、增开牛庄、登州、台湾（台南）、淡水、潮州、琼州、汉口、九江、南京、镇江为通商口岸（后来开埠时，牛庄口岸设在营口，登州口岸设在烟台，潮州口岸设在汕头），海关雇用外人；三、外籍传教士得入内地自由传教；四、外国人得往内地游历通商；五、外国商船可以在长江各口往来；六、中国给英国赔款

①F. W. 威廉斯：《卫三畏传》（F. W. Williams，The Life and Letters of S.W. Williams），第262页。

银四百万两，法国二百万两。在中英、中法天津条约订立前，俄、美两国公使进行种种狡诈活动，分别与清政府订立《中俄天津条约》《中美天津条约》，取得了许多权利。《中俄天津条约》第九条特别规定："中国与俄国将从前未经定明边界，由两国派出信任大员秉公查勘，务将边界清理，补入此次和约之内。"[①] 沙俄为了实现割占中国领土的梦想，精心走出了准备"勘界"这一步棋。

《中俄天津条约》签订于6月中旬。早在5月底已另由老侵略分子木哩斐岳幅代表俄国，老卖国贼、黑龙江将军奕山代表清政府订立了一个《中俄瑷珲条约》。谈判一开始，木哩斐岳幅就拿出事先拟定的条约草案，宣称"以河（黑龙江）为界字样，断不能删改"[②]，强迫奕山签字画押。奕山答复应照旧以额尔古讷河、格尔毕齐河及外兴安岭为界，后来又说明，乌苏里江系吉林所属，他不能作主。木哩斐岳幅用武力威胁，俄国兵船鸣放枪炮彻夜不息。这时俄国在黑龙江和蒙古边境，集中有步兵一万六千人、骑兵五千人和一批炮兵，事实上准备随时发动进攻。奕山早已吓破了胆，5月28日，《中俄瑷珲条约》签字。黑龙江以北、外兴安岭以南六十多万平方公里的中国领土被沙俄割占，乌苏里江以东约四十万平方公里的中国领土，划为两国"共管"。消息传到欧洲，激起工人阶级的极大愤慨。恩格斯强烈谴责沙俄掠夺中国领土的罪行，指出沙俄"从中国夺取了一块大小等于法德两国面积的领土和一条同多瑙河一样长的河流"，"这个地区是它悄悄地占领的"。[③]

《天津条约》签订前后，清政府内部在是否全部接受侵略者的要求这一点上发生了分歧。以桂良等为首的一派强调所谓"内匪未净，外患再起，征调既难，军饷不易"[④]，主张迅速批准《天津条约》。以吏部尚书周祖培等为首的另一部分人，则认为一经战败，立刻接受侵略者的全部要求，必然会在人民中间引起更大的不满，使已经遭到农民革命沉重打击的清政府，处境更其危险。这部分人特别害怕外国公使"一入京师，则一切政令，必多牵制"，"外间一与为仇，必在京师报复。粤东囚虏重臣，前车可鉴。肘腋之变，可为

①《筹办夷务始末（咸丰朝）》第27卷，第10页。

②《筹办夷务始末（咸丰朝）》第25卷，第13页。

③ 恩格斯：《俄国在远东的成功》，《马克思恩格斯选集》第2卷，第37、39页。

④《筹办夷务始末（咸丰朝）》第27卷，第2页。

寒心”。[1]他们主张拒绝条约中规定的外使驻京等要求，如果外国不答应，应该准备战争，希望在取得一些胜利后，再同外国讲和。咸丰只图减轻眼前危险，照准了《天津条约》。1858年7月，英法联军撤离天津，咸丰又转回来，倾向于后一派。他要桂良等利用在上海与英法代表谈判通商章程的时机，交涉对《天津条约》作一些修改，取消公使驻京、开放长江各口以及外国人得在内地游历通商等条款。11月，双方订立《中英、中法通商善后章程》，规定鸦片贸易合法化，海关对进出口货物照时价值百抽五征税，洋货运销内地，加征百分之二点五的子口税。鸦片弛禁后，在通商口岸缴纳每箱银三十两的进口税。对清政府提出的修改《天津条约》某些条款的要求，侵略者一概拒绝。

1859年，英国公使普鲁斯、法国公使布尔布隆、美国公使华若翰前来与清政府交换《天津条约》批准书。三国公使各自率领一支舰队，于6月间到达大沽海口。其中英国舰队即有战舰、巡洋舰、炮艇共十余艘，军队二千人。清政府派直隶总督与三国公使接洽，指定他们在北塘登陆后，经天津去北京。又令沿途地方官备办供应，妥为照料。英法公使蛮横拒绝按照指定路线进京，声称“定行接仗，不走北塘”[2]，坚持经大沽口溯白河进北京。6月25日，英法军舰突然向大沽炮台进攻，企图打开通向天津的航道。大沽一带这时已添兵置炮，重振防务。守军遭到进攻，奋勇抵抗。激战一昼夜，击沉击伤英法军舰多艘，打死打伤侵略军近五百人，英舰队司令贺布也受重伤。中国方面阵亡直隶提督、大沽协副将和士兵三十余人。美军舰队司令当时大喊“血比水浓”，煽动美国士兵的种族主义情绪，帮助英、法军作战，也未能挽救侵略者的失败。英、法军队终于狼狈撤走。这年4月，沙俄政府任命俄国驻北京东正教会监护官丕业罗幅斯奇为全权代表，在北京交换《中俄天津条约》。丕业罗幅斯奇向清政府提出包括割让乌苏里江以东地区，“勘定”中俄西段边界，在库伦、张家口、喀什噶尔等地设领事馆等要求，被清政府拒绝。8月，美国公使与清政府代表在北塘互换《天津条约》批准书。

大沽战斗完全是侵略者一手挑起的。英军进攻大沽失败的消息传到伦敦，英国资产阶级报纸发出一片歇斯底里的叫嚣，反诬中国破坏条约，要求英政

---

① 尹耕云：《筹夷疏》，《心白日斋集》第1卷。

②《筹办夷务始末（咸丰朝）》第38卷，第52页。

府对中国实行“报复”。巴麦尊派报纸《每日电讯》狂叫：大不列颠应攻打中国沿海各地和占领北京；应教训中国人，英人应该成为中国人的主人；应当像领有印度的加尔各答一样，把广州保留在自己手里，抵消俄国在中国东北的势力等等。马克思当时在一系列评论大沽事件的文章中痛加驳斥说：“难道法国公使留驻伦敦的权利就能赋予法国公使以率领法国远征队强行侵入泰晤士河的权利吗？”“既然《天津条约》中并无条文赋予英国人和法国人以派遣舰队驶入白河的权利，那末非常明显，破坏条约的不是中国人而是英国人。”[①]无产阶级革命导师抓住这一事件向国际资产阶级进行了斗争。英、法政府一意孤行，再度任命额尔金和葛罗为全权代表，率领英军一万八千余人，法军七千人，又一次杀奔中国而来。1860 年 4 月，英法联军侵占舟山。5 月，英军占大连湾，法军占烟台，6 月初，封锁渤海湾，完成了进攻天津、北京的部署。

中国在大沽战役取得的胜利是中华民族反侵略斗争的一次胜利。民族矛盾的尖锐化，人民的推动，清军一些军官和广大士兵奋起投入了反侵略斗争的行列。他们在战斗中同仇敌忾，主动杀敌，表现出中华民族固有的崇高爱国主义精神。气势汹汹、猖狂横行的侵略军，第一次受到大规模惩罚。它长了中国人民的志气，灭了敌人的威风。沿海一带自发抵抗的群众受到极大鼓舞。但大沽胜利，在清政府，并不是表示从此采取坚决抵抗的立场。它不但没有战胜侵略者的准备，也缺少那种愿望。暂时抵抗没有切断长期投降的道路，取得胜利被看做增加了接受失败的机会。只要侵略者允许对《天津条约》稍加修改，它就决心接受下来。大沽战斗开始前，咸丰屡次下令，对于驶进大沽海口的敌人要“以礼相待”，即使敌人进攻，官兵也“毋令轻举妄动”[②]。大沽战事一结束，咸丰又反复告诫前线大臣：“从来驾驭外夷，未有不归于议抚者，专意用兵，如何了局？”“今幸得此胜仗，稍挫凶锋，趁此时与之开导，当易有转机。”[③]刚刚被迫打了一仗，他就认为这是“专事攻击”[④]，再打就要兵连祸结，不可收拾。清军广大士兵反侵略斗争的高涨热情和正义要求遭到了严重破坏压制。

8 月初，英法联军从北塘登陆。清军前敌统帅僧格林沁是十足的内战内行，

---

① 马克思：《新的对华战争》，《马克思恩格斯选集》第 2 卷，第 43、46 页。

②《筹办夷务始末（咸丰朝）》第 38 卷，第 18 页。

③ 同上书，第 54—55 页。

④ 同上书，第 56 页。

外战外行。他不但对人们早就提出的侵略军可能在北塘登陆的多次劝告置若罔闻，反而把那里原有的炮位、防兵全数撤走，给敌人敞开大门。侵略军在北塘没有遇到抵抗，进攻新河。僧格林沁以马队迎战。事前有人建议：马队太高，不能避敌人枪炮，应当用步队在第一线，随伏随起，随起随进；得势以后再用马队冲杀。僧格林沁不听，结果大败，据说马队三千，仅剩七人逃出。8月14日、21日，塘沽、大沽相继陷落。侵略军长驱直入，进占天津。大沽失陷后清政府派桂良等到天津与英法议和。英法提出天津开埠、增加赔款以及各派军队一千人到北京换约等要求。清政府坚持先退兵，后换约。9月初英法联军从天津向北京进攻，清政府派怡亲王载垣、兵部尚书穆荫为钦差大臣，到通州求和，接受英法要求。对方又提出要向皇帝面递国书。18日侵略军在张家湾向清军开火，载垣等拘捕英法代表巴夏礼等人，谈判破裂。9月21日清军在通州八里桥一触即溃。咸丰帝仓皇逃往热河，令恭亲王奕䜣留守北京，负责和议。10月初，侵略军占领圆明园，恣意抢劫，珍贵文物、金银珠宝被抢掠一空，园内建筑付之一炬。13日在侵略者的武力压迫挟持下，北京留守当局交出安定门由联军把守，英法兵不血刃控制了北京城。10月下旬，奕䜣出面与英、法代表先后交换《天津条约》批准书并订立《北京条约》。第二次鸦片战争结束。

早在英、法侵略军再次到达大沽口外，清政府坚决投降的方针就确定下来了。它根本没有打算抵抗，一心只在求“和”。8月初，英、法兵船云集，清政府指示直隶总督，“总须以抚局为要”①，毫无作战准备。天津不守，咸丰匆忙下令预备“战守事宜”②，也只是空喊。英法联军占领天津，直指北京的形势出现以后，清王朝面临着覆亡的现实威胁。这时太平军正解放江浙广大富庶地区，英、法强盗又蜂拥驱向北京，新的大规模群众反抗风暴可能突然卷起，把清王朝一举湮没。在《天津条约》签订前夕，桂良提出的必须赶紧投降的理由中曾着重讲到，“天津民情汹汹，数日不（讲）和，必将内变。附近天（津）河（间）两府土匪及各属盐枭，久欲观衅而动。一闻有警，盗贼四起，官军应接不暇”③。现在的形势显然更为紧张。这种巨大危险使封建

①《筹办夷务始末（咸丰朝）》第55卷，第3页。
②《筹办夷务始末（咸丰朝）》第59卷，第13页。
③《筹办夷务始末（咸丰朝）》第27卷，第1—2页。

统治者要求投降更加迫切。清政府有一段时间忽而议和，忽而议战，一面议和，一面又议战，其中包括咸丰拒绝赔给现银、带兵换约两款，表示如果桂良等擅自答应，就要把他们斩首；宣称“城下之盟，古之所耻”[①]；他准备所谓“亲征”以及列举英、法违约进攻罪恶，宣布决战等等。这一些，也绝不意味着清政府准备抵抗，因为它只限于口头上拒敌，而且言不由衷，出尔反尔。“议战”的实际意思，是外国层出不穷的要求增加了封建统治者的严重顾虑，求投降而不可得；于是作出一种姿态，希望侵略者减少一些要求。一个有权参与议论的官僚对这一点说得很清楚：“该夷远隔重洋，万无剿灭之理。方今粤逆未平，中原疲敝，亦万无出全力以剿夷之理。”唯一办法是：“示以必战之形，而仍留议和之地，俾夷人有所顾虑，不复作非分之想。”[②]在侵略者提出的条件中，清政府尤其惧怕带兵换约一事，对此咸丰就曾指出“虽愚骙亦知其心藏叵测”[③]。清政府君臣生怕英、法军队进入北京以后重演压迫柏贵等人投降，制造广州傀儡政权的故技，取清政权而代之。最后外国兵临北京城下，形势更加险恶，封建统治者便决定无条件投降，对英、法和俄国的全部要求一股脑儿应承下来。只要侵略军肯退出北京，咸丰能够“回銮”，保住清王朝的“大局”，其他一切都在所不计了。与这同时，天津、北京等处一些大地主、大商人纷纷投敌。天津大盐商张锦文最早设立支应局，供应侵略军粮食、马匹和一应物资。他致书侵略者说：“自诸国航海来津，均以礼相待，凡有所需，无不备送。”[④]英法联军还在通州八里桥，北京同仁堂药店老板乐宏宾、恒利木厂王海等一批大商人就携带牛羊千头和各色礼物，前往迎接慰劳；并呈递禀帖，乞求议和。他们得到答复，商人没有资格讨论和议问题，但可以公平贸易，牛羊等物当然早被公平地一抢而光了。第一次鸦片战争中长江下游两岸地主豪绅向侵略者摇尾乞怜的丑恶情景，现在又一幕幕从天津、北京再现出来。它充分表现出大地主、大商人凶恶、无耻的阶级性格。清政府更是最高度地集中了那种阶级性格。英法联军总共不过二万多人，清军在津、京一带近十万人，号称八旗劲旅。三个月中间，守在国门口的约十万大军与万里重洋孤军远征的二万多入侵之敌不敢决心一战，相反地从海口一直把敌人

---

① 《筹办夷务始末（咸丰朝）》第 60 卷，第 6 页。

② 《筹办夷务始末（咸丰朝）》第 58 卷，第 24、25 页。

③ 《筹办夷务始末（咸丰朝）》第 60 卷，第 18 页。

④ 见丁运枢等《张公襄理军务纪略》第 3 卷。

步步引向深入，最后开门迎入北京城。形成这种奇耻大辱的局面，中心就在于追求投降的实现。签订《北京条约》，从地主统治集团看来，重要的显然不是中国对外战争的失败，而是地主阶级对农民阶级的胜利。因为他们在“内忧外患”两个矛盾面前，对谁进攻，对谁妥协、屈服的问题总算解决落实了。《北京条约》文本一交换，咸丰就命令马上钞发公布，目的是“令中外不逞之徒，知和议已成，不敢乘机滋事，亦可定人心而杜奸谋”[①]。人民对失败含愤切齿，封建统治者因投降得逞而大大松了一口气。第一次鸦片战争中，清政府从组织抵抗到卑屈求和，第二次鸦片战争中，它开始就无心抵抗，一意卑屈求和。因为这时农民阶级的力量以空前强大的规模表现出来，地主阶级则更加虚弱不堪了。地主阶级和农民阶级，一个是剥削阶级，一个是被剥削阶级，两者的矛盾是不可调和的；中国封建阶级与外国资产阶级的矛盾是可以妥协的，因为它们都是剥削阶级，都是站在中国人民的对立面的。中国近代的阶级斗争，一次又一次地表现了这条历史定律。

英、法《北京条约》的主要内容为：一、开天津为商埠；二、准许华工出国；三、割九龙司地方给英国；四、将以前被充公的天主教资产发还（法国方面的翻译又擅自在条约中文本上加上：准许法国传教士在各省租买田地，建造自便）；五、《天津条约》中所规定的对英、法的赔款，都增加为八百万两。

英、法《北京条约》一签订，沙俄马上就逼上来了。俄国公使伊格那提业幅在北京进行多次交涉，要求割地，没有达到目的。1860 年 6 月间，他从北京跑到上海，参与英、法的策划，提供关于白河沿岸清军防务的重要情报，并把俄国教士偷偷测绘的北京详图也拿去给英军使用。英法联军焚毁圆明园后，他赶到北京，又一次以“调人”的面目出现，帮助英、法压迫清政府投降。英、法订约后，伊格那提业幅向清政府索取“斡旋”酬劳，再次提出割让乌苏里江以东领土，“会勘”西段边界，以及北京、张家口、库伦、齐齐哈尔、喀什噶尔五处通商并设领事馆等要求。这个沙皇的代表并公然威胁说，你清政府如果不接受这些要求，“俄国可以严厉地惩罚你们。……你们国家与我国有一万俄里长的陆地边界，俄国在你们国家的任何一个地方，给以不可抗拒的打击都是轻而易举的事。你们知道俄国有多少陆军，知道我们的一个分舰

①《筹办夷务始末（咸丰朝）》第 67 卷，第 11 页。

队停泊在渤海湾”[①]等等。奕䜣等虽认为英、法两国敢于那么猖獗，未必不是俄国的怂恿，但封建统治者早被外国人的武力吓倒了。11月，清政府被迫签订《中俄北京条约》，将乌苏里江以东四十万平方公里的中国土地划归俄国，增加喀什噶尔为商埠，并在喀什噶尔、库伦设领事馆。关于西部疆界，《中俄北京条约》第二条还把俄方提出的边界走向强加给中国，为大规模侵占中国领土制造根据。到了1864年，俄国正是根据这一条款强迫清政府订立《中俄勘分西北界约记》，再割去巴尔喀什湖以东以南四十四万多平方公里的中国领土。沙俄长期抱有极大的领土野心，初步得到了实现。

第二次鸦片战争中，人民群众与反动统治者相反，走的是坚持抵抗侵略的路线。中国人民以大无畏的革命精神到处同外国侵略者展开不屈不挠的斗争。马克思、恩格斯对中国人民的反抗斗争予以热情的赞扬。恩格斯指出：“这是保卫社稷和家园的战争，这是保存中华民族的人民战争。”[②]

广东人民长期站在反侵略斗争的最前线。1856年10月，英国侵略军突然进攻广州，占据省河等处炮台。城厢内外群众立即动员起来，张挂榜单，相约共同杀敌。群众用游击战术袭击敌人，一到夜间，水陆互攻。英军受到打击、困扰，不久退回外洋。1857年12月，英法联军占领广州。第二年1月，三元里一带九十六村人民联合南海、番禺两县义民在佛山镇成立团练局，集合义勇数万人，准备御侮杀敌。团练局决议，各乡坚壁清野，禁绝汉奸；又宣言“夷人入其境者，登时格杀勿论”[③]。4月，团练局发起罢工、罢市，号召广东人凡在香港、澳门等处为洋人教书、办理文案及一切雇工服役人等，一个月内一律辞退。不到一个月，二万余人罢工回家，洋人的商务等活动大受影响。群众又对广州实行经济封锁。城厢商民纷纷迁徙，西关白昼无人迹。6月间，团练义勇与侵略军在黄麖塘大战，杀毙敌兵百余名，夺获马、剑等物。同月，侵略军大队人马进犯东莞榕树头。当地义勇预先埋伏，俟敌人深入，四起截杀，侵略军大败。巴夏礼坠马，差一点被活捉。当时，广州城外东西北三面全有练勇驻扎。侵略者困守城内，提心吊胆。群众斗争的声势日益浩大。1858年3、4月间，英法联军正从广东向大沽进发，清政府派广东大绅士数人

---

①A. 布克斯盖夫登：《1860年北京条约》（А. Буксгевден, Русский Китай. Очерки Дипломатических сношений России с Китаем，I，Пекинский Договор 1860г.，Порт–Артур, 1902），第205页。

② 恩格斯：《波斯和中国》，《马克思恩格斯选集》第2卷，第20页。

③ 夏燮：《粤民义师》，《中西纪事》第13卷。

去督办团练。地主统治集团直接承认人民群众是唯一足以制服侵略者的伟大力量，但是不敢依靠这个力量去抵抗侵略。他们把自己确定为与人民对立的第三者，幻想那样去从事所谓“局外调停”，容易与侵略者取得妥协。6月底，《天津条约》成立，清政府立刻令团练停止活动，不得复相攻战。广大群众不顾封建统治势力的压制、破坏，自己筹款，自己集合，继续战斗。8月间，侵略军二千多名进犯广州附近的新安县城，新安群众奋起迎击，毙侵略军一百余人。1859年2月，侵略军一千多人到三元里、牛栏冈一带烧杀，当地乡民立即鸣锣出动，与侵略军对仗，登时击毙敌兵十余名。乡民愈聚愈多，侵略者见势不妙，狼狈逃回省城。广东人民的英勇斗争，迫使侵略者不得不放弃永久占领广州的狂想。

1858年英法联军占领天津前，天津一些铺户、船民、盐民等要求彼此联络，共同抵御外侮，受到清政府官吏压制。天津被侵占以后，群众自发起来反抗，对抢劫骚扰的敌人抛扔瓦砾，骤如雨雹，打得他们烂头破额，纷纷逃窜。分散外出的敌兵，时常突然遭到群众袭击，侵略者惶惶不安。1859年，清军广大士兵在大沽抗敌激战，当地人民踊跃支援，在矢石交加下往营盘运送饼面食物，络绎不绝。清直隶总督报告里也不得不承认“民情可用，于此益信”[①]。1860年，烟台、旅顺和北京附近，都有群众自发起来袭击侵略军，保卫家园。

1860年6、7月间，太平天国向上海方面进军，与盘踞当地的英法侵略军、美国流氓华尔率领的洋枪队展开激战。农民革命战争主力的太平军从此进到全国人民反侵略斗争的第一线。

第二次鸦片战争，中国封建统治者再一次向外国资本主义侵略者屈服所造成的后果，比第一次鸦片战争更为严重。由于外国公使驻北京，侵略者与清朝中央政府开始经常的接触，得以逐渐影响和操纵清政府的活动；大批新口岸开辟以后，外国侵略势力扩展到沿海各省，并深入到长江中游地区；有关通商、海关及税率的各种规定，使中国在外国经济侵略面前更加处于无法抗拒的地位；内地传教各条款成了外国传教士到中国各地进行种种不法活动的护符；鸦片贸易合法化使这种毒品无限制流入中国；准许华工出国实际是准许外国侵略者掠卖人口，运到海外去充当外国资本家的牛马。通过第二次鸦

---

①《筹办夷务始末（咸丰朝）》第39卷，第19页。

片战争，列强用又打又拉、先打后拉的手段，迫使清政府作出全面让步，外国侵略者所要达到的目的完全如愿以偿。从此以后，清政府作为外国侵略者的走狗的地位确定下来，中国更迅速地在半殖民地的道路上滑下去，中国人民的苦难更加深重了。沙俄割占大片土地，不仅使中国领土完整遭到极大破坏，而且对以后的中国历史具有无法估量的严重影响。

第二节　叶赫那拉氏，中外反动势力的结合

《北京条约》签订，英法联军陆续从北京撤往天津。清朝统治者起先总担心外兵占领北京将推翻他们的统治，建立新的朝代。11 月，额尔金、葛罗相继离京，英法联军全部撤走，侵略者照旧保存了清朝封建统治秩序。负责办理投降手续的奕䜣等人，对此大喜过望，以为“非始愿所能料及”[①]。有的原来坚决反对外使驻京、长江通商的大官僚，看到这种情形，态度也显著改变。户部尚书沈兆霖就是其中之一。他说：英、法入侵，清朝的底细固然被外国人摸清楚了，外国人的底细也被中国人摸清楚了。英、法的意图是在以兵“胁和”，并无取代清朝统治的野心。[②]奕䜣等在给咸丰的奏折中，反复强调了这个认识。他们说：“自换约以后，该夷退回天津，纷纷南驶，而所请尚执条约为据，是该夷并不利我土地人民，犹可以信义笼络，驯服其性，自图振兴，似与前代之事稍异。”[③]既然外国人拥兵进入北京城，朝廷尚且得到保持，以后当然不会出现比这更严重的问题了。洋人实在是够朋友的，尽可放心。他们从这种观点出发，断定今后严格遵守条约，按照规定办事，尽量同外国保持“和睦”，对清政府统治是有利的，也是可能的。

1861 年 1 月，清政府在北京设立总理各国事务衙门，派奕䜣、桂良、文祥等主持。总理衙门成立前，奕䜣派人征询英、法的意见。英使馆秘书威妥玛听到这一消息，“甚为欣悦”[④]，说这是他们长期求之不得的。法国公使布

① 《筹办夷务始末（咸丰朝）》第 69 卷，第 9 页。
② 沈兆霖：《吁请回銮疏》，《沈文忠公集》第 1 卷。
③ 《筹办夷务始末（咸丰朝）》第 71 卷，第 18 页。
④ 同上书，第 28 页。

尔布隆也表示赞成，认为这是“中外各国永敦睦好之最妙良法”[①]，也就是侵略者希望它会成为外国控制清政府的最好办法。总理衙门刚设立，就任命英国人李泰国为总税务司，掌管海关管理和用人等全部实权。李泰国不久回国，又命赫德继任。赫德担任中国海关总税务司四十多年，成了一个著名的侵略分子，奕䜣及其以后历届办理洋务的清朝大臣都深受其影响。这年3月，法使布尔布隆、英使普鲁斯从天津到北京设立使馆，几个月以后，俄国公使巴留捷克也到北京。从这时起，外国对清政府中以奕䜣为代表的这派势力积极地加以支持和培植，寄予极大的希望。

清政府当时的实权主要不操在奕䜣这一派人手中，而是掌握在跟随咸丰逃到热河的怡亲王载垣、郑亲王端华、协办大学士户部尚书肃顺这一派人手里。肃顺尤得咸丰的信任。肃顺在清王朝的统治处在生死关头的时候，打破惯例，重用汉族地主阶级的下层知识分子来镇压太平天国农民革命，如罗泽南、江忠源、李续宾、胡林翼、左宗棠等湘军悍将、魁首多半是在他的支持下提拔重用的。奕䜣以前虽不是当权派，现在因为对外议和，投降有功，受到外国人支持，政治地位越来越显要。总理衙门的地位很特殊，奕䜣等人掌握这个部门，不但完全掌握了外交大权，也可以影响财政、军事。咸丰不得不接受这个事实。肃顺这一派人尤其感到威胁。清中央政府内部，明显地形成了两股政治势力，出现了热河行宫和北京两个活动中心。奕䜣一再奏请皇帝回銮，希望使政权摆脱对方的控制。肃顺等则竭力劝诫咸丰暂缓回京，以便他们继续掌握权力。奕䜣等人坚持认为：“就今日之势论之，发捻交乘，心腹之害也。俄国……肘腋之忧也。英国……肢体之患也。故灭发捻为先，治俄次之，治英又次之。”[②]他们极力向咸丰说明：外国人的本意，并非为争城夺地而来。[③]外国在北京设立使馆，也决不致别启争端。[④]对外国人的许诺，应当相信。咸丰在肃顺一派人的影响下，觉得外国人的动向难以把握，心存疑惧。在咸丰等人看来，外国人不来则已，来则必启争端。[⑤]一旦回京，洋人又来挟

①《咸丰朝筹办夷务始末补遗》（钞本）第4册上，第680页。

②《筹办夷务始末（咸丰朝）》第71卷，第18页。

③《筹办夷务始末（咸丰朝）》第69卷，第1—2页。

④同上书，第9页。

⑤《筹办夷务始末（咸丰朝）》第68卷，第12页。

制，那时必将去而复返。一再逃跑，频来频往，未免不成事体。[①] 对外国人的许诺，不可全信。奕䜣、肃顺两派之间展开了激烈的斗争。表面上双方争论的是皇帝应当坐镇在哪里，实质上讲的是洋人对我态度如何，可怕还是不可怕？双方的答案相反，但都是说明了同一个问题：外国侵略者在清政府的政治动向中占着突出的地位。皇帝虽然在热河，力量的重心却在北京。当时在北京的一些外国人，已经看出两派斗争的迹象。普鲁斯、额尔金之流都不掩饰他们对肃顺等人的厌恶，和对奕䜣掌权的期望。1861 年 8 月，咸丰在热河病死，儿子载淳继位。载淳年仅六岁，咸丰遗嘱载垣、端华、肃顺等八人为赞襄政务王大臣，执掌政权。恭亲王奕䜣（咸丰异母弟）被排斥在外。

载淳的生母叶赫那拉氏（1835—1908 年）本是咸丰宠妃，常代咸丰批阅奏章。载淳继位，那拉氏二十六岁，被称为慈禧太后，也称西太后（咸丰另一个妻子称为慈安太后），但不许与闻政事。那拉氏擅长阴谋诡计，有极强烈的权力欲望，想取得实际的最高统治权，与肃顺等人严重矛盾对立。奕䜣被排除在辅政大臣之外，但他有外国人作靠山，仍在觊觎政权。于是，那拉氏便与奕䜣等人勾结起来，开始了夺权斗争。他们首先授意御史奏请太后垂帘听政，并派近支亲王一二人辅弼，也就是公开要求那拉氏和奕䜣等人上台。载垣等八大臣以"本朝无太后垂帘故事"[②] 为理由，加以驳斥。10 月，奕䜣以奔丧为名从北京往热河，事前特地派文祥到英使馆见普鲁斯，说明此行意图是向那拉氏解释英法方面丝毫不存敌意，并努力削弱妨碍宫廷回京的敌对势力。[③] 奕䜣这样做，意味着他的行动不是单独采取的，是得到外国侵略者同意的。奕䜣到后，那拉氏与他密商如何发动政变，打倒载垣等人的问题。奕䜣力言要发动政变非早日回北京不可。因为北京现在驻有外国使臣，受他们节制的英、法军队又近在天津。必须靠近洋人势力，好得到他们的保护和声援。那拉氏起初也耽心外国干涉，奕䜣向她担保"外国无异议"[④]。威妥玛、普鲁斯根据他们得到的消息分别叙述当时的情况说：奕䜣发现太后确实害怕外国人，于是就向她担保，说是根据他的了解，外国人并无侵犯之意。他个人愿

---

①《筹办夷务始末（咸丰朝）》第 69 卷，第 4 页。

② 薛福成：《咸丰季年三奸伏诛》，《庸盦笔记》第 1 卷。

③D. F. 芮尼：《北京和北京人》（D.F. Rennie，Peking and the Pekingese， During the First Year of the British Embassy at Peking， London，1865）第 2 卷，第 30 页。

④ 王闿运：《祺祥故事》，载邓之诚辑《旧闻零拾》。

对外国人任何冒犯行为负责。他又劝说只要她回到北京，则任何事情他都能办到。[①] 总之，奕䜣向太后保证，外国人在这里并不可怕，他对太后的回京负完全责任。[②] 那拉氏听过这番解释以后解除了顾虑。奕䜣又拉拢领重兵驻扎北京一带的兵部侍郎胜保，参与合作。11 月 1 日，那拉氏等回到北京，发动突然袭击，免除八大臣的赞襄政务王大臣职务。然后由两宫太后（即慈安、慈禧）垂帘听政，逮捕载垣、端华、肃顺。载垣等人的罪状是“不能尽心和议，徒以诱获英国使臣（指巴夏礼）以塞己责”；“总以外国情形反复，力排众论”，阻止“回銮”以及抗旨反对垂帘等。[③] 载垣等三人处死，他们的重要亲信分别革职遣戍。奕䜣被任命为议政王，桂良、沈兆霖、文祥等为军机大臣，奕䜣兼管军机处，并将载垣等人拟定的皇帝年号祺祥改为同治（1862—1874 年），表示太后和皇帝一同治理天下。从此那拉氏等掌握了清政府的统治权。

那拉氏处死载垣等人时把“不能尽心和议”列为他们的重大罪状，这不啻表示由她和奕䜣掌权的清政府以后肯定要执行投靠外国侵略者的政策。这个意图的宣告，使侵略者非常满意。普鲁斯写给英国外交大臣的报告里说：这次宣布的谕旨，“实是我们自从同中国有关系以来最为有利的文件”[④]。“激烈派的垮台和逮捕（载垣等人）谕旨的言辞等于是对条约的实际批准，虽然它形式上去年已执行了”[⑤]。“这次危机之决定转向有利于我们在华利益的方面，实受我们所执行的路线的极大影响”[⑥]。“在过去十二个月中，造成了一个倾心于并相信（同外国）友好交往可能性的派别，有效地帮助这一派人掌权，这是一个非同小可的成就。（我们）在北京建立了令人满意的关系，在某种程度上已成为这个政府的顾问”[⑦]。普鲁斯抑止不住内心的高兴。他把奕䜣

---

①威妥玛:《与中国官员谈论这次政变及其他问题备忘录》，1861 年 11 月 8 日，载《历史教学》1952 年 5 月号。

②《普鲁斯致罗素函》，1861 年 11 月 12 日，载《历史教学》1952 年 4 月号。

③《清实录（同治朝）》第 5 卷，第 26—28 页。

④《普鲁斯致罗素函》，1861 年 11 月 12 日，载《历史教学》1952 年 4 月号。

⑤《普鲁斯致罗素函》，1861 年 11 月 12 日，见坂野正高《中国和西方（1858—1861）》（Masataka Banno，China and the West 1858—1861，The Origins of Tsungli Yamen，Massa-Chusetts，1964），第 240 页。

⑥《普鲁斯致罗素函》，1861 年 11 月 12 日，载《历史教学》1952 年 4 月号。

⑦《普鲁斯致罗素函》，1862 年 3 月 12 日，见坂野正高《中国和西方（1858—1861）》，第 241 页。

等人的掌权看做是自己的胜利，是他们扶植地主阶级中的投降派这条侵略路线实施的结果，这是对的，客观事实就是这样。英国在中国的喉舌《北华捷报》更竭力强调："在这个特别的关头，我们要比我们同中国发生联系的其他任何时期，更有必要去支持帝国的现存政府。"① 清政权从第一次鸦片战争、《南京条约》起，开始由以前的地主阶级对中国农民阶级的专政，变为同时又是外国资产阶级统治中国人民的工具。但是两次鸦片战争的二十年间，中国封建阶级与外国资产阶级仍然互相对立，彼此都怀疑、埋怨对方。清政府常常把自己摆在"夷"与"民"之间，去应付外国人；西方资产阶级则对封建统治者的屈服不彻底、让步不够大不予谅解，以致屡次兵戎相见。那拉氏、奕䜣当政，改变了从前那种状况。他们依靠侵略者支持上台和继续存在，明确地以投靠外国人为方针进行统治。以 1860 年一系列不平等条约和接着发生的北京政变为契机，中外反动势力开始走上彼此结合的道路。清政府在更大的程度上变成了外国资产阶级统治中国人民的工具。在那拉氏作为这个反革命政权的象征的近半个世纪里，中国越来越深地陷进了半殖民地半封建社会的黑暗深渊。

1860 年，《北京条约》刚刚成立，外国就纷纷提出帮助清政府对太平天国作战的建议。它们揭开面纱，再也不伪装"中立"了。中外反动势力走上彼此结合的道路，是由于它们有一个共同的根本利益，即统治、剥削中国人民。当前首先是要把太平天国为中心的农民革命镇压下去。只有这样，清政府才能保住它的统治，外国侵略者才能实际上享受他们从清政府夺得中国广大范围的种种权利。1860 年 10 月下旬《北京条约》签字，法国专使葛罗立即表示，愿意出兵帮助清政府，"所有该国停泊各港口之船只兵丁悉听调遣"②。11 月，中俄《北京条约》订立，俄使伊格那提业幅面见奕䜣说：太平军在南方到处横行，清军从陆路进攻，"该国拨兵三四百名在水路会击，必可得手"③。不久俄国军队在上海附近王家寺等处进攻太平军。1862 年，继任俄国公使巴留捷克照会总理衙门：海军提督颇颇夫带领兵船来华，愿意在紧要港口"助剿"。俄国政府并把从前答应的枪一万支、炮若干门运到中国，派军官教练清军施

① 引自马士《中华帝国对外关系史》（中译本）第 2 卷，第 68 页。

② 夏燮：《外夷助剿》，《中西纪事》第 20 卷。

③《筹办夷务始末（咸丰朝）》第 69 卷，第 29 页。

放。法、俄提出派兵的同时，美国也要求代运漕米，它早在 1854 年，就狂言要“以剿贼自任”[①]了。清政府对于是否借用外兵，多次进行讨论。袁甲三反对。奕䜣等投降派首领一致认为可行，他们无耻地宣称应当“中外同心以灭贼为志”[②]，欢迎外国同他们一道对中国人民“同仇敌忾”[③]。法国、俄国过分露骨的扩张阴谋，激起了有广泛利害关系的英国的反对，英使馆威妥玛对清政府说：攻打太平天国是中国自己的事。法国、俄国军队参加进来，攻下城池，将要据为已有，否则它们为什么要干呢？英国倘若出兵，也不会例外。英国占领印度土地，就是这样。清政府只好答复法、俄两国：等将来需要，再请帮助。问题因此悬而未决。

当清政府在北京与法、俄等国讨论外兵“助剿”问题的时候，麇集在上海的买办官僚、大地主、大商人等进行着更紧张的活动。1860 年 5 月间，英法侵略军正在北上，太平军进军苏常，清江、浙大吏紧急要求英法军“即刻整队前往苏常代为攻剿，指日逆匪荡平，永商和好”。“如果藉其兵力转危为安，我国图报，唯力是视”。[④]6 月，苏松太道吴煦、江苏粮储道杨坊等出面，勾结在上海的美国流氓华尔，招集一批外国歹徒组成“洋枪队”，帮助清军对太平军反扑。形式上是华尔个人行动，实际上是美国官方一些人支持。到 1862 年，“洋枪队”扩充到五千人左右，其中包括美、英、法、意等国官兵四百多人，领导权落到了英国人戈登手里。清政府正式同它合作，并取名“常胜军”，这是清政府借用外兵和中外反革命军事合作的一种形式。法国控制的“常捷军”和北方“洋枪队”，都属于这种形式。就是吴煦这批人，在拉起“洋枪队”的同时，又投靠上海英、法当局，与侵略者共同“保卫上海”。也就在 1860 年 6、7 月间，英、法一面在北方从清军手中夺取大沽，一面在上海站在清军一边抵御太平军。仍是吴煦这批人，举借外债二十万五千两，取得英国海军司令支持，于 1862 年 4 月用英国轮船从安庆把李鸿章统率的淮军八千人运到上海前线。他们又由巴夏礼指挥，进一步与英、法一起建立“中外会防局”，宣布上海归外国侵略军防守。英、法在租界组成联军，发出布告：“上海为本镇

---

① 吴煦：《复蓝太守书》，《吴煦档案中的太平天国史料选辑》，第 34 页。

② 奕䜣等奏，咸丰十一年五月，《筹办夷务始末（咸丰朝）》第 79 卷，第 17 页。

③ 瑞昌、王有龄奏，咸丰十年十二月，《筹办夷务始末（咸丰朝）》第 71 卷，第 15 页。

④ 王有龄等：《为借师助剿札苏松太道文》，《吴煦档案中的太平天国史料选辑》，第 45 页。

驻守之地，有来攻打者痛剿不赦。”[①]上海官吏把“中外会防局”条款报告北京，得到批准。这是清政府借用外兵和中外反革命军事合作的又一种形式。同一年，广东天地会黄金龙等部起义，英国调兵船到广州“协防”，也属于这种形式。

在上海，坚决主张借用外兵，最积极地活动的，除了吴煦、杨坊，有潘曾玮、殷兆镛、庞钟璐、顾文彬、吴云、应宝时、冯桂芬等一批人。吴煦，出身钱谷幕僚，任上海海关道，长期经办洋务，与外国商人、洋行老板、驻沪领事等形形色色的冒险家厮混，替他们服务，极得信任。他在这个过程中搜罗到大宗财富，开设银行，广发银票，投机剥削。在投靠外国人起家的买办官僚里面，他是一只带头羊。杨坊，宁波籍大商人，英国怡和洋行买办，上海商会董事。有人揭露他从洋行担水夫致富，卑劣贪鄙。他把女儿也嫁给华尔为妻，是个十足的洋奴。潘曾玮，江苏大劣绅（做过刑部郎中），上海中外会防局局董，大地主兼商人、高利贷者，拥有资产数百万，土地、钱庄、店铺分布吴江、苏州、上海等地。别人对于借用外兵有疑虑，他牵强附会，援引历史，制造理论根据，逐条反驳反对意见，并亲自跑到北京找奕䜣等人游说。地主阶级内部也有人因为他凭借势力，气焰熏灼，横行霸道，无恶不作，对他切齿痛恨。殷兆镛，江苏大劣绅（做过清政府詹事、侍郎等）、大地主。英法联军逼近北京时，他上折请斩一度扣留的英军翻译巴夏礼，又提出让清军用旧棉被作为武器抵挡敌人枪炮的高明战法。一回到上海，完全翻了过来，积极向清政府要求，不但借外兵守卫上海，而且要“规复苏、常各属城池”[②]。他极口称誉英、法人管带下的清军如何成了劲旅，华尔亲兵六百如何战无不胜等等，是一个盲目自大的封建官僚一下子变为恐外崇洋懦夫的典型。庞钟璐，大劣绅，江苏地主武装团练总头子。他玩弄两面派手法，公开对人表示，有关与洋人打交道的事“不敢闻命”[③]，暗地里又报告清政府：清军兵力单薄，为“从权之计”，应当请外兵“助攻”。顾文彬，大劣绅（做过湖北盐法道），上海中外会防局局董。借兵借款，非常坚决、卖力气。吴云、应宝时，都是中外会防局局董，先后任松江知府、上海海关道等，是地方当权势力。吴云

---

① 冯桂芬：《沪城会防记》，《显志堂稿》第 4 卷。

② 《清实录（同治朝）》第 20 卷，第 21 页。

③ 冯桂芬：《沪城会防记》，《显志堂稿》第 4 卷。

还有一套卖国理论，他说大沽口抵抗侵略，把根子弄坏了。中国在汉、宋国家全盛时期，也要用金缯玉帛馈供外族，或者以公主和亲。今日之事，必须坚守盟约，“敷衍过去，便算大妙”①。冯桂芬，江苏大绅士，做过翰林院编修，是他们那一伙里的著作家、理论家。他从吴县家乡逃跑到上海，自称不与闻公事。当英国提出英、法协同清军守上海的要求以后，有人问他是否应当允许，他回答说：问题很简单，你有办法就自己防守，你没有办法就让人家来防守，“许之毋疑也！”②1860 年以后，苏州、常州、杭州、宁波等城市和许多农村的土豪劣绅，富商大贾纷纷逃亡到上海。人数多达几万户，把一个洋泾浜挤得水泄不通。他们被革命农民捅破了安乐窝，怀着极大的怨愤，恨不得立刻打回去，收复一切，管它是中国兵还是外国兵。吴煦、潘曾玮等辈，同这部分人直接相联系，集中代表着他们的利益和要求。就是这个地主、买办阶级势力，推动清政府与外国侵略者结成了屠杀中国人民的反革命军事联盟。

西方资产阶级这时更采取许多行动，来加强这种联盟。1862 年 3 月，英国下院就中国问题举行辩论，作出决定，英国准备把太平天国正式作为敌人对待，并同中国再进行一次战争。《太晤士报》发表社论欢呼：“我们很高兴地说，下院中对那些‘祸水’（太平军）的本质以及应当怎样对待他们的问题，看法完全一致。”③出席辩论的只有三十几人，最后剩下二十六人参加投票，还有一票反对。英国政府大力贯彻资产阶级的意旨。1862 年和 1863 年初，接连制定两项只咨询枢密院毋须经议会同意即能实施的法令，暂时取消现役海陆军官不得接受外国委任的限制，便于英国军人担任清政府官职和在天津、上海等地训练清军。英国一面将大批武器出卖给清政府，同时又禁止英国商船贩运军火卖给太平军。谁要违反，货物全行入官，船只驱逐出口，不准再驶入长江贸易。就像英国议会里某反对派人士所说的，清政府现在成了英国“新的被保护人”④。资产阶级就是这样一个可耻的阶级：在西方，他们刚刚还在把“民主”“人权”等作为口头禅，一到东方，就处处充当革命的绞

①《吴云致吴煦函》，载《吴煦档案中的太平天国史料选辑》，第 64 页。

②冯桂芬：《沪城会防记》，《显志堂稿》第 4 卷。

③见 W. H. 塞克斯《致〈太晤士报〉编辑部》，1862 年 3 月 20 日，《中国太平叛乱，它的起源、发展及现状——致〈亚伯丁自由报〉和伦敦〈每日新闻〉书信汇编》。

④见 1862 年 7 月 18 日《亚伯丁自由报》，引自 W.H. 塞克斯同上书。

杀者，充分地显示出这个阶级凶残嗜杀、最野蛮地掠夺殖民地人民的本性。

那拉氏、奕䜣掌握的清政府有了外国作靠山，马上对太平天国发动反革命攻势。1860 年，曾国藩已经被任命为两江总督。1861 年 11 月，更授权他统辖江苏、安徽、江西、浙江四省军务，巡抚、提督以下都归其节制。曾国藩又推荐左宗棠、李鸿章等这些新起的地主阶级实力分子担任重要指挥职务。左宗棠（1812—1885 年），湖南湘阴人，出身地主家庭。科举考试中屡经会试不第。他先充当湖南巡抚的幕僚，努力支持湘军，后得曾国藩允许，在湖南召募人马，组成左系湘军，又叫楚军，拼死与太平军作战。李鸿章（1823—1901 年），安徽合肥人，出身官僚地主家庭，是曾国藩的门生，太平军到安徽后，他在家乡办团练。不久入曾国藩幕府，出谋划策，奠定了他一生反革命政治生涯的根基。1861 年，受曾国藩之命，回安徽原籍，将淮南团练按湘军方式加以改编，组成又一支凶恶的地主武装，号为淮军，与湘军并著恶名。1862 年初，左宗棠任浙江巡抚，李鸿章署理江苏巡抚。他们同曾国藩一起都是“借师助剿”的坚决拥护者，是与外国军队合作，镇压太平天国革命的主持人。曾国藩部署分三路向太平天国江、浙地区进犯，以他的胞弟江苏布政使曾国荃率领嫡系湘军沿江东下，主攻天京；以左宗棠专任浙江军事；以李鸿章指挥的淮军，援救上海，图取苏、常。西方资产阶级与中国地主阶级联合起来，摆开阵势，准备与中国农民革命最后作一番较量。

第三节　后期的太平天国，农民反侵略斗争。太平天国失败

太平天国领导集团的分裂，使革命面临军事上严重不利的局面。1856 年 12 月，武昌、汉阳再度为湘军攻陷。1857 年春至 1858 年 5 月，湘军与太平军激烈争夺九江。太平军著名英雄林启容率部固守，在援绝粮尽的情况下，坚持了一年多。最后湘军掘地道轰塌城墙一百余丈，攻入城内，守军在烈风暴雨中浴血巷战，林启容以下将士一万七千余人全部壮烈牺牲，九江失守。太平军在天京以上长江沿岸的主要军事据点仅剩安庆一处。在江苏，1856 年清军攻陷扬州，再建江北大营。同一年，清军又重建江南大营，并在 1857 年 12 月攻陷镇江，天京再被围困。到 1858 年上半年，太平天国在湖北、江西、安

徽、江苏所占有的州县，大部分被迫放弃，地区大为缩小。

这时，各地的反清斗争继续处在高涨阶段，国内整个阶级斗争的形势对太平天国非常有利。1856 年以后，各地反清斗争不断展开，规模和地区都较前扩大，并且逐渐形成以下几个斗争中心：

广西：大成国仍在发展，原来分散活动的许多支起义队伍大都并入大成国，或互通声气。1857 年大成国达到全盛时期，先后攻克了柳州、梧州等重要城市，势力遍及广西东南部。1858 年攻桂林不胜，战争逐渐失利，不久李文茂病死。1861 年起义失败，陈开死难。

贵州：1857 年后白莲教各支派起义队伍增至数十万人，占领许多州、县。苗、回、布依、侗族、水族等少数民族的反清斗争日益增多，声势浩大。起义群众在最盛时控制了全省近五分之三的地区，并长期围困省城贵阳。

四川、陕西：1859 年李永和、蓝大顺（本名蓝朝璧）在云南昭通聚众起义后，迅速进入四川。1860 年攻克自流井，当地许多盐工踊跃加入起义军，实力大为增强。不久，起义军向西进发，渡岷江后北上，沿途势如破竹，前锋逼近成都；又分兵在四川中部、南部活动；最多时达几十万。在李、蓝起义军的影响下，四川各地的反抗斗争纷纷兴起，松潘、建昌等地少数民族的起义也接着发生。群众反清斗争遍布整个四川省。李、蓝起义军在 1861、1862 年间，与清政府派赴四川的湘军奋战，精锐折损，蓝大顺部将蓝朝鼎与李永和先后战死。四川的群众斗争逐渐失势，陕西又掀起了反清起义的高潮。1862 年太平军一部会合捻军入陕，蓝大顺部也从川东进入陕西，本地回民群众纷纷起事；各路联成一气，屡次围攻省城。陕西的起义又推动了甘肃回民的反清斗争。

安徽、河南、山东：捻军首领张洛行于 1857 年率众数万渡淮河南下，在霍丘地方与太平军会合，开始了两军的联合作战。1860 年前后，捻军分兵向山东、河南发展。进入山东的捻军曾到达胶东一带。原来活动在山东西部的白莲教各支派，运河一带以失业船夫为核心的幅军，西南部的长枪会等这时更形活跃。群众斗争的烈火几乎燃遍了整个山东省。西征捻军进入河南省后，当地群众纷起响应，河南、安徽两省的斗争联成一片。河南的白莲教起义群众也与捻军联合作战。以捻军为主力的安徽、河南、山东三省反抗斗争，在北方给了清军重大的打击。

插图 14：捻军首领张洛行告示

（采自《近代史资料》1963 年第 1 期）

石达开自天京出走，部下精锐十余万人，仍是一支重要的反清力量。从 1857 年 10 月起，这支大军先后转战于江西、浙江、福建、湖南、广西等省。石达开离开了太平天国根据地，军事上形成流动性作战，政治上对太平天国的典章制度多有更改，引起部下许多人的不满。他们反对分裂，要求重返太平天国。石达开坚持分裂主义路线，对部下的这种正义行动横加阻挠。不少太平军将领毅然率部离开广西，有的部队经过艰苦奋战，终于重新回到江西一带，受到天王的嘉奖。1861 年底，石达开率余部再出广西，绕道湖南、贵州、云南，进入四川。1863 年 6 月，全军在大渡河覆灭。石达开在被围时向清军投降，后在成都被杀，这是他坚持错误道路的必然结局。但这支军队在前后六年的时间内，不疲倦地与清军猛烈战斗，对西南几省的反清斗争起了很大的配合作用。

各地的斗争都打击了清朝的统治。有些起义势力直接与太平军发生联系，有的牵制了清军，间接地支援了太平天国革命。

在全国反清斗争蓬勃发展的有利形势下，太平天国为扭转天京事变以后的局面，在军事上做了顽强的努力。这时担负军事重任的是前军主将（后封英王）陈玉成和后军主将（后封忠王）的李秀成。陈玉成（1837—1862 年），广西藤县人，出生贫农家庭，十四岁参加太平军，在长期的革命战争中由士兵逐渐提拔为统帅。陈玉成英勇善战，在许多战役中立下了显赫战功。天京事变以后，长江以北，从湖北、安徽到苏北广大战场上的太平军主要是由陈玉成指挥的。李秀成最初是太平天国的一名圣兵，由于作战勇敢，屡有升迁，1856 年以后，他负责指挥保卫天京的部队；加上在皖南的李世贤所部和在江西的杨辅清所部，支撑着长江以南太平天国的局面。

1858 年是太平天国历史上重要的一年。4 月间，清军占领雨花台，加紧围攻天京，江北交通断绝。5 月，湘军计划分两路进犯太平军统治的地区。一路由李续宾从九江出发攻皖北，夺取太平军江北根据地；一路由水师攻安庆，指向天京。形势是紧迫的。曾国藩陶醉于一时的得手，以为农民革命势力已经无路可走，"不患今岁不平"①。8 月，陈玉成、李秀成等在安徽枞阳镇召开军事会议，决定先在江北战场上迎头痛击清军。9 月间，陈玉成联合捻军在安徽滁州与李秀成会师，向东南疾进，一举攻破敌江北大营，歼敌一万余人，清军在江北的两员钦差大臣德兴阿、胜保被打得落荒而逃。这一战役把江北大营彻底摧垮，使它从此不能再建。京浦交通线得到恢复，江北物资又源源供应天京，形势缓和下来。这就是有名的浦口战役。正当太平军与江北大营激战的时候，湘军悍将李续宾乘机连陷安徽太湖、潜山、桐城、舒城等地，直指庐州三河镇。三河在庐州西南五十里，扼制巢湖以西的水陆枢纽，地势冲要。太平天国在那里屯聚了大量的粮草军火，用以接济庐州、天京，是一个重要的军事据点和物资集中地。太平军在三河镇设一大城，城外辅以九座砖垒，防守坚固。湘军只有取得三河，才能窥视庐州。当时，江北大营新败，进攻安庆的湘军踯躅不前，清廷对李续宾所部寄予很大期望。李续宾嚣张一时，不顾自己后方空虚，援军远在湖北按兵不动，孤军深入，猛扑而来。11 月 7 日，湘军攻陷城外九垒。洪秀全令陈玉成率部自江苏六合兼程进援三河，又命李秀成领兵随后接应。陈玉成经巢县、庐江进至三河东南三十里的金牛镇、白石山一线，切断敌军后路；又使庐州守将吴如孝联合捻军出击，使舒城方面的敌人援军不能接近三河。李秀成所部也开抵距白石山十余里的战场上。11 月 15 日黎明，湘军发动攻击，陈玉成率大队迎敌，李秀成闻炮声赶来参战，三河守将吴定规也率军从城内杀出，湘军大败。李续宾以下文武头目四百余人，湘军六千余人，被全部歼灭。群众形容，当时红顶、蓝顶满地，装八大

① 曾国藩：《致九弟》，《曾文正公全集》家书，第 5 卷。

箩筐。这一仗，是太平军打过的少有的一个漂亮的歼灭战。清军的报告说，太平军方面参加会战的，连同捻军号称十余万。清军一贯夸大革命军队的数目来掩饰自己的败绩，此次也不例外。但太平军显然由于集中了优势兵力，才取得了这次干脆利落的歼灭战胜利。李续宾率领的是曾国藩湘军主力，以前归罗泽南统带。这支反革命军队的覆灭，给了地主阶级极大的打击。曾国藩哀叹说："三河之败，歼我湘人，殆近六千，不特大局顿坏，而吾邑士气，亦为不扬。"① 胡林翼也说："三河溃败之后，元气尽伤，四年纠合之精锐，复于一旦。"② "全军皆寒，不可复战。"③ 这个战役以后，太平军乘胜收复舒城、桐城、潜山、太湖，进攻安庆的清军也闻风退走，天京上游的形势大为改观。

浦口、三河两大战役以后，太平军在其他战场上也陆续取得胜利。12月，皖南李世贤部在宁国湾沚镇大破清军，击毙清军提督。1859年2月，江西杨辅清部在景德镇大败湘军。3月，陈玉成联合捻军在庐州城外再度击溃清军，俘清署安徽巡抚李孟群。从1858年9月到1859年3月，半年多时间里所取得的一系列胜利，基本上扭转了领导集团分裂后在军事上形成的危局，太平天国后期的斗争由此继续展开。

插图15：《资政新篇》封面
（采自《太平天国印书》第16册）

这时太平天国在政治上最突出的事件是颁布《资政新篇》这个带有资本主义色彩的重要文献。1859年4月，洪秀全的族弟洪仁玕由香港来到天京。洪仁玕（1822—1864年）是

① 曾国藩：《复刘霞仙》，《曾文正公全集》书札，第7卷。

② 胡林翼：《复胜克斋保钦使》，《胡文忠公遗集》第61卷。

③ 胡林翼：《致司道》，《胡文忠公遗集》第59卷。

拜上帝会最早的信徒之一，一直留在广东家中。太平天国起义后，清政府缉拿洪氏家族，他于1853年避难到香港，在一个外国传教士那里教授中文，耳濡目染，接受了一些西方资本主义的思想。他到天京后，得到洪秀全的重用，不到一个月，就晋封为开朝精忠军师顶天扶朝纲干王，总理太平天国政事。

洪仁玕当政不久，即提出《资政新篇》送洪秀全批准，并用干王名义发布。《资政新篇》共四部分：一、用人察失，禁止朋党；二、革除腐朽生活方式，移风易俗；三、实行新的社会和经济政策，仿效西方资本主义；四、采用新的刑法制度。第三部分是《资政新篇》全篇的中心。它首先泛论当时世界各国的大势，然后列举出一系列仿效西方资本主义制度的建议。主要的有：(一)创办报纸，沟通上下情感，设立不受众官节制，也不节制众官的各省新闻官，专收各地新闻纸呈送天王。(二)成立某些地方自治机构，管理地方财政、乡兵、教育、医院以及社会救济事业等。(三)兴办近代工矿交通等企业，仿造火车、轮船，设立邮局，提倡筑道路、修水利、开矿山、办工厂，兴办银行、发行纸币等；并实行准许私人投资，奖励发明创造，保护专利等政策。(四)与外国通商，平等往来。欢迎外国人前来传授工艺技术，但不准干涉内政。洪秀全对《资政新篇》中所提出的这些建议，作了仔细批示。有十六处批一个“是”字；有十一处批“钦定此策是也”或“此策是也”；有两处批“钦定此策杀绝妖魔行未迟”或“俟杀绝残妖后行未迟也”。唯有对其中讲到不杀人、诫杀人的两处，表示反对，批示说：“斩邪留正，杀妖杀有罪，不能免也。”[①]洪秀全主张学习西方，而反对放松镇压阶级敌人。眼光远大，革命观点鲜明。向西方国家寻找真理，在当时是一种先进思想。洪秀全从一个农民革命领袖的地位来抓住这个问题，加以解答，表现出了他的伟大气魄和先进思想光辉。

《天朝田亩制度》和《资政新篇》，是太平天国在不同时期提出的两个纲领性文件。两者极不相同，并没有必然的联系。前一个讲的是空想社会主义，消灭私有财产；后一个讲的是资本主义，私有财产不可侵犯。两者共同的地方，在于都要求推翻地主阶级的统治，改变封建制度，并且认真地描绘出了某种被认为没有弊病的模范世界。《资政新篇》明显地反映出了鸦片战争以后中国所处的时代特色。洪秀全、洪仁玕都属于知识分子，与西方思想有所接

①《太平天国》第2册，第524—538页。

触，是其中一个因素；鸦片战争以来的阶级斗争形势，英国大炮的惊醒作用，是决定性的因素。《资政新篇》用模糊的资产阶级理想来代替农民中原有的平均主义理想，这是一个大进步，是合乎历史前进潮流的。它没有像《天朝田亩制度》那样在农民群众中掀起广泛的响应，是因为资本主义的理想远远超出了农民迫切需要解决的土地问题的直接要求；而且客观的条件和环境也无法见诸实行。因此，这个纲领的出现，并没有给后期太平天国在政治上造成一番新气象，打开一个新局面。

1860年以后，太平天国战场上的形势是：安庆、江北等根据地先后丧失，苏南、浙江的大片根据地相继开辟。1860年初，洪仁玕与李秀成等定计，用精兵间道奇袭杭州，等清军江南大营分兵往救，然后迅速回师，集中优势兵力，出敌不意，攻下江南大营，打破敌军对天京的封锁。2月，李秀成、李世贤率部自皖南进入浙江，3月间一举攻克杭州城。清军江南大营果然派大军往援。太平军立即主动放弃杭州城，回师猛攻江南大营敌巢。陈玉成也率部由安徽潜山东下，在西梁山渡江参加会战。5月，各路太平军发起总攻，江南大营顷刻瓦解，清军官兵被歼数万人，天京解围。太平军乘胜东进，连克丹阳、常州、无锡、苏州等地，清钦差大臣和春、提督张国梁和江苏巡抚徐有壬败死。苏南和浙西许多州县，归入太平天国版图。苏州周围地区从此划为苏福省。

太平军东下苏、常时，曾国藩湘军乘机加紧围攻安庆，上游形势危急。安庆是保卫天京的最后一道屏障，力争上游，保卫安庆，成为太平天国军事上的重要决策。洪仁玕、陈玉成、李秀成本来议定，在取得长江下游地区后，即分兵两路：一路由李秀成率领，从江南出发，经江西，出湖北；一路由陈玉成率领，从江北前进，经安徽出湖北；南北两路合取武汉，迫使湘军回兵救援，安庆之围即可解除。洪秀全批准了这个计划。陈玉成一路于1860年9月自天京渡江北上。10月在安徽定远与捻军汇合，号称十万之众。11月在桐城与湘军大战失利，仍继续西进。1861年3月，大军越过大别山，入湖北境，直逼武汉。湖北黄州以西清军十分空虚，武汉地主官僚争相逃命，一片混乱。清湖北巡抚胡林翼驻军安徽太湖，惊吓得连连吐血，埋怨自己是“笨人下棋，死不顾家”[1]。就在这时，英国舰队司令贺布、参赞巴夏礼带了舰队到汉口。

---

① 胡林翼：《复左京卿》，《胡文忠公遗集》第81卷。

英国侵略者要拯救清政府，巴夏礼特从汉口到黄州会晤陈玉成。他无耻威胁说：武汉三镇组成一个巨大的贸易场，太平军夺取其中任何一个城市，难免不损坏整个大商港的贸易。因此太平军必须远离该埠。巴夏礼还编造谣言，说九江方面没有听到李秀成等进兵的消息，假如陈玉成进兵汉口，势将得不到其他各路军的支持等等。① 陈玉成对英国侵略者的干涉有所顾虑，又加上李秀成贻误戎机，未能如期会战，遂停止对武汉进攻，自己率领大军攻占德安、随州等地，留下一部分军队驻守黄州。由长江北路西进武汉以解安庆之围的计划未能实现。李秀成一路在洪秀全的严厉督责之下，延迟至1860年11月中，才由芜湖开始行动。12月，进抵黟县，距曾国藩祁门大营仅数十里。曾国藩惊骇万状，束手无策，写好遗嘱，准备自杀。太平军与远道赶来的湘军一部在黟县激战，先胜后败。1861年2月，李秀成部进入江西。6月由江西分路向湖北挺进，前锋直达武昌县。鄂南一带群众纷起响应，投入太平军的多至三十万人。但李秀成到兴国州后，发生动摇，改变了主意。他得知胡林翼率湘军驰援武汉，北岸陈玉成已回军安徽，又听到李世贤在江西乐平被湘军打败的消息，再加上英国驻汉口领事金执尔到兴国竭力劝他停止进军，于是放弃进攻武昌，全师东返。太平军由长江南岸西进湖北，解救安庆之围的计划也遭到了失败。

革命军队没有攻下武汉，反革命方面却加紧夺取安庆。1861年4月到9月半年时间里，双方对安庆展开了激烈的争夺战。陈玉成自湖北回军，全力援救安庆，洪秀全又派洪仁玕率军增援。曾国藩的大本营则由祁门移驻东流，靠近前方指挥，胡林翼也跟着上阵。双方阵地犬牙交错，互相层层包围。太平军几次与湘军大战，不能取胜。6月，湘军攻破集贤关外太平军营垒，守将刘玱琳以下将士数千人全部壮烈牺牲，安庆形势更加危急。9月，正当陈玉成、杨辅清与围城湘军后队鏖战的时候，湘军前队用地雷轰塌安庆城垣，太平军守将叶芸莱、吴定彩及全军一万六千余人战死，安庆陷落。从此上游主要据点尽失，天京失去屏蔽，太平天国在军事上的处境日见恶化。

安庆失守以后，整个江北根据地也接着丧失。陈玉成所部精锐在安庆损折，退守庐州。1862年2月，派扶王陈得才、遵王赖文光等进军豫、陕，准

---

① 王崇武译:《英国参赞巴夏礼报告在黄州访问英王陈玉成的经过》，载《历史教学》1957年4月号。

备广招兵马，收复安庆，但这没有能够补救江北的局势。陈得才、赖文光带领的军队只是在许久以后，同捻军一起活跃在北方广大战场上，对清军进行了出色的战斗。这年5月，清军围攻庐州，陈玉成突围北走。盘踞这一带的一个反复无常的地主团练头子苗沛霖把他诱骗到寿州，执送清营。陈玉成坚贞不屈，与敌人针锋相对进行斗争。清军头目胜保陈兵相见，以胜利者自居。陈玉成指着他嘲笑说：你胜保是妖朝第一误国庸臣，那时我三洗湖北，九下江南，你一见就逃跑，在白石山全军覆没，我饶了你一条性命，于今装腔作势干什么！他的斗争大灭了敌人的威风。清军原定把他解往北京，后来想到那样很危险，"必然大伤国体"①，就在河南延津加以杀害。陈玉成牺牲时只有二十六岁。对敌心雄万夫，临难大节凛然，他的一生是一个顶天立地的农民革命英雄光辉的一生。湖北一带群众深为怀念，"三十检点回马枪"的故事一直流传。陈玉成失败以后，太平天国在经济上、军事上失去了长江以北的支持。

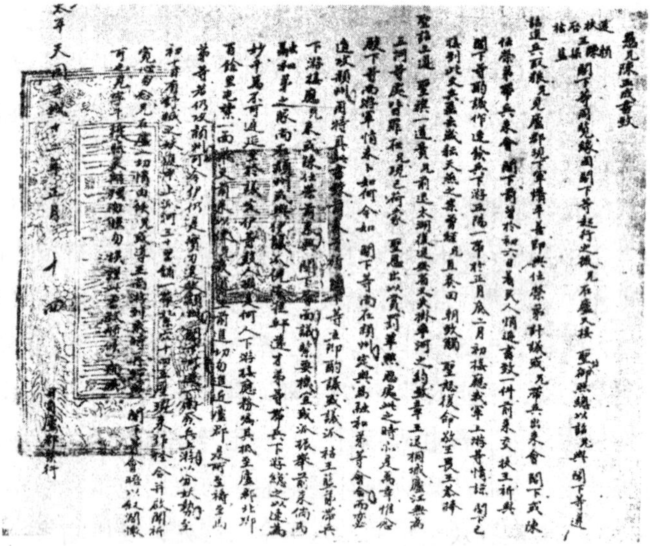

插图16：陈玉成致赖文光等书

（采自《太平天国》第1册）

安庆保卫战进行期间，李秀成正率部退出湖北，返回江西。他在轻上游、

① 刀口余生：《被掳纪略》，《太平天国资料》，第213页。

重下游的战略思想支配下，以为有了苏浙，便可以高枕无忧；又害怕湘军强悍，不愿参加安庆解围的战斗。他明知洪秀全正在调遣各路兵马救援安庆，而且陈玉成一再向自己求援，却借口“无兵可拨”，率领所部匆匆向浙江推进。1861年9月，在铅山收得自广西返回的石达开部二十余万，进入浙江，与李世贤部会合。11月，太平军占领绍兴，12月攻克宁波，同时再一次克复杭州。浙江省的大部分地区获得解放，与苏南革命根据地连成一片。江浙根据地的建立，对于支持后期太平天国的艰难局面，起了重要的作用。取得浙江，却丢掉了安徽，后果是严重的。洪仁玕很快指出了这个问题。他说：虽得杭州等郡，但失去安徽作为天京的屏障，造成了很可忧虑的形势。[①]

江苏、浙江两省获得了解放的地区，这时广大农民群众在太平军势力的支援、鼓舞下，纷纷起来与地主阶级进行斗争。他们惩办土豪劣绅，协助太平军打击敌人，镇压清朝官吏。反动头子的土地、财物被没收充公。各级地方政权，按照太平天国的制度推举乡官，实行革命法令。农民群众在一向被地主阶级称为“升平乐土”的江浙地区，顿时燃遍了革命的熊熊烈火。封建统治机构、统治秩序解体，革命秩序大体建立。人民精神振奋，生产增长，生活改善，一派兴旺情景。外国游历者、一些当地的地主知识分子的记载：1862年间，经余姚、绍兴、诸暨至浙江各地，所有人都留长发，脸上露出心满意足和愉快的表情。乡村富庶，人口稠密，土地耕作精细，稻子长得很茂盛。生丝这种贵重商品，沿途只要按规定纳税，便通行无阻，决不敲诈。孤身旅客随带大量现洋，可以深入内地。到处令人感到一种安乐兴盛气象。桐乡以北的乌镇、新塍，以南的屠镇，丝市很盛，乌镇地方，蚕桑尤其发达，成为苏浙两省交界地区的丝业中心。江苏宜兴的大浦镇，商贾云集。无锡荡口镇货财充斥。溧阳城内买卖街各物咸备。吴江夹浦关，每日过商船多达二百余号。苏州地区农不废耕，市肆热闹，米麦都能卖得好价钱，“五谷丰而百货萃”。天京到苏州之间的农村像一座花园，运河两岸房屋鳞次栉比，居民忙碌，处处显示出繁荣。与清政权统治下的上海附近一带农村贫困、人民痛苦，形成强烈对照。上海出口丝、茶等物资的不断增加证明这些记载所反映的江、浙根据地生产发展的情况是属实的。1861、1862年间，上海出口的茶叶从以前的三千多万磅增加到五千三百多万磅；生丝从以前的五万八千多包，增加到

---

①《洪仁玕自述》，《太平天国》第2册，第852页。

八万八千多包。茶叶来路较广，生丝则绝大部分生产于苏南和杭嘉湖地区。农民群众、手工业者所进行的阶级斗争、生产斗争受到太平天国的推动，他们的巨大力量反过来又推动太平军去展开新的斗争。江浙地区广大农民是后期太平天国的实际支持者。

江浙解放地区，地主阶级受到了严厉的打击，但它的势力仍根深蒂固。地主豪绅有的逃跑了，许多人留了下来。他们不甘心失败，采用各种方式对农民革命政权进行顽抗。农民阶级与地主阶级两个阶级在这里展开了新的尖锐复杂的斗争。

反革命武装远没有肃清。一些地主团练依旧盘踞乡村集镇，公然与太平军为敌。活动在太湖一带的惯匪，一部分被清朝官吏或当地豪绅收买，四出骚扰，破坏革命秩序。太平军对公开的反革命势力是严厉镇压的；但对表面上愿意归顺的地主团练，就加以招抚，原封不动地保存下来。如长洲、吴江、金匮等地的某些地主团练头子，都控制着相当数量的枪船武装。他们一面被迫接受太平天国的封爵，假意投诚；一面仍受清军的接济和指挥，伺机进行反革命叛乱。1863年初，常熟守将向淮军投降，就是由这伙反革命分子阴谋策划的。封建势力进行反革命活动是有组织的，而广大农民群众没有得到进一步发动，他们的斗争仍然处在分散进行的状态。这样，太平天国所建立的江、浙根据地，始终是不巩固的。

江、浙根据地的各级乡官，许多是农民、手工业者、小商人和穷苦知识分子等所谓“编户穷民”，但也有不少是由地主富豪和他们的代理人如旧书役、地保等充当的。个别地主分子甚至窃取到县一级的地方权力。凡地主富豪和他们的代理人身居乡官的，往往利用合法地位，擅作威福，欺压贫苦农民。他们抗拒、破坏太平天国的政策、法令，阳奉阴违，谋取自身的利益，如破坏征粮、筹饷，从中大量贪污中饱。有的被地主控制的乡官办理造册、征粮等公务，由自己一伙人垄断，“不派长发一个”①。一些地方的农民自发起来抗租、反霸，当地太平军将领答应地主或乡官请求，派兵镇压群众，屡次造成流血事件。乍看上去好像是农民在反对太平天国，太平天国在镇压农民。实际是地主阶级篡夺了农村政权，照旧压迫、剥削农民，激起了农民的反抗；地主阶级又利用某些太平军将领缺乏坚定的革命立场，反过来镇压农民群众。

---

① 华翼纶：《锡金团练始末记》，《太平天国资料》，第124页。

在革命根据地里，围绕着争夺农村政权，农民阶级与地主阶级两个阶级、反抗封建统治的革命道路与维护封建统治的反革命道路两条道路，进行着激烈的斗争。

太平天国在江、浙根据地执行着与前期大体相同的土地政策，承认土地私有制。包括地主在内的土地所有者报明土地数量，由太平天国发给田凭。国家向土地所有者征收赋税，同时也许可地主收租。实际上，太平军刚进入这些地区时，一部分官僚地主、土豪劣绅或则逃亡，或则被农民群众镇压，不存在收租的问题。一部分没有逃亡的地主，虽想继续收租，因农民群众受到《天朝田亩制度》革命精神的鼓舞，拒绝交纳，或只交很少一部分，他们也很难如愿。如昭文地区解放后不久，某村地主想要收租，农民奋起反对，焚拆首事者的房屋，殴打乡官，拒不交租。无锡、金匮地区，地主阶级中有人叹息：“各佃户认真租田当自产，故不输租，各业户亦无法想”，只有会钻空子的，才能每石收一二斗①，讲的就是这种状况。太平天国地方政府这时承认现实，规定“按田造花名册，以实种作准，业户不得挂名收租”②，“不分业佃，随田纳款”③。一段时间，一些地区实行过这种办法。大约进到1861年，情况有了变化。苏南、浙江的地方政权这时纷纷发出布告，命令田主必须完粮，佃户

田凭

忠王李 为

插图17：田凭

（采自《太平天国革命文物图录》）

① 佚名：《平贼纪略》，《太平天国史料丛编简辑》第1册，第279页。

② 顾汝钰：《海虞贼乱志》，《太平天国》第5册，第370页。

③ 佚名：《平贼纪略》，《太平天国史料丛编简辑》第1册，第267页。

必须交租；庙产、公田、学田等概不例外。有的布告规定：逃亡在外的地主田亩，着乡官代为收租完粮，佃户不准隐匿。有的规定：业户不领凭收租的，田亩充公；佃户抗租的，不许再种。有的规定：业户必须按亩输粮，佃户尤当照额完租，抗租与抗粮同样惩办。贯穿这些布告的基本精神是：太平天国地方政权为了向地主征收钱粮，对他们的收租权给予了法律上的保障。地主阶级用收租局这种形式把被革命势力打散了的阶级力量联合起来，对农民行使封建剥削的权力。这就使太平天国治理下的农村里，地主与农民两个阶级的斗争，突出表现为收租与抗租的激烈斗争。常熟、昭文、无锡、金匮、长洲、元和、吴县、吴江以及绍兴、萧山、桐乡等县，普遍设有官方或半官方的收租局，代地主们收租，同时负责向太平天国交粮。这种收租局由本地地主绅富组成，受到太平天国地方当局的实力支持。无锡、金匮两县除了各乡成立收租局外，还由太平军主将委派的大地主在无锡城里设立赋租总局。它发出布告，命令佃户赶早还租。当地政权或收租局规定租额和租粮比例。地主只要把自己的田亩、佃户开列清单送到局里，由政府发给地主"收租票"，就可以合法收租。多数的情况是：地主不直接向佃户收租，而由收租局出面向各佃户收租，地主到收租局领租。嘉善的办法，地主只要将收租票送局盖戳，收租局就派乡官催督佃户向地主交租。长洲还赋予收租局更大的权力，规定如有"顽佃"抗拒交租，立即送局追比。农民不甘屈服，分别结社聚众，拒绝交租，与地主阶级相对抗。他们捣毁收租局，杀死乡官，演出种种生动场面。常熟地主设局收租，农民拆毁邹氏租局，打死局董，又要焚毁俞氏租局，纷纷要求退还已交租米。昭文陆家市佃农抗交军租，杀死前来催租者十余人。吴江棟花塘农民百余人冲入租息局，抓住地主十余人，痛加惩处。吴县佃农反对地主收租，集合群众打毁田主家宅。无锡安镇四图庄佃农聚众抗租，以青布扎头作记号，地主引导乡官领兵镇压，农民奋起反抗。嘉兴，农民把"租田作为自产"。平湖，农民结社，齐心抗租，揭竿而起，打击破坏者。桐乡农民不肯纳租，使地主给养无着。乐清，"地符庄帐付焚如，官牒私牒总扫除"[①]。绍兴地区，地主收租"如乞丐状"，佃户有的给几斗，有的置之不理。宁波，乡民暴动，不纳田主租谷。

太平天国允许地主收租，农民抗租，各地收租实现的情况很不一样。一

① 林大椿：《垂涕集》，引自罗尔纲《太平天国史事考》，第210页。

种是租、粮统一征收，上等田一亩，共收七斗二升，其中粮二斗二升，局费五升，田凭费八升，租米多至三斗七升。或者是租、粮共收六至七斗，分配也是租多于粮。一种是田一亩，租、粮共收七斗，粮和局费等四斗六升，业户得二斗四升。一种是田一亩，租、粮共收六斗五升，其中粮三斗七升，田凭费一斗，局费五升，经造费一升，师旅帅、司马、百长费二升，租米一斗。有的地方设局收租，“每石收三成”或“每亩四、五斗不等”。一种是规定业主收租五成，自办米银缴纳新赋，每亩连条银共一斗。一种是地主自行收租，“大抵半租而已”，也就是实收五成。不论哪一种情形，和原先江、浙一带的地租额每亩总在一石左右相比，地主实收租额显著减少，农民的负担减轻了。太平天国革命在江、浙地区推翻了清朝的封建统治，建立了农民革命政权，而这个政权却仍然会去维护封建的生产资料所有制，维护地主对农民的剥削制度，看来矛盾非常尖锐。废除封建的生产资料所有制，是一个改变社会性质的问题。农民在革命实践中解决不了这个问题，是不能从个别领导人物的机会主义、投降主义等，得到根本解释的。在封建生产方式下，就像任何人不可能阻止农民发动革命推动历史前进一样，任何人也不可能在没有新的生产力和新的生产关系的条件下，去废除旧的封建制度。太平天国政权要去维护封建生产资料所有制的尖锐矛盾，恰恰说明太平天国正是一场农民革命，不是任何别的革命。农民是封建社会里最革命的阶级，又是和旧的生产方式相联系的小生产者、小私有者阶级，他们充当着历史前进的发条，但是不能自己解放自己。实际上有意义的，是江、浙革命根据地里，地主的实收租额受到限制，农民生活有所改善，社会生产力多少得到一些发展，这仍是只有在农民革命政权下才能

給照收租事今據業戶
收到租 石 斗 升 合
于收菁後將此票付交佃戶
收執爲據以憑查對此照
太平天國壬戌十二年九月

插图 18：业户收租票

（采自《太平天国革命文物图录》）

做到的，是表现了太平天国继续保持着自己的革命精神。

与建立江浙根据地同时，革命农民以空前规模展开了反侵略斗争。1860年以后，太平军与英法联军、华尔洋枪队（后改编为常胜军）以及俄国干涉者在苏南、浙江两个战场上英勇奋战，把侵略者打得一败再败。中国地主阶级正是在这个时候与外国结成了反对中国人民的军事联盟。革命农民勇敢地向侵略者杀去，中外反革命势力联合向人民杀来。

苏南战场：1860年6月，李秀成所部太平军解放苏常，7月进军上海。华尔洋枪队发动反扑，进犯青浦。太平军大队赶到，痛加惩创，击伤华尔，伤毙洋枪队三分之一，缴获洋枪两千多支，大小炮一百多尊，并乘势克服松江，进占徐家汇，直捣上海县城。英法联军急忙从北方津沽前线分兵数百南下，又搜罗上海洋行仆役等共千人，协同清军向太平军作战。因城中接应队伍遭到破坏，西面嘉兴告急，太平军从上海撤退。1862年初，太平军第二次进军上海，自杭州水陆东进。李秀成发出布告，警告外国："各宜自爱，两不相扰"，倘敢"助逆为恶，相与我师抗敌，则是飞蛾扑火，自取灭亡"。[①] 外国侵略者横蛮不理。英法联军、华尔常胜军联合清军分路进犯，连陷青浦、嘉定，攻到太仓。在这以前，俄国侵略军也在上海附近王家寺等处进攻太平军。1862年5月，太平军在太仓发起反攻，经过两天激战，大破敌营三十多座，夺获大炮洋枪不计其数，敌军全线崩溃。太平军乘胜直追，进围嘉定。英国侵略军慌忙从上海赶来援救，被太平军击溃，消灭一千多人。英军胆破心惊，焚城突围，逃往上海。6月，太平军再克青浦。华尔率部合英军来救，又遭太平军迎头痛击，掉头逃回松江，从此困守孤城，不敢出战。"常胜军"成了常败军。太平军在这个战役中，打死法国海军提督卜罗德，打伤英国水师提督贺布，活捉常胜军副统领法尔思德，打死外国侵略军几百名，追赶落水死的一千多名，英国陆军提督士迪佛立也差一点遭擒，共攻破敌军大小营垒一百三十多座，一直攻到上海城下。外国侵略者惶惶不可终日，转而向清军求救。恰在这时，太平军因天京受湘军围困，要去援救，才中止了对上海的进攻。

1863年3月，英国侵略分子戈登接任常胜军统领，英籍军官大批参加这支反革命队伍。李鸿章的淮军也装备了洋枪洋炮。戈登、李鸿章联合，对太平军发起新进攻。这年5月起，陆续攻陷太仓、昆山、吴江，进犯苏州。太平

---

① 《李秀成谕尚海松江军民》，《太平天国》第2册，第743页。

军英勇抗击。金田起义老战士慕王谭绍光镇守苏州，屡败侵略军，阵斩英国军官多人。半年中间，侵略军在苏州城下寸步难前。外国人叙述太平军夜战戈登的情景说：太平军阵地上射出连珠炮火，如同一列火花。猛勇得像一头雄狮的慕王不穿鞋袜，站在阵地最前面，像一个兵卒一样地战斗。一夜之间，常胜军死五十人，伤一百三十人。12月初，由于中外反革命的策反活动，也由于李秀成的纵容、包庇，苏州城内发生了一场严重的反革命叛变事件。几个叛徒杀害谭绍光，举城降敌。苏州失陷，使天京失去了东南屏障，苏南根据地失去了政治、军事中心，革命的处境更为危殆了。但苏南战场上的反侵略斗争仍再接再厉地进行。1864年3月，太平军在金坛与常胜军大战，三次打垮敌人冲锋队。侵略军死伤一百人，其中有军官十五人。戈登本人挨揍受伤，逃往溧阳。3月底，太平军在江阴华墅再破常胜军水陆两军。水上烧毁敌人船只，陆上包围敌军，出骑兵猛烈冲杀。常胜军最凶悍的第四团和新编第六团几乎被全部歼灭，打死和被俘的兵卒、指挥官共四百余人。后来侵略分子供认："这是戈登上校所遭遇的极不愉快的事。"[①]5月间，常胜军经过补编训练，同李鸿章一道进犯常州。太平军护王陈坤书率精锐二万人在常州严阵以待。李鸿章想抢头功，亲自督队攻城，被杀得大败亏输。侵略军接上去，一仗就死伤洋军官二十九人。常胜军屡遭严厉打击，军心恇怯，不堪再战。常州失守，常胜军也宣告解散。

浙江战场：1862年1月至1864年3月，太平军在浙东同样取得了反侵略斗争的重大胜利。第一个战役是宁波保卫战。1862年1月，太平军解放宁波城。美国公使，英、法军事头目等聚集到宁波外人居留地，策划军事干涉。他们发起一系列挑衅，狂妄要求太平军承认租界特权，撤除炮台，甚至退出宁波。太平军守将黄呈忠、范汝增词严义正驳斥说："清兵带得无数炮船前来攻取宁波，本主将等奉命专征，复有何虑！清兵由何处前来，我国自必对何处开炮。贵国恐其炮伤江北百姓，即烦饬清兵由别处来攻宁波，勿由江北而来。本主将等北剿南征，无非欲得疆土，宁郡何能擅弃！"[②]"倘贵国自行将我军炮台枪炮拆毁，则显系有意向我国开衅"，"我军唯坚守自卫"。[③]至于

---

①A. 威尔逊:《常胜军》(Andrew Wilson, The Victorious Army, Edinburgh & London, 1868), 第226页。

② 摘自《黄呈忠范汝增致英法领事照会》,《太平天国》第2册，第748页。

③ 呤唎:《太平天国革命亲历记》下册，第415—416页。

租界，那是中国土地，太平军有权处置。侵略者见威胁无效，发动武力进攻。1862 年 5 月 10 日，英、法军舰六艘，联合清军炮船，一齐向守军炮台开火。太平军发炮还击。双方从清晨对战至下午，太平军防御工事被摧毁，与敌人展开肉搏战。城墙打开了，太平军坚持巷战。这一役，打死法国舰队司令耿尼、打伤英国舰长两人，侵略军士兵大批伤亡。太平军虽然退出了宁波，但严惩了外国侵略者。同年 9 月，黄呈忠、范汝增组织反攻，收复慈溪，逼近宁波。华尔自以为了不起，会同英军来救，太平军在慈溪城外把这个双手沾满了中国人民鲜血的侵略分子打死，侵略军败走。英国驻上海领事供认：侵略者因华尔阵亡感到绝望的苦恼。

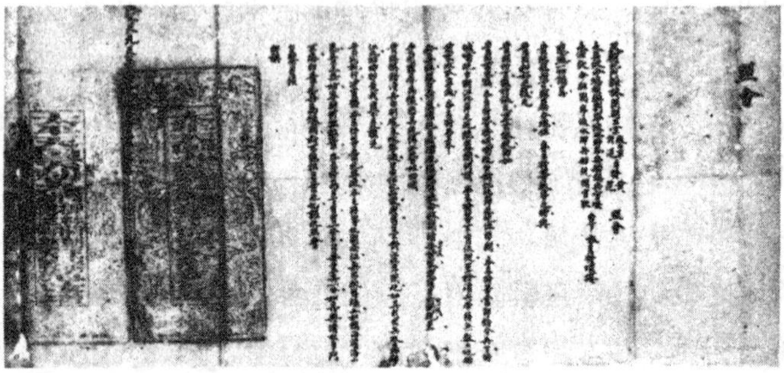

插图 19：太平军宁波主将黄呈忠、范汝增致英、法水师照会

（采自《太平天国革命文物图录》）

第二个、第三个战役是绍兴保卫战和杭州保卫战。英、法夺取宁波以后，就地组织起一支中英混合军，一支中法混合军。前者称“常安军”或“定胜军”（又叫绿头勇），由英国海军上校、军舰舰长呑乐德克指挥；后者称“常捷军”（又叫花头、黄头），由宁波法国海军司令勒伯勒东、税务司日意格统带。1863 年 1 月，勒伯勒东进犯绍兴，遭炮炸毙命，花头败退上虞。3 月，英、法侵略军联合，大举再犯绍兴。他们排列三十门大炮和各种火器，对着城墙整天轰击。太平军英勇迎战，用土制铜炮等武器杀敌。城墙倾倒了，士兵纷纷用沙袋堵塞缺口，继续战斗。法国新任宁波海军司令达尔第福、英军参将定龄，都被击毙。士卒死伤百余人，呑乐德克因战败被撤职。太平军为在杭州集结兵力，从绍兴撤出，侵略军不敢逼近，过了几天，才窜进城里洗劫。杭州是太平军康王汪海洋等守卫的地区。1863 年 10 月，左宗棠湘军与“常捷军”

联合，围攻杭州。太平军处在劣势地位，仍殊死战斗。法国指挥官用炸炮攻打凤山门，城坍三丈。太平军肉搏挡住洋兵冲击，追歼敌军数百人。杭州危而复安，一直坚守半年之久。1864 年 3 月底，外国干涉军占领了杭州，但付出的代价惨重。这年秋天“常捷军”裁撤，一部分变为左宗棠湘军洋枪队。

插图 20：永安炮台碑文拓片

（采自《太平天国革命文物图录》）

太平军所面对的敌人是十分凶恶的。英国、法国、美国、俄国是资本主义或封建军事强国。它们的军队凭着新式装备和技术，在清政府反动军队面前耀武扬威，不可一世。太平天国农民革命英雄们，现在绝大部分拿着落后的武器，却把它们的人马打得丢盔弃甲，威风扫地。连左宗棠、李鸿章等反革命派也看出：“夷人之畏长毛，亦与我同”[①]；“西兵为贼所慑，从此不敢出战”[②]。侵略者充分暴露出了纸老虎的虚弱本质。只是由于中外反革命势力联合在一起，敌我力量悬殊，太平军在这些战斗中遭受了失败，但它的意义

① 见曾国藩《议复调印度兵助剿折》，《曾文正公全集》奏稿，第 16 卷。

② 李鸿章：《西兵退出嘉定折》，《李文忠公全集》奏稿，第 1 卷。

仍然是伟大的。它向人们指出了这样的前途：中国人民敢于战斗，不怕牺牲，相信自己事业的正义性，相信自己的力量和智慧，就能够战胜侵略者。太平天国农民革命英雄写下的这些篇章，在中国人民反侵略斗争的历史上一直放射着光辉。

1862 年夏天，即太平军在苏、浙战场上与外国侵略者血战期间，湘军乘机逼近天京城下。陆军迫近雨花台，水师屯泊护城河口，从水陆两面完成了对天京的围困。曾国藩驻在安庆指挥，总兵力七万至十万人。扎在天京城下的主力由曾国荃率领，水陆共三万余人。曾国藩鉴于以前向荣、和春的江南大营先后覆没，这次又是孤军深入，不敢冒险攻城，决定稳扎稳打去求胜。洪秀全命令李秀成率军前来解围。6 月 22 日、8 月 6 日李秀成在苏州两次召开军事会议。第二次会议决定联合侍王李世贤、护王陈坤书等共十三个王的部队，约三四十万人，一起救援天京，分三路进兵。北路由李秀成、李世贤率领主力十余万，进攻天京城外的敌军；中路以陈坤书为首，攻芜湖、金柱关，截断敌军粮道；南路由杨辅清、黄文金、胡鼎文等率领进攻宁国，牵制敌人的增援部队。[①]10 月 13 日，太平军开始猛攻雨花台曾国荃大营，直到 11 月 26 日，共四十六天。在东至方山，西至板桥镇约五六十里的阵地上，太平军把敌人前后左右层层围住，猛烈冲杀，又挖地道进攻，昼夜不息。开头二十多天中，至少就有八次差一点把湘军阵地整个摧垮。曾国荃这个凶狠的反革命感到寸步难动，智穷力竭，不知所措。曾国藩惶惶不可终日，说自己“心已用烂，胆已惊碎”[②]，肯定曾国荃全军灭亡的命运就在眼前。他急忙安排后事，要求湘军另一头目李续宜在全军溃败的大变发生以后，设法挽救残局，准

---

① 天京会战时，双方投入兵力，有多种说法。据曾国藩奏稿、函札、日记中有关记载，曾国荃书札，王闿运《湘军志》，王定安《湘军记》等书，天京战场上太平军兵力，就有六十万、数十万、三十万、二十余万、二十万、十余万各说。此处取曾国藩致李续宜书，太平军“大股十余万攻扑金陵官军”一说。湘军金陵大营兵力，也有万余、二万、逾二万、二三万、三万各说。此处取《湘军志》曾国荃“以三万人居围中”一说。宁国战场，太平军约十余万，湘军三万多。芜湖、金柱关战场，太平军四五万，湘军有七千以上。关于参加天京会战的太平军诸王，据许瑶光《谈浙》记载，1862 年 5 月、8 月，李秀成在苏州召集两次军事会议，与会的共有十三个王。曾国藩在《缕陈金陵各营苦守情形折》中说，“李秀成亲率十三伪王……专注金陵”。据曾国藩历次奏报和曾国藩、曾国荃日记、函札所提供的材料，参加这次会战的太平军各王，不只十三人，各人名字也与《谈浙》所列有异。

② 曾国藩：《致李希庵中丞》，《曾文正公全集》书札，第 19 卷。

备丢掉安徽，退保江西，“支持一日算一日”[①]。就在这时，太平军的困难也急剧增加了。南路军10月下旬占领宁国县，达到了牵制敌人援军的目的；但中路军则为湘军长江水师所败，未能有效截断敌军粮道。天京城下大军云集，粮食奇缺。许多部队因为乏粮不能扎营，要散入城中在各馆就食。城里也只剩下从苏州一线运进一些粮米，吃豆渣糠秕的十有三四。又冬季临近，没有寒衣。战士连日冲杀，再也难以继续下去。太平军于是决定放弃在天京硬拼硬打的办法，从战场上撤出。这个战役是太平军规模空前的也是最后的一场大会战。人数上占有优势，也有一些洋枪洋炮，屡次苦斗，到底没有攻破敌军营垒，军队的战斗力显然下降了。湘军受到严重打击，却侥幸免于全军溃败，并且把天京围困一直坚持了下去。

一结束天京会战，洪秀全就命李秀成渡江，出军淮北，想把敌人从下游调往上游，目的仍然是解除天京包围。12月，先头部队过浦口，进入安徽境。1863年3月，已经转移到东线的李秀成主力再次撤回，渡江北上。反革命方面对围困天京毫不动摇，只是加紧在江北各地设防。太平军攻巢湖要隘不下，转而攻庐江，又不下，攻舒城，也不下，攻桐城，又不下，攻六安州，又不下，一路都遭挫败。所过地方，久被清军、地主团练闹得残破不堪，又逢青黄不接，根本找不到粮食。战士疲劳饥饿，困死饿死不少。部队实在无法前进，从寿州一带折还。这年6月回到天京，十几万大军，只剩了四五万人。战斗力和士气越发下降。

李秀成从江北败回，苏州、杭州相继失守，一批太平军将领对革命前途悲观失望，纷纷率部献城降敌。到1864年4、5月，苏南、浙江、皖南根据地全部失去，大块富饶土地重新为敌人所占领。李世贤等带领一支军队，远在江西；陈得才、赖文光所部号称数十万，远在湖北一带；他们都被清军所隔绝，无力回援天京。在反革命四面包围下，天京完全成了一座孤城。内无粮草，外无援兵。上自天王，下至士兵，用野草充饥，在艰难困苦中奋斗。

6月初，洪秀全因病逝世，长子洪天贵继位。7月19日，湘军从地道轰塌城墙二十余丈，冲入城内。守城太平军连老弱妇幼不足一万人，能作战的士兵不过三四千人，他们破釜沉舟，高呼：“弗留半片烂布与妖享用！”[②]同

---

① 曾国藩：《致李希庵中丞》，《曾文正公全集》书札，第19卷。

② 赵烈文：《能静居士日记》，《太平天国史料丛编简辑》第3册，第371页。

敌人展开悲壮激烈的巷战。但终因众寡悬殊，天京沦陷。李秀成突围后被俘，在囚笼里写了一份长达几万字的供状，对曾国藩阿谀谄媚，献计招降太平军，可耻变节，随后被曾国藩处死。洪天贵自天京出走后，到广德会合洪仁玕，入湖州。8月，湖州太平军走江西，10月，洪仁玕、洪天贵先后被俘。11月，洪仁玕在南昌从容就义，洪天贵也被杀害。

天京的陷落标志着太平天国革命的失败。英勇斗争十余年，南北驰骋十余省，在中国历史上规模空前巨大的农民革命终于被中外反革命势力联合绞杀了。太平天国的历史说明，在外国资本主义侵入并同国内的封建统治结成反动同盟的条件下，没有无产阶级的领导，由农民阶级发动和进行的革命不可能战胜中国人民的两大敌人。同时，中国农民在太平天国革命中所显示的无比威力，表明了农民不仅是反封建斗争的、并且也是反侵略斗争的主力军。中国要取得反帝反封建的民主主义革命的胜利，必须依靠农民阶级这个主力军。这就是太平天国革命的基本总结。

太平天国农民战争是中国近代历史上第一场大革命。这场革命立下了不可磨灭的丰功伟绩。第一，它把广大分散的人民反抗斗争集中起来，对封建宗法社会的全部权力、秩序加以扫荡，极大地加速了清王朝和整个封建制度的衰落、崩溃。旧秩序的破坏，有利于中国资本主义的出现。因为封建统治一旦动摇了，它对新生产力的控制、阻挠也就松动了。旧秩序的破坏，集中表现为整个统治机器的削弱，表现为武装力量、地方政权的实际权力都从此发生转移。汉族军阀建立的湘军、淮军代替了八旗兵与绿营兵。武装力量的实际指挥权由满族贵族手里转到了汉族地主手里。湘、淮各军转战全国，多数地区的地方军政头目先后由这些军队的将领充任，军阀势力由此及于地方，中央政府对地方的控制权力大为削弱。清政权更容易被打倒了。形势是如此突出，以至反革命派也用他们的语言明确地讲出来了。天京失陷以后三年，曾国藩在南京同心腹谋士讨论时局，他们承认事情很糟，北京明火执仗案件时时发生，街上乞丐成群，甚至妇女也裸身无裤，民穷财尽，大变将起。更加出乎意料之外的是，湘、淮军得势反过来削弱了清朝统一政权，“剖分之象盖已滥觞”。最后必然连东晋、南宋那样的偏安局面也保持不住，只有彻底“陆沉”，而这个时间的到来，“殆不出五十年矣”。曾国藩并表示：“吾日夜望死，忧见宗祏之陨！”[①]农民革命的威力，在这里表现得何等强大。1864年太平天国失败，再过四十七年，清政权也就消灭了。第二，对外国侵略者展开大规模武装斗争，打破了西方资产阶级迅速把中国殖民地化的企图。太平天国控制南方广大的富饶地区，使外国从清政府手里夺得的权益大部分未能实现。鸦片贸易、在华市场的开辟，或是受到阻碍，或是被迫停顿。侵略分子有的主张把上海变成一个“独立国”，有的说戈登可以在中国自立一个新朝代[②]，诸如此类的浮夸叫嚣，表现了他们的极大侵略野心。太平天国给了这帮家伙沉重一击。西方资本主义使中国迅速殖民地化的步骤受到一些阻止，中国所受到的民族压迫也就暂时有所减轻。第三，太平天国在思想上、组织上都比过去许多次农民战争发展得更高些，对于后来的人民群众斗争具有显著影响。它播下的革命种子，一直流传、滋生在农民群众的反抗斗争里，也流传、滋生在资产阶级革命派的活动里。这场农民革命，以自己的奋发精神和战斗榜样启发人们的思想觉悟，成为后来群众反帝反封建斗争的高声召唤者和英勇前驱，给新的战斗开辟了道路。

太平天国农民革命英雄们为在全国推翻清朝统治、“开创新朝”的努力失败了，但他们的巨大斗争推动了近代中国历史车轮的隆隆前进。从这个意义上说，胜利决不属于中外反革命势力，而是属于中国人民、属于中华民族的。

鸦片战争至太平天国失败的二十四年，是中国进入半殖民地半封建的初期。封建经济开始破坏，资本主义还没有产生。在阶级斗争、阶级关系的变化发展上有两个主要方面，两个完整的过程。一是中国封建势力与外国资本主义从对抗到结合的过程，一是农民战争从高潮到低落的过程。二者紧相结合，都是从鸦片战争开始到太平天国失败而成为定局的。中国近代史上的阶级斗争、阶级关系演变到1864年明显地成了一个段落。

---

① 赵烈文：《能静居士日记》，《太平天国史料丛编简辑》第3册，第411、413页。

② 宓亨利：《中国近代史选读》（H. F. MacNair，Modern Chinese History. Selected Readings. Shanghai，1923），第363页。

第六章　第一次鸦片战争后的西藏。东北、新疆的开发

第一节　英、法觊觎西藏的活动。农奴主的争夺权利

第一次鸦片战争以后，东南沿海门户逐步被外国侵略者打开，与此同时，英、法等国对西藏地方的侵略活动也日益加紧，力图打开中国西南的大门。

英国自从在印度建立起殖民统治以后，就抱有侵入西藏地方的野心。十八世纪下半期，几次派人越过不丹潜入西藏地方，希望获得通商权。那时中国对外通商限于广州一埠，外商在广州只能与行商交往，不能面见官府。英国人探听到清政府对达赖、班禅相当优礼，认为通过达赖、班禅也许可以与清政府官吏接触；同时，英国人对于西藏内地交通困难并不了解，也希望在当地获得通商便利，从西南陆路畅通中国内地，但几次都遭到拒绝，没有达到目的。由于外国的侵入，清政府从总结教训着眼，对于驻藏大臣和西藏地方政府的职权，包括用人、行政、司法、国防、宗教等各方面都确定了周密的制度。其中关于对外事务特别规定：外人经商朝佛出入国境，要经严格查验；西藏地方对外交涉，达赖、班禅对外来往信件，都要由驻藏大臣主持办理。许多规定虽不是针对英国而发的，自从实行以后，却暂时阻挡了外国潜入西藏从内部进行颠覆的途径。十九世纪前期，英国先后在不同程度上控制尼泊尔、锡金，中国西南的漫长边境直接暴露在英国势力面前。从此，英国加紧了对中国西藏地方的侵略活动。

西藏地方自东至西分为喀木、卫（前藏）、藏（后藏）和阿里。拉达克是阿里地区的一部分，北连新疆。1828 年，拉达克部长擒献张格尔余党有功，清政府赐给顶戴花翎等物。西藏西接印度的锡克，锡克领有旁遮普与克什米尔，是印度境内尚未被英国征服的一个土邦。1834 年，英国政府收买锡克的克什米尔守将派兵侵入拉达克，拉达克向驻藏大臣求救，没有结果，1840 年

被锡克占据。就在这时，英国发动第一次鸦片战争，进攻中国东南沿海。在英国的策动下，1841 年 5 月，锡克军裹胁拉达克人进一步侵入西藏地区，沿途焚掠，占据茹妥、堆噶尔本、达坝噶尔、杂仁、补仁等五个宗，深入国土千余里。11 月，驻藏大臣孟保督调西藏地方军队发起反攻，冬季大雪封山，锡克军后援断绝，中国军队一举击毙侵略军头目，消灭大部敌军，追敌直入拉达克境内。英国从背后作了种种努力，侵略军仍归失败了。英国唆使锡克侵入西藏，是第一次鸦片战争的一个侧翼。中英双方的注意力都集中在东南沿海战场上，西藏交通不便，消息迟缓，中国在这里取得了军事胜利，并没有能挽救鸦片战争的失败。但中国的这次胜利，使英国侵略西藏地方的活动第一次遭到了打击。

1845—1846 年，英国侵入旁遮普，镇压当地锡克人的英勇反抗，控制克什米尔，兼并了拉达克。克什米尔商人一向在中国西藏地方往来贸易，西藏西路出口的茶叶、羊毛等货物由拉达克人转卖。英国以此为借口，要求援例通商和划定中国与印度的这一段边界。英国印度总督派人到边界投信，1847 年，英国驻华公使也向两广总督交涉。这时《南京条约》签订不久，沿海五口次第开放通商，清政府为防止英国在西藏地方别生枝节，拒绝了它的要求。英国声明通商仍由克什米尔按旧章进行，只要求双方派员划定边界。清政府认为通商既按旧章，可以同意。划界一事，双方经过几次交涉，终未进行。

1855 年，英国又指使尼泊尔侵入西藏地方，发动战争。早在锡克军侵入阿里的时候，英国就曾策动尼泊尔出兵，在后藏开辟第二战场。英国代表并表示，它可以派兵四千前来助战。尼泊尔犹豫，一时没有实现。1842—1844 年，尼泊尔向中国接连无故索款、索地，提出把后藏的聂拉木、济咙等地改为两国轮流管理等无理要求，都被清政府严辞驳斥。太平天国革命西征北伐，胜利前进，尼泊尔又进行活动，表示愿意出兵帮助清政府对太平军作战，想乘机占据中国领土，但这个计谋也没有得逞。1855 年春，尼泊尔便以中国边境地方官员多收税米、阻挡商民为借口，公然大举入侵，占据济咙、聂拉木、宗喀等地。驻藏大臣赫特贺到边境谋求和解，答应由西藏地方政府赔银一万五千两。尼泊尔不肯了结，继续增兵。英国扶植的尼泊尔独裁统治者拉纳·忠格·巴哈杜尔并亲自上前线指挥。11 月，清政府命西藏地方军队反攻，又从四川调兵增援，一度夺回聂拉木。大雪又阻塞交通，军事上对尼泊尔非常不利。1856 年 2 月，战争停止。中国方面在赫特贺主持下，由西藏地方政府与尼泊尔订立和约。主要内容有：西藏每年给尼泊尔尼币一万安拉；尼泊尔商人在西藏贸易免予征税；尼泊尔派官员一人驻拉萨，审理侨民案件等。英国从这个条约中获得了很大的实际利益。因为豁免从尼泊尔到中国西藏地方的货物进口税，给英国商品输入西藏地方大开方便之门。条约订立后，尼泊尔军队全部撤走。

法国在第一次鸦片战争以后，一再企图通过传教活动向西藏地方伸张势力。法国大资产阶级长期与最反动的罗马教廷紧密勾结在一起。十九世纪四十年代，法国巴黎外方传教会取得罗马教廷的委托，在中国西藏地区传教。1857年，罗马教廷进一步把西藏单独划为一个教区，任命法国教士为西藏教区的主教。西藏地区盛行喇嘛教，法国企图强行传布天主教的活动，受到当地统治势力和广大群众的普遍反对。1846年，天主教遣使会法籍传教士二人从青海潜入拉萨，被当局发现驱逐。1849年，巴黎外方传教会教士由四川入藏，走到昌都，被查获撵走。以后，同一个教会又几次派遣教士，企图从印度入藏，也都没有成功。第二次鸦片战争订立的中法《天津条约》和《北京条约》分别载有准许内地自由传教的条款。《北京条约》刚刚签字，参加议约的法方人员就迫不及待地给在四川、云南、贵州等地的传教士送去法国国旗、护照，使他们在法国官方的正式支持下放手活动。1861年，罗马教皇任命的主教率领大批教士，打着法国旗，大张声势，从四川起程前往拉萨。西藏地方僧俗官员和人民群众激烈反对。沿途人民断绝一切乌拉、柴米支应。那批冒险分子无法前进，中途折回。不久，法国教士又由云南绕路来到江卡附近，声称奉有谕旨，人民不得阻止，强行设堂传教。因受到群众抵制，扩大活动的计划宣告失败。对于上述情形，西藏当局在给清政府的报告里说：法国名为传教，实要善取西藏。藏区官民所以一致反对，“非敢故违和约，实为国家保全地面”[①]。反对外国侵略，保卫祖国土地，西藏人民与全国各族人民的利益是共同的，人们从实践中懂得了这个道理。

当英法两国对西藏地方加紧侵略活动的时候，西藏内部的阶级斗争也越来越激烈。在这里，历史上保留下来的腐朽黑暗的农奴制度，在清政府的统治下丝毫没有改变。农奴主阶级与农奴阶级两个阶级尖锐对立。农奴主阶级中的地方政府、寺院和贵族，称为三大领主。政府官吏、高级僧侣、贵族占

① 《筹办夷务始末（同治朝）》第21卷，第24页。

人口的极少数，却占有西藏全部土地、大部牲畜、农具和住宅。农奴阶级分为差巴、堆穷和囊生。耕种差岗份地的农奴叫差巴，意思是支差的人。没有差地，只是由农奴主或它的代理人给予小块土地耕种，而服劳役租的人叫堆穷，意思是冒烟火的小户。此外，逃亡户，不从事农业、牧业的其他职业户、手工业者和单凭出卖劳力为生的人也都叫堆穷。差巴和堆穷占西藏人口中的大多数。囊生地位最低下，完全是农奴主的家内奴隶。农奴除了穿在身上吃在肚里的，一无所有，精神上更受农奴主的宗教神权压迫摧残，过着非人的生活。下层僧侣也备受压迫，十分贫困。一些大寺院的小喇嘛常因寺内发的口粮和布施不能维持生活，要私自跑到乡下去念经乞食。

农奴主阶级内部矛盾重重，彼此不断倾轧。上层喇嘛政治权力很大。早在十八世纪中叶清政府就取消藏王制度，指定达赖喇嘛执掌西藏地方政权。达赖成年以前另任摄政代管。从那时起，丹吉林、策满林、功德林、热振等所谓四大活佛先后担任摄政，掌握实权。他们利用权势，发展所属寺院的利益，大量占有庄园和农奴。大寺院在大活佛的掌握下，不仅聚集众多的喇嘛徒众，并拥有一部分武装。贵族的政治势力与上层喇嘛不相上下。当地大贵族共数十家。其中如桑珠颇章、拉鲁、姜乐建、宇妥、彭错康萨、夏扎、索康等大贵族，长期保持强大的势力。他们或者是前代统治者的后裔，或者是历世达赖喇嘛的家属，拥有广大的庄园、众多的农奴和其他财富。贵族子弟进入寺院当喇嘛可以很快晋升，寺院中各种名目的僧官、大小活佛，大部是贵族子弟。因此，贵族与上层喇嘛虽有僧俗之分，实际上是一体的。他们互相勾结，争夺地方政府的领导权，形成了错综复杂的派系。达赖九世、十世、十一世、十二世都在亲政前后死去或被谋害，政权实际落在摄政的手中。农奴主间争夺权利的斗争，除了争夺达赖的继承权，又表现为争夺充当摄政。

1844 年发生驱逐摄政策满林活佛的事件。策满林活佛从 1819 年起，在达赖十世、十一世时一直把持政权。达赖十世突然亡故，群众都怀疑是策满林害死的。1844 年，又有策满林谋害达赖十一世的传闻，引起了广大群众的愤怒，加以他平时专横跋扈，排斥异己，贪污勒索，强夺庄园，农奴主中的其他派系乘势起来攻击。班禅七世出面，与前、后藏有势力的贵族、活佛联名向北京控告。清政府褫革了策满林活佛所有职衔、名号，抄没财产，发往黑龙江安置。1846 年，任命热振活佛为摄政。

1862 年又爆发已退职的噶伦夏扎·汪曲结布与热振活佛争夺摄政职位的

武装冲突。汪曲结布本是大贵族，担任噶伦多年，因与热振不和，被革职流放。拉萨三大寺中的哲蚌寺、噶勒丹寺两派势力与汪曲结布有联系，色拉寺则属于热振一派。1862年，哲蚌寺堪布克扣布施，引起僧众不满，热振将其革退。哲蚌寺喇嘛仍借口众心不服，纠众到热振居住的惜德寺争闹。汪曲结布乘机返回，鼓动哲蚌寺、噶勒丹寺喇嘛打开布达拉宫武器库，取出枪炮，分头攻打热振一派的寺院。热振一派的惜德寺、色拉寺等处喇嘛战败，热振逃出拉萨，前往北京控诉。汪曲结布夺得了西藏地方政府的实权。清政府承认既成事实，革除热振活佛的职衔名号，任命汪曲结布代理摄政，将就了事。

农奴主间的争权斗争，往往是利用群众的反抗与不满去进行的。农奴主间的矛盾和斗争，同时也暴露出了农奴与农奴主间深刻的阶级矛盾和斗争。外国侵入、国内阶级斗争，两种矛盾都很突出，西藏成了中国西南一个多事的前线。

第二节　东北、新疆的农业开发

中国是一个疆域辽阔的多民族的国家，各地区的经济状况、革命斗争发展很不平衡。中国的边疆与内地、汉族与其他各族，又是一个彼此支援、密切相连、不可分割的整体。第一次鸦片战争以后，社会经济的深刻变化，人民群众反侵略、反封建斗争的空前发展，从不同方面更迅速、更进一步地把全国各地的社会生活结合到了一起。东北、新疆地区处在反侵略斗争前线，而农业经济则远不发达。鸦片战争以后，人民群众的斗争，推动了这种情况的极大改变。

东北地区居住的民族有满族、汉族、蒙古族、达斡尔族、鄂温克族、鄂伦春族、赫哲族、费雅喀族、奇勒尔族、恰克拉族等。全部人口中，汉族人口最多，满族其次，其他民族人口占比例很小。1840年户部册报，奉天、吉林人口二百五十余万，因为八旗丁口不归户部编审，这应当是指汉族人口的数字。户部统计又仅限于所谓“烟户”，大量未入籍的“流民”不在其内，所以当地汉族人口实际上远远超过上述数字。所谓“流民”就是突破封禁偷渡出关的汉人，清代很早就停止辽东招垦，不许汉民出关，在东北腹地又陆续设立柳边墙，限制出入，内地破产农民仍采取种种办法打破限制，络绎前往。

汉族人口就在这种封禁与反封禁的斗争中不断增加。1840年前后，居住在东北的满族，估计约四五十万人。

各民族分布的状况是：满族、汉族除了大部分居住在奉天境内，还分布在吉林、黑龙江的广大地区，其中如吉林、伯都讷、拉林、阿勒楚喀、宁古塔、三姓、呼兰、瑷珲、齐齐哈尔、墨尔根等，都是人口稠密的居住区。蒙古族的新巴尔虎、陈巴尔虎、厄鲁特等部分布在呼伦贝尔。达斡尔族、鄂温克族分布在黑龙江上中游、嫩江流域与呼伦贝尔、墨尔根等地。鄂伦春族广泛散布在大、小兴安岭、黑龙江两岸与库页岛森林之中。赫哲族分布在松花江下游、乌苏里江与黑龙江中下游两岸。奇勒尔族分布在黑龙江下游。费雅喀族分布在黑龙江下游与库页岛。恰克拉族分布在乌苏里江支流尼满河两岸与东部沿海。这些民族的分布当然并不是彼此严格划分界线和长期固定不变的。清代前期，就有汉族人民移居到乌苏里江以东的沿海地区。黑龙江、乌苏里江一带有大片原始森林，地面、地下资源丰富。汉族劳动人民在那里可以采参、狩猎、伐木、淘金谋求生活。采参称为“走山者”，他们不顾清政府只许“官采”，不许私采的禁令，常常十百成群，驮负粮布，深入山林，随着野生人参产地，愈走愈远。康熙年间的记载就说：乌拉、宁古塔一带人参挖掘已尽，官、私走山者非东行数千里到赫哲族居住的森林地带或乌苏里江外，是采掘不到了。有些采参、淘金的人入山既远，一去不返，年代久了，乌苏里江以东沿海地区也分散出现一些汉族人民以耕种为生的村落和淘金人口集中的居住点。辽阔富饶的东北，很早就是一个汉族、满族与其他民族人民共同劳动、居住的地区。

清代的东北地方政权，长期是三种制度并行。一、八旗。八旗是清初在满族内部实行的一种军政合一的组织。后来旗兵驻防各地，清政府分设将军、都统负责统率。在边疆地区，根据各地情况不同，将军、都统则握有较重的职权。东北地方政权的最高职务是盛京将军、吉林将军、黑龙江将军，他们除了负责军事，也兼管民政。将军以下，在重要城镇设副都统。其他地方按照驻防规模，分设城守尉、防守尉、参领、协领等官，管辖地方。在黑龙江居住的达斡尔，鄂温克，鄂伦春，新、陈巴尔虎，厄鲁特等部，仿照满洲八旗办法，另编为布特哈八旗与呼伦贝尔五翼，设置总管、副总管，划归黑龙江将军管辖。清政府在布特哈八旗壮丁中挑选“披甲”（兵丁），不时征调入关。二、州县。凡汉民集中的地方设州县治理。奉天府的地位与北京的顺天府相当，视同行省。鸦片战争前，奉天设奉天、锦州二府，下辖四厅、十二州县。吉林设吉林等三厅。在没有设州县的地方居住的汉民则由将军、副都统以下各级武官衙门附设的民政官治理。州县设置的多寡先后，在一定程度上反映了汉民迁徙由南而北的趋势和规模。三、将军直接管辖的部落。清初宁古塔以东越海至库页岛的各部落统称为东海女真。清朝统治者统一东海女真各部之后，将其大部编入满洲八旗，转战各地。居住在松花江下游、乌苏里江、黑龙江下游和库页岛的赫哲、费雅喀、鄂伦春、恰克拉、奇勒尔等族是东海女真中未经编入八旗的部分，清政府也把他们编为户籍，以姓氏或噶珊（村寨）为单位，"各设姓长、乡长，分户管辖"[①]。这些部落初属宁古塔将军，后来拨属三姓副都统。赫哲等族人口稀少，生产水平低下，受实际情况的限制，清政府不派兵差，每丁岁征貂皮一张。居住在乌苏里江两岸与黑龙江中游的赫哲、恰克拉等族初期在宁古塔纳貂，每年一次，路远者三年一次。居于黑龙江下游奇集湖以东沿江两岸、库页岛与东部沿海的赫哲、费雅喀、奇勒尔、鄂伦春等族则由宁古塔将军每年派出官员在距黑龙江江口不远的普禄噶珊收纳。这些部落划归三姓副都统管辖之后，原在宁古塔纳貂的大部分移至三姓，少数居于珲春以东的改为派员收纳，隔年一次，地点移至莽牛河。黑龙江下游奇集湖以下各村寨纳貂地点从原来的普禄，沿江逐次西移到奇集、德勒恩、莫莫气对岸、敦敦等地。"国家存在的经济体现就是捐税"[②]。纳貂是什么？就是征税，行使国家经济行政职能。因此清政府把它作为当地的重要行政事项来对待，届时要集会举行仪式，办理一定手续。群众利用这种集会沟通贸易，换取日用必需品，清政府地方官则在这时传达政令、清理丁口，对边疆进行检查管理。1809年，一个叫间宫林藏的日本人潜入黑龙江下游窥探中国虚实。他先在库页岛得到清政府给予当地头人的文书，又混于费雅喀纳貂人中进入黑龙江，在德勒恩地方观看纳貂。清政府地方官不久发现了这个外国人，盘查以后释放返回。这个事实说明了中国政府对黑龙江地区的管理效能。

间宫林藏潜入黑龙江一带，是由于俄国侵略势力自堪察加南下，连续与日本发生接触引起的，日本幕府派他前去想要查明俄国活动的情形。间宫被

---

①《清朝文献通考》第271卷，舆地三。

②马克思：《道德化的批判和批判化的道德》，《马克思恩格斯选集》第1卷，第181页。

清政府释放回国以后，把他在库页岛和黑龙江下游实地调查所得的材料，写成文字，加上绘图，报告幕府当局，证明黑龙江流域与库页岛并无俄国势力，清政府在这个广大地区行使有效的管辖权。以后这个调查报告，取名《东鞑纪行》，公布于世。

东北地方政权所以长期并行着几种不同的管理制度，是和当地的社会经济发展极不平衡直接相联的。汉族、满族人民主要从事农业。达斡尔族、鄂温克族人民从事游牧、农耕与狩猎。新、陈巴尔虎等蒙古族人民从事游牧。赫哲、费雅喀、鄂伦春、恰克拉、奇勒尔等民族则以渔猎为生。汉、满、蒙古、达斡尔、鄂温克等民族在不同程度上已进入封建社会，以渔猎为生的赫哲、费雅喀等族则停留在比较原始的状态。土地占有的情况很复杂，在“民地”（汉民私人所有）、“旗地”（旗丁所有）、“官庄”（清政府、皇室所有）、“王庄”（王公贵族所有）等大类别下面还有繁多的名目。综合这些占有形式，租佃关系居于支配地位。和全国其他地区一样，农村中的基本阶级结构是由地主、自耕农、佃农、雇工、手工业者，这些阶级、阶层组成的。农民与地主的斗争是主要的阶级斗争。抗租抗粮、会道门的秘密活动常有发生，群众武装反抗也分散出现。满族内部的阶级矛盾与对立，表现为贵族同正身旗人、壮丁等的矛盾与对立。壮丁大量逃亡，正身旗人“逃旗”是满族内部阶级斗争的形式。赫哲、费雅喀等族，在封建经济、政治的影响下，也出现了阶级分化。哈拉达（姓长）、木昆达（族长）、噶珊达（村长）、竹深达（城主）等都由清政府颁给顶戴文凭，拥有相当财物，并有资格穿起蟒袍，是当地基层的实际统治者。东北地区的经济发展，阶级、阶级斗争，在一段时间里大致就是这样。

新疆地区在汉族与其他各族长期杂居这一点上与东北相似。全区有天山横贯东西，地理上分为南北两路。北疆居住的有汉族、回族、蒙古族、满族、哈萨克族、柯尔克孜族、达斡尔族、鄂温克族、鄂伦春族、锡伯族、维吾尔族等。清代前期，厄鲁特蒙古的准噶尔部上层以伊犁一带为中心，几次发动叛乱。各部封建主又彼此争夺，互相杀戮，战争加上疾疫流行，造成蒙古族各部四处迁徙，北疆一时人口锐减。清政府平定准噶尔与南疆维吾尔族封建主大、小和卓木的叛乱以后，采取封闭南疆、开放北疆的政策。在军事上从陕甘、热河、察哈尔、东北等地抽调满洲、蒙古、锡伯、索伦等旗营，与陕甘绿营军，屯驻伊犁与乌鲁木齐等地。照规定，这些军人应携带家口，永久住在当地。

在经济上，积极举办屯田，鼓励移民垦殖。规定凡商民出关，南路不得携眷；北路可以携带眷属，官田以外，余地听民自占。西北各省汉、回农民不少迁移前去。大批驻军、农民在那里定居下来，年代既久，人口蕃衍，遂成土著。南疆居住的有维吾尔族、柯尔克孜族、乌孜别克族、塔吉克族、汉族、回族等。维族人口较多，其他民族人口都很少。

总揽新疆军政的是伊犁将军。伊犁将军的辖境，南接西藏，东接青海、甘肃，东北接乌里雅苏台的外蒙古扎萨克图汗与科布多，西接哈萨克、浩罕，西南接坎巨提。伊犁将军以下设乌鲁木齐都统，伊犁、塔城、喀什噶尔参赞大臣，以及南北疆各重镇的办事大臣、协办大臣、领队大臣等。伊犁、塔城因为屯驻重兵，参赞大臣以下另设领队大臣若干人。南北两路驻防旗营，绿营官兵全部由将军以下各级武官统辖，至于地方民政，也是按照本地历史演变、阶级对抗的特点，实行着几种不同的制度。一是札萨克制。札萨克蒙语是总管的意思。札萨克是一个旗或一个部落的长官，由清政府在王公贵族中指定，职位世代相传。蒙古族的土尔扈特部、和硕特部实行这种制度。哈密、吐鲁番的维吾尔族的封建主，因为帮助清政府征讨准噶尔与大小和卓木有功，受到特别优待，得到王、公等不同封号，那里也实行札萨克制度。二是伯克制。伯克制实行于南疆维族地区，总管一城的称阿奇木伯克，协理的称伊什罕伯克，以下专司一职的伯克多至十几种。他们既是农奴主，又是一城一区的职官。在群众斗争推动下，清政府取消各级伯克的世袭权，改为官府任命。阿奇木伯克分为三至六品，其他伯克以次递降，按照品级，各有固定数目的土地与农奴。某些地位很高的伯克也拥有世袭的封号，但职位是任免的，与札萨克制仍然不同。三是州县。州县制实行于北疆汉族、回族人口集中的地区。巴里坤设镇西府，下辖宜禾（巴里坤）、奇台二县；乌鲁木齐设迪化州，辖昌吉、绥来、阜康三县，总隶于镇迪道。州县在民政系统上属甘肃省管辖，制度、办法与关内一律。

北疆与南疆经济生活很不一样。北疆大部分是牧区，不重农业。清政府发动驻军和出关民户举办屯田以后，情况有所改变。屯田按劳力来源不同，有绿营兵丁和少数流犯垦种的“营屯”，出关民户垦种的“户屯”，维吾尔族农民垦种的“回屯”，旗营兵丁垦种的“旗屯”等种类：“旗屯”“回屯”集中在伊犁一带，“营屯”“户屯”则分布在更广泛的地面上。1777 年的数字，“营屯”面积达到二十八万余亩，“户屯”达二十九万余亩。不久，“户屯”增至七十四万余亩。东起镇西、乌鲁木齐，西到伊犁，西北到塔城，分散出现了一批农业生产基地。南疆是传统的农业区。耕地面积没有数字可考，十八世纪前期，清政府规定在喀什噶尔等七城，每年征粮五万九千余石，布六万四千余匹，约合粮九万余石，税钱在外。当地田赋是按丁计算的，这些数字不能说明耕地面积的大小。1828 年，清查私垦地亩，规定喀什噶尔等八城每年加“新增私垦粮”五万六千八百余石。私垦粮额增加，反映了耕地面积有所增加的趋势。

从以上事实看出，东北、新疆两地的社会发展、阶级斗争，既具有全国共同性，也具有显著的地方特色。各族人民长期在这里劳动生活，筚路蓝缕，流血流汗，推动了社会的缓慢前进，改变了一些自然面貌。但直到鸦片战争前后，东北、新疆绝大部分地方仍是地广人稀，有待人们去垦殖劳动。

第一次鸦片战争以后，东北、新疆同全国其他地区一样，开始发生变化。外国的侵略，人民群众激烈的反侵略、反封建斗争，使这些地区原来的社会经济状况、封建主义的统治，再也无法不受冲击而照旧继续下去了。第一，大量农业人口，主要是汉、回农民打破清政府限制，由关内向东北、新疆迁徙。鸦片战争以后，内地农村经济破产日益严重，再加连年战争，天灾频仍，千百万破产农民流亡载道。这些破产农民的大部分卷入了反抗斗争的行列，一部分人不顾清政府阻挠，纷纷前来东北、新疆开荒为生。据清政府的统计，四五十年代，东北、新疆的人口都有增加。东北奉天境内，1840 年，计有二百二十余万人，至 1860 年增至二百八十余万人，增加六十余万人。新疆巴里坤、乌鲁木齐地区，1840 年，计有二十三万余人，至 1857 年增至三十一万人，增加七万余人。增加的人口绝大部分是迁移来的汉、回劳动人民。实际的迁移人口数肯定要比这大出许多。清政府只登记正式准许入籍的丁口，对大量所谓“流民”不在统计之列。第二，外国疯狂的侵略，人民反侵略斗争的强大压力，逼迫清政府必须采用移民实边的办法，加强对东北、西北边疆的控制。俄国自四十年代起，强行闯入中国黑龙江，探查江口，建立哨所。克里米亚战争爆发后，又借口防止英法联军进攻俄国远东领土，不顾中国主权，连年从黑龙江运兵东下，并在江北到处建立军事据点。第二次鸦片战争时期，终于强迫清政府接受不平等条约，将黑龙江以北、乌苏里江以东与库页岛大片领土侵占吞并。新疆地区，1826—1828 年，英国支持避居浩罕的南疆封建主张格尔发动叛乱。1830 年、1847 年，又煽动浩罕当权势力纠集张格尔余党屡次侵入南疆，边境不时报警。沙俄早就在中亚地区由北向南扩张，吞并哈萨克三个玉兹，十九世纪初侵入新疆境内。东北、新疆人口稀少、防务空虚，给了外国侵略者以可乘之机。面对这种形势，清政府开始往这些地区移民。1854年，黑龙江第一次筹办放荒招垦，以后陆续举办。黑龙江将军在报告中说：今因防务吃紧，不能不亟筹招垦，“且旷地既有人居，预防俄夷窥伺，并可借资抵御，亦免临事周章”[①]。吉林放垦区最初集中在西部平原，后来把重点移向东部。清政府在给吉林将军的命令中指出：乌苏里江、绥芬河空阔地方，应尽早招民开垦，使俄国无所觊觎。新疆办理垦荒时，清政府也强调：“务期粮足民多，渐成富庶，即以寓控制边陲之意。”[②]第三，封建统治者为了筹措军饷，解决财政困难，也必须改变以前的政策。黑龙江、新疆驻军饷银，历来靠别省协济。黑龙江协饷每年三十七万两，新疆协饷每年一百余万两，鸦片战争以后来源竭蹶，调拨不能足额。要切实解决，唯有移民生产，就地开辟财源。因此，清政府想了许多办法鼓励开垦。例如在新疆，督办出力和捐款兴工的在职官员受到破格提升。甘肃、陕西、山西、四川等省地方官就地印发路票，给迁移出关的农民提供便利。换防兵丁凡愿留住当地领地垦种的一律允许，每户领地三十或五十亩。内地“民户”携眷进入南疆的禁令一并解除。除去北疆新垦地亩仍按屯田旧例征粮之外，对于南疆初办开垦的地方，特别减轻粮赋，吸引内地人民到南疆安家落户等等。在吉林、黑龙江，对放荒地亩，也有减少押租、年租等具体规定。

东北、新疆的农业开发，在大批迁移来的农民与当地各族人民共同努力下，耕地面积大量增加，农业生产取得了很大的成绩。东北地区，吉林的吉林府、五常堡、伯都讷、阿勒楚喀、双城堡、拉林等处，1868年以前放出的荒地，不下四十万垧。黑龙江呼兰荒地，自1861年开放，第一年即放出十四万余垧。1868年以前共放出二十一万余垧，按七成耕地计算，约十五万垧。截至1868年，吉林、黑龙江放出荒地，估计达五十五万垧，合五百五十万亩。吉林、黑龙江放垦的吉林府、五常堡、伯都讷、阿勒楚喀、双城堡、拉林、呼兰等地，分布在松花江上中游左右两岸。广阔的松花江平原，由此逐渐形成为富饶的农业区域。新疆地区，四十年代掀起了开发高潮。据《清实录》的

① 《黑龙江历任将军垦务奏稿》第1卷，第14页。

② 《清实录（道光朝）》第419卷，第31页。

不完全记载，这十年里各处垦地共一百二十五万余亩。其中南疆七十二万余亩，北疆五十二万余亩。又据林则徐调查，十年之中全疆新垦土地三百七十余万亩。过去从来没有“民田”的吐鲁番、喀喇沙尔、喀什噶尔、哈密等地，相继出现了由移民垦种的民田。耕地面积代表农业生产的规模。东北、新疆荒地很多，新开辟的田地，只占其中很小一部分，大片土地依然还没有开发，但短期内耕地这样大幅度增长，终究是一个新变化。

与荒地开发的同时，生产技术也有所提高。原来东北北部从事耕作的人不多，新疆农业生产技术有待改进。关内大批农民移来以后，比较先进的生产技术得到传播，对当地的农业发展起了促进作用。群众又因地制宜，兴修水利，筑坝开渠。新疆吐鲁番的伊拉里克等地巨大水利工程相继建成，“坎儿井”的灌溉方法在吐鲁番等地推广，收效很大。种棉地区，开始传进汉族人民中流行的纺车和织布技术，纺织手工业多少有了前进。

生产斗争、阶级斗争是同时进行的。放荒垦殖开始，地主与农民两个阶级的斗争也跟着展开。吉林、黑龙江放荒创办之初，就有两种人一齐出现。一种是“揽头”、旗户地主，一种是小户、佃民。所谓“揽头”，就是地主、富商，预交押租，把大片国家荒地包揽下来，然后高价居奇，再转卖给零星小户。一些称为旗户的满族地主这时也乘机任意圈占土地，私招汉民垦种。小户、佃民，主要是新迁移来的汉族贫苦农民。他们或者直接领种少量官荒，或者从揽头、旗户手上转买、租佃小块土地，在不同情况下遭受封建的剥削。新疆农业依靠灌溉，修渠筑坝，需要相当工费，清政府完全要地方官吏和当地富豪捐资办理，一切不许造册报销。那些地方官吏、封建主，名为捐办，实际无非勒派民工，乘机搜刮。凡是“回户”（维吾尔族）开垦的地方，又都沿袭伯克制度，添设层层伯克，占据土地、农奴。如和阗垦地十万零一百亩，新设伯克占去的供养地即达四千一百亩。某些地方减轻粮赋也只是暂时的，一旦收获了，不论丰歉，粮赋马上加重。官吏勒索，黑幕重重。各处新垦土地，无例外地被地主阶级、封建统治者变成一种手段，榨取农民更多的血汗。农民被迫起来进行反抗斗争。黑龙江呼兰地区农民反对官荒规定的押租、现租高于旗户地主私圈土地的租额，不愿领种官荒。清政府只得取消旗户地主圈占土地、私自收租的权利。新疆巴尔楚克地区，办垦官吏借口垦户拖欠官款，不顾连年歉收，凶恶追逼压榨，农民抛弃耕地，逃亡一空。这些说明在新开辟的土地上，阶级矛盾、斗争随之而来，与封建统治已经根深蒂固的地区相比，并没有两样。

边疆人民群众自发的反侵略斗争也开始引人注目了。1855 年，新疆爆发了火烧塔城俄国贸易圈的斗争。俄国在 1851 年强加给中国的不平等条约《伊塔通商章程》中，获得在伊犁、塔城设立居住地的特权，圈占土地，建造市场、货栈，俗称贸易圈。塔城西南雅尔噶图山盛产草皮金沙，早有汉回人民在那里开采。其地北靠阿拉湖，属塔城参赞大臣辖境，1853 年设立雅尔噶图金厂，扩大生产。这时俄国忽然派兵越境，阻止挖金。塔城参赞大臣庸弱无能，一面报请伊犁将军与俄据理交涉，一面又借口金矿不旺，将金厂撤销。挖金工人拒不撤回。1855 年，俄国侵略军七八百人对徒手矿工殴打、屠杀，连续造成命案。挖金工人到塔城管理俄人通商事务衙门控告，反遭枷责。广大工人和其他群众目睹外国侵略、清朝官吏腐朽无能十分气愤。他们自发聚众示威，将俄国贸易圈内房屋货物一举烧毁。侵略者受到了应得的惩罚。东北地区，黑龙江以北乌苏里江以东被俄国侵占地区的各族人民，对侵略者的凶横残忍，无不切齿痛恨。他们不受官兵的约束，作好准备，随时抗击俄军。1860 年 4 月，乌苏里江以东绥芬河地区，以采捕为业的“刨夫”反侵略斗争热情高涨。刨夫徐得林坚决表示：“如有俄夷肆逞，是欲绝我生机，同仇敌忾，义所必然。”[①] 徐得林等招集采捕为生的群众万余人，以苏城（今属苏联滨海省）一带为中心，设置营盘一百五十余座，星罗棋布，上下声援，抗击俄国侵略军。当地少数民族，积极参加助守卡伦，侦察敌情。赫哲族妇女，用砍柴斧头同敌人搏斗，表现出凛然无畏精神。1860 年 5 月，分散居住在黑龙江江口至阔吞屯的赫哲等少数民族，誓死不做沙俄的殖民地奴隶，带领眷属子女，并牲畜船只，成批迁居到松花江西岸和珲春等地。1868 年，滨海的青岛（海参崴附近）等地方人民举行抗俄起义，遭到残暴的镇压。黑龙江瑷珲江东六十四屯居民反对俄国侵略者的斗争更加激烈。六十四屯一带，早在十七世纪中期，就成了中国人口密集的地区。在沿江南北长一百四十里，东西宽六七十里的地面上，居住着汉族、满族、达斡尔族共数千家。土地肥沃，谷麦高产，富甲一方。当时用汉族姓氏称呼的村屯就有十多处，如徐家窝棚屯、何家窝棚屯等等。1858 年，俄国侵占黑龙江以北中国领土，六十四屯人民坚决不答应。《瑷珲条约》因此明文写上，原有居民，“照旧准其各在所住屯中

① 《筹办夷务始末（咸丰朝）》第 50 卷，第 11 页。

永远居住，仍着满洲国大臣官员管理，俄罗斯人等和好，不得侵犯”。侵略者根本不遵守条约。越界占地，侵害骚扰，有增无已。六十四屯人民用各种形式进行斗争，顽强顶住。黑龙江流域大片领土沦亡了，在这个弹丸三户的狭小地区里，中国人民英勇地把祖国的主权维持了四十年以上。

全国人民反侵略、反封建斗争推动了东北、新疆初步开发，反过来，它又支援了全国人民的革命斗争。后面这一点，具有重大的意义。这种开发，由于是在清政府封建统治和外国侵略者不断破坏、威胁下进行的，障碍重重，成绩也就必然是非常有限的。

第七章　十九世纪中叶的文化和思想

第一节　思想和学术

“一定的文化（当作观念形态的文化）是一定社会的政治和经济的反映，又给予伟大影响和作用于一定社会的政治和经济；而经济是基础，政治则是经济的集中的表现。这是我们对于文化和政治、经济的关系及政治和经济的关系的基本观点”[①]。十八世纪中叶至十九世纪初特别盛行、被资产阶级学者吹嘘为清代文化发展高峰的乾嘉汉学和清朝统治者始终加意提倡的宋学，是清朝封建政治和封建经济的反映，又是为清朝的封建政治和封建经济服务的。汉学要求人们通过考据、训诂、注疏、辨伪、校勘、辑佚等，对儒家典籍求得确切理解，给封建统治装潢门面。有人形容当时汉学盛行的那种情形是所谓家谈许郑，人说贾马。[②]这派学人中最著名的代表者有戴震、段玉裁、王念孙王引之父子，号称戴段二王。脱离现实，埋首旧纸堆里，成为这派人的特色，绝口不谈政治，就是他们的政治态度。宋学要求阐发儒家典籍的义理，宣传封建纲常伦理。宋学中朱熹对《四书》的注释被清朝统治者特定为八股取士制度命题立意的依据，封建知识分子靠它猎取功名利禄。清代讲宋学的，除了一些表面上装得道貌岸然、行为极为卑鄙的伪君子和若干穷困潦倒、以理学自命的迂腐儒生，列举不出思想学问确有独特之处的代表人物。汉学家和宋学家表面上尖锐对立，经常互相攻讦。汉学家批评宋学家说：“宋以来，儒者以己之见硬坐为古贤圣立言之意，而语言文字实未之知；其于天下之事也，以己所谓理强断行之，而事情原委隐曲实未能得，是以大道失而行事乖！”[③]

① 毛泽东：《新民主主义论》，《毛泽东选集》第2卷，第663—664页。

② 指东汉时代经学大师许慎、郑玄、贾逵、马融。

③ 戴震：《与某书》，《戴东原集》第9卷。

宋学家则批评汉学家说："众口一舌，不出于训诂、小学、名物、制度，弃本贵末，违戾诋诬，于圣人躬行求仁，修齐治平之教，一切抹煞；名为治经，实足乱经，名为卫道，实则畔道。"[①]他们都攻击对方是假王麻子，宣称只有自己是真王麻子。其实两者在实质上并没有分歧。无论汉学考据或宋学义理，都是信守儒家典籍，宣扬孔丘那一套陈腐保守的说教，束缚人们思想，阻止历史前进的。在农民阶级的激烈反抗斗争下，程朱理学家满口纲常名教，以"理"杀人，因此宋学更有资格被地主阶级宣布为官方的正统思想。

第一次鸦片战争，西方资本主义侵入，中国封建宗法的古老制度陷入了土崩瓦解。原有农民与地主的尖锐阶级矛盾加上新的民族矛盾，斗争空前复杂。什么汉学、宋学都不能应付这种新的局面。中国人民很快觉醒起来，展开反对外国侵略势力与本国封建势力的英勇斗争。形势逼人，一部分封建士大夫也感到必须睁开眼睛，看看现实，看看世界，重新对待思想、学术的研究，关心时局，寻找强国御侮的途径。他们的代表者有林则徐、龚自珍、包世臣、姚莹、魏源、张穆等人。

地主阶级中，对外抵抗派首领林则徐是主张了解西方、学习进步技术的开风气者。在对待外国侵略的问题上，他和地主阶级当权派始而盲目虚骄，终于屈辱投降的态度不同。他主张严禁鸦片而不反对正当的中外贸易，抵抗侵略但不排斥学习敌人的长处。中国应该购买、制造大炮和战船，利用群众反抗英国侵略的积极性，和敌人进行斗争。他总结与英国斗争的经验，归纳为八个字，即"器良技熟，胆壮心齐"[②]。这和那种一味强调敌人船坚炮利的唯武器论的观点不同，讲了武器的重要，更强调了人的因素，即打仗要靠勇敢、团结、技术熟练。林则徐曾在广州设立译馆，翻译外国书籍、报纸，了解外国的情况。当时所译《华事夷言》和《四洲志》，曾引起一些人的注意。林则徐鄙薄那种舞文弄墨、浸淫风雅，以小器自甘的封建文人，而注重有裨实用的知识。他办理军政、漕务、盐政、河工、水利等项，都注意实际调查，做出不少成绩；并曾说："吾恨不从牧令出身，事事由实践。"[③]谪戍新疆期间，居住在伊犁，因主持开荒垦殖，又亲历库车、阿克苏、乌什、喀什噶尔等城

① 方东树：《汉学商兑序例》。

② 林则徐：《致姚春木、王冬寿书》，《道咸同光名人手札》第2集。

③ 陈康祺：《郎潜纪闻》第8卷。

市和广大边疆地区，对俄国蓄谋侵略中国的野心有所察觉。他在临终前几个月指出："终为中国患者，其俄罗斯乎！吾老矣，君等当见之。"[①] 俄国疯狂侵略中国，吞并中国西北和东北的广大领土，证明林则徐的看法是正确的。

龚自珍（1792—1841 年）字瑟人，号定盦，浙江仁和人，出身官僚家庭。道光年间中进士，历任宗人府主事、礼部主事等职。晚年到江苏丹阳书院讲学，著有《定盦文集》等。

龚自珍对鸦片战争前清朝封建社会的危机有着敏锐的感受，认为由于严重的贫富不均，当时的社会已进入衰亡的时代，就像日近黄昏，悲风惨烈，到处充塞着一派暮气。他用隐晦的、寓言式的语言指出了农民与地主两个阶级的尖锐对立和农民阶级所具有的巨大威力，那就是"山中之民"与"京师"的对立，山中之民将"有大声音起"。龚自珍当然没有阶级的概念，也没有用农民这个词，更不会愿意农民把地主阶级压倒。但他这里所讲的"山中之民"，第一，是与地主统治对立的；第二，力量是伟大的。在当时，只有农民阶级是这种力量。没有这个客观的存在，就无法凭空构成那种描写。鸦片战争前，龚自珍致力于边疆历史、地理的研究，并注意了清初沙俄侵略东北地区的历史，所著《西域置行省议》，分析西北地区的环境条件，建议从内地移民，充实边疆，以御外侮。鸦片战争中，他主张抵抗侵略，对投降派的谬论正面加以批判，并特别辨明中国是进行一场自卫战争的正义性。他说："此驱之，非剿之也；此守海口，防我境，不许其人，非与彼战于海，战于艅艎也。……岂古人于陆路开边衅之比！"[②] 他向林则徐建议：杜绝白银外流；严禁鸦片；停止呢绒入境，保护中国丝织业和棉纺织业的利益；改进军器，多带军队；刑乱邦，用重典，杀一儆百，严厉打击侵略分子和汉奸；警惕阴谋阻挠禁烟运动者的破坏，不可游移万一。

包世臣（1775—1855 年）字慎伯，安徽泾县人。早年家境贫寒，后来长期充当地方大吏的幕僚，替他们筹划过镇压白莲教起义和河工、漕运等问题。嘉庆年间考取举人，一度任江西新喻知县。晚年寓居南京，著有《说储》《安吴四种》等书。

早在鸦片战争前十几年，包世臣就陈述鸦片输入的严重危害，主张禁烟，

---

① 李元度：《林文忠公事略》，《国朝先正事略》第 25 卷。

② 龚自珍：《送钦差大臣侯官林公序》，《龚自珍全集》第 2 辑，第 170 页。

并指出英国有一天将对中国发动侵略，要求早加防范。第一次鸦片战争，英军进犯南京，包世臣六十多岁了，仍积极谋划，表示愿意督导民夫，登城防守。他特别称赞广州三元里、嵊县沈山头群众抗英斗争的功绩，说：“广州之三元里，义民被毒不甘，集乡人歼其渠魁。有司反为逆夷请命，致留遗孽。嵊县之沈山头，义民愤切同仇，再破其火轮兵船，夷匪不敢言复仇。”[①] 草泽中大有人在，问题在于大臣将帅既不愿访求，更不愿使用。清政府向英国侵略者屈服，耆英等约璞鼎查入南京饮宴，包世臣草拟《歼夷议》，建议乘敌人无备，大举反攻。投降派以不应对侵略者失信为理由，拒绝采纳，使他非常气愤。

包世臣对河工、漕运、盐政、法律等问题作过不少研究，对清朝腐朽官僚机构的弊端、罪恶，有所揭露、抨击。他指出：清朝官吏无不犯法，以小民为鱼肉，以草菅人命为得计，鬻狱卖法，折粮加漕，绅富贫民都受其害。注重调查研究，是包世臣获得社会生活各方面实际知识的重要来源。他主张做学问，应当“遇山川则究其形胜厄塞；遇平原则究其饶确与谷木之所宜；遇城邑则究其阴阳流泉，而验人心之厚薄，生计之攻苦；遇农夫野老则究其作力之法，勤惰之效；遇舟子则究水道之原委；遇走卒则究道里之险易迂速，与水泉之甘苦羡耗，而以古人之已事，推测其变通之故”[②]。包世臣等地主阶级开明知识分子都以讲求实学或实际有用之学相号召，表现出他们与所谓汉学、宋学家显著不同的特色。包世臣提倡注重实地调查的学风，可以看作是这些人治学的方法论。

姚莹（1785—1853年）字石甫，安徽桐城人，嘉庆年间进士。鸦片战争期间任台湾道，与当地人民一起，击败英国进犯。《南京条约》订立后，被诬为冒功欺罔，贬官四川。咸丰初年任广西、湖南按察使，参加镇压太平天国。他的著作，后来汇刻为《中复堂全集》。

姚莹在鸦片战争前就开始搜集外国书籍。鸦片战争后，更注意寻求抵抗外国侵略的办法。他认为：要雪中国之耻，首先需要知道敌人的虚实。书生眼光短浅，不勤远略，对海外夷势夷情，平日不肯讲求，一旦外国猝然来攻，惊若鬼神，畏如雷霆。这种拘迂之见，误尽天下国家大事。他对英、法、俄等国的情况，印度、尼泊尔入藏的交通要道，以及喇嘛教、天主教等问题进

---

① 包世臣：《致祁大臣书》，《安吴四种》第35卷。

② 包世臣：《小倦游阁记》，《安吴四种》第9卷。

行探讨，指出英国在吞并印度之后，早已蓄谋窥伺我国的西藏，建议清政府加强沿海和边疆地区的防务。姚莹出身科举，却并不赞成科举取士仅凭新奇浮华的文章，而不提倡有用之学，认为这种作法是逐末忘本。

魏源（1794—1857年）字默深，湖南邵阳人，生于没落地主家庭。1842年，参加裕谦幕府，抵抗英国侵略。鸦片战争后考中进士，历任东台知县、高邮知州。太平天国起义时，在高邮一带办团练。著有《圣武记》《海国图志》《古微堂内外集》等书。

魏源在《海国图志·筹海篇》中分析鸦片战争失败的教训，提出许多强国御侮的办法，其中心意思是“师夷之长技以制夷”。为了“制夷”，首先应洞悉“夷情”。魏源批评当权派闭塞无知和拒绝吸取敌人长处的顽固守旧态度，认为在对外战争中，只有对敌人保守自己的机密，没有怕了解敌情的。“制夷”的具体办法是：效法西方，自己设厂制造轮船和枪炮，聘请西洋工匠舵师教授，选派本国巧匠精兵学习制造、使用；仿照西方选兵、练兵和养兵的经验，改造军队，变通取士制度，增设水师科，凡能制造战舰、轮船和枪炮、水雷等新式器械的，都作为科甲出身；创办民用工业，如量天尺、千里镜、龙尾车、火轮机、火轮舟、自转碓、千斤称等，凡有益民用的，可与军需工业同时举办；允许私人设立厂局，制造轮船、器械等，自行出售。那时人们会云集骛赴，中国的机器工业将与西洋各国并驾齐驱。魏源斥责那些把外国的一切机器制造都说成是“奇技淫巧”而加以排斥的人是不明白“因其所长而用之，即因其所长而制之”的道理。[①]《筹海篇》中再三歌颂三元里等处人民的英勇斗争，指出：三元里之战，以区区义兵围夷酋，歼夷兵；广东“捐战舰者皆义民，两擒夷舶于台湾，火攻夷船于南澳者亦义民”[②]。魏源以为从人民群众抗英斗争胜利的经验来看，外国侵略者是可以打败的。在漕运、盐政、河工、币制等问题上，他也提出过不少改革意见。

张穆(1805—1849年)字石州，山西平定人，道光年间优贡生。顺天乡试时和监试人发生冲突，不准参加考试。一度任正白旗官学教习，著有《蒙古游牧记》《月斋诗文集》等书。

鸦片战争结束，投降派极力宣传敌人已经伏首“受抚”，天下太平了。张

① 魏源：《筹海篇三·议战》，《海国图志》第2卷。

② 魏源：《筹海篇二·议守下》，《海国图志》第1卷。

穆对此很不以为然。他评论清政府与外国订立的丧权辱国条约说：侵略者在中国设立礼拜堂，借宣传天主教以金钱、武力引诱和胁制群众，是“谋人国”的一种阴险手法；有关租界的规定，允许外国人在中国建屋盘踞，将来敌人会借机吞占中国土地；侵略者要求片面最惠国待遇，是要抗税构祸，获取渔人之利；这些都是中国“大可虑之事”[①]。他对广东、福建、江苏等省人民群众自发反抗英国侵略者的爱国精神极为称赞，说“粤东屡遭逆夷之毒，而忠爱不衰，义檄义旗相继而起。闽省厦门逆夷畏民驱逐，遁不敢居”[②]。他从这些事例说明，应该利用群众反抗外国侵略的积极性，团结人心，使民皆为兵，以应付猝然事变。他主张提倡实学，培养有一艺、一技之长的人材，鼓励人们研究望远镜、火轮船、测天仪、水车等新式器物。对清政府的黑暗、腐朽统治，张穆也有尖锐的抨击。

林则徐等人思想的变化，正反映出那时的民族危机和封建统治危机引起了人们的生活条件、社会关系的改变，引起了社会存在的改变。林则徐、龚自珍、魏源等都是地主阶级开明知识分子，多数人是非当权者，他们在民族矛盾严重时，希望利用群众的力量，抵抗外国侵略，在爱国主义立场上和人民群众的利益趋于一致；阶级矛盾上升时，又立刻坚决地参加镇压群众的革命运动。因此，他们的思想显得矛盾、混乱，一面打着鲜明的时代演变的印记，一面又散发着封建制根基的陈腐臭味。这就是那个思潮的特点。

中国社会的剧烈变动，也必然引起学术思想的变动。哲学思想方面，这时有些人注意《易经》里阐述的“穷则变，变则通，通则久”的观点，试图用这种观点来解释客观世界，说明社会历史的演变。龚自珍说，天道十年一小变，百年一大变。魏源说：天下没有数百年不弊的法，没有穷极不变的法，“变古愈尽，便民愈甚”[③]。古代史籍里的变异观点，成了他们要求“更法”革新的理论依据。知和行的关系——即认识和实践的关系，是中国古代哲学家长期争论的一个重要问题。魏源对这问题的看法是：事物必须接触才能认识，没有不行就能知的。“披五岳之图，以为知山，不如樵夫之一足；谈沧溟之广，以为知海，不如估客之一瞥；疏八珍之谱，以为知味，不如庖丁之一

① 张穆：《弗夷贸易章程书后》，《月斋文集》第2卷。

② 张穆：《海疆善后宜重守令论》，同上书。

③ 魏源：《默觚下·治篇五》，《魏源集》上册，第48页。

啜"[①]。在认识论上，这是一种重视实践的正确观点。龚自珍、魏源都是形而上学家、唯心主义者，认为变化的是"势"，"道"是万古不变的。他们所谓的道，就是封建社会制度，封建的纲常伦理。在地主阶级看来，封建的剥削压迫、封建等级那一套，是永世不可以改变的。

龚自珍、魏源都研究今文经学，依照《春秋》公羊传的观点解释儒家经典。今文经学盛行于西汉，以后长期被人们冷落，有异于传统的汉学、宋学，但思想内容同样陈旧腐朽，同样是宣传孔丘的说教。公羊学专讲微言大义，有一套所谓"三科九旨"[②]"存三统""张三世"等"非常异义可怪之论"。讲公羊学必须遵守和宣传这些主张，而对它们的具体内容，各人又可以随意加以解释。龚自珍就利用这种办法来议论时政，揭露清政府封建专制统治的衰败黑暗。例如公羊学讲"张三世"，有"据乱"世、"升平"世、"太平"世的说法。龚自珍就加以引申，说从古到今，反复出现"治世""乱世""衰世"。当时的社会已经处在衰世，必须"更法"，对现状作某些改革，缓和贫富对立的矛盾，才有出路。诸如此类的议论尽管只涉及封建制度的表面，没有真正深刻的思想，但对统治者的抨击比较尖锐；而且又是和讲公羊学这门似乎相当奥秘的学问联系在一起的；这就使头脑受封建主义蔽固的知识分子，感到是震聋发聩，思想获得解放。梁启超评论说：龚自珍利用公羊学说讥切时政，诋排专制。光绪年间的所谓新学家，大致人人都经过一个崇拜龚氏的阶段。初读《定盦文集》，跟触电一样。[③] 又说：魏源谈论经世之术，作《海国图志》，启发国民的对外观念。晚清新思想的潮流，追溯来源，可以一直找到龚、魏那里。[④] 这种评论，对于资产阶级改良主义者是很确切的。他们从龚自珍、魏源那里受到了应当或可以批判什么的启示，也受到了用什么方式进行斗争的启示。就因为这样，往后的思想斗争中，一再重复出现今文经学的问题。

---

① 魏源：《默觚上 · 学篇二》，《魏源集》上册，第 7 页。

② "三科九旨"有不同的说法。汉代的何休说：新周，故宋（宋指殷朝的后代），以《春秋》当新王，是一科三旨。所见异辞，所闻异辞，所传闻异辞，是二科六旨。内其国而外诸夏，内诸夏而外夷狄，是三科九旨。唐代徐彦引述前人的说法：三科是"张三世、存三统、异内外"，九旨指时、月、日、讥、贬、绝等。清代孔广森则认为天道、王法、人情为三科；时、月、日三旨是天道科，讥、贬、绝三旨是王法科，尊、亲、贤三旨是人情科。这些说法从公羊学观点加以解释，都包含着神秘主义、"天人相通"思想，是彻底的唯心主义的东西。

③ 梁启超：《清代学术概论》，《饮冰室合集》专集之 34，第 54 页。

④ 梁启超：《论中国学术思想变迁之大势》，《饮冰室合集》文集之 7，第 97 页。

历史学和地理学，这时开始摆脱乾嘉时代所盛行的繁琐考证的影响。外国历史、地理的研究逐渐为人们所注意。林则徐主持编译的《四洲志》、魏源在《四洲志》基础上扩充重编的《海国图志》等书，都是较早的叙述外国历史、地理的书籍。《四洲志》按照世界五大洲，分别介绍各国的历史、地理概况和社会现状。《海国图志》除了增补原有的部分，还介绍中外的地理学说、外国军事的和日用的科学技术，共一百卷，是当时了解和学习外国的一部“百科全书”。据说《海国图志》传入日本，对日本的学术和政治都产生过影响。鸦片战争的失败，激发了许多学者来记述这次战争的经过，以唤醒人们抵抗外国侵略的意志。梁廷枏的《夷氛闻记》、夏燮的《中西纪事》、以前一直认为是魏源写的《道光洋艘征抚记》[①]等书，都属于这一类。对于边疆问题的研究，这时也形成一种新风气。张穆著《蒙古游牧记》，探讨蒙古的界域和前代在这一地区的设施。姚莹著《康辅纪行》，对西藏地区作了较多的考察，注意英国侵略者对西藏的觊觎。姚莹说他是“喋血饮恨而为此书，冀雪中国之耻”[②]。何秋涛所著《朔方备乘》，研究了蒙古、新疆和东北地区的历史、地理，并注意了中俄关系问题。当然这些著作都有不可避免的局限性，一些资料没有经过考证核实，不足为据。

记述鸦片战争历史的著作，在一些重大问题上表现出观点尖锐分歧。头一个问题是对中国人民在战争中的地位、作用的看法。梁廷枏在《夷氛闻记》中，愤怒揭露琦善之流投降派的卖国罪行，热情表彰抵抗派首领林则徐等人，赞扬人民群众，特别是三元里人民群众的英勇斗争，使得“夷自是始知粤人之不可犯”[③]。魏源在《海国图志》中对三元里人民围炮台、歼洋兵，沿海人民在虎门横挡焚烧英国兵船，讲得有声有色，指出闽粤人民的斗争，是威慑外国侵略者的力量。当时参与办理对英交涉、署理过广东巡抚的黄恩彤撰写的《道光抚远纪略》不同。他在《纪略》中无耻吹捧投降派的所谓功绩，极力为投降派的理论和活动辩护。对于一切爱国的主张、参加抵抗侵略的官兵

①《道光洋艘征抚记》，1878年上海申报馆把它作为魏源的作品编入《圣武记》。现在的研究者有两种意见：一种认为《征抚记》不是魏源所作，是从当时流传的《洋务权舆》演变增删而成；另一种则认为其作者就是魏源。参见1959年9月3日《光明日报·史学》和同年《历史研究》第12期。

② 姚莹：《复光律原书》，《东溟文后集》第8卷。

③ 梁廷枏：《夷氛闻记》第3卷。

和人民，则肆意加以诋毁；特别是恶毒攻击广东人民群众，说什么“粤民见利忘义，剽悍轻浮，难与争锋，亦难与持久，必不可倚以为用”[①]。黄恩彤本人就是对外投降主义路线的积极推行者。梁廷枏、魏源和黄恩彤这两种观点的对立，表现出了鸦片战争时期，抵抗派和投降派两种观点、两条路线的对立和斗争。一定的学术思想，归根到底是受一定的政治思想支配，并为一定的政治服务的。关于人民群众在鸦片战争中的地位、作用的截然不同的记载和评论，恰好说明了这一点。再一个问题是对西方的科学技术应当采取什么态度。魏源认为中国要富国强兵，很重要一条，就是要“尽得西洋之长技为中国之长技”[②]。学习西洋人的科学技术，使中国人也掌握那些科学技术。梁廷枏在《夷氛闻记》中反对这种主张。他不顾中国失败的事实，吹嘘什么清朝的统治是处在“全盛之日”，推崇外国的知识，又请外国人作教师，丧失国体，没有比这更严重的了。“反求胜夷之道于夷”，“古今无是理”。[③]在这个问题上，显然魏源的主张是进步的，梁廷枏的观点只能替清政府粉饰太平，阻碍中国的前进。一切国家、民族真正好的东西都要学习。敌人有的中国也要有。这不论什么时候都是正确的。

自然科学、技术的研究，鸦片战争前后也有某些进展。物理学方面，人们很重视光学的研究。说明制造显微镜、取影镜、望远镜原理和方法的著作《镜镜诊痴》，就是这时出现的。有人根据自己的研究制造了摄影器。道光末年刊行的《植物名实图考》，是研究植物学和中草药方面的一部巨著。魏源提倡学习西方科学技术，并在《海国图志》中介绍了蒸汽机、火轮船等西方新式器物的原理和制造方法。算学家李善兰，在咸丰、同治年间，与外国人合作，翻译了一些关于代数、几何、微分、积分等数学和物理学、天文学方面的书籍。1862年数学家华蘅芳和中国近代化学的启蒙者徐寿，根据外国的文献资料，制造出中国第一部蒸汽机，第二年又造成木壳轮船一艘。

中国这时的学术和思想，同西方各国相比，整整落后了一个社会发展阶段。人类在十九世纪所创造的优秀成果——德国的哲学、英国的政治经济学和法国的社会主义，在西方已经成了过时的东西。世界无产阶级的革命导师马

① 黄恩彤：《道光抚远纪略》，《后序》。

② 魏源：《筹海篇三·议战》，《海国图志》第2卷。

③ 梁廷枏：《夷氛闻记》第5卷。

克思和恩格斯已经创立了人类最先进的科学——马克思主义。马克思主义是无产阶级的思想体系，是无产阶级革命的科学。它是放之四海而皆准的。马克思主义指出：通过无产阶级革命和建立无产阶级专政，资本主义必然灭亡，社会主义制度必然胜利。世界无产阶级在反对资本主义奴役的革命斗争中，从此有了最锐利的精神武器。在鸦片战争和太平天国革命时期，马克思和恩格斯站在被侵略被压迫的中国人民方面，对资本主义侵略者作了尖锐的揭露和批评，热烈地歌颂了中国人民的革命斗争，并写下了有关中国社会、历史的经典论著。但在落后的东方，这时还没有接受这种科学理论的社会基础。资本主义对于封建的中国来说，还是先进的。由于民族危机和社会危机的严重威胁，人们开始学习西方资本主义先进文化、包括那时的社会学说和自然科学，在当时的情况下，还是有积极意义的。

第二节　文学

中国封建时代文学的最后一个高峰，是在鸦片战争以前约一百年出现的。曹雪芹那时写的《红楼梦》，在思想性和艺术性上都成了旧小说里最好的一部。书中通过对几个典型封建家族由盛而衰的过程的描写，生动地反映了封建社会尖锐、复杂的阶级斗争，揭露了封建统治阶级的腐败和丑恶。《红楼梦》并不像《三国演义》《水浒》那样实指某个朝代、某些人物，它预示的不单是一个封建王朝的而是中国封建制度的末日，这一点很突出。恩格斯说："封建的中世纪的终结和现代资本主义纪元的开端，是以一位大人物为标志的。这位人物就是意大利人但丁，他是中世纪的最后一位诗人，同时又是新时代的最初一位诗人。"[①]《红楼梦》这部政治小说，对于考察中国社会历史在某种程度上具有类似的意义。书中也包含了消极、陈腐的东西，应当用马克思主义的观点加以分析。从那以后，中国的旧文学和封建制度一起，很快走到了它的尽头。

十九世纪前期，龚自珍、包世臣、魏源、张穆等人也谈论文学问题。他们的观点有同有异。包世臣认为写文章能够讲明原委，说清道理就是好的。他

---

① 恩格斯：《致意大利读者》，《马克思恩格斯全集》第22卷，第430页。

批评那种以“载道”自诩，或者满纸诘屈聱牙，欺骗读者的作法不只是文人“陋习”，而且荒谬。魏源主张诗歌必须是“发愤之所作”，写文章的目的应该是“考治”“辨学”，有一定内容。张穆指责专门从事摹拟仿效，矫揉造作的是“优孟衣冠”，“傀儡之戏”。龚自珍表示要写平易近人的诗歌。他的小诗有写得出色的。例如“九州生气恃风雷，万马齐喑究可哀。我劝天公重抖擞，不拘一格降人材”[①]，就很有生气。龚自珍的散文故意写得艰涩难读，诗歌也不以平易近人为特色，他的文学主张和创作实践并不一致。

包世臣、张穆等的评论表示出了他们对当时流行的桐城派的极大不满。桐城派从康熙、乾隆年间方苞、刘大櫆、姚鼐开始，一直高喊着讲求古文“义法”的口号，宣扬自己。什么叫“义法”，他们的解释或是老生常谈，或者迷离恍惚（如“道统”、“文统”、“言有物”、“言有序”、阴阳刚柔等）。实际上他们所说的“义”就是封建的纲常伦理，程朱理学；“法”就是讲究文章结构，模仿《左传》《史记》和唐宋古文的形式、语言、风格。汉学家早就批评桐城派的“所谓古文义法者，特世俗选本之古文，未尝博观而求其法也。法且不知，而义于何有”[②]。十九世纪五六十年代，曾国藩特地出来对这个文学流派加以提倡。曾国藩在自己的文字里叙述出一个桐城派传宗接代的宗派图谱，历历如绘；而对那些被他认为是桐城派的文章赞不绝口。本来属于桐城派作家的吴敏树对此很不以为然。照吴敏树的看法，文学艺术流派不过表示一种风气，一种大概倾向；蓄意私立门户，构造宗派，是无能文人为了震动流俗，抬高自己的行径。姚鼐编辑《古文辞类纂》，把归有光、方苞、刘大櫆作为唐宋八家的继承者，而他又早就宣称自己是方苞、刘大櫆的继承者，这就很明显，“其意盖以古今文章之传，系之己也”。其实刘大櫆的文章写得很蹩脚，有目共睹；姚鼐本人也不见高明，他就像宋代某个自己没有成就，而硬要挤进江西诗派的人物一样。[③]残酷镇压太平天国革命人民的刽子手曾国藩，同时要充当这个屡次遭到人们强烈批评的文学流派的首领和保护人，事情决不是偶然的。理学家中长期流行的语录体，鄙俚浅露；汉学家的文字琐碎饾饤，朴讷不讲艺术；它们都不能博得人们的欣赏、爱好。桐城派重视词

① 龚自珍：《己亥杂诗》，《龚自珍全集》第10辑，第521页。

② 钱大昕：《与友人书》，《潜研堂文集》第33卷。

③ 吴敏树：《与筱岑论文派书》，《柈湖文集》第6卷。

句典雅，通达流畅，有质有文，富于表现能力。采用这种文体宣传纲常伦理、孔孟之道，对抗太平天国革命文化的冲击，最便于引起一些知识分子的共鸣。这就说明了一个问题：桐城派的封建文统，是有力地维护着地主阶级反动统治的利益的。

两次鸦片战争，中国人民进行反抗外国侵略的英勇斗争，出现了无数保家卫国、奋勇杀敌的激动人心的英雄事迹。外国侵略者的穷凶极恶，本国封建统治者的无耻投降卖国，又一幕幕地为人民群众所亲眼看见。许多事实，都在当时的文学作品中强烈表现出来：其中民间揭帖、歌谣、唱本等尤其富有战斗性。民间揭帖本来是在实际斗争中产生的，是群众进行斗争的一种武器，一般思想尖锐，气势雄壮。例如《粤东义民布告》写着：广州附近几个府县“共义民五十余万，水陆演操，熟识鹳鹅之阵，闺门暗练，深藏娘子之军……一战而胜，国家之福也。一战不胜再战，再战不胜，誓以百战，务期灭尽妖氛而后已”[①]。《宁波众义民公启》是一篇语体文作品。那上面说：“我们大家公议，各自为主，或一人而聚数十人，或一人而聚数百人，以至数千人，或数万人，愈多愈好，或用暗计，或用明攻，总要把红毛夷人除灭。”[②]民间揭帖到处张贴，使英国侵略者、清政府投降派感到极大威胁。第二次鸦片战争中很快出现的一些唱本和岔曲，淋漓尽致地揭露了清政府的丑恶嘴脸。有个唱本上这样讲：“可叹大清一统，丧尽祖宗英名。……鬼子炸炮当头阵，吓坏满蒙汉军兵。太平时，逞豪勇；打上仗，全无能。闻贼欲至先跑，不念宗社生灵。……饭袋酒囊众公卿，无一忠则（贞？）尽命，鬼子进城之后，任他调动听从。平时装模作样，骑马坐轿逞威风，此时逃命改名姓，不提诰命王公。……贼兵离了京城，我兵又逞英雄。茶馆酒铺抖威风，手中架鸟提笼。自此闲散无烦恼，明目张胆寄卖洋药带开灯，窝娼聚赌常行。贪官漏网得命，妻子险遭贼锋，探听贼走溜进城，又该摆酒压惊。……非是我妖言惑众，原为流传众人听，诉说王侯众公卿，赞叹大清‘善政’。”[③]一首叫《热河儿叹》的岔曲，讥笑咸丰帝急忙逃命的狼狈相是：“皇上还嫌轿子不快，吃呀、吃呀呀，校尉急的尽着命儿颠，吃呀、吃呀呀。……步下走，扶车沿，跑的两

① 佐佐木正哉编：《鸦片战争の研究》（资料篇），第311—312页。

② 同上书，第302页。

③《夷氛私叹》，《中国近代反帝反封建历史歌谣选》，第32页。

条腿拌了蒜，过街烂的靴子绽了多一半。”[①]民间文学通俗易懂，在群众中极易流传，影响很大。

对两次鸦片战争中人民反抗斗争的歌颂，对抵抗派首领林则徐和在民族战争中英勇牺牲的将士如关天培、裕谦、陈联升、陈化成、葛云飞、王锡鹏、郑国鸿等人的赞扬，对投降派和贪生怕死的官吏的鞭挞、谴责，也成了一些主张抵抗侵略的封建士大夫的文学作品的主题。有的作者由于熟悉生活，写得较好。关于描写战斗场面的，如张维屏的《三元里》诗：“三元里前声若雷，千众万众同时来，因义生愤愤生勇，乡民合力强徒摧。……众夷相视忽变色：黑旗死仗难生还。”[②]群众斗争的雄伟声势，外国侵略者在英勇的中国人民面前丧魂落魄的丑态，描述都很生动逼真。魏源的《寰海》诗：“同仇敌忾士心齐，呼市俄闻十万师。几获雄狐来庆郑，谁开柙兕祸周遗。前时但说民通寇，此日翻看吏纵夷。早用秦风修甲戟，条支海上哭鲸鲵。”[③]也是写同一事件的。散文中，《三元里打仗日记》说：“不转眼间，来会者众数万，刀斧犁锄，在手即成军器，儿童妇女，喊声亦助兵威。……重重叠叠，遍野漫山，已将夷兵困在核心矣。”[④]《三元里平夷录》说：“不谋而合者，遥遥百有余里，聚至百有余乡，将方、圆两炮台四面围住，各处设伏，奋勇攻打，昼夜不息。逆夷各狐凭鼠伏，潜避两炮台中，不敢出入。”[⑤]这类作品用平易亲切的笔调，写出了群众自发打击外国侵略者的英勇斗争事迹。关于歌颂英雄人物的，如张维屏《三将军歌》：“三将军，一姓葛，两姓陈，捐躯报国皆忠臣。英夷犯粤寇氛恶，将军奉檄守沙角。奋前击贼贼稍却，公奋无如兵力弱。凶徒蜂拥向公扑，短兵相接乱刀落。乱刀斫公肢体分，公体虽分神则完。……陈将军，有贤子，葛将军，有贤母，子随父死不顾身，母闻子死数点首。夷犯定海公守城，手轰巨炮烧夷兵。夷兵入城公步战，枪洞公胸刀劈面，一目劈去斗愈健，面血淋漓贼惊叹。夜深雨止残月明，见公一目犹怒瞪……陈将军，福建人，身经百战忘辛勤。英夷犯上海，公守西炮台。以炮击夷兵，夷兵多伤摧。公方血战至日旰，东炮台兵忽奔散。公势既孤贼愈悍，公口喷血身殉难。十

---

①《鸦片战争文学集》上册，第249页。

② 同上书，第1页。

③《魏源集》下册，第806页。

④ 林福祥：《平海心筹》，《鸦片战争》第4册，第600页。

⑤《鸦片战争文学集》下册，第735页。

日得尸色不变，千秋祠庙吴人建。我闻人言为此诗，言非一人同一辞。死夷事者不止此，阙所不知诗亦史。”[①]关于鞭挞、申讨投降派的散文中，无名氏的《鲛泣录》写道：“有琦善者，莅任未及半载，流毒已及千条。有意卖津，虎门之弓衣尽撤；无心为国，羊城之戈甲不修。香港因是遇灾，乌涌从而致害。近洋一带，望海吁嗟。……凡百凄凉，万言难尽，欲食其肉而寝其皮者屡矣。”[②]所有这些作品，都感情真实，爱憎分明。它们的艺术水平不齐，一般特色不足，在当时也算难能可贵了。

十九世纪中叶大量反侵略文学作品的出现，反映了中华民族在遭受外国资本主义奴役一开始，立即表现出来的决不屈服的反抗意志。这种文学作品，反过来又推动了中国人民进行不屈不挠、再接再厉的英勇斗争。

第三节　太平天国的革命文化

一切推翻旧秩序的革命斗争，总有文武两个战线，即一个军事战线，一个文化战线。太平天国在进行军事、政治、经济斗争的同时，对以孔孟之道为中心的封建文化也发动猛烈进攻。

太平天国始终重视书籍出版工作，传播革命思想。1851年2月，金田起义不久，太平军在大湟江一带与清军作战时，就开始出版书籍。占领永安的半年时间里，出版书籍更多。现在保存下来的有辛开元年刊刻的《幼学诗》《太平礼制》，壬子二年和癸好三年三月建都天京以前出版的《太平诏书》《天条书》等十种左右，估计大部分是在永安时期或稍后一些印行的。太平天国设有镌刻营和刷书衙，负责刊刻诏旨书籍，据说从事印刷工作的多至四百人。书籍出版数量很大，反革命派常用汗牛充栋来形容他们掠得的太平天国书籍之多。太平天国出版的书籍，除译本基督教典籍和少数古代兵书的摘录本外，都是太平天国自己的著述。现存的四十多种里面，包括宣教、历史、典制、礼节、兵书、历书、檄文、奏议、论文、重刻古书等方面。这些书籍的中心思想是反清批孔，宣传革命。

---

①《鸦片战争文学集》上册，第2页。

②《鸦片战争文学集》下册，第779页。

太平天国领袖洪秀全是代表农民起来批孔的先锋。他下决心革命，首先就是从毅然捣毁私塾供奉的孔丘牌位，宣布与孔孟之道决裂发端的。记录早期太平天国历史的重要典籍《太平天日》上载有这样一个故事：天父天兄与洪秀全在一起讨论世上为什么总有妖魔作怪，找出的原因是，“孔丘教人之书多错”，于是把他叫来严加训斥。这个故事的重要意义在于：孔丘的话一向是天经地义，谁要不赞成，就是“非圣无法”，罪不容诛，现在被宣布为甚多差谬，是世界产生坏人坏事的根源。这是思想领域内一次从未有过的革命。军事战线越展开，批孔、反封建的文化斗争也越激烈。定都天京不久，《诏书盖玺颁行论》里就宣布：凡一切孔孟诸子百家妖书邪说，尽行焚除，一律不准买卖藏读，否则问罪。有的记载说：“凡查有读圣贤书者，父师并斩。”[①] 太平军首领某人在苏州主持考试，因出五经四书题，被诛。据当时人写的《禁妖书》歌叙述这方面的情形说：搜到的书籍论担挑，有的被抛到茅厕里，来不及抛弃的就用火烧、水浇等办法毁掉。农民不懂得批判继承古代文化遗产的道理，他们按照自己的理解对封建文化进行了一次大扫除。1853 年后，太平天国对自己的出版物作了各种重要修改。凡以前引用孔学典籍和保存有鬼神祭祀等思想内容的，都大加勘削。洪秀全奠定拜上帝教基本教义的重要著作《太平诏书》（包括《原道救世歌》《百正歌》《原道醒世训》《原道觉世训》），初刻本引用了不少孔学

插图 21：太平天国刻书

（采自郑振铎《中国历史参考图谱》第 23 册）

① 陈庆甲：《金陵纪事诗》，《太平天国史料丛编简辑》第 6 册，第 401 页。

典籍的文句，改正本或全部删去，或改称“古语云”。初刻本中“经史”“王者”等字样，也用“前代”“上帝”等词代替。《百正歌》里面因为原有孔学典故太多，全篇删除。洪秀全又依照拜上帝教教义重写《三字经》《御制千字诏》，代替当时通用的蒙学课本《三字经》《千字文》。天京特别设立删书衙，删改儒家的四书五经，“将其中一切鬼话、怪话、妖话、邪话一概删除净尽，只留真话、正话”[①]。被剥夺了文化的农民阶级，在文化领域和在政治、经济领域一样，表现了极大的革命性，极大的智慧和魄力。就凭反孔学斗争的业绩，太平天国也足以在历史上一直保持它的光荣。

太平天国的文学具有自己的特点。在它颁行的《劝戒士子文》中说：“文艺虽微，实关品学，一字一句之末，要必绝乎邪说淫词，而确切于天教真理，以阐发乎新天新地之大观。”[②]意思很明确，文学写作的目的，是要为拜上帝会、为农民阶级的革命斗争服务。太平天国提倡“文以纪实”“朴实明晓”的文风，反对脱离群众故作深奥的古典文体。奏章文告要求“实叙其事”“语语确凿”，一概不准用封建统治者中流行的那些浮词、滥调。记载太平天国历史的《诏书》，叙事用“话说起”“话分两头”“按下不提”“下回分解”等写法，大体是中国旧的民间语体文。民歌型的诗歌在太平天国最为流行，太平天国的许多重要典籍都用诗歌写成，或者其中夹杂了不少诗歌。此外，太平天国开始采用简单的标点符号。一竖作人名号，两竖作地名、国名、朝代名号，还用一点作顿号，圈作句号，力求便于群众阅读。太平天国的文学有强烈的反封建的革命内容，又广泛采用民间文学等通俗明了的形式，具有鲜明的劳动人民本色。

金田起义后不久就废弃清朝旧历，创制新历。太平天国颁行的新历叫做“天历”。天历采用阳历，定每年为三百六十六天，一年十二月，单月三十一日，双月三十日。太平天国颁布的历书，全部删去了旧历书上宣传吉凶宜忌、祸福休咎的部分。天历过于要求整齐划一，不能与天象全合，有不科学的地方，1859 年对这方面作了修改。从这一年开始，天历还传播一些有关农业生产的知识，又把当年的气候变化和农作物的种植情况记录下来，附在下一年的历书里，供农民耕作时参考。在中国封建社会里，只有地主阶级总头子皇

---

① 张德坚：《贼情汇纂》，《太平天国》第 3 册，第 190 页。

② 洪仁玕：《钦定士阶条例》，《太平天国》第 2 册，第 551 页。

帝才有权颁布历书；所谓“恭奉正朔”，被当做接受某个政权统治的标记。天历象征着农民阶级的革命政权与地主阶级的反革命政权相对立，有重要的政治意义。

洪秀全举起了反孔学的旗帜，这是一个历史创举。在思想上、理论上如何有效地进行这场斗争，则又是洪秀全所无法解决的问题。许多年里，他一直忙于删改儒家经典，试图重写中国历史；到太平天国后期，并如饥似渴研读自然科学方面的书籍。① 但和这同时，他的思想又总是停留在早期提出的拜上帝教教义上。一些宗教宣传品如《圣经》等，始终吸引着他的注意。拜上帝教是为太平天国的农民革命斗争服务的，宣传拜上帝教就是宣传革命。这在反对清朝封建统治的斗争中起过巨大作用。但拜上帝教教义这个武器是不好的。拜上帝教的来源和形式都属于西方殖民主义者传来的基督教，虽然经过了革命农民的改造，并没有减少其宗教麻醉作用。它破除了孔丘那个偶像，又立起了“皇上帝”这个偶像。后者一点也不比前者对农民群众的毒害轻微一些。拜上帝教教义不可能正确解释客观世界，也无法从理论上正确批判孔学，打倒孔丘。在这种思想指导下，不可能进行彻底地反对封建文化的斗争。太平天国一再颁行的《太平礼制》《幼学诗》《天父诗》都保存浓厚的封建思想，宣传封建的等级制度、纲常伦理、妇女“三从”等封建糟粕。1861 年发布的《钦定士阶条例》《钦定英杰归真》更明白提出孔孟之书不必废，其中有合于天情道理亦多；要读书士子学尧舜的孝悌忠信，遵孔孟的仁义道德。这是明显地对封建文化的妥协。农民阶级所处的阶级地位，使它不可能单靠自己的力量实现一种代替封建制度的新的社会制度，因此，它也不可能找到一种有效武器，去单独破除封建文化。对统治了中国两千多年的孔孟思想、封建文化进行科学的分析、批判，战而胜之，这是要等待近代中国最先进的阶级——无产阶级，在科学的辩证唯物主义世界观的指导下去彻底实现的任务。

---

① 杨笃信：《义军一月记》，见塞克斯 1862 年 7 月 12 日信，见《中国太平叛乱，它的起源、发展及现状——致〈亚伯丁自由报〉和伦敦〈每日新闻〉书信汇编》（英文本）。

第二编

半殖民地半封建制度的形成。中国人民为反对列强的统治和分瓜中国而斗争（1864—1901 年）

第一章　中外统治者的“和好”局面。群众展开新的反对外国侵略的斗争

第一节　太平天国余部和捻军。群众斗争平息地区的农村

太平天国余部和捻军的失败

太平天国失败，各地农民的反抗斗争失去了重心，全国革命形势趋向低落。南方的太平天国余部，北方的捻军，以及西南、西北的少数民族反清斗争，还继续坚持了一些时候。其中捻军一度卷起强大的风暴，横扫中原、华北各省。但是，它们的政治号召力和组织能力都不及太平天国，相继遭到失败。

天京失陷后，在长江以南由侍王李世贤和康王汪海洋分别率领的两支太平军，先后由江西转战进入福建。1864年10月，李世贤部攻克福建西、南部要冲漳州、汀州等地，击毙清漳州镇总兵和汀漳龙道道员。12月，漳州万松关一战，太平军又大破清军，阵斩署福建陆路提督林文察，声威大震。附近民众群起响应，兵力扩充到五万人左右，据有闽西南大部地区。李世贤发布告示，力图安定社会秩序，保护农商，恢复生产。他准备以闽西南为根据地，夺取泉州、福州海口，再谋发展。清政府急忙调左宗棠由杭州督军来救，英、法侵略者协助清政府从海路调湘、淮军入闽，并派海军严密封锁海岸，断绝太平军军火供应。1865年春，清军分几路猛烈围攻漳州，太平军力战不敌，5月，李世贤率部撤退。天京失守以后，漳州是太平军在长江以南的主要根据地，太平天国的旗帜在这里飘扬了七个月。现在这个根据地也丧失了。李世贤的部队没有粮食，饥饿疲劳，在永定县境内遭清军袭击，大败。李世贤只身走脱，部众投奔汪海洋。6月，汪海洋攻入广东省镇平县，不久，因内部

不和，汪杀李世贤部将。8月，李世贤夜行昼伏，从山中间道到镇平，汪海洋大惊，怕李世贤因部将被杀而将他治罪，乘夜把李世贤刺死。1856年天京内乱后不久，李世贤受任为左军主将，从此屡著战功，是后期太平军杰出指挥员之一。天京失陷以后，实际上成了太平军余部众望所归的领袖人物。曾在太平军中活动过的西方人写的《漳州访问记》等，对他评价很高。内部不和，有威信的领导人被害，将士离心，斗志更加消沉。汪海洋在镇平守不住，12月袭取嘉应州，又被清军包围。1866年2月，汪海洋战死，由偕王谭体元统领其众。谭体元率军突围，被清军追及，督部顽强拒战，力竭跳崖，伤重被执死难，所部败散。太平天国在南方的余部全被镇压下去了。

天京危急的时候，长江以北由扶王陈得才、遵王赖文光等率领的一支太平军，和梁王张宗禹等率领的一部分捻军，联合起来，从陕西向东急进，去解天京之围。1864年5月抵达湖北东部，被清政府派僧格林沁率蒙古骑兵，会合河南、湖北、安徽等省清军阻截，不得前进。天京陷落的消息传来，太平军和捻军顿时彷徨无措，士气陡然低落，旋即被清军分隔为数股。与陈得才分道东进的启王梁成富部，到河南后为清军所阻，退回陕西，不久，入甘肃阶州，1865年夏失败。陈得才所部太平军，于1864年11月在安徽霍山被僧格林沁打败，部将马融和等叛变，率部降敌，陈得才服毒自杀。太平军在长江以北的余部，只剩下了赖文光率领的实力有限的一支人马。

1864年12月初，赖文光在湖北襄阳打败清军，进入河南南部。这时，安徽北部蒙城、亳州一带穷苦群众遭到僧格林沁残酷屠杀，无家可归，纷纷加入捻军，众至数万人。他们从安徽突围，转战豫、鄂边境地区，与赖文光部会合。捻军首领包括张宗禹、任化邦、牛宏升、李蕴泰等，共推赖文光为统帅，“誓同生死，万苦不辞”。赖文光按照太平军的兵制和训练方法，对捻军进行整编，提出“披霜蹈雪，以期复国于指日”的战斗目标。[①] 他又根据捻军精骑善走的特点，创造出一套步骑结合、灵活机动的运动战战术。捻军的素质和战斗力大为提高，声威复震，一时成了全国反清斗争的中心。军事上出奇制胜，斗争明显地分为两个阶段。

前一阶段，从1864年12月至1866年11月，主力集中，战争大部分在山东、安徽、河南等省进行。最重大的胜利都是在这个时间里取得的。

---

①《赖文光自述》，《太平天国》第2册，第863页。

第一个大胜利，打垮以蒙古骑兵为核心的清军北方主力兵团，杀清帅僧格林沁。1864年12月到1865年2月，在河南邓州、鲁山等地屡次大败僧格林沁军，击毙清军大将多名，前锋直逼省城开封。4月，进入山东境内，一天行军百余里，忽东忽西，诱僧格林沁军穷追，寻找战机。以前僧格林沁依靠马队，转战追逐，总以为"捻畏我"，轻敌骄傲，统治阶级中人也为之吹捧。如今连吃败仗，声名大落，他更加急躁，穷追不舍，想把捻军一口吃掉。平时对部下又极严酷，兵卒疲惫不堪，又惧又恨。有人看出形势继续下去很危险，要翼长全顺提醒僧格林沁注意。全顺回答："王忠愤甚怒，莫敢谏也。"5月，赖文光、张宗禹集结马、步精锐数万人于山东菏泽西北高楼寨一带，一部分捻军且战且走，大部埋伏两旁，伺机出击。僧军追至，分左、中、右三路来攻。捻军迎敌，伏兵四起，前后夹击，先打垮左右两路敌军，然后集中兵力，围攻僧格林沁亲自率领的中路。马队、步兵互相配合，轮番进攻，包围圈越来越缩紧。清军伤亡大半，一部分溃散。僧格林沁几次驰马冲阵，不能突围。最后他率少数亲随，乘夜逃到附近的小村庄吴家店，被埋伏在那里的捻军杀死。[①]这一仗，捻军歼敌总数在万人以上，僧格林沁所部蒙古骑兵基本上被消灭。

清政府对僧格林沁的覆亡，极度震骇。僧格林沁在军事上一直被清政府倚为长城，地位十分重要。太平天国树大旗、全国农民革命风暴掀起以来，清政府用来对付各地起义军的，在南方的广大战场上，主要倚靠曾国藩湘军和李鸿章淮军；在北方战场上，主要倚靠僧格林沁蒙古骑兵，胜保旗兵短时间起过作用。僧格林沁在镇压太平天国北伐军的战斗中，为清政府立下了汗马功劳。咸丰帝对他曾大加升赏，加封亲王世袭罔替；又极力炫耀，皇帝登养心殿行抱见礼，赐宴勤政殿等，以示隆重。1860年，英、法侵略军进攻大沽，僧格林沁统率大军，负防守全责。在战斗十分紧张的时候，奕𬣞发亲笔谕旨，命令在大沽前线的僧格林沁带兵退守天津，保存这支军队的实力。谕旨告诫他"万不可寄身命于炮台，切要、切要。以国家倚赖之身与丑夷拼命，太不值矣"[②]。也就是说，对外屈服很"值得"，要留下这个"国家倚赖之身"来对抗国内革命人民。太平天国失败，捻军在北方坚持斗争，僧格林沁蒙古骑

① 有的记载说，僧格林沁藏在麦田里，为一个"捻童"所杀。

②《筹办夷务始末（咸丰朝）》第55卷，第35页。

兵成了清政府镇压捻军的一支“王牌军”，它在清军中算得上是有战斗力的部队。僧格林沁军覆灭，对清朝统治者是一个沉重的打击。战场上的形势突变，满、蒙古贵族中间再也找不出一个可以替代僧格林沁那样的统帅，原有的实力空缺无法填补。清政府不得不进一步依靠湘、淮军，以阻止眼前的危机。以前湘、淮军阀的地盘只限于南方，现在他们乘机进到北方心脏地带来了。清政府内部的权力结构继续改变。

第二个大胜利，打败镇压了太平天国、被反革命派奉为政治、军事权威和精神首领的曾国藩。1865 年 6 月至 1866 年 11 月的大部分时间里，捻军的斗争是以曾国藩为对手进行的。最后打得它的敌人晕头转向，一蹶不振，忍羞含耻，逃出了战场。

僧格林沁败亡前夕，清政府决定要曾国藩至山东剿捻。但只是“出省督师”，不离开两江总督任。僧格林沁死后，清政府改命曾国藩督办直隶、山东、河南三省军务，催他北上，急如星火。凭着多年的反革命经验，曾国藩知道捻军不可轻视，说是“岸然劲敌，精骑逾万，无破之之术”。他接手以后做的第一件事，就是厚集兵力。先后调集湘、淮军达八万人。其中湘军二万人，是大量裁撤以后留下的精锐；淮军六万人，都用洋枪洋炮装备，并有独立的炮兵队伍，粗具近代陆军规模。捻军最多时也只有几万人，武器以长矛大刀为主，甚至要使用竹矛。曾国藩、李鸿章就分别得到过捻军往砀山青口、清化取办竹矛的情报。捻军从淮军手中也缴获一些洋枪，但数量很少。只论兵力一项，曾国藩也处于绝对优势。第二件事，改变尾追打转的战术，变为设防守御，拦头截击。他奏报清政府说：捻军剽忽，应当以有定的兵力控制无定的敌骑。僧格林沁能够在几个月以内奔驰五省，“臣则不能也”。非但不能奔驰，而且也不负责北京一带的安危。他所统领的湘、淮军专办捻军经常活动的安徽、河南、江苏、山东四省十三府、州地区的战事。具体布置是在安徽临淮、河南周家口、江苏徐州、山东济宁四镇驻扎重兵，在其他各府、州及运河、黄河、沙河和贾鲁河一带分设防兵。那块地面，南北宽约四百余里，东西约五百余里。四省其余地方及湖北、河北等省，由各省督抚负责，在战略要地驻扎劲旅。这样一来，就可以分道堵击，互相援应，以逸待劳，打败捻军的快速运动战。哪怕别人指责他“为谋迂缓，骇人听闻”，也决不动摇，要照自己的主张去做。后来这一种主张又进一步变为画河圈地的政策。第三件事，“查办民圩”。在捻军根据地亳州、蒙城、宿州、永城及其他捻军战士家乡，由地主民团修筑圩寨，战时实行坚壁清野，平时普遍清查户口，对捻军战士家属及捻军的同情者进行迫害。许多圩寨强迫平毁、合并，造成无人区。目的都是为了割断捻军同人民群众的联系。被害群众稍有不服，他就穷凶极恶，使出当年在长沙办团练的手段，残酷加以屠杀。他多次指示奉命办理查圩的豪绅恶霸："各圩怙恶不悛之徒，应即随地随时擒拏正法。""必须随时擒拿，使各怙恶者知在外为贼即不得在家为民，尤不得去来自由，混其身于时捻时民之间。总以当机立断，购线捕诛为主。"[①] 从前湖北兴国为盗贼渊薮，胡林翼派邢某捕杀一千四百余人，"以后便不窝藏粤匪"[②]。近年山东兰山、费县土匪如林，巡抚派长某、王某各杀千人，阖邑肃清，"捻匪不敢入境"[③]。这证明人民非杀不可。他要求查办民圩的豪绅必须"铁肩辣手"，"多拿正法，以净根株"，不要惑于阴骘报应之说。有的杀人不及时，便受到严厉训斥："殊属因循姑息，大负委任！"地方官有人建议宽宥胁从，曾国藩说此事殊不易办。他当年曾刊刻《解散歌》，而解散的甚少。"古来流贼难灭，非他故也，家无生业，而时民时贼者多也"。结论仍然是应当多杀。

捻军没有被曾国藩这一套所吓住。1865 年 6、7 月间，从山东南下，包围清军于安徽雉河集，围攻四十余天，湘、淮军大军云集来救。捻军见重新占领皖北已不可能，撤围南下，分两路进入豫西南和鄂东地区，进行休整。1866 年春，觑破曾国藩瑕隙，联合清军中哗变的部队，在鄂东地区两次大败清军，逼得曾国藩打破原定计划，调驻守周家口的淮军刘铭传部南下鄂东作战。捻军乘豫东空虚，挥戈北上。张宗禹一支直插鲁西南，在郓城击败淮军潘鼎新部。赖文光、任化邦一支进抵豫、鲁边境，不久回师亳州、蒙城，再东进皖、苏边境，又折回西行，进到河南许、陈一带。9 月，两支大军在中牟会师，一举突破曾国藩沙河、贾鲁河防线，大败河南巡抚李鹤年的屯濠防军，横扫"民圩"，再次进入山东。捻军有时一日行军一百五六十里，还跨过两道河，快速灵活，军事上表现出了极大的威力。它的敌人被打得惊慌失措，一片混乱。曾国藩反复拿捻军与太平军加以比较，认为捻军的人数与政治抱负远不如太

① 中国史学会主编:《中国近代史资料丛刊·捻军》(以下简称《捻军》)第 5 册，第 236 页。

② 同上书，第 238 页。

③ 同上书，第 238 页。

平军，但“狡诡善战，较甚长毛”[①]，“已有石达开、陈玉成盛时气焰”[②]，“日益猖獗，其凶悍似过于四眼狗”[③]。捻军的大迂回和作战胜利，每次都引起清军内部的激烈斗争，曾国藩成为众矢之的。1865年9月，从雉河集解围进入河南，当时曾国藩上任不满三个月，清廷就传旨斥责他“因循疲顽”[④]。捻军的活动越猛烈，曾国藩受到的内部攻击也越猛烈。他一度坚持自己驻扎徐州，闹得统治阶级内部“几乎一国非之，天下非之”，“中外交讥，疑谤丛集”。他指挥剿捻的一年多时间里，清廷传旨责备七次，御史参劾五次。最初曾国藩还拼命顶住，企图依靠原来设置的防线挡住捻军，改变失去了控制、内外夹攻的狼狈处境。捻军浩浩荡荡，再次进入山东，横冲直撞。曾国藩再也支撑不下去了。他愧惧交加，称病请求开缺。清政府知道必须换马，命曾国藩再去担任两江总督，由李鸿章督师剿捻。曾国藩惶恐，不敢就职，再三恳辞、请罪，最后对李鸿章说：“北征无功，而时局日危，真觉愧对江东，望贤者为我雪耻也！”[⑤]这个人民的凶恶敌人，在外国的帮助下，十几年恶战，打败了太平天国，汹汹不可一世。现在捻军经过一年多的斗争，就打得他凄惨悲鸣，最后败退了下去。距离他战胜太平天国，不过两年。这是整个统治阶级的大失败，是捻军、人民群众斗争的大胜利。曾国藩作为反革命军事权威的地位也就从此结束了。

后一阶段，从1866年11月至1868年8月，主力分为东、西两支，战争的地区更加扩大。政治上和前一阶段一样，提不出新的号召，以发动群众；军事上没有建立比较巩固的根据地，长期流动作战，力量削弱。

打败曾国藩是捻军的全盛时期。自那以后，大部分的斗争是以李鸿章为对手进行的。李鸿章除了继续采用曾国藩的作战方针以外，又加强机动兵力，准备放弃一些地方，引诱捻军深入，利用山深水复的地形，限制它的机动作战能力，然后合军围攻。

这时，全国革命形势低落，捻军日益显得孤单无援。赖文光等深深感到

---

①《复杨厚庵制军书》，《捻军》第5册，第326页。

②《复李宫保》，同上书，第279页。

③《复杨厚庵宫保》，同上书，第326页。

④ 曾国藩：《致李宫保》，同上书，第279页。

⑤《复李宫保》，同上书，第279页。

"独立难持，孤立难久"[①]。1866年10月，捻军在杞县、陈留附近决定分为东、西两支。赖文光、任化邦等率领的东捻军继续在中原一带坚持；张宗禹等率领的西捻军由河南"前进甘、陕，往连回众，以为犄角之势"[②]。东、西捻军从此分头作战，再也没有汇合在一起。

东捻军先直奔鲁西南，准备抢渡运河，为清军所阻，11月底折而南下，经河南进入湖北。1867年1月，先在安陆府罗家集大破湖北巡抚曾国荃的松字新湘军，重伤统领郭松林。半个月后，又在德安府杨家河全歼淮军悍将张树珊所部树字营，阵斩张树珊。2月，安陆府尹隆河一战尤为激烈。面前的敌人，一是刘铭传所部铭字淮军，一是鲍超所部霆字湘军，它们在湘、淮军中历来最为凶悍。据说赖文光在战前鼓励战士们说："今日斩刘捉鲍，长驱西上，一入四川，据巴蜀之利。一上荆紫关，合张宗禹攻陕西，洪大王事不足为也！"[③]战斗打响后，捻军先用流动战术同刘铭传部周旋，把它拖得精疲力竭。等到敌人进入尹隆河附近，埋伏在那里的大军四起，发起总攻，杀清军大将唐殿魁等。刘铭传以下"总统、营官与幕僚等俱脱衣冠，坐以待死"[④]。鲍超部湘军本来约定与刘铭传合击捻军，误期后至，见刘铭传被围正在危急中，即刻投入冲杀。捻军对背后的突然袭击没有准备，大胜转为大败，折损二万余人。东捻军经过这场恶战，元气大伤，放弃西进川、陕的计划。但清军内部也由于先败后胜，发生推卸责任与争功的激烈斗争。李鸿章袒护刘铭传，鲍超打了胜仗，反而受到指责，负气出走。鲍超所部三十营，分别改编遣散，从此再不存在"霆军"这支凶恶的反革命军队了。3月，东捻军在蕲水歼灭另部湘军三千余人，斩大将彭毓橘。曾国荃新湘军的主力全部覆灭。5月末，捻军乘湘、淮大军齐集湖北之际，跳出包围圈，经河南中部向山东挺进。6月，突破清军运河防线，进入登莱地区，前锋直逼烟台。清方因捻军突然到来，慌作一团。地方官与英、法侵略者勾结，借洋兵协同防御。三口通商大臣崇厚从天津派洋枪队一营，携带大小开花炮，乘船渡海往援。捻军受阻后撤，清军又在胶莱河布防截击。8月，捻军西向突破胶莱河防线，到达潍

---

①《赖文光自述》，《太平天国》第2册，第863页。

②同上。

③《湖北通志》第73卷，兵事，转引自《捻军》第3册，第186页。

④薛福成：《书霆军铭军尹隆河之役》，《庸盦海外文编》第4卷，《捻军》第1册，第366页。

县。李鸿章这时已经在北面的黄河、西面的运河、南面的六塘河构筑河防工事，配备重兵，布置下了一个坚固的包围圈。此后，捻军在包围圈内，往来冲杀，几次想突破清军防线，都没有成功。活动范围越来越小，一向擅长的流动战术无法施展，逐渐陷于被动。11月，苏北赣榆一战大败，任化邦被清军收买的叛徒杀害。任化邦年方二十余岁，富有军事才能，曾国藩、李鸿章都极怕他。曾国藩把他比做陈玉成。李鸿章说："任（化邦）好战犹项（羽），张（宗禹）则似刘（邦）"，都精通《三国演义》、多智谋。[①] 任化邦牺牲，东捻军丧失了一大支柱。12月，寿光一仗，又折损三万余人。1868年1月，赖文光率余部突破六塘河防，南下抵达扬州湾头。清军追击，赖文光受伤被俘，在扬州英勇就义。东捻军遂亡。

西捻军在张宗禹及幼沃王张禹爵、怀王邱远才等率领下，1866年12月经商州进入渭河南岸，直逼西安。1867年1月，在西安附近灞桥十里坡设伏，全歼陕西巡抚刘蓉所部湘军三十营，陕甘大震。清政府派左宗棠为钦差大臣，督办陕甘军务。湘军中大部分人不愿到西北作战，直到这年7月才勉强凑集一万七千余人，分三路到达陕西。捻军进占渭北地区，不久又打破左宗棠军的拦截，转入陕北。关中兴起的回民反清武装这时分布很广，捻军有时同回民军协同作战，但主要是分别抗击清军。12月，西捻军得东捻军在山东被围困的消息，决定奔往救援。有人向张宗禹献计说：清兵聚集在山东，河北必定空虚，我军出彰德、怀庆，趋北京，清兵必定回救根本，那时山东之围不战自解。[②] 张宗禹采纳这个计策，率军在宜川境内渡过黄河，经山西，绕道河南，进入直隶。1868年2月，抵达保定府一带。清政府大为惊恐，北京戒严，由奕䜣指挥五城团防、神机营防守涿县、易县一线，并命各路大军"勤王"。捻军在冀中一带往返游击。3月，饶阳一战，张禹爵、邱远才英勇牺牲，退回豫北。4月，再由滑县转向东北，进入直隶、山东交界地区，沿运河东岸北上，到达天津外围杨柳青。几个月之间，驰骋数千里，连败清军。但这时清政府已调集湘、淮军和山东、河南、山西、安徽、湖北各省军队以及京营、天津洋枪队等数十万大军，到处尾追堵截。力量对比，大为悬殊。捻军被围困在黄河、运河、徒骇河之间，几次作战失利，人员马匹和辎重器械损失很

① 《复曾相》，《捻军》第6册，第65页。

② 《涡阳县志》兵事，《捻军》第2册，第107页。

多。8月，张宗禹率部突围，南下到达山东茌平境内。不料徒骇河水陡涨，猝遇清军阻击，全军覆没，张宗禹不知去向。①

捻军的大规模斗争，出现在太平天国失败、中外反革命势力结合、清朝统治力量得到加强之后，这说明人民群众中蕴藏的巨大反抗力量，并没有因为一次革命高潮过去，跟着就消失了。群众随时可以造成威胁反革命统治的形势。捻军的最大特点表现为单纯的流动的军事斗争。军事上有长处，也有短处。曾国藩尝够苦头以后，曾经清醒地分析说：捻军长技约有四端：一、步兵用长竿，在枪弹如雨之中冒烟冲锋，不怕牺牲；二、骑兵四面包围，行动快速，而且配合紧密；三、善战，但不轻试其锋，必须清兵找它，它不先找清兵，很得太平军初起的诀窍；四、行走剽疾，时而数日千里，时而旋磨打转，军中相传的秘诀："多打几个转，追者自疲"，迷惑、拖垮敌人。短处也有三端：一、全无火器，不能攻坚，只要官吏守住城池，地主守住堡寨，它就得不到粮米，断绝接济；二、夜不扎营，散住村庄，遇有偷营夜袭，容易溃散；三、辎重、妇女、骡驴极多，为行军之累，容易受到打击。军事上的这些长处和短处，基本上是表现了旧式农民战争的特点。

农民战争平息地区的农村状况

一、社会生产力空前大破坏，田园荒芜，数十里、数百里寂无人烟。江苏、浙江、江西、安徽、河南、陕西等省的情况尤其严重。曾国藩、左宗棠、李鸿章等人的奏报也不得不承认这个事实。这一些奏报虽然简单，但从中仍足以看到在太平军、捻军战斗过的地区，被反革命破坏到什么程度！

江苏：苏省一向民稠地密，大都半里一村，三里一镇，炊烟相望，鸡犬相闻。"今则一望平芜，荆榛塞路，有数里无居民者，有二三十里无居民者"②。松江府及太仓州地方，以前的著名市镇，现在全成焦土。连阡累陌，一片荆榛。"间于颓垣败井之旁，遇有居民，无不鹄面鸠形，奄奄待毙"③。常州府的江阴、无锡、金匮各县，"城乡村市，一片焦土，遍地黄蒿，行终日而不见

① 关于张宗禹的下落，有两种说法：一说投徒骇河自尽；一说兵败后，削发为僧。
② 李鸿章：《筹赈收复地方并酌情蠲免漕银片》，《李文忠公全书》奏稿，第3卷。
③ 李鸿章：《裁减苏松太粮赋浮额折》，同上书。

人，偶遇二三难民，露处僵饿，旦夕待死，惨苦不堪”[①]。江宁一府七县，井邑萧条，田地荒废。“土著农民存者无几，多方招徕，复业寥寥”[②]。

浙江：“人物凋耗，田土荒芜，弥望白骨黄茅，炊烟断绝。……残黎喘息仅属者，昼则缘伏荒畦废圃之间，撷野菜为食；夜则偎枕颓垣破壁之间，就土块而眠”[③]。

安徽：用兵十余年，杀戮焚掠，惨重难言。“地方虽有已复之名，而田亩多系不耕之土。其尤甚者，或终日不过行人，百里不见炊烟”[④]。皖南各县，“市人肉以相食，或数十里野无耕种，村无炊烟”[⑤]。徽、池、宁国等属，“黄茅白骨，或竟日不逢一人”[⑥]。皖北“自安庆至宿、亳千余里，人民失业，田庐荡然，火热水深”[⑦]。“凤、定各县，环视数百里内，蒿莱弥望，炊烟几绝”[⑧]。

江西：沿江数百里，“人烟寥落，不闻鸡犬声，惟见饥民僵毙，道路相属”[⑨]。

河南：豫东“东西三百余里，南北二百余里，皆无人烟”[⑩]。

陕西：西安、同州、凤翔三府最称沃饶，如今土地耕种的十分不及二三，人民死亡的十居六七。“向日绣壤相错之地，树木丛生，桠杈生拱，或行数十百里，不见一椽之屋，一瓦之覆。炊烟昼绝，豺獾夜嗥，气象殆非人境”[⑪]。

太平天国、捻军的斗争平息三十多年以后，这些地区社会生产力的元气还没有恢复。谭嗣同评论那种情形说：洪、杨纵兵杀人，但得到城池以后，并不杀戮无辜。可是一旦经过湘军的所谓“克复”，借搜缉“捕匪”为名，“无良莠皆膏之于锋刃，乘势淫掳焚掠，无所不至。卷东南数省之精髓，悉数入

---

① 转引自范文澜《中国近代史》上册，第 165 页。

② 刘坤一：《查实江苏各属荒熟田地报部折》，《刘坤一遗集》第 2 册，第 569—570 页。

③ 左宗棠：《沥陈浙省残黎困敝情形片》，《左文襄公全集》奏稿，第 4 卷。

④ 曾国藩：《豁免皖省钱粮折》，《曾文正公全集》奏稿，第 21 卷。

⑤ 曾国藩：《江西牙厘请照旧经收折》，《曾文正公全集》奏稿，第 20 卷。

⑥ 曾国藩：《沿途察看军情贼片》，《曾文正公全集》奏稿，第 18 卷。

⑦ 曾国藩：《会商大略折》，《曾文正公全集》奏稿，第 11 卷。

⑧ 唐训方：《兴办屯垦告示》，《唐中丞遗集》条教，第 6 页。

⑨ 周馥：《亡室吴夫人传》，《周悫慎公全集》文集，第 2 卷。

⑩ 尹耕云：《豫军纪略》第 6 卷。

⑪ 刘蓉：《陈陕省凋敝情形疏》，《刘中丞奏议》第 10 卷。

予湘军，或至逾三四十年无能恢复其元气，若金陵其尤凋惨者也。”曾国藩、李鸿章诸人，正是孟子所说的争地以战，杀人盈野，争城以战，杀人盈城，应当“服上刑”的刽子手。他们只有罪，没有什么功，不应当是非颠倒。①这个评论无疑是公允的。

二、地主阶级统治秩序恢复，出现一批新的大地主，封建剥削加重。在农民革命失败的地区，清政府的各级地方政权机构立刻重新建立起来。官吏胥役照旧骑在人民头上，贪赃枉法，作威作福。各地普遍推行保甲制度，或设立保甲局，实行联保联坐，严密控制群众。清政府对原来地主的土地所有权，采取了一系列措施，加以保护。1864 年初，命令有关的督抚责成州县官查明实在“逆产”，一律没收入官。荒废地亩，有原业主的，允许马上领回。还没有查得业主的，先造册登记，等待业主领回。②清军到达哪里，便有许多逃亡地主纷纷回乡认领田产。以前属于地主而后来实际上被耕种的农民所占有的土地，现在又重新落到了地主的手里。

江苏、浙江、安徽等省田地大量荒芜，漕粮赋税减少。地方政权不得不招募本地农民和外来客户认垦田地。各地的垦荒办法，不尽一致，但基本上都有利于原来的地主恢复他们的土地所有权。例如 1866 年浙江颁布的《垦荒章程八条》，对垦地所有权的规定是：一、荒废的田产，有业主的，责成业主招佃垦种。二、实在无主的田地，由州县官设法招佃，先给准垦单据，赶紧垦种。数年以后，无人来认领，准许垦种者作为自己的产业报税过户。三、如果有的田地最初无主认领，后来又有主认领，可以查明取结，让业主酌给垦户工本，或者仍给原来开垦的人佃种，按年交租。③地主的土地所有权在这类章程里得到充分的肯定。地主不仅在垦荒时可以自行招佃垦种，而且在别人已经把荒地垦熟以后，有权认领收回。照这类办法，垦户完全失去了取得垦荒田产权的可能。不少地方在实行招民垦荒过程中出现的情况是：未开以前，无人过问，开垦以后，“胼胝者习其苦，安坐者享其成”④；或者垦户刚刚办有眉目，就有自称“原主”的人，串通局董书差，把田夺走，垦户勤劳经营，

① 谭嗣同：《仁学》卷下，《谭嗣同全集》，第 62 页。

②《东华续录（同治朝）》第 28 卷。

③ 马新贻：《办理垦荒新旧比较荒熟清理庶狱折》，《马端敏公奏议》第 3 卷。

④ 刘汝璆：《上左季高中丞论清粮开荒书》，《增辑经世文统编》第 39 卷。

落得一场空。[1]在农民战争失败的地区，许多由农民辛苦垦熟的土地，就这样绝大部分终于又被地主阶级所侵占。

一部分旧地主复原，同时还出现了一批新起的大地主。他们大都是靠镇压农民革命起家的清军头目，特别是残忍贪婪，在战争中掳获得大量财物的湘军、淮军首领。其中一些人原来只有不多的土地或者干脆是穷光蛋，打仗抢掠，又立下军功，如今成为拥有几万亩、几十万亩田产的大地主。例如曾国荃，据说每攻下一座大的城池，打一次胜仗，就要请假还家一次，增购田地。[2]曾国藩、曾国荃兄弟究竟占有多少土地，说法不一。一说曾国荃有田一万亩，一说六千亩；曾国藩比他少一半。总之都多至几千亩，比他们各自原有的田地增加了几十倍。[3]曾国荃的许多土地是仗势强买来的。曾国藩就承认：他的老弟看中别家的土地，对方或者有钱、或者是祖传产业，不愿出卖，就恃势强夺，受人仇恨。[4]郭松林先后充任湘、淮两军统领，大发横财。他为族中捐置的田地、房屋，就值十余万金。李鸿章一家兼并土地的情况，骇人听闻。兄弟六人，仅在合肥置买的田地，前后达五十万亩以上。湘军将领刘铭传和周盛波兄弟、唐殿奎兄弟、张树声兄弟等，都各有租稻二万石至五万石不等，田地广布合肥西乡及六安、舒城各邻县。新兴的大地主或兼官僚军阀，或与官僚军阀联结一气，横行州县，都是一方的大恶霸。贫苦百姓深受欺压，无处申诉。

地主同官府狼狈为奸，使农民所受的剥削比以前更为加重。以苏州一带为例，豪绅地主与李鸿章相勾结，设立“收租局”，由官府出面主持收租，地主则把所得的地租分一部分给官府支配。后来“收租局”取消，改为地主自己组织的“租栈”收租，仍旧依仗官府的势力支持。佃农家破人亡、卖儿鬻女，情景十分悲惨。江苏元和人陶煦写的《租核》一书上说：“租事皆联官为声气，诉控比责，不必庭质，隶役提摄，不必签票，一任有田者之所欲为而为之。”佃农“一不如欲，则掌责鞭挞，犹可也；甚者絷两足以倒悬于船唇，

---

① 丁日昌：《金坛县禀到任情形并请免减津贴公费》，《抚吴公牍》第37卷。

② 曾纪芬：《崇德老人自订年谱》，第3页。

③ 参见王闿运《湘军志·筹饷篇》；徐珂《康居笔记汇函·仲可笔记》。赵烈文《能静居士日记》载：曾国藩自己说他家在道光年间，有薄田一百多亩（《太平天国史料丛编简辑》第3册，第422页）。

④ 赵烈文：《能静居士日记》，《太平天国史料丛编简辑》第3册，第423页。

或褫裳袄，拘之铁索，以冻饿于风雪之中”[①]。“司租之徒，欲求媚于主人，于佃农概不宽待。恶声恶色，折辱百端；或豫挟悍隶，入乡收租，一不如欲，出缧绁而囚之。甚且有以私刑盗贼之法，刑此佃农”。“田主控一佃农，止给隶役钱数百，而隶役之索贿于佃农者，亦无限量。或田主以隶役行刑不力，倍给之钱，至有一板见血等名目，俾佃农血肉飞流，畏刑服罪。虽衣具尽而质田器，田器尽而卖黄犊，物用皆尽而鬻子女，亦必如其欲而后已。伤心惨目，有如是耶！”[②]陶煦是个小地主，担心刚刚被平息下去的农民反抗斗争重新兴起，劝其他地主实行减租，说出了一些农村底层阶级剥削、压迫的实情。

三、若干地区自耕农数目增加，租佃关系发生某些变化。清政府保障地主土地所有权的垦荒办法，遭到许多垦荒农民的反抗。农民同地主争夺土地所有权的斗争继续进行。他们采取使已经垦熟的田地重新抛荒等手段，抵制地主向他们收取重租或认领已由他们开垦的土地。江南地区从1864年开始设局招垦，到1868年，过了五个年头，尚未开垦的荒田亩数，仍高达原有荒田的十分之五六。造成这种情况的原因，一是不少从外地前来垦荒的农民，受到业主逼租，所得不足糊口，弃田而归，熟田又变为荒田；二是农民多半不愿开垦无主荒田，害怕一旦荒田垦辟成熟之后，忽然又有原主出来领走，赔贴劳力，一无所得。这使官府不得不修改垦荒办法，多少照顾一点垦荒农民的利益。1868年江苏颁布的《招垦荒田酌缓升科例限章程》中规定：所有尚未开垦的荒地，从《章程》发布之日起，如无人呈报认业，就作为无主土地，由官府招人垦种。垦辟成熟以后，原主再来认地，虽有契据，也无效力。无主田地，有人垦植，官府给予印照，永为世业。根据这个规定，开垦无主荒田的农民，获得了这部分土地的所有权。有的地方，如安徽广德州，地方官出于搜刮钱财的目的，把许多祠堂庙宇的公田、祭田一概充公，连同无主荒田，以每亩制钱六百文卖与客民为业；或者垦户拒绝向地主交租，地主不纳钱粮，地方官就当堂劝地主卖田，直接向垦户征收赋税。再如宁国府，规定熟田一亩，垦户给业主洋一元四角，买归自己名下。熟地七角，荒田三角，荒地二角。不少垦荒农民通过购买的方式，也得到了一些土地。若干地区里，自耕农的数目因此在一个时期内有所增加。浙江《汤溪县志》中说：太平天国革

---

①《重租申言·流弊》，《租核》光绪二十一年版，第12页。

②《重租论》，《租核》，第2—3页。

命以后，不少豪富之家衰落下去，田地从地主手里转到农民手里，“自有而自耕之者且七八”。多数情况未必这么突出，但这类事实是存在的。

江苏、浙江、安徽、江西等省，在租佃关系方面，一种称为“永佃制”的租佃制度逐渐流行起来。所谓“永佃制”，是土地所有权分为“田底”“田面”。地主拥有“田底”，向佃户收租，向官府缴纳钱粮。地主的“田底”可以自由买卖，但换主不换佃。佃户拥有“田面”，有权永久耕种，还可以将佃种权买卖顶押，地主不得干涉。“永佃制”早已出现，太平天国革命失败后，土地荒废，许多地主采取这种办法招募佃户，允许佃农有永佃权，使他们得以安心开垦。“田底”“田面”的称呼，各地不一样，实质则相同。据说安徽的舒城、桐城等县，佃农几乎全部有永佃权，芜湖、巢县、怀宁、太湖等县或大半有，或少半有。官府并无法律规定，它是一种习惯法，流行的地区比较广。

实行“永佃制”，从地主看来，起着保证他们的田地得到劳动力的作用。陶煦在《租核》中说：佃农没有田面权维系的时候，如果地主过分侵刻，那么今年受困，明年就可以改种别家的田地。有田面权就不一样了。它被佃农看做一生一世、甚至是子孙后代的“恒产”，不肯轻易舍弃。剥削再重，生活再苦，也只得忍受。另一方面，对佃农来说，有了永佃权，向地主缴纳的地租额，比较没有永佃权的，一般都有所减轻；并且地主不能随意撤田，佃农的流离失所也可以减少。

四、地主阶级统治恢复的地方，外国资本主义侵略势力也跟着到来。教会势力是一种，经济势力是最普遍的一种。英国输华货物总值，1864 年为三百六十多万镑，到 1869 年猛增到近八百万镑，五六年内，增加了一倍多。1869 年，全部洋货进口总值达七千三百多万海关两，中国出口货物总值也近七千万海关两。外国经济侵略加深，猛烈冲击中国原有的社会经济结构，广大农村的自给自足经济和城乡的手工业遭到越来越多的破坏。农民战争平息地区也不例外。农民和手工业者重新处在封建主义和外国资本主义双重剥削压迫的桎梏下面，生活困苦。这些地区，同全国其他地区一样，旧的奴役、旧的矛盾斗争没有解决，新的奴役、新的矛盾斗争又缓慢地兴起。

第二节 清政府与外国侵略者暂时“和好”的局面

中国封建统治者与外国侵略势力在共同镇压太平天国的基础上建立的合作关系，在太平天国失败以后，有了进一步的发展。十九世纪六十年代，清政府与外国侵略者之间，出现了一个暂时的“和好”局面。

清政府从中央当权的奕䜣、文祥到地方实力派曾国藩、李鸿章等人，一致主张与外国侵略者必须保持“和好”，认为这是维持封建统治的上策。奕䜣自签订《北京条约》起，就坚信列强是“执约为据”，可用信义笼络的。曾国藩于1862年建议清政府对外国侵略者要做到“言必忠信，行必笃敬”，忠实执行不平等条约的各项规定。1870年他办理天津教案，把同治朝的对外政策，同前一时期作了比较，断定必须坚持对外投降的方针。他说，时事虽极艰难，谋划必须决断。道光、咸丰两朝“办理夷务，失在朝和夕战，无一定之至计，遂至外患渐深，不可收拾”。同治以后，“外国强盛如故，惟赖守定和议，绝无更改，用能中外相安，十年无事”。所以“以后仍当坚持一心，曲全邻好”。[①] 又说：“驭夷之法，以羁縻为上，诚为至理名言。自宋以来，君子好痛诋和局，而轻言战争，至今清议未改此态”[②]，实在要不得。李鸿章的态度和曾国藩完全一样。所谓“以羁縻为上”的名言就是李鸿章讲的。他认为“洋人所图我者利也，势也，非真欲夺我土地也。自周秦以来，驭外之法，征战者后必不继，羁縻者事必长久。今之各国，又岂有异”[③]。文祥主持总理衙门，先后十多年。1873年他总结与外国打交道的经验说：“从前屡战屡和，迄无定局，因在事诸臣操纵未宜。及庚申定约，设立衙门专司其事，以至于今，未见决裂。”[④] 奕䜣、文祥、曾国藩、李鸿章等人，根据他们的这些主张，确定对洋人的政策，办理外交，毫不游移。

西方侵略者这时也乐于同清政府保持“和好”关系。首先，他们认为只有支持清政府的统治，才符合自己利益。英国公使普鲁斯在六十年代初就说，

---

①《筹办夷务始末（同治朝）》第73卷，第48—49页。

②《曾文正公全集》书札，第33卷，第10页。

③《李文忠公全书》朋僚函稿，第10卷，第27—28页。

④《文祥传》，《清史稿》列传173。

英国在华的利益在于支持清朝政府，必须加强它的统治力量，通过它实施各项条约规定。[①] 法国在华外交官哥士耆说：清朝“中央政权的衰弱”使得法国有责任“不做使它更趋衰弱的事情”[②]。他们根据对中国多年侵略的经验，知道中国人民是不会屈服的，而清政府却很容易被吓倒，为了奴役和榨取中国人民，维持这样一个政权对他们是必要的。其次，当时《天津条约》《北京条约》订立不久，外国从中国夺得的一系列特权，需要有一段时间才能充分付诸实现。保持“中外和好”的局面，正可以通过外交诱骗，督促清政府忠实履行“条约义务”。只要清政府履行义务，军事手段也就没有必要了。又其次，各侵略国内部阶级斗争的形势、彼此间的关系，也使它们的行动受到限制。它们认为最可行的办法是，一方面，彼此协商，调整相互间的对华政策和行动；另一方面，与清政府合作，逐步改造这个政权，把中国纳入半殖民地的轨道中去。这也就是后来西方资产阶级所说的“合作政策”。六十年代英国以所谓曼彻斯特学派为中心，掀起一场斗争，反对征服、反对吞并和干涉别国内部事务，主张殖民地脱离英国实行自治。资产阶级当权势力对此不能不加以重视。他们之中有人承认“殖民地是吊在我们脖子上的石磨”[③]。英国决定对中国采取比较温和的侵略手段。在上海的英国人的喉舌《北华捷报》著论说：“在当前英国公众情绪的气质中，我们以为有一种强烈的厌战和任何导致吞并政策的完全恐怖”，“我们的公使和领事可能会接到指示采取审慎而又审慎的政策。”[④] 英国在远东实力最大，它的态度也就最有影响。法国在克里米亚战争和第二次鸦片战争中是英国的同盟者。政府里面这时虽有人主张对华单独行事，以取得更多的让与权，但总的来说，它支持英国的政策。1867年法国政府认为，新的对华政策是成功的，“一向尊奉的偏见正逐渐被一种更确实的对共同利益的尊重所代替”[⑤]。这里所说的共同利益，就是指列强侵华的共同利益。俄国在前些年抢夺中国大片领土后，这时也宣称它不愿威胁中国“领土完整”。俄国公使巴留捷克称西方的政策旨在使西方文明与东方文明相结合，他愿与其他国家一起尽力。美国当时对外扩张的实力有限，而且正

① 参看柏尔科维茨（N.A. Pelcovits）《中国通与英国外交部》第一章。

② 引自科恩（P. Cohen）《中国与基督教》，第 203 页。

③《列宁选集》第 2 卷，第 798 页。

④ 芮玛丽：《同治中兴》（Mary C. Wright: The Last Stand of Chinese Conservatism），第 22 页。

⑤ 同上书，第 34 页。

处于席卷全国的大内战中。实行“合作政策”能够给它带来很大好处，同其他列强一样，享受不平等条约的全部特权。美国公使蒲安臣竭力支持那种政策，并为此在驻北京的外交使团和清政府间积极活动。以上种种情况，造成了六十年代西方列强彼此之间以及它们与清政府之间的比较稳定的局面得以出现。

在这段时间里，清政府的政权机构、管理制度等方面出现了许多变革。它们的重要性、影响不同，但都是朝着一个方向去变革的，即都是为了适应外国侵略者的需要。

一、设立总理各国事务衙门。鸦片战争前，清政府封建的天朝正统观念，把外国同中国的来往关系，统统看成是藩邦和四裔“向化”。外国使节来华，视为向清廷“朝贡”，俄国使臣沿例由理藩院接待，其他国家则由礼部负责办理。鸦片战争后，清政府以两广总督专办与欧美国家的交涉，特加钦差大臣的头衔，号称“五口通商大臣”。《北京条约》订立后，各国相继在北京设立使馆，派驻公使，清政府既不能以地方督抚兼钦差大臣主持外交事务，又不能由礼部负责办理外交，更不愿机密性强的军机处有外人往来。奕䜣等人在签订《北京条约》的过程中，已同外国建立了密切的关系。他们需要有一个权力较大，与外国办理交涉的机构，用以保持在清政府中的地位和权势。于是这个名称含糊的机关成了外国侵略者与奕䜣等人共同合意的组织。

总理各国事务衙门（又称总署或译署）表面上专办外交事务，但却是一个体制崇高、权力很大的机关。它的组织“一切均仿照军机处办

插图 22：总理衙门的大门

（采自 R. K. Douglas，China，London，1900，p.256）

理”，派亲王领头，并由军机大臣兼管。办事司员最初同军机处一样，有满、汉章京等，不久又增加名额，扩大组织，分股办事，规模略相当于六部。[①]总理衙门下面，另设南、北通商大臣，最初都是专职，后来分别由两江总督和直隶总督兼任。南洋大臣管理长江及江苏以南沿海各通商口岸，驻于上海，后移南京。北洋大臣管理北方通商口岸，设在天津。总理衙门和南、北洋大臣除了主持外交和通商事务外，经管与所谓洋务有关的各种事项，如练兵、筹饷、购买船炮枪械、设立工厂、开办路矿、兴办学校等等。总理衙门权力很大，成为清政府的一个重要决策机关。外国人称它为“帝国的事实上的内阁”[②]，有相当的根据。不过它是半殖民地的“内阁”。

总理衙门的首任大臣奕䜣、桂良、文祥三人都是满族亲贵，又一同签署《北京条约》，有与外国侵略者打交道的经历。奕䜣谋划发动北京政变，帮助那拉氏夺取政权，进一步得到外国侵略者的信任。桂良历任总督、尚书、大学士，是奕䜣的岳父，又是《天津条约》的签订者。文祥是咸丰帝逃离北京时留在京城的唯一军机大臣，北京政变中他站在奕䜣一边，与英国公使普鲁斯有所接洽。总理衙门在他们的管理下，实际上成了外国侵略者控制清政府的总枢纽。南、北洋通商大臣早期即由买办化的官僚薛焕、崇厚担任，两江总督和直隶总督兼任南、北洋通商大臣后，则长期为湘、淮军首领所把持。中央和地方的很大一部分权力，由买办化的贵族、官僚、军阀所掌握，事实越来越明显。清政府内部的权力结构正在发生新的、深刻的变化。

二、外国使臣常驻北京。西方国家在中国设立使馆，派使臣进驻，这是《天津条约》所列条款之一。法国、英国和俄国的公使分别于1861年3月25日、26日和7月8日到达北京，美国公使于第二年7月20日到北京，相继设立使馆。这些公使、外交代表的任务，是督促清政府履行条约义务，索取他们各自负责的国家利益，“教导在最新的国家关系中并无经验的那些中华帝国

① 总理衙门大臣初设三人，后来不断增加，最多时达十余人。最初置满、汉章京各八人，其后增添名额，其中满、汉各二人为总办章京，又挑选满、汉各一人为帮办章京。章京办事分英、法、俄、美、海防等五股。通商、海关事务属英国股，传教事务属法国股，陆路通商、边防、边界属俄国股，华工等事务属美国股。其他各国交涉往来分属以上四股。海防股于1883年添设，南北海防、长江水师、船厂、炮台，购买枪、炮、军舰，开矿修路等属之。此外还有司务厅、清档房等单位。

② 马士：《中华帝国对外关系史》第2卷，第353、457页。

大臣”[①]，即原先的封建统治者懂得怎样恪守半殖民地的规矩，顺应外国侵略者的意愿。他们驻在中国，与其说是办外交，不如说是以征服者的姿态行使监督职权。以前清政府非常担心外国公使驻京会出现很多新的问题，一切政令，必多牵制。现在事实证明这种顾虑并非多余。外国使馆人员任意干涉中国内部事务，仗势凌人，气焰嚣张。清政府的军事、用人行政等，都受到横蛮掣肘。1862 年 10 月两广总督劳崇光因案降调，英、法公使及参赞先后提出口头和正式照会，进行质问。1866 年英国使馆参赞威妥玛，在公使阿礼国授意下，向清政府递交《新议略论》一篇，指着清政府的鼻子说：你的统治地位所以能够保存下来，是因为各国在华都有重要利益，不能弃置，因此与你立约，许为相保。如果你不听从列强的意旨，自寻绝路，诸国为保全自身的利益，必要出面干预。一国干预，诸国照办，试问你清政府还能自立么？那时中国将被诸国瓜分，可以断言。今日的善策，是你清政府答应在各省开设铁路、飞线（电报），开采五金煤炭，照西法安置、操练水陆各军。费用不足，应约请外国借贷。这一些，中国如决意试行，各国便无不欣悦。外人替你们谋划的各事，“不惟于中国无损，反于中国有益，虽谓于外国有益，实于中国更有大益”[②]，你们应当接受这些“善意的劝告”。1866 年 7 月，法国代办伯洛内也向总理衙门呈递一份冗长的“意见书”，建议清政府在军事、贸易和交通各方面实行改革，他指责清政府处理教案不力，如果不迅速地主动自愿地抛弃古老的传统习惯，敌对行动又将发生，列强将采取果断的措施等等。[③]奕䜣为首的总署大官僚对侵略国驻华代表的粗暴干涉也怨愤不平，认为难以忍受。他们说，洋人种种狂悖言词，出于情理之外，凡有血气的中国人，都感到切齿痛心。听任其桀骜不驯，诪张为幻，必定愈来愈甚，不成事体。但他们不过在背后骂街，发泄怨愤而已。鉴于英法联军攻占北京的沉重打击，他们心怀畏惧，担心“彼族性情不测，诚恐触机即发，决裂立形”。抱定宗旨，凡事“持以镇定，设法转圜”，与侵略者保持“和好”的局面。[④]外国公使驻京，直接的监督、“劝告”，加速清政府习惯半殖民地的办事规则。

三、海关归外人管理的制度在全国普遍推行。1854 年外国侵略者霸占上

① 马士：《中华帝国对外关系史》第 2 卷，第 125 页。

②《筹办夷务始末（同治朝）》第 40 卷，第 24—36 页。

③《筹办夷务始末（同治朝）》第 43 卷，第 29—37 页。

④ 同上书，第 28 页。

海海关，当时上海已取代广州成为中国最大的对外通商口岸。此后贸易额逐渐增大，关税的收入也随之加多。上海关税是清政府镇压太平天国的重要军费来源之一，外国侵略者试图利用它作为控制清政府的一种手段，把上海实行的一套办法推广到其他通商口岸去。1859 年，他们勾结驻在上海的两江总督何桂清，借口《中英通商章程善后条约》中有“各口划一办理”的文字，任命英国人李泰国为总税务司。总理衙门刚成立，就发给李泰国札谕，把全部海关管理权交给这个侵略分子。《善后条约》中本来只有将各口海关“划一办理”，任凭清政府邀请外国人“帮办税务”的条文，并没有一定要任用外国人管理海关的规定。清政府看到上海海关在外国人把持下税收不断增加，竟认为用中国官员稽查，难期周到[①]；用外国人治外国人，能知洋商利弊，熟悉情况[②]，可以防止偷税漏税，于是不顾国家利益，把管理权全交给他们。这正适合外国侵略者把持海关，来控制、影响清政府的心意。英国公使普鲁斯、第二任总税务司赫德都说得很清楚：“这样一个机构不但会使各国使馆省掉对关税问题无休无止的争论，而且还能在当时一般情况下，使中国得到帮助和公正无私的意见，因为这种帮助和意见，如果由外国外交人员提出，势必会启人疑心的。”[③]“通过总税务司，打开一条通道，灌输各种改良的、有用的观念，这比其他方法更好。”[④]他们所说的“公正无私”，当然是从侵略国的角度来看，不是从中国的角度来看的。1863 年李泰国去职，赫德继任，总税务司署从上海移到北京。半殖民地的海关制度在中国各开放口岸已经确立下来了。总税务司名义上由总理衙门领导，对总理衙门负责，各口税务司应接受当地海关道的监督，是当地海关监督的助理；实际上海关内部的行政、用人等大权，完全操在总税务司手里，清政府没有自由任免海关人员的权力，地方官员也无法对各地海关实行监督。“洋商但知有税务司，而不知有监督”[⑤]，各口岸税务司只对总税务司负责。海关高级人员和机密人员，全由洋人充当，其中英国人占半数以上。中国人只能充当一般职员，并完全被排斥于机要工作之外。洋员的待遇非常优厚。总税务司正式薪金每月一千英镑。赫德先后

---

① 《筹办夷务始末（咸丰朝）》第 72 卷，第 16 页。

② 《筹办夷务始末（咸丰朝）》第 71 卷，第 32 页。

③ 魏尔特：《中国海关沿革史》（中译本），第 142 页。

④ 英国蓝皮书《有关中国设置海关的通讯》（1865 年），第 12 页。

⑤ 《筹办夷务始末（同治朝）》第 54 卷，第 22 页。

担任这个职务四十多年，单单这一项，他就从中国掠夺走了四五十万英镑的财富。海关是一国门户。中国的门户由外国人掌管，清政府接受了这种制度，直到它灭亡以后，这种制度也没有废除。

总税务司署迁到北京后，赫德利用更多的同总理衙门接触的机会，积极活动，俨然成了总理衙门的最高顾问。英国人的记述说：那时总理衙门还没有经验，在一切国际问题上，从商议一个条约，直到解决一个土地纠纷，都常听取在北京的总税务司的意见并要求他的帮助。各省的督抚、道员同样要征询各口税务司的意见，以便照计遵行。不止这样，赫德还代清政府向外国借款，采买军火，办理外交，直接插手中国内政。1865 年 11 月，他给总理衙门递交一篇《局外旁观论》，教训清政府：现在某事当行，某事不当行，已有条约可凭。民间立有合同，相当于国家间立有条约。民间如违背合同，可以告官准理；国家间违背条约，在万国公法准至用兵，败者必认旧约，赔补兵费，而且要再加新的保证。无论因故不肯照约，或因故不能照约，那时必有出而强迫执行，起而代为执行者。一经动兵，外国有得无失。所以或有应办的事，或有请办的事，不如主动早办，免得日后受人强迫，被动去办。这些应办早办的事，有水陆舟车、工织器具、银钱式样、军火兵法，准许洋商合华商会制轮车电机等等。[①] 总而言之，清政府除了必须恪遵不平等条约，还应主动采取措施，满足侵略者的需要。赫德后来总结自己的活动说："我所主持的工作虽然叫做海关，但其范围甚广……它确是改革各地海关管理制度及改善中国一切生产事业的一个适当的核心组织，而最关重要的是它的领导权必须掌握在英国人手里。"[②] 外国的侵略活动，集中起来，是要尽可能多地掌握中国领导权，赫德长期作为英国在华利益的重要代理人一语道破了他们活动的关键。

奕䜣、李鸿章等对赫德深信不疑，而且越来越倚重。1867 年奕䜣奏报："臣衙门所设总税务司赫德，系英国人，办理各口各国之事，毫无窒碍。"[③] 赫德等人向清政府提出"劝告"，奕䜣又称赞说：所陈内政外交，各种利弊，有切中要害的。不能鄙薄西人的办法，以为不可用；应广求良方，立见施行。

①《筹办夷务始末（同治朝）》第 40 卷，第 13—22 页。

②1885 年 8 月 26 日赫德致英外相信，见《中国海关关于总税务司起源、发展及活动文件集》第 6 卷，第 543 页。

③《筹办夷务始末（同治朝）》第 51 卷，第 27 页。

1867 年，李鸿章还在湖广总督任上，就陈述意见，以为从来敌国相交，最忌情形隔阂。如今中外交际多年，外国固然深知我方虚实，我方也了解了外国一些情伪。如总税务司赫德，心虽深狠，但贪恋薪俸，愿为中国效力。一旦有事，“可备居间转圜之用”①。几年以后，同文馆天文教习德国人方根拔揭露说：赫德野心很大，惯于玩弄权术，外貌谦恭，内怀奸诈，到处伸手抓权，想把他的手“伸向每一张馅饼”。方根拔并列举赫德攫取的正式和非正式的职务、头衔多达十余个。②奕䜣等置之不理。1879 年，赫德建议清政府设立一个统筹海防的机构，并且毛遂自荐，要求任命他担任总海防司。目的很明显，是要乘机把持中国海防大权。李鸿章赞成委任赫德总领南北洋海防，添置快船蚊船，分驻大连湾等处。李鸿章核定的海防章程中规定：南北洋各派监司大员作为会办，与赫德手下洋将一同督操。所有用人、支饷、造械各事，赫德享有全权，南北洋大臣不得侵越。这个决定遭到一些人反对。洋务派幕僚、他们的代言人之一薛福成致书李鸿章，指出赫德的为人，阴鸷专利，恃势自尊，虽然食厚禄，受高职，却总是忠于西人，损害中国。他担任总税务司，利权在握，已有尾大不掉之势，如果再任命为总海防司，那就等于中国的兵权、饷权都归到赫德一个人手里。③利害关系不轻，值得重新考虑。李鸿章十分踌躇，最后由总理衙门向赫德表示，他总领海防，专管练兵，不宜再兼总税务司。赫德不干，原来的计划才没有实现。但此后赫德受到倚任如故。当时人说他暗地左右朝议，公开操纵邦交。“中外大臣皆尊而信之”④。地主阶级当权势力中的一部分人，先是盲目自大，很快变为疑忌，惧怕洋人，最后变为崇拜资本主义统治秩序，迷信洋人。那些人的思想变化过程，反映了中国社会堕入半殖民地、地主阶级势力变动、分化的过程。海关归外国人管理的制度，把半殖民地秩序表现得极为突出。

四、蒲安臣“使团”访问欧美，又一次修订条约。外国公使驻京不久，一再劝说清政府向西方国家派驻使节。他们希望这样来把清政府同西方牢固拴在一起，使它“欲退不能”。侵略各国由此可以增加一条控制清政府的渠道。1866 年赫德请假回英国，清政府接受劝说，派前山西襄陵县知县斌椿和同文

---

①《筹办夷务始末（同治朝）》第 55 卷，第 8 页。

② 方根拔：《蒲安臣出使》（Gohannes von Campach: The Barlingame Misson）。

③ 薛福成：《庸盦文编》第 2 卷，第 53—55 页。

④ 陈炽：《庸书》，《外篇》卷上，第 14 页。

馆几个学生随同赫德到英、法、普、俄等国游历。斌椿得到指示，要将所过各国山川形势、风土人情，详细记载，绘图贴说，带回中国，作为参考印证。这是清政府派员出洋的第一次。斌椿原是赫德的中文秘书，年过六十，思想闭塞落后。一到欧洲，被西方文明惊倒了。他写的《乘槎笔记》上说：马赛、柏林楼宇高峻，街市整齐，雕栏画槛，高列云霄。入夜市肆灯火密如繁星。巴黎、伦敦宴会、舞会上见到的妇女，长裾华服，袒臂及胸，珠宝耀目，罗绮盈廷。照他的描写，残酷剥削工人、血腥掠夺殖民地的西方资本主义社会简直是极乐世界，神仙宫阙。所接谈的男子皆金甲天神，妇女是蕊珠仙子，"几无疑此身在天上瑶池"[①]。他显然以为自己有资格亲历那种海外胜境，实在荣幸，值得夸耀。外国驻华使馆对清政府这次派遣的出洋人员并不满意。他们认为斌椿既不能对他所见所闻，作出确切的判断，他的报告也肯定不可能对中国文人学士起什么作用。这种估计大致是不错的。

《中英天津条约》规定十年后双方对条约再行修订，1868年十年期满。总理衙门耽心英国利用修约，乘机讹诈，十分惶恐。美国驻华公使蒲安臣一向主张外国支持清政府，很受奕訢等人信任感激。适逢他任满回国，到总理衙门辞行，表示嗣后遇有各国相待不平的事，他必十分出力，犹如中国派他充当使臣一样。清政府受到各国鼓动，虽打算派人出使，但考虑到通晓语言文字，才堪专对的人难得；如果贸然前往，受到轻侮，反而贻羞域外，犹豫未决。现在蒲安臣自我推荐，又加上赫德的授意，总理衙门便聘请他充当中国的全权特使，号称"办理各国中外交涉事务大臣"，访问欧美各国。奕訢等同他约定：凡于中国有损的事，必须力为争阻；凡于中国有益的事，不可遽然应允，必须知会总理衙门复准，方可照行。[②]英、法对蒲安臣独揽权利感到不快，清政府又加派英使馆翻译柏卓安、海关法籍职员德善为使团左右协理。中国人陪同出洋的有记名海关道志刚、礼部郎中孙家谷。外国派驻中国的外交官，一变而为受中国正式派遣，代表中国办理外交的使节，这是只有半殖民地中国才能出现的滑稽戏。蒲安臣先到美国，他立刻违背总理衙门的指示，不事先禀报中国，等候核准，与美国签订了《中美续增条约》。美国招骗华工和扩大在华传教，从此得到合法根据。最早给蒲安臣作传的美国资产阶级学者威

---

①《乘槎笔记》，第1、19、23、29、44页。

②《筹办夷务始末（同治朝）》第51卷，第27—28页。

廉士也认为这是一种越权行为，指出他并未得到明令在国外商订条约的权力；如果他在离开北京之前，讲出订约的意图，总理衙门是不会任命他的。[①]

蒲安臣离开美国，以中国钦差身份，到英、法、普与各国政府商谈。英国外交大臣表示把清政府作为主要交涉对象，不对地方当局进行威逼勒索。清政府必须极力保护英国在华侵略利益，如果英国人在中国生命财产遭到危险，它仍将使用武力。蒲安臣对此表示完全同意。法、普两国政府也作了类似的声明。1870 年蒲安臣在俄京病死，随行人员经意大利回国。那个光怪陆离的使团宣告结束。清政府希望通过蒲安臣的游说，西方国家在修约时不要动用武力，这个指望落空了。侵略者根本拒绝作出这种保证。

修约开始以前，清政府对于自己应当采取的方针、态度，曾在内部认真进行讨论。1867 年 6 月，奕䜣等上折请令南北洋通商大臣各派熟悉洋务人员到总署以备查询。他们指出，列强向来把条约作为挟制的工具，力争写进它们需要而有利的内容。自交换《天津条约》以来，不独于约内已载的，断然不肯更改，条约中未载的也总想增添。同年 10 月，总理衙门发出致各省将军、督抚论修约书，广泛征求意见。奕䜣等对当时的基本情况作了一个估计：各国中财力以英为最强，它所重在通商；性情以法为最悍，它所重在传教；俄国善柔阴狠，眼睛盯着中国边疆土地。三国鼎峙，其他国家群相附和，总不外乎惟利是图。他要求各通商省份将军、督抚及有关官员深入讨论，找出“必如何而后可不决裂，必如何而后决裂亦无可畏”[②]的方略、良策。

湘、淮军首领的意见自然是最有分量的。曾国藩回复说：觐见、遣使、传教、采煤等问题，或者已有先例，或者可以试办。洋人运盐、内地设立货栈、建造铁路、电报，以及轮船进入内河行驶，则绝对不能答应。如果答应了这一些，那就必定要把市场商贩、行栈店伙、大小舟航水手舵工、车驴、挚载劳力、旅店脚夫等各种人的生活，统统逼入绝境。浙江巡抚马新贻明确地说：到那时，“恐外国未必遂能羁縻，而内患不可思议矣”[③]。显然在他们看来，最重要，最可忧虑的，不是中国门户洞开，主权丧失，而是人民再次大规模起来造反，清政府的统治会面临新的危机，不可收拾。李鸿章的意见大致相同。

---

① 威廉士：《蒲安臣与中国第一次出使外国》（F. W. Williams：Anson Burlingame and First Chinese Mission to Foreign Powers），第 152 页。

②《筹办夷务始末（同治朝）》第 50 卷，第 24—26、30 页。

③《筹办夷务始末（同治朝）》第 55 卷，第 27 页。

他认为修约不同于议和。议和不成，立即有战争；修约有一方不愿意，就可以停修，不至于决裂。其他督抚意见，大同小异。总理衙门归纳他们的意见，决定在修约谈判中，“于窒碍最甚者，应行拒绝，其可权宜俯允者，仍与羁縻相安”①，保持和好。

与这同时，列强各国也在讨论侵略中国最有效的政策。中英谈判之前，英国公使阿礼国亲自到重要通商口岸巡视，又派领事到重庆等地了解英国商业势力深入内地的可能性。英国在中国的商人，要求利用修订条约的机会，强迫清政府彻底改革行政，准许外国商人在全中国进行贸易，自由居住，不受限制；外轮在内河航行，设立货栈以及建造铁路、电报、开采矿山等等。1866年、1867年世界经济危机引起商品滞销。英国商人把这也归结为清政府的阻挠。他们之中有人公然倡言武力征服，变中国为殖民地，像英国统治下的印度一样。美、法等国商人一般支持英商要求，希望日后在中美、中法修约时索取同样的权利。

英、美在华外交官看得更远一些。他们认为商人提出的要求过高，目前要实现那些要求，只有凭借武力，发动新的战争。更有一层，清政府即使再次屈服了，各地群众必定起而反对。这对于清政府和英国都不利。阿礼国一再向英政府表示，不可以把中国搅得混乱一团，只有“保全中华帝国，使其不致瓦解，才最合于（英国）自己利益”②。美国代办卫三畏抱着同样的主张。他在侦探到不久前曾国藩论修约奏折的内容以后，报告美国政府，应当注意那份文件的分量，并着重指出：“这些粗野的、紧握拳头的、一向恃劳动——如撑船推车为生的亿兆中国人民，当他们的生计，忽然被轮船或铁路所剥夺，以致穷蹙无归时，可能成为满清统治者的严重灾害和真正危险。”③1869年5月英国贸易部致外交部的信上也说：“使用武力而造成的后果和牺牲，一定要落在英国国家的头上。”④列强侵华政策的制订者打定主意：这次修约，暂时只勒索那些清政府能够让与的最大利益；用谈判，诱导来巩固既得地位。当然这并非说减少对清政府随时施加压力。

中英经过长达一年的交涉，1869年10月23日签订《中英新定条约》十六

①《筹办夷务始末（同治朝）》第63卷，第1页。

②1868年1月阿礼国信件，见《中国通与英国外交部》（中译本），第57页。

③卿汝楫：《美国侵华史》第2卷，第135页。

④《中国通与英国外交部》（中译本），第89页。

款及《新修善后章程》十款。主要内容有：开放温州（与琼州相交换）、芜湖为商埠；布匹呢绒进口交正税、子口半税后，在有通商口岸各省一律免税；英商从内地买土货出口，沿途交纳税金，其税额如超过半税，超过部分发还英商；外国人自用物品、洋煤等进口免税；鸦片进口每百斤增税至五十两和生丝出口值百抽五征税等。阿礼国肯定，这次修约，英国收获重大。在此以前，没有一个国家或西方政府，会对外商作出如此慷慨的让步。[1] 新修条约关于纺织品征税的办法，不止具有扩大英国商业活动范围的经济意义，还有支持清朝中央政府的政治意义。英国在华商人的贪欲没有得到满足，他们联合英国国内商人，群起反对。鸦片商人更坚决拒绝鸦片增税。英国政府一面于1870年宣布不批准《中英新定条约》和《新修善后章程》；一面示意清政府，可以"自愿和单方面"实施条约里规定的一些办法。清政府只求能够保持"和好"，也就乐于照此办理。

从修订条约的准备、讨论一开始，就清楚地表现出了清政府与列强在一些具体问题上的严重矛盾和对立，在统治中国的根本态度上又完全一致。它们都把保住清政府的统治放在首位，把阻止中国人民反抗斗争作为共同的需要，共同的目标。曾国藩、阿礼国、卫三畏的主张，强烈指出了这个事实。那种主张的深刻含义是：一、清政权的性质早已改变，它不能保卫中国的民族利益，越来越明显地充当着外国侵略势力统治中国的工具。二、人民群众的强大力量，随时都展现在人们面前。太平天国席卷全国的群众反抗斗争失败了，但他们照旧横眉怒目，挺立在那里，未曾屈服。中国没有最后变为外国殖民地，起决定作用的，正是这些"粗野的、紧握拳头的、一向恃劳动"为生的亿万中国人民。

六十年代，中国与许多西方国家陆续订约，建立起了外交、商务关系。英、法、俄、美在北京设立使馆不久，其他一些国家也提出相同的要求。清政府最初采取拒绝态度，后来受到英、法等国公使劝说的压力，决定不分远近强弱国家，一律开关接纳。先后订约的有普鲁士（1861年）、丹麦（1863年）、荷兰（1863年）、比利时（1865年）、意大利（1866年）和奥匈帝国（1869年）。它们与英、法、俄、美一样，从清政府那里夺取了领事裁判权和片面最惠国待遇等一切不平等权利。于是大的、小的、老的、新的西方资本主义国

① 魏尔特：《赫德与中国海关》，第383页。

家都加入到了一个行列里，来拼命掠夺中国。

五、出版韦登的《国际公法》。美国传教士丁韪良首先用中文译出韦登的《国际公法》，名为《外国律例》。1863 年蒲安臣向总理衙门推荐，极力称许此书的重要性。奕䜣等起初害怕外国强迫颁布施行，后来打消顾虑，说："《外国律例》一书，衡以中国制度，原不尽合，但其中亦间有可采之处。"指派人员修订译文，同意资助出版。总理衙门大臣董恂特地写一篇序言，加以介绍。英国驻华使馆随员密福特评论说：出版这部书，是外国公使驻在北京的几年间所产生的"好事"之一。它甚至会成为中国历史上的一件大事。书的序言"出自中国有学问阶级的领袖之手"，更增加了著作的分量。[①] 外国人的议论不免有过于夸张的地方。但清政府出面，印行这部《国际公法》，说明它为了接受西方的"改造"，必须做些什么事情，不能不引人注目。中外"和好"的实质，在外国资产阶级的一面，是用政治的、经济的而不是战争的手段，继续发展在中国的侵略利益，支持清政权，同时又改造这个政权，使之更加适合自己的需要；在中国地主阶级的一面，是慑于外国压力，抛弃所谓"祖宗成法"，作出一些重要变革，满足侵略者的要求，换取对方支持，以维持自己的统治地位。因此，那种"和好"，并不表示清政府与西方国家处于平等的地位。相反，是表示中国半殖民地的性质不止在不平等条约上、国内经济结构上表现出来，而且进一步在政权形式、法律制度上反映出来了。经济基础、政权性质的变动，最后引起了上层建筑形式的各种变动。

同中外"和好"局面相联系，中国统治阶级又自欺欺人，吹嘘所谓"同治中兴"。1872 年江苏巡抚何璟向清廷报告曾国藩死讯，说他辅佐"圣世中兴之业"，功劳了不起。1875 年陈弢编辑《同治中兴京外奏议约编》，颂扬同治朝君臣平定叛乱，绥靖边陲，功绩之大，为有史以来所罕见。"同治中兴"的主要内容，无非是说清政权在革命人民的严厉打击下，差一点灭亡。而反革命终于取得胜利，重新保住了皇权。但这个"伟烈丰功"不是衰败垂死的中国封建阶级自己取得的，而是凭借西方资本主义侵略者的力量才取得的。它的代价是与西方列强订立一批新的不平等条约，再次出卖一大批中国主权，还有大片中国领土。从《南京条约》起，清政府就开始执行一项新的使命：保

---

① 密福特（Freeman–Mitford）（真名为 Baron Redesdale）：《使馆随员在北京》（The Attache at Peking），第 86 页。

护外国资产阶级对中国人民的统治秩序。现在它主动在执行这个使命的道路上越走越远了。因此，清政权保持下来了，但中国并没有重新获得独立。相反的，中国进一步丧失了独立。这就是那次“中兴”的实质。统治阶级极力要为自己的丑恶辩护。同治末年以后，列强对清政府已经很不“和好”。1879年王之春到日本考察，回来写了一本《谈瀛录》。书的自叙中有这样一段无耻的话：“我朝威灵震叠，一道同风，受万国之共球，涂山之玉帛，聘问之使联翩而赋皇华者，几于无远弗届焉。”一些鼓吹“同治中兴”的记载，就像《谈瀛录》上这些话一样，显得格外离奇荒谬。

第三节　洋务活动，近代军事工业的建立

地主阶级中一部分人，在中外“和好”局面出现不久，就着手创办近代军事工业。提倡和主办军事工业的人，也就是极力主张对外“和好”的奕䜣、曾国藩、李鸿章等那些人。他们的活动主要依赖外国。同洋人打交道，属于当时所谓“洋务”的范围，那批人也就以洋务派著称。

1860 年 12 月，曾国藩就借洋兵镇压太平军的问题奏报清政府说：目前借外国的力量助剿、运粮，可以减少暂时的忧虑；将来学习外国技艺，造炮制船，还可能收到永久的利益。第二年，他进一步发挥这个主张：购买外洋船炮，为今天救时第一要务。购来以后，访求能人巧匠，先演习，后试造。不过一二年，火轮船必定成为官民通行之物。那时“可以剿发捻，可以勤远略”①。1862 年李鸿章到上海后，得到外国侵略者的帮助，训练洋枪队，设立洋炮局，对于学习制造外国船炮甚为积极。他认为：清军作战，往往比洋人用兵多至数倍，长期不能取胜，主要是武器不行，枪炮窳滥。如果火器能与西洋相埒，“平中国有余，敌外国亦无不足”，现在就重视，最后可以达到长此自立。②中国只要有开花大炮、轮船两样，西洋即可以住手。③奕䜣看到曾国藩、李鸿章学造外国船炮，决定派京营弁兵前往学习。他在奏折中说：治国要做到自强。自强以练兵为要，练兵又以制器为先。要趁洋人乐于帮助，实

① 曾国藩：《复陈购买外洋船炮折》，《曾文正公全集》奏稿，第 14 卷，第 11 页。
② 李鸿章：《上曾相》，《李文忠公全书》朋僚函稿，第 3 卷。
③ 同上。

力讲求外洋各种机利火器，尽窥其中奥秘。那时有事可以御侮，无事可以示威。洋人的态度，当以中国的强弱为转移。“我能自强，可以彼此相安”[①]。奕䜣、曾国藩、李鸿章等人，希望通过购买和仿制外洋枪炮、船舰以及编练新式军队等途径，在把人民革命镇压下去的同时，又能在外国侵略者面前实现地主阶级国家的“自强、自立”。他们以为在腐朽的封建制度中，加进一些西方资本主义国家的先进技术，将可以稳定旧的秩序，清朝的统治也就可以长治久安。他们认定举办这些洋务，不但是必要的，而且是可能的，它能够得到列强的同情和帮助。

从六十年代开始的洋务活动，其主要内容，最初是置办近代军事装备，建立军事工业，训练新式海陆军和培养洋务人才。七十年代以后，逐渐扩展到开办矿务、轮船、电报、铁路以及纺织等部门。

1862 年起，清政府先后在天津、上海、广州、福州等地，聘用英、法两国教官，购置枪炮，训练洋枪队。以后逐渐推广到武汉、南昌、安庆、济南等处。1866 年奕䜣又奏准在直隶新练陆军一万五千人。人员多由旗兵、绿营调拨。在所有这些新建的军队中，湘、淮军的装备、训练都是最好的。

湘、淮军大量改用洋枪洋炮，始自 1862 年 4 月淮军进驻上海。李鸿章一到上海，就令淮军向洋兵学习新式枪炮、阵法。他写信给曾国藩说：中国军器远不如外洋，感到甚为耻辱。久驻上海，而不能利用洋人的长技，难免受到指责。[②] 又对淮军将领说：本人于炸炮一事，坚意要学洋人。请你们大家也务必努力为之。[③] 李鸿章利用上海月收二三十万两税厘，大肆购买洋枪洋炮，不惜重资雇洋人分任各营教习，又募外国匠人从香港购办造炮器具。军中抛弃旧有抬枪、鸟枪，改用洋枪。淮军从 1862 年 4 月到 1864 年秋冬间，水陆兵员由六千余人扩充至五六万人，洋枪三四万，炮队六七营。李鸿章对此颇为沾沾自喜，在给清政府的报告中夸耀说：他在江南与太平军作战，习见洋人火器精利。别人多未及见，更未与知。只有他讲求数年，多少窥见其中秘要。湘军曾国藩、曾国荃所部在 1862 年也开始使用洋枪洋炮，以后又陆续从上海、香港大批添置。1864 年曾国荃对人说：他的部队年来颇得洋枪之力，

---

①《筹办夷务始末（同治朝）》第 25 卷，第 1—2 页。

② 李鸿章：《上曾相》，《李文忠公全书》朋僚函稿，第 2 卷。

③《李鸿章致潘鼎新书札》，第 4 页。

能够有效对抗太平军。左宗棠所部湘军，1863 年秋开始同法国人合作，建立洋枪队。1867 年进兵西北后，他又扩充枪队，军中所用洋枪的比例增加到六成，有专人驻上海从国外购运枪炮弹药。八十年代上半期，北洋驻军主要是淮军，西北数省主要是湘军，南洋则淮军、湘军约相埒，其他各省也多有湘、淮军屯驻。用洋枪洋炮装备起来的湘军、淮军已逐渐代替八旗、绿营，成为清政府镇压人民反抗斗争、稳定半殖民地半封建统治秩序的主要力量。

购买外国轮船，筹建新式海军，也开始于六十年代初期。1862 年清政府委托回国休假的总税务司李泰国在英国订购兵船。1863 年一支包括大小船只八艘的舰队，由英国海军军官率领到达上海，准备加入清军对太平军作战。由于曾国藩、李鸿章与英国军官之间争夺指挥权的矛盾难于解决，清政府不得不解散舰队，把兵船全部遣回英国。以后江苏和广东分别购置了一些小兵轮，用于镇压当地的群众起义。1874—1875 年间，经过一番关于海防问题的大讨论，清政府决定筹建海军。李鸿章是督办大员之一。从七十年代下半期到八十年代上半期，李鸿章先后买得舰艇二十艘（后拨给南洋炮船四艘），用银七百余万两，连同调来福建船政局所造船只，北洋共有船舰二十余艘。南洋有各种兵轮十余艘，福建亦有十余艘，广东有小兵轮二十余艘。

从西方购进军火、船只是洋务派改进军事机器的一个部分，自己建立近代军事工业是更重要的部分。1861 年，曾国藩在安庆设立"内军械所"，制造新式枪炮。两年后，又派容闳携重资到美国购买机器，准备加以扩充。李鸿章从 1862 年起，在上海先后开设洋炮三局。他认为虽然这些洋炮局比普通炮局的费用多至十几倍，宁肯军队少发饷，也要坚持办下去。1864 年李鸿章将其中一局扩充后移至苏州。奕䜣受到启发，派京营弁兵到苏州学习，也打算自开机器局。1864 年左宗棠在杭州试制轮船。太平天国革命失败以后，洋务派为了继续镇压各地的群众斗争和扩充自己的势力，更大规模地兴办近代军事工业。

六十年代到八十年代前期，洋务派办的重点军事工业有四个：一、江南制造局。1865 年，李鸿章在上海虹口购得美商机器厂一座，将原设上海的两个炮局和曾国藩从美国购买的机器并入，并自造一部分机器，正式成立"江南制造局"，开办经费约计用银二十余万两。1867 年，迁移到上海城南，大加扩建。到八十年代上半期，拥有各种工厂十余座、干船坞一座，并附设翻译馆、操炮学堂等。建置费先后共用银约二百万两①，是洋务派兴办的最大的军械制造厂。江南制造局利用每年从江海关拨给的二成洋税约五六十万两，作为常年经费，制造枪炮、弹药，供应南、北驻军（主要为淮军，其次是湘军），有时也调拨一些给其他各省的军队。1867 年起，它还开始制造轮船，先后造成兵轮八艘。1885 年后停止造船，专门修理南、北洋各省兵轮船只。二、金陵机器局。1865 年，李鸿章将苏州洋炮局移设南京，扩建为金陵机器局，到八十年代上半期，已有工厂十余座，用银五十余万两。所造枪炮弹药，主要也是供应南、北洋驻军。三、福建船政局。1866 年，左宗棠在福州建船政局，后由沈葆桢接办。最初计划五年内造船十六艘，建厂经费四十余万两，每月造船经费五万两。1869 年开始生产，到 1874 年共成船十五艘。这时，船政局共有工厂十六座，船台三座，船槽一座，并附设艺局等。建厂经费达一百三十五万余两，是洋务派兴办的最大的船舶制造厂。船政局造船，最初全由法国人日意格等主持。1875 年合同期满，始由艺局学生接造。开始系仿造旧式木船，1876 年起建造七百五十匹马力新式机器铁胁轮船。1881 年为南洋海军建造三艘二千四百匹马力、排水量为二千二百吨的巡海快船，为当时中国自己建造的最大兵舰。四、天津机器局。1866 年，奕䜣在直隶训练新军，令北洋通商大臣崇厚在天津设机器局，1870 年初步建成东、西两局。不久由李鸿章接办，加以扩建。至八十年代上半期，先后共用银一百一十余万两。天津机器局主要制造弹药和军用器械，供应淮军和已归李鸿章控制的直隶练军。四个局厂的任务各有侧重。江南制造局兼造枪炮、弹药及轮船，职能最全，金陵机器局主要生产大炮，天津机器局制造火药及子弹，福建船政局则专造轮船。它们集合在一起，构成中国早期军事工业的主干。

同一个时间里，各地设立的军火工厂还有：李鸿章在镇压捻军时，于淮军中设立的行营制造局，随军修理军械。1870 年，辗转移设天津，到八十年代上半期，各项设备用费约计共十余万两。1868 年云南巡抚岑毓英设云南机器局，1869 年闽浙总督英桂设福建机器局，左宗棠设西安机器局（1872 年移设兰州）。不过它们的规模都很小，开闭无常。1873 年两广总督瑞麟在广州设

①以下所列各局的建置费数字，包括各局历年报销中所列有关移建、增加设备等购置建造工料经费，参据中国史学会主编《中国近代史资料丛刊 · 洋务运动》（以下简称《洋务运动》）第 4 册及有关文集等所载资料计算作出。

广东机器局，1875 年设立增步分厂，1876 年刘坤一购得英国黄埔船坞归入其中。广东机器局先后共用银十七万两，兼造枪炮、弹药及轮船，是四局以外的重要军事工业。1874 年，浙江巡抚杨昌濬设浙江机器局，后迁厂扩建，费银六七万两。1875 年，山东巡抚丁宝桢设山东机器局，先后用银二十余万两，制造后膛枪及弹药。同一年，湖南巡抚王文韶设湖南机器局，用银一万余两。1877 年，四川总督丁宝桢在成都设四川机器局，先后用银十六万两，制造枪枝和弹药。1880 年，李鸿章设大沽船坞，用银十四万余两，修理北洋船舰。1881 年，督办宁古塔等处事宜吴大澂设立吉林机器局，用银二十四万余两，制造火药子弹。1883 年，醇亲王奕譞在北京设神机营机器局，用银约一百万两。同一年，李鸿章设威海卫水师机器厂，用银一万四千余两。1884 年，吴大澂设绥巩军行营制造局于直隶乐亭，用银一万三千余两。同一年，山西巡抚张之洞在太原设山西新火药局，用银五千两。刘璈在台南设台南机器局，用银一万二千余两。到 1884 年为止，清政府先后设厂局二十所，除湖南机器局停办外，其余十九所分布在十二省区，设厂及扩建经费共用银约七百七十万两。

不论大小局、厂，一律都归官办。它们的开办费和常年经费，全由官款拨充。制造出来的枪炮、弹药和轮船，大部分直接拨发给湘、淮等军和沿海各省使用，小部分由各省以协饷等名目调换或计价购买。经费都实报实销或按例报销，生产从来不计算成本，更不讲求效率。每个局、厂就是一个衙门，大小官吏成群。在它上面，有总督、巡抚监管，称为督办。局、厂内部，经营管理上有总办、会办、襄办、提调、委员、司事等各种人员。主持生产的又有华洋监督、总监工、总考工、总工程师、监工、领班、匠目等名目。此外，还有但取俸薪，并无职役的津贴员司、差遣委员，等等。机构庞杂，冗员充斥。以江南制造局、福建船政局为例：江南制造局每换一次总办，即添用心腹委员、司事三四十名，陈陈相因，有增无减。费用的开支，华、洋员司薪水一项，常占总支出的十分之一以上，有的年份甚至高达十分之二以上。福建船政局大臣收用员绅过多，历任主办人都要收进一批员绅，只能增添，不能裁撤。结果造船经费被薪水津贴等占去大宗，不能用于生产。有的工厂的工人由士兵派充，沿用着军队中的管理制度。例如福建船政局内，设有“健丁营”，完全采用管理军队的办法来管理厂内的佣工杂作人等。1868 年船政大臣沈葆桢说：佣工杂作，每天八九百人，必须用兵法部勒，才不至于散漫难稽，指挥失灵。每十人设什长一人，每五什设队长一人，派勤能兵弁统率。

寝所灶厕，严加稽查。傍山结垒，略如营房。有的局、厂规定工人不得随意去留，有的还设有刑庭，公然对工人行使刑罚。工人没有任何自由，处处受官吏的压迫。中国封建时代早就有官办手工业。它们只生产供贵族官府需用的某些产品，一切由官府经营。现在这种近代军事工业基本上仍是一种封建的官办工业，所不同的只是采用了新式技术。1865年、1876年，李鸿章几次提请清政府当局注意：军事工业必须严格控制。倘若山陬海隅，有人潜习洋法，制成利器，一旦起来造反，官兵如何能够抵御。“每念及此，不禁瞿然起立，慨然长叹”[①]。又说，洋机器可以制造耕织、印刷、陶埴等各种器具，原非专门生产军火的。传入中国以后，富商大贾必定要采用来生产谋利。要照例颁布禁令，不许制造电线、火器之类。局、厂制造枪炮的在事人员也应当随时设法羁縻。这种防范人民的恐惧心理使军事工业的生产管理上带有比旧式官办手工业更浓厚的封建性。

训练新军、建立厂局，首先就要聘用洋员，“借材异域”。海陆军训练，主要靠聘用的外国军官主持。军事工业，从机器购置、安装运转，直到生产制造，完全依靠外国技师。雇用洋员一项，每年耗费十数万两以至数十万两的巨资。据不完全统计，从六十年代到八十年代上半期，仅淮军、北洋海防及江南制造局、天津机器局、福建船政局等历年雇用洋员匠工诸费，即达三百余万两。加上南洋海防及各省练兵设局所雇洋员匠工的费用一并计算，总数当在四百万两以上。这个数字大约相当于江南制造局、福建船政局和金陵机器局历年设厂、扩建经费的总和，就是说用这笔钱可再建上述三个同样规模的局厂。洋务事业的控制权，一部分实际上落到了这些重金聘来的外国人手里。福建船政局主要依靠海关税务司法国人日意格；天津机器局主要依靠英国领事官密妥士；金陵机器局从它的前身上海、苏州炮局算起，先后十余年，被英人马格里把持着；江南制造局造船也归洋匠主持。北洋海军虽免于交给总税务司赫德，后来却为英将琅威理等所掌握。在那些洋员的主持下，从国外引进的设备和生产技术，多数陈旧落后，并不先进。洋务派里面也有人指出，福建船政局所用的，是法国的旧法；江南制造局所用的，是英国的旧法；北洋船坞、海军机器各局所用的，是英、德两国的旧法。如法配镶，绝无创新。当时西方造船早已通行康邦新机和铁胁，福建船政局直到洋员撤退后，才于

①《筹办夷务始末（同治朝）》第25卷，第10页。

1876年开始仿造。外国制造枪炮早已改为后膛，江南制造局仍造前膛；后来虽也改造后膛枪炮，但新式的还是不能仿造。军事工业产品，多半质量低劣。英国人马格里督办金陵机器局，为大沽炮台制造大炮，1875年运到后一试便炸，变成一堆废铁。

洋务活动依赖外国的另一种表现，是设备、成品宁愿耗费重资从国外购买，而轻视自己制造。据不完全统计，从六十年代初到八十年代上半期，用于购买外国船炮枪械弹药的费用，约达二千余万两。同期直接用于制造的经费（包括所购外国材料价和运费），只有一千四百万两。后者只及前者的三分之二。有人主张大量仿造新式船械，李鸿章一概斥之为隔膜之谈。他说：中国局厂机器不全，工匠未备，制造谈何容易。西洋厂肆既多，可以任意选择，购买远比制造方便。中国局厂只仿造旧式船械和配制弹药，新式船炮枪械，全向外国购置，而且依赖洋人代办。奕䜣、李鸿章、沈葆桢等筹建南、北洋海防，最初全靠赫德等人代购船炮。他们认为派华员采购，反多周折，增加靡费。某次有人出洋，受托直接向英国厂商探询炮船价式，赫德知道后大为不满，说对他有猜疑，李鸿章、奕䜣随即改变主意。赫德用二三百万两银子替清政府购买了十来艘炮船，全是落后的旧式兵船。李鸿章也不得不承认这些船舰既难破敌，又难自卫，必定误事。其他各省多向上海、香港的洋商订购船炮枪械。洋商唯利是图，买来的船炮，或者式样杂出，以劣充良；或者是外国改用新式产品以后售出的旧式产品；有以贱价收买陈年存货而诡称新制的；有贱价贩自外洋而浮冒报销的。弊端重重，虚耗国家的大量资财。

一个生产落后的国家，要改变现状，从外国引进先进技术，自己暂时不能生产的东西，从国外购买一些，完全必要，也无可非议。关键就是掌握自主权。地主阶级的这一派举办的各种洋务事业，时时、处处依赖外国，毫无独立自主可言，因为地主阶级国家的主权早已丧失了。他们既然把本阶级的事业寄托在依靠外国的基础上，就只能使自己越来越买办化。封建性加买办性，二者紧相结合在一起，这就是洋务派、洋务活动的突出特点。

奕䜣、曾国藩、李鸿章等极力推行洋务活动，清政府中的另一部分大官僚、贵族如大学士倭仁等则极力反对洋务活动。后面这一部分人政治上同样反动，思想上极端保守，是清政府内部与洋务派相对立的顽固派。他们对于建立新式海陆军、建立近代军事工业、开办民用工矿交通运输业以及与此有关的各种活动，无不加以反对。他们的理由：一是说西方所有的先进科学技术，都是“奇技淫巧”；二是说向外国学习，等于用外国文化改造中国文化，“以夷变夏”；三是中国自古以来，天文历数等并不落后，无需乎向西方学习；四是机器技术传入中国，可以被人民利用来制造武器，那是最危险不过的事。1867年倭仁上奏折反对设立同文馆，说立国的根本，以礼义为尚，不以权谋为先。古往今来，不曾有凭恃技术而能够振起衰弱的。为了求得一点技术末艺，竟然奉夷人为师，结果必定使中国的读书人“变而从夷”。正气不伸，邪气愈炽，不要几年光景，中国士子都会被驱赶而变成夷人。[①]御史张盛藻上奏折说：朝廷要强盛，莫如整顿纪纲，严明赏罚，求用贤材。那些科甲正途出身的人，“读孔孟之书，学尧舜之道”，是国家最有用的人材。同文馆规定他们去学天文算术，讲求制造轮船、洋枪等技术，实在是重名利，轻气节。本末倒置，决不能成事。1875年海防问题讨论中，通政使于凌辰反对制洋器、造洋船，说制洋器，造洋船，就要学洋学；学洋学就要以通晓洋学的程度作为取舍人才的标准。那样一来，“师事洋人，可耻孰甚？”[②]1867年，就有一个候选直隶州知州向清政府上条陈说，历来讲天文数学的，以中国为最精；讲方技艺术的，以中国为最完备。西方的轮船、机器等学问，未必比得上。中国地广人众，难道在天文数学方面，就找不到超出西人之上的人吗？倭仁也说：如果天文算学必须讲习，从中国博采旁求，必有精通其术的，“何必师事夷人？”[③]1875年，一个顽固派官员对于学习技术、制造机器的评论是：私铸枪炮，私藏火器，严厉禁止，理所当然。现在要广泛招募人员学习机器，辗转相教，机器必满天下。仁义忠信可以教人人学习，机巧军械万万不可以多令人学习。迟至1884年，做过内阁学士的徐致祥还特地上疏说：南北洋机器局、福建船政局设立了十多年，用去帑项，不下二三千万两，终归无用。有人又主张在科举制度中增设技艺一科，必须坚决制止。不然的话，恐怕将来有建议兴筑铁路的，更有建议制造气球的，不知会走到什么地步。这一类议论，充分表现出他们对世界形势毫无所知，昏聩愚蠢到了极点。他们继续沉湎于“四夷宾服”“万国来朝”等虚妄自尊和夜郎自大的迷梦里，死死抱住纲常名教等封建陈腐教条，反对科学，反对任何新事物。

---

①《筹办夷务始末（同治朝）》第47卷，第25页。又见《洋务运动》第2册，第30、31页。

②《通政使于凌辰奏折》,《洋务运动》第1册，第121页。

③《筹办夷务始末（同治朝）》第47卷，第24页。又见《洋务运动》第2册，第30页。

洋务派与洋务事业的反动性，决不在于向西方学习和引进先进的科学技术，而是在于他们对外实行投降主义，对内镇压人民革命斗争，维护摇摇欲坠的封建制度和封建统治。恰恰在这两个方面，顽固派同洋务派是根本一致的。顽固派在对待外国侵略的问题上，往往慷慨激昂，发表一些要求抵抗的言论，表示“夷人吾仇也”，一天也不能忘记仇敌和自己遭受的耻辱。但他们只限于讲空话，并不准备拿出实际行动，当洋务派主张对外屈服投降时，他们除继续发些牢骚，对于现状也完全接受下来。1872 年顽固派官僚宋晋反对制造轮船，他振振有词地说：轮船如果是为抵抗外国作准备的，那末，中外早已议和，不当再有这种刺激洋人的举动；如果是用来与外洋交锋的，那末，可以断言，中国轮船决敌不过外国。照这种观点，就是不需要作任何努力，只等外国打进来了，去屈膝投降，所以顽固派反对输入西方科学技术，实际上是不打算独立自主，而赞成对外投降屈服。

洋务派反驳顽固派那些荒谬议论，有时显得理直气壮。奕䜣答复倭仁等说：你们不提出实际办法，光说些什么以忠信为甲胄，以礼义为干橹，以为这就可以折冲樽俎，制敌于死命，我实在不敢相信。洋务派的言论家马建忠指出顽固派的主战论调是：他们不分析所以能战的理由，不作争取胜利的物质准备，以为只需要搬出些上古遗文，照抄某些汉唐故事，发一番议论，就可鞭挞日、俄，笞责英、美，世界上哪有这样的道理。对于顽固派这些批驳，表明洋务派自信他们提倡学习西方语言文字、引进外国机器技术、兴办工矿企业，是做的完全应该做的事，一点也不亏理。但是对倭仁等的一些议论，他们又承认“陈义甚高，持论甚正”；说明学习西方科学技术的目的，“不过借西法以印证中法，并非舍圣道而入歧途”。特别是对待资本主义制度这个问题，洋务派与顽固派的态度，基本上是一致的。他们虽然没有资本主义这个概念，但都看到外国的机器技术和中国社会生产必定要发生联系。机器能够生产军火，这首先很危险。机器又是西方那种社会制度、即资本主义发展的产物。那种制度违反中国国情，是中国所不能接受的。一旦机器满天下，富商大贾仿照洋机器生产牟利，对封建制度就有更大的危险。因此必须层层加以限制。反对发展民族资本主义，维护封建制度，在这个根本问题上，洋务派的立场也就是顽固派的立场。他们之间实质的不同，是顽固派具有更多的封建性，洋务派具有更多的买办性。在执行半殖民地半封建统治秩序职能的清政府内部，这两种势力完全可以相辅而行。作为他们共同的代表，叶赫那拉氏很懂得这一点。她熟练地运用两派势力，以长期保持自己的统治权力。

那拉氏依靠洋务派兴办洋务事业，外结洋人欢心，对内加强统治力量；又放任顽固派反对洋务活动，当作“清议”“公论”，来抑制洋务派的势力过于膨胀。两派互相攻击，互相牵制，她从中操纵利用，使他们的行动都受到限制，不至于无所顾忌。李鸿章几次表示不满说：京城里一群人，眼光狭窄。每天鳃鳃然，担心内轻外重，打主意收回将帅疆吏的权柄。清议的祸害，已经造成，不知谁应当负责！又说：日本国由其君主一人主持，臣民一心并力，财力与人才不断增进。中国朝廷里朝议夕变，早作晚辍。前途怎样，很难预计。只希望因循敷衍，再混十几年，“以待嗣皇（指光绪帝）亲政”。不知能否支持到那个时候，而不发生严重的变故。[①]清政府内部顽固派同洋务派的争斗，继续了一段时间，有时也显得很激烈。随着洋务派推行的事业增加，他们同外国侵略者的联系越来越多，他们在清政府中的实力地位也就远远超过顽固派，处于举足轻重的地位。

曾国藩、左宗棠、李鸿章等都是洋务事业的创始者。他们在活动中分别结成了几个不同的集团。李鸿章兴办的洋务事业最多，以他为中心的淮系集团的势力也最大。他以淮军为资本，1870 年后又长期盘踞直隶总督兼北洋大臣的职位，实际上总揽兴办洋务事业的大权。李鸿章所创办的军事工业，被他视为淮军命脉，牢加控制。1866 年他调离两江总督，仍继续插手江南制造局的监督。金陵机器局也必须每年将一部分枪炮弹药拨归淮军，长期被当作淮军的附属机构。至八十年代上半期，由李鸿章掌握的近代军事工业的厂局有六个，它们的设厂及扩建等经费共约四百万两，占当时全国军事工业建设经费总数的一半以上。淮系军阀成为全国最大的洋务派集团。曾国藩最初与李鸿章合作创办江南制造局，1866 年回任两江总督后，又与李鸿章共同掌握江南制造局和金陵机器局，并扩充南洋水师。曾国藩死去较早，曾氏兄弟指挥的湘军或者裁撤，或者败灭。曾氏集团所建立的洋务事业没有得到单独发展。左宗棠拥有左系湘军，又长期把持福建船政局。他依靠福建船政局自造和购买各种船炮，建立南洋海军。1881 年他任两江总督，也分得江南制造局和金陵机器局的部分权利。左宗棠长期在西北，同外国侵略者的联系不如李鸿章密切；兴办的洋务事业不及李鸿章多，左系湘军的武器装备也不如淮军

---

① 李鸿章：《复鲍华潭中丞》，《李文忠公全书》朋僚函稿，第 15 卷。

精良。这一些，使左系的实力仍然不及李氏集团。

洋务派各个集团活动的区域不同，依靠的外国也各异。李鸿章主要投靠英国，后来又同时与德国相联系。左宗棠主要依赖法国，后来也跟德国发生关系。曾国藩则是同美国、英国相联系。各侵略国家在中国彼此竞争，洋务派各集团之间，也矛盾对立，互相攻击。左宗棠为了取得法国的支持，竭力替它讲好话，要清政府重视法国的作用，以备将来借为外援。反过来，他抨击英国说：英国险诈，不肯实心帮助清政府，而且“忌我之能，翘我之短”[①]。威妥玛递《新议论略》，赫德递《局外旁观论》，狂悖无理，令人发指。赫德受中国优厚的待遇，他只重视英国人的利益，不把中国的利益放在心上，等等。[②]英国对于法国帮助左宗棠创办福建船政局，也进行破坏。赫德与福州税务司最初想插足船政局，没有达到目的。他们于是攻击船政局正监督法人日意格，说他声称用五年时间教中国人学会制造和驾驶轮船，是有意蒙混左宗棠，必定不会成功。后来船厂建成，制造轮船，李鸿章出来揭发说：左宗棠专靠日意格经办福建船厂，船式、机器都是过时的东西，所造轮船笨拙。赫德也指责福建船政局所造康济号轮船欠稳妥，不合实用。外国侵略者之间的矛盾和斗争，同洋务派大官僚们之间的争吵联系在一起，反映了洋务派不同集团对各自依附的外国势力之间的紧密关系。李鸿章所依靠的英国，在当时侵华列强中势力最大，这也是造成他在洋务派中实力最雄厚的原因之一。

洋务派、近代军事工业以及洋务派不同集团的出世，表现出中国统治阶级内部正在发生深刻的变化。一、中国地主阶级有史以来第一次从经济领域发生分化；二、中国近代第一代军阀由此兴起；三、统治阶级由以前经常分裂为利害不同的封建集团，现在开始变成分裂为外国侵华工具的集团。

奕䜣、曾国藩、李鸿章等决定兴办近代军事工业，最初是把“剿发捻”“平中国”“速平贼氛”等，和“勤远略”“敌外国”“御侮”等并提的。前者反映封建统治阶级同广大人民群众之间的矛盾；后者反映统治阶级同外国侵略者之间的矛盾。两个目标同时并提，表示阶级矛盾与民族矛盾两个问题，仍然同时摆在清朝统治者面前。不过形势与第二次鸦片战争时期大不相同了。当时清政府面临人民起义高涨，外国侵略者兵临城下，“内忧”“外患”，处境

---

① 左宗棠：《复陈筹议洋务事宜折》，《左文襄公全集》奏稿，第18卷。

② 同上。

十分危殆。对谁进攻，对谁屈服投降的问题，必须马上作出抉择。现在这个问题，以清政府对侵略者屈服，“中外和好”的方式暂时解决了。洋务派此时建立军事工业，基本上就只有加强镇压、统治人民的作用，而且也只有进一步依靠西方列强才能进行。西方列强从来没有哪个国家、哪个政府反对清政府办军事工业，相反地，总是积极支持它振起军备。这个事实很足以说明问题。清政府与列强之间继续存在矛盾，而且有时候矛盾表现很尖锐。但这个矛盾不是发生在清政府一面，它不会有力量收回中国主权，改变半殖民地秩序；问题是发生在列强一面，它要求清政府献出更多的主权，后者对于人民的强烈抵制又难于克服，顺从外国不能没有风险。因此，洋务派所谓“勤远略”“敌外国”“御侮”等，由他们自己宣布的指导思想明白地否定了，也由他们自己承认的实践的结果明白地否定了。

1880年，洋务事业已经推行了二十年。李鸿章根据他的看法，把办洋务的指导思想总结为八个字：“外须和戎，内须变法。”所谓“和戎”，就是忠实遵守不平等条约，曲徇侵略者的要求，以换取在外国控制下的“中外相安”局面。推行洋务活动，这是首要条件。对于外国的进攻，洋务派一般都执行不抵抗政策。他们提出种种理由，为不抵抗进行辩护。主要理由是，武器技艺不行。1872年、1874年，李鸿章几次在奏折中说：时至今日，要保持和局、守住疆土，没有新式武器就根本办不到。什么攘夷，什么驱逐出境，那是十足的虚妄之论。[①]发、捻、苗、回，皆内地百姓，他们虽然十分勇锐坚忍，但器械不精，所以能够剿灭。列强本为敌国，各以兵力相雄长，军械强，技艺精。中国如果抵抗，“即暂胜必终败”[②]。1883年，李鸿章写信给总理衙门，论述时事说，亚洲各国，自从欧人东来，屡次争战，总是先胜后败，“覆辙相寻，可为殷鉴”[③]。也就是说，武器不如人，抵抗外国侵略，即使暂胜也必终败，先胜也必后败，这已成为一条不可抗拒的规律。结论是：中国没有一件可依靠的东西，决不可轻言抵御。出路只有一条：求洋法、习洋器，为自立作准备。李鸿章把武器不如人，不能对外国侵略进行抵抗，作为他所以要兴办洋务事业的理由；反过来，又以洋务事业还兴办得很不够，武器仍旧不如

① 李鸿章：《筹议制造轮船未可裁撤折》，《李文忠公全书》奏稿，第19卷。
② 李鸿章：《筹议海防折》，《李文忠公全书》奏稿，第24卷。
③ 李鸿章：《论海防兵单未可轻言战事》，《李文忠公全书》译署函稿，第14卷。

人，作为执行不抵抗政策的借口。如此循环往复，永远没有可以抵抗外国侵略的时候。李鸿章所说的“变法”，主要是指改革绿营兵制，使用新式火器，和在科举取士制度中，增加培养洋务人材一科。早就主张借洋兵镇压太平天国的洋务派著名理论家冯桂芬著《校邠庐抗议》，宣传必须“以中国之伦常名教为原本，辅以诸国富强之术”[①]。另一名洋务派理论家薛福成著《筹洋刍议》，主张“取西人器数之学，以卫吾尧舜、禹汤、文武、周孔之道”[②]。李鸿章、冯桂芬、薛福成等所说的“变法”，实质都归结到一点：不违反封建阶级的利益，对枝节问题作一点改变，加进一些资本主义的皮毛。简单地讲，在遵守不平等条约，接受外国控制，不触及封建制度要害的条件下，利用西方科学技术，充实力量，镇压人民革命，保持清王朝的统治，这就是洋务派的指导思想，也就是他们所说的“自强”“自立”。“勤远略”“敌外国”“御侮”等，早已跑得连影子都没有了。

洋务派自己承认的军事工业实践的结果也是这样。李鸿章的淮军装备最精良，耗费的钱财也最多。不少人指责李鸿章对外国侵略一味妥协投降，淮军腐败，难以信赖。李鸿章多方辩解，但是不止一次地承认：淮军遇到“内地贼匪”，自信能够取胜，遇到外国进攻，“胜负即不可知”，不过不至于闻风溃散。[③]天津淮军的炮械弹药，在数量上虽然不少，“与西洋用兵，殆非易言”[④]。直隶练军“以剿内寇尚属可用，以御外侮实未可信”[⑤]。洋务派要员丁日昌说得更直截了当：他们的船炮“可以靖内匪，不能御外侮”[⑥]。李鸿章、丁日昌讲的是洋务派的军事工业，办了十几年、二十年所得的结果。从这里可以知道，那些军事工业的性质只是成了借洋兵、购买外国军火“剿发捻”“平贼氛”的延长，而不是同时又成了“勤远略”“敌外国”的起点。

国家政权包括对内专政，对外保卫主权两种职能。军事力量是国家机器的主要部分。不论加强陆军、海军或其他什么兵种，凡可以对外发生影响的，对

---

① 冯桂芬：《校邠庐抗议 · 采西学议》，中国史学会主编《中国近代史资料丛刊 · 戊戌变法》（以下简称《戊戌变法》）第 1 册，第 28 页。

② 薛福成：《筹洋刍议 · 变法》，《戊戌变法》第 1 册，第 160 页。

③ 李鸿章：《复奏防兵情形片》，《李文忠公全书》奏稿，第 36 卷。

④ 李鸿章：《复张幼樵侍讲》，《李文忠公全书》朋僚函稿，第 19 卷。

⑤ 李鸿章：《筹议海防折》，《李文忠公全书》奏稿，第 24 卷。

⑥《洋务运动》第 2 册，第 393 页。

内就可以发生影响。不能设想，办海军就只有对外的作用，没有对内的作用。洋务派坚持举办近代军事工业，相继又造轮船、修铁路等，确实表现了相当的“革新”精神。与顽固派相对照，尤其如此。革新的意义怎样，却是要由它的具体内容来决定的。洋务派不是向民族独立的道路去革新，相反，是向半殖民地道路去“革新”。几乎同一个时间里，东方有日本的明治维新运动。它走着另外一条道路。比较一下，洋务派、洋务事业的反动性就更容易认识清楚了。

科学技术属于社会生产力。洋务派引进西方近代科学技术，是引进了封建的生产关系不能容纳的一种新的社会生产力。它必然要加速旧的封建生产关系的破坏，促进新的生产关系的出现。在这方面，洋务事业客观上有它的进步作用。事物就是这样矛盾。洋务派的活动，终究给资本主义近代工业在中国出现，造成了一些客观条件和可能。

一、七十年代起，李鸿章等由以前的只办军事工业，进而办民用工业。一部分地主官僚、商人开始投资于近代工业。这成了中国资本主义工业产生的形式之一。

二、兴办洋务事业，就必须培养懂得科学技术的人材。洋务派为此采取了一些相应的措施。1861年奕䜣在北京设立同文馆，挑选八旗十三四岁以下儿童学习英、法、俄三国语言文字，延请外国教师分馆教习。学生经过五年的学习，“于洋文洋话尚能领略”。1866年，奕䜣在同文馆内添设天文算学馆，招收年轻的满汉举人、贡生以及翰林和正途出身五品以下京外各官入学，打破顽固派的反对，录取三十人。以后同文馆又相继开设化学、医学等课程。从1863年起，往后的三十年里，先后聘请的洋教习四十余人，其中包括英、法、俄、德语言教师和算学、天文、化学、医学、物理等各科教师。1863年李鸿章在上海设广方言馆（外国语言文字学馆），由江浙一带考选年幼文童和年青小官吏入馆学习。同年，广东也开设学馆。1865年，李鸿章在江南制造局附设翻译馆，翻译外国科学书籍。1866年，左宗棠在福建设立正谊堂书局和在福建船政局附设求是堂艺局。艺局前堂学生学习制造，后堂学生学习驾驶。1880年，李鸿章在天津设立水师学堂，张树声在广州设实学馆，专习驾驶轮船诸艺。1885年，李鸿章在天津设武备学堂，招收各营略通文义的弁兵，学习兵法。1872年，曾国藩、李鸿章挑选年轻文童三十名，赴美国留学。清政府派遣留学生出国学习，从此开始。1872—1875年，先后四批，共派出留学生一百二十名。容闳著《西学东渐记》，其中专有一节记载其事。1876年以后，清政府又连续挑选福建船政局艺局学生和制造艺徒，分赴英、法两国留学深造。研究洋器，讲求西学，几千年的封建文化开始打开缺口，西方资本主义社会学说也随着传入中国。早期资产阶级改良主义，从思想来源看，有一部分就是从这里孕育起来的。

第四节　各地的“教案”，群众展开的反对外国侵略的斗争

《天津条约》和《北京条约》签订以后，外国传教士深入中国内地，到处设立教堂，为非作歹，使人民群众直接受到奴役和迫害。中国人民反对外国侵略的斗争逐渐以反对外国教会的形式广泛展开。

传教士一向是殖民主义者进行侵略扩张的先锋队。早在西方殖民势力向东方扩张的初期，天主教和俄国东正教的传教士就先后侵入中国。十八世纪二十年代以后，清政府没收天主教会房产，禁止天主教流传，但它的活动并没有停止。法、意等国的传教士不断经由澳门、广州、越南等地潜入中国内地，并利用华籍教士进行非法活动。俄国派驻北京的布道团在《恰克图条约》签订以后，由临时性的组织变成了正式的常设机构，约隔十年更换一班。他们领取沙俄政府拨给的经费，搜集中国政治、军事、经济、山川地理、风俗民情等各个方面的情报。十九世纪初期，英、美等国的耶稣教会传教士逗留在澳门、马六甲、新加坡等地，学习中国语文，翻译《圣经》，寻求进入中国的机会。他们之中有些人以洋行雇员的名义，乘坐鸦片飞剪船潜入广州，宣传鸦片无害于中国人，鼓吹发动侵华战争。

两次鸦片战争中，传教士们以“中国通”的资格，积极参与武装侵略活动。第一次鸦片战争时，英国传教士马儒翰（耶稣教第一个来华传教士马礼逊的儿子）任英国驻华商务监督署汉文正使兼翻译，经常随同英军行动。德籍传教士郭士立充当英国舰队的翻译和秘书，英军侵占舟山，他乘机掠夺大量财物。马儒翰又是《南京条约》的起草人，条约的中文草稿则出自郭士立之手。1844年，顾盛为首的美国使团迫使清政府签订《中美望厦条约》，传教士伯驾和裨治文充当使团的秘书和翻译。第二次鸦片战争时，英、法、美、

俄分别与清政府签订《天津条约》和《北京条约》，始终有传教士参与其事。中法《北京条约》中文约本上，关于“任法国传教士在各省租买田地，建造自便”的条文，就是担任翻译的法国传教士德拉玛私自加入的。俄国蓄意侵占我国黑龙江以北、乌苏里江以东大片领土，东正教士叫嚣那是“上帝的安排”。他们积极搜集情报，制定占领的具体步骤和方法，送给东西伯利亚总督，并跟随俄国侵略军，出谋划策。1860年，英法联军也通过俄国驻华公使，从东正教士那里得到清军设防情报。外国传教士因为侵华有功，分别受到嘉奖。俄国公使伊格纳提耶夫说：东正教驻北京布道团提供的精确情报，使他得以沿着真实的、正确的道路前进，同中国签订《北京条约》。俄国政府为奖赏东正教士，赐给新占中国领土中的大片土地，规定神职人员由国库支付薪俸。美国驻华公使列卫廉说：传教士及与传教运动有关系的那些人的努力，对美国的利益非常重要。若没有他们充当译员，公事就无法处理，没有他们的帮助，美国公使在这里就简直无法履行职责。美国人写的书上说：“列卫廉所说的这种情况依然存在，并且在十九世纪的下余期间，除去极短的间隔外，驻华使馆中总雇有几名美国传教士担任重要职务。在大多数情形下，实际和中国官员打交道的也正是这些人，而不是他们那些名义上的上司。”①

第二次鸦片战争后，外国教会和传教士利用《天津条约》和《北京条约》关于准许入内地自由传教的规定，大肆活动，势力迅速扩大。教堂、教士和教徒的数目显著增加。俄国东正教也以北京为基地，逐渐向其他地区发展。通州东岸村较早地建立了教堂。

外国教会和传教士在中国的罪行罄竹难书。天主教士借口中法《北京条约》规定发还被没收的教堂，肆意掠夺、霸占房产。他们在各地强指会馆、庙宇、官衙、书院和富丽民宅为当年教堂，逼令归还。广州新城两广总督衙门基址、直隶正定行宫故址、宣化城内值银五千两的郭姓房屋等，都在“抵还”旧堂的名义下被占踞。陕西西安府城内什字街张姓宅院，值银万两，强指为教堂旧址夺去。河南南阳江浙会馆，系江浙绅商集银五千两购地兴建，硬指为当年教堂，逼令交出。各省当年教堂，有的早由教中人卖出，嗣后民间转相售卖，几易其主，或者多次维修，费过不少钱财，教士分文不给，一概逼令交还。倒塌的房屋，更强索修理费；有的由地方官强行驱逐在教堂旧址上修房

① 泰勒·丹涅特：《美国人在东亚》（中译本），第472页。

落户的居民，把大量房屋不动产交到蛮横霸道的教士手里；有的借口发还教堂地产，公然圈占民间土地，霸占煤窑，讹索禾粮、租谷。中法《北京条约》中文约本上有“在各省置买田地、建造自便”字样，这更成了教会到处强行租买、霸占房地产的根据。1862 年，法国教士强租天津名胜望海楼和崇禧观地基；1864 年，美国教士强租登州民房；1868 年，英国教士强租福州川石山民地；1870 年，法国教士强占湖北蕲州五百寺；1877 年，法国教士承认强占皖南宣城、建平、广德房地产十处；1878 年，英国教士强占福州乌石山公地；1883 年，呼兰法国教士通过歹徒盗买郭姓地基，无视地方官府判决，拒绝业主抽赎，又蛮横逞凶，打死前去理论的人，反诬以民人“滋事”，要求赔偿。

在政治上，传教士恣意破坏中国主权。他们妄自尊大，往往捏造官阶头衔，与各省督抚抗衡。山东的外国传教士擅称巡抚，要中国地方官按照他的意见，释放犯罪的教民。四川、贵州的法国教士要求撤换不顺从教会意志的中国官吏，保举媚外官员，甚至擅自出示“谕令各属办团”，自居督抚之上。教堂经常包揽词讼，破坏中国司法权。凡教民犯案，教士不问是非，曲庇教民。无理的变为有理，钱债应还的可以不还。杀了人也不必抵命。四川灌县教民妇女骗赖平民租谷，反将平民杀死，教士出面说情，竟得从轻判处徒刑。四川酉阳华籍教士纠集歹徒杀死杀伤民众数百人，既经官府议罪，外国教士公然纵之出洋，一走了事。清政府中有人指出，这使中国官吏，不得以中国的法律治中国之民[①]，“犹之一国之中，有无数敌国而自专自主”[②]。许多传教士以游历为名，深入中国内地和边疆，搜集当地政治、军事、经济、人情风俗等资料，报告本国。美国传教士斯贝杰说，美国领事与美国传教士之间，有一种具体的谅解，即后者受命把其所在地的一切情况向领事汇报。[③]美国公使田贝也证实：“这些先锋队”——传教士所搜集的有关中国民族、语言、地理、历史、商业以及其他情报，对美国的贡献是很大的。[④]外国教会实际上成为侵略者的谍报机关。

教会又是地痞、流氓、恶霸聚集的地方。教士吸收他们入教，他们倚仗外国传教士的庇护，讹诈平民，欺凌孤弱，残杀良善，霸人妻女，强索财物，

---

①《直隶深州吴牧禀》（同治十一年），《教务教案档》第 3 辑，第 255 页。

②《总理衙门与各国大臣商办传教条款》，《教务辑要》第 2 卷，第 24 页。

③ 斯贝杰：《十字架征服中国》，第 175 页。

④《美国对外关系》，1888 年，第 221 页。

横侵人产，抗纳钱粮，拒摊公项，挑词架讼、纠众夺犯，无法无天，无所不为。1869 年，贵州遵义绅民列举教堂司事杨某等恶迹四十八款，其中有诈骗银钱十四起，抢掠财物七起，霸占房地十一起，霸妻夺产三起，杀毙人命三起，伤人三起。受害者有铺户，有城乡劳动者，也有教民。1883 年，云贵总督岑毓英奏报说，云南浪穹县法国司铎张若望网罗歹徒，抢占民女，将其亲属殴毙，或吊打关禁。有人指出：府、县、厅、镇，凡建有天主教堂者，地方辄不能安宁。

各国驻中国的外交官员竭力支持外国传教士为非作恶，破坏中国主权的活动。外国公使在北京要求撤换维护教会不力的封疆大吏，直接干涉中国内政。这说明教会、传教士的行为，和侵略者的利益是密切联系在一起的。

中国城乡各阶层的利益，因外国侵略势力的深入，受到不同程度的损害。一些地主富绅的田产、房宅、财物被教会攘夺霸占，愤怒不平。有的地方官吏因为外国教会和教士干涉地方行政、干预词讼等，想驱除这个势力，照原样保持自己的统治。外国教会诋毁儒教学说，又引起一部分封建知识分子的怨愤。地主绅士、地方官吏、封建知识分子与群众反对外国侵略的斗争出发点不同，但他们的行动，最初能够煽起群众。从六十年代开始，中国人民广泛展开了反对外国教会和外国传教士的斗争，这就是当时的所谓“教案”。六十年代初至八十年代初的二十多年里，群众反对外国教会和外国传教士的斗争，遍及十九个省、区二百多个州县。彼伏此起，日益炽烈。所有这些斗争，都和反对外国侵略势力联系在一起，是近代中国整个反侵略斗争的一个重要组成部分。

贵州、湖南、江西、四川酉阳、天津等处教案，影响最大。

贵州教案：贵州天主教主教法国人胡缚理是个骄横的侵略分子，他在《北京条约》订立以前就已经潜往贵阳活动。1861 年，他一收到法国驻华使馆寄去的护照，立即趾高气扬，袭用中国官吏仪制，乘坐紫呢大轿，盛设鼓吹仪从，四出活动。贵州民众、官绅极其嫌恶。巡抚何冠英、提督田兴恕密令全省文武官员留心稽查，无论城乡，发现“欲图传教惑人”的天主教士，一律以外来匪人对待，随时驱逐，或借故处死。候补道缪焕章撰《救劫宝训》，刊刻传播，鼓吹“屏黜异端”。田兴恕部下官兵在贵阳附近参与反教会活动，抛掷耶稣像、十字架等，借以泄愤。六、七月间，团务道赵畏三率领团民焚毁贵阳青岩晁家关教会学堂，杀教民四人。法国公使立即致函两广总督劳崇光，要求派人携中法“和约”（《天津条约》《北京条约》）二十份前往贵州张贴，并赔偿损失。劳崇光答应照办。新任巡抚韩超则不予理睬，收到“和约”告示后，交给胡缚理说：“要贴请自己贴出，本处官员不便代为发贴。”①1862年2月，开州知州捕杀法国教士一人和教民四人，并派人四处搜寻教民。贵州的事件是个讯号，一种新的反抗斗争正在各地兴起。法国公使向清政府大施压力，要求将田兴恕等官员处死。英、美等国公使极力怂恿法使持强硬态度，坚持“严办官吏，以儆效尤”。清政府慑于群众声势，害怕激成事变，又觉得以封疆大吏为外国传教士抵命，有伤体面。它一方面同意对群众进行镇压，另一方面又坚持只许赔款，不能抵命。交涉经年，直至1863年在法、英公使的战争恫吓下，清政府才将与这次反教会斗争有关的官吏分别予以革职或发配新疆的处分。

湖南教案：1861年，法国教士到湖南活动，长沙、湘潭一带的华籍教士顿时嚣张起来。衡州天主教会扬言：拆毁城隍庙，建筑天主堂；撤去府县学孔子牌位，立十字架。湖南士绅非常愤慨。长沙数千人集会，号召驱逐天主教，散发《湖南阖省公檄》二纸，声讨教会的不法行为。1862年4月，湘潭应试考生和客商居民万余人，将十八总天主堂焚毁。5月初，衡州考生聚集群众数万，焚毁天主堂和教民房屋。

江西教案：《天津条约》订立前，天主教士已潜入江西一些府县秘密传教。1861年12月，法国教士罗安当到南昌，先是向巡抚索赔教堂，后又强令地方官张贴传教布告。这个侵略分子的蛮横行为，立即引起江西民众和官绅的愤恨。1862年3月，《湖南阖省公檄》等反教会宣传品传至南昌，士绅和聚集省城的考生大量翻印，遍贴省城内外通衢，号召拆毁天主堂。各阶层群众一见檄文、揭帖，顿时沸腾，聚集万余人，将南昌、进贤等地教堂和教民房屋焚烧、拆毁。罗安当狼狈逃走。江西巡抚沈葆桢最初对民众的斗争表示支持，说“西人逞志于我久矣！不虞吾民之借手以报也！”②贵州、湖南、江西的反教会斗争相继兴起，与清政府保持中外“和好”的政策是冲突的。朝廷再三申诫地方官吏：向洋人让步，相与和好，是借助外国力量镇压太平天国和全国农民起义的需要，务必仰体朝廷不得已的苦衷，妥为驾驭，以期相

① 《筹办夷务始末（同治朝）》第6卷，第40页。

② 夏燮：《中西纪事》第21卷，第5页。

安无事。在朝廷告诫下，沈葆桢改变态度，接受法国教士提出的赔款、拨地另建教堂等要求，还要绅士顾全大局，晓谕民众，不要与外国教会、教士公开作对。1863年，法国教士企图再次进入南昌，群众在河岸竖起“禁止法夷入城”大旗，飞石击伤官府派往船上服侍教士的差役，拆毁教民房屋。教士见势不妙，不敢登岸，悻悻退走。

酉阳教案：四川传教士一直纵容教民恣意横行，制造事端，迫害良善。平民受到欺压，仇怨愈积愈深，纷纷聚众反抗。1864年，四川传言京师定计要将外国人全部杀尽。丰都、彭水、酉阳等地有人逼迫教民出教、焚毁教民房屋。1865年2、3月间，酉阳富绅冯仕银等率领数百人，张旗执械，拆掉州城天主教公信堂，打毁城乡教民多家。8月，风潮继续增长，州衙门前悬出“诛灭天主教，斩草除根”的标语。各街哄闹，殴毙法国教士。法驻京公使借机大肆敲诈，勒赔巨款。富绅冯仕银、张佩超等十余人被地方官解赴重庆质讯，承认打教有罪，认赔巨款释归，平民多家破产。教士因此愈加凶横。在一些人的挑动下，形成所谓“民”“教”对立，互相仇杀，反复不已。1867年4月，酉阳民众联合彭水土豪率领的队伍共千余人攻打纸房溪、三层岩等地，焚毁教民房屋数十家。5、6月间，民众数百人攻击纸房溪教堂，拆毁吗喇湖教堂。8月，民众二千余人再攻纸房溪教堂、庹家溪等处，连续一个多月。1868年5月，教民千余人拥至张佩超家，奸淫抢掠，杀害人命。7月上旬，民众千余人猛攻三层岩教堂十余日，杀教民团首。同月下旬，教民千余人至尖山子、孟家园、大岩门等处报复、抢劫。1869年初，民众攻破酉阳天主堂，杀毙法国教士，并分队攻打州属教民。3月初，民众数千人围攻纸房溪教堂，华籍教士聚集教民，筑寨设台，列阵对垒。地方官将民众缴械解散，教会武装反攻，先后杀害民众数百人，焚毁民房八百余间，使一千四百余人无家可归。

天津教案：天津在第二次鸦片战争中曾经惨遭英、法侵略军蹂躏。《北京条约》订立后，英、法等国在天津霸占租界，强建教堂。洋商仗势骗赖华商钱财，外国传教士又包庇不法教民凌虐平民。天津官吏一味谄媚外人。群众遭受冤屈，得不到伸理，言及天主教，异口同声，恨之入骨。1870年6月，天主教育婴堂婴儿三四十人死亡，群众怀疑是被虐杀的，又传闻各地迷拐幼孩，拐犯供词牵涉教堂。于是，群众对侵略者郁积已久的仇恨像火山般爆发，书院停课，士绅集会，反教会揭帖遍贴通衢。21日，数千群众聚集在教堂前示威，责问法国教士。骄横野蛮的法国领事丰大业，要求三口通商大臣崇厚镇压群众，又嫌派兵太少，怒气冲冲地带同随员，持枪闯入三口通商衙门大肆咆哮，并向崇厚开枪，没有击中；回领事馆路上，遇天津知县，又开枪行凶，击伤知县随从。群众义愤填膺，立将丰大业及其随员殴毙。随后，又鸣锣聚众万余人，抢出育婴堂幼儿，焚毁法、英、美教堂及法国领事馆，打死外国教士、商人和法国官员等十八人。

天津教案发生后，英、美、法、俄、普鲁士、比利时和西班牙联合向清政府提出抗议；英、美、法、意等国调派军舰到天津、烟台海口，对清政府进行武力恫吓，提出种种要求。其时法国处在普法战争前夕，拿破仑第三忙于应付国内的紧张形势，没有可能在东方发动冒险。清政府对国际形势茫然无知，深怕法国因此用兵。事件一发生，急忙派直隶总督曾国藩到天津查办。曾国藩抱定媚外宗旨，明知民众不堪外国侵略者欺凌起而反抗，却主张严惩凶手，弹压士民，以取得外国的欢心。他一到天津，就滥捕无辜，严刑逼供，匆匆判处二十人死罪，二十五人充军，天津知府、知县革职交刑部治罪。照他自己的说法，这叫做委曲迁就，消弭衅端。群众闻讯大哗，齐呼曾国藩为卖国贼。清政府中也有不少人指责曾贼是“强人就案”，“杀民以谢敌”。北京的两湖士人要求撤除湖广会馆中夸耀曾国藩的匾额，把他从会馆里除名。直隶、山东、江苏、江西、广东等省数月间纷纷发生反对教会的骚动和暴动。清政府不得已，改派湖广总督李鸿章为直隶总督负责处理。曾国藩灰溜溜地离开天津。他在人民面前一贯狰狞凶狠，威风凛凛，碰到洋人一点威胁，简直骨头都吓软了。法国海军提督曾叫嚣：十数日再无切实办法，定将津郡化为焦土。他听到此讯，呕吐大作，历三时之久，卧床不起。事后他自己也不得不承认，处理教案，“但冀和局之速成，不顾情罪之当否”①，“庇护天主教，本乖正理”②，“内疚神明，外惭清议”③。所谓“中兴名臣”的可耻面目，彻底暴露于世。曾国藩一死，地主阶级中就有人评论他“和洋罪大，早死三年是完人”。在地主阶级的清议看来，他也远不是什么“完人”，“和洋”，即投降外国，罪不容赦。曾国藩作为反革命军事权威的地位，在被捻军打败时已经结束了，他作为反革命政治权威的地位，从处理天津教案起也就结束了。后来

① 《筹办夷务始末（同治朝）》第76卷，第39页。

② 《复李申夫方伯》，《曾文正公全集》书札，第33卷，第8页。

③ 《复杨石泉中丞》，《曾国藩未刊信稿》，第288页。

反动阶级从自己的需要出发，把他吹得神乎其神，不是事情原来的样子。

李鸿章还是按照曾国藩的方针办事，屠杀民众十六人，充军二十九人，天津知府、知县发配黑龙江，赔款五十余万两（其中法国四十六万五千两，俄国三万两，英国二千五百两，美国四千七百八十五两），并派大臣到法国道歉，了结此案。与清朝统治者的屈辱投降相反，天津人民坚强不屈。遭到迫害的爱国人民，被捕后都慷慨陈词，虽受酷刑，毫不畏惧。群众为了纪念死难烈士，把天津反教会斗争的故事，编成唱本，刻成板画，广为流传。

天津教案以后，外国教会势力猖獗如故，各地群众反教会斗争也依然此伏彼起地进行着。1873—1875 年，四川黔江、巴州、南充、营山、内江等地，拆毁教堂、殴毙教士、打杀教民的事件不断发生。1876 年 4 月，江北厅教民抓获一些“打教”的人，送官审办。四十八场团民数千人，列队进城，分头攻打教堂，火烧教会医馆。教民中少数为非作歹者被处死，数千人被驱逐。5、6 月间，涪州乡民聚众捣毁教堂多处、教民房屋百余家。10 月，乡民数千人扬旗鸣炮，拥至州城，打毁教堂，拆毁教民房屋；接着又将州属各乡场教堂焚毁，教民一概驱逐出境。同年 8 月，邻水县教民数百人，占据雨台寨，焚烧抢掠。邻水民众数千人，攻占雨台寨，又分路进城，拆毁教堂，教士、教民闻风逃走。教民悔教投团的三百余人。经过这次打击，川东各属逃往重庆的教民达二万余人，教会势力的气焰大为下降。1875—1876 年，福建延平居民两度拆毁教士住宅，驱逐教士出境。延平联甲总局绅董发布公启，号召城乡人民各自备置器械，互相保卫，无论外国传教士走到何处，一概驱逐。1876 年 7 月，建宁府民众拆毁教堂，捆缚教民示众。1878 年，福州居民焚毁乌石山英国教会洋楼，英国领事要求赔修，绅民一致拒绝。1879 年 4、5 月间，美国教士以开设书店为名，在延平租地建屋，竣工后却挂起“福音堂”牌匾，又对围观教堂礼拜仪式的儿童开枪行凶。民众聚集数百人痛殴教士，捣毁教堂器物。美国领事威逼闽浙总督派员前往查办，捉拿“凶犯”。原来领导斗争的联甲局乡董畏惧退却，下层群众继续反抗。

反教会斗争浪潮的兴起，清楚地表现出外国侵入所引起的民族矛盾的深刻性。参加斗争的人非常广泛，包括农民、手工业工人、城市居民、文武考生、地主士绅、衙役兵丁和部分官吏。少数地方官吏最初是斗争的倡导者、鼓动者和支持者。士绅编印大量檄文、揭帖，积极投入反教会宣传。一些地主阶级所组织的团、局等，在斗争中起着组织作用。但是在外国威胁、清政府要求镇压的情况下，不仅地方官吏，大部分地主、绅士也纷纷退出斗争的行列，或者镇压群众，又清楚地表现出各地方的地主官僚绅士，与朝廷里的大地主当权派基本上是一致的。已经腐朽没落的地主阶级不可能坚持反对外国侵略的立场。地方官吏绅士的参加，主要是要求维护封建的经济、政治利益，而且往往把斗争引起的牺牲推给下层群众。人民只有凭自己的力量才能把反侵略斗争进行下去。尖锐的事实，使群众开始认识到了这一点。1862 年南昌的斗争中，沈葆桢对法国教士赔款，拨地另建教堂，绅士也先后退出。群众十分气愤，纷纷谴责官府借外国势力威逼小民。他们明白指出：外国“要夺我们本地公建的育婴堂，又要我们赔他许多银子，且叫从教的来占我们铺面田地”，还用兵船来挟制我们。“我们让他一步，他总是进一步，以后总不能安生”。与其受欺凌而死，不如与他拼命。外国兵船来攻，无须惧怕，“他不过是炮火利害，我们都拌着死，看他一炮能打死几个人，只要打不完的，十个人杀他一个人，也都够了”。“官府绅士，总是依他（指侵略者）。做官的只图一日无事，骗一日薪俸，到了紧急关头，他就走了。几时顾百姓的身家性命。绅士也与官差不多，他有家当也会搬去，受罪的都是百姓，与他何干。我们如今都不要他管，我们止做我们的事”。[①]1879 年福建延平的斗争中，最初领导斗争的乡董绅士，有的在官府“查办”压力下不再参与。群众在告白里说：当今洋鬼子诡计多端，存心叵测。殚我民财，谋我土地。官宪“反代鬼子作事情”，可恶可恨。“若听鬼子一面之词，倒行逆施，则是鬼子私他贿他，特谋此差而来，纵然回去讨好，得了高官，何颜对人，与宋代秦桧无异也”。乡绅如同木偶，只知巴结官宪，充当应声虫，“官说是则应是，非则应非，皆洋人驱使”。各家各户应齐心协力，组织起来，共同抵制官府“查办”。如不惩办开枪行凶的教士，立即拆洋楼，杀鬼子，并杀教民。“那时候，不受洋人荼毒，亦不受官长欺凌，皇上也出气，百姓也欢心”[②]。一部分群众从斗争中已经看到，官府和绅士都只顾本身的利益，不能同百姓一条心去反对外国的压迫。外国侵略势力所到之处，遭殃受罪的最后都是百姓，要靠自己的力量去进行反抗。他们虽然还没有认识“皇上”与“洋人”关系的本质，却已看出官宪与乡绅“皆洋人驱使”，是外国侵略者的走狗。

---

①《筹办夷务始末（同治朝）》第 12 卷，第 33—34 页。

②《延平告白》，《清季教案史料》，第 159 页。

第二章　六十至八十年代的西南、西北各民族

第一节　少数民族的反清斗争

西南、西北地区，少数民族众多，社会经济发展很不平衡。少数民族与汉族杂居地区，各族劳动人民遭受同样的压迫与剥削。少数民族聚居地区，不少民族内部往往存在更为沉重的阶级压迫。贵州苗族地区，雍正时期改土归流，废除大部土司，仍然残留不少较小的土司、土目。新疆维吾尔族内部有许多王公、伯克。各地回族内部除去地主豪绅之外，在聚居中心地区如甘肃的河州、宁夏等地，则有伊斯兰教不同教派名为“门宦”的根深蒂固的宗教上层势力。清政府依靠这些民族上层分子保持在各地的统治，而这些民族上层分子则凭借自己掌握的权力压迫、剥削人民群众，派差、征税往往比汉族地区更加苛酷。贵州、云南的一些汉族地主对苗、彝等族人民进行重利盘剥，从他们手中夺取越来越多的土地。太平天国革命爆发后，西南、西北各省筹捐助饷，剥削更重。清政府长期以来实行反动的民族政策，歧视某些少数民族，挑拨各民族间的感情，分而治之。回民犯法加等科罪，各地回汉争讼，往往护汉抑回。甘肃宁夏府回民杀汉民抵死，汉民杀死回民一人只偿殓葬银二十四两了事。云南永昌汉族地主仇杀回民，官吏甚至先给印结，许以事后不加究问。阶级矛盾郁积，统治危机四伏。太平天国革命的胜利发展，削弱了清朝的统治，少数民族人民纷起响应，反清起义遍及云南、贵州、陕西、甘肃、新疆等省区。太平天国失败，全国革命形势转入低潮，少数民族反清斗争的烽火继续燃烧，延续了十余年之久。

一、贵州：贵州斋教首领杨元保、杨凤领导的起义失败后，1855—1858年，汉族中白莲教的不同支派，斋教、灯花教、红号、白号、黄号，和少数民族中的苗、水、布依、侗、回等族群众纷纷起义。贵州是一个贫瘠省份，

清政府的统治力量薄弱，太平天国革命爆发后，又有部分军队调至湖北，在各族人民起义力量的打击下，清政府在贵州的地方政权纷纷瓦解，都江、丹江、铜仁、罗斛、下江、八寨、松桃、印江、思南、石阡、玉屏、青溪、思州、古州、施秉、都匀、清江、黄平、清平等州县先后落入起义军手中。

贵州各族人民起义，股数众多，其中苗民军和以汉族人民为主的教军、号军人数最多，势力最大。侗族、水族起义军依附东部苗民军，布依族起义军和少数汉族起义军依附于西部苗民军，回民起义军则与云南的回民军有直接联系。

苗民军分为东、西两部。东部苗民军以张秀眉为领袖，张秀眉自幼家境贫苦，佣工度日。其他重要的领袖有高禾、包大度、潘老冒、姜老拉、金大五等人。东部苗民军踞台拱为中心，活动地区达到八寨、麻哈、清平、黄平、镇远、施秉、天柱、黎平、清江、铜仁诸地。西部苗民军人数较少，以陶新春、陶三春兄弟为领袖，以毕节的猪拱箐为根据地，活动在毕节、黔西、威宁、大定等地。贵州东南部是苗族人民最大的聚居中心，雍正时改土归流，在这一地区设立了古州、丹江、都江、八寨、清江、台拱等六处厅城，以后陆续增加驻军，强占苗民土地设立"屯田"。汉族地主商人也对苗民重利盘剥，逐步夺去苗民大量的土地。清政府表面上对苗民不征钱粮，地方官利用"差徭""采买"等名目进行掠夺。所谓"采买"，名义上是按照官价采买苗民粮米供应军食，实际上并不付价，而且数量上没有一定限制，苗民的负担反比征收钱粮还要繁重。苗民内部的上层分子又借机勒索，"官取于苗者十之三，土司、通事（即翻译）、差役取于苗者十之七"，更加重了苗族人民的痛苦。封建统治者繁重的掠夺和剥削，使得苗族人民起义的目标集中于打倒地主，夺回土地。苗民军指出，清军"屯地"，"皆其祖业"，一定要夺回来，重归苗民所有。[①] 汉族地主说："苗性无远志，仅以拓产劫财，尽其能事。"[②] 苗民军将台拱、清江、都江、下江、丹江、八寨、平越等州县攻破以后，一概平毁，耕成田地，"重山复岭中，纵横盘踞七八百里，安居乐业以抗官兵"[③]。以争夺土地所有权为中心的农民与地主的阶级斗争，在这里表现得非常明显。

---

① 《咸同贵州军事史》第 7 册，第 17 页。

② 莫友芝：《上李中堂书》，转引自《咸同贵州军事史》第 6 册，第 131 页。

③ 同上。

号军与教军都以汉民为主体，是依托白莲教组织起来的农民军。一部分信奉白莲教的起义农民分别以头蒙白巾、黄巾、红巾、青巾等为标志，因而有白号、黄号、红号、青号的名称，统称为号军。再一部分白莲教群众，因为食斋拜灯，又有望法船、摸姻缘等活动，有斋教、灯花教、缘上人等不同名称，统称为教军。白莲教在西南各省流传已久，教首刘仪顺，传教多年，信徒遍于川、黔、秦、陇、湘、鄂之间，教众称之为刘祖祖，因四川搜捕紧急，潜逃入贵州，于是号军、教军皆奉刘仪顺为教主，实际各有首领，并不统一。1856年红号领袖徐廷杰战死，白号、黄号成为号军的主力。白号以刘仪顺为首，黄号以胡黑二为首，活动在思南、石阡两府所属州县。教军股数众多，活动在平越、开州、修文、都匀、麻哈、贵定、龙里、安平、定番、广顺各地。其中起事较晚的何得胜、潘明杰领导的两股最大，分踞平越的上大坪、都匀的罢芒为根据地，屡次围攻省城贵阳。

苗民军与号军、教军互相支援，共同打击清军。每出战，“教七苗三。战则依苗铳为助，得上腴地，则苗徙家耕焉，食匮则苗输之粮。有小挫，则苗教大出，钲声满山谷”[①]。1859、1860年，太平军石达开部两次突入贵州，苗民军、教军闻风四出，势力更盛。清军困守省城贵阳，一筹莫展。石达开志在入川，而贵州各族人民起义军没有远大计划，活动大部局限在贵州境内。1861—1862年，石达开军由广西经过湘西进入四川，不能深入，又取道贵州，分股退入云南。在西南各省，石达开的活动吸引了清军的主要注意力。1863年，石达开失败，贵州各族人民起义军失去了一支重要的友军，渐次陷于不利的局面。

太平天国革命失败后，清政府有了较多的力量对付西南少数民族起义。1865年，清政府命曾国藩、李鸿章筹论西南全局。曾国藩提出：图谋云南，应当依靠四川，军饷由四川总督负责；图谋贵州，应当依靠湖南，军饷由湖南巡抚负责。清政府采纳这个意见，命驻在四川的湘军将领刘岳昭为云南布政使，率部进图云南。次年，命驻在湖南的湘军将领兆琛等分路进入贵州。封建统治者描写贵州这时的形势说：西部苗寨、教党，蝉联猬集，延袤千余里，不可爬梳，省城贵阳孤立其中，巡抚号令不能越出城门。东路镇远、思州、都匀、黎平四府，受到苗民军围困，铜仁、石阡、思南三府，受到号军围困，

---

① 王定安：《湘军记》第14卷，《平黔篇》，第3页。

中路贵阳、平越、遵义三府则苗教杂处。清军进攻苗民军，号军就从中阻梗；进击号军，教军又从后面增援。城镇土地，朝取暮失，退却、防守，都十分困难。[①] 四川总督骆秉章命刘岳昭先援贵州，刘岳昭陆续攻破仁怀，解遵义、黔西围。活动在贵州西部的苗民军、教军都受到很大损失。1867 年，滇军岑毓英部攻破西部苗民军的根据地猪拱箐，陶新春兄弟被擒牺牲，贵州西部各族人民起义军大部失败。原在贵州的清军，因为有川、湘的增援，得以集中力量对付省城附近的起义军。1867—1868 年教军大股也次第失败。这时贵州东部的苗民军、号军仍在顽强奋战，出入贵州、湖南边境，来往自如。1867 年，清政府撤换了兆琛，以湘军悍将席宝田专任黔东军事。席宝田部使用新式枪炮，次年，攻破号军在石阡的根据地荆竹园，号军损失几尽。张秀眉率苗民军进攻湖南的晃州、沅州、麻阳，被席宝田截击，也受到相当挫折。不久，号军在湄潭的根据地偏刀水被川军唐炯部攻破，最后失败。席宝田用雕剿法集中力量进攻苗民军，到处焚掠，给苗民军造成很大伤亡。1869 年，席宝田陆续攻破清江、施秉、余庆，急于与川军会师，强攻黄飘山。苗民军万余人，沿途设伏，使用木石飞炮，将湘军杀得大败，引起清政府上下震动。清政府命湖南增派军队将苗民军根据地台拱层层围困，加紧进攻。这时，苗民军孤立无援，损失已重，1870 年冬，台拱终于被清军攻破。次年，凯里、麻哈、黄平也被攻破，张秀眉率余众退守丹江、古州、都江交界的雷公山。1872 年，又退至凯里的乌鸦坡，再退附近的乌东山，与其他起义领袖先后被擒牺牲，苗民起义最后失败。

二、云南：云南是一个多民族的省份，当时人说："汉居十之三四，回仅十之一二，而夷则居十之五六。"[②] 所谓"夷"包括了许多不同的民族。回族在云南与汉族杂居，分布很广。

云南原来矿业兴盛，破产农民多半流入矿场充当砂丁。太平天国革命爆发后，铜矿业衰微，大量砂丁流离失所，清政府又在云南征兵加税，阶级矛盾日益尖锐。在这以前，四十年代中，永昌所属地方汉族地主结党与回民为仇，清政府官吏支持他们，在永昌城内杀死大批无辜回民，引起顺宁、蒙化、

① 王定安：《湘军记》第 14 卷，《平黔篇》，第 14—15 页。

② 奕䜣等：《平定云南回匪方略》第 19 卷，《同治二年八月云南巡抚贾洪诏折》，中国史学会主编《中国近代史资料丛刊 · 回民起义》（以下简称《回民起义》）第 1 册，第 379 页。

永昌、姚州各地回民的反抗。1854 年，回、汉地主商人争夺楚雄石羊银矿，发生械斗。清政府地方官吏只知保持矿税收入，不断是非曲直，汉强则助汉，回强则助回，械斗愈演愈烈。1856 年，冲突扩大，清官吏诬指回民作乱，在昆明、永昌等地大批屠杀无辜回民，于是姚州、蒙化、新兴、建水、澂江、昆阳等地回民纷纷起义。不久，汇合成为两大支，一支由马德新、马如龙领导，活动在云南东部、南部；一支由杜文秀领导，活动在云南西部。云南南部开化、广西、广南、邱北、路南等地的壮族、彝族农民，也武装起义，打击清军。

清政府在云南的驻军腐败不堪，1856 年，在姚州等地与回民军接战，一触即溃。回民军包围昆明，总督恒春畏罪自杀，清军困守城内，莫可如何。各地汉族地主纷纷练团，与回民军形成分散对峙的局面。

东部、南部起义军的领导权一开始就掌握在上层分子手里，他们不愿公然树起反抗清政府的旗帜。马德新是一个伊斯兰教的阿訇，早年曾到麦加“朝圣”，回国后讲经授徒，在教内有很高的声望，杜文秀、马如龙都是他的学生。马如龙出身于没落官僚家庭，为地方上的旧势力所知。1857—1860 年，马德新、马如龙两次率众包围昆明，声明“止欲报仇，不敢为逆”[①]。要求“呈白衷曲，请洗去叛名”[②]。1862 年，马德新等又一次包围昆明，经过接洽，投降了清政府。马德新被封为“二品伯克滇南回回总掌教”，马如龙得到了总兵的官职。知府岑毓英因为办理“招抚”有功，被提为藩司，马如龙则手握兵权，昆明的实权多半操纵在二人手里。马德新自己没有掌握多少武装，但利用他的宗教地位，能影响一部分回军首领。他表面上投降清政府，暗中图谋纠合各地回军割据地方。清政府无法控制云南局势，1857—1861 年，四年之间，四次撤换总督。其中有两任逗留四川，根本不敢进入云南境内。1861 年，清政府任命早经卸任的湖南藩司潘铎为总督，次年，又命张亮基督办云南军务，带兵入滇，马如龙公然阻止。不久，潘铎只身进入昆明，马德新要他转求清政府封为平南王。回军首领又提出在昆明设立公局，将通省征收钱粮、税课、厘金，和委署文武官员等事，都归局中经管，被潘铎拒绝。马如龙又坚持带

①《平定云南回匪方略》第 5 卷，《云南巡抚桑春荣折》（咸丰七年七月），《回民起义》第 1 册，第 321—322 页。

② 朱炳册：《原任湖南提督马公云峰传》，《回民起义》第 2 册，第 359 页。

队攻打临安的汉族团练。潘铎以马德新、马如龙无法驾驭，乘马如龙带兵外出的机会，暗调一部分汉族地主团练武装，想乘机消灭他们的势力。马德新得到消息，急召在云南东部活动的以马荣为首的一支回军进入昆明。马荣杀死潘铎，马德新自行署理总督。马如龙不同意马德新的作法，不久，逐走马荣，打破了马德新割据地方的计划。清政府任命劳崇光为总督，马如龙得到了更大的信任，成为清政府镇压人民的得力工具。

活动在云南西部的回民军，1856 年占领大理，公举杜文秀为总统兵马大元帅。杜文秀是永昌廪生，出身滇缅边境马帮商人家庭，本为汉民杜姓遗腹子，母亲改嫁给杨氏回民，少时名杨秀，习举业，兼通回教经典，入泮后改名为杜文秀。1845 年，永昌回民惨遭杀戮，杜氏家产也被侵占。杜文秀年二十，到北京告御状，轰动一时。永昌的案件虽然没有得到平反，然因此一举，杜文秀深得当地回民信仰。回民起义是清政府民族歧视政策的刺激引起的。大理政权在杜文秀领导下，除响应太平天国革命外，主要鼓吹反满。起义开始，提出了“遥奉太平天国南京之号召，革命满清”[①]的宗旨。在兴师檄文中指出：“滇南一省，回、汉、夷三教杂处，已千百年矣。出入相友，守望相助，何尝有畛域之分？”“自满清僭位以来……妖官偏袒为计……汉强则助汉以杀回，回强则助回以杀汉，民不聊生，人心思乱。”[②]又在誓师文里说：“我军有三事焉：始则锄满，次则拊汉，三则除奸。”[③]

杜文秀主张民族平等，实行团结汉族和其他少数民族的开明政策。大理政权管理军政的条例里规定：“族分三教，各有根本，各行其是。既同营干事，均宜一视同仁，不准互相凌虐。”[④]伊斯兰教以外，尊重其他民族的宗教信仰，规定各种庙宇，一概不许驻兵，破坏庙宇者斩首。并且春秋祀孔，表示对汉族不加歧视。杜文秀为了安定社会秩序，提出一系列措施，整顿吏治、军纪，严禁军队奸淫掳掠，禁止官吏贪污受贿、苛派地方，规定“地方税课，旧有例者，方准抽收，不得私加名目”；“如向属苛派地方者，准给酌量豁免”。[⑤]有些规定得到认真的执行，与清政府黑暗腐朽的统治相比，情况有明显的改

① 周宗麟等：《大理县志稿》，《回民起义》第 1 册，第 29 页。

② 杜文秀：《兴师檄文》，《回民起义》第 2 册，第 131—132 页。

③ 杜文秀：《誓师文》，同上书，第 127 页。

④ 杜文秀：《管理军政条例》，同上书，第 118 页。

⑤ 同上，第 112—113 页。

善。回族以外，汉族和其他民族人民对于大理政权的统治表示满意。有的回民军队伍里，汉民占十之七八，回民占十之二三，当地的白、彝、傣、纳西、景颇等族人民也纷纷卷入反清斗争的行列。这一些，都是难能可贵的成就。

在杜文秀反满的旗帜下，大理政权领导集团分子复杂。其中既有揭竿而起的农民领袖，也有回族中的地主商人和伊斯兰教的阿訇，以后又陆续吸收了不少汉族士绅和团练首领。许多得有清朝科举功名的人，都被杜文秀授以官职，参与治理民事或参赞军务。有些清政府原来的地方官吏，也被杜文秀容纳下来，任以职务。在大理政权的统治区域，地主照旧分粮收租。不少回族地主，甚至气焰有增无减。哀牢山区的彝民军怵于大理政权的声势，不敢触动回族地主的土地，以致彝民起义军统治地区，打击地主的政策也不能贯彻执行。

1866年，大理政权的势力东到镇南，北到丽江，西到腾越，南到缅宁，占据了大理、永昌、丽江、顺宁、楚雄五府和蒙化、永北两直隶厅所属二十多个州县的广大地区。清政府采纳劳崇光的建议，实行“以回攻回”政策，专派马如龙进攻大理，将岑毓英所部滇军调往贵州，参加镇压贵州西部的苗民起义。马如龙率领的回民军，不愿与迤西的回民军作战，迟迟不进。1867年，劳崇光病死，马如龙的军队全线溃退。杜文秀命令部将蔡廷栋等十八人，分领二十余万大军举行反攻。马如龙部下纷纷倒戈，杜军乘胜东进，包围昆明。清政府命岑毓英回兵救援，在昆明外围的新兴、澂江、昆阳、罗次、富民、武定、禄劝、嵩明、寻甸等地，与回民军反复争夺。回民军久攻昆明不下，1869年，内部摩擦，发生动摇，部分首领叛变投降，其余被清军各个击破，回民军主力溃散。从此，杜文秀困守迤西，清军逐渐得到转机。

十九世纪上半期，英、法两国势力已经在印度支那半岛逐步发展。1824—1825年、1852年，英国先后两次发动侵略缅甸的战争，占据缅甸南部沿海地方。1860年，法国武力侵入西贡，1867年占领了越南南部各省。云南各族人民的反清斗争引起了英、法侵略者的注意。1866年，威妥玛向总理衙门呈递的《新议略论》里说：云南全省大乱，连有无官员存在，也不知道。英国已经占领缅甸，离云南不远；法国正在占领越南，离广西不远。不管各国有无侵占中国领土的野心，而事实上已经存在中国领土容易被外国侵占的形势。威妥玛的狂妄议论，暴露出英、法对我国西南领土垂涎欲滴。1868年，英、法分别以探路为名，派人到云南进行窥探。法国探路队溯湄公河入境，经过昆明转赴大理，英国探路队经缅甸八莫到达腾越。法国侵略者在大理受到冷遇，活动没有结果。后来他们查明了溯红河入元江是由越南北部进入云南很好的航道。法国以后就专力帮助清政府，供应清军军火武器，阴谋利用红河航路扩张势力。英国的探路队受到大理政权的欢迎，与腾越的回民军首领达成口头协议，双方应允开放互市贸易。1869 年，英国设置驻八莫政务官，鼓励英商卖给大理政权军火武器，蓄意笼络。八莫至腾越是缅甸到云南的主要商路，马帮商人很多。大理政权中的地主商人有的就是对缅贸易的经营者，少数人具有投靠外国的反动意图。1872 年，大理政权派杜文秀义子刘道衡为代表到伦敦乞援。刘道衡以杜文秀名义向英国当局呈交投降书①、“大理所管之地”山川图②和大理所产的大理石四箱。他唯恐英国当局不理解献石用意，先后写信说明：“古来中华规矩，每逢小邦归顺大国，名为献土称臣，必取小邦主山之石，以为凭据。”③这份投降书与两封信，充满无耻的言辞，表现出一副急于要分裂中国领土、充当外国走狗的丑态。这时大理政权摇摇欲坠，英国看到公开支持这个政权，不可能得到什么利益。英国驻华公使威妥玛致函英国外交部，说明“云南是中国的一部分，清政府不会容许它被分割出去”④，劝阻英国政府与大理代表订约。刘道衡的卖国活动落空。

太平天国革命失败以后，清政府在云南的兵力得到加强。岑毓英陆续攻破迤南的昆阳、新兴、澂江、开化等地回民、彝民起义军的根据地，分兵三路进攻大理。中路杨玉科部接连攻破大姚、楚雄、宾川、永平、赵州；南北两路也分别攻破缅宁、丽江、剑川、永北等地。永昌地区的汉族地主武装长期围困永昌城，这时也乘势攻破。大理政权四面受敌，渐渐不能支持。1872 年，杨玉科部分头攻入上关、下关，包围大理城。杜文秀服毒后投降被杀，大理陷落，城内回民遭到清军野蛮的屠杀。1873 年，清军攻破蒙化所属回民军残存的根据地大、小围埂，又破顺宁、云州、腾越等地，云南回民反清斗争最后失败。

---

① 英国印度事务部档案《致印度文书》第 4 卷，1871 年，第 221 页，附件，转引自田汝康《有关杜文秀对外关系的几个问题》，《历史研究》1963 年第 4 期。

② 同上书，第 235—243 页，附件，转引同上。

③ 同上。

④ 英国外交部档案 17/631，1872 年 8 月 17 日《威妥玛致格兰威尔》，转引自王绳祖《中英关系史论丛》，第 80 页。

与回民反清斗争大规模爆发的同时，哀牢山彝族农民也发动了武装起义。重要领袖有李文学等人。他们力量比较小，在杜文秀失败以前，就被清军镇压下去了。

三、陕西、甘肃：1862年，陕西、甘肃两省回族人民的反清斗争也同时并起。陕、甘是回民人数众多的省份，两省回族劳动群众久受清政府的歧视和汉族地主的欺凌。1862年春，太平军陈得才部、四川农民军兰大顺部分别进入陕西，汉中、关中平原燃起革命的烽火。大荔、华州、渭南等地的回民以任武和赫明堂为首，乘势纷纷起义。原来回民聚居的乡镇，东起大荔的羌白镇、王阁村，西至渭南的乔午镇、孝义镇、仓头镇等处，接连数十里，顿时成为起义军的根据地。回民武装没有经过严重的斗争就冲垮清军，占领渭南、华州、华阴、高陵、大荔等地，进而包围省城西安。清政府先派胜保率兵入陕，被回民军杀得大败；又匆忙改派多隆阿为钦差大臣，督办陕西军务，前往镇压。多隆阿所部尾追太平军进出陕西、湖北，凶悍能战。1863年3月起，多隆阿先后攻破大荔、渭南回民军根据地，解西安、凤翔围，陕西回民军遭受很大损失，主力大部退入甘肃。这是陕西回民反清斗争的第一个起落。

在陕西回民起义的影响下，甘肃的灵州、河州、西宁、肃州、平凉回族、撒拉族人民，也闻风而起。斗争的发展，逐渐汇聚为金积堡、河州、西宁、肃州四个中心。金积堡的回民军以马化龙为首；河州以马占鳌为首；西宁以马尕三、马桂源、马本源为首；肃州以马文禄为首。马化龙是伊斯兰教在中国的新教教主。所谓新教在伊斯兰教中属于哲含忍耶一派，教权比较集中，仿效封建的君臣制度，以教主为君，辅佐人（教主亲属和阿訇）为臣，教徒为庶民，教徒对教主甚至教主的亲族妇孺都要行跪拜礼，教徒对教主自称“屋俩目”（奴仆），教主对教徒的剥削比他派为重。马化龙既是教主，又兼地主、商人，世居金积堡，富甲一乡，日常造作谣言，名为“放口唤”，以预知未来事，愚民惑众。起事以后，马化龙自称“统理宁郡两河等处地方军机事务大总戎”[①]，宁夏一带的回民都听他一人号令。马占鳌原是河州东乡一个有声望的阿訇。咸丰初年，西宁撒拉族人民起义进攻河州，马占鳌率众保卫东乡，得到群众的信任。1864年，河州起事后，伊斯兰教老教派在河州的北庄、花寺、洪门等主要门宦的头目马悟真、马永瑞、马万有等公推马占鳌为帅，称

①《平回志》第4卷，《回民起义》第3册，第148页。

为“都招讨”，他们共同掌握了河州地方权力。马尕三是循化地区回族、撒拉族的头目。起事之初，清政府西宁办事大臣无力镇压，委派循化回族绅士马桂源为西宁知府，委其兄马本源代理西宁镇总兵，企图分化回、撒两族，“以回制撒”。1870 年，马尕三病死，西宁地方权力完全被马桂源兄弟操纵。马忠良本是肃州猎勇头目。猎勇是前任甘州提督招募回民组成的一支地方武装。肃州回民起义后，马忠良率众夺占嘉峪关，进入肃州。清政府地方官与马忠良妥协，将他改名为马文禄，并捏报：“马文禄随官军奋勇攻贼，马忠良伏诛，群回受抚，皆文禄功。”以马忠良一人冒充两人，敷衍了事。清政府地方官照旧居住城内，委马文禄为镇标都司，肃州地方实权都操在马文禄手里。甘肃回民军的领袖，都是当地回族的上层分子，他们顺应群众的要求，领导群众反抗清政府，成为全国农民革命洪流的一个组成部分，但是他们本身的目的在于维持和发展既有的权力和地位，态度随时变化，局势有利时，极力扩大武装实行割据，局势不利时就投降清军。马文禄、马桂源、马本源都接受清政府的官职，起事以后，与清政府地方官吏的关系维持不断。马桂源并亲自到兰州、安定请求“招安”。马化龙的投降活动更为频繁，仅据《平回志》一书记载，自 1862 年起事之初到 1870 年城破为止，连年求抚竟有十一次之多。宗教上层分子和封建势力代理人的领导和操纵，使人民的起义逐渐失去反压迫、反封建斗争的方向，带上了浓厚的狭隘民族主义色彩。

陕西回民军退入甘肃后，在庆阳所属的董志塬地方重新建立根据地，安顿老弱，选择精壮二十余万，分立十八大营，任武已死，重要的首领有白彦虎、马长顺、崔伟、毕大才、杨文治、马政和、陈林、阎兴春、冯君福、于彦禄、禹德彦、马镇国、兰明泰、马生彦、哈连金、邹保和、张代雨、马维骧等人。另有大股由赫明堂、孙义宝等率领，分踞回民聚居区固原等地。陕西回民军的特点是股数众多，不相统属，他们坚持反抗清政府的黑暗统治，代表了广大回民群众的要求，但是没有积极的政治主张。1866 年，西捻军由张宗禹率领进入陕西，寻求与回民军合作。捻军入陕后，一年之间，东到朝邑，西到凤翔，来往驰骤于渭河两岸，一再击溃刘蓉所部清军，屡次冲击省城西安。集结在甘肃庆阳一带的陕西回民军这时分头突入陕西，配合捻军，打击清军。陕、甘两省久经战争蹂躏，流离失所的汉族农民，以董福祥、扈彰等为首，也汇为大股，与清军的散兵溃勇，在陕北山区到处活动，陕西的革命形势重趋高涨。1867 年，清政府派刘松山等部湘军入陕，命左宗棠为钦差大臣兼陕甘总督，督办陕甘军务。捻军与回民军互相支援，在凤翔等地屡次合力打击清军，回民军并且接济捻军洋式枪炮，但两军时分时合，终不能有效地组织起来。左宗棠极力防止捻军与回民军合流，他的战略是“先捻而后回”，集中力量，对付捻军。回民军受到的压力减少，西起陇州、汧阳、凤翔、邠州，东到渭南、同州、朝邑，广大关中平原重新成为回民军活跃的地区。1868年冬，西捻军失败，左宗棠率部回陕，在陕西的捻军余部被消灭，董福祥等部投降清军。回民军分头受到堵击，遭受很大损失，先后退入甘肃。这是陕西回民军反清斗争的第二个起落。

1869年春，左宗棠开始对甘肃回民军发起进攻，分兵数路进入甘肃。以董志塬为根据地的陕西回民军，将十八营并为四营，全数迁入金积堡，与马化龙部合流。9月，左宗棠首先进攻金积堡，为了在陕西与甘肃回民军之间进行分化，宣布“官军只剿陕回，已抚之甘回安居无恐”[①]。金积堡、吴忠堡是灵州附近回族人民聚居的两个最著名的中心。自灵州城以西数十里，秦汉两渠之间，共有堡寨四百余个，吴忠堡早废，近吴忠的都叫吴忠，近金积的都叫金积，实际并不止两堡。1869年9月，灵州被清军攻破，回民军据守吴忠、金积各堡，节节顽强抵抗。1870年2月，回民军在金积堡外围击毙清军悍将刘松山，一部乘势突围，到达陕西蒲城、大荔等处。左宗棠受到清政府的严厉责问，派刘锦棠继统刘松山军。回民军突围入陕是小股，或被消灭，或折回甘肃，大股仍在金积。左宗棠增加兵力，金积堡被围经年，粮草俱尽。陕西回民军少数又突围撤往河州、西宁。堡内守军给养断绝，渐渐不能支持。1870年冬，马化龙只身到清营投降，左宗棠佯许。马化龙召集余众，尽缴马匹军械以后，左宗棠突然将马化龙处决，纵兵大杀，降众大部被杀死。1871年秋，左宗棠分三路进攻河州。河州地区多山，回民军谙熟地势，勇敢善战。次年春，回民军在太子寺一战，击毙清军中、右两路统将，取得了很大的胜利。但是马占鳌久蓄投降的思想，排除众议，决定利用战胜的时机，接洽投降。左宗棠大喜过望，很快收编了马占鳌的部队。陕西回民军首领马政和、杨文治等早于金积堡等地先后阵亡，陈林、阎兴春等投降清军，剩下白彦虎、崔伟、毕大才、禹得彦等所部汇集西宁。白彦虎等推举马本源为“统领河、

①《平定关陇纪略》第6卷，《回民起义》第3册，第478页。

湟、陕兵马大元帅”[①]，据守大、小峡等地，阻止清军西进。不久，大、小峡被突破，清军进入西宁，崔伟等动摇投降。次年春，大通、巴燕戎格也失守，马桂源兄弟败死，白彦虎单独率众退往肃州。清军围困肃州已久，城坚壕深，迄不能破。西宁回民军失败后，左宗棠集中兵力，调集新式大炮，攻打肃州。1873年冬，清军攻入肃州杀马文禄，全城老弱也遭到野蛮的屠杀。陕甘回民起义至此全部失败，只有白彦虎率领的一支回民军，退入新疆。

四、新疆：1864年，新疆各族人民受到陕甘回民起义的影响，发动大规模的反清斗争。新疆的反清斗争首先在库车爆发，随后，奇台、乌鲁木齐、伊犁等地相继起事。库车、阿克苏、乌什、伊犁、乌鲁木齐、阜康、济木萨、哈密、古城、奇台、玛纳斯、昌吉等处，很快落到起义人民手里。吐鲁番、呼图壁、库尔哈拉乌苏的人民闻风归附。各地参加起义的主要是回民和维民，也有不少汉民和其他民族的人民。伊犁起义军高举“官逼民反”的旗帜，表明了各族人民被迫起来推翻清政府黑暗腐朽统治的正义要求。库车、乌鲁木齐、伊犁等地反清斗争迅猛发展，喀什噶尔、叶尔羌、和阗等地的人民，也纷纷杀逐官吏，消灭清军。除巴里坤等少数地区外，清军处处溃败，数月之间，清政府在新疆的统治大部分土崩瓦解。

各地起义军分别建立政权，领导权大半被上层分子攫去。乌鲁木齐起义军以妥明为首，号称清真王；伊犁起义军以阿不都鲁宋为王，麦欧木轧提为苏丹；库车起义军则以伊萨克和卓为首。妥明原是甘肃回族阿訇，阿不都鲁宋是现任的阿奇木伯克，麦欧木轧提是伊犁被革不久的阿奇木伯克，伊萨克和卓是维族中的世袭贵族。这些人和他们手下掌权的人都是各族原来的封建上层分子。他们互相争权夺利，对人民照旧实行暴虐的统治。

1864年，喀什噶尔的回族封建主金相印，勾结柯尔克孜族酋长思的克围攻喀什噶尔汉城，久攻不下，派人到浩罕请求援助。浩罕统治者久想在新疆发展势力。第二年初，浩罕军官和硕伯克阿古柏挟张格尔之子布素鲁和卓进入新疆。从此外国势力介入，进一步改变了新疆反清斗争的性质。阿古柏在浩罕有相当势力，屡次参与争夺汗位的斗争，贪婪残暴，野心很大。阿古柏进入新疆后，以布素鲁和卓为张格尔后人作号召，裹胁的群众越来越多。这一年，先后攻下英吉沙尔和喀什噶尔汉城，占领叶尔羌、和阗。布素鲁和卓

① 《平回志》第6卷，《回民起义》第3册，第185页。

嫉妒阿古柏独揽大权，乘阿古柏率兵外出的时机，密谋夺取他的权力，事机泄露，被阿古柏逐出新疆。

中亚地区布哈拉汗国的爱弥儿看到阿古柏的势力迅速发展，1866 年赠给他阿塔勒克哈孜的称号[①]，意思是伊斯兰教的“信徒统领”。1867 年，阿古柏攻陷库车、阿克苏和乌什。他自认为已经占据的地面不小，稳固地掌握了政权，把这个地区取名为哲德沙尔汗国，意思是七城汗国[②]，自立为汗。1870—1871 年，阿古柏继续向北扩展，占领吐鲁番和乌鲁木齐等地，消灭妥明的势力，天山南北大部分地区都归入他的控制之下。

阿古柏仿照中亚各汗国的封建主义统治，制订各种制度。城市设立各级职官，有达克瓦、阿林、穆夫提、哈孜等等名目；奉伊斯兰教的沙里阿特法典为法律，妇女犯罪判刑加重；又设立类似警察和秘密警察的组织，对城乡人民实行严密的监视。阿古柏为了供应数目众多的军队，除在新占领地区肆行抢掠之外，宣布全部土地皆为他个人所有，强迫人民重新出价领地，同时借此给他的亲信分封土地。他的部下有不少人顿然成为拥有大量土地的封建主。1867 年起，阿古柏陆续开征扎尕提、乌什尔、塔纳比等名目繁多的重税。扎尕提是商品入境税，按货价的百分之二点五征收。乌什尔是农业生产税，照阿古柏规定的税额折算，每播种二十磅麦种的土地，约征税十分之一英镑。塔纳比是菜园与果园生产税，依土质不同，每四十七平方码的种植面积，一年征税约合英币一至五先令。征税一概委托包税人经手。包税人诛求无厌，巧立名目，实际向农民榨取的数目往往达到规定税额的三倍左右。佃户完税以后，一般又要将净收入的四分之三作为地租，交给地主。处在这样苛重的剥削下面，南疆广大的农民无不困苦颠连，无法维持生活。阿古柏的统治只符合南疆少数大封建主的利益。

这时与新疆接壤的中亚地区的形势，正在发生急剧变化。刚刚废除农奴制的俄国，疯狂向中亚地区扩张。1865 年，俄国占领浩罕的最大城市塔什干。1868 年，征服撒马尔罕。1873 年，征服希瓦。1876 年，吞并浩罕。英国也力图插足中亚，阻止俄国势力南下。阿古柏分裂政权的出现，受到英、俄很大的注意。1868 年，俄国派商人到喀什噶尔进行试探。不久，阿古柏派

---

①D. C. Boulger: The Life of Yakoob Beg，1878，London，第 118 页。

② 包尔汉：《论阿古柏政权》，《历史研究》1958 年第 3 期，第 2 页。

沙第 · 米尔咱到塔什干与圣彼得堡，俄国派赖因塔尔到喀什噶尔，互相正式接触。最初俄国拒绝承认阿古柏的独立地位，交涉没有结果。1872 年，俄国派贵族考尔巴尔斯来喀什噶尔，承认阿古柏为哲德沙尔元首并订立商约，规定双方承认保护通商，互相允许在指定地区设商业代理人（商队头目），出入境货物均从价征税百分之二点五等等。商约订立后，阿古柏派赛义德去俄国访问。

阿古柏在浩罕曾经多次与俄国交战，在英、俄两大侵略势力之间，自始就比较倾向接近英国。1868、1870 年，英属印度政府先后两次派人到喀什噶尔进行活动，赠给阿古柏军火武器。① 阿古柏派亲信到印度的拉合尔为常驻代表。俄国与阿古柏订立商约后，英国加紧活动。阿古柏的代表赛义德访问俄京以后，取道土耳其、印度返回喀什噶尔。英国利用赛义德到达土耳其的时机，策动土耳其苏丹给予阿古柏以爱弥儿的称号。②1873 年，英国派弗赛斯再次率领代表团，会同土耳其代表重访喀什噶尔。弗赛斯带来大批军火武器和英国女皇的亲笔信件。土耳其暂时还拥有奥斯曼帝国的虚名，土耳其苏丹授予爱弥儿称号，使阿古柏受宠若惊。阿古柏把自己的名号改称为“喀什噶尔的爱弥儿 · 穆罕默德 · 阿古柏 · 汗”③，宣布土耳其苏丹对他的“国家”有“宗主权”，自认为土耳其的“保护国”。1874 年 2 月，弗赛斯代表英国政府与阿古柏正式订立条约，承认阿古柏为喀什噶尔、叶尔羌地区的爱弥儿。条约主要内容有：自印入境货物从价征收百分之二点五的进口税，自新疆阿古柏控制区入印货物免税；双方交换派驻代表与商务代理人，给予英国以领事裁判权等等。④

俄国眼看在新疆难于利用阿古柏夺取地盘，干脆撕下一切伪装，1871 年悍然出兵占领伊犁。伊犁一地本有九城，为我国西北边防重镇。俄国将原为伊犁将军驻扎的惠远城与西北五城一并毁去；又将占领区划归谢米列钦斯克省行政长官管辖，并向中国居民开征捐税，每年不下数十万两。⑤ 俄国把占领伊犁诡称为代收城池，并且扬言要代收乌鲁木齐。清政府命令屯兵甘肃高台

①D. C. Boulger: The Life of Yakoob Beg，第 215—216、218—219 页。

② 同上书，第 220 页。

③D. Forsyth: Autobiography of Reminiscences of Sir Douglas Forsyth，1887，London，第 158 页。

④D. C. Boulger: The Life of Yakoob Beg，第 322—329 页。

⑤《清季外交史料》第 15 卷，第 29 页。

的乌鲁木齐提督成禄等火速出关，会同屯扎巴里坤的乌鲁木齐都统景廉率部规复乌鲁木齐。这时，河西走廊不通，实际上无法西进。清政府又派伊犁将军兼乌里雅苏台参赞大臣荣全前往伊犁与俄交涉。1871年，荣全率部进驻塔城，交涉没有结果。

“英阿条约”订立后，阿古柏完全倒向英国。1874年，俄国派赖因塔尔再至喀什噶尔活动，无结果而还。俄国集结兵力，准备对阿古柏发动进攻，不久，因为浩罕有事未能实现。从此，阿古柏实际落入英国势力范围，俄国直接占领伊犁一带，英、俄两个侵略者在我国新疆形成互不相下的局面。

1873年，陕、甘回民起义失败，左宗棠陈兵肃州，打开了进兵新疆的道路。次年，清政府命景廉为钦差大臣，督办新疆军务，命左宗棠督办粮饷转运一切事宜，派张曜与金顺陆续率部出关。不久日本侵略台湾，清政府交涉失利，提出了“切筹海防”的问题。清政府财政十分困难，而筹备海防与西征新疆的所谓“塞防”都需要巨款。清政府内部各派系，对于“海防”“塞防”孰轻孰重，如何处理，意见分歧。李鸿章极力主张放弃新疆，建议停止进兵，改用招抚办法，准阿古柏等，或如云、贵、粤属的苗瑶土司，自为部落，或如越南、朝鲜的“略奉正朔”①。湖南巡抚王文韶反对，认为目前应当全力注重西北，只要“俄人不能逞志于西北，则各国必不致构衅于东南”②。左宗棠主张“东则海防，西则塞防，二者并重”③。清政府采纳了左宗棠的意见，1875年，改任左宗棠为钦差大臣督办新疆军务。新疆地广人稀，交通不便，大兵入境，接济给养非常困难。左宗棠认为用兵新疆，筹集军饷难于筹集兵员，筹集粮食难于筹集军饷，运输就更加困难。因此主张精兵与缓进速战。精兵的目的在于减轻粮、饷和转运的负担。所谓缓进速战，就是在粮、饷和转运方面先做好周密的准备，然后进兵，速战速决。出关部队经过认真整顿，计有张曜、金顺、刘锦棠等部七万余人。张曜、金顺二部已在关外，张曜部屯哈密，金顺部与景廉所部合并，屯巴里坤，分别举办屯田。其余部队随着各项准备工作的进展陆续出关。刘锦棠部为刘松山旧部湘军，配备较多的新式枪炮，是作战主力。1876年，开始进兵。左宗棠命张曜仍屯哈密，而以刘锦棠与金

---

①《筹办夷务始末（同治朝）》第99卷，第24页。

②同上书，第61页。

③《复陈海防塞防及关外剿抚粮运情形折》，《左文襄公全集》奏稿，第46卷，第32页。

顺二军先取北路。8 月，刘锦棠军一战破古牧地，乌鲁木齐、昌吉、呼图壁等处的阿古柏伪军与从甘肃退至新疆的白彦虎部闻风南遁。11 月，刘锦棠与金顺合军攻下玛纳斯，新疆北路大部收复。阿古柏失去乌鲁木齐以后，分兵守达坂、吐鲁番与托克逊三城。达坂城在乌鲁木齐南面，扼南疆门户，形势险要。阿古柏特派重兵防守，并坐镇喀喇沙尔督战。1877 年 4 月，清军开始进攻，刘锦棠军奇袭达坂城，阿古柏精锐全部被歼。吐鲁番、托克逊伪军与白彦虎部闻风弃城而走。刘锦棠会合张曜等部进驻吐鲁番、托克逊，南疆门户大开。阿古柏见大势已去，在库尔勒仰药自杀。南疆各族人民久受阿古柏的荼毒，拜城、阿克苏、和阗、喀什噶尔等地，各族人民纷纷拿起武器，到处配合清军夹击阿古柏伪军。10 月，清军连下喀喇沙尔、库尔勒、库车、阿克苏、乌什等东部各城，阿古柏余众与白彦虎部望风披靡。12 月，清军续下喀什噶尔、叶尔羌、英吉沙尔，阿古柏长子伯克胡里与白彦虎率残部退入俄境。次年春，清军肃清和阗，除伊犁地区尚被俄国占领之外，新疆全部收复。

清军顺利进军新疆，英、俄野心不死。1876 年，清军克复乌鲁木齐后，俄国派库罗帕特金到南疆，妄图通过阿古柏之手确立对俄有利的边界线。同一个时间里，英国驻华公使威妥玛提出“调停”，以阿古柏作为清政府的属国，“只隶版图，不必朝贡”，被清政府拒绝。1877 年，清军收复吐鲁番等地以后，英外相德尔比又照会中国驻英公使郭嵩焘请求“调停”。威妥玛与阿古柏的代表赛义德，也在伦敦为此积极活动。英国驻华代办向总理衙门提出三项条件：一、阿古柏以中国为上国之主，命使臣入贡；二、中国与喀什噶尔划分地界；三、两边议和以后，永远和好，彼此不相侵犯。[①]清军这时势如破竹，左宗棠报告清政府，主张坚决拒绝英国的所谓“调停”。他说：安集延（浩罕）是我国喀什噶尔境外部落。英、俄与我均有邦交。英国保护安集延以拒俄，我不必预闻。英国保护安集延而在那里驻兵，我也不必预闻。至于另立一个国家，“安集延非无立足之处，何待英人别为立国。即欲别为立国，则割英地与之，或即割印度与之可也，何乃索我腴地以市恩？”[②]这一段铮铮的议论，理直气壮，代表了被侵略的中华民族的声音。英国的阴谋失败了，俄国侵略者的处境随之显得突出而孤立。俄国占领伊犁原来自美其名曰替清政府“代收”失

①《清季外交史料》第 11 卷，第 33 页。

②《复陈办理回疆事宜折》，《左文襄公全集》奏稿，第 51 卷，第 18 页。

地，而国际上根本没有这种惯例，实际不过是乘人之危鲸吞领土，再一次表演沙俄政府趁火打劫的丑恶伎俩而已。阿古柏消灭了，沙皇政府在伊犁若赖着不走，“代收”已失其借口，若强占不还，则中国军队挟新胜之余威，重兵压境，胜负未卜。这就为中国收回伊犁的交涉造成了有利的条件。

收复新疆对于巩固北方边防有重要意义。左宗棠在一件奏折中说：“重新疆者所以保蒙古，保蒙古者所以卫京师，西北指臂相联，形势完整，自无隙可乘。若新疆不固，则蒙部不安，匪特陕甘山西各边时虞侵轶，防不胜防，即直北关山，亦将无晏眠之日。而况今之与昔，事势攸殊，俄人拓境日广，由西而东万余里，与我北境相连，仅中段有蒙部为之遮阂，徙薪宜远，曲突宜先，尤不可不豫为绸缪者也。”①这个看法相当有眼光。收复新疆，左宗棠是有功劳的。

第二节　少数民族地区的经济和文化

西南、西北几省少数民族地区，在激烈的阶级斗争以后，出现了不同的变化。

贵州人口据清政府不完全的统计，1854 年有五百四十余万。经过十几年的战争，1872 年降至三百二十余万。人口减少，使农业生产显著衰退。清政府以农田荒芜，租赋无出，陆续将无主田产，派员清查，招集土民、客民分段承种。一些逃亡地主回乡，指认旧业，将不少已垦熟田重新夺回。客民不愿承佃纳租，以致不少土地重新抛荒。清政府不得已，1886 年宣布：自本年起，贵州所属荒田一律招垦。无论军垦、民垦，及客民、土民，凡经认垦的田亩，官给印照，永远承垦纳粮。遇有业主出来认领，查无近年完粮票据，不予承认。②清政府从本身的利益出发，采取了保护垦荒农民的政策，土地集中程度暂时下降，地主与农民的阶级矛盾也得到暂时的缓和。

贵州各族人民起义被镇压以后，清政府派出地方官员，办理所谓“善后”。他们首先重视的是修城堡，设屯军，收缴枪炮，建立保甲制度等等，以加强

① 《遵旨统筹全局折》，《左文襄公全集》奏稿，第 50 卷，第 76 页。

② 潘霨：《请严禁冒充田土业主以重国课折》，《贵州通志》前事志，第 40 卷，第 43 页。

统治力量。这在各地是基本一致的。截至 1875 年，贵州东南部苗族居住地区，已修建碉堡达七十处，另在酌中地点设立屯田四处，作为供应和指挥各处碉堡的中心。针对苗民起义的原因，他们也提出了一些“剔除积弊”的主张，主要有废除采买、建立学校和裁革土司等项。黔东南苗族地区长期实行采买制度，黑幕重重。清政府也承认：“前苗疆构乱，未始非此以酿之也。”[①]1865年起，停止采买，改为照各处秋收时粮价，折给库银，由军队自办给养。自乾嘉以来，苗族地区就设有不少义学。苗民起义失败以后，清政府积极加以修复，并且新添义学多处。截至 1869 年，台拱、丹江等九个州县，修复和新设义学共一百三四十处。土司、土官的势力也进一步削弱。雍正时大规模改土归流之后，贵州仍然残存较小的土司、土官一百六十八家。群众起义发生后，许多土司率领土兵，配合清军，参加对起义人民的镇压。在起义人民打击下，许多土司、土官全家死绝，堡寨平毁。办理“善后”的官员有人指出，土司作恶多端，应该趁他们势力衰微，一律裁革。清政府认为这些封建势力在一定条件下能够支持它的反动统治，镇压起义有功，不便一律停废，借口防止“别生枝节”，决定“分别良莠”，随时个别解决。截至光绪中叶，贵州先后停废土司、土官二十六家，加上后嗣断绝的四十七家，合计七十三家，约占群众起义前总数的七分之三。苗民起义地区停废的土司最多。散在台拱、清江、都匀、八寨境内的大小土司、土官十九家，仅留一家。其余全部废除。这是贵州各族人民十几年革命斗争引起的一个明显的变化。

苗族没有自己的文字。民间文学靠口头流传，它的主要形式是诗歌和故事。苗族人民酷爱唱歌跳舞，诗歌又与舞蹈紧密结合。因此诗歌成为人民生活中不可缺少的内容。诗歌大体上有古歌、苦歌、反歌、情歌之分。叙述起义斗争的叫做反歌。咸同苗民起义给诗歌和传统故事都增添了新的内容。描述这一次起义，特别是它的领袖张秀眉的诗歌和故事在民间广泛流传。

描写张秀眉的故事说：他的裤管很大，可装九斗米，到哪里都有吃；他的脚很有力，踏到哪里，哪里就成一个垭口；他的梭镖很长，打仗可杀敌人，走路可当撑杆；他的大刀非常锋利，杀敌人就像砍小柴嫩草一样的容易；他杀死的敌人多得很，脑壳可砌桥磴，骨头可架桥梁；清朝官兵一听到他来了，

---

① 陈宝箴：《筹代办善后事宜折》，《贵州通志》前事志，第 39 卷，第 42—43 页。

就哭爹喊娘的奔逃在清水江边。[①]

描写张秀眉被俘后在押解的路上和苗族兄弟们对话的歌唱道：

是我啦，哥哥！
是我啦，弟弟！
有活快去做，
有花快去绣。
这世我去了，
二世再转来，
转来和大家杀绝这些官兵。
收回山坡栽树子，
收回坝子种庄稼，
子孙繁荣像鱼崽，
幸福快乐赛过官家。[②]

苗民起义失败了，但是这些故事和诗歌却充满了革命的乐观主义精神，表现了人们对革命领袖的怀念，对革命事业的赞美和希望，它们生动活泼，流传不息，鼓舞着人们的斗争意志。

云南人口与战乱以前相比，也大为减少。据清政府的记载，1855年，云南人口计有七百五十余万，1884年，战争过去十二年以后，才恢复到二百九十余万。随着人口减少，田地荒芜，农业经济显著衰退。据1874年清查，云南所属各州县荒芜地亩，各占一成至四、五成不等。通计全省已种地亩，约占原额六成八分。清政府被迫按照这一清查数目，定限十年，将荒芜地亩应征钱粮分别蠲免。哀牢山北段南华县属彝族地区，有的记载说：以前地主出佃土地，按年产量课租五成。"迄咸同，全山夷变，迨乱平，为抚夷计，我族减租一成半，以杜乱源"[③]。减租不是地主阶级的自愿，这是在劳力缺乏，工价腾贵，荒地甚多的情况下，必然出现的现象。这个事例反映了起义失败后，农民受地主剥削有所减轻的一般情况。

---

① 唐春芳：《贵州苗族的民歌》，《民间文学》1955年8月号，第23—24页。

② 同上，第25页。

③ 刘尧汉：《由奴隶制向封建制过渡的一个实例》，《历史研究》1958年第3期，第81页。

云南地区的回族，文化比较发达。回族一向通行汉语，知识分子都习汉文。少数宗教职业者则学习阿拉伯文或波斯文。明清以来，回族当中科举出身的人日益增多，出现不少著名的文人、诗人、书法家和画家。回族文人早就用汉文翻译和介绍伊斯兰教义。知名的有王岱舆的《正教真诠》、刘智的《天方性理》等等。马德新继续从事这方面的工作。他到天方朝圣，又到君士坦丁堡、新加坡等处游历，于1848年回到云南后，就从事写作和讲学。参加起义以及投降清政府之后，也没有放弃写作，直到1874年，以“主谋倡乱”的罪名被捕杀。他的作品有《四典要会》《祝天大赞》等三十余种，其中关于宗教的二十二种，关于天方地理的三种，关于阿拉伯语文的三种，将前人著作加以系统整理的若干种。马德新的写作，目的在于扩大伊斯兰教的影响，这与他在政治活动中的表现是一致的。

陕、甘两省战后经济情况与云、贵相似。人口流亡，土地荒芜，地方残破不堪。陕西人口，1861年为一千一百九十余万，战争停止十四年以后，1884年，才恢复到八百余万。甘肃人口，1861年为一千五百四十余万，回民起义失败以后，没有数字可考。左宗棠在奏折中说：陕甘频年兵燹，孑遗仅存，往往百数十里人烟断绝。[1]清政府为了巩固统治，维持收入，不得不设法恢复农业生产。甘肃贫瘠，运输困难，清政府要筹措军食，并准备进兵新疆，对于恢复农业生产尤加注意。一些地方陆续实行军屯，同时也鼓励民屯。民屯就是招徕流亡农民，给予口粮、籽种、耕牛、农具等等，生产出来的粮食，一部分由军营作价收买。甘肃苦旱少雨，水利设施在农业生产中占据重要地位。这时积极修复旧渠，开凿新渠。宁夏、河州、西宁、甘州、肃州、固原、海城、秦州等地，都进行了兴修水利的工程。宁夏自秦汉以来盛行灌溉，秦渠、汉伯渠、汉延渠都是历史上有名的水利工程。战争期间，起义军与清军决堤互灌，渠道破坏。回民起义失败以后，数年之间，再三施工，加以修复。狄道州抹邦河南北川灌溉工程，原来穿山引水，由于山洞崩塞，久经停废。这时利用兵工，使用火药，炸开山石，将穿山部分修成明渠，连同筑坝和开挖支渠、便河等工程，共用工五十余万，火药二千六百石。修复旧渠、开凿新渠都是艰巨的工程，而抹邦河引水工程，在当时人力物力和技术条件下，尤其是一个难得的成绩。甘肃农业生产中，旧有铺砂抗旱的方法，行之有效。在

①《饷源中竭恳迅催协解折》，《左文襄公全集》奏稿，第40卷，第5页。

耕地表面平铺一层碎石，既可保墒、解碱，又可增加地温，改良土壤。因需资较多，过去主要流行于兰州以北的秦王川一带。这时清政府贷款资助，加以提倡，在皋兰、河州、平番、狄道、靖远等州县得到大范围的推广。

回民造反，在统治阶级看来，是由于声教不通，“蚩蚩之氓，失教已久”①。因此在镇压了反清斗争以后，统治者积极恢复和增设书院、义学，加强封建礼教的灌输。过去甘肃乡试，合并于陕西，这时也另建贡院，单独举行，分设甘肃学政。截至1880年，甘肃共计重建、新建书院三十一处，义学三百二十处。其中如化平川的归儒书院，河州、洮州、循化、贵德、大通、巴燕戎格、海城、化平川等地的义学，在很大程度上是专为回族、撒拉族等族子弟而设。

陕甘回民起义历时十年，波及的地区很广，阶级斗争激烈，在回族社会内部引起了不同的变化。陕西回民的势力，首先大为削弱。陕西原有回族人口七八十万。战争期间，大荔、华州、渭南等地回民都是全家随从起义军辗转迁徙，最后绝大部分进入甘肃，起义失败，侥幸存留下来的，不过六万余人。清政府认为陕西回民与汉民有矛盾，不宜遣送回籍。为了便于统治，又不令与甘肃回民混居一处，将他们分散安插到平凉、会宁、静宁、安定、秦安、清水等几处指定的地方，分配土地，安置务农。陕西境内的回民大量减少。

甘肃的马化龙集团受到了毁灭性的打击，但马化龙担任过教主的哲含忍耶教派，经过一段潜伏，又重新复活了。哲含忍耶教派的创始人马明心，乾隆时因争教抗官，被清政府捕杀，遗族发遣云南。马化龙败死，马明心的曾孙马元章率领家属由云南潜回甘肃，积极争夺教主的继承权。按照哲含忍耶门宦的教义，教主与其后裔都被当做贵族看待。马元章具有贵族地位，又极力搜寻马化龙残存的后裔，结为婚姻，作为取得教主地位的阶梯。阿拉伯语称殉教为“舍西德”，哲含忍耶教派中流传凡真正的教主一定会死于“舍西德”。马化龙被杀，合于殉教的意思。马元章等便借此编造出种种离奇的神话故事，愚弄、迷惑群众。于是信仰新教的群众数量日增，组织更加发展。马化龙成为与马明心齐名的教主，也成为马元章等剥削、控制群众的新手段。这一教派的教主、阿訇对教徒的剥削，本来名目繁多。教徒要尽量贡献牛羊钱财，还

①《重刊吾学录序》，《左文襄公文集》第1卷，第20页。

要服劳役，修堡寨，做杂活。教主、阿訇剥削所得，除享用外，主要用于购买土地，经营商业。马元章等又以马化龙的名义，凭空增添了许多剥削教徒的新名目。甘肃回民起义失败后，上层宗教势力对群众在思想上的牢笼，在经济上的剥削不是减弱了，而是加强了。

河州回民首领以马占鳌为中心，形成了一个新的地方实力派。马占鳌投降清政府后，部下武装改编为四营马队，马占鳌、马悟真、马永瑞、马海晏分别被委为各营管带。马悟真是北庄门宦的代表，马永瑞是花寺门宦的代表，马占鳌、马海晏崛起行伍，宗教麻醉与军事手段相结合，成为这个地方封建势力集团的显著特点。河州回民聚居在州治西南郊，称为“八坊”。八坊地区主要的清真寺有十二个，俗称八坊十二寺，分属几个门宦。寺内各有“依麻木”（领拜的）、“马经”（喊人礼拜的）和“海退卜”（宣传教义的），掌握寺内的教权与经济权，称为“三道”。马占鳌投降清政府后，权势熏灼，取得阿拉伯人赛利目的帮助，对河州清真寺制度进行改革，在十二寺中的王寺设海一大阿訇，总管八坊十二寺，逐步消除各寺三道的职权，叫做海一寺制度。它是门宦制度的发展，表现了回族上层势力的进一步发展与集中。马占鳌临终嘱咐他的儿子马安良说：“尔为保守家产，得意宦途，以兵力实行海一寺主义，须事事与汉人联合，则决不至于失败。”他所说的“汉人”，当然是指汉族统治者。马占鳌在这里对于如何长期掌握权力，保持统治阶级的地位，总结了三条经验，第一是紧紧控制武装；第二是投靠反动政府；第三是以武力为后盾，实行海一寺制度，把持宗教势力。从那时起，这个宗教、军事相结合的封建集团，势力逐渐膨胀，以后几经变迁，绵延不断。这就是骑在甘肃、青海、宁夏人民头上长达半个多世纪的、野蛮凶恶的“马家军”的来历。马占鳌的遗嘱充分地说明了这股封建势力的反动本质，是一篇难得的自供状。

新疆经过严重的阶级斗争和反对外国侵略的民族斗争，促成清政府改革治理新疆的政策，它的集中形式是建立行省。

1877 年，收复南疆的军事顺利发展，左宗棠奉命统筹全局，主张建立行省。改建行省牵涉很多方面，数年之间，几经筹议，左宗棠举出的理由是，设行省，置郡县，可以削减地方头目权力，省兵节饷，树立长治久安的基础。清政府表示赞许，以伊犁尚未收复，没有实行。中俄交涉告一段落后，1884 年清政府任刘锦棠为新疆巡抚，正式建立新疆省。

建省前后，次第实现了各种改革。

第一，军政制度与其他行省划归一律。建省之后，实行新伊分治，新疆设巡抚，下设镇迪、阿克苏、喀什噶尔、伊塔等四道，下设府、厅、州、县，分派文官治理。巡抚驻迪化，职权与内地行省相同。伊犁将军的权力大为缩减，将军仍驻惠远城，统辖伊犁、塔城的满洲、锡伯、索伦、察哈尔、厄鲁特等旗营，监督蒙古、哈萨克、布鲁特各部落，节制伊塔道，办理中俄交涉。伊犁、塔城以外，原有都统、参赞、办事等大臣一律撤销。

改行郡县制以后，除维族哈密王所部与蒙古的土尔扈特、和硕特等部仍保留世袭的扎萨克制以外，维族吐鲁番王扎萨克与南疆的各级伯克一律裁撤。

新疆军制，原有永驻与换防两种。建省以后，原有的永驻兵丁经过收集整顿，编为旗营；换防制取消。内地出关营勇五万余人，酌留三万，编为标营。旗营大部驻防伊犁、塔城，归伊犁将军统辖；标营除伊犁镇标兼受伊犁将军节制以外，都归巡抚管辖。

伯克是维吾尔族内部残存的农奴主。清初虽然取消了伯克的世袭权利，改为官府任命，但各级伯克仍然保有规定数目的“养廉”地亩和佃役户。改建行省取消伯克制度以后，伯克的“养廉”地亩分别由官招佃，促使维吾尔族农奴制度的进一步解体，是维吾尔族社会的一次重大变化。新疆军政制度的改革，在政治上是中央集权的向前发展。它加强了中央权力，削弱了维吾尔等少数民族封建主的权力，外国侵略者利用民族上层分子制造分裂活动的机会比以前减少。

第二，整理财政金融。新疆驻军历来依靠内地协饷。裁兵节饷是新疆建省的一个重要目标。新疆协饷与甘肃统筹解决，1884 年共支一千一百余万两，善后经费在外。次年裁兵，定为每年四百八十万两，新疆占七成，计三百三十六万两。以甘、新两省协饷总数比较，1885 年比 1884 年减少一半以上，初步实现了节饷的目标。

田赋是新疆财政收入的大宗，过去南疆实行按丁计征，与其他省份不同，既有无赋之田，也有无田之赋，负担不平，是新疆主要弊政之一。建省以后，次第清丈，普遍实行了按亩计征的制度。

新疆原来流行铜钱，制如内地，战乱中销毁殆尽。阿古柏铸“天罡”银币，成色重量不一，伊犁又流行俄国羌帖，钱法混乱，流通不足。建省后分别于阿克苏、迪化、喀什设厂鼓铸铜币、银币，又在迪化、伊犁、喀什、阿克苏设立官钱局，发行钱票，币制逐渐得到了统一。

第三，新疆农业依靠灌溉，经过多年战争，北疆水利失修，沟渠淤废，南疆各地阿古柏残部抗拒清兵，屡次毁堤决河，也遗留很大水患。新疆面积辽阔，交通不便，用兵之初和收复以后，军粮都是首先需要解决的问题。清军景廉、张曜、金顺等部，陆续在哈密、奇台、古城举办屯田，就近解决部分军粮。北路、南路次第收复以后，镇西、绥来、奇台、昌吉、呼图壁、迪化、塔城、伊犁等地，积极修复沟渠，招集流亡，恢复农业生产。南疆吐鲁番的坎儿井淤废的设法修复，叶尔羌河、喀什河溃决之处也迅速堵筑。据建省后清丈，镇迪、阿克苏、喀什三道共有荒熟地一千一百余万亩，已复耕的占百分之八十四。

新疆蚕桑衰落已久，建省以前，统计南北各县共有桑树八十余万株，多取桑椹为食，不事养蚕。建省以后，大加提倡，并从浙江湖州运来桑苗数千株，募集熟悉蚕织的六十人来新疆，携带蚕种器具，教授栽桑、养蚕、缫丝技术。哈密、吐鲁番、库车、阿克苏等地设局推广，逐渐取得了成效。

第四，文化教育方面，以前只有镇迪道所属州县设有义学，后来又建学宫、置学官、设学额，略如其他省区，但就学的都是满、汉子弟。左宗棠提出改建行省的理由之一，是说汉回扞格不入，官民隔阂，政令难施；应当普及文化教育，分建义学，令回童识汉字，通汉语。建省以后，恢复旧有义学，又在吐鲁番、乌苏、精河、拜城、焉耆、沙雅等地新设义学，共三十余处。又设书局于迪化，刊发书籍。这种做法与前此在贵州苗族地区、甘肃回族地区兴办义学，宗旨大体相同，并且同样没有收到什么效果。以伊斯兰教义为中心的宗教文化是回、维等族封建社会的思想基础，孔孟儒教对于这些民族的封建上层分子包括宗教界来说，是违反他们的阶级利益的，必定要加以抵制。当地经济、文化不发达，汉族较少，语言相通也很难在短时期内做到。

第三章　资本主义近代工业的出现。早期的工人阶级

第一节　中国资本主义工业

资本主义早期工业和交通运输业的一些数字

中国近代资本主义工业是在自己特有的根据和条件下出现的。封建社会内部的商品经济早已发展到相当高的水平。城市手工业门类繁多，技艺精良。带有资本主义萌芽的手工工场，在一些行业中已经存在。外国侵入以前的中国是一个封建社会，又是一个经济、文化、生产技术充分发展了的封建社会。这是中国在受到西方影响以后，能够较快产生自己的资本主义的内在根据。西方侵入，破坏中国自给自足的自然经济，促进城乡商品经济发展，把中国变成殖民地半殖民地，也给中国资本主义出现造成了某些客观的条件和可能。同时，外国资产阶级为着倾销商品、掠夺原料、从事进出口贸易，以及榨取中国廉价劳动力，首先在通商口岸设立了一批近代的工厂和企业。不平等条约与血腥奴役，先进生产技术与资本主义剥削，由他们一起带进了中国。后者直接促成中国近代工业的产生。洋务活动兴起，使资本主义工业逐渐扩大开来。洋务派为着给近代军事工业筹措经费，解决原材料及燃料供应等，采用资本主义方式，将近代机器工业应用到其他生产部门；他们为了增加自己的财富和实力，接着又投资于这种使他们眼红的盈利事业。洋务派在中国近代工业中所起的作用是双重的：他们是这个事业不自愿的推动者，又是中国民族资本主义的压迫者。

中国近代工业出现的时候，外国侵略已经深入，半殖民地统治秩序正在形成过程中间。自然经济遭到了破坏，封建的生产关系依旧保存下来，阻碍

资本主义生长的势力很强大。

根据现有的材料看，中国资本主义近代交通运输业的最初露面，是在十九世纪五十年代。徐润的《徐愚斋自叙年谱》在 1852 年（咸丰二年）记载：在上海“离中虹桥不远，有粤人郭甘章在彼设船坞厂，初闻凑资不易，讵事成之后，大得利益”[①]。这个设在租界外国轮船停泊的地方，远离旧式沙船停泊区域的船坞厂，自然以修理外国轮船等为主要业务，无疑是华商自设的最早的修船厂，所以“事成之后，大得利益”。甘章船厂在当时是偶然出现的孤星。六十年代又出现了一些，不过数目仍然不多，规模也小。在外国商人设立的某些轮船公司中，资本的很大一部分是华商所投。一些商人又购置轮船，从事运输，采用洋商名义，或委托洋商代营。七十年代以后，又出现了印刷、缫丝、煤矿等行业，以华资名义新设的企业增多起来，其中有投资数百万元的大企业，设备也大为改进。1894 年以前中国资本主义企业设立和变动的情况，以及 1894 年这种企业在工矿各业与交通运输业的分布，有如下表[②]：

中国资本主义早期近代工矿业与交通运输业创办情况表

年　份	新创办企业数	增资企业数	改组企业数	停闭企业数	累计企业数	实存资本数（千元）
1850—1859	1	—	—	—	1	20
1860—1869	6	—	—	2	5	107
1870—1879	51	7	2	18	38	4303
1880—1889	151	30	8	33	156	26601
1890—1894	129	21	3	23	262	51559
合　计	338	58	13	76	462	82590

① 徐润：《徐愚斋自叙年谱》，第 4 页。

② 这两个表系撰稿者综合各项材料所作出，以下有关数字，凡不注明资料出处的皆同此。

1894 年中国资本主义各业分配情况表

企业行别	最早企业创办年	企业数	资本数（千元）
机器修造翻砂工业	1852	39	490
轮船航运业	1866	27	3917
印刷工业	1871	23	530
缫丝工业	1872	76	3483
煤矿工业	1874	13	3923
轧棉工业	1875	15	505
棉毛纺织工业	1876	9	7070
面粉工业	1877	7	202
火柴工业	1879	10	247
电报业	1879	10	4371
铁路业	1880	3	13854
非铁各金属矿业	1881	7	2464
造纸业	1882	3	974
钢铁工业	1886	2	8624
其他杂项工业		18	905
合计		262	51559

这批近代工矿业和交通运输通讯业，与过去的一切生产方式不同，有几个基本特点。一、在这批企业中构成了一种新的生产关系。掌握企业、占有生产资料的，有的已经是新式资本家，有的是正在向资本家转化或兼有资本家身份的；另一方面，劳动生产者是既失去了生产资料，也解除了土地和行会的束缚，除了自己的劳动力以外一无所有的近代产业工人，而他们昨天则是封建势力压榨下的农民和手工业者。雇佣劳动与资本结合，是新的生产关系的脊髓。二、这批企业都以榨取剩余价值、盈利作为主要目的。《轮船招商局规》明文规定："本局专以轮船运漕载货取利"[①]为宗旨。创办基隆煤矿的沈葆桢事前在奏稿中说："垦田之利微，不若煤矿之利巨，垦田之利缓，不若

①《清查整理招商局委员会报告书》下册，第 133 页。

煤矿之利速。”[①] 这些新式剥削者断断计算着如何利用中国工价低廉的条件，从工人身上榨取更多的剩余价值。开平煤矿的资本家说：“以英国而论，每日每人工食约银八钱，可凿煤五吨。中国……若用内地工人，引以西法，每人工食二钱，可取煤二吨半，是取煤之价正合英国之半”。若“工食又加意撙节，则其利尤厚”。[②] 上海织布局的资本家也说：“中国人工每工不过二三百文，外国自七角半至一元，工价之悬殊过半。”“若花价愈贱，工作愈熟，加添织机，多出布匹，减用人手，节省经费，则更蒸蒸日上矣。”[③] 尽量多地榨取剩余价值，正就是资本主义的剥削特性。三、这些企业都使用或参用机器及近代改良工具，除了市场影响外，可以任意扩大生产、制造新的产品或改良旧有产品，产品又是作为商品按照市场法则进行销售的。这同在设场地址、生产规模、雇工数目、工具使用、产品形式、销售方法等方面受到种种限制的行会手工业根本不同了。因此，这批工矿业和交通运输通讯业，尽管还有这样那样的落后东西拖累着，它们已经不同于旧的封建的生产方式，而是真正的资本主义企业了。

中国资本主义近代工业，五十年代最初露面，但直到七十年代以后才明显增多起来。也就是外国资本主义侵入三十年以后，才有成批的生长。七十年代创办了五十个企业，八十年代创办了一百五十个，九十年代上半期创办了一百三十个，除去历年停闭的，到 1894 年实存二百六十二个企业。从时间上看，出现得晚，生长很短暂。二百多个企业，共有资本五千余万元，与外资在华势力不成比例。棉纺织业一项，原料取之国内，产品在国内销售，与中国国民生活关系最为密切。但它从 1876 年开始创办，直到 1890 年，几经周折，才开工生产。这时进口纱布早已牢固地垄断了中国市场。1894 年已经开工生产的四家华资纱厂，估计年产不过棉布十余万匹，棉纱万把担，比之每年进口的一千数百万匹棉布，一百数十万担棉纱，仅当百分之一。[④] 火柴工业应是供应各阶层销用的行业。1879 年出现第一家华商火柴厂，直到 1886 年

① 沈葆桢：《台煤减税片》，《沈文肃公政书》第 5 卷，第 17 页。

② 唐廷枢：《通盘核算开平煤铁成本总论》，《申报》1878 年 1 月 22 日。

③《上海织布局招商集股章程》，《申报》1880 年 10 月 13—15 日。

④ 四家纱厂即上海织布局（后身为华盛纺织总厂）、华新纺织新局、裕源纱厂及湖北织布局。年产额据孙毓棠《中国近代工业史资料》第 1 辑（下册），第 920、1068、1081 页等估计。进口数见海关报告。

才创办第二家。1894年全国共有十家火柴厂，资本总数才二十余万元，每厂平均只有二万余元。规模很小，产量很低，估计全年产量不过六千万盒。比之九十年代上半期进口的火柴每年平均七、八亿盒，不到十分之一。[①]其他一些行业与此大同小异。从实力看，资金很小，力量十分微弱。

与这些情况相比，更重要的是，中国近代工业在诞生的过程中，除了一些买办、商人、地主、官僚创立的中小型工业，又加进了洋务派大官僚兴办的一批占很大优势的民用工业。两者与外国资本主义和本国封建主义的关系各不相同，一开始便分为早期官僚资本主义和民族资本主义两个不同部分，形成早期的官僚买办资产阶级和民族资产阶级两个不同的阶级。中国资本主义，在这里，表现出了半殖民地半封建社会的资本主义的特殊复杂性。

早期官僚资本与官僚资产阶级

七十年代初，洋务派大官僚从兴办近代军事工业，进而兴办“求富”的民用工矿业和交通运输业。1872年李鸿章派漕运委员朱其昂创办轮船招商公局。这是洋务派兴办的第一个资本主义性质的企业。在那以前，曾国藩、李鸿章、沈葆桢等建议建造商船，招商雇领，认为这是解决军事工业中造船、养船经费困难的好办法。中国那时并无现成商船，造船成本太高，由招商局筹资自购四艘轮船，开始航行。不到一年，因洋商轮船削减水脚竞争，亏损甚巨。1873年李鸿章再派唐廷枢、徐润改组招商局，定资本一百万两，是年收齐四十七万六千两，成为洋务派大官僚直接控制的第一个官督商办企业。1876年美商旗昌轮船公司在竞争中失败，招商局花高价买下旗昌早已陈旧的轮船和设备，连自有轮船十二艘，共有三十艘轮船。专在中国水域航行的最大的轮船企业首推招商局。1881年收足原定资本数额，再增资为二百万两，1882年收齐。官督商办制度下封建官僚的种种干涉，使经营逐渐腐败，1883年徐润等人又在投机活动中失败，影响招商局营业，李鸿章派盛宣怀再次加以改组。在盛宣怀掌握下，招商局经营腐败更甚。直至1894年，营业一直停滞不前，退为英商太古轮船公司、怡和轮船公司之后的第三家轮船航运企业。

---

①最早设立的巧明火柴厂日产十多笠，每笠一千二百盒(见苏晨《我国第一个火柴厂的创建年代的调查》，1962年1月11日广州《羊城日报》)，年产约六百万盒。其他厂产量平均估计和这差不多。进口数见海关报告。

1874年至1875年清政府海防大讨论期间，准许洋务派试用机器开采煤铁各矿，供应军事工业及轮船需要。1874年，李鸿章在直隶磁州试办煤铁矿，预定资本三十余万两，由上海、天津两机器局各垫十万两，其余十余万两招商凑股。不久因地方绅士反对，交通不便，所订机器亦不合用，于次年停办。

1875年，船政大臣沈葆桢为供应船政局及轮船所需燃料，创办台湾基隆煤矿，开办费及常年经费皆由官款支领。1877年开始产煤，至1881年年产五万四千吨。1887年台湾巡抚刘铭传将其改为官商合办，再改官办，又欲交英商租办，清政府批驳不准，重改官商合办，几经变动，生产低落。同年，李鸿章派盛宣怀创办湖北广济兴国州煤铁矿，由直隶、湖北合拨制钱三十万串作为资金。后因煤质不佳，停止。

1876年，李鸿章派唐廷枢创办直隶滦州开平煤矿局，定资本八十万两。最初是煤铁矿并采，兼炼钢铁。实收股本只有三十万两，至1881年开始出煤，已用经费七八十万两，不足之数，全靠官款及其他借贷，遂停办炼铁，专采煤矿。1882年日产煤五六百吨，股本增至一百二十万两。1887年开林西矿厂，股本再增至一百五十万两。至1894年，每日可产煤二千吨，年产达数十万吨，洋务派所办采矿业中开平煤矿是最著有成绩的大矿。

开平煤矿鼓舞了洋务派办矿业的积极性。八十年代，兴办矿业，蔚然成风。1881年李鸿章派朱其诏创办平泉州铜矿，先后招股二十四万两。同年船政大臣黎兆棠创办侯官铁矿，未成。1882年盛宣怀创办奉天金州煤铁矿，集资二十万两，同年又创办山东登州铅矿。1884年盛宣怀改矿股为电报股，金州、登州两矿停办。1883年云贵总督岑毓英、云南巡抚唐炯购置机器，设立云南矿务招商局，采用新法改进云南铜矿的采炼。1884年醇亲王奕譞创办北京西山煤矿。1886年贵州巡抚潘蔚创办贵州青溪铁矿，备有二十五吨炼铁炉一座、半吨转炉二座及轧钢设备等，先后借用官款三十四万余两，但因煤炭取用困难，一直未能正式投产。1887年山东巡抚张曜创办淄川铅矿和煤矿，参用少量机器。同年，李鸿章派朱其诏创办热河三山银铅矿，先后共用银四十余万两。1887年李鸿章联合黑龙江将军恭镗创办漠河金矿，股本二十万两，先由淮军银钱所及黑龙江库款垫借十三万两。1889年出金。1893年增开观音山分矿。产量及盈利日益增多，在洋务派创办的矿业中，为仅次于开平矿务局的成功企业。

七十年代下半期，他们开始创办纺织工业。1877年左宗棠在兰州创办织呢厂，用银约三十万两，备有纺锭一千零八十枚，织机二十台，每日可产粗呢二十匹。棉纺织工业的筹办更早于毛纱织业。1876年李鸿章就打算由直隶、两江合凑公款二十万两办织布局。1878年改为官督商办，两换总办人员，至1880年始正式设局购机，先后招股五十万两。又经中法战争金融恐慌及经营不善，未曾开工，即出现亏损。1887年再行改组，并借拨官款及招商局款，于1889年开工生产。由于棉纱布利益优厚，1888年李鸿章及上海道龚照瑗等又设华新纺织新局，张之洞也于1889年创办织布局（在广东创办，不久移设湖北）。上海织布局亦购机扩充，1893年失火焚毁，即以所购新机改组为华盛纺织总厂。加上1893年张之洞创办的湖北纺纱官局，到1894年，洋务派共设立了四家棉纺织厂，共计资本四五百万两，纱锭十六万余枚，布机二千一百台。这是当时中国棉纺织工业的骨干。

1879年李鸿章奏准创办天津至北塘电报，用作军事通讯。次年接修天津经镇江至上海电报。1881年两江总督刘坤一又奏设镇江至南京电报。至1882年，这些电报线路建成，共用银二十余万两。李鸿章奏派盛宣怀组设官督商办的电报招商局，招收商股十万两，接收经营这些电报事业。上海经东南沿海各通商口岸至广州，长江沿岸及其他各重要都市之间的电报，陆续修通。1882年电报招商局定股本八十万元，1892年增至一百万元，实际所用经费，截至1894年至少当有二百万两，大都先由官款垫拨。各地方官厅自设电报局的有金陵、北洋、两广、云南、黑龙江、陕甘、新疆等地，所投经费大约二百余万两。

1880年开平矿务局修建运煤用的开平至胥各庄铁路，预计十公里，一切规制仿一般铁路。1886年接筑至阎庄，共长四十余公里，单独成立开平铁路公司，定股本二十五万两。1887年再从两端分别延至古冶和天津，改名为中国铁路公司（又作天津铁路公司），股本一百二十五万两，共长一百六十公里。经费共约二百六十万两，不足之数曾借洋商债款，后由官款垫还。先后所垫官款计有一百二十万两。这是中国修建成的第一条铁路。

1887年刘铭传在台湾创办台湾铁路。最初用官督商办办法，不久收归官办。至1893年建成基隆至新竹一段，因款绌停止，计共用银近一百三十万两。

八十年代下半期，清政府内部举行第二次关于铁路问题大讨论，于1889

年批准两广总督张之洞先行修筑北京芦沟桥[①]至汉口间铁路的主张，并议定每年筹集二百万两作为经费。这时张之洞开始在广东创办炼铁厂。芦汉铁路定议后，张之洞调任湖广总督负责筹建，炼铁厂亦随之移设湖北汉阳，供应芦汉路所需铁轨。1892年建成大冶铁矿，1894年建成汉阳铁厂，拥有五十吨炼铁炉二座，八吨转炉二座，十吨平炉一座，及熟铁炉、轧钢设备、煤矿等等，至1896年先后共用银五百八十余万两。1890年又因东北局势日紧，改建关东铁路。从1891年起，以每年二百万两官款作经费，延接古冶商办铁路，至1893年筑至山海关。其后清政府将铁路经费移作那拉氏六十岁庆典之用，筑路工程遂停。仅筑成一百三十五公里，用银约六百万两。

八十年代下半期，张之洞、李鸿章陆续在广州、天津、武昌等地创办了三家造币工厂，制造银元、制钱等，共用经费约五十万两。除天津造币厂亏损停办外，其余两家成为清政府日后的重要造币工厂。

洋务派在进入七十年代以后的二十几年里，先后创办了四十一个资本主义性质的企业，在1894年尚存的计有三十个，约计共有资本三千九百万元。他们以前专办目的在于镇压人民的军事工业，现在转到创办牟取利润、以利于扩大再生产的“求富”的企业，是前进了一步。清政府中的顽固派对一切新事物都要极力阻挠反对。洋务派官僚以筹防、筹饷为名，办起了除银行等金融机构以外的几乎所有各种新式企业，迫使顽固守旧势力不得不有所后退，这也是明显的。例如，六十年代就有人打算创办轮船航运，直到七十年代以筹措福建船政局经费为由，才准许设立了轮船招商局。使用机器开矿，也从六十年代开始酝酿，直到1874—1875年间海防大讨论才批准可以开始试办。铁路的兴建，阻力尤大。1880年开平矿务局修筑了开平到胥各庄间一段十公里的运煤铁路，开始却不准行驶机车，要用马在轨道上拉车行走（数星期后才准许用机车拖拉货车）。整个关于铁路的争论，从六十年代至八十年代末，断续进行了二十余年，直到身为光绪帝生父、实掌朝权的醇亲王奕譞，从顽固守旧势力头子转向洋务派，才告一段落，于1889年批准可以兴筑。资本主义民用工业要发展，是客观的趋势。在清政府内部，洋务派的言论反映了这种趋势。

---

①芦沟桥，实为卢沟桥，但晚清官方文书中两者已混用。以其为起点的铁路，一般均作芦而不作卢，如此处的芦汉（口）及后文的芦保（定）等。——编者注

洋务派大官僚兴办的这批企业具有资本主义性质，但它不同于民族资本主义，而是早期官僚资本主义。企业采取官办、官督商办或者官商合办的形式，如实反映了它的性质。那批企业，从创办到开业，从投资到经营，都与洋务派大官僚所控制的那部分封建国家权力相结合，并由洋务派大官僚用这部分国家权力来直接掌握。那批企业既因这种权力的支持而得以兴办和发展，也因这种权力的控制和干预而腐败、衰落。

无论官办还是官督商办企业，首先都利用大量官款作为资金。这是只有大官僚凭借手中掌握财政大权，才能办得到的。轮船招商局在1872年创办时，先由李鸿章奏准从直隶练饷局借制钱二十万串。1876年轮船招商局收买美商旗昌轮船公司时，一次就由沈葆桢奏准从数省借拨一百万两。在1877年，轮船招商局借拨的官款高达一百九十万两，约当这时买收股本七十三万两的两倍半还多。电报招商局是先由官办后改官督商办，所有线路建设及购机经费，都是先由官款垫拨，而后由电报招商局招集商股接办。至1894年，电报招商局商股不过一百万元，而全部由官款垫借的建设费估计约达二百万两，多余部分全作存局，备抵官报之用。开平矿务局、平泉州铜矿、贵州青溪铁厂、漠河金矿、上海织布局、天津铁路公司等等，也都借有十数万两、数十万两以至一百万两官款。洋务派大官僚及其委派的经办人员中的地主、官僚和买办是企业的重要投资者，一些缺乏政治势力，但希望在洋务派支持而易于赢利的企业中分得一杯羹的，和希望得到洋务派官僚某种支持和庇护的一般地主、官僚和商人也是这类企业的投资者。对于洋务派大官僚来说，“官”是他们，“商”也是他们，一身二任。他们把利用大量官款作为企业资金，叫做“官为商倡”“官为商助”。实际上他们是凭借权力，利用官款，通过经营企业，为自己积累大量财富。在很大程度上他们是自己为自己倡，也自己为自己助。官僚手中掌握的权力越大，能够动用的官款越多，他们搜刮来的财富就越多。企业经营亏损则归官，赢利则化官款为这些洋务派大官僚及企业经办人员所私有，这和通常的资本主义剥削，即靠私人占有生产资料，剥削剩余劳动、剩余价值是不同的。

和这同时，洋务派大官僚又利用权力，使那些企业获得专办一定年限的专利权、减税或免税。这对他们创办的某些企业，曾带来迅速招集资本、获得利润的好处，不能取得这种权利的一般商办企业，却是严重的障碍和桎梏。上海织布局开始筹办后，李鸿章奏准规定“十年之内只准华商附股搭办，不准另行设局"[①]。实行这项规定，不利于外资在华设立纺织厂，但也使一般华商无法独立另设同样工厂。1879年以后，轮船招商局和英商太古、怡和轮船公司订立共同垄断中国江海航运的合约，更是不准华资另设轮船企业，却无法阻止外资在华轮船航运势力的扩大，只是阻碍华商轮船航运业的正常发展。当时就有人批评这种专利权的实行，"是何异临大敌而反自缚其众将士之手足，仅以一身当关扼守，不亦偵乎！"[②]洋务派大官僚所真正关心的，并不是要保卫中国利权，而是如何垄断办新式企业的权力，扩大自己的利益。

官办和官督商办企业，都由洋务派大官僚委派总办和会办人员，洋务派大官僚则自任督办或奏派其他官僚担任督办。他们利用封建权力，把企业的领导权牢牢掌握在自己手里。企业的经营管理，无论官办或官督商办，都同军事工业一样，沿用一套封建官僚制度的办法。"公司之局面与办事之章程，无一非官场陋习"[③]。一企业之中，既有总办，又有督办，还有会办、帮办、提调等名目。总办、会办同时又有数人。轮船招商局最多时有总办五人。上海织布局除了同时有六个总办之外，还分别指定某某"专办官务"，某某"专办商务"。一些官督商办企业的章程，在表面上都规定了商股有担任董事和司事的权利，实际上，"员董由官用舍，账目由官稽查"[④]。"商民虽然入股，不啻途人，即岁终分利，亦无非仰他人鼻息。而局费之当裁与否，司事之当用与否，皆不得过问。虽年终议事，亦仿泰西之例，而股商与总办分隔云泥，亦第君所曰可，据亦曰可；君所曰否，据亦曰否耳"[⑤]。总办、委员以各种名目，"位置私人，滥行收录"[⑥]。"委札甫下，荐书纷来"[⑦]，名列局中，身居局外，坐领干薪，空耗资金。整个企业成了闲冗充斥之地。官场中的贪污贿赂、浪费侵蚀、排场应酬、欺诈排挤等等积弊，也都成了这些企业的通病。

---

① 李鸿章：《试办织布局折》（光绪八年三月初六日），《李文忠公全书》奏稿，第43卷，第44页。

② 《申报》论说：《书云南督抚集设开矿情形折后》，1884年2月21日。

③ 同上。

④ 刘坤一：《查议招商局员并酌定办法折》（光绪七年正月十五日），《刘忠诚公遗集》奏疏，第17卷，第16页。

⑤ 吴佐清：《中国仿行西法纺纱织布应如何筹办俾国家商民均获利益论》，陈忠倚辑《皇朝经世文三编》第26卷，第9页。

⑥ 山西道御史董俊翰奏（光绪三年九月十八日），见《洋务运动》第6册，第20页。

⑦ 俞赞：《恤商论》，《皇朝经世文三编》第31卷，第10页。

轮船招商局由于盛宣怀等的滥用滥支，一年之内亏损至数十万两。[①]“十余年来，不特本息不增，而官款洋债欠负累累。……所谓利权，上不在国，下不在商，尽归于中饱之员绅”[②]。上海织布局“今年添股份，明年添资本，屡易其人，无不亏空”[③]。洋务派大官僚先后创办了四十余个规模较大的企业，但真正有点成绩的不过五六个。其余大多数，不是亏蚀停闭，就是负债累累。

这类企业的封建性还强烈地表现为洋务派大官僚把它一概看作本集团的私产。李鸿章所创办的企业以官督商办形式为主，所有企业都由他委派一些官僚和大买办担任总办、会办经营一切，所有重要事务都需经他批准。他一面把投资者置于无权的地位，另一方面却又不许其他官僚干预。有人批评轮船招商局办理不善，委员贪污侵蚀，要清政府查办整顿。李鸿章反对，说：“轮船招商局之设，系由各商集股作本，按照贸易章程，自行经理……盈亏全归商认，与官无涉。”[④]根本排斥其他官僚过问。一面以“官督”控制一切，一面又以“商办”拒绝其他官僚干预，这就是这种官督商办方式的妙用。李鸿章使用这种办法和其他权力，先后创办和控制了轮船招商局、开平矿务局、平泉州铜矿、漠河金矿、上海织布局及华盛纺织总厂、电报招商局、天津铁路公司、关东铁路局等几个较大的工矿交通运输通讯企业，在1894年共有资本一千七百四十余万元，约占这时全部官僚资本企业资本总数的百分之四十四以上，成为当时最大的官僚资本集团。张之洞所创办的湖北铁政局、湖北织布局、湖北纺织官局、湖北缫丝局及湖北银元局等企业，几乎全是官办。[⑤]张之洞以总督身份控制一切。其中铁政局、织布局则是他在广东创办的，随他调任湖广总督而移设湖北。他从各方面罗掘款项，除了奏准清政府拨用各项官款外，并兴出各种名目勒索商捐，供作资金。到1894年前后，不数年间，即投入官款约一千一百余万元，约占这时全部官僚资本企业资本总数的百分之二十八以上，仅次于李鸿章，成为当时第二大官僚资本集团。此外刘铭传

① 刘坤一:《查实局员舞弊有案可稽折》(光绪七年三月初三日),《刘忠诚公遗集》奏疏,第17卷，第49页。

②《户部复陈维持招商局疏》,《益闻录》，光绪十三年二月十五日，第9册，第100页。

③ 俞赞:《恤商论》,《皇朝经世文三编》第31卷，第9—10页。

④ 李鸿章:《复陈招商局务片》(光绪六年三月二十七日),《李文忠公全书》奏稿,第36卷,第35页。

⑤ 湖北纺纱官局初曾实行官商合办，不久即改为官办。

在台湾，也以创办和经营台湾煤矿、台湾商务局、台湾铁路等企业，形成一个小集团。在洋务派大官僚眼里，这类企业与军事工业一样，都是他们在统治集团中夺取更大权力的手段，自然也是残酷掠夺人民的手段。

洋务派官僚兴办的这批企业，本来是直接移植西方近代技术的结果，和办军事工业一样，不可避免地要依靠外国，根本不可能在引进先进技术的过程中，逐步建立本国的独立的工业体系。在二十年间，洋务派官僚兴办了三四十家规模较大的新式企业，制造民用工矿业和交通运输业设备的工厂却一个也没有。较大的军事工厂本来有仿造一部分机器的能力，他们除了用以扩充本厂制造军火的设备外，从不制造民用生产的机器。一些较大规模的企业本来也都附有机修的车间或工厂，也从来没有人予以扩充、改进，去从事机器制造。轮船招商局有一个附属的同茂铁厂，作为修理本局轮船之用，1876 年又合并美商旗昌轮船公司的修理厂，1878 年时已拥有资产十五万余两，很可就此基础发展成为制造商船或其他机器设备的工厂。但招商局对此并不重视，终因“督理未得其人”，于 1879 年停办，机器出售，厂房出租。所有洋务派官僚兴办的企业，从创办到生产，从机器到技术人员，都一唯洋人是赖，交由外国人控制。轮船招商局设立二十余年，“船主（船长）仍聘请西人，未有华人能为船主者”①。开平矿务局年产不过二三十万吨，所聘洋矿师多达十余人。②平泉州铜矿，华人总办“仅负名义，实际上一切工作均由〔德人〕德璀琳主持”③。这些洋人，平日专横跋扈，操纵把持，实际大多“南郭先生一流人物，名曰矿师，实则毫无本领”④，不过夸张诡诈，愚弄华人，娄薪俸数万金，事后则飘然竟去⑤。轮船招商局所雇外国船主、司机，平日非赌博宿娼，即酗酒偷懒，行船掉以轻心，屡次造成撞船、沉船事故，“视公司资本，商人性命如儿戏”⑥。洋务派所办新式企业受到外国侵略者的把持和操纵，更加重

①《申报》论说：《商务论略中》，1889 年 12 月 28 日。

②《北华捷报》，1881 年 8 月 22 日，第 26 卷，第 275 页；1884 年 6 月 27 日，第 33 卷，第 738 页；1893 年 5 月 19 日，第 52 卷，第 303 页；《通商各关华洋贸易总册》，光绪二十二年，下卷，天津口，第 5 页。

③《北华捷报》，1884 年 12 月 3 日，第 33 卷，第 627 页。

④ 郑观应：《开矿》下，《盛世危言》第 3 编，第 2 卷，第 6 页。

⑤ 陈炽：《矿人》，《庸书》外篇，上卷，第 19—20 页。

⑥ 钟天纬：《轮船电报二事应如何剔弊方能持久策》，《皇朝经世文三编》第 26 卷，第 5—6 页。

了它失败的命运。轮船招商局那样的大企业，最后也只好投靠外国资本，于1878年开始与英商怡和、太古轮船公司订立统一运费和共同分配利润的合同，并在历次改订合同时减低自己所得份额。轮船招商局、天津铁路公司、湖北织布局还进一步向洋商大借债款，以部分产业抵押，使它们同外资的关系又多一层。洋务派在办近代军事工业上的买办性也照样表现在这类民用性质的企业上。

与国家权力相结合，对内的独占性，封建性和买办性，是这批企业的特色，也是官僚资本主义的特色。这种官僚资本主义是在半殖民地半封建的国度形成的，不同于西方国家的垄断资本主义，而只是后者的附庸。这种资本主义不但不能促进中国经济的独立，反而进一步加重了中国经济对外国的依赖，并严重阻碍着独立的民族资本主义的发展。十九世纪九十年代上半期，这种资本主义在企业数目上不过三十个，仅占当时全部资本主义企业总数的百分之十一，但资本总数三千九百余万元，占了当时全部资本主义企业资本总数的百分之七十六。一开始，它就对民族资本主义占有经济上的绝对优势，形成对民族资本主义的另一种经济压力。不过那时它刚刚产生，还不具备实现经济上的垄断、特别是金融资本垄断的能力，所以只算早期的官僚资本主义。

官僚资本主义的产生，形成早期的大资产阶级。它是大官僚、大买办、大资本家的最初的结合体。其中洋务派大官僚是这个资产阶级的核心，他们是经由外国侵略者所改造，刚从旧的封建统治集团中分化出来的带买办性的一种势力。这部分人的封建性质并没有消退，但是增加了买办和资产者的内容。由于买办化的程度不同，经营新式企业的时间长短和规模不同，在转化为大资产阶级的过程中，也处于不同的阶段。但他们都已开始具有了一个新的共同特点，就是经营了资本主义近代企业，以此剥削近代产业工人。这个特点使他们不同于原有的封建官僚和地主，开始具有了地主兼买办和资本家的性质。他们握有部分国家权力，继续用封建土地制度剥削农民，又依靠外国势力、国际资本支持他们的洋务活动，又用新式企业剥削近代产业工人，集封建官僚、地主、买办、资产者于一身。外国势力、国际资本对他们的影响，胜过封建势力对他们的影响；他们在洋务活动的某些事情中，对大买办、买办商人的需要，远远大于对地主分子的需要。因此，这个早期的官僚资产阶级虽然也是中国的资产阶级，但是它的利益是同外国侵略势力、国际资本、买办商人直接相联系的。它不是发展独立的中国资本主义的动力，而是妨害独立的民族资本主义发展的阻力。从一开始，它就是外国资产阶级的依附者，是阻碍中国人民反对外国侵略和中国封建统治的反革命力量。

民族资本主义和民族资产阶级

一个时代出现的先进事物，往往就是反映时代主流的事物。十九世纪六十年代，民族资本主义零星地在中国历史上出现了。由一部分商人、买办、地主和官僚的投资，到九十年代上半期，先后创办了近三百个近代工矿企业和交通运输企业。在 1894 年继续营业和正在兴建的企业共有二百三十二个，资本总数一千二百万元，绝大部分都是规模不大的中小型企业。其中机器修造、轮船航运、缫丝和印刷是民族资本主义企业出现最早、数目最多的四个部门。

机器修造工业是最早适应外国对华贸易需要兴办起来的。1852 年在上海虹口由买办郭甘章创办船坞修理轮船以后，六十年代先后在上海出现方赞举创办的发昌号机器厂，广州陈淡浦的陈联泰机器厂和天津的德泰机器厂。这三家大概全是从旧式铜铁手工作坊承揽洋商修理业务发展起来的，到九十年代都已初具规模（发昌和陈联泰各有一二十台各种车床），能够生产小轮船、轮船机器及机床、磨面机器、水泵等等。七十年代上海又出现林文的建昌铜铁机器厂和其他几家铁工厂。建昌厂在九十年代也有大小机床十余台。1877 年香港有陈望基创办的广协隆，集资二千元，1890 年改组为有限公司，增资为二十万元，修造小轮船。1879 年宁波又有广德兴机器厂出现。八十年代以后，上海等地机器修造工业成批兴起。上海有远昌、均昌、邓泰记、合昌、永昌、广德昌、通裕、张万祥、大昌、义兴盛、史恒茂、戴聚源等铁工厂，广州有均和安、广昌隆、艺兴等机器厂。到 1894 年，全国有近四十家这样的中小型机器修造工厂，资本约计四十余万元。这种机器修造工厂，最初几乎全都依靠承揽洋商轮船零活修理和外资工厂部件加工过生活。有的在很长时期内一直以此为主要业务。一部分工厂在有了一定积累后开始自造小轮船和修造其他机械。八九十年代间出现少量制造缫丝车、轧花车的专业工厂。

轮船航运业中的民族资本最初几乎全是在洋商名义下营业的。因为清政府限制华商自购轮船，而轮船航运利润又大，所以华商购得轮船后，皆依附或委托洋商经营。1889 年由徐子静、叶澄衷、何丹书等人创办的鸿安轮船公司，就是其中规模最大，一直延续下来的这种企业。它不但长期采用所谓中外合办的形式，而且还用英商和兴洋行的名义，后来改名鸿安公司，继续用英商的招牌不变。八十年代下半期，广州附近地区，在官府特准下，开始使用轮船拖拉渡船。到九十年代中，大约有二三十只小轮在广州附近各处往来。九十年代初上海出现了一些所谓官轮船局，由商人禀准官府，行驶小轮，拖带官绅坐船，航行杭州、苏州等处。其中著名的有1891年戴绥之创办的戴生昌苏杭各路官轮船局，1894年创办的泰昌义记申杭湖州官轮船局。1890年汕头有汕潮轮船公司创办，资本五万元，备有数十吨小轮船五只，航行汕头至潮阳、揭阳等处。1893年汕头又有林毓彦等创办的伯昌轮船行，资本二十八万元，航行汕头至暹罗各处。在1894年，这类轮船航运业约有二十余家，共有资本一百余万元。

缫丝工业大概起始于1872年由归国华侨陈启源在广东南海创办的继昌隆缫丝厂。它部分使用机器，共有三百个釜位，雇佣女工三百人，不久扩充至八百个釜位，雇佣女工八百人。从此，南海、顺德两县陆续增设了一些缫丝工厂。1881年南海县十一家缫丝厂全部被丝织业行会工人捣毁，封建官府乘机将其封闭以后，广东缫丝工业全部集中于顺德境内。到1894年，顺德的缫丝工厂约有六十余家，资本共约一百七十余万元。上海的华商缫丝工业出现略晚。1881年黄佐卿第一个创办公和永缫丝厂，有丝车一百部，以后扩充至四百四十余部。1884年有坤记丝厂设立，资本三十三万六千元。九十年代又有裕慎、延昌、正和、纶华等丝厂设立，公和永丝厂亦增设第二厂。上海的这些缫丝厂，资本都比广东的为大，设备也较先进。1894年，这七家缫丝厂共有资本一百五十余万元，每厂平均约当顺德缫丝厂的八倍半。这两者合计，1894年全国共有七十余家民族资本缫丝厂，资本共约三百三十万元，成为早期民族资本最大的行业。

印刷工业从1871年王韬在香港创办中华印务总局开始。1873年王韬又创办了一家《循环日报》。接着汉口出现《昭文新报》，上海出现《汇报》《新报》，厦门出现《鹭江新报》，宁波出现《宁波日报》。这些报纸，除了《循环日报》因设在香港，一直续办下去外，其余都在清朝官吏压迫下先后停闭，或改为洋商招牌，也无法继续出版。1882年徐润、徐鸿复叔侄创办同文书局。这是在上海设立的第一家机器石印企业，雇工五百人。自此以后，上海先后设立积山书局、鸿文书局、蜚英馆、广百宋斋书局、富文阁（后转售为五彩画印有限公司）、鸿宝斋、拜石山房等十几家石印书局。广州、杭州等地，也出现一些石印书局。这些石印书局主要印刷中国古籍和科场夹袋用书，或印刷商业封装。少数改良主义者的书籍亦由它们印刷。到 1894 年，这种印刷工业约有二十余家，资本五十余万元。

七十年代下半期开始，各地出现了一批在官督商办名义下经营的民族资本采矿业。其中主要的有 1876 年由官僚孙振铨和买办杨德创办的安徽池州矿务局，开采煤矿，最初资本十万两，1887 年增为三十万两。1879 年知县戴华藻在山东峄县创办中兴矿务局，也开采煤矿，先后投资约十万元。1881 年湖北创办鹤峰矿务局，开采铜矿，资本十万两。1882 年宋宝华在直隶创办顺德矿务局，股本二十万两，也开采铜矿。钮秉臣创办临城矿务局，开采银、煤各矿，资本二十万两。胡恩燮在江苏创办徐州矿务局，原拟招股五十万两，采煤炼铁，后因仅招得十万余两，停止炼铁，专采煤矿。买办李文耀在热河创办三山矿务局，招股二十万两，开采银矿。1883 年买办徐秉诗创办安徽贵池矿务局，开采煤矿。1885 年李宗岱在山东创办平度矿务局，开采金矿，投资四十五万两。地主丁枞在福建创办石竹山铅矿，资本十万元。1887 年买办何崑山在广东创办大屿山天华银铅矿。1890 年程光第在吉林创办天宝山矿务局，开采银矿。1892 年徐润在热河创办建平金矿局，股本十五万两。1893 年都司张金生在湖北创办长阳煤矿公司，等等。截至 1894 年，民族资本创办的采矿业二十余家，1894 年继续营业的十五家，共有资本约二百八十余万元。其中煤矿十家，资本约一百二十万元，铅银矿二家，资本六十余万元，金矿三家，资本九十余万元。这些企业也叫官督商办，但与在洋务派大官僚直接控制下的官督商办企业不同。在这些企业中，虽然也常由洋务派大官僚委派督办和总办，有的还有洋务派大官僚的部分投资，但所谓督办多系当地官吏（一般为道员），只起代呈禀文和所谓保护作用（当然可能会分得一些利润），实际的经营权则掌握在企业经办人和主要投资者手里。这类企业和那些托庇洋人势力之下自行经营的企业一样，都属于中国早期的民族资本。

七十年代末期，中国出现一些仿造进口货物在国内销售的较重要的行业。1877 年朱其昂在天津创办贻来牟机器磨坊。1882 年上海有裕泰火轮磨坊设立。1894 年天津又有大来生机器磨坊设立。到九十年代上半期，各地先后设立了七家面粉厂，不过规模都不大。全部资本估计不过二十万元。

火柴工业从 1879 年归国华侨卫省轩在广东佛山设巧明火柴厂开始，但规模很小，每日才生产火柴一万余盒。此后直到 1886 年才有官僚杨宗濂和买办吴懋鼎等创办的天津自来火公司，也只有资本一万八千两。接着1887年厦门有自来火局，1888年上海有荣昌自来火厂。1889年道员黎庶昌和商人卢干臣等在重庆创办聚昌火柴公司，初有资本二万两，1892年再增加二万两。广州也有文明阁火柴局设立。1890年叶澄衷、宋炜臣在上海创办燮昌火柴公司，资本五万两，日产火柴五十箱，为当时最大的火柴厂。1891年重庆聚昌火柴公司增设森昌火柴厂。1893年，上海设遂昌厂，广州设义和火柴公司，九龙设隆记火柴公司。至此先后共创办了十二家火柴厂，1894年继续营业的有十家，共计资本约二十四万余元。

八十年代出现了三家造纸厂。1882年买办曹善谦、郑观应等在上海创办伦章造纸局，资本二十万两，但直至1891年始开工生产。同年又有钟星溪在广州创办宏远堂造纸公司，先后集资十九万五千七百两。1887年又有刘猷鲍在香港创办大成造纸公司，估计资本约二十万两。

民族资本棉纺织业由于早期官僚资本的垄断，直到1893年才在李鸿章规定的十个分厂的范围内，在官督商办的名义下，出现了第一家。这年道员朱鸿度创办裕源纺织厂，资本五十万两，有纱锭二万五千枚，1894年开车生产。1894年又有盛某创办大纯纺织厂，资本三十万两，纱锭两万余枚，又有裕晋纱厂，纱锭一万五千枚，严信厚也在宁波将其通久源轧花厂扩充为轧花纺织厂，资本三十万两，有纱锭一万一千余枚。这三家都在以后年份开车生产。

轧棉、玻璃、榨油、制药工业等行业，这时也建立起了一些小规模的近代工业。另外还有一家电灯厂。

近三百个资本主义近代企业的兴建，表明中国民族资本主义的产生，已是不可遏止的趋势。到1894年，尽管实存只有二百多个企业，资本总数仅一千二百余万元，在中国社会经济中，不过沧海之中的一些细沙，但它究竟是一种新的经济力量。而且从八十年代起，一批以国内市场为销售对象的近代企业的逐渐出现，开始建立起同中国国民经济的联系，成了其中虽然比重还小但却是最有生命力的经济成分。在中国近代史上，这个经济成分占有特殊的重要性。

中国民族资本主义诞生在半殖民地半封建的条件下面，外国资本主义和本国封建主义迫使它必定要左攀右附，按照不同情况分别托庇于一定势力，去求得生存和发展。

依附洋商，托庇于外国侵略势力，有种种方式。例如：一、投资设厂，利用外商名义。薛福成说：自中外通商以来，江、浙、闽、广各省商人也有置买轮船，从事运输的，“大抵皆附西商之籍，用西国之旗”。虽然经费支出较大，利益归于西人，但这些商人仍以为得计，其原因就在于作为华商，报税过关，每遭稽滞，多所掣肘，作为洋商，可以任意径往各口，无人阻拦，获利容易。[①] 当时采用这种办法的，不限于轮船航运业，也不限于一般商人。外国教会出版的《益闻录》就说：“华人开设机厂，向赖西人出名。”[②] 企业在洋商名义下，可以免除封建官僚的干扰和阻碍。因此有些企业尽管主要是由华商投资，甚或完全由华商投资创办，亦必以洋商名义，由洋商出面经营。六七十年代出现的一些较小规模的轮船航运企业，以及 1881 年改组后的烟台缫丝局等，很难分辨它们究竟是外商企业还是华商企业。这是中国主权丧失，外国在华享有特权所造成的。二、华商资本很大一部分最初是依靠替洋商进行加工讨生活。几个出现较早的工业部门几乎全是这样。机器修造业是民族资本中最早出现的近代工业，也是最早由这种方式兴起的新式企业。大量外国轮船在中国水域航行，船舶修造业务繁忙。外国商人在中国沿海沿江设立了一大批船厂，仍不能满足日益增长的船舶修理工作的需要。同时外国船厂对于一些赢利不大的粗笨部件，也往往利用中国的廉价劳动力，在厂外委托加工。1874 年《申报》记载：“上海一处，近有华人数家开设大铁厂数座，多在虹口地方，深知修理水镬火炉，并能照图铸成铁器，以供西人轮船之用，概可与西匠媲美。”[③] 这些机器修造工厂，最初全做外资工厂的包活和外资轮船的临时零件修理。三、机器和技术全靠进口，原料和市场也要仰赖外国。机器修造业需要依赖进口的铜铁等金属材料，印刷工业需依赖进口的油墨和纸张，火柴工业需要依赖进口的梗片和药料，造纸工业需要依赖进口的药品和纸浆，等等。这些工业不啻外国货物的加工工厂，停止进口就得停止生产。至于在市场关系上，不少企业一直就是依赖洋商而生存的，它们的盛衰命运也就一唯洋商所决定。近代缫丝工业自始就是适应洋商掠夺中国蚕丝的需要而兴起的。广东人民把这种缫丝工厂叫做“鬼红”，就是“以其交洋人也”[④]。此外如轧棉花业、制砖茶业以及豆饼厂等，也都靠供应洋商出口而生存。

---

① 薛福成：《应诏陈言疏》（光绪元年），《庸盦文编》第 1 卷，第 23 页。

②《益闻录》，光绪二十一年七月二十三日，第 17 册，第 417 页。

③《申报》：《论制造》，1874 年 7 月 28 日。

④《南海县志》（宣统二年）第 26 卷，杂录，第 56 页。

企求封建势力的保护和支持，同样是不可缺少的。1878年承办上海机器织布局的彭汝琮，在他呈给李鸿章、沈葆桢的开办章程中，头一条就说：设厂内地，用机器仿织洋布，事属创举，必须“圣诏恩准，官委经理”，否则保护无据，尽职无权。[①]早期改良主义者郑观应叙述这方面情况的时候一再说：中国风气未开，积重难返，创办新式企业，非有大力者参与和支持，不能成事。[②]促进商务，应该借官力为保护，兴办工艺，尤其要借官权为振作。[③]这代表了部分地主、商人企求洋务派官僚庇护的愿望，也反映出民族资本对封建势力的依赖。某些行业带有抵制洋货色彩，不为洋商所容纳，要求官方给以支持，显得自然合理，但也是依赖的一种表现，这是半殖民地制度下特有的现象。

这时期民族资本兴办的近三百家企业中，可查知创办过程的有二百零八家。其中同外国侵华势力发生各种依附关系的有一百五十六家，同洋务派大官僚发生各种投靠关系的有五十二家，另有四十五家依托于地方封建势力。相当一大部分企业在创办过程中同时与外国势力和本国封建势力有着联系。中国民族资本一产生，就与外国资本、中国封建势力有这样那样的依托关系，这是它的一个基本特点。

中国民族资本主义与外国侵略势力、本国封建统治又存在着尖锐的矛盾、对立。外国资本家倾销商品，掠夺原料，确立金融垄断，处处都危害民族资本，都是反对中国发展独立的资本主义的。他们更利用从中国夺得的各种特权，控制中国的海关和市场，当时一些人就反复指出：“洋货入中国则输半税，土货出洋则加重征，资本纵相若，而市价则不相同。洋货可平沽，而土货必昂其值。”[④]中国同类商品的生产受到极大的压迫和摧残。中国的出口商品，华商“不能定价，转听命于外人，每岁受亏，动数百万”[⑤]。“种种受制于人，以致十商九困”[⑥]。一些新建的工业因外资的无情压迫而破产。例如1881年

① 据《北华捷报》1879年2月21日所载彭汝琮给李鸿章、沈葆桢禀文回译。

② 郑观应：《开矿》，附录开平矿事略，《盛世危言》第5卷，第4页。

③ 郑观应：《商战》，《盛世危言》第3卷，第12页。

④ 郑观应：《商务》一，《盛世危言》第3编第1卷，第1页。

⑤ 陈炽：《纠集公司说》，《富国策》第4卷，第6页。

⑥ 曾国荃：《请免加茶课疏》（光绪十一年五月初一日），《曾忠襄公全集》奏议，第25卷，第48页。

上海设立的均昌船厂，是当时唯一规模稍大一些的机器工厂，能够自造小火轮船，开设不到四年，即在洋商的倾轧下被迫停闭。封建势力、顽固守旧派根本反对商办新式企业。1881年广东南海县发生旧式机房手工业工人捣毁缫丝工厂的事情，清朝地方官吏乘机将南海县境内十一家缫丝厂全行封闭，勒令厂主将“机器自行变价”出售，并具结“永不复开”。所持理由，主要就是“沿海各省制办机器，均系由官设局，奏明办理，平民不得私购自置”等等。① 这个禁令，在南海县，直到九十年代中都未解除。② 洋务派则力图把一般商办企业纳入他们的势力范围之内，成为官僚资本的附属品，否则加以禁止。上海一些大商人打算在轮船招商局以外办一个较有规模的轮船公司，李鸿章批饬：“不准独树一帜。”此外加上厘税繁苛，清政府“但有困商之虐政，并无护商之良法”③，行商坐贾俱遭困厄。民族资本这时先后创办了近三百个企业，在外国资本主义和本国封建势力的摧残下，被迫倒闭的六十五家，占五分之一以上。中国民族资本一出现，就与外国资本、中国封建势力处于矛盾、对抗中，这是它的又一个基本特点。

民族资本既须攀附外国资本主义和本国封建主义而产生，又受这两座大山的挤压而不能顺直生长。1894年的这二百三十二个民族资本企业，资本一千二百多万元，不仅同外国在中国的经济势力无法相比，即与早期的官僚资本的三十个企业，资本三千九百万元相比，亦远远瞠乎其后。因此当时民族资本较为发展的部门，除了石印与中国封建科举直接有关这种特殊情况外，几乎无一不在外国资本和本国早期官僚资本控制之下。航运业中的远洋和外海航运业固不待言，就是沿海及内河航运也操纵在外国轮船公司及与它们勾结的轮船招商局手里。缫丝业的销售市场完全由外商掌握。机器修造工业完全依靠外商生活。矿业的生存命运仰赖洋务派。棉纱布、纸、火柴、面粉的市场为进口货所占据。民族资本纱厂在资金和设备上都不及早期官僚资本的一半。这种情形，使民族资本居于非常软弱的、缺少力量的地位。

早期的民族资产阶级是由出身相当复杂的各类人士转化而来的。根据已

---

① 徐赓陛：《办理学堂乡情形第二禀》，《不慊斋漫存》第6卷，第26页。

②1895年南海有士绅禀请在该县设立缫丝厂，当时两广总督谭钟麟批示为“专利病民，久经批行禁止”，令按察司即饬南海县“查明禁止”。见《益闻录》，光绪二十一年七月二十三日，第17册，第417页。

③ 郑观应：《商务》二，《盛世危言》第3编第1卷，第2页。

查知投资者身份的一百零六家工矿轮船航运企业的资料，一百一十个主要投资者中（内有四人投资两家以上的企业，扣去重复），现任及候补官吏十八人，地主十一人，买办三十人，一般商人二十六人，归国华侨六人，旧式作坊主或近代机械工厂领班十六人，其他人士四人。另外还有约六十家缫丝厂属于乡族宗祠产业，其掌握者自然为族中有势力的士绅商人。这种复杂的构成状况，也使民族资产阶级先天地同外国资本势力和本国封建势力保持各种不同的联系。不仅官僚、地主和乡族宗祠保有封建土地，就是一般商人和买办也有不少人投资土地，对农民进行封建剥削。不少买办投资于新式企业后，继续从事买办生活，或者在营业失利时重操买办生涯。那些从旧的作坊主或工厂领班转化来的资本家，表面上很像法国革命前第三等级里面的工厂主一类人物，他们却几乎全靠替外商工厂加工零件，才能维持和发展生产。但是这批投资者，一般都缺乏必需的政治势力。他们投资近代工矿业和交通运输业后，都盼望发展自己的企业，有发展民族资本主义的要求，在利害关系上，不能不反对外国资本主义的侵略和本国封建主义的束缚，反对洋务派大官僚对新式企业的控制，同这些反动势力有着深刻矛盾。这就造成了中国民族资产阶级的先天软弱和要求反帝反封建的双重性格。

民族资本主义和民族资产阶级的产生，使中国人民反对外国资本主义侵略和本国封建主义统治的斗争，有了崭新的内容。民族资产阶级是一个软弱的阶级，但它是资本主义这种新的社会生产力的体现者。在一定时间里，民族资产阶级是代表民族前进利益的阶级。

第二节　早期的工业无产阶级

近代工矿业和交通运输业的建立，在中国产生了第一批近代产业工人。

中国最早出现的近代产业工人，是通商口岸的码头工人、洋行的部分雇工和外国轮船上的海员。外国人在中国设立工厂，又产生了一批工厂工人。后来在洋务派兴办的军事工业中，早期官僚资本的企业中，和民族资本的企业中，产生了更多的近代产业工人。因此，中国的近代产业工人，不仅是伴随中国的资本主义近代企业而产生，而且是与外国资本主义在中国直接经营近代企业同时产生的。中国工业无产阶级的历史既早于中国资产阶级，基础也比中国资产阶级更为宽广。

第一批近代工业，建立在新辟的通商口岸和英国占领的香港。在广州，五六十年代外资兴办一批船舶修造业，已经吸引很多居民来到黄埔沿岸。[①]在上海，七十年代，美租界沿江数里皆船厂、货栈、船舟码头、洋商住宅，“粤东、宁波人在此计工度日者甚众”[②]。九十年代有人写道：中国工人众多，用之不竭。所得区区工价，仅能糊口。但比较之下，上海“已较内地丰厚，致远方男女来谋食者日繁有徒，虽离家不计也”[③]。这些地点，先是外国资本家、接着又是中国资本家设立工厂企业，利用廉价劳动力，榨取高额剩余价值的集中地；同时也就是中国近代产业工人的诞生地。通商口岸附近的广东、江苏、浙江、福建等地，中国自然经济遭受破坏较早，也是早期近代产业工人的主要来源。随着外国资本主义侵略的扩大、洋务派官僚和民族资本兴办的近代工矿业、交通运输业在各地的增设，其他地方也先后产生了一批近代产业工人。

从四十年代外国在通商口岸开始行驶轮船、设立码头时算起，到九十年代上半期，中国近代产业工人，已经有五十年的历史。在这五十年间，产业工人的人数，除了码头工人人数无法估计以外，逐渐增加到十三四万人左右。其中在外国资本经营的工业、航运业中的工人，估计约有三四万人，在近代军事工业中约一万三千人，在早期官僚资本经营的近代工矿业和交通运输通讯业中约有三万三千人，在民族资本企业中约有五万余人。[④]

近代产业工人的产生和人数的逐渐增加，表明一个新型的劳动者阶级——中国工人阶级的出现。第一，这批产业工人是从破产了的农民和手工业者转化而来的。他们在成为产业工人以前，就已失掉了原来借以为生的土地和其他资料。较早的一个记载说：“江海通商，食力之民，趋之若鹜。每月工资至少数元，以养妻孥，绰有余裕。农民终年力作，催科峻急，不免饥寒，咸思舍耒远游，几有万一之获。”[⑤]终年力作，仍不免饥寒，最后被迫“舍耒

① 威廉：《中华商务指南》（S. W. Williams: The Chinese Commercial Guide），第 157 页。

② 葛元煦：《沪游杂记》第 1 卷，第 1—2 页，租界。

③《时务报》第 23 册，第 19 页。光绪二十三年六月，译伦敦东方报《中国纺织缫丝情形》。

④这个数字是撰稿人依据已知工人数的企业，参照各种材料，对未知工人数字的企业逐个进行估计而得出的，只是一个大概数字。资料来源繁杂，无法备列。以下未注资料出处者同此。

⑤ 陈炽：《讲求农学说》，《续富国策》第 1 卷，第 35 页。

远游”，这就是大量破产农民的悲惨状况和生活出路所在。丧失生产资料向远处流亡的破产人群，他们同时摆脱了旧的封建土地制度和行会制度的束缚，只剩下了自己的劳动力，依靠“计工度日”。他们正如马克思所指出的，开始成了真正的“自由工人”。一方面，工人能够“自由”地把自己的劳动力当作自己的商品来支配；另一方面，他没有别的商品可以出卖，自由得一无所有，没有任何实现自己的劳动力所必须的东西。[①] 第二，中国的近代工矿业和交通运输业，绝大多数都是一开始就使用机器生产，或者参用机器进行生产的，因此，这批产业工人一诞生就与最先进的经济形式紧相联系。大规模机器生产，要求高度组织，集体劳动。这使工人意识到他们共同的阶级利益，共同的需要，并逐步抛弃小农和小手工业生产的分散和散漫性，锻炼出高度的组织性和纪律性。第三，近代工业生产，造成大量工人集中在一起的可能。上述的十三四万工人中，估计有五万七千人集中在二十五六个千人以上的企业中，有三万人集中在五十个五百人至千人的企业中，两者合计约占工人总数的三分之二。这种情况便利了工人之间的联系，看到自己的力量，比较容易团结起来。所有这些特点，决定新出现的工人阶级，不仅与封建制度压榨下分散的、以个体所有制为基础的农民不同，也与行会制度束缚下的有少量工具、从事小规模生产的手工业者和手工业工人有别。新生的工人阶级，尽管在当时总人口中所占的比例极小，暂时在社会生活中所起作用不大，但它却是一个和先进生产方式相联系的最先进最有发展前途的阶级。

中国工人阶级是在中国沦入半殖民地半封建社会的过程中诞生的。他们不仅受到本国资产阶级的剥削和压迫，同时受到外国资产阶级和本国封建势力的剥削和压迫。外国侵略者在中国开设新式企业，直接剥削和压迫中国工人；通过让华资工厂加工及用竞争等方式掠取华资工厂的部分利润；利用中国封建势力对工人进行镇压，间接对中国工人实行剥削和压迫。中国封建势力除了通过官府对一般人民的政治压迫，和通过税收分润资本家所得的剩余价值以外，也兴办近代军事工业和其他新式官办和官督商办企业，直接榨取工人的剩余劳动。封建官僚直接控制的官办企业和官督商办企业，很多都像封建衙门一样，行使一套封建管理的办法，甚至可以私设刑庭，驻扎军队，用刑罚和军事镇压等办法对工人进行压迫。中国资产阶级为了保持自己的利润，

① 马克思：《资本论》第1卷，《马克思恩格斯全集》第23卷，第192页。

把被外资和封建官府掠走的损失，转嫁于工人身上，尽量加重对工人的剥削。他们有时还勾结官府和其他封建黑势力如帮会等对工人进行压迫。因此，中国工人阶级从它诞生之日起，就受着中国资本主义、封建主义和外国侵略势力这样三重的剥削和压迫。这种三重剥削和压迫的严重和残酷程度，造成中国工人阶级在世界上少有的悲惨境遇。

中国工人工作时间极长，工资特别低少。当西方资本主义国家的工人已经争取到普遍实行每周六天八小时工作日的制度的时候，中国的工人一般必须每日工作十一个小时，有的则十二三个小时，甚至还有“日出而作，日落而息，尽日工程”的，很少有在十小时以下。不少工厂每两周休息一天，甚至没有休息日，旁观者也认为工人“殊觉劳疲”[①]。工人所得的工资，一般每月只有数元，多则十元八元，少则一二元。至于一部分女工和童工，每月工资少至一元以下。最好的技术工人，每月也不过三数十元，也只及同等技术的洋工十分之一二。而且就是这样低微的工资，还要经常遭受资本家和工头的拖欠和克扣。例如基隆煤矿，据英国领事报告说：十分惨苦的挖煤手、木工、铁工和小工的工资已经低到使当地的官员们没有多少中饱的余地，可是，他们还是想尽办法找机会搜刮。又如江南制造局那样的大厂，据说工人们“比街头的乞丐也好不了很多”[②]。外国的观察者断言：中国工人的工资是这样低廉，以至有时手工业制造比使用机器还要便宜。

工人的劳动条件，恶劣不堪。一个参观过设在上海的一家外国造纸厂的外国人写道：参观的人首先被带到拣破布间，看见一大群老幼不同、褴褛贫苦的中国女工在拣选一捆一捆的肮脏的旧布。从这些旧布里发出的一种臭气，使参观的人急于想走开。这种情况决不是个别的。无论中外资工厂，设备一般都比较陈旧落后，工人不仅需要从事笨重脏累的劳动，而且因为缺乏必要的安全设施，工伤事故经常发生。特别在采矿业中，工人的生命时刻受到威胁。规模最大的开平煤矿，“穴中泥松，辄有塌陷崩压之患。一遇其时，伤毙工人，势所必至。自开矿以来，压毙其间者，不可胜数。兼之矿中沸泉成眼，随地皆有，一若星罗棋布，工人稍不留意，失足陷入，无影无踪”[③]。资本

① 参见孙毓棠《中国近代工业史资料》第1辑，第1220—1222页。

②《北华捷报》1893年6月9日，第50卷，第821页。

③《益闻录》，光绪二十年五月十七日，第16册，第274页。

家对于伤亡事故，根本谈不上什么抚恤，往往只出很少一点钱埋葬了事，有的甚至完全不出。因为在资本家看来，工人只是为他们制造剩余价值的工具，工人遭受工伤事故，造成残废死亡，就失去了这个作用。工人及家属的困难，视为与他们无关。

中国工人阶级所受的这样三重的残酷剥削和压迫，迫使他们即使在幼年时期，就开始进行反抗斗争。1868 年，上海英商耶松船厂的工人举行反对外国资本家降低工资的罢工。这是有关中国工人罢工的最早记录。1879 年，上海耶松船厂又发生工人反对工头克扣工资的罢工，祥生船厂工人也举行反对外国监工殴打工人的罢工。1882 年，开平煤矿直隶工人举行要求与广东籍工人同工同酬的罢工，使矿厂大半陷于停工状态。1883 年，上海江南制造局工人又举行反对厂方任意增加工作量的斗争。

中法战争期间，香港工人反抗法国武装侵略的总罢工，是中国工人阶级第一次自发的大规模的政治性斗争。1884 年 9 月 3 日，英商香港黄埔船坞公司工人首先举行反对法舰进坞修理的罢工。接着，搬运工人拒绝为法船搬运，民艇工人拒绝为法船卸货，法船中国海员亦罢工离职。表面守中立的香港英国当局对工人肆行镇压，工人进而实行更大罢工，中外货皆不搬运，使香港整个港口工作陷于停顿。10 月 3 日，香港工人举行大规模游行示威，参加者除原有罢工工人外，并有米厂工人及“各行佣作”等。示威工人同前来镇压的香港英国警察进行英勇搏斗，从清晨一直继续到下午。接着，其他行业工人及九龙工人又举行示威运动。几天之内，街头到处贴出声援罢工的揭帖，要求英国殖民当局释放全部被捕工人，否则就要再度起来，“用一切办法让外国人尝尝可怕的苦头”。英国殖民当局慑于工人示威的威力，不得不于 10 月 7 日退还罚款，释放拘留的人，“听华民不装法货”。香港工人的罢工斗争，直接支援了全国人民的抗法战争，初次显示出工人罢工斗争的威力。英国在华报纸《北华捷报》事后还心有余悸地说：这是“香港有史以来最严重的一次暴动”[①]。

八九十年代间，中国工人继续开展各种斗争。1890 年，江南制造局工人举行反对延长工作时间的罢工。1891 年开平煤矿工人举行反对洋人殴打工人

---

①参见汪敬虞、聂宝璋《关于中国第一代产业工人的斗争的资料》，《经济研究》1962 年第 3 期，第 49—51 页。

的斗争。同年上海织布局机工亦举行罢工。

中国工人阶级产生的特点，和他们所处的地位与遭受的境遇，以及很早就开始进行反抗剥削和压迫的斗争，充分表明它在本质上是近代中国最具有革命积极性的一个新生阶级。不过这时它还处于幼年时期，刚从破产的农民和手工业者转化而来，在他们身上，农民和手工业者的分散性和狭隘性的弱点，短时间内还不可能完全消除，封建行帮还在工人中间有着相当大的影响，旧式的秘密结社和拜把的活动很普遍。资本家也有意识地保存和维持厂矿中的这些落后东西，作为他们剥削和压迫工人的手段。所有这些都妨碍工人阶级的团结和阶级觉悟的迅速提高。他们在反抗斗争中，一般还存在着地域和行帮的限制。在多数场合，斗争的对象也还只限于个别的资本家或工头。加上其他在初期阶段不可避免的弱点，工人的早期斗争常常遭受失败。

第四章　中国边疆地区的危机。中法战争

第一节　各邻近国家的殖民地化，边疆地区的危机

十九世纪七十年代以后，中国边疆地区接连遭到外国侵略，危机四起。这是同世界资本主义发展的新形势、中国邻近各国的殖民地化直接相联系的。

七十年代，自由资本主义开始向垄断阶段即帝国主义阶段过渡。资本主义列强之间争夺殖民地日趋激烈。日本和德国的崛起扩大了资本主义侵略国的队伍。日本经过 1868 年的“明治维新”，走上了资本主义发展的道路。德国于 1870 年到 1871 年的对法战争获胜，国内也实现统一，实力骤增。德、日两国很快就扮演着与英、法、俄、美并驾齐驱的资本主义侵略国的角色。资本主义发展的不平衡性，使后起的美国、德国的近代工业以高于英、法的速度猛烈向前发展。英国长期所占有的“世界工厂”的垄断地位开始下降，法国也被美、德所超越。英、法强烈地感到竞争的威胁，要加紧夺取新的殖民地作为补偿。俄、日两国在工业方面远落在英、美、德、法后面，但它们都具有浓厚的军事封建性，渴望扩张领土和掠夺邻国人民。

列强加速工业发展，带来了本国无产阶级队伍的壮大。在那些国家里，无产阶级与资产阶级之间的阶级矛盾扩大和加深了。再加上马克思主义的传播，无产阶级的阶级觉悟不断提高，反对资产阶级的斗争随着加强。资产阶级遇到了日益严重的困难。1871 年的巴黎公社，给予资本主义社会第一个沉重打击，宣告世界资本主义进入了没落时期。资产阶级要用种种办法来保持和巩固自身的统治地位。它们不仅要用反动法令破坏、阻止工人运动，而且要发动对外战争来转移广大群众的视线，镇压无产阶级的革命斗争。对外进行民族压迫，同时也就是为了对内加紧阶级压迫，两者密切结合在一起。

资本主义列强在全世界争夺殖民地的新的一轮斗争中，亚洲广大地区成

了它们进一步扩张、争夺的重要目标。从这时起，与中国相邻，分布在远东、印度支那半岛和中亚等地的许多国家，有的被灭亡、吞并；有的彻底变为殖民地；有的沦为保护国，或陷入变为殖民地的严重危险。亚洲的广大地区进一步受到资本主义列强的宰割。

中国与朝鲜、越南、琉球等国有悠久的经济、文化联系。清朝统治者与这些国家的统治者之间存在着一种封建的不平等关系，清朝皇帝要这些国家的国王接受“册封”，并定期派人到北京“朝贡”。这种关系在清朝以前的中国和一些邻近国家之间就存在过，而在清朝初期又重新建立。到了外国资本主义侵入中国和邻近国家的时候，中国人民和这些国家的人民都面临着遭受外国资本主义奴役的命运。他们在反对共同敌人的斗争中，利害攸关，相互支援。清政府在邻近国家的统治者要求给予援助的情形下，也不能不有所行动。

琉球：1854 年美国与琉球订立不平等条约，取得一些特权。1855 年和 1859 年，法国、荷兰分别与琉球订约，1872 年 7 月，日本政府中有人公然主张吞并琉球。同年 10 月，日本强行封琉球国王为藩王，否认琉球为独立国。

1874 年 10 月中日订立《北京专约》，其中有台湾居民“曾将日本国属民等妄为加害”，“日本国此次所办，原为保民义举起见，中国不指以为不是”等字样，日本以此作为清政府承认琉球是日本属国的依据，强迫琉球断绝与中国的关系。1879 年 4 月，日本吞并琉球，改琉球为冲绳县。在那以前，琉球国王秘密派其姐夫紫巾官向德宏到福州、天津向清政府切陈亡国的痛恨，把复国的希望寄托在中国的援救上。他说，琉球官民生不愿为日国属人，死不愿为日国属鬼，虽糜身碎首，在所不辞。合国臣民及商人乡农，雪片信函，催他到中国，“效楚国申包胥之痛哭，为安南裴伯耆之号求”，不避斧钺，务必请中国解救琉球倾覆的危难。① 又有琉球官员毛精长等改装易服，潜行到北京，在总理衙门前伏地号泣，要求“迅赐救援”②。清政府同日本进行多次交涉，1878 年驻日公使何如璋就日本破坏中琉传统关系提出抗议，总理衙门照会日本公使宍户玑，要求停止吞并琉球的举动，都没有效果。1880 年，日本

①《琉球国紫巾官向德宏初次禀稿》，载《李文忠公全书》译署函稿，第 9 卷，第 21 页。

②《总署奏琉球官员到京乞援折 · 附琉球国官员禀》，《清季外交史料》第 17 卷，第 8、10 页。

提议将琉球南部的宫古和八重山两个群岛划归中国。交换条件是清政府承认琉球其余领土全归日本，和同意日本在华享受最惠国待遇。清政府中许多官员反对，中日谈判终无成议。此后日本对琉球的统治日益巩固，它根本无意再就这个问题与清政府谈判。中日间关于琉球的争论，不了了之。

驻日公使何如璋评论琉球丧失独立的后果说：琉球逼近台湾，日本改为郡县，练兵向外，台湾要求一夕之安，将不可得。① 右春坊右庶子陈宝琛在反对日本分岛改约的建议时也说：琉球案结，则祸延于朝鲜，中国边患，必定更加紧迫。② 历史的演进，证实这些担心是有充分根据的。

朝鲜：1846 年至 1871 年，法国、俄国、美国分别不止一次提出通商要求，都被朝鲜拒绝。1873 年日本统治集团中的“征韩论”，甚嚣尘上。日本在觊觎琉球的同时，开始成为朝鲜的危险敌人。1876 年 2 月，日本武力胁迫朝鲜签订近代史上的第一个不平等条约——《江华条约》。从此日本凭借条约特权，积极发展侵略势力，准备把朝鲜变为由陆地插入中国的孔道。

中朝间唇齿相依，休戚与共。清政府里面许多人对此是有所认识的。总理衙门和实际掌管对朝关系的李鸿章都反复申明：朝鲜“实为我东三省屏蔽，与琉球孤悬海外，形势迥殊”③。因此，他们对于朝鲜局势的关心，要比琉球大得多。对于保全朝鲜所抱的态度，也比琉球急切得多。1879 年 8 月，清政府由李鸿章出面，致书朝鲜原任太师李裕元说，朝鲜若与英、德、法、美交通，不但能够牵制日本，并可杜绝俄国的窥伺，让俄国前来讲和通好。④ 他们认为这是所谓“以毒攻毒，以敌制敌”的良策。其实这个办法适足以引狼入室。在运用时首先便利了美国侵略者。1882 年，美国代表薛斐尔在清政府的帮助下与朝鲜缔结条约，继日本之后，在朝鲜取得种种权利。英、德、意、俄也纷纷援例与朝鲜订立不平等条约，伸展政治、经济势力。同年 7 月，汉城发生具有反对日本侵略性质的“壬午兵变”。日本借口受到损失，8 月强迫朝鲜签订《仁川条约》，勒索赔款，并取得驻兵权。朝鲜的局势进一步复杂化起来。日、美等国还竭力挑拨中朝关系，伺机渔利。

---

①《何子峨来函》，载《李文忠公全书》译署函稿，第 8 卷，第 4 页。

②《琉案日约不宜遽订折》，《清季外交史料》第 23 卷，第 21 页。

③ 总署:《朝鲜宜联络外交变通旧制折》,《清季外交史料》第 25 卷，第 2 页；李鸿章:《朝鲜陪臣金元植密陈该国王议商外交情形相机开导折》，《清季外交史料》第 26 卷，第 15 页。

④《复李裕元书》，《清季外交史料》第 16 卷，第 16 页。

越南：法国在英法联军进攻中国的第二次鸦片战争期间，已开始以武力侵入西贡一带。1862 年至 1867 年，先后占领嘉定、永隆、河仙等省。1873 年侵犯河内地区。这时，留驻在中越边境的中国农民武装黑旗军及其领导人刘永福响应顺化阮氏王朝的号召，驰赴河内，大破法军，阵斩法将安邺。但阮氏王朝在法国侵略者讹诈下，违反越南人民的意志，第二年，订立《西贡条约》，承认法国在越南中部和北部的“保护权”，并得在红河航行通商。法国是要在越南建立殖民统治，同时，也是要利用红河水路，溯流而上，侵入中国西南地区。1873 年法国驻西贡总督向本国殖民当局陈述侵略越南北部的意义时说，法国立足于这个富饶而与中国毗连、并且是中国西南各省份的自然出口的地区，“这是与我们将来在远东的统治有关的生死问题”[①]。1879 年，法国驻海防领事叫嚣，法国必须占领越南北部这个理想的军事基地。“有了这个基地，一旦欧洲各强国企图瓜分中国时，我们将是一些最先在中国腹地的人”[②]。他们都直言不讳地说出了侵入越南与他们的侵华野心之间的联系。

柬埔寨：1863 年，法国海军进攻柬埔寨，强迫柬埔寨接受法国的“保护”。1884 年，法国驻印度支那总督武力逼迫柬埔寨国王签署文件，交出全部权力。1887 年，柬埔寨并入法国殖民地印度支那联邦，直到第二次世界大战以后独立为止。

缅甸：英国为开辟经缅甸侵入中国西南的道路，从五十年代起，就提出各种方案讨论。英国资本家和殖民官吏一再发出对缅甸采取“更强硬措施”、控制缅甸对外关系等叫嚣。[③]1868 年，英国实地探测从缅甸八莫到中国的路线。探测队一度到达云南腾越，探测队与当地的回民军首领达成口头协议，同意互市贸易。

浩罕、布哈拉、希瓦：俄国在十九世纪五十年代，已决定征服中亚的浩罕、布哈拉、希瓦等汗国。其中浩罕与中国新疆大面积接壤。六十年代俄国向中亚各汗国发动一系列的军事进攻。1868 年和 1873 年先后征服布哈拉和希

---

① 包罗杰：《马格里传》（D. C. Boulger, The Life of Sir Halliday Macartney, London, 1908），第 363 页。

② 伊罗神甫：《法国—东京回忆录》，第 250 页，转引自陈辉燎《越南人民抗法八十年史》（中译本）第 1 卷，第 71 页。

③ 哈尔：《东南亚史》（D. G. E. Hall, A History of South-East Asia, London,1955），第 542 页。

瓦汗国。1876年浩罕国领土全被俄国吞并。

资本主义列强对上述各国的侵略活动，从四面八方分路直接逼近中国。在这个形势下，中国边疆危机骤然表面化。东南、东北、西南、西北的边疆地区普遍受到外国侵略的压力。边疆事件以及由此引起的对外交涉纷至沓来。

日本侵犯台湾，东南边疆危机

台湾在第一次鸦片战争后一直为英、美等侵略者所垂涎。1867年美国且借口美船“罗佛”号水手在台湾遇害，出动军队进攻台湾。日本自明治维新后，向外扩张，把侵略台湾与侵略琉球联系在一起。1871年，一些琉球人因船失事漂流到台湾琅璚（今恒春）地方，其中五十余人遇难身死。日本自称琉球人为日本国属民，企图利用这个事件发兵入侵。1873年，日本外务卿副岛种臣到北京，派人向总理衙门质问琉球船民在台湾被难的事。日本代表把与此事件有关的高山族人称为“生蕃”，否认高山族居住的台湾东部地区在中国版图之内，图谋侵占中国领土。1874年初，日本决定向台湾进兵。4月，设立“台湾蕃地事务局”，以大隈重信为局长，西乡从道指挥侵台军事，称为“台湾蕃地事务都督”。5月，日军在琅璚登陆，对当地居民进行残暴的烧杀劫掠。

日本在策划进攻台湾时，得到美国侵略分子的鼓励与支持。1872年，美国驻日本公使德隆就曾怂恿日本侵台，并推荐担任过美国驻厦门领事、1867年美国侵略台湾时曾参与其事的李仙得充当日本外务省的顾问。李仙得在日本侵台过程中积极出谋划策，一些美籍军官在日本侵台军中任职。连清政府也从情报中得知，“美国暗中之资助”是日本敢于发动侵台战争的依靠之一。[①]

日本的进攻，使清政府受到很大震动，福建船政大臣沈葆桢奉派为钦差办理台湾等处海防兼理各国事务大臣，江苏、广东沿海各口轮船受其调遣，准备与“日本及各国按约辩论”[②]。沈葆桢到台湾后对防务作了一些部署，表示不容许日本扩大侵略。同时清政府仍希望通过谈判与日本谋求解决。

日本侵略者当时羽毛未丰，实力有限，在台湾登陆的日军一再遭到当地人民的抗击，而且军中瘟疫流行，兵士涕泣思归。8月间，日本公使柳原前

①《筹办夷务始末（同治朝）》第94卷，第4页。

②《筹办夷务始末（同治朝）》第93卷，第39—40页。

光开始同总理衙门进行谈判；9 月，日本政府的特使参议兼内务卿大久保利通到中国。日本在谈判中强词夺理，并不断对清政府进行恫吓。大久保路过天津，寓居美领事馆；美国副领事对李鸿章说：揣大久保之意，"不给兵费必不退兵，且将决裂，扰乱中国各口"[①]。实际上是帮助日本进行讹诈。英国公使威妥玛也以"调停"为名，劝诱中国妥协。清政府唯恐冲突扩大，于 10 月 31 日，与日本签订《北京专约》了结。约中还规定清政府出银五十万两给日本。12 月初，日本侵略军由台湾撤退。

马嘉理案，西南边疆危机

云南回民起事于 1873 年失败后，英国组织新的探路队，由陆军上校柏郎率领，试图经缅甸探测进入云南的路线。英国驻北京使馆派翻译马嘉理前往迎接。1875 年 2 月初，探路队从缅甸八莫向中国边境进发。全队连同护送的兵士近二百人，引起中国边境居民的极大疑虑。2 月 21 日，马嘉理在中国边境蛮允地方被杀，柏郎等受阻返回八莫。

这个事件发生于台湾危机刚趋向缓和时，清政府耽心一波刚平，一波又起，它的对策是力求避免由此开衅。威妥玛看准了这一点，向英国政府报告说：在处理马嘉理事件时，"我们怎么说或怎么做都好，中国政府没有丝毫把握首先发动军事行动"[②]。英国正值大力推行对外侵略政策的保守党狄斯累利执政，决定乘机来实现各项新的侵华要求。

清政府得悉马嘉理被杀后，急忙令云贵总督岑毓英迅速查处。然后又陆续派湖广总督李瀚章和前总理衙门大臣薛焕前往云南究办。威妥玛一开始就不以解决马嘉理事件本身为限，蓄意扩大问题的范围。先是插入英商在华贸易等毫不相干的事项，后来更不断提出损害中国权利的要求。总理衙门不甘心接受，威妥玛就一再以撤使、绝交、用兵相威胁。在一年半的交涉期间，他本人三次出京南下，故作决绝的姿态。威妥玛在天津多次会晤李鸿章，以主子教训奴才的口吻说：自咸丰十一年（1861 年）到今天，中国办事越办越不是，就像一个小孩子活到十五六岁倒变成一岁了。中国自古以来，常说"内修外攘"，试问至今"内修"若何？"外攘"能否？今不改变一切，恐终不能

---

① 《述美国副领事毕德格面议节略》，《李文忠公全书》译署函稿，第 2 卷，第 43 页。

② 王绳祖：《马嘉理案和〈烟台条约〉》，《中英关系史论丛》，1981 年版，第 117 页。

自主。中国的改变，要紧尤在用人，非先换总理衙门几个人不可。李鸿章百般讨好威妥玛，反过来又恫吓清政府："若果决裂，不仅滇边受害，通商各口先自岌岌莫保。南北兵力皆单，已有之轮船炮台断不足以御大敌，加以关卡闭市，饷源一竭，万事瓦解。"[①]1876年，清政府因得知英使有调印度兵船来华的消息，命令李鸿章等整顿海防江防实力，做到有备无患。李鸿章回答说：海防关系重大，"事物繁巨，非空言布置所能决胜"[②]；他反复说明，除对英屈从外，别无出路。这时威妥玛已到上海，通过海关总税务司赫德指名要李鸿章作为清政府全权大臣去烟台与他谈判。清政府照办。双方的会晤自8月21日开始，9月13日结束。李鸿章全部接受威妥玛提出的要求，签订《烟台条约》和《入藏探路专条》。

中、英间的这次交涉，本来是因马嘉理事件引起的。《烟台条约》规定中国偿银二十万两给英国，派员赴英表示"惋惜滇案"等了结办法，在条约中只占次要地位。更重要的是以下各点：（一）中国开放宜昌、芜湖、温州、北海四处为通商口岸，开放大通、安庆、湖口、武穴、陆溪口、沙市六处为轮船停泊码头，上下客货；英国可派员驻寓重庆，查看四川省的英国商务情况。（二）洋货在各口租界内免收厘金，没有租界的口岸应划定租界。洋货运入内地，不论华商洋商，都只纳子口税，全免各项内地税。（三）英国派官员赴云南五年为限，察看通商情形，商订《滇缅边界及通商章程》。（四）英国使馆派员从北京经甘肃、青海或经四川前往西藏，转赴印度，或者由印度入西藏，探访路程，中国均应发给护照，予以照料。（五）中国内地各省地方或通商口岸发生"有关系英人命盗案件"时，英使馆可"派员前往该处观审"；中国各口中英两国臣民间的诉讼案件，应由被告所属国官员按其本国法律承审，原告所属国官员可往观审，"倘观审之员以为办理未妥，可以逐细辩论"。这些规定使英国扩大贸易范围，加紧经济掠夺，并由此确立了在一切中外混合案件中"观审"及"被告原则"，中国司法权遭到进一步的破坏。

《烟台条约》签订后，清政府立即批准。洋务派官僚、以主张对外屈服闻名的郭嵩焘奉命赴英国"道歉"，随后并留驻英国。中国派遣公使常驻外国从此开始。英国享受了这个条约的利益，却迟迟不批准条约。原来条约中有一

---

①《论滇案不宜决裂》，《李文忠公全书》译署函稿，第3卷，第47页。

②《论海防饷匮》，《李文忠公全书》译署函稿，第5卷，第40页。

款规定：此后英商将鸦片输入中国，税金和厘金一并征收，其厘金额“由各省察勘情形酌办”。英国在印度的殖民当局及对华鸦片贸易集团唯恐中国各省各自规定鸦片厘金的征收额对这项肮脏贸易有不利影响，竭力促使英政府加以修改。中、英双方经过多次谈判，1885 年 7 月订立《烟台条约续增专条》，规定鸦片进口每百斤征收税厘共一百一十两，全国划一。对华鸦片贸易集团的愿望得到满足，这时英国政府才将续约专条与《烟台条约》一并批准。

伊犁交涉，西北边疆危机

1871 年，俄国乘阿古柏侵扰，占领伊犁，曾虚伪地向清政府声明：“以中国回乱未靖，代为收复，权宜派兵驻守。俟关内外肃清，乌鲁木齐、玛纳斯各城克复之后，即当交还。”[①] 不久，清政府派署理伊犁将军荣全从科布多带兵前往接收伊犁，立即遭到拒绝。俄国的目的是以占领伊犁造成一种有利形势，来扩大侵华特权，侵吞中国领土。1878 年，左宗棠最后肃清阿古柏势力。收回伊犁，是中国解除西北边疆危机，保全领土的一个关键。清政府打算与俄国驻北京公使布策谈判，不得要领。1878 年 6 月任命被认为通晓洋务的吏部侍郎崇厚为全权大臣出使俄国，第二年开始进行收回伊犁的交涉。俄国早已确定对付中国的原则：表面上交还伊犁，而在交出以前，中国首先须满足它的修改中俄边界、割取中国土地、增辟新的通商路线、扩大俄国商队进入中国内地的权利、中国付给“代收”伊犁款项等一系列要求。[②] 崇厚对伊犁地区的形势、俄国情况等茫然无知。历时九个多月的谈判中，完全听任对方的摆布。最后他在克里木半岛的里瓦几亚擅自签订一项条约，规定中国给俄国五百万卢布，作为代收、代守伊犁的“偿金”；霍尔果斯河以西地区、特克斯河流域及通往南疆的要道穆素尔山口等原属中国的领土让与俄国；塔尔巴哈台附近边界作只利于俄国的修改；俄商在蒙古、新疆贸易免税；俄国在嘉峪关、科布多、乌里雅苏台、哈密、吐鲁番、乌鲁木齐、古城设领事；增辟俄商来华贸易路线，其中包括由嘉峪关经西安或汉中到汉口一线；俄民得

① 《新疆图志》第 54 卷，交涉志二，第 2 页。

② 纳罗奇尼茨基：《1860—1895 年资本主义列强在远东的殖民政策》(А. Л. Нарочницкий, Колониальная Политика Капита-листиеских Держав на Дальнем Востоке 1860—1895, Москва, 1956)，第 213、232—233 页。

在松花江行船至吉林伯都讷（扶余），沿路可以贸易。伊犁名义上虽然交还中国，但处于俄国从西、南、北三面包围之下。“弹丸孤注，控守弥难”①。崇厚在签约后离俄回国。

崇厚订约消息传来，舆论大哗。总理衙门认为偿费尚不过多，“通商则事多轇轕，分界则弊难枚举”②。王公大臣，言官疆吏，强烈不满，纷纷要求改约。1880 年 1 月，上谕宣布将崇厚开缺，交吏部严加议处，接着又革职拿问，交刑部治罪，后来定为斩监候。2 月，清政府向俄国声明：崇厚所议条约，“多有违训越权之处”③，拒绝承认，并任命驻英公使曾纪泽兼任驻俄公使，赴俄商办。

俄国眼看已经掠夺到手的广泛侵华利益可能落空，立刻愤怒咆哮起来。俄国驻京使馆代办凯阳德把清政府惩处崇厚说成是对俄不友好的行动，向总理衙门提出抗议。他奔走于各国驻华公使馆，说如果有人抱着自私目的，鼓励中国“显示力量”，那末到头来在中国的列强统治会被赶走，煽动各国共同对清政府施加压力。上海沙俄领事建议组织各国海军联合示威。④沙俄在伊犁集结陆军数万，在与中国西北、东北毗连地区不断增兵，还派遣海军到中国海面游弋。清政府一开始就对俄国可能用兵力挟制具有戒心，先后令新疆、内外蒙古、东三省、北洋、南洋等有关疆吏，作防御性的军事准备。中、俄间关系一时十分紧张。俄国并无决心对中国开战。不久前它在侵略土耳其的战争中弄得国力耗损，财政困难。统治集团内部不稳定，中俄伊犁新约签字后六天，沙皇亚历山大二世遇刺毙命，就是这种不稳定的表现。英、俄间在中亚的尖锐矛盾也使它的行动受到牵制。俄国于是决定不坚持继续占领特克斯河流域，但要求增加赔款作为补偿。曾纪泽于 7 月底到俄国，受到“面冷词横”的对待。在谈判期间，俄国恣意敲诈勒索，经常以停止谈判、对华开战相威胁。1881 年 2 月 24 日，双方在圣彼得堡签订中俄伊犁新约（即《改订条约》）和《改订陆路通商章程》。新约与里瓦几亚旧约不同之处是：偿费方

① 奕䜣等：《使俄崇厚电称已与俄立约签押折》，《清季外交史料》第 16 卷，第 27 页。

② 奕䜣等：《俄约界务商务请饬左宗棠统筹全局片》，同上书，第 29 页。

③《大清国大皇帝致俄国声明崇厚所议条约违训越权窒碍难行国书》，《清季外交史料》第 19 卷，第 3 页。

④ 吉南：《1880—1885 年英国对华外交》（E. V. G. Kiernan，British Diplomacy to China，1880 to 1885，Cambridge，1939），第 43 页。

面，中国给俄国的偿款增加到九百万卢布（合银五百万两）；特克斯河流域及穆素尔山口随伊犁各城交还中国，但霍尔果斯河以西原属中国领土划为俄国所有；喀什噶尔及塔尔巴哈台边界另订界约；俄商在蒙古地方贸易照旧不纳税，在新疆则暂不纳税；西路贸易，俄商可到嘉峪关，但不得到西安、汉中、汉口。此外条约中还规定伊犁居民“或愿迁居俄国入俄国籍者，均听其便”。五万多中国边民连同全部财产被胁迫迁入俄境。

中俄伊犁新约签订后，双方又于 1882 到 1884 年订立《伊犁界约》《喀什噶尔界约》《科塔界约》《塔尔巴哈台西南界约》和《续勘喀什噶尔界约》等五个子约，重新分段划分中俄西段边界。通过中俄伊犁新约和这几个勘界议定书，沙俄又从中国手中夺去七万多平方公里的土地。它们位于霍尔果斯河以西、斋桑湖东北，特穆尔图淖尔（伊塞克湖）东南和阿克赛河源等地区。俄国侵略势力从此进一步伸展到中国西北的广大腹地。

法国变越南为保护国，中国西南边疆危机再起

中俄新约和几个子约的签订，俄国威胁西北边疆的危机暂时缓和下来了。就在这时，越南局势严重恶化，中国与法国直接冲突的危险突然出现，西南边疆危机重起。1880 年以后，法国积极筹划武力侵夺越南北部。1882 年初，由海军上校李维业率领的一支法国侵略军进犯红河三角洲地带，4 月攻占河内。第二年，法国扩大侵略活动，3 月侵入南定，企图进占海阳。8、9 月间，法军猛攻河内西面的怀德、丹凤，法舰又攻击都城顺化。当时正值越南国王阮福时病死，封建统治者间互相争夺权位，强敌压境，不能抵御。8 月 25 日，越、法签订《顺化条约》，规定越南为法国的保护国。如果不受到阻止，法国的下一个目标，就是攻打、掠夺

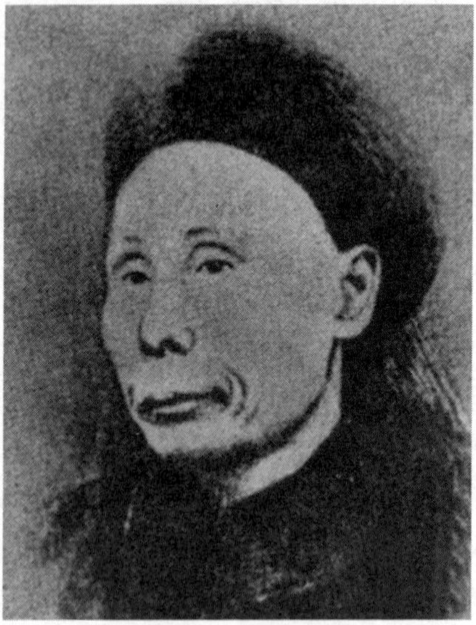

插图 23：刘永福像
（采自中国史学会主编《中法战争》第 1 册，卷首）

中国广西、云南等省份。

越南一步步沦入法国殖民统治，中国西南边疆岌岌可危。在这个形势下，刘永福的黑旗军同越南人民一起，首先有力地进行了反侵略斗争。刘永福原籍广东钦州，出身贫农家庭，八岁跟随父亲流浪到广西上思州，当过木工。在他二十岁左右，广东、广西很多地方发生天地会系统的农民起义，股数众多，山头林立。刘永福投身于其中，冲杀奔波，成了一个小小的头目。太平天国失败，两广分散的农民起义队伍也急剧衰落。1866 年，在清政府的压迫下，他率领自己的部下进入越南国境，后来活动在中越边境地区。他们采用七星黑旗，所以叫黑旗军。特定的环境条件使它流散在外，本色乃是一支农民反抗压迫的武装。1873 年大破法军的时候，黑旗军已有二千多人。越南国王重视刘永福的贡献，授给三宣副提督的职务，部队驻扎山西、宣光、兴化三省。那里正是法国一直想要占领，以便沿水路进入中国的红河上游。1883 年，法军攻陷定南，海阳危急。越南政府再度要求黑旗军参战。5 月 19 日黑旗军发起进攻，与法军在河内城西二里的纸桥展开激烈战斗。黑旗军又一次大败侵略军，击毙法军司令李维业。越南国王晋升刘永福为三宣提督，封义勇男爵。不久，黑旗军又在怀德、丹凤与来犯的法军激战，给敌以重创，它本身也付出很大代价，退扎山西。黑旗军抗法斗争的事迹在一些地区广为流传，使人们受到鼓舞。有人记载当时在广东、两湖、浙江等地目击的情形说：只要一谈到法国侵略越南，当地绅商士民“率皆愤恨不平，同声切齿。闻刘（永福）胜则喜，闻法胜则怒，甚至有愿捐粮为越请救者”。

清朝官僚机构里对于法国侵略越南态度不一。官僚们由于利害关系不同，本来派系对立，彼此倾轧。随着越南局势的紧张程度不断增加，在对待法国侵略、越南求援、刘永福黑旗军等一系列重大问题上，又发生了主战和主张对外妥协的新分歧。主战的人中间，除了北京的大批言官，还有一部分封疆大吏和办理外交的当事人。前期有直隶总督张树声、广西巡抚倪文蔚、驻法公使曾纪泽等，后期有彭玉麟、左宗棠等。妥协派以李鸿章为首，他的态度直接影响军机处、总理衙门的大官僚，后台是那拉氏。主战的人认为法国夺取越南北部，势将威胁到中国西南地区，首先是云南的安全，中国应以琉球事件中因对日软弱招致失败的史事为前车之鉴而决定对策。如听任法国在越南的侵略得逞，则其他国家对朝鲜的侵略将更加肆无忌惮。1882 年至 1883 年间，张树声、倪文蔚、内阁学士周德润等都提出了这种主张。妥协派不敢得罪法国侵略者。李鸿章甚至相信法国公使所说法国“并无占并越南之意”的谎言，说什么“细察该（法）使用意，并无我退而彼将求进之心”[①]，反对清政府的布防措施。主战的人要求加强中国与越南之间的联系。1881 年底驻法公使曾纪泽提出，请越南派大员长驻北京并派员到中国驻法公使馆任随员等七项建议；李鸿章对这些建议毫无道理地一概加以反对。1882 年河内失陷，1883 年南定被占，以及顺化危急时，越南国王都致书清政府，请求立即给予外交和军事的援助。这说明在越南当局看来，中越两国反对法国的侵略，利害是一致的，同时也反映出越南人民在保卫民族独立的斗争中，对中国支援的渴望和珍视。这时清政府里一些有影响的官员，如翰林院侍讲学士陈宝琛、侍讲张佩纶、山西巡抚张之洞等人，先后主张参与越南的抗法斗争，给越南以有效的支援。妥协派则寄希望于英、法的某些矛盾上，李鸿章还想诱使英国与越南立约，借以制止法国。地方官吏中，如广东巡抚裕宽、云南布政使唐炯等人，担心自己的地位受到威胁，也认为中国不必牵扯到越南的抗法斗争中去，不必给以实际的援助。主战派重视黑旗军的抗法活动。吏部候补主事唐景崧“万里请缨”，自愿亲赴越南，与刘永福面筹抗法机宜。北京和地方官吏中都有人支持他。妥协派则极力反对、攻击刘永福黑旗军，称之为“贼”“匪”，非常害怕他们。李鸿章致书总理衙门，批评云南及两广当局“皆视刘永福太重”，说什么刘永福在越南“无根本可托，虽卵而翼之，终必受刘之累而牵动全局”[②]，反对联络黑旗军抵御法国侵略。四川总督丁宝桢说，利用黑旗军去抗法，如果“该匪幸而获胜”，可以使越南感激中国，又不至于给法国什么借口；反之，“此类为法国所歼，亦隐为中国除一大患。驱狼斗虎，似属一举兼得”[③]。还有人说，“若刘永福果真胜法，又必骄悍难制……各省亦须设防，是岂浅鲜之害哉”[④]。他们的意思是，与其让黑旗军抵抗法军获胜，不如让它被法国消灭。这当然是投降派的逻辑。主战派的大多数人是空发议论，相互间在某些问题的看法上也存在着分歧，但他们反对一味妥协退让，要求阻止

①《论法使无意进兵》，《李文忠公全书》译署函稿，第 13 卷，第 49 页。

②《论法越兵事》，《李文忠公全书》译署函稿，第 14 卷，第 7—8 页；又《论法议无成》，同上书，第 38 页。

③丁宝桢：《遵饬云南藩司唐炯赴任并令酌带旧部两营入滇折》，《清光绪朝中法交涉史料》第 3 卷，第 12 页。

④何维楷：《条陈法越事宜折》，《清光绪朝中法交涉史料》第 9 卷，第 15 页。

法国侵略，御侮保边。这种主张客观上符合中国各阶层群众的愿望，也符合越南人民的根本利益。民族矛盾、人民的意愿，使清政府不能不受到强大的压力。因此妥协派虽然掌握着实权，却要受到限制，不能任意行事。战争不但终于打起来了，而且规模大于两次鸦片战争。

1881年，清政府已注意到法国对越南的侵略阴谋，此后愈来愈感觉到事态发展的严重性。1882年5月，总理衙门的一个奏折说：如果法人意在并吞，越南万无全理。北圻各省，多与我滇、粤毗连，若待法人尽占北圻而始为闭关自守之计，则藩篱全撤，后患无有穷期。从这时起，它一面在越南北部作些防备，一面力求通过谈判与法国谋取协议。1882年，广西边外原有的清军得到补充，滇军受命出境驻扎。黑旗军这支力量也开始受到注意。1883年3、4月，清政府又分别令广西布政使徐延旭和云南布政使唐炯统军出关。5、6月间，驻扎在越南北部的桂军、滇军总数已有万余人。清政府三令五申，“不可衅自我开，转滋口实”[①]。8、9月间，黑旗军抗击法军疯狂进攻，浴血战斗，就在邻近的徐延旭、唐炯所部只作壁上观，不给任何援助。清政府这时对法政策是决意避免冲突，维持和局。1882年11月到12月间以及1883年6、7月间，先后授权李鸿章与法国公使宝海及特使脱利古举行会谈。法国的目的是诱使清政府撤退在越南的防军，不再过问法国侵越。谈判毫无结果。就在清政府对援越抗法正迁延犹豫之际，法国迫使越南订立城下之盟的《顺化条约》，占领越南中部、北部为其殖民地的局势已定，便转而集中对中国施加军事压力。于是抵抗还是退让，形势迫使清政府必须作出抉择。敢不敢以武力来抗阻法国这个西方强国的侵略，现在成了清政府的外交和国防上最紧迫的问题。李鸿章对这个问题给了明确的否定回答。1883年6月，他对总理衙门说：各省海防，兵单饷匮，水师又未练成，不可与欧洲强国轻言战事。[②]与此同时，清政府中许多人都直接间接对这个问题作出肯定的回答。内阁学士周德润在1883年5月更坚定地反驳了所谓“法国雄武，难与争锋”的论点。[③]战争不以某些人的意志为转移。法国悍然以兵威相加，李鸿章等极力想妥协后退，一时也妥协不下来了。

---

①《军机处密寄广西巡抚倪文蔚上谕》，《清光绪朝中法交涉史料》第4卷，第33页。又见《清光绪朝中法交涉史料》第3卷，第20、38页。

②《论海防兵单未可轻言战事》，《李文忠公全书》译署函稿，第14卷，第10页。

③周德润：《请用兵保护越南折》，《清光绪朝中法交涉史料》第4卷，第5页。

第二节　中法战争

1883年2月，法国资产阶级再一次把“温和共和党”的头目茹费理推上台来，组成以他为首的内阁，进行扩大侵略战争。茹费理是镇压巴黎公社的刽子手，狂热的殖民主义者。他的党所代表的是大资产阶级的利益。茹费理1881年初次当政时，就强行建立对突尼斯的“保护权”。这次上台后，更加积极地推行对外扩张政策。列宁指出：“在法国，恰好是金融资本特别迅速的发展（在工业资本削弱的情况下），从上一世纪八十年代开始，就使兼并政策（殖民政策）特别加紧地推行起来，这并不是偶然的。”① 茹费理组阁后不久，法国驻华公使宝海就曾以少有的坦率态度承认法国大资本家控制了法国政府的事实。他说：“巴黎已落在投机者们的手里。这些人成立了东京矿务公司，并想以军事上的进展对交易所的刺激作用来抬高股票价值。”他又说：“处于这样困境的当前法国政府，对丧失几张选票的威胁就能驱使它朝着预定的任何方向走。”② 正是这个仰承大资产者鼻息的茹费理政府，竭力扩大侵越战争，茹费理本人由此博得了“东京佬”的可耻称号。

《顺化条约》订立后，法国立刻把矛头指向中国。它不仅要清政府承认法国对越南的殖民统治，撤出在越南北部的军队，而且还要中国开放云南边界。《顺化条约》刚签订，法国外交部长就叫嚷说：“我们在东京的行动所能获得的利益，主要将由中国领土的开放得来。东京是中国领土的自然出口。”③

驻扎在红河上游一带的黑旗军和滇军、桂军，是法国首先必须排除的严重障碍。其时，越南北部各阶层人民为挽救祖国的沦亡，正在展开广泛斗争，抗法义师在北宁、南定、海阳等地到处涌现，彼伏此起。法国在越南占领区的统治地位很不稳定，对中国进攻的军事准备也感不足。在这种形势下，它企图通过外交谈判，诱使清政府就范。9月2日茹费理写道：“我们要乘我们

---

① 列宁：《帝国主义是资本主义的最高阶段》，《列宁选集》第2卷，第810页。

② 吉南：《1880—1885年英国对华外交》，第92页。

③1883年9月5日法外长沙梅拉库致法驻英大使瓦定敦，见中国史学会主编《中国近代史资料丛刊 · 中法战争》（以下简称《中法战争》）第7册，第178页。

在顺化玩的好手法的机会与中国谈判。”[①] 为此，法国向清政府提出一个由两项内容组成的方案：一、从越南北部东海岸的北纬二十一度到二十二度之间某一地点起，划一线至老街，线以北至中国边界之间的地区为中立区，中国和法国都不得侵占；二、中国开放云南的蛮耗为商埠。这个方案的实质是法国企图划定一块狭小的所谓中立区的办法，使清政府承认中立区南界以南的全部越南领土归法国控制，撤回边外防军，开放云南门户。要了一个小花招，目的照旧不变。

法国对越南的猖狂侵略，早激起了中国人民的普遍愤慨，那种气氛，使在中国的外国人也强烈感觉到了，他们耽心群众暴动不知哪一天会像火山一般地突然爆发出来。汉口英国领事忧心忡忡，害怕群众由反对法国侵略进而反对一切外国人；英国驻北京使馆代办要求英政府派炮舰驻泊天津过冬，对中国人民加以恫吓。在中国沿海地区，特别是在与越南联系较多的广东，人民群众反对法国侵略的情绪尤为高昂。《顺化条约》签字后一个月，广东爆发抗议外国侵略者的大示威，群众火烧码头，袭击英船，愤怒冲入沙面租界，烧毁了一些外国人的房屋。触发这次示威的直接原因，是广州接连发生两起外国歹徒逞凶杀人的命案，实际上是反映了群众对法国侵越的憎恨。[②] 示威群众在广州通衢张贴揭帖，热烈颂扬黑旗军的抗法斗争，怒斥法国侵略者。上海《申报》9月27日引香港西文报刊载的一份传单，大意说：“法国本为海外最强之国，乃兵至东京，黑旗军止有八百余人，法兵竟为所败，可知法人无用，当不难将广东所有西人悉行除灭。”12月，广州发生多起群众拆毁或准备拆毁外国教堂的事件。1884年初，琼州、北海、汕头等处也相继传出群众反对外国教士和外国人的消息。《申报》2月2日转述香港西文报载消息说，琼州“民心纷纭不靖，谓传教者均属法人，欲与教中人为难”，“目下谣言四起，匿名揭帖传述纷如，均言欲与西人为难”。远至营口，有人禁止儿童到法国天主堂“义塾”入学和巡夜哨兵与外国水兵殴斗。许多人由于痛恨法国侵略者，对于通常处于法国教会势力影响下的教民产生了很大的怀疑。

群众的示威、自发的反抗活动，对清政府里一部分官员带来明显的影响。

---

①《中法战争》第7册，第180页，注1。

②李鸿章1883年9月18日与法国代表脱利古谈到沙面事件时说：“广东民情最称强悍，即如越南之事，法人恃强欺凌，粤民在越者甚多，咸怀忠愤，是以遇事生衅。若法越之事早有定局，必不致生此枝节。”见《李文忠公全书》译署函稿，第14卷，第35页。

1883年10月初，翰林院侍读陈学棻上了一个“固民心以维邦本”的奏折，里面在谈到广州示威时写道：“百姓……莫不思驱除外夷……因而用之，以鼓其气。自感奋乐从，外夷复何敢轻量中国？”① 左副都御史张佩纶、工科给事中秦钟简等，要求清政府宣布援越抗法的决心，并给黑旗军抗法斗争以实际有效的支持。张佩纶说：“有助越之形而避助越之名，近于昼伏夜动，掩耳盗钟，何如堂堂正正而出之？”现在应及时指令两广督臣资助刘永福募足万人，多购毛瑟、林明敦各种洋枪、克虏伯各种洋炮，运送刘永福，组成一支精锐部队，并把经画北圻的任务交给他。② 秦钟简认为，“我名正言顺救援属邦则理直，伪作刘兵暗助刘团则理屈；我命将出师大伸挞伐则气壮，我约束边军不许开衅则气馁。与其理屈授人以柄，孰与为其直？与其气馁使人见轻，孰与为其壮？”与其等到法军直抵津沽，那时情见势绌，仓皇应敌，何不现在就宣布谕旨，令南、北洋整军备战，另外派遣大员统领军队去帮助越南，这不是更好吗？③ 广西巡抚倪文蔚要求宣谕滇粤各省，严守边外阵地，法军如来侵夺，“即行尽锐进攻，有前无却”④。两广总督张树声自请抽带旧部将士，前往广西，添募劲旅，挑集精锐，驰往关外，亲赴前敌，督饬关外诸将及刘永福等，且攻且守，“规复北圻之土宇，期存越社于将墟”⑤。张树声还要求清政府“坚持定见，勿喜于小胜，勿怵于小挫，勿动摇于一二处之得失”⑥。这些发言主战的人情形自然是不一样的。其中张佩纶不久作为帮办福建军务，指挥马尾舰队，全军覆没，受人唾骂，他本人也从一个“清流名士”，变成了李鸿章的入幕之宾。但现在讲的道理切中要害，办法也是有胆量的。张树声出自李鸿章淮军嫡系，在淮军中名辈甚高，现在不附和妥协求和，转而极力主战，是很显著的变化。朝野上下一片要求抗法声，法国所提两点方案包藏的祸心又非常明显，清政府权衡利害，拒绝了那个方案。

法国这时一再强调，不论与中国谈判的前途怎样，它将“一刻也不中止

---

①《请卫藩服以御外侮折》，《清光绪朝中法交涉史料》第6卷，第29页。

②《法越之事请宸衷坚定严备北圻折》，同上书，第29页。

③《夷情鸱张请命将出师折》，同上书，第3页。

④《近日边情折》，《清光绪朝中法交涉史料》第7卷，第24页。

⑤《法越和议既成，北圻人心将涣密陈思虑折》，同上书，第22页。

⑥《奏报到任查看粤东海防情形折》，《清光绪朝中法交涉史料》第6卷，第10页。

地”向越南北部增调军队。[①] 法国在外交谈判的掩饰下，把重点放在用武力制服清政府上面，积极作进攻的军事准备。10月下旬，任命孤拔为越南北部法国侵略军总司令。同月31日茹费理在议会宣布：法国已决定牢固地立脚于红河三角洲，占有山西、兴化、北宁等地。而这些正是清政府设法保卫的地方，其中北宁且完全由清正规军驻扎。茹费理的声明，实际上就是对中国的公开挑战。清政府察觉到战争的威胁已经逼近，对边外和沿海防务也做了一番部署。9月至11月，先后任命兵部尚书彭玉麟赴广东，会同张树声等筹办防务，命左宗棠、李鸿章等分筹南、北洋防务；令云贵总督岑毓英出关，亲赴前敌。11月3日，又命令彭玉麟、张树声等固守北圻，法人如果侵犯我军驻地，“则衅自彼开，自不能不与接仗”[②]。对黑旗军的态度，清政府也有所改变。10月下旬第一次传旨奖励刘永福“矢志效忠，奋勇可嘉”[③]。刘永福及其黑旗军本来是同清朝统治者相对立的，清政府逼得他们长期在国内无法安身，现在统治者公开表示与原来是“贼”“匪”的人可以联合了，法国侵略者与中华民族之间的矛盾上升，这是一个明白的表现。在这期间，清政府“保全和局”的幻想逐渐破灭，主战派的主张占了上风。

11月17日，曾纪泽照会法国政府，确切声明：茹费理10月31日在议会宣称要占领的地区驻有中国军队，这些守军的任务是保护中国本身及越南的利益。如果法国挑起中法两国军队之间的冲突，将引起严重后果。[④] 前一天，总理衙门也以同样的内容照会法国及各国驻华使馆。带领清军在山西与黑旗军协防的唐景崧命令所部张旗、着号衣，列队三日，表示中国军队驻扎此地，“犯必开仗”[⑤]。法国侵略者不顾中国方面的一系列警告，于12月14日发动进攻。中法战争从此开始，它经历了两个阶段。

这次战争在中国方面是阻止法国吞并越南，保卫中国边境的正义战争。抵抗法国，反对侵略，中越两国人民的利益是一致的。中国军队参加抗法斗争，得到了越南人民的积极支持。1883年10月，越南北部各省即不断有人前往北

---

① 参看《法国外交文牍》，载《中法战争》第7册，第182、184、186页。

②《军机处密寄兵部尚书彭玉麟等上谕》，《清光绪朝中法交涉史料》第7卷，第18页。

③《军机处密寄广西巡抚倪文蔚等上谕》，同上书，第8页。

④ 包罗杰：《马格里传》，第365、491页。

⑤ 唐景崧：《请缨日记》，《中法战争》第2册，第101页。此前，清正规军“驻山西者，皆黑旗，无号衣，假称刘团”。

宁，向清朝官员表示“愿助击法”①。一位英国评论家记述说：在中国军队抗击法国侵略军的战斗中，当地越南“居民的同情完完全全在中国人方面”②。越南人民与中国军队合作，在多次行动中都贡献了力量。滇军第二次出境，越南原署兴化巡抚阮光碧、山防正使范文迪、山西布政使阮文甲等官吏以及山西、河内、兴安、宁平、南定各省人民纷纷前往建立联系，由滇军发给粮饷，编列成营，屯扎兴化、山西、河内三省府州县地方协助作战的，多至八九千人。后来的镇南关—谅山战斗，越南人民为中国军队侦察敌情，担任向导，并协力作战，他们的作用十分显著。中越两国的关系，确实是唇齿相依的关系。

中法战争的第一阶段

第一阶段从 1883 年 12 月到 1884 年 5 月，战争主要在越南北部红河三角洲进行。12 月 14 日，法军五千人在孤拔指挥下，水陆并进，攻击山西城。守军与侵略军血战三昼夜，山西失陷，滇军、黑旗军退兴化，桂军撤回北宁。法国继续向越南北部调兵遣将。1884 年 2 月，米乐继孤拔为法国侵略军总司令，兵数增加到一万六千人。

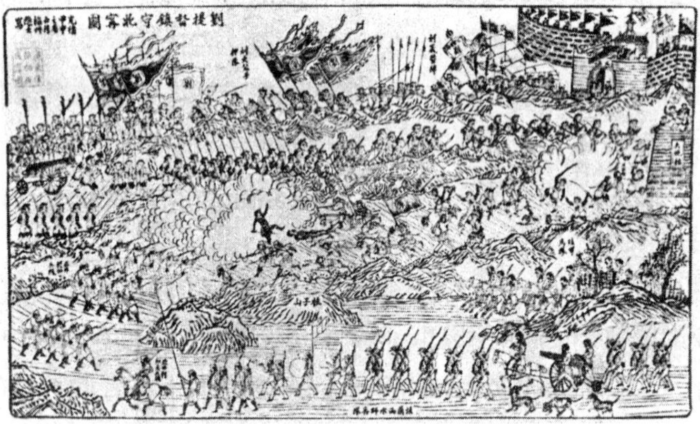

插图 24：刘提督镇守北宁图

（采自日本《近代百年史画报》第 5 集，第 376 页）

① 唐景崧：《请缨日记》，《中法战争》第 2 册，第 97 页。

② 斯各特：《中国人的勇敢》（J. G. Scott. The Chinese Brave），转引自吉南《1880—1885 年英国对华外交》，第 130 页。

1884 年 3 月初，法军开始进攻北宁，清军不战溃逃。3 月 12 日，北宁失陷，法军继续北进，19 日占领太原。4 月，山西方面的法军发起进攻，12 日占据兴化。至此，法国侵略者完成了占领红河三角洲的计划。清政府因军事上一时失利而惊慌失措，为了掩饰败绩，3 月 26 日，将几个月前提升的广西、云南巡抚徐延旭、唐炯革职拿办，以潘鼎新、张凯嵩分别署理广西、云南巡抚；4 月 8 日，那拉氏乘机黜退奕䜣，撤去他的一切职务，并全部改组军机处，以礼亲王世铎等为军机大臣；接着又命令“军机处遇重要事会同醇亲王（奕譞）商榷行之”，以贝勒奕劻管总理衙门。紧随着这些人事上的更动而来的，不是整军经武，继续抵抗，而是急切地转向屈辱的和议。

李鸿章是议和活动的主要牵线人。前此当抵抗的主张在清政府中取得优势时，李鸿章一直是失败主义和投降论的宣传者。1883 年 10 月底，他对总理衙门说：开仗以后，中国胜，法必添兵再战；中国败，尚可退回本境，法军必不马上深入，到时可以讨论分界画守。①这就是说，抵抗的结局只能是失败与求和。曾纪泽于法国进攻北宁前夕，主张对法进行持久战，说我坚持不让，一战不胜，便谋再战；再战不胜，便谋屡战，此“彼之所甚畏者”②。这个意见是正确的，但投降派根本不加考虑。前线败耗频来，他们更觉得有理由大谈停止抵抗。1884 年 3、4 月间，法国由一海军军官福禄诺出面向他的旧相识李鸿章展开诱和试探。福禄诺写信给李鸿章，极力炫耀法国武力，并危言耸听地说，中国既无饷款，又无练兵，海疆既有外战，各省必生内乱，竭力来打动清朝统治者敌视国内人民群众的反动心理，将他们的对外抵抗转变为对内的防范、镇压。福禄诺还威胁说，中国南边三省素有“内匪”，现在既与法国交界，法国如肯接济乱党，中国边疆必永无肃清之日矣。③他力图使清政府相信，要维持对内统治，必须与法国友好。李鸿章于 4 月 20 日把福禄诺的信抄寄总理衙门，并用同样的腔调恫吓清政府说，与其同法国兵连祸结，日久不解，中国饷源匮绝，“兵心民心摇动，或更生他变”，不如早日收束，有裨全局为是。④中国封建统治阶级、官僚买办，最害怕因对外战争触发内变，人民乘机起来推翻他们的统治。福禄诺、李鸿章讲的正是这样一个问题，它马

①《论越事》，《李文忠公全书》译署函稿，第 15 卷，第 8 页。

② 曾纪泽：《复陈俊臣中丞》，见《中法战争》第 4 册，第 263 页。

③《法国水师总兵福禄诺密函》，《清光绪朝中法交涉史料》第 13 卷，第 24 页。

④ 李鸿章：《寄总理各国事务衙门函》，同上书，第 22 页。

上就产生了效果。清政府接受李鸿章的建议，授权他与福禄诺在天津议和。5月初，福禄诺到天津开始和谈。一时清政府内部议论纷纷，主战派对李鸿章“交章论劾”[①]。军机处、总理衙门的大官僚支持李鸿章的投降外交，并按照福禄诺的要求，解除曾纪泽的驻法公使的职务。5月11日，李鸿章与福禄诺在天津签订《简明条约》，结束了中法战争的第一阶段。李、福简明条约的主要内容是：（一）清政府同意对于法国与越南间“所有已定与未定各条约”，不加过问，换言之，清政府承认1883年8月的《顺化条约》以及法国以后可能迫使越南签订的任何条约、承认法国对越南的所谓“保护权”；（二）清政府同意将境外的防军“即行调回边界”；（三）中越边界开放通商，清政府同意将来与法国议定有关的商约税则时，应使之“于法国商务极为有益”；（四）本条款签订后三个月内双方派代表议订详细条约。清政府在法国军事、外交双重进攻面前完全屈服了。

这时，法国殖民主义活动正在亚洲许多地区加速进行。在胁逼清政府签订《简明条约》之后，法国于6月6日与越南订立最后的保护权条约，以代替上年8月的《顺化条约》。法国在越南中部和北部建立殖民统治最后确定下来。6月间，又强迫柬埔寨王国完全置于法国控制之下。法国侵略者为这一系列的“成就”所陶醉，一时气焰万丈，迫不及待地要接管越南北部的清军防地。6月23日，法军向谅山前进。当时清政府还没有颁发撤军命令，谅山清军派代表向法军解释。法军趾高气扬，横蛮已极，声称不管“和与不和，三日内定要谅山”[②]。他们在观音桥（北黎）打死清军代表，炮击中国阵地。清军被迫还击，打退法军，这就是所谓“北黎事件”。

法国制造了这次军事冲突，反诬中国破坏李、福《简明条约》，大肆讹诈，提出苛刻条件，要求中国撤退在越南北部的军队，至少赔偿兵费二亿五千万法郎，提供履行李、福《简明条约》的担保。法国资产阶级报纸，兴风作浪，煽动战争狂热。7月12日，法国驻北京代办谢满禄以最后通牒向总理衙门提出上述要求，限期照办，否则法国将采取直接行动，自行获取担保和赔款。法国远东舰队司令孤拔将船只调往福州与基隆，准备占领这两个地方作为所谓担保。法国进攻中国本土的军事部署与外交讹诈齐头并进。

---

①《军机处密寄直隶总督李鸿章上谕》，《清光绪朝中法交涉史料》第15卷，第6页。

②《粤督张树声来电》，《清光绪朝中法交涉史料》第18卷，第1页。

清政府深怕因北黎事件而使战火再起，不顾李、福《简明条约》的屈辱性质，仍然决定遵守它。7月16日，命令岑毓英、潘鼎新将保胜、谅山各处防营撤回滇、粤关内驻扎，并于一个月内全数撤退完毕。接着又派两江总督曾国荃为全权大臣、陈宝琛为会办，去上海与法国公使巴德诺谈判，谋求解决争端的途径并议订详细条约。至于法国索取赔款，清政府明确加以拒绝。总理衙门在6月29日致法国代办的照会中说，北黎冲突是法军先放第一枪挑起来的，照此情形，法国应负攻打的责任，认赔补费用。曾国荃到上海谈判，清政府指示，赔款，万不能允许。李鸿章又施展出他的卖国伎俩，背后怂恿曾国荃：不管是非曲直，替法国的“伤亡将士”请求“恩赏数十万”。曾国荃在中法战争爆发前，就对反侵略战争完全丧失信心，他曾对通政使周小棠说：“我师今与西师战，有十六字秘诀曰：先去先败，后去后败，同去同败，不去不败。”法国限期届满前一天，曾国荃擅自答应巴德诺“抚恤”银五十万两（约合三百五十万法郎）。巴德诺认为太少，斥为“笑柄”①。因为反对的人太多，清政府责备曾国荃、陈宝琛这样做是不知大体，传旨申饬。

上海谈判没有满足法国的要求，它又一次诉之于武力。8月5日，法国远东舰队的一支分舰队，在舰队副司令利士比率领下，进攻台湾基隆，击毁炮队。法海军陆战队携炮登陆，遭到当地守军有力还击，退回海上。法国夺占基隆没有得逞，转而集中力量攻击福州。

7月中旬起，法国军舰陆续强行驶入福建马江。清政府不同意福建官员拦阻法船入口、“塞河先发”的建议，指示他们不可“先发开衅”。法舰越来越多，与福建水师兵轮同泊一港，法舰积极备战，中国兵轮奉命不准先行开炮，“违者虽胜亦斩”。8月23日，法国发动突然袭击，大炮水雷同时轰击马尾军港内中国兵轮。法舰队司令孤拔通过法国驻福州领事照会闽浙总督何璟等，午后二时开仗。照会于午间送到，法军炮声已响。中国兵轮仓卒应战，一部分士兵勇敢战斗，直至人船俱沉。他们的指挥官帮办军务张佩纶、船政大臣何如璋等都当了可耻的逃跑主义者。中国损失兵船十一只，商船十九只，死难士兵七百余人。法舰偷袭得逞，连日在马江两岸大肆烧杀破坏，炮轰马尾造船厂，焚烧民房，击毁炮台，然后撤出马江，准备以全力封锁和攻占台湾。

①《南洋大臣曾国荃来电》，《清光绪朝中法交涉史料》第20卷，第31页。

插图 25：法舰偷袭马江

（采自《点石斋画报》）

中法战争的第二阶段

法军进攻台湾基隆、袭击福建马江，标志了中法战争第二阶段的开始，战争由此扩大到中国本土，中、法间的外交关系随之断绝。法国的蛮横恣肆进一步激起人民的愤怒。外国人投资创办、中国文人编辑、带有资产阶级改良主义倾向的《申报》的评论，恰当地反映了人民的一些愤懑情绪。法国 7 月 12 日的最后通牒的消息传出时，《申报》对此评论说："今日之时势，倘令中国百姓人出一法郎以为兵饷而竭力以攻法人，则未有不踊跃乐输者。即贫户无从出钱，使之编入营伍，前驱杀敌，莫不心悦，虽蹈汤火亦所不辞。若令人出一法郎以偿法人兵费，则未有不愤然作色、艴然改容者，虽在富家尚不肯慨然输助，而贫户无论矣。"[①] 法军进攻基隆后，《申报》又写道："法人而不动手占地，则中法和局尚可望有成；若一经轻举妄动，径择中国之地而据之，则中国断不肯与和；即朝廷或仍怀大度，而诸臣亦不肯降心相从；且即使君

①《申报》社论：《论中国目下情形惟有一战》，1884 年 7 月 17 日。

臣皆肯与和，而民间义愤所蓄已多，积之久者必发，恐未必俯首听命。”[①]这把人民与统治者对于战争的态度不同，说得很明白。

战争再度爆发后不久，香港中国工人、各地广大群众以及寓居国外的华侨，采取各种方式表达对法国侵略者的愤恨和对抗法斗争的支援。9月初，一艘参加过轰击基隆，后来在企图驶入闽江时被中国炮台打伤的法舰“加利桑尼亚尔”号开到香港船坞，船坞中的中国工人罢工，拒绝修理。不久，又一只法国水雷炮艇驶入香港船坞，中国工人暗中准备焚毁，因走漏消息没有成功。船坞工人的爱国行动很快得到其他行业工人的支援，挑夫、搬运工人、驳船工人、人力车夫、轿夫、舂米工人等相继罢工，香港旅馆里的中国工役拒绝给寓居的法国人服务，航行于香港、日本间的法国轮船中的司火华工也弃职不干。西市（坚尼地城）的中国商人罢市支援工人斗争。香港英国殖民当局出动警察阻止和镇压罢工，工人同警察展开英勇搏斗。10月底，九龙区的中国工人也投入反抗英国殖民暴行的洪流中，香港街头遍贴反侵略的揭帖。以工人斗争为主，形成了一次群众性的爱国运动。各地早就有的群众反对外国教会和传教士的活动，在香港工人罢工前后，又掀起了新的怒潮。当时法国在华传教士配合法国进攻，四处活动，搜集情报，散布谣言，有的公然煽动教民背叛祖国。云南永北厅法国神甫艾若瑟对教民说：“你们奉了天主的教，就是我法国的人。现在大理教堂来信，我法国兴兵到福建、越南，都打胜仗，叫彼此接应（在另一处对教民说‘要预备粮草军火接应’）。将来要用你们，（现在）就是报效出头的日子。不可走漏风声。”[②]对这些教唆、胁迫教民叛国，充当法国侵略者的内应的披着宗教外衣的侵略分子，中国人民完全有理由把斗争矛头指向他们。7月间，英国公使巴夏礼就已注意到一些通商口岸的群众反对外国侵略活动的迹象。他特别举出天津、汉口、上海、福州和广州，称之为“人民的行动最容易指向外国人”的地方，而福州、广州尤其显著。[③]他引证英国广州代理领事的意见，认为群众这种憎恨外国侵略者的情绪

---

①《申报》：《论法人不应扰华地以速祸》，1884年8月10日。

②《丽江府云州知州黄毓全等禀》，1885年2月4日，载中国科学院近代史研究所南京史料整理处《清末云南教案》（未刊本）。

③巴夏礼致英国在华海军副司令（Sir H. Pavkes to Vice-Admiral Sir W. Dowell），见英国蓝皮书1885年第1号《关于中国事件的通信》（Correspondence Respecting the State of Affairs in China），第38页。

的增长，起因于“传闻即将同法国人发生冲突”，外国侵略者一再要清政府对人民严加防范，却无济于事。新任两广总督张之洞叙述广东的情形说，“自法攻闽后，众怒勃发，法堂颇有被损，间累池鱼，潮州、揭阳、佛山皆据禀报，民哄教堂”①。两广地方当局查封法国教堂，并令法国商民出境。广州法籍主教束装待行，群众齐集天主堂前声讨和示威。上海出版的天主教刊物《益闻录》1884 年 9 至 12 月各期透露，法国在中国本土燃起战火后，各地众怒汹汹，福建莆田，浙江温州，江苏南京、江阴，安徽宣城、宁国、芜湖，湖北汉口，江西临川、高安、贵溪、铅山、南城等地，或谣言四起，或出现匿名揭帖，约期毁教堂，逐教士以泄愤。许多地方官吏发布告示，防止发生教案，都不能完全生效。10 月初，温州群众发起斗争，英、法、德教堂五处，焚毁一空，并冲击外国人控制下的海关。群众虽不及区分法国教堂、教士与其他国家的教堂、教士，但“其志显见专与法人为难，未有人稍存他念也”②。贵州遵义、桐梓、绥阳、修文、湄潭、余庆、都匀等地法国教堂，程度不同地被群众毁坏。云南永北厅驱逐教士、焚烧教堂。在此以前，浪穹县长营地方群众烧毁教堂，并处死了作恶多端的法国神甫张若望。

海外爱国华侨也关怀祖国的抗法斗争。美国旧金山华人出金五十万两助饷，日本神户、横滨华侨富商公议，愿集捐饷银一百万两，古巴华侨捐银一万四千余元，新加坡华侨凡资产稍丰的，都竭力捐输。

中华民族具有不甘屈服于外国压迫，反抗外来侵略的战斗精神。各阶层群众自发的、对法国侵略者的同仇敌忾，显示出只有他们才代表着这种战斗精神。

清政府中本来有许多人对李、福《简明条约》的订立抱有疑虑。北黎冲突发生后，这些人认为法国人反复无常，要求备战。在是否应对法赔款问题上，投降主义者李鸿章并没有因唆使曾国荃擅允赔款遭到指责而改变主张。法国炮轰基隆后，他自知已是“丛谤之身”，却仍与他的党羽互相呼应，宣传抗法必败的谬论，断言“战后亦必赔偿，为数更巨”，“不如赔款以保和”。③更多的人要求力持定见，拒绝赔款。法国袭击马江后，清政府被迫于 8 月 26

---

① 张之洞:《致总署》，见《中法战争》第 5 册，第 34 页。

②《申报》1884 年 10 月 12 日。

③《北洋大臣李鸿章来电》,《清光绪朝中法交涉史料》第 22 卷，第 6、8 页；又见《清季外交史料》第 44 卷，第 5 页。

日谴责法国先启兵端；宣布中国因“法人背约失信，众怒难平，不得已而用兵”①，命令各军相机进取，沿海各口如有法国兵轮驶入，要合力攻击，悉数驱除。刘永福也被授予记名提督的头衔，指挥他原有的队伍作战。从北圻山西之战到现在，大半年过去了，清政府一直不敢承认它与法国是在交战。这道命令算是对法国侵略者的宣战书。从此以后，战事主要在中国台湾、澎湖地区及越南北部进行。

台湾方面，法军于10月初对基隆和淡水发动进攻。督办台湾事务大臣刘铭传放弃基隆，退守淡水。法舰封锁台湾，在各口外游巡，企图截断大陆的接济、孤立台湾守军。1885年1月至3月，占据基隆的法军向台北进攻。各界人民捐款助饷，福建、广东、上海等地军民不断冒险冲破敌人的封锁，向台湾运械运饷，输送援军。台湾军民在困难的条件下坚持战斗。法军未能得逞，3月31日，侵占澎湖。

越南北部仍是中法战争第二阶段的重要战场。在自动组织起来抗法的越南官绅、义民的请求和接应下，桂军驻扎谅山，前进到郎甲、船头等地。刘永福及滇军在10月间进至宣光一带，准备攻下宣光，与桂军联成一片，共复北宁。法军发起新的进攻，1885年2月，战局急转直下，清军节节败退。13日，东路法军攻陷谅山，23日，又占文渊州，提督杨玉科阵亡。潘鼎新军仓皇败逃，法军尾追，闯入镇南关（今友谊关），南宁戒严，广西震动。3月初，西路法军解宣光之围。这时曾任广西提督，在钦、廉一带办团练的冯子材和淮军总兵王孝祺奉令增援东路清军。冯、王到达龙州后不久，法军即闯入镇南关，他们立即赶往前线指挥，在关前隘东西两岭间修筑长墙扼守。23、24日法军分三队，每队二三千人猛攻长墙。中国守军展开了艰苦的防御战。参加这次战役的，除冯、王两军外，还有署广西提督苏元春、前福建布政使王德榜等所率各军。冯子材是太平天国战争期间农民起义的叛徒张国梁的部将，年已七十。他任广西提督时，应越南政府的请求，三次奉命出关，平定北圻反越武装势力，在清军中著有声望。王孝祺与各将领相约：“今无论湘、粤、淮军，宜并受冯公节度。”②冯子材团结各军，激励将士说：“法再入关，有

① 《谕军民人等法国渝盟肇衅不得已而用兵电》，《清季外交史料》第45卷，第14页。
② 《冯子材传》，《清史稿》列传246，中华书局标点本，第42册，第12692页。

何面目见粤民？何以生为！”[①] 法军攻势猖獗，冯子材率军居中，身先士卒，帕首短衿，草履长矛，跃出战壕，冲在前面。关外游勇客民千余人，得知冯亲自出阵，自动前来助战。王孝祺率领部下冲敌肉搏死斗。王德榜军绕出敌后，袭击敌军运输线。法军弹尽，前线统将尼格里受重伤，全线溃败。清军转守为攻，追击狼狈逃窜的侵略军，连克文渊、谅山、谷松、屯梅、观音桥，直逼郎甲（即谅江府），夺回半年前失去的全部阵地。西线滇军也于23、24日与越南义军合作，大败法军，取得临洮大捷，并相继收复广威、清水、锦溪等府县。兴化、太原、北宁等省群众纷纷而起，越南北部呈现出一派抗法战争的胜利景象。

插图26：冯子材像

（采自《中国近代史参考图片集》中集，第144页）

镇南关—谅山一仗，法军被消灭一千多人。对外国侵略者抱着深刻仇恨的中国广大士兵，不怕牺牲，勇敢战斗，表现出了高度的英雄气概和爱国主义精神。这种气概和精神，使外国观察者也不得不如实承认。据沙俄驻汉口领事记述：中国军队“经历长途跋涉，忍受极大的艰难困苦，遭到时疫侵袭，有时装备又非常坏，但它还是向前推进，有时候几乎是一往直前地去赴死，成千地倒下去而毫不哗乱，毫无怨言，不顾一切地服从自己那些极其粗鲁无知而又公然盗取他们财物的军官们。要知道，这些军队的大部分几乎都是由乡村来的新兵组成的，他们更惯于使用犁和干草叉，而不习惯使用武器。然而这些乡下人却表现了高度的爱国主义精神和极大的勇气”[②]。前线胜利，冯子材等爱国将领立有功绩，居第一位的是这些来自劳动群众、饱怀爱国热情、勇敢无畏的广大士兵建立的功绩。

---

①《钦差办理广东防务彭玉麟等奏折》，《中法战争》第6册，第455页。

②《得米特列夫斯基的报告》（Донесение П. Дмитревского от15 марга 1886г., Архив Внешней Политика России, кит. стол, 1886—1895），转引自纳罗奇尼茨基《1860—1895年资本主义列强在远东的殖民政策》，第318页。

节节败退的法国侵略军中，笼罩着一片混乱和惊慌，充满了失败的怨言和悲鸣。法军败耗传到巴黎，法国的政局立刻动荡起来。法国资产阶级各党派，从所谓左的到右的，基于不同的动机，都乘机对茹费理内阁展开猛烈的抨击。无产阶级的政党工人党一贯反对政府的殖民政策，早自1882到1883年间就已在自己的报刊上对政府侵略越南进行了揭露和谴责。广大法国人民对政府的殖民政策久怀不满，这时他们的愤怒终于爆发。1885年3月30日，巴黎群众举行示威游行，并聚集在议会外面和外交部前，高呼“打倒茹费理”等口号。在群众的压力下，温和共和党中一些人抛弃了茹费理。当天夜间，茹费理内阁倒台了。

战争的新形势对中国人民空前有利。越南北部战场上的胜利改变了战争的形势。中国军队已掌握了战场上的主动权。冯子材筹谋从越南北部驱逐法军，决定稍事休整后进攻北宁。滇军联络越南抗法力量，广泛出击，敌人惶惶不安。法国的军事失败和政治危机同时临头，处境困难。可是恰在这时，4月4日，清政府却经过长期秘密谈判，与法国在巴黎签订了停战条款，在重新肯定李、福简明条款有效的基础上停战议和。这个行动，又一次暴露出封建地主阶级在处理对外关系问题上的昏聩愚昧，它着重说明清政府是一个极端腐败反动，置中国民族利益于不顾的卖国主义政府。

中法停战条款签订后第三天，4月6日，清政府急忙命令关外驻军停战，分别撤回。有关的疆吏、将领同声反对，表示不胜惶骇。据彭玉麟奏报，“当闻旨罢兵之日，冯子材以兵机方利，敌患方长，机会可惜，力持不愿，电函并至，忠愤填膺，力请上奏阻止，谓必须责法人以越地还之越王，方可班师”①。张之洞、彭玉麟分别致电清政府，力言“条款未定，万万不可撤兵”，“停战则可，撤兵则不可，撤至边界尤不可”，“总之，和可许，兵不可先撤”。②曾纪泽连发两道密电，主张乘胜议和。他得知法国内部消息，越南法军“人怯械竭，只望能保河内”，因此，建议“未和之前，仍宜催进兵”。③清政府不听，用所谓“乘胜即收”④替自己对外投降辩护，压抑前线将士的爱国抗敌愿望，强令在越南北部的军队撤回边界。中国军队迫于命令，撤离越南时，越

---

①《钦差办理广东防务彭玉麟等奏折附片》，《中法战争》第6册，第459页。

②《两广总督张之洞电》《督办广东防务彭玉麟电》，同上书，第384、385页。

③《出使俄英国大臣曾纪泽电》，同上书，第367页。

④《军机处寄两广总督张之洞电旨》，同上书，第385页。

南人民依依不舍。冯子材撤兵之日，越民挽辔请留，痛哭不舍，很多人跟随入境。滇军驻兵附近的越南“四乡绅耆，闻得退兵这点消息，异常恐慌，即纷纷来见岑（毓英），苦求岑莫退兵”①。这也无济于事。有人写出“十二金牌事，于今复见之”的诗句，痛骂李鸿章一伙是秦桧同样的卖国贼，发泄胸中悲愤。

根据停战条款，清政府和法国进行了缔结和约的谈判。这个谈判，在清政府一方是在赫德操纵下在巴黎进行的，主要的谈判者是金登干，李鸿章只就细节和约文加以核对，正如他自己所说“督同中法翻译官，详细考究，讲解文义”②而已。6月9日，李鸿章代表清政府与法国代表巴德诺在天津签订《越南条款》，法国侵略军定期从台湾、澎湖全数撤退，清政府确认法国对越南的殖民统治，并允许给法国一些经济侵华利益，其中包括：开放中越边界贸易，中国开辟两处商埠，“一为保胜以上”，即云南边界，“一在谅山以北”，即广西境内；越南与滇、桂两省之间进出口货物的税率应“照现在通商税则较减”；中国如拟创办铁路，应“自向法国业此之人商办”等等。外国侵略者攫夺中国铁路利权的野心，第一次在条约上表现了出来。中法《越南条款》的订立，不仅表明法国达到了发动这次侵华战争的主要目的，而且预告了资本主义列强争逐中国铁路利权、争逐对华投资权的新时期的即将到来。

中国在中法战争的整个过程里面，除了马尾港被偷袭，没有遭受重大的损失。从刘永福黑旗军的战绩和镇南关—谅山战役胜利来看，法国军队并非不可战胜。最后中国在这场战争中还是全输了。其原因，决不是由于清政府在军事上没有作过一点努力。从1883年8月法军指向北圻、威胁云南边境起，清政府就陆续调遣、起用它认为的所有得力将帅，把他们先后派到了与战事有关的位置上。其中有彭玉麟、左宗棠、李鸿章、曾国荃、刘坤一、张树声、杨昌濬、岑毓英、刘铭传、潘鼎新、杨岳斌、鲍超等。他们中间，有的原来身居要职，有的投闲置散，经人提议，或调动、或重新任命为钦差大臣、督办军务、帮办军务、总督、巡抚，分布在直隶、云南、广东、广西、福建、台湾等冲要省区。看这个名单，除岑毓英稍晚，是屠杀云南回民的刽子手外，其他都是镇压太平天国农民革命的凶狠干将，是所谓的“中兴名将”“名臣”。

① 黄海安：《刘永福历史草》，《中法战争》第1册，第282页。

② 李鸿章等：《与法使商议条约画押竣事折》，《清季外交史料》第58卷，第11页。

地主官僚里面有人曾指望这些内战内行们，也在抵抗外国的侵略中显出身手。事实使他们很快失望了。岑毓英坐镇越北，得知法军来攻，闻风先遁。粤军五十余营，有家室者居半，吸食洋烟者居半，闻警先携妇女逃走，军械饷银都送给了敌人。刘铭传守基隆，法舰来攻，不战而退往淡水。据说半路上被愤怒的群众围困，揪住头发，从轿中拽出，边殴边诟，斥责他是汉奸，是懦夫。潘鼎新驻扎谅山，闻前线告警，夜奔谅山，逃回镇南关；接着逃至凭祥，又连夜再逃海村，再逃龙州。离开龙州时，群众争相用石块投击，百般咒骂。杨岳斌在湖南索要巨额军饷，勉强凑成一支部队，慢吞吞渡海到台湾，也宣布停战了。鲍超会办云南军务，先是请兵请饷，后是托病几个月，没有离夔州一步，耗款几十万两，最后也不曾到前线。左宗棠督办福建军务，自认“衰年承乏，无补时艰”（中法战争结束后三个月，他就病死了）。彭玉麟选用了一个冯子材，其他很少实效。过去的“精兵猛将”，如今怎么都光打败仗，无所作为了？国子监司业治麟在一个奏折里分析说：所以“官军屡挫，要隘再失者，非战之罪，不力战之罪也。而揆厥由来，则在战志不坚。疆臣窥见此意，以为和者朝廷之本心，而战乃迫于小臣之公议；于是时时为和计，反谓主战为不达时务，为沽名，而战事遂不肯实力讲求矣”[①]。也就是说，战争的失败，原因不在军事上，而在对抵抗侵略的根本态度上。朝廷始终没有决心作战，只决心妥协求和。前线的失败，就成为不可避免了。这个分析指出了事情的实质。

“战志不坚”，“时时为和计”的人们中，李鸿章自然是首要分子。但害怕不能“保全和局”的，不是他一个人。治麟的奏折说穿了这一点：“和者朝廷之本心”。另一个主张“严旨督战”的言官也指出：“疆臣视北洋为行止，北洋与枢臣相表里”[②]，只少了点出那拉氏的名字。主战派集中揭露李鸿章主和误国，尖锐泼辣，不讲情面。御史吴峋的奏折说：现今督抚统兵大臣，辜恩溺职的，以李鸿章为最。南北洋岁费八九百万两，北洋淮军机器局岁费约五百万两，以十四年计算，不下七千万两。“李鸿章整顿者何事？训练者何人？自强者何术？乃首唱和议，恬不为怪”。必须惩儆李鸿章，来振起军声，

①《国子监司业治麟奏折》，《中法战争》第6册，第60页。

②《内阁学士尚贤奏折》，同上书，第221页。

杜绝议和流弊。[①] 又一名御史刘恩溥的奏折说：刘永福奋力杀贼，中国统兵大员在他面前应当愧死，无地自容。李鸿章办理海防二十多年，耗费数千万两，曾杀过鬼子一名否！他一味献媚于洋人，固宠求荣。不唯不肯保护刘永福，而且痛恨刘抵抗法军，使伊不能保全声名，“是其天良丧尽，毫无人心，已可概见！……现在办理和局，轻率至于如此，朝廷若倚李鸿章为长城，臣恐中国无高枕而卧之一日矣”[②]。主战派对李鸿章的揭露尽管相当有力，但他的妥协投降宗旨始终不变，道理很简单，就是因为“朝廷”、“枢臣”、那拉氏同他是表里相连的。主战派本来缺少领袖人物。左宗棠在福建虽然没有建树，但资格老，平定新疆著有威望。陈宝琛早就认为，只有他同李鸿章一样，是“名闻四裔者”。主战派一些人于是想借重他来压制李鸿章。御史汪正元说：法国侵犯中、越，李鸿章、左宗棠一同奉命办理此事。李鸿章认为越南私与法人立约，并未奏闻，可以置之不问。左宗棠则以为法人侵我邻邦，屡经劝阻，悍然不顾，应当声罪致讨。“天下臣民，怒法人之横逆，志切同仇，故皆以左为是，以李为非”[③]。内阁学士尚贤请派李鸿章赴台湾办理交涉，或者到前线督师，北洋大臣一职交左宗棠接管。[④] 清政府指靠李鸿章议和，不但对这类建议不予理睬，还特地借故接二连三申饬左宗棠，让他丢丑。其中一次是左宗棠揭发李鸿章的亲信刘铭传放弃基隆，军事指挥失当，刘铭传也反唇相讥。清政府这一次更不客气了，指责左宗棠有意编造罪状，传旨申饬，而且原折掷还。左宗棠的挨整、碰壁，也就是那些主张作战，但缺少实力，想借重左宗棠的一派人挨整、碰壁。李鸿章的地位一直牢固，动摇不了，也就是掌握大部分军事工业、近代民用工业和军事实力，与外国资产阶级相联结的买办阶级势力动摇不了。第一、第二次鸦片战争中，与抵抗要求相对立，决定对外投降的，只有地主阶级当权势力；现在不同了，又多了一个正在冒起的买办阶级势力。中法战争中，中国并没有打输，结果仍然失败了，就是这两种势力坚持妥协投降造成的。主战的人中，大部分是御史言官，他们是统治阶级中的活动分子，左宗棠、彭玉麟、张之洞、曾纪泽等大官僚，与清政权是命运与共的。西太后、奕譞、李鸿章等人决定投降，后面这些人发发牢

---

① 《监察御史吴峋奏筹杜议和流弊折》，《中法战争》第 5 册，第 342 页。

② 《监察御史刘恩溥奏参李鸿章贻误全局折》，同上书，第 436、437 页。

③ 《御史汪正元奏折》，《中法战争》第 6 册，第 99 页。

④ 《内阁学士尚贤奏折》，同上书，第 23 页。

骚，也就安然接受下来了。

中国的失败，又和国际资产阶级共同宰割、支配中国的活动直接联系在一起。中法战争从一开始就引起了西方各国的注意。这时列强争夺殖民地的斗争中英、法之间的关系日趋紧张，英、俄之间的对立尤为尖锐。欧洲大陆上正在形成敌对的军事政治集团，1882 年，德、奥、意结成三国同盟兼有反法和反俄的性质。法、俄也正在走向联盟。清政府从第二次鸦片战争以后与资本主义世界交往已有二十多年，在一些国家驻有公使，对列强相互关系的某些方面略有所知。它试图利用英、法在侵略埃及问题上的矛盾和所谓“德国向与法仇”，1884 年 8 月命驻英公使曾纪泽促使英国“以兵挟法”，牵制法国的侵华兵力，9 月又命驻德国公使李凤苞请德国“设法助我”[①]。这当然是一种幻想，列强在中法战争时所考虑的，不是与中国配合行动或给中国以什么援助的问题，而是为自己谋利防害，给中国施加什么影响的问题。德国驻华公使巴兰德说：“中国的困难是每一个外国的机会。”[②]英国外交大臣葛兰斐尔强调：“中国的任何胜利，一般说来，对欧洲人会有严重的后果。”[③]一、利用中国的困难谋利；二、阻止中国的任何胜利，各侵略国就是本着这两条原则在中法战争中采取行动的。

德国乐意法国在战争中遭受消耗，这时中国已成为购买德国军火的重要顾主，战争延长只有使克虏伯厂的资本家增加发财的机会。德国也正在争夺中国军权，特别是北洋的军权。早在清政府兴办北洋海陆军的时候起，英、德两国就围绕着推销军火船舰，夺取军事训练权等而展开了竞争。中法战争期间，德国军官大批插入清军中，英人琅威理并为德人式百龄所代替，德国的势力大为增长。但中国的胜利，从长远来看，德国是不愿意接受的。中国军队在镇南关—谅山获胜的消息一经证实，德国外交部马上约见清政府驻德大臣许景澄，郑重转达俾斯麦的主张，“谅山战胜，可乘机议和；否则，战祸无已。德法有嫌，故专劝中国”[④]，并嘱许景澄专电报告。俾斯麦讲话，自然引起清政府的很大重视。

---

①《军机处致出使俄英国大臣曾纪泽电》《军机处致出使法德义奥国大臣李凤苞电旨》,《中法战争》第 5 册，第 512、533 页。

② 吉南：《1880—1885 年英国对华外交》，第 10 页。

③ 同上书，第 150 页。

④《出使法德义奥国大臣许景澄电》，《中法战争》第 6 册，第 367 页。

美国也插手中法战争，进行所谓“调停”。它同英国一起，从侵略者的观点出发，承认法国可以向中国勒索赔款。沙俄更希望及早结束战争，因为法国在远东的战争使它削弱了牵制德国的力量。日本着重于利用时机，在朝鲜进行阴谋活动。1884 年 12 月，朝鲜发生“甲申政变”。发动这次政变的是朝鲜开化党人，其目的是要推翻受清朝统治者支持的朝鲜现存政府，夺取政权。开化党人与日本有密切联系，幻想依靠日本来实现自身的愿望。日本侵略者竭力利用开化党人作为在朝鲜扩充势力的工具，公然插手政变过程。这次政变因清政府的干涉，没有成功。1885 年 2 月，日本派伊藤博文为全权大使，来中国谈判中日两国对朝鲜的关系问题。伊藤故意作出与法国侵略者勾搭的姿态。清政府唯恐法、日联合，这也增加了尽快结束对法战争的倾向。

英国的活动最多，所起的作用最大。当时英国在华拥有巨大的既得利益，深恐战争的扩大于英国不利。它担心中国抗法战争的胜利会激起中国民族的自立精神，鼓舞中国人民反侵略斗争的信心，普遍掀起反抗外国侵略斗争的浪潮，也不愿意中国市场因长期敌对行为而耗竭。法国对中国本土的进攻，尤其对台湾的封锁，不利于英国对中国的贸易。英、法在非洲其他地方矛盾、对立，在把中国变为殖民地、压迫中国、牺牲中国人民利益方面，又是十分一致的。葛兰斐尔多次表示，英国应该促使中法战争在无损于英国的利益的条件下尽早结束，也就是促使清政府停止抵抗。抱着这个目的，在战争期间，英国一再主动进行“调停”，它用长期对法作战会引起国内革命来吓唬清政府，强迫它对法国让步。英国也对法国施加一些压力，不同意法国封锁广州，反对法国把粮食列为禁运品，要求军事活动限制在长江以南地区。1884 年下半年，法国一面加紧进行战争，一面又不断展开诱和活动。法国的诱和，一条重要途径就是通过英国。这期间，中国海关总税务司赫德积极进行了活动。赫德与葛兰斐尔和英驻华公使巴夏礼直接联系，他的行动实际是英国插手中法战争的一个方面。1885 年初，英国出面的调停活动已经停顿。赫德在葛兰斐尔支持下派中国海关驻伦敦办事处税务司金登干（英国人）去巴黎，与茹费理建立直接关系。侵华战争旷日持久对法国不利，茹费理政府企图早些结束这个战争，已不敢再坚持赔款的无理要求。清政府于是完全信赖赫德去主持秘密的议和活动。当议和谈判接近完成时，中国军队在镇南关—谅山大捷。赫德唯恐中国的抗法斗争因这次胜利的鼓舞而加强，竭力怂恿清政府赶快订约停战。处境困难的法国侵略者正恐求之不得。法国不及等待新内阁成立，便由总统匆匆任命代表与名义上代表清政府的金登干签订停战条款。赫德代表的是英国的利益和要求，同时，也是包括法国在内的西方列强的共同利益和要求。列强都利用中国的困难谋取利益，和阻止中国的任何胜利，这两条，以后也一直是它们对待中国的准则。

中法停战，缔结和约，冯子材等部队也撤回，余下的就是解决刘永福黑旗军的问题了。法国没有能够消灭黑旗军，无理要求清政府负责解散，并把这作为交还澎湖的条件。李鸿章等本来想借刀杀人，让法国人去消灭黑旗军，现在更希望从速了结。刘永福在越南十八年，抗法斗争达十三年，经过长期苦斗，精锐大减，能够集合的总共还有三千多人，旧部散在越南的不少。李鸿章按照法国人的要求，屡次催逼两广当局赶紧办理。战事结束半年多以后，刘永福遵照清政府的命令，回到内地，担任广东南澳镇总兵。部队被缩编成一千多人，驻扎广东省城。法国侵略者长期用武力没有解决的难题，清政府热心替他们解决了。张之洞奏报说：刘永福勇猛威名，久播四裔。本年3月，派员到越南查考，与法西勃里也和大小兵目谈起刘永福，那些人畏忌之情，形于辞色。法国兵船上悬挂图画，绘刘永福历次战败法军的战绩。广州和外埠各国洋人，谈起刘永福，也都敬服称赞。又说：刘永福雄长越北，以保胜作根据地，连结三猛十州，苦战捍边，屡破强敌。法国多次派人纳赂讲和，希望假道罢兵，刘永福坚决不许。“自斩法国大将李威利（李维业）以后，大振华风，连摧凶焰；事刊西报，名播诸洋，最为法人所忌。永福一日不去，则法人一日不安。故澎湖之退否，专视保胜为迟速”①。张之洞所以作这些叙述，是他承认刘永福是个英雄人物，从此可以驯服地做清朝的官，不担心他再造反了。黑旗军人数有限，装备训练不但无法同资本主义的法国侵略军相比，也无法同清朝正规军相比。它竟然压倒敌人，“大振华风”，这是又一个证明：中国在中法战争中的失败，不是败在军事上，是败在地主阶级、买办阶级求和投降的卖国主义路线上。

①《两广总督张之洞奏折》，《中法战争》第6册，第524、536页。

第三节　云南、西藏等地区危机加深，台湾建省

法国在越南和中国进行的侵略战争，掀起了资本主义列强在亚洲争夺殖民地的新的恶浪。中国是它们争夺的最大一块肥肉。法国、英国分别从越南、缅甸侵入云南，英国进攻西藏，俄国、英国瓜分帕米尔等，都在这以后很快实行。

（一）法国从越南侵入云南。中法《越南条款》规定：两国应各派官员亲赴中国与北圻交界处所，会同勘定界限，和派员议订中越陆路通商章程。清政府于 1885 年 8 月，派邓承修、周德润分赴广西、云南与法国商办中越划界事宜，9 月又任命李鸿章为全权大臣与法国公使戈可当在天津谈判中越通商章程。1886 年初，邓承修和广西护理巡抚李秉衡在边界与法国勘界代表会晤。清政府在法国胁迫下，多次申斥邓承修等“玩延”，迫令他们屈从法方的意愿。3、4 月间，双方实地勘定了由平而关到隘店隘这一段桂越边界。9 月，周德润与法国代表狄隆等在河口相晤，商议会勘滇越边界。越南抗法义勇十分活跃，实地勘界无法进行。法国提出采取“就图定界”，即“校图不履勘”的办法。9、10 月间，周德润与狄隆用这个办法大体辨认了龙膊以东的滇越边界。[①] 不久，邓承修与狄隆在粤越边境也用同样办法按地图辨认两广与越南间的全部未勘边界。第二年 6 月清政府派总理大臣、庆郡王奕劻与法国公使恭思当在北京签订《续议界务专条》。

中越陆路通商问题的谈判与界务谈判同时进行。通商问题在中法《越南条款》中已经定出若干对法国有利的原则，谈判是把那些原则具体化。法国野心很大，提出法国领事驻扎各通商处所，云南省城及广西某一内地；边界进出口货税较各海口减半征收；越南食盐行销中国；法商得在中国通商处所设厂，得在云南及两广开矿，承造中国铁路若干公里等等。[②] 经过长期谈判，1886 年 4 月李鸿章与戈可当签订《越南边界通商章程》。第二年 6 月，清政府又与恭思当订立《续议商务专条》。这两个文件对中越边界商务各项作了具

---

①龙膊在保胜（老街）西北、沿河而上百余里的地方，在中国一侧。见周德润等《奏陈会议开勘滇越界务折》，《清季外交史料》第 68 卷，第 19 页。

②《总署致李鸿章论中法约款函》，《清季外交史料》第 62 卷，第 7—13 页。

体规定，其中包括：中国开放广西龙州、云南蒙自及蛮耗为商埠，法国派领事驻龙州、蒙自；法商运洋货经上述商埠入中国，照通商海关税则减十分之三收税，运中国土货出口至越南，照通商海关税则减税十分之四；法国货物可经谅山到龙州及高平到龙州的河流运入中国等。1889年龙州、蒙自商埠正式开放，法国从越南侵入中国西南地区的野心至此实现。

（二）英国从缅甸侵入云南。1885年11月，英国对缅甸发起新的侵略战争。英军迅速攻下缅甸的都城曼德勒，俘虏缅王锡袍。第二年1月1日，英国印度总督宣布吞并缅甸，把它置于英印殖民当局的统治之下。缅甸全境沦为英国殖民地。

中国和缅甸山川相连，两国人民有长期的经济文化联系。在抗英斗争中，缅甸人民渴望得到中国的帮助。缅甸稔祚土司等三番五次向清政府求援，他们在1886年5月初投递给云南地方当局的信上说：特遣阿麻已等再赴腾越，务恳转奏大皇帝发兵救援，代为恢复；或简派大官前往英国调和，另立缅君管政，安抚百姓。如英国皆不应允，则唯有拼命一战；胜则或有转机，不胜则我等男女情愿投奔中华，永为子民，誓不受英人凌虐。①清朝官吏中也有人认识到英国吞并缅甸对中国云南所造成的威胁。1886年初，云南巡抚张凯嵩上奏折说：英国吞并缅甸志在通滇，与法国据越南同一用意。滇省西、南两面强敌凭陵，到了寝不安枕的时候。②清朝统治者深怕在缅甸问题上又重演法国侵略越南所引起的战争，不敢支持缅甸的反抗斗争。驻英公使曾纪泽曾向英国政府表示愿对英、缅争执“设法调处”③，英国断然拒绝，只允许英占缅甸之后，“再与华议商善后之政”④。

英国在武力吞并缅甸的同时，积极准备侵入西藏。清政府为了避免英人入藏，赶紧与英国妥协。1886年7月，中英在北京签订《缅甸条款》，中国明认“英国在缅甸现时所秉一切政权，均听其便”，即承认英国吞并全部缅甸

---

①《缅甸稔祚土司坐把等禀函》,《清季外交史料》第67卷，第15页。前两次求援事，见同书第64卷，第3、17—19页。

② 张凯嵩:《筹办缅甸边防及开矿情形折》,《清季外交史料》第63卷，第22页。

③ 曾纪泽:《致总署：辨阻英人图缅应否提明属国电》,《清季外交史料》第61卷，第26页。1886年3月，曾纪泽给英政府一个很长的照会，详述上月10日以来他与英政府就缅甸局势交涉的经过。该照会见包罗杰《马格里传》，第418—424页。

④ 曾纪泽:《致总署：缅贡事英复文感谢电》,《清季外交史料》第61卷，第36页。

的事实。

《缅甸条款》规定两国应派员会同勘定中缅边界和议定边界通商章程。1892 年，清政府派驻英公使薛福成与英国商办滇缅界务、商务。中英双方经过多次谈判，1894 年 3 月在伦敦订立《续议滇缅界、商务条款》。这个条约划出了云南西境及南境由尖高山起到湄公河止的中缅边界[①]，并就中缅边界通商事宜作了一些具体规定。主要是：在云南西部的蛮允和盏西开放两条通商路线，英国领事可驻蛮允（后改腾越），中国可派领事驻仰光；条约批准后六年内，经以上通商路线从缅甸输入中国的货物，中国照海关税则减税十分之三，从中国输往缅甸的货物，减税十分之四；中国“运货及运矿产之船只”，可以航行于伊洛瓦底江以通海口等等。在谈判商务问题时，英国坚持以中、法间所议定的有关中越边界贸易的条款为蓝本[②]，意在保证自己在掠夺中国西南地区的财富方面与法国处于同等的有利地位，条约中的上述规定满足了英国的这种欲望。

中英谈判中有关车里（英国人称江洪）和孟连的归属问题发生了争执。车里、孟连都是中国领土。英国却声称这两地土司曾向缅甸入贡，因而要求两地归中缅两属。正当谈判进行期间，1893 年法国侵占了南掌（老挝）。南掌西北境正与中国的车里地区毗邻。法国驻华公使李梅要中国云南南部包括车里地区的很大一部分在内的领土划归南掌，法国的野心引起了英国的疑虑。英法争夺印度支那半岛和中国西南地区的矛盾十分尖锐，英国企图利用中国对抗法国，在中英《续议滇缅界、商务条款》中承认车里、孟连为中国独有领土，但规定未经英国同意，“中国必不将孟连与江洪之全地或片土让与别国”，为中国加上在这个地区替英国遏阻法国扩张的条约义务，同时为自己保留干预车里问题的权利。

（三）英国进攻西藏地区。早在《烟台条约》作出准许英国派员入藏的规定以后，英国就在哲孟雄（锡金）修路，为入藏作准备。1881 年火车通大吉岭，印度通西藏的交通大为便捷。英印孟加拉政府的财政厅长马科蕾于 1884 年到西藏边境的康坝宗窥探，大力鼓吹入藏，筹划成立“使团”前往西藏展

---

①其中有一段边界因约文本身有许多矛盾，后来实地勘界时引起争执，久悬未决，以后称为南段未定界；尖高山以北称为北段未定界。

②薛福成：《十论滇缅界务书》，《出使公牍》第 6 卷，第 25 页；又见同书第 10 卷，《电报》，第 34 页。

开活动。1886年初，马科蕾“使团”集中大吉岭待命出发。其中包括地质专家、勘测人员和一支约三百名士兵的护卫队。清政府一再谕令四川总督丁宝桢、驻藏大臣色楞额等派员“开导”西藏地方当局，同意英人入藏通商游历。丁宝桢在奏折中指出，洋人佯借通商的美名，实际是阴谋侵夺当地权益，而且目的不限于西藏，是想借此打开从西面进入四川的大道。[①]英国侵略的祸患不爆发则已，一旦爆发，其害更甚于法国，滇、蜀必首当其冲。[②]丁宝桢看到了英国侵入西藏的危险。西藏地方历来反对外国人入境，《烟台条约》订立后不久，总理衙门就接到驻藏大臣函咨，阖藏各寺不愿外人到境游历，吁请阻止。[③]1879年，西藏地方由达赖和班禅领衔，以阖藏僧俗的名义，出具拒绝外国人入藏的公禀，交驻藏大臣转北京。公禀说，洋人实非善良之辈，侮灭佛教，欺哄愚人，实为冰炭，断难相处。阖藏僧俗共同立誓，世世不顾生死，永远不准入境，如有来者，各路派兵阻挡，善言劝阻，相安无事，如或逞强，即以唐古忒之众，拼命相敌。[④]色楞额等奉命为马科蕾入藏进行“开导”，感到十分棘手。开导人员，络绎不绝，舌敝唇焦。西藏地方官员把他们看做“洋党”，遇事防闲，一切布置密不使与闻。西藏地方对“开导之员”的这种态度，也就是对清朝中央的一种抗议。1886年，清政府面临马科蕾使团整装待发，而西藏地方又决心抗拒的形势，进退失据。倘若事情迁延不决，英人恃强闯入，西藏地方武力阻挡，这个前景更加可怕。它处于两难，计无所出，最后拟定以缅甸问题与马科蕾使团入藏问题“两相抵制”[⑤]的办法。这年5月，总理衙门向英国使馆提议双方尽快在缅甸问题上定议，英国撤销马科蕾使团，中英订立《缅甸条款》。这个条约给清朝统治者一种幻觉，仿佛从此缓和甚至解除了英国人入藏的危机。事实完全相反，英国撤销马科蕾使团后，很快借口中国西藏地方军队在隆吐山设卡戍守，发动侵略战争。

1888年3月，英军两千余人进攻西藏地方军队，占据纳汤。5月，藏军反击未能取胜。9月，双方又一次展开战斗，英军占领咱利、亚东（老亚东）、

---

① 丁宝桢：《西藏与英人通商请慎之于始折》，《清季外交史料》第62卷，第18、21页。

② 丁宝桢：《英人窥伺后藏豫为筹备片》，《丁文诚公奏稿》第25卷，第21页。

③ 奕䜣等：《议复丁宝桢奏英人西藏探路用意狡谲情形折》，《清季外交史料》第12卷，第34页。

④ 引自牙含章编著《达赖喇嘛传》，第84页。

⑤ 奕劻等：《与英使订立缅甸条约折》，《清季外交史料》第67卷，第26页。

朗热、春丕等村，旋即退出。西藏地方军队驻扎于仁进岗（在狄里以南三站）一带相峙。1841 年、1855 年英国两次发动武装侵入西藏，分别由锡克人、尼泊尔人出面。这次是英国自己出马，是又一次英国侵略中国的战争。

1886 年马科蕾“使团”集结大吉岭，待命出动。西藏地方军队作为防御措施，驻扎隆吐山。英国后来放弃马科蕾使团计划，西藏地方政府便决定在隆吐山只留兵役百余名，自守疆界。[①] 同年 12 月，英国公使华尔身突然到总理衙门，指责西藏当局在边界外距大吉岭相近百里地方建立炮台，意在阻止通商。[②] 第二年又硬说西藏兵丁越界至哲孟雄地方，要挟清政府下令撤走。否则英印殖民当局便要“调兵驱逐出境”[③]。照英国的说法，隆吐山变成哲孟雄的地方。西藏地方政府反复指出：1794 年（乾隆五十九年），驻藏大臣和琳曾划定日纳（又作热纳）宗为中国的西藏与哲孟雄、布鲁克巴（不丹）交界之处。稍后，即嘉庆初年，第八世达赖喇嘛曾将日纳宗草场一段赏给哲孟雄部长（锡金大君），住牧经营，土地仍为西藏所领有，而隆吐山更在此地以北。当时中、哲之间并无任何争执，英国所以借端生事，是为了实现以武力打开中国西南大门和变哲孟雄为其殖民地。英军进入西藏的同时，侵占了哲孟雄首都扛多（甘托克），劫持哲孟雄部长，随后迫使哲孟雄受英国保护，完成了对它的全面控制。[④]

这一次战争暴露和加深了清朝中央和西藏地方在对英态度上的分歧。清政府屈服于英国的压力一再斥责和压抑西藏地方政府的反侵略措施，从 1887 年 10 月起，函电交驰，急如星火，严令驻藏大臣晓谕藏众僧俗：边衅一开，

---

① 西藏三大寺僧俗大众公禀：《辨明藏兵并未越界并呈递藏南形势图说》，《文硕奏牍》第 3 卷，第 36 页，载吴丰培辑《清季筹藏奏牍》第 1 册。又见西藏三大寺大众公禀《冀热勒、巴拉山及修理道路事均系英人砌词狡展》，《文硕奏牍》第 6 卷，第 13 页。

② 总署：《藏人建立炮台请谕禁》，载《文硕奏牍》第 2 卷，第 1 页。

③ 英国驻华公使致总理衙门照会，载《文硕奏牍》第 3 卷，第 5 页。

④ 英军进攻中国西藏边境时，另一路英军直抵扛多。哲孟雄部长仓卒逃到西藏春丕（这里有他的避暑地）。英军侵入春丕，将他劫持回扛多，强迫他承认哲孟雄受英国保护，遭到拒绝。英国另立亲英派康萨卓尼尔及颇当喇嘛。他们私出约据，满足英国要求。哲孟雄部长被强行移居于大吉岭辖区的库松。见怀德《锡金与不丹》（J. C. White，Sikhim and Bhutan，London，1909），第 20、25—26 页。

不可收拾[①]；无论是否藏境，速将隆吐兵房撤退[②]。西藏地方官员则认为“撤卡有同弃地”[③]。隆吐山为藏中门户，倘一退让，势如开门揖盗，必不能安居无扰。“不但我唐古特（即西藏）人众断不甘心，且于朝廷边防至计，亦必贻误不浅”。隆吐山撤去卡房兵役一事，无论如何，断不可行。[④]清政府不但阻止西藏地方军队抵抗英军入侵，并严禁由内地省份派驻西藏的军队卷入抗英斗争，强调外省军队驻藏无多，要严加约束，不许稍有干涉，致生枝节。西藏地方官员表示如果英国挑衅生事，惟有复仇抵御，实力拒绝。[⑤]西藏地方积极采取应战措施，一面增调兵丁，筹运军需，一面加强前线的指挥。四品仔琫多尔济仁增赴隆吐山办理边防，噶伦伊喜洛布汪曲统带全军。英军进犯，藏军一战失利，清政府竟幸灾乐祸，责备西藏当局“辱由自取”，传旨不要再执迷不悟，为出界复仇之举，[⑥]也就是说不准反击。官员中一些人，对英国血迹斑斑的侵略历史有若干认识，知道英人曾在印度一带地方每每侵占各部落民土，道光、咸丰年间起，又在哲孟雄、布鲁克巴所管地方多方设法侵占民土，“即如巨虫侵食小蚁一般”[⑦]。他们对于英国侵入西藏的阴谋也能识破，表示“纵有男绝女尽之忧，惟有实力禁阻，复仇抵御，决不容忍，毫无三思翻改，亦无一语变更”[⑧]。清政府不敢领导和支持地方的反侵略斗争，这时的驻藏大臣文硕却是一个具有爱国心的官员。他认为清政府违背民族利益的政策必然加深地方与中央的矛盾，给中国带来严重危害，积极领导和支持西藏地方抵御英国侵略的活动。但他受到清政府的严厉斥责，于1888年3月被免职，由帮办驻藏大臣升泰继任。

升泰忠实执行清政府的卖国政策，破坏西藏地方的抗敌斗争。1888年夏天，西藏地方军队与英军作战两次受挫后，人民中抗英气氛浓烈。他们接到征兵命令，远的数千里，近的数百里，都在帕克哩（帕里）取齐，短时间集

---

① 总署：《请亟谕藏番迅即撤回界外藏兵》，《文硕奏牍》第3卷，第4页。

② 总署：《致刘秉璋转咨驻藏大臣速撤藏兵电》，《清季外交史料》第74卷，第27页。

③ 文硕：《奉到电传谕旨驰述商上申覆情形请旨交议折》，《文硕奏牍》第5卷，第2页。

④ 西藏三大寺等公禀：《隆吐山撤卡断不可行》，《文硕奏牍》第4卷，第6页。

⑤ 见第穆呼图克图致驻藏大臣函，《文硕奏牍》第5卷，第8页。

⑥《旨寄刘秉璋英兵攻隆吐着转升泰令藏番撤兵电》，《清季外交史料》第75卷，第23页。

⑦ 西藏三大寺等公禀：《大吉岭新修炮台显系诬赖》，《文硕奏牍》第2卷，第8页。

⑧ 西藏三大寺等公禀：《隆吐山撤卡断不可行》，《文硕奏牍》第4卷，第6页。

结至一万四千余人，准备杀敌复仇。升泰以软硬兼施手段，瓦解斗志，扶植妥协派，打乱抗敌部署和计划。他笼络掌办商上事务的第穆呼图克图，要他把军队撤回帕里以内，又派江孜守备肖占先阻止在前线枕戈待旦的军队对敌军采取行动。升泰亲自出面责令统带藏军的伊喜洛布汪曲只准防守，按兵不动，"如违节制，立即严参"[①]。12 月中他到仁进岗，准备与英国代表谈判议和，强令守军由仁进岗后撤。军队撤营至灵马汤一带，分扎于深山树林之内，防止英军突然袭击。升泰仍不放心，说分扎深山，难保日子久了不泄露出去，转使英人有所借口，迭次派人催令全部撤退。1889 年 3 月起，前线军队分批遣散。那拉氏、奕譞、李鸿章、升泰等一批卖国贼，就这样坚决解除了本国的抗英武装，扫清了又一次向英国侵略者妥协投降的道路。

1888 年 12 月，升泰在中国、哲孟雄边境与英国代表保尔会晤，对方提出中国允许英国在哲孟雄境内的完全统治权，划定中哲边界，进入中国西藏贸易等七项条件[②]，并一再以重开战端，进攻西藏内地相恫吓，谈判没有结果。在赫德影响下，清政府竟然任命赫德之弟赫政充当升泰的助手和翻译，实际操纵一切。中英谈判成了两个英国人之间进行"谈判"的滑稽剧。哲孟雄部长的母亲率其亲族头人一再具文向升泰诚挚地表示"伊部长母子亲族实不愿投归英人"，要求"勿将哲境划出圣朝（按指中国）版图之外"，遭到升泰的冷漠对待。[③]1890 年 3 月，升泰到加尔各答与印度总督签订《藏印条约》，清政府承认"哲孟雄由英国保护督理"，划定中国与哲孟雄边界。1893 年 12 月，中英双方在大吉岭订立《藏印续约》，规定中国开亚东为商埠，自亚东设关之日起，五年内，印度与中国西藏地方间的贸易免税，西藏居民根据传统习惯在哲孟雄一些地方游牧的权利也被剥夺。1894 年亚东开放，英国长期以来从西藏地区打开中国大门的野心终于得逞。

英国发动侵略战争时，达赖十三世年幼，西藏地方政府由第穆呼图克图阿旺洛桑称勒拉普结任摄政。它支持和组织抗英斗争，起初发挥过积极作用。西藏地方上层统治者坚持闭关自守，特别强调西藏与外国人"性情教道全不

① 升泰：《奏陈赴边督饬停战撤兵折》，《升泰奏牍》第 1 卷，第 5 页，载《清季筹藏奏牍》第 2 册。在升泰压力下，西藏地方军队原定于 8 月 17 日和 22 日向英军发动攻击的计划被破坏。

② 七条全文见对外贸易部海关总署研究室编《中国海关与西藏问题》，第 85—86 页。

③ 升泰：《附奏布鲁克巴内附片》，《升泰奏牍》第 1 卷，第 26 页。

相同，实为冰炭”①。其根本出发点是保存地方的封建农奴制度，维持对西藏人民的残酷统治。农奴制所造成的经济、政治、军事各方面的落后状况不利于反侵略斗争。尤其地方反动统治者利用对外战争的机会，加重对藏族人民的压榨，差繁赋重，十室九空，广大群众的抗英力量，不能充分发挥，战争因而接二连三的遭到失败。上层统治集团对英国侵略者的态度于是发生分化。一部分人由动摇转向妥协，摄政第穆呼图克图在升泰的影响下，最先成为这种势力的代表。不久第穆又推荐达喇嘛伊喜批冲为代理噶伦，随同升泰到边界办事。伊喜批冲成了妥协势力的又一个代表。西藏地方政府内部抵抗和妥协两派的斗争，首先围绕是否“遵旨撤兵”问题展开。第穆、伊喜批冲等决心照清政府旨意撤兵。主张抵抗的僧俗官员出头拦阻，他们以三大寺为后盾，认为与英国讲和就是败坏黄教，声言要把妥协议和的人抛入藏江。②抵抗派言论很激烈，行动上却没有作为。升泰到边界谈判后，抵抗、妥协两派对是否接受英国七项条件的问题，又发生大争论。主张抵抗的人表示反对，逐项顶驳。伊喜批冲回拉萨，同反对派斗争，支持升泰投降外交的意见终于占了上风。在外国侵略者的兵威压迫下，西藏农奴主统治集团中一部分人迅速发生动摇，走向屈服，是不可避免的。升泰有意扶植这批人，加以支持，中央的妥协路线与当地的妥协势力一经合流，地方上主张继续抵抗的势力就被压抑了下去。清政府在这次战争中坚持对英投降，更加暴露了它的虚弱，受到西藏统治者的轻视，加重了地方的离心倾向。

西藏毗连新疆，沙俄对这个地区也久有侵略野心。俄国一些侵略分子在探险、“科学考察”、朝圣等名义掩护下，多次到西藏及其附近地方进行刺探活动。1870年以后，俄国军人普尔热瓦尔斯基率领所谓“调查团”，接连五次到我国西部地区活动。1879年，他们由柴达木进入西藏，一直进到距拉萨只有一百七十英里的地方，为西藏地方官员阻止，才被迫折回。1889年，俄国军人撇武撮伏（毕藻甫）和葛绒姆布切夫斯基（康穆才甫斯基）分别率领两个探险队经新疆南部和田一带企图入藏活动。同年与法国绷瓦罗一行闯入西藏的俄国侵略分子装着伪善的面貌，表示愿帮助西藏人民反抗英国的侵略。他们说我等此来，非欲不利于西藏。因俄国与英国世仇，我等不辞数万里远来，

① 西藏三大寺等公禀，见《文硕奏牍》第2卷，第16页。

② 升泰：《奏陈边事紧急折》，《升泰奏牍》第1卷，第14页。

是要替唐古忒出力复仇，保护疆土。不料反被阻拦，“实属辜负我国好意”。又说，“英国人最无信义，不久定有反复。我等去后，你们尽可与之决裂。如果你们再次打仗，我们即有兵来相助。你们缺乏军火，俄国必能接济”①。据日本人河口慧海报告，1889 年在拉萨三大寺及札什伦布进香、学习的布利亚特喇嘛，就多达一百五十人至二百人。②他们是由俄国从信仰喇嘛教的布利亚特蒙古族人中挑选出来，经过特务训练，以朝圣、学习的名义去西藏搜集情报的。沙俄极力想挤进西藏，以援助“抗英”为名进行活动，尤其阴险。

西藏地方统治集团中仇恨英国侵略的那一部分人中，开始产生与俄国通好以反对英国的倾向。1889 年升泰在一个奏折中说：风闻当地人们议论，我等本不欲与洋人交接，因为驻藏大臣奉旨办理边务，不敢不遵从。英国人现在早为了息则已，倘若再刁难，我等与其同有仇的英国人议和，莫如与无仇的俄人通好。③升泰的“风闻”，透露西藏上层分子对沙俄的幻想。他们平时统治和剥削西藏人民，与广大群众处于对立地位，因而没有力量。他们仇恨英国侵略者，但完全不了解沙俄也是侵略者，对它的凶恶面目毫不认识，幻想依靠它来对抗英国。这种拒虎迎狼的办法，包含极大的危险。他们的亲俄倾向只便利了沙俄对中国西藏施展种种阴谋活动。

（四）俄国、英国瓜分帕米尔地区。帕米尔地区位于中国领土的最西端。汉唐以来，中国历代政府一直在那里设官置守，行使主权。乾隆年间，清政府还在那里建立了用满、汉、维吾尔三种文字书写的石碑。十九世纪八九十年代，俄、英激烈争夺中亚，帕米尔成了双方矛盾的焦点。沙俄从七十年代起，就垂涎这个地区，八十年代多次派人潜入活动，1891 年夏和 1892 年夏，两次派军队侵占帕米尔，扩展对中国新疆、西藏的侵略。在俄国军队第一次侵入帕米尔之后，英国侵占了坎巨提（即乾竺特，又名棍杂）和那格尔两个小国，控制了克什米尔通帕米尔的要隘。坎巨提是中国邻邦，与清政府有一百多年的交往，英国占有其国，废逐国王，坎巨提向中国求援。1893 年 9 月，清政府派员参加英国扶立的新王即位典礼，等于默认了英国对坎巨提的实际控制。

沙俄侵略者一贯采取先军事侵占，后外交讹诈的惯技。在造成占地的既

---

① 升泰：《请预防俄人勾结藏番私相馈赠折》，《清季外交史料》第 83 卷，第 30 页。

② 河口慧海：《西藏旅行记》下卷，东京，1904 年版，第 169 页。

③ 升泰：《奏陈印兵已撤英官会议羁延请促英使电催印督迅速会议折》，《升泰奏牍》第 2 卷，第 17 页。

成事实以后，沙俄政府于 1892 年 11 月向清政府提出帕米尔划界问题，要求清政府同意从乌孜别里起先向东，再向南，以萨雷阔勒岭为中俄两国的边界线。这是对 1984 年《中俄续勘喀什噶尔界约》的破坏。“喀约”划定了到乌孜别里山口为止的国界，乌孜别里以南的边界没有具体划分，但对这一段未定界地带的走向作出了原则规定。自乌孜别里山口起，“俄国界线转向西南，中国界线一直往南”。清政府驳斥了沙俄的无理要求，坚持帕米尔划界必须“以喀约为依据”。驻俄公使许景澄、驻法参赞庆常同沙俄政府经历了一年多的交涉，一次又一次地拟出对俄让步的分界办法，均为俄国所拒绝。1894 年 4 月，俄国决定中止谈判，提出争议地区，暂时维持现状，双方军队各扎原处，不得前进，分界问题留待以后解决。目的在稳定俄国帕米尔已取得的有利地位，强迫清政府承认它非法侵占帕米尔的事实。清政府无可奈何，被迫同意沙俄的建议，同时声明：在采取上述措施时，并不意味着放弃中国对于目前由中国军队所占领以外的帕米尔领土的权利。它认为应保持此项以 1884 年界约为根据的权利，直到达成一个满意的谅解为止。乌孜别里山口以南的帕米尔一带中俄未定界于是作为悬案而遗留下来。1895 年 3 月，沙俄不顾信义，背着清政府与英国订立协议，把萨雷阔勒岭以西的帕米尔，偷偷地私分了。俄、英帝国主义通过这个协议划定各自的势力范围，从而缓和了它们在中亚的尖锐对立。中国领土帕米尔就这样被分割走了。

中法停战协定实施后，法国侵略军自基隆、澎湖撤走。清政府从台湾多次遭到外国资本主义侵略的历史中，认识到这个地区在国防上的重要性。它以前总认为台湾“乱自内生，鲜有外至”，现在开始改为以防止外来侵略为重点的治理方针。早在 1874 年日军侵台事件结束后，清政府就解除了内地人民前往台湾的一切禁例，并着手在当地进行一些国防建设。1877 年侍郎袁保恒奏请福建巡抚改为台湾巡抚，以加强对台湾的管理。他指出台湾物产丰富，各国窥伺，防不胜防，改设巡抚，常川驻守，治理方能得力。中法战争期间，清政府任命刘铭传为福建巡抚，驻扎台湾，督办防务。法军撤退后，刘铭传向清政府建议：台湾为东南七省门户，各国无不垂涎，后患方殷，设防、练兵，均须次第筹办。清政府于 1885 年 10 月决定建台湾为行省，以刘铭传为巡抚，在彰化境内设立省城。

台湾建省后的几年内，以巩固国防为主的建设，有以下各项：

增设州县，增强澎湖、台东防卫力量。建立台湾府、台东直隶州、台湾、云林、苗栗等三县。台湾府治改设全台适中地点彰化桥子图地方，原台湾府改台南府，台东直隶州州治设卑南地方，分彰化东北境为台湾县，原台湾县改为安平县，分彰化南境、嘉义东境为云林县，分新竹西南境为苗栗县，分卑南水尾以北为花莲厅。经过划分调整，台湾省共三府、一州、十一县、二厅，地方建制粗具规模。澎湖是福建、台湾间的枢纽，地位重要。以前设副将一员，遇事要请命于台湾镇、道，贻误时机。改澎湖协为镇，设总兵一员，驻军三四千人。安平县过去有水师协标中营、右营，现改为台南陆路中营、右营，移驻台东。中营设副将一员，右营设都司一员，驻军千余名。调整后，改变了台东只有区、段碉堡，并无正规军驻守的状况，充实了防卫力量。

筑台购炮。1874 年侵台日军撤走后，沈葆桢鉴于外国侵略者一再在台湾南部登陆，决定在安平、旗后、东港等地修建炮台。中法战争时，因为有这些炮台，法军不敢进犯台南。台湾建省以后，澎湖、基隆、沪尾、旗后各新修炮台，安平旧炮台修葺加固。清政府拨款六十四万余两，购新式后膛钢炮三十一尊。澎湖新建炮台四座，设炮十七尊。基隆、沪尾，新建炮台各两座，旗后一座，各设新炮。这些炮台费巨工大，士兵参加修筑，历时两年完成。妈宫地方，也新筑澎湖厅城。可惜甲午战争中，这些大力修建、购置的台、炮，没有起打击侵略者、保卫国土的作用。

架设电线。刘铭传在《购办水陆电线折》中说，台湾一岛，孤悬海外，往来文报，常受风涛阻滞。敷设水陆电线，为万不可缓的急务。1886 年，台北设电报总局，筹办水线陆线。台南至安平和台南至旗后陆线，那时已经完成，长九十五里。1887 年，台北至基隆，台北至沪尾线完工。第二年台北至台南陆线接通，水线分两路，一自沪尾至福州川石，一自澎湖至安平，1887、1888 年先后完工。自此台湾省内省外瞬息相通了。

修建铁路。台湾筑铁路以前，全国只有唐山到胥各庄间的唐胥运煤铁路，全长十八里，1879 年通车。台湾建省以后，刘铭传竭力主张修建铁路，贯通台北、台南之间。他认为修建台湾铁路，不但可以繁兴商务，鼓舞新机，而且调兵迅速，对防务好处很大。中法战争时，淮军聂士成部渡海增援台湾，冲破法军封锁，在台东的卑南登陆。因山川阻隔，道路难行，一个月才赶到台北。刘铭传回顾当时调兵的困难情况，指出台疆四面滨海，防不胜防。有了铁路才能骨节灵通，首尾呼应。其中利害，非身任大难，不易了解。1887 年台湾铁路总局成立，积极募集商股，两个月内筹得股金七十万两。同年 8 月由台北向基隆开始筑路，几个月后，又由台北向南修筑。驻军参加修路工程。台北至基隆铁路长六十里，1891 年通车。台北至新竹铁路长一百二十五里，1893 年完成通车。台湾铁路不但是中国最早的铁路之一，而且是中国自己集资修建的，工程师大部分是中国人。中国人民在早期祖国铁路建设中，表现了杰出的才能。

设立机器局、火药局、军械局。中法战争时，台湾先后购买后膛枪万余杆，各种子弹依靠外来供给。1885 年，刘铭传一面购买制造弹药机器，一面在台北建造机器局，自制枪弹。第二年机器局、军械所建成，又兴办制造炮弹的大机器局，另外在台北设火药局。战争期间被破坏的基隆煤矿也逐渐修复。

台湾建省以后，在台北开办新学堂，1887 年设西学堂，教授算学、理化、测绘等学科。1890 年又设电报学堂，专收西学堂及福建船政学堂学生，培养技术人才。在台北、大科崁等地，设立培养高山族青年的学校。1889 年刘铭传报告说："近年以来，文风蒸蒸日盛。"[①] 台湾地区的文化教育和经济一样，与大陆是一体的，有相当基础，经过提倡，有了一些发展。

台湾上述各方面的建设，或者直接增强了台湾的防务，或者有利于台湾地区社会生产力的提高。到九十年代初，台湾的国防建设已有相当的规模，它是沿海各省中发展较快的一个省份。

---

①《恭报南北考试完竣折》，《刘壮肃公奏议》第 6 卷，第 18 页。

第五章　中国社会经济的半殖民地化。发展中的资产阶级改良主义思想

第一节　外国经济侵略的深入，买办阶级实力滋长

中国由封建社会变为半殖民地半封建社会，起点是在鸦片战争。但半殖民地半封建统治秩序的形成，有一个必经的过程。中国的社会经济，明显地表现出了半殖民地化，是在六十年代以后，即在天津、北京条约以后的三十几年里。

中国变为西方的商品倾销地和原料供应地

六七十年代，西方早已完成产业革命。苏伊士运河的通航缩短了伦敦至上海的四分之一的航程，远东航线上轮船的大量使用，欧洲和中国间海底电报线的接通等等，都大为便利了西方各国向中国倾销商品、掠夺原料的活动。八十年代前后，进口的洋货像洪水泛滥一样，浸向中国各地。输华商品的增长反过来又增强了外国侵略者掠取中国农副产品的能力。九十年代初，中国对外开放的通商口岸三十多处，遍布于沿海、长江两岸和西北、西南的甘肃、新疆、蒙古、西藏、云南、广西等省区。这些口岸是外国资本家控制中国经济的基地和据点，又是他们在中国推销商品和掠夺原料的枢纽站。大量鸦片和洋货，从外国运到那里，然后向广大内地推销。从各地低价收购的农副产品，也先聚集到商埠，然后掠运出国。

四五十年代，外国进口货值每年多的约合后来海关计值单位（即海关两）二千八九百万两，少的约合二千万两。中国农副产品出口值，每年多的约合二千三四百万两，少的约合一千六百万两。进出口合计，每年多的五千余万

两，少的三千数百万两。[①] 到六七十年代，进出口货值都迅速增至六七千万两，有的年份甚至达到八千万两以上，进出口货值合计经常达一亿三四千万两，有的年份达一亿五千万两以上，比四五十年代增长两三倍。[②] 再加上商品价格的逐渐降低，实际货量的增长当在四五倍以上。[③] 到九十年代上半期，进口货值增至一亿二三千万两至一亿五六千万两，出口货值增至一亿两至一亿二千余万两，进出口货值合计增至二亿三四千万两至二亿九千万两，又比六七十年代增长一倍左右，比四五十年代增长五六倍。加上商品价格降低，实际货量当比四五十年代增长十倍以上。在四五十年代，中国的对外贸易每年即有四五百万两的入超差额。到六七十年代，除了某些年份有过数百万两至一千万两的出超外，大部分年份仍旧入超，数额自数百万两至一千七百余万两。自 1877 年以后，不再出现出超，入超数额逐步加大。八十年代上半期每年入超数百万两至二千余万两，到九十年代上半期，每年入超竟达三四千万两，约当这时期海关每年税收（二千一二百万至二千三百余万两）的一倍半以上，数目之巨，比重之大，实足骇人。每年一亿数千万两至两亿数千万两的进出口贸易、庞大的入超差额，日益猛烈地冲击中国社会经济。

进口货中，鸦片居于大宗，每年六七万担至八万余担，价值二三千万两以上。由于中国国内大量种植，鸦片在整个进口货中的比重逐年降低。但对于中国社会经济、人民生活，仍是很大的危害。

棉纺织品的输入增长很快，影响也最大。棉布的进口，在六十年代前半期，大约每年有一二百万匹至三四百万匹，价值五六百万两至千余万两。[④] 七十年代下半期，每年增至一千万匹，价值一千八百万两。八十年代末九十年代初再增至一千七百万匹，价值二千八九百万两。三十年间，货量增长三四倍至六七倍，价值增加二三倍至四五倍。棉纱进口增长的速度尤快。六十年代下半期，每年不过数万担，价值一百四五十万两，七十年代下半期至十余万担，价值

---

① 参据姚贤镐《中国近代对外贸易史资料》第 1 册第 518、522、526、511、637—638、654、665 等页折估。折估办法：1 元 = 英镑 4 先令 2—4 便士，1 两 =1.39 元，1 海关两 =1.114 两。

②《海关贸易报告册》。以下进出口数字皆同此，不再另行注明。货值单位是海关两，以下对外贸易数字皆同。

③ 据姚贤镐《中国近代对外贸易史资料》第 3 册第 1641 页推估。

④ 根据班恩德编《最近百年中国对外贸易史》第 119 页所载上海进口货物价值及 1867 年起全国进口货物量值估算。

二三百万两。而到九十年代上期，每年平均进口数量猛增至一百一二十万担，价值二千余万两。三十年间，棉纱进口数量增长二十余倍，价值增长十二三倍。

进口棉纱、棉布价格低廉，使它能够打开中国市场。在四五十年代，洋布虽然已在富裕阶层和城市商业人口中开始销行，但不为劳动人民所喜爱，很少有人买来穿用。到六七十年代，便因价格低廉，一年一年地流行起来。“中国农民开始发现这个外国货物比他自己的〖土布〗便宜得多，在某种程度内，抵补了不耐用的〖缺点〗”[①]。于是，“从未着用洋布的人们开始着用洋布”[②]了。同样，洋纱在四十年代进口时，民间既不喜用，布庄也不愿收购掺用洋纱的土布。但到六七十年代，情形大变。1868 年厦门即有报告说：洋纱的价格和棉花的价格比较起来，显得非常便宜，用洋纱织布比用中国人自纺的纱合算。就质量和价格说，小贩宁愿购买洋纱。[③]1883 年上海的报告更说：棉纱消费的巨大增长是一个值得注意的重要现象。不仅上海邻近地区如此，全中国也都如此，每一个商店的货架上都可看到英国的棉纱。[④]这些记载有的无疑过于夸大，但也无疑地表明外国的棉纱、棉布终于凭借价格低廉这个优势条件，在中国大量推销开来。

每年进口千万匹以上的洋布和数十、百万担的洋纱，足够好几千万人每人每年做一套新衣服。这迫使在耕织结合基础上的农村手工纺织业大批破产。有的停纺停织，有的减纺减织。广东某些地区，早在五六十年代，即已“女工几停其半”[⑤]。江苏也从六七十年代起，土布生产“逐渐稀少，又十年而通都大邑竟至绝迹”[⑥]。《申报》记载：本来盛产土布的南通，冬天，各布行纷纷停歇，乡人贸布每匹赢钱五六文，不足补纺织的费用，饥寒之余，流离道路。[⑦]在山东，八十年代，烟台附近一带手工纺织业“几乎全部停歇”[⑧]。

①《英国驻华各口领事报告》，1871 年，汉口，第 34 页。

②《英国驻华各口领事报告》，1867 年，九江口，第 4 页。

③《海关贸易报告册》，1868 年，厦门口，第 70—71 页。

④《英国驻华各口领事报告》，1883 年，上海口，第 226 页。

⑤《顺德县志》（咸丰三年）第 3 卷，兴地志，物产，第 45 页；《番禺县志》（同治十年）第 7 卷，兴地五，物产，第 1 页。

⑥《中外日报》光绪二十四年八月十五日论说：《书徐侍御请减土布落地厘捐后》。

⑦《申报》1884 年 4 月 1 日。

⑧《海关贸易报告》，1887 年，烟台口，第 43 页。

九十年代，不仅江南，广州附近等处已经造成“乡间几无自弹自纺之纱”①，“至觅一纺纱器具而不可得”②，甚至像贵州的黄草坝、新城这样内地偏僻的地方，也发生过以前不可少的纺车，都摆在一边，布满着灰尘，被遗弃了③。到八九十年代，东起沿海，西南至云南、贵州、四川，南至海南岛，北至直隶、山东、河南，无不有大批停纺停织的情形。与这同时，农村纺织业又被迫掺用洋纱织造土布。《庐陵县志》记载：九十年代，“纺车朽蠹，而机杼不减于旧，盖织布者市洋纱为之，贫妇计段责值而已。其缕不出于女红，纺废织存，妇织日堕，斯则外货之为害也”④。农民停织停纺和掺用洋纱织造土布，造成进口纱布对市场的控制和农村手工织布业对进口洋纱的依赖。

洋钢洋铁进口也占相当地位。中国钢铁冶炼手工业有两三千年的历史，技艺精湛，是全国重要的手工业部门，外国钢铁最初进口时，人们嫌其质量不好，不愿使用，有的地方还禁止洋钢洋铁入境。⑤六七十年代以后，终因洋铁价格较廉，形式便利，较易加工，人们逐渐弃土铁而用洋铁。⑥这时一般每年进口钢铁二十万担上下，价值五六十万两左右。到八九十年代，迅速增至每年进口一百多万担，价值二百多万两。1891年最高达一百七十余万担，价值三百一十余万两。二三十年间，货量平均增长五六倍，货值平均增长四五倍。土钢土铁抵不过洋钢洋铁价格低廉的竞争，销路逐渐缩减，大批冶炼坊场先后停闭。著名的“楚粤铁商”，七十年代已经“十散其九”⑦。芜湖钢坊在五六十年代已从过去的数十家减少为十四家，到八十年代只剩一家，勉强维持到九十年代，终至最后停闭，从此绝迹。供给南北数省大量生铁的山西晋城一带炼铁手工业，在七十年代也因洋铁竞争，销路局限于中国北部，又

---

①《申报》论说：《利国宜广制造论》，1895年9月19日。

② 邬庆时：《番禺末业志》第4卷，工商业，第5页。梁鼎芬：《番禺县续志》第12卷，实业志，工商业，第36页。

③《布尔克本商会访华代表团报告书》，1896—1897年，见彭泽益《中国近代手工业史资料》第2卷，第214页。

④ 曾灿材：宣统《庐陵县志》第4卷，第14页。

⑤《海关贸易报告册》，1888年，天津口，第19页；1889年，温州口，第68页。

⑥ 参见《海关贸易报告册》，1877年，宁波口，第121页；1869年，烟台口，第14页；1873年，烟台口，第18页；1868年，汕头口，第85页。

⑦ 李鸿章：《筹议制造轮船未可裁撤折》（同治十一年五月十五日），《李文忠公全书》奏稿，第19卷，第49页。

加连年大旱，炼铁炉数顿减大半，逐步衰落下去。

火柴是中国以前不生产的物品，进口数目从六十年代后期的一二十万罗，价值十万两左右，到九十年代上期增至五六百万罗，价值一百五六十万两。它的使用一年比一年普遍，在大部城市侵夺了火石和铁片的地位。[①] 煤油在七十年代初尚属仅见之物[②]，“不过好奇者用之”[③]。八十年代初，人们多喜其值贱适用，每年进口货值四五十万两。十年以后，至1894年，竟然猛增至近七千万加仑，价值八百万两。不但中国蜡烛受其排挤，不少地方植物油的销路也因而减去很多。至于像糖类这样本来大量被外国商人掠运出口的货物，也因外国机制糖的倾销，到1894年，进口一百八十万担，价值九百五十万两，成了鸦片、棉纱布以外的进口大宗。不少地方，洋糖盛行，土糖碍销，糖行多有亏折歇业。

洋布、洋纱、洋钢、火柴、石油、洋糖等产品进口猛烈增长，逐渐改变了中国进口商品的构成。以前外国进口的货物主要是鸦片和棉布，而鸦片一项又占百分之五十以上至百分之七十左右。[④] 到六十年代后期仍占百分之四十，八十年代上半期下降至百分之三十几，九十年代上半期再降至百分之二十一。这时它虽然在货值上仍是最大的一项进口货物，但已不再是外国抵补进出口差额的唯一手段了。棉织品的货值数目有很大增长，在进口货物总值中的比重则逐渐降低，从六十年代后期占百分之二十五，到八十年代上半期降为百分之二十三，九十年代上半期再降为百分之二十。棉纱的情况不同，货值数目和所占比重，皆有猛烈增长，由占百分之二点四，连续上升为百分之六、百分之十四。钢铁、火柴、煤油、糖类四项合计，原来只占百分之二，也在同期中连续上升为百分之四、百分之十，1894年更占百分之十四。进口货物构成的变化，表明随着西方资本主义的发展，逐渐从以旧的商业贩运特别是贩运毒品为主，转入以推销近代机器工业产品为主。棉纱和钢铁等半成品进口的猛烈增长，使外国经济侵略势力深入到与广大人民生活最密切的一些手工业部门。中国至此已经日益加深地沦为外国工业产品的销售市场。

进口货物中，还有非常大的一宗、而且通常不见于海关报告的特殊商

---

① 《海关贸易报告册》，1871年，宁波口，第136页。

② 《通商各关华洋贸易总册》，光绪二十年，厦门口，第86页。

③ 同上，第63页。

④ 参见姚贤镐《中国近代对外贸易史资料》第1册，第521、522、523、526页。

品——军火。从太平天国战争期间起，西方就通过清政府把中国变为倾销军火的大市场。六十年代到1894年的三十几年里，经过军火贸易，西方资产阶级掠夺走的中国人民的血汗钱，现在还无法作出统计。

出口货物中，丝、茶仍是大宗，但增长缓慢，而且比重逐步下降。四五十年代，丝、茶合计，占出口货值总额的百分之九十五以上。①六十年代后期，生丝每年平均出口约五万担，到九十年代上半期始增至约十万担左右。出口价值在同期间仅从一千八百余万两增至二千五百余万两，只上升五分之二。茶叶的出口，在六十年代后期，平均每年已有一百四十余万担，价值三千二百余万两。到九十年代上半期，每年平均出口一百七十余万担，仅值二千九百余万两。与六十年代后期相比，出口货物增加约三十万担，货价反而减少约三百万两。

糖类与丝、茶相似，六十年代末，每年平均出口糖十万担，价值四十万两，七八十年代曾增至一百多万担，价值三百多万两。九十年代上半期，又降为七八十万担，价值平均二百四十万两，在出口货物总值中所占的比重，从百分之四五下降为百分之二。

棉花和另一些农作物的出口则迅速增长，棉花一项尤为突出。原来在六十年代后期，平均每年进口棉花二三十万担，价值四五百万两，出口棉花四万余担，价值不到七十万两。此后即开始发生转变。九十年代上半期，进口棉花下降到四五万担，价值五六十万两，出口棉花猛然增至七十余万担，价值七百余万两。出口超过进口十余倍。它在出口货值中的比重，从六七十年代的约百分之一，到1894年迅增至百分之五点七。豆类、烟叶及菜类、果类各项，也都从原来仅有少量出口，到1893年，分别增长到价值百余万两或八九十万两，合占出口货值总额的百分之四点八。毛类一项，也从六十年代仅有微不足道的出口数额，几乎每年有增长，到1894年逐渐增至二百六十余万两。以上这六项纯粹农产和原料性质的货物出口，在1894年共值一千五百万两，占出口货值总额的百分之十一以上。

农产品出口种类和数额的增多，促使多种农产品进一步商品化，经济作物种植面积扩大，丝、茶本来就是商业性质的农副生产，从四十年代外国侵入后，桑蚕和茶树的种养即已迅速扩大。像台湾淡水附近，据说七十年代“随

① 参见姚贤镐《中国近代对外贸易史资料》第1册，第526页等。

处都可见到中国人拔掉他们的甘薯，有些地方甚至拔掉价值较小的蓝靛，改种茶树”[①]。湖南平江等地，这时“凡山谷间，向种红薯之处悉以种茶”[②]。六七十年代，这种情形在长江流域及东南沿海省份并不罕见。直至八十年代由于国外茶叶的竞争和外国商人的操纵，中国茶业大受败坏，种茶面积才又缩小。[③]种桑养蚕事业随着生丝出口不断增多和近代机器缫丝工业的兴起，继续发展。如江苏省江阴一带，本来土布业发达，不事蚕桑。洋商至内地设行收购丝茧，乡人获利，育蚕者骤增。几年功夫，“境内每岁售茧所获逾百万金，且递增不已”[④]。无锡等地种桑养蚕事业的兴起，与此相类。六七十年代以后，以前有些不种桑养蚕的地区，现在也有人推广养蚕。棉花的种植，以前除了自纺自织，主要供应本地狭小市场，面积有限。现在迅速扩大了。例如南通地区，素产棉花，每年外销值百数十万两，洋商又购华棉与美棉、印棉掺用，出布甚佳，南通花市更加兴盛，每年交易额增至数百万两。[⑤]宁波地区也由于日本棉纺织厂对中国棉花不断增长的需求，促成了棉花种植的扩大。

自给自足的自然经济解体和农产品的商品化，是历史前进过程中迟早要发生的，什么力量也阻挡不了的。现在的情况是，这种解体和商品化，是由外国资本主义经济侵略深入所造成，它并没有、也不可能使中国农业经济走上新的繁荣的道路。农产品出口的种类和数额的日益增多，没有换来出口货值的相应的增长。出口货品价格的猛烈跌落，造成出口货值的增长落后于出口货量的增长，而且由于出口货物价格的跌落远远大于进口货物价格降低的幅度，造成并大大拉开了进出口贸易的逆差即入超的数额。根据海关贸易报告，1867—1894 年一些年份的进出口商品价格变动指明：出口货物价格的跌落经常比进口货物价格降低的幅度大百分之十几至二十几，要用值一百十几两乃至一百二十几两的出口货物，才能换回值一百两的进口货物。无形中进口货值对出口货值上涨了百分之十几至二十几。反过来，外国从中国输出农产品和原料，则以出口货物价格跌落的同等的比例，得到额外的利益。外国就是这样在中国倾销商品，掠夺原料的。一进一出，两面都是杀人的刀口。

---

①《英国驻华各口领事报告》,1874 年，淡水，基隆，第 112 页。

② 李元度等:《平江县志》(同治十三年)第 20 卷，物产，第 3 页。

③ 李文治:《中国近代农业史资料》第 1 辑，第 444—452 页。

④ 夏孙桐:《族祖涤初先生家传》,《观所尚斋文存》第 7 卷，第 14 页。

⑤ 朱祖荣:《通属种棉述略》,《农学报》第 17 期，光绪二十三年十二月止。

五十年代有个侵略分子傲慢地写道："工业对于我们是必要的，而中国的特权是从事原料生产。……让他们在那广袤的平原上取得丰裕劳动报酬，从事他们的大米、玉米、小麦、豆类、棉花和丝的生产吧。让他们在那些温暖的高原上栽种他们的茶叶吧。……我们的卑微任务是把中国的农产品做成制造品；供给某些地区他们爱吃而又感到不足的粮食，并供给中国下层驯民的蓝布衣着。这是这两个国家的真正利益所在。"[①] 工业西方，农业中国，把中国变成西方资本主义国家工业产品的倾销地和廉价农产原料的供应地，通过不等价交换掠夺中国人民，正是侵略者长期压榨中国人民的主要内容之一。十九世纪下半期，他们通过战争和不平等条约，终于逐步得逞了。但这只是外国侵略者的真正利益，却不是中国的利益，而是中国人民的灾难。

外国在中国某些经济领域中建立起垄断地位

中国开放广州、上海等五口为商埠以后，最早的一批外国商行、轮船公司、码头、银行、保险公司和工厂就在那里设立。后来外国企业不断增加。七十年代上半期已有三百四十余家，洋商三千多人，到九十年代上半期增至五百数十家，洋商九千数百人。[②] 商人数目的增长大大超过企业数目的增加，表明外国在华企业规模日趋扩大。

英国侵略中国的历史最长，在中国的经济势力也最大。它在中国的商号数目，七十年代到九十年代上半期，从二百一二十家增至三百五六十家，商人从一千五六百人增至三四千人，分别占总数的百分之六十几和百分之四五十。当时外国在华各个经济部门的最大企业，都属英国人所有，或归他们所掌握。有名的怡和洋行资格最老，分行遍布中国大多数商埠，不仅经营着最大的进出口贸易，而且是外国在中国最大的投资机构。它通过投资新设和加入大量资本，到九十年代上半期，先后掌握了十多个大企业。其中有最大的造船厂、码头仓库公司，居第二位的大轮船公司，以及保险公司、地产公司、电灯公司、糖厂、丝厂等等。这些企业的总资产，达数千万两。同时它又是最早对

---

① 库克（G.W.Cooke）：《中国》，《"泰晤士报"中国特约通信，1857—1858》（"The Times" Special Correspondence From China in the year 1857—1858），第 189 页，见彭泽益《中国近代手工业史资料》第 1 卷，第 509 页。

② 历年《海关贸易报告册》。以下有关数字同。

清政府贷款的外国公司之一，是银行以外对清政府贷款最多的外国洋行。仅1885年一笔“神机营借款”就有五百万两。[①] 太古洋行的历史比怡和洋行短（1866年创办），但由于背后有利物浦、格拉斯哥等处财团的支持，在二三十年间，也迅速发展成为拥有在华最大的轮船公司及保险公司、糖厂等几个大企业的巨大经济侵略机构。沙逊洋行是外国在中国的最大的鸦片商和地产主，并拥有自营的轮船公司。仁记洋行除拥有地产、保险等公司外，也有专门代理的轮船公司。这些洋行在其他许多企业中也都有大量投资。

美国在中国的侵略势力原来仅次于英国。美商旗昌洋行、同孚洋行、琼记洋行等都极为活跃。旗昌洋行在六七十年代曾经拥有过当时外国在中国的最大的轮船公司，垄断过长江和华北沿海的航运。其后由于这些洋行的老板把从中国掠夺到的资金大量抽回本国使用，它们先后从中国撤退。

法、俄两国同是侵略中国较早的国家，但它们在中国的经济势力始终不抵英、美。俄国重在侵夺中国西北和东北一带的领土，所以在这些地方的经济势力较大。

德国和日本在中国的经济势力崛起在后，膨胀很快，反映出世界资本主义进入帝国主义阶段的不平衡发展的特点。六十年代，德国在中国开设的商号约二三十家，有商人二三百人。九十年代上半期，商号增至八十余家，商人达七百余人。其中礼和、禅臣、美最时、瑞记等四大洋行，已发展成为外国在华的最大一类商行。与贸易活动同时并行的，是对中国大量的军火销售。在这方面，一开始，德国就处于同英国竞争的对手的地位。日本在1873年才在中国开设第一家商号，八十年代才有明显增加，但到九十年代上半期便增至四十余家，人员超过千人。最大的三井洋行不仅是巨大的经济侵略机构，也是搜集中国各方面情报，为扩大侵略准备条件的总侦察站。

各主要侵略国家在华经济势力的猛烈扩张，使它们在中国的一些经济部门建立起垄断地位。这些部门有进出口贸易、航运、银行和某些制造业。

进出口贸易最早为外国所垄断。其中英国控制着中国百分之八九十的进口贸易和百分之六七十至八十几的出口贸易，进出口贸易总额从近一亿两逐渐增至二亿数百万两。后来由于其他各国的竞争，所占比重有所降低，但到九十年代上半期，仍然控制着中国百分之八十以上的进口贸易和百分之五十

① 徐义生：《中国近代外债史统计资料》，第4—11页。

以上的出口贸易。中国在进出口贸易中完全仰赖外人鼻息。这是半殖民地经济最早的表现之一。

轮船航运业是外国在中国初期资本输出的一个经济部门。从四十年代起，就有一些洋行各备吨位不大的轮船，航行于中国东南沿海和香港、广州、澳门之间。1845年英国大英火轮船公司开设锡兰（今斯里兰卡）至香港的定期航线，1849年又延长到上海。这是外国轮船公司在中国开设的第一条定期航线。1858年外国从《天津条约》夺得华北沿海和长江的航行权，各国竞相把轮船驶进中国水域。六十年代以后，美商旗昌轮船公司、英商公正轮船公司、北清轮船公司、华海轮船公司、得忌利士轮船公司、省港澳轮船公司，以及太古洋行的“中国海船”（China Coasters）与德商禅臣洋行等等，则更在中国沿海和长江从事长年的定期航行。外国的一些远洋轮船公司，像英国的阿家公司（Apcar）、贺尔特公司（Holt，俗称蓝烟囱公司）、英印轮船公司、昌兴轮船公司，法国的法国邮船公司，美国的花旗邮船公司，日本的日本邮船会社，德国的北德轮船公司等，都先后开设经由中国的远洋航线。据不完全记载，从四十年代到九十年代上半期，先后约有二十家外国远洋轮船公司通航中国，有五十家以上的外国洋行在中国经营过轮船航运，外国商人先后在中国设立过二十来个轮船公司。其中一部分停闭，但九十年代上半期，仍有十五家以上的外国轮船公司和洋行在中国经营远洋和近海航运，有近二十家外国在华轮船公司和洋行轮船航行中国沿海和内河。

外国在中国的航运企业，不但数目多，而且规模大。例如美国的旗昌轮船公司就曾拥有三百多万两资产，十九只轮船，总吨数达二万七千余吨。它不仅一度独霸长江和上海、宁波间的运输，并且与英国轮船合作，垄断上海至天津的商运。太古轮船公司和怡和轮船公司，到1894年分别拥有二十九只轮船、三万四千五百余净吨（约合总吨五万二千五百余吨）和二十二只轮船、二万三千九百余净吨（约合三万六千六百余总吨），超过招商局的二十六只轮船，二万三千二百余净吨（三万五千四百余总吨），把后者变成它们垄断中国沿海和长江航运的小伙伴。此外，英商得忌利士轮船公司垄断着华南沿海航运业，省港澳轮船公司垄断珠江下游的航运业，俄国在1871年和1892年先后设立的黑龙江轮船公司和黑龙江贸易轮船公司，垄断着黑龙江和乌苏里江的航运。到九十年代上半期，中国的沿海航线和主要的内河航线，几乎全部都在外国轮船公司的牢固掌握之中。

轮船航运业被外国垄断的结果使中国的远洋和近海的轮船航运长期微不足道，旧式航运业大批破产。六十年代，福建沿海各处的华商帆船已经减去不止一半，“昔之海坳有船数十者，近则只存数号”①。宁波、上海间航行的宁波华商旧式帆船，竟至完全绝迹，本地商人被迫把他们的货物送交外国轮船和洋式中国帆船运输。历来航行华北各处的上海沙、卫等船，到七十年代初，也从原来的三千余只，猛减至不过二三百只。②天津开埠十年，附近津、宁海船，“折卖大半，现存不过二百只”③。在长江，由于“轮船通航，数千艘帆船遂被逐入支流”，转而压迫以前航行支流的帆船。“民船生意日稀，凋零日甚”④，在死亡线上挣扎。

最初外国在华设立轮船公司，主要依赖华商的投资。旗昌轮船公司所以一时能够成为外国在华最大的轮船公司，就因为得到了华商的重大支持。它的二百万两资本，很大部分即由华商提供。这种情况后来改变了。

1871年太古洋行在伦敦创办中国航业公司，所有创办资本三十六万镑（约合一百二十三万上海两），几乎全部在英国募集，并在几个月内完成。少量股份在中国招收，也全为与太古洋行有关的英国人所投资。1883年增资为五十万镑，是来自合并太古洋行代理的“中国海船”，所有新股仍旧全属英国人所有。比太古轮船公司晚十年，由怡和洋行于1881年在伦敦创办的印中轮船公司，所有创办资本四十四万九千八百镑（约合一百七十五万上海两）中，有二十一万镑在英国募集。在中国募集的二十万镑，又由怡和洋行自己保留了一半。其他如英商麦边公司、德记洋行，德商德国轮船航业局、捷成洋行，俄商黑龙江轮船公司、黑龙江贸易轮船公司等等，也都全由外国资本所创办。外国资产阶级在航运业这个领域，已经主要依靠输出资本，来作为侵夺中国财富，剥削中国人民的手段了。

银行业的兴盛，更加明显地表现出外国对华资本输出以及资本集中的新

---

①左宗棠:《恭报回省日期及沿途察看情形折》(同治八年三月初十日),《左文襄公全集》奏稿，第17卷，第17页。

②《申报》:《论上海今昔事》,1874年2月12日。

③李鸿章:《海船苦累变通办理折》(同治十一年九月初五日),《李文忠公全书》奏稿，第20卷，第1页。

④李鸿章:《复彭雪琴宫保》(同治十二年十一月十七日),《李文忠公全书》朋僚函稿，第13卷，第26页。

趋势。1845年英国在香港、广州设立丽如银行分行起，第一批在中国设立的外国银行，主要经营汇兑业务，带有极大的投机性质。六十年代中期资本主义发生经济危机，一下子便有五家银行倒闭，一家改组。其中唯一迅速发展起来的，是英国的汇丰银行。

汇丰银行于1864年以英商为主联合美商、德商在香港创办，次年在上海开设分行，并同时在两地开业。它办理国际汇兑的业务，又重点经营中国的国内汇兑、存放款业务。1865年汇丰银行开业时，只有实收资本港币二百五十万元，1872年收足总额五百万元，1883年增资为七百五十万元，1890年再增为一千万元，并在九十年代上半期把公积金增至四五百万元。六十年代末，汇丰银行的存款只有五六百万元，放款不足五百万元，证券投资不过几十万元。七十年代末，存款增为二千二百万元，放款一千五百万元，证券投资三百多万元。而到九十年代上半期，存款猛增至一亿二千万元，放款五千万元，证券投资近一千万元。六七十年代，它在中国的分支机构不过七八处，到九十年代上半期，已经遍布中国沿海和长江各口岸，并延伸到北京。六十年代末，汇丰银行开始实行对中国钱庄的“拆款”即短期信用放款制度。数百万两拆款，任意收放，屡次掀起金融风潮。同时，它又大量对清政府贷款，直接影响中国的财政。七十年代中期到九十年代上半期，汇丰银行先后对清政府贷款二千九百万库平两，占1894年以前清政府所借全部外债四千六百万库平两的一半以上，其中百万两以上的大宗借款，多达十四起。[①]英国以汇丰银行为主，确立和加强了它在中国的金融统治地位。

英国在华金融业得势，刺激后起的资本主义国家在这个领域活动。德国1872年在上海设立德意志银行分行，1875年被迫停闭。1889年又由十三家大银行联合创办专门对中国进行经济侵略的德华银行。资本五百万两，先收四分之一，当年便在上海设立总行。它代表垄断资本利益，得到德国政府的支持，成了德国对中国扩大经济侵略的总机构。1893年，由日本政府设立的横滨正金银行在上海设分行。法国的法兰西银行1889年停闭，1894年由法国几家大银行联合创办的东方汇理银行设立香港分行，在中国竞争。英国一些老的在华银行，如丽如、阿加剌等，在竞争中失败，先后退出中国，同时又新设了大东惠通和中华汇理等银行。中国日益成了各个资本主义国家利用资本

① 徐义生：《中国近代外债史统计资料》，第4—11页。

输出猎取更大利益的场所。

外国在中国的工业制造同样表现出逐渐扩大的趋势。六七十年代以前，外国商人在中国设立的工业，主要是为进出口贸易服务的船舶修造厂、缫丝、制茶等原料加工厂。八十年代以后，这类工厂继续大量增加，又新设了造纸、火柴、卷烟、制糖等一类工厂，利用中国丰富的原料和廉价的劳动力，仿造进口货物，在中国销售。到 1894 年，外国在中国设立的工厂已近一百家，投资总额约达三千五百万元，不仅规模越来越大，而且所属工业部门也逐渐增多，与刚刚出世的、幼小的民族工业相比，外国工业所占的地位已经很重要了。

外国在中国设立银行和企业，没有任何条约根据。各国强迫清政府接受的不平等条约中，从来没有这方面的规定。外国资产阶级根本不以为这是非法的，就是因为在他们眼里，中国不是一个完全的独立国，而是准殖民地、半殖民地。

买办资产阶级实力滋长、买办资产阶级与洋务派官僚结合

中国变为资本主义外国的商品销售地和农产品原料供应地，外国在中国某些经济领域中建立起垄断地位，直接造成买办资产阶级的势力迅速滋长。

第一，买办资产阶级的人数大为增加了。六七十年代，外国银行、轮船公司、工厂等等各项企业及其分支机构大量增设，在商业买办之外，适应多种侵略活动的需要，又出现了银行买办、轮船买办、工业买办等等各种名目的买办。到九十年代上半期，包括各种企业在内的在华外国商号增至五百余家，许多商号又有分行，商号内部又多分部营业，从总行到分行，到各部，各有买办主持，有时还有正副之分，大小商号平均计算，一家约有买办四五人，全部合计，在职买办当在二千人上下。加上各种原因离职自行营业、但仍与原来洋行密切联系的前任买办，合并计算，在职和离职的买办，到八九十年代间，有一万人上下。此外，还有许多通过买办，同外国洋行建立起经常联系的买办商人。他们是一个随着外国经济侵略深入、外国洋行扩张而滋长起来的阶级本质相同的庞大人群。

第二，买办资产阶级的经济实力大为增强了。买办和买办商人不仅是外国商人雇佣的同华商打交道的中介人，而且本身又独立经营行店和钱庄等。他

们既代表外国洋行推销洋货和收购土产，又以“独立商人”承销洋货和供应土产，又以掮客的身份居间做买卖。在某些情况下，他们同时又是洋商企业活动的合伙人。六十年代，洋商曾大量利用华商资本创设轮船公司。不少外商建立的航运、保险、银行、码头、地产和各种企业，有华商的附股。其中一些企业，华商占有百分之四十的股份，有达到一半以上的，甚至有高达百分之八十的。[①]这些“华商”主要是买办或买办商人。

一个侵略分子曾对买办作过这样的评论：“外国人同中国人作生意，不论买卖或借贷，都要经过这一类代理人。……在远东头等洋行的买办，一般都可以作营业上的判断。一般说来，为洋行赚了钱也就是为他自己赚了钱，因此他也就有相当的把握了解何者应做，何者不应做。”[②]此人把买办和买办商人忠实地为外国侵略者服务的根本原因和实质说清楚了。洋行赚了钱，也就是买办们自己赚了钱。在洋行利用买办对中国人民大肆掠夺的过程中，外国商人抢得了大份，也给这些买办奴才留下了数量可观的一小份。外国人抢走的越多，买办得到的数额也相应增多。再加上买办利用外国侵略势力对中国人民进行敲榨勒索，“顷刻间千金赤手可致”，他们在短时期里，顿然积累起巨额财富。据估计，从四十年代到九十年代上半期，买办在进出口贸易、经手洋商贷款、代清政府购买军火等各种佣金、回扣、银行、工厂、轮船、保险等的买办收益及薪金，对外资企业的投资及自营企业的盈利等各方面的收入，总额约四亿至六亿两。[③]买办、买办商人中，拥有数十万、上百万、数百万两财产的比比皆是，上千万两者亦不乏其人。

早在五六十年代，充当怡和洋行买办起家的杨坊，就以“泰记”出名，捞得数百万两资财。[④]同时代的宝顺洋行买办徐昭珩（徐钰亭），原是澳门一个小商人，做买办“致富巨万”之后，又援引他的弟、侄、孙辈进宝顺行操同

---

① 汪敬虞：《十九世纪外国侵华企业中的华商附股活动》，《历史研究》1965年第4期，第68—69页。

② 姚贤镐：《中国近代对外贸易史资料》第3册，第1150—1151页，引1905年8月美国领事报告。

③ 见黄逸峰《关于旧中国买办阶级的研究》，《历史研究》1964年第3期，第96—98页；郝延平《十九世纪的中国买办》（Hao，Yen-Ping: The Comprador in Nineteenth Century China Bridge Between East and West），第101—105页，以及其他资料估计。

④ 见《李文忠公全书》朋僚函稿，第1卷，第57页；郝延平《十九世纪的中国买办》，第99页等。

一职业，他的侄子徐润迅速升作总买办。徐润利用这个条件，经营各种企业，又从事房地产投机。到八十年代上期，三十年间，他从一个一文不名的学徒，积累起四百万两资财，包括大量地产、商号行栈、钱庄、当铺和各种华洋公司股票，成为“广肇邦”买办的领袖。[①]

湖州是土丝的主要出产地，也是大买办商人的主要产生地之一。这里的丝商，“或自为丝通事，或有近戚为丝通事”，许多人在买办生涯中大发横财。据说有所谓“四象、八牛、七十二只狗”的，资产都在数十百万以上。[②]六十年代著名的旗昌洋行买办陈煦元，是湖州南浔镇大丝商，早与英、美各大洋行来往密切，从事银钱投机。做买办后，仅对旗昌、琼记两家的轮船投资就有二十余万两，还自有轮船三四只。在上海租界广有房地产，被称为当时上海最富的人之一。[③]另一个大买办商人刘镛，本来是“力微”的小丝商，由于他替洋行收购生丝，极力钻营，“不数年，业翔起，当同治初已殖财数十万”，“晚年富益不资”[④]，号称家产二千万两[⑤]。同他合伙的邢家（邢赓星）亦有资产四百万两。[⑥]另一个小丝商庞云镨也以二百两微小资本在上海设肆倒卖生丝，不多几年，拥资一百六十万两。[⑦]此外，张家（张竹斋）号称一千二百万两，梅家（梅茂卿）有一百六十万两，也都是以贩运生丝起家的大买办商人。[⑧]

浙江镇海方氏家族，虽非洋行买办出身，但因“久居沪，通西国语言文字，世以贩丝茶著信西商”，同外国洋行勾结紧密，先后在上海南北市及汉口、宁波等开设大钱庄，积资至数百万两，成为“名闻中外”的大买办商人。[⑨]

---

① 徐润:《徐愚斋自叙年谱》，第1、2—3、5、8、9、27，34、82、93页；郝延平:《十九世纪的中国买办》，第84、156、172、174页等。

② 中国经济统计研究所:《吴兴农村经济》，第123—134页。

③ 郝延平:《十九世纪的中国买办》，第28、30、35、99—100、121等页；刘广京:《英美在华轮船业竞争》，第26、182、49页；徐润:《徐愚斋自叙年谱》，第10页。

④ 民国《南浔志》第46卷，集文，第47—48页；第21卷，人物，第18页。

⑤《吴兴农村经济》，第124页。

⑥ 民国《南浔志》第46卷，第47页；《吴兴农村经济》，第124页。

⑦ 民国《南浔志》第21卷，人物，第22页；第39卷，碑刻，第21—22页；《吴兴农村经济》，第124页。

⑧《吴兴农村经济》，第124页。

⑨《镇海县志》第25卷，孝义传，第52—54页；第27卷，人物传，第14页；《上海钱庄史料》，第730—732页。

著名的怡和洋行总买办唐廷枢（唐景星），是一个由外国侵略者一手培养出来的大买办。他毕业于香港英国教会学校，据说“讲英语像个不列颠人”，经过各种试用，在六十年代被任命为总买办，给怡和洋行在商业、轮船航运、金融、保险等方面扩展了大量的营业，被称为上海最有才干的买办。他不但自己积累了上百万的资财，而且造成唐氏兄弟父子在怡和洋行七十年的买办家史。①

大买办和买办商人里面，有一些人完全是碰运气，或暴发致富的。上海汇丰银行买办王槐山，曾当钱庄店伙，因为自行作主放款给一个英商无法收回，把多年积蓄的数千金全行赔尽，被店主赶走。谁知此英人不久回华任汇丰银行大班，招王槐山作买办。几年之间，王就积资数十万，人称为“快发财”②。叶澄衷提供了另一种做买办商人暴富的例子。他十六岁到上海，因家贫只能进小商铺学徒，以后驾一条小船在外国船只间兜售果酒食物。由于与洋人厮混熟了，贱价倒换外国水兵在第二次鸦片战争期间抢劫的大块银锭等物，得以聚集一笔资金，开设起顺记洋货号。又适逢洋商推销进口五金器材，他又钻得经销权。“不数年，大昌其业”。七十年代以后，他再增设南顺记、新顺记、可炽、义昌等五金行，“分肆遍于通商各埠，北达辽沈、南暨交广、东渡渤海、西极巴渝”，“不独五金事业之权利在其掌握，即他行之土货洋货欲销行内外各埠者，价值高下，无不视成忠为转移”，成了勾结洋商操纵市场的大买办商人。到1899年叶澄衷死去时，所遗资产共达八百万两。③

胡光镛则是一个最早替清政府经手购买军火、借外债的大买办商人。他从一个钱庄小店伙结识左宗棠等湘军将领以后，经营左系湘军饷项军火和存放该军将领抢来的钱财，迅速暴富成一个拥资二百余万两的大商人，在江浙各地和各大都市分设大批银号、典当、药铺等各种商号。他以此为基地，进而“操纵江南商业”，经营丝、茶等项贸易，到七十年代上期，拥有“私财达二千万以上”④。左宗棠进军西北，由他经手借贷的洋商债款共达一千五百九十五万

① 郝延平：《十九世纪的中国买办》，第31、35、84—87、97、100、113—114、121、172—173、188、196、291页；《徐愚斋自叙年谱》，第57—58页。

② 姚公鹤：《上海闲话》，第66—68页；《申报》光绪九年十二月十五日，答暨阳居士采访沪市公司情形书。

③《中外日报》1899年9月4日。

④ 李法章：《胡光镛传略》，《梁溪旅稿》上卷，近代名人传，第26—27页；欧阳昱：《见闻琐录后集》第1卷，第5页，胡雪岩。

库平两，占 1894 年以前清政府所借全部外债的三分之一以上。[①] 胡光镛可算是一个参加了官方的重要军事、政治活动的买办。

买办和买办商人，特别是大买办和大买办商人的成批出现，和他们占有惊人数量的资财、生产资料，说明中国社会内部一个直接依附于外国资本并为外国资本所豢养的买办资产阶级的实力显著增强了。这个阶级的实力膨胀，就是中国内部支持外国侵略者的社会基础的膨胀。买办资产阶级与本国人民的利益相对立，与国际资产阶级的利益一致。其中有的分子在其营业发展到一定规模时，可能同外国资本发生某种矛盾和冲突，遭受外商打击。例如胡光镛、金蕴青等，以号称二千万两本银，同洋商争夺丝业控制权，结果惨败，于 1883 年破产，造成上海及南北数省数百家大商号、钱庄连带倒闭的空前巨大风潮。但是作为一个反动的社会阶级，它已经确定下来，成了半殖民地中国的一个重要特征。

经济的力量必然发展成为政治力量。买办资产阶级的经济活动也不会停留在原有的范围。第二次鸦片战争和太平天国革命期间，买办和买办商人已经成为中外反动势力之间的一种联系桥梁。现在许多买办通过捐纳和保荐，取得道府一类的候选官衔，有的还要更高。候选官衔并非实职官吏，但他们却因此取得了同清政府官吏直接往来和担当某些官厅差使的资格。不少买办参加了洋务派官僚的政治活动和经济活动。他们有的为洋务派官僚主办企业，有的充当洋务派官僚的幕僚，有的代表洋务派向外国购买军火，接洽借款。买办成了洋务派官僚兴办某些事业，特别是近代新式企业的不可缺少的依靠力量。他们不仅是这类企业的主要经办人，而且成为这类企业的重要投资人。像唐廷枢、徐润等人，就是李鸿章兴办轮船招商局、开平矿务局等企业的主要支柱。大买办同洋务派大官僚在经济和政治上的逐步结合，使他们的影响越来越大，与五六十年代不同了。李鸿章等洋务派大官僚日益明显地成为买办势力在政治上的代表，在统治集团中地位显赫。政治是经济的集中表现。买办资产阶级的经济力量，变为政治力量，并进一步发挥出恶毒的作用，中国半殖民地统治秩序的形成，这是一个重要的方面。

---

① 徐义生：《中国近代外债史统计资料》，第 6—7 页。

第二节　发展中的改良主义思想

中国日益明显地沦为半殖民地，中国资本主义与资产阶级的产生，以及西方资产阶级社会学说与自然科学知识的输入，六七十年代，在一部分知识分子中，开始出现一种新的思想动向。这种思想动向带有资产阶级改良主义的性质。到八十年代，改良主义思想逐渐引起人们的注意，在社会生活中发生了显著的影响。

最早提出比较明确的资产阶级改良主义思想的，是王韬、郑观应和稍后一点的马建忠等几个与洋务派有联系的人士。王韬考举人屡试不第，抛弃举子业，投到英人在上海所办的墨海印书局当编辑，了解到一些西方的情形，思想逐渐发生变化。1862 年，清军在同太平军作战中，缴获一份署名黄畹的上太平军书，清朝官吏指为王韬所作，下令逮捕究办，经上海外国领事等人帮助，逃到香港。这个大变故，断绝了他在清政府中的仕进之路，发愤著书立说。1867—1870 年，王韬应聘到英国协助翻译中国经书，得到一个对西方资本主义国家实地察看的机会。他扩大了眼界，丰富了知识，由一个封建的知识分子变成一个资产阶级改良主义思想的鼓吹者。1873 年，在香港创办《循环日报》，宣传变法自强，主张凡一切工矿运输，“皆许民间自立公司”，“令富民出其资，贫民殚其力”①和实行“君民共治”的政治制度②。这些意见明显地不同于当时盛行的洋务思想，超出洋务活动的宗旨和范围。王韬毕竟受封建枷锁羁累很重，而又想得到洋务派大官僚的谅解，好回苏州家乡，所以在谈到这些主张及对洋务活动进行批评时，总是羞涩躲闪，不是寥寥数语，就是有贬有赞。1883 年，他将在香港所写的宣传变法自强等类文章编为《弢园文录外编》。1884 年，得到李鸿章的允许，回上海居住。他在思想上也停止不前了。

郑观应出生于广东香山一个农村知识分子家庭，连秀才也没有考得。他的家乡是早期买办的出产地，叔父和哥哥都是外国洋行的买办。郑观应在科场失败后，十七岁就到上海外国洋行当学徒，七八十年代自己也当上英商太

---

① 王韬：《重民》中，《弢园文录外编》，中华书局 1959 年版，第 22 页。

② 王韬：《重民》下，同上书，第 23 页。

古轮船公司的买办，总理该公司的揽儎事务，积累起一笔资产。因为他在仕宦的道路上绝无出路，曾经从事过商业活动，懂得商人的困难，在洋行中又看到外国资本主义疯狂侵略，又想发展自己的企业。这种情况使他更加强烈地要求一个有商人参与政治的富强国家来作保障。在对西方资本主义国家作过种种考察之后，他所下的论断是："其治乱之源，富强之本，不尽在船坚炮利，而在议院上下同心，教养得法。"[①]1871年他写成《易言》一书，主张清政府准许民间具领执照，开采各矿，准许商民选择洋匠开设船厂，制造轮船。以及招商承办火车路，招商集款，购办机器，施于农工耕织业。中国应仿效"泰西之良法，体察民情，博采众议"[②]，实行议会政治。这些主张也明显同洋务思想区分开来了。八十年代初，《易言》扩充、增订，改名为《盛世危言》出版。但郑观应也像王韬一样，不敢触及封建制度的中心——土地问题，也不敢丢弃封建君主制度，并同样仇视群众革命斗争。对于洋务活动，他一面有较多的批判，一面在一些问题上为洋务派辩护，又是洋务活动的积极参加者，这些都严重地限制了他的思想内容。

马建忠原来也"学举子业"。据他自己说：在太平天国革命和第二次鸦片战争造成清朝统治严重危机时，他从地主阶级立场出发，认为太平天国革命不过是暂时的祸害，惟独洋人来自数万里外，以一旅之师北上，清政府马上投降，士大夫对此奇耻大辱，一味设法掩匿覆盖，不愿去深入研究其原因。他于是决然舍弃旧学，讲求洋务。"学其今文字与其古文词，以进求其格物致知之功，与所以驯至于致治之要，穷竟原委，恍然有得于心"[③]。马建忠是从洋务派大官僚的幕府中培养出来的洋务人才，与李鸿章的关系尤为密切，很得李鸿章的赏识和重用。不过他有爱国心，又亲身了解中外两方情形，所以在洋务献策中，也夹杂某些资产阶级改良主义言论。他介绍西方国家实行立宪和议会制度的情况，也斥责"官视商贾为逐末"的不对。与王韬、郑观应比较，他的改良主义言论显得更为畏怯曲折，这是他究竟是个洋务派官僚的缘故。

① 郑观应：《盛世危言》自序。

② 杞忧生：《论议政》，《易言》卷上。

③ 马建忠：《适可斋记言》，中华书局1960年版，第9页。这里所谓"洋务"，意指外国事务，或对外事务，与后人所说洋务派的"洋务"二字，有所不同。下引改良主义者语言中历用"洋务"二字，意皆同此。

中国这时守旧气氛弥漫，洋务活动气势正盛。王韬、郑观应和马建忠的言论显得有点新的东西。王韬一时成了名满中外的议论时政的“泰斗”。他到日本游历，日本有人称之为当今的魏源。郑观应的《易言》也再版三版，风行日本、朝鲜。不过他们批判的矛头，主要指向顽固守旧派。他们的思想虽然超出了洋务活动的范围，并讥刺洋务派某些举措不当，但仍然支持洋务派的活动，或者充当洋务派的僚属，并不以为这有什么矛盾。那些由八股起家、自号“正人君子”的顽固守旧派，则因为有改良主义思想的人与外国人关系密切，曾经依靠外国人发迹，并与洋务派有密切联系，把他们视为市侩和名教罪人，不屑于与他们为伍。

1874年日本侵略台湾，1880年伊犁交涉中俄国对中国的军事恐吓，洋务派表现惊慌失措，不少人士逐渐对洋务活动发生怀疑。中法战争，中国在军事胜利声中接受屈辱的中法条款，进一步暴露了清政府昏聩腐朽和洋务活动的买办实质与毫无实效。洋务派所标榜的求强求富，在一部分爱国人士心目中破灭了。到这时，抱有改良主义思想的知识分子开始把顽固派与洋务派两者都看作是误国误民的罪人。他们一方面批评顽固守旧派对科学技术和进步事物深闭固拒，事变发生，茫然无所措手足，使中国永远处于被动挨打的地位。[①] 另一方面斥责洋务派，办理外交是屈己伸人，苟且偷安；对待海防，是“鳃鳃然敝精竭财于利炮坚台鱼雷铁舰之属，岁掷帑金千万”[②]，国家没有收到富强效果，官吏私人装满了腰包。洋务派的学习西方，是弃其精英，取其糟粕，遗其大体，袭其皮毛，朝廷上下，找不到一个缓急可恃的人才，内治外交，两头都糟。[③] 他们深切感到守旧既不可，推行洋务活动又不行，必须另行寻求救国和富强的道路。1889年，翰林院检讨宋育仁著《时务论》。1890年，举人汤震（后改名汤寿潜，两年后成进士）出版《危言》。举人陈虬作《东游条议》。1891年，出身浙江瑞安朴学名门的宋恕写成《六斋卑议》。1892年，陈虬再作《经世博议》和《救时要议》。曾任户部郎中及军机处章京多年的陈炽，也在九十年代初写成《庸书》内外篇。1894年，宋育仁借任职驻英使馆参赞的便利再写出《采风记》四卷。出身买办的何启、胡礼垣写成《新政论

① 陈炽：《庸书》（外篇）卷下，自叙。

② 同上。

③ 同上。

议》。马建忠在这期间也写了一些文章，后来汇集成为《适可斋记言记行》。改良主义思想的新风，甚至吹进了部分高级官吏里面。1884 年，湘军头目彭玉麟给郑观应的《盛世危言》作序，称它为"皆时务切要之言语"，非"徒尚皮毛购船炮而已"，"实获我心"。[①] 淮军的一个头目张树声，在遗言中要求清政府"采西人之体〖育才于学堂，论政于议院〗以行其用〖轮船、大炮、洋枪、水雷、铁路、电线〗"[②]。洋务活动的策士薛福成，这期间也在出使日记中屡次谈起"君民共主"，有了改良主义倾向。资产阶级性质的改良主义思想，到八十年代下半期和九十年代上半期，已经形成为一种新的社会思潮。

早期改良主义思想的主要内容是：

第一，要求维护国家的独立和主权。许多作者都把外国资本主义侵略深入，国家独立、主权的丧失作为提出问题、发表议论的背景和出发点。王韬认为在外国侵入的新形势下，只有仿效西方，实行变法，才是免除危亡和使国家致于富强的唯一出路。他说：如果强国照旧只居于西海，我独据东土，就像风马牛不相及一样，那也没有什么可说的。"无奈其日逼处此，日出其技而时与我絜长较短也，且恃其所能，从而凌侮我，挟持我，求无不应，索无不予"。中国人此时再不讲求变法自强，简直太没有人心血气了！[③] 郑观应讨论所谓"商战"问题，认为中国一天不振兴工业，外国侵略的阴谋就一天不会停止。哪怕你猛将如云，舟师林立，"彼族谈笑而来，鼓舞而去，称心餍欲，孰得而谁何之哉？"[④]

他们反对不平等条约所规定的某些严重危害中国主权、阻碍民族工商业发展的条款，先后指出：片面的最惠国待遇、领事裁判权、协定关税，和外人控制中国海关，给中国造成无穷的祸患，中国利权尽为外人所夺。关税协定一项，"外国税华货进口务从其重，中国税洋货进口务从其轻"[⑤]。洋商"给半税单为凭，无论运往何地，他子口不得再征"，华商"无半税单者，逢关过

---

① 彭玉麟：《盛世危言序》。

② 张树声：《遗折》（约光绪十年九月），《张靖达公奏议》第 8 卷，第 33 页。

③ 王韬：《杞忧生易言跋》（光绪六年），《弢园文录》，第 322 页。又见郑观应《盛世危言增订新编》第 8 册附录。

④ 郑观应：《商战》，《盛世危言》第 3 卷。

⑤ 陈炽：《交涉》，《庸书》（外篇）卷上，第 2 卷。

卡，照例纳税抽厘”。“同一洋货，在洋人手则无厘捐”。[①]外国人又利用领事裁判权偏袒洋商，“华商欠负洋商，一经控告，追封产业，扰及亲朋；西人负欠华债，虽饶私蓄，循例报穷，便自逍遥事外”[②]。外国人执掌下的海关，对华商与洋商两样态度，“同为一色之货，竟估二种之价”，使洋商的货物畅销。[③]凡此种种，严重影响人民生计，于国体大有关碍。他们还揭露和批评赫德长期把持海关总税务司职务，“渐而阴持朝政，显绾邦交”，是英国灭亡印度的故技[④]；指出外国教会和传教士的侵略活动，为非作歹，造成层见迭出的教案，以及俄国侵夺中国领土构成中国西北的边患等等。洋务派希图依靠国际公法和谨守条约来维持和局，改良主义言论家对此批评说，西方资本主义国家所标榜的国际公法，是强国利用来欺压弱小国家的工具，如果国家太弱，虽有国际公法，仍不免忍受屈辱以至灭亡。

第二，要求为民族资本主义的发展开辟道路。这些知识分子反对清政府限制工商业发展的政策，也批判洋务派的官督商办企业。他们认为以农为本、以商为末的传统不改变，只能使中国进一步沦为外国侵略者的殖民地。陈炽说：“当闭关绝市以前，我行我法焉可也。通商而后，洋货充斥，既不能禁民之不用，又不能禁彼之不来，而工作不兴，商情日匮，坐待他日民贫国蹙，仰息他人，如秦人视越人之肥瘠然者，可谓忠乎？可谓智乎？”[⑤]郑观应说：如今各国兼并，都是借商以强国，借兵以卫商，彼此订盟立约，聘问往来，目的也在通商。英国长期立足于商务，开疆拓土，辟美洲，占印度，据缅甸，通中国，都是商人为先锋。西方不担心中国练兵讲武，只担心人民妨害其商业利权。凡关系商务利害的，在所必争。“可知欲制西人以自强，莫如振兴商务，安得谓商务为末务哉！”[⑥]他们举出日本和一些国家的事例说，日本最初也受西方各国朘削，以至大藏省尽剩下纸钞，金银日稀，国势衰败。后来大为振作，讲求商务，学习西洋的制造，纸钞全部收回，府库金银充溢，国势日兴。反之，越南、缅甸、波斯、印度人民来中国的，皆充西人仆役，没有富

---

① 陈炽：《税则》，《庸书》（外篇）卷上，第2卷。

② 郑观应：《交涉》，《盛世危言》第2卷。

③ 郑观应：《交涉》，《盛世危言》第3卷。《税则》附录，钱某通商综核表序。

④ 陈炽：《税司》，《庸书》（外篇）卷上。

⑤ 陈炽：《商部》，同上书。

⑥ 郑观应：《商务》，《盛世危言》第3卷。

商大贾。因为国家失去主权，产业不振，人民生计穷蹙，只得犬马终身。总而言之，“自今伊始，制国用者必出于商，而商务之盛衰，必系国家之轻重，虽百世可知矣”[①]。或者说，“稽古之世，民以农为本，越今之时，国以商为本”[②]，必须以重商政策代替重农政策为国策。

改良主义言论家所说的“商”或者“商务”，实际上就是新产生的资本主义。所谓“重商”，首先就是要准许新兴的资产阶级开办新式企业。不仅准许人民使用机器种植制造，仿造洋货，改造土货，开采矿产，而且准许人民自设船厂建造轮船，任便航行江海内河，建筑铁路自为运输，架设电线畅通信息，铸造钱币流通市场，开设银行、保险公司繁荣金融。所有这一切事业，“官办不如商办”[③]，要“任之商，不以官”[④]，“皆许民间自立公司”[⑤]经营。洋务派的官督商办采矿企业实际是“官有权，商无权”，势必至于商人亏本，官吏发财。重商，要改变官不能护商，反而病商的状况，使上下通情，官商合势。[⑥]办法是：制订商律，自中央至地方，各级政府设置专门机构，各府州县设立商务公所，研究全国和各地的生产、贩运、销售以及培植商学人才等事，保护商人利益。有人还要求“一变隆古之习，视商如士”，由国家规定商人可以就近应试，会见官长[⑦]，把商人提到与士大夫同等的地位，来促进资本主义发展。

第三，主张改变封建的君主专制政体，仿照西方资本主义国家，实行君主立宪。郑观应说：“君主者权偏于上，民主者权偏于下，君民共主者权得其平。……其立法之善，思虑之密，无逾于此。此制既立，实合亿万人为一心矣。”[⑧]又说：中国终于安居卑弱，不想富国强兵，为天下所重视则已，如果还抱有那种希望，就必定要从设立议院开始。[⑨]陈炽说：万国通商，外国要求

---

① 陈炽：《商务》，《庸书》（外篇）卷上。

② 郑观应：《商战》，附录沪报《变通商务论》，《盛世危言》第3卷。

③ 王韬：《代上广州府冯太守书》，《弢园文录外编》，第301页；又见《弢园尺牍》第9卷，第3页。

④ 汤震：《开矿》，《危言》第2卷，第16页。

⑤ 王韬：《重民》中，《弢园文录外编》，第22页。

⑥ 郑观应：《商务》，《盛世危言》第3卷。

⑦ 郑观应：《商战》，附录沪报《变通商务论》，同上书。

⑧ 郑观应：《议院》，《盛世危言》第1卷。

⑨ 同上。

无厌，既立议院，就可以利用民众情绪，万众齐心，抗拒坚持，这是最好的办法。[①] 宋育仁也把设议院看作是治国的本源[②]，立国的根本[③]。他指责洋务派谈洋务而不谈议院，那样学西方，是买椟还珠，用于治中国，是饮鸩解渴[④]，所谓民权太重，不可为训，其实不过是那些人盗窃权力，统治人民的借口[⑤]。他们的共同结论是："欲张国势，莫要于得民心；欲得民心，莫要于通下情；欲通下情，莫要于设议院。"[⑥] 也就是说，要使国家富强，人民——首先是新兴的资产阶级必须有参政的权利。根据一些表面的理解，他们把资产阶级议会制度说得天花乱坠。例如说：泰西各国都设立议院，每有举措，必须大家一致同意。人民不赞成的，不能强迫去做。朝野上下，同心同德。所以与邻国交往，"有我薄人，无人薄我"[⑦]。而且自有议院，昏暴的君主不能施行虐政，跋扈的大臣不能擅权越轨，大小官司不能推卸责任，小民百姓也就不会怨恨其长上。[⑧] 所有暴敛逞刑，压抑人才，怙权固位，枉法营私，病民蠹国等敝害，都可以不发生了。这自然是知识分子的幻想，但也是对君主专制政体的批评。

设立议院不能孤立进行，他们同时又要求废八股，兴学校，开报馆。关于废除八股，开学校，肄习西学，冯桂芬等人早就提出过。现在这些改良主义言论家讲得更集中了，对八股的抨击更猛烈了。他们说，科举制度、八股时文好比秦始皇焚书坑儒，罪过极大。败坏人才，斫丧人才，使天下没有真才，都是由于这种制度。"时文不废，人才不生"，"时文不废，天下不治"[⑨]。郑观应、王韬、宋恕、宋育仁、陈炽等人都把学校看作是"造就人才之地，治天下之大本"[⑩]，"国家强弱"之所由[⑪]；把报馆看作是通达民情、宏开民智，

---

① 陈炽：《议院》，《庸书》（外篇）卷下。
② 宋育仁：《政术》，《采风记》第 1 卷，第 12 页。
③ 宋育仁：《时务论》，第 37 页。
④ 宋育仁：《政术》，《采风记》第 1 卷，第 16 页。
⑤ 宋育仁：《时务论》，第 37 页。
⑥ 郑观应：《议院》，《盛世危言》第 1 卷。
⑦ 同上。
⑧ 同上。
⑨ 王韬：《原士》，《弢园文录外编》，第 9—10 页。
⑩ 郑观应：《学校》，《盛世危言》第 1 卷。
⑪ 王韬：《去学校积弊以兴人才论》，同上书。

“大一统之先声嚆矢”[①]。也就是重视普及人民文化知识，主张人民有公开议论国事和批评政府及其官吏的民主权利和自由。他们要求在全国各地广设各级学校，不仅学习中国固有的文化知识，也翻译介绍西方科学文化书籍，由浅至深而专，分科进行学习和研究。沿海各省以次及于各省府州县，由民间自筹资本广开报馆，准其议论时政，批评官吏，“不准各官与报馆为难”。禁止外国人在中国开设华字报馆，“止准用西字报章”[②]。宋恕等人还要求准许官民男女创立各种学会。[③]所有这些，都反映了新兴的资产阶级在政治、文化、思想领域的要求。

王韬、郑观应等这批人，要求维护国家独立，特别是要求发展民族资本主义，改行君主立宪政体，那些思想、主张，明显地属于资产阶级的性质；同时，它与洋务派的思想主张，也明白划分了界线。这是它独特的、有意义的地方。

依靠什么力量，以及怎样来实现那些主张和要求，在他们的著述中，几乎没有正面论述这个问题。但是他们讲过，只要朝廷“复古帝王执中精一之心传，而行古帝王因时制宜之运量”[④]，总揽政教权柄，“责臣工以稷、契、皋、夔”，博采西学，精理商务[⑤]，建立一个富强的资本主义国家，其功业，就“如运之掌上矣”[⑥]。由此可知，资产阶级改良主义知识分子是把希望寄托在代表封建阶级的朝廷里的实权人物和洋务派大官僚身上。进行办法，是通过发表言论，向社会呼吁，最后引起那些人的重视，自上而下，不动声色，来一次他们划定的框框里的政治、经济制度的改革，实现“变法自强”。也只有这样，才是他们所需要的变法自强。

中国民族资产阶级既感受外国侵略压迫的痛苦，却又无法摆脱那种依赖、联系。反映在早期改良主义者的思想中，就只能提出一些软弱的民族要求。他们痛恨外国的侵略，但又根本不敢像西方资产阶级革命时期那样提出强烈的民族主义的主张，也不敢效法日本明治维新那样提出类似“攘夷”的口号，

---

① 郑观应：《日报》，《盛世危言》第 1 卷；参见陈炽《报馆》，《庸书》（外篇）卷上。
② 同上。
③ 宋恕：《变通篇》，学会章第五，《六斋卑议》，第 21 页。
④ 何启、胡礼垣：《新政论议》，《胡翼南先生全集》第 4 卷，第 2 页。
⑤ 郑观应：《盛世危言》自序。
⑥ 何启、胡礼垣：《新政论议》，《胡翼南先生全集》第 4 卷，第 2 页。

谋求民族的独立。他们反对在外国侵略面前一味退让，认为“畏洋人而希图省事，即为多事之阶”，但又不敢同外国侵略作针锋相对的斗争，说是“愤洋人而务求取胜，反为取败之渐”①。有的作者非难顽固守旧派轻率偾战，自己却进而陷于非战唯和的泥坑。陈炽认定“洋务无战法也，守而已矣，和而已矣”②。这种论点，很代表了早期改良主义者的惧战心情。他们幻想外国对中国的侵略可以通过“交涉”得到解决。而要做到这一点，主要靠内部实行改革。只要中国能够按照改良主义者的要求，毅然对于通商惠工、行政理财、治军经武诸大端，实行改革，设立议院以通上下之情，逐步使中国资本主义化，就能凭借公法约制西人，阻止强邻的觊觎。应当与外国交涉的，主要是通商条款，税饷则例，海关管理等所谓“额外权利”。对这些内容，可以明告各国说：“某约不便吾民，某税不合吾例，期满时应即停止重议”，“彼虽狡悍，亦可以理折之。”③他们幻想外国侵略者会“不敢显然与我为难”④，可以任由中国轻而易举地把这些权利收回来。这样一来，中国就能自派官员管理海关，重订海关税则，加重入口税，减轻出口税，实行关税保护政策，再加上凡我需要的外来货物，仿西法自行制造，裁撤厘金等，中国的民族资本主义就能不受外国的压迫，顺利地发展起来。⑤王韬强调说：“我之所宜与西国争者，额外权利耳。……夫我之欲争额外权利者，不必以甲兵，不必以威力，惟在折冲于坛坫之间，雍容于敦槃之会而已。事之成否，不必计也。而要在执持西律以与之反复辩论，所谓以其矛陷其盾也。”⑥这非常明显暴露了王韬等人根本不敢设想推翻外国在中国建立的半殖民地秩序的怯懦心情。他们把反对外国侵略，根本废除不平等条约，实现民族独立的问题，后退、缩小到一个通过谈判，修改某些通商条款的问题。这种依靠交涉，只企求从外国侵略者手中收回部分具体权利的主张，就成为早期改良主义者对待外国侵略的态度的主要特点。

---

①郑观应：《交涉》，《盛世危言》第2卷。

②陈炽：《慎战》，《庸书》（外篇）卷下。

③郑观应：《交涉》《公法》，《盛世危言》第2卷。《税则》，《盛世危言》第3卷。参见陈炽《税则》，《庸书》（外篇）卷上。

④陈炽：《税司》，《庸书》（外篇）卷上。参见马建忠《适可斋记言》，第78—79页。

⑤郑观应：《税则》，《盛世危言》第3卷。

⑥王韬：《除额外权利》，《弢园文录外编》，第89页。

民族资产阶级对待封建统治势力的态度，并不比对待外国侵略者的压迫更坚强一些。这反映在改良主义知识分子的言论中，是他们主张建立议会制度，但不敢要求废除君主制度和提出民主问题。他们害怕民主，远过于害怕封建专制。有的作者说，所谓民主，“朝章国政，及岁需之款，概决于民，而君亦几同守府者”[①]。这对于要依赖封建势力保护的幼弱的资产阶级是不敢接受的。尤其可怕的，是开放民主，一旦“有废国法、均贫富之党起于其后”[②]，何以对付，不堪设想！他们还没有实际上同高于自己的阶级进行斗争，就在想象中要同低于自己的阶级进行斗争了。自己不敢反封建，也害怕人民起来反封建。

至于君主立宪应当如何选举和组成议会，这些知识分子的言论表明，幼小的资产阶级害怕掌握政权，也不敢较多地直接参加政权。郑观应说：议员的选举，应当根据中国旧有的乡举里选习惯，参照西方投票公举办法。下院议员以绅耆士商才优望重的充任。[③]何启、胡礼垣和陈炽主张自州县、府、省至京师皆设议院，由州县依次推选以至于京师。陈炽认为“必列荐绅，方能入选”[④]，何启、胡礼垣更规定县议员的产生，秀才有被选举权，平民有选举权；府议员的产生，举人有被选举权，秀才有选举权；省议员的产生，进士有被选举权，举人有选举权；各省议员集议京师，就是国会[⑤]。宋育仁主张由翰詹和各部司员推举人选，入院议事。[⑥]汤震提出以京官四品以上组成上议院，四品以下组成下议院，各省府州县议事的，应当是地方巨绅，举贡生监。[⑦]实际是主张把没有功名的商人、资本家排除于直接参政之列，而以官吏绅士、封建士大夫作为资产阶级的代表人，与资产阶级参加政权的必要，有如南辕北辙。他们把这种办法叫做“采西法而变通之”[⑧]，“采古今中外而酌其损益”[⑨]。也就是在西法中加进封建主义。

---

① 陈炽：《议院》，《庸书》（外篇）卷下。

② 宋育仁：《政术》，《采风记》第1卷，第14页。

③ 郑观应：《议院》，《盛世危言》第1卷。

④ 陈炽：《议院》，《庸书》（外篇）卷下；参见《乡官》，《庸书》（内篇）卷上。

⑤ 何启、胡礼垣：《新政论议》，《胡翼南先生全集》第4卷，第13页。

⑥ 宋育仁：《时务论》，第38页。

⑦ 汤震：《议院》，《危言》第1卷，第8—9页。

⑧ 同上，第8页。

⑨ 宋育仁：《时务论》，第38页。

又要发展资本主义，又不敢触动、甚至要维护封建统治，自相矛盾。为了克服与调和这种矛盾，改良主义的言论家提出了一个关于道与器的唯心主义理论。他们借用《易系辞》中所说的“形而上者谓之道，形而下者谓之器”的语言，编造了一个道不可变，而器则与时为变的说法。撇开那些玄奥的外表，“道”是指以君臣、父子、夫妻等为中心内容的所谓三纲五常，“器”则包括经济、政治等各种制度。他们不敢惹动封建君臣等上下关系，又要依靠封建统治力量来实行资本主义，保护资产阶级对劳动人民的剥削，所以说是不可变。一些直接妨碍资本主义发展的经济、政治、文化制度等，都应该按照资产阶级的需要，逐步加以改革，所以说是皆可因时而变。陈虬说得最为明白：“法果可变乎？其三纲五常，虽极千祀而难革也。法果不可变乎？何国家民主君主，古今中西之异局也。法之变，国势驱之也。……故三王不相袭礼，五帝不相沿乐，为治不同，同归于道而已。”[①] 在旧制度的躯壳内推行新制度，借用旧制度推行新制度，这就是“为治不同，同归于道”的真实含义。他们不但企图用道与器的理论来调和封建主义与资本主义的矛盾，而且也用这种理论来解释中学与西学的关系。顽固守旧派把学习西方诬为“以夷变夏”，改良主义知识分子认为这是不懂得关于“礼失而求诸四夷”的古代明训。照他们说：西方一切先进的应该仿效的事物，都为中国古来所有，并且是先圣所教导。例如说，西方的各种近代科学知识和机器制造，就是《大学》所讲的格物致知和先秦诸子之学；西方的工商活动就是《周礼》冬官所掌管的各事；西方的议会政治，就是《周礼》所讲的询国迁、询国危、询立君，国之大事受成于学，询万民之事，广询于朝等制度；学校就是古代的家有塾、党有庠、州有序、国有学；报纸就是古代的谤有木、谏有鼓、善有旌，太史采风，行人问俗诸活动，等等。他们认为，只是由于秦始皇推行君主专制制度，焚书坑儒以愚黔首，这些善法良制在中国失落，流徙传入泰西。结果中国学人无法窥见制作的原委，高谈性理，堕于空虚，西方反而得其实在。[②]“中国所守者形上之道，西人所专者形下之器。中国自以为道，而渐失其所谓器。西人戮力于器，而有时暗合于道”[③]。西方国家经济、政治的发展，和科学文化的

① 陈虬：《经世博议》法天，《治平通议》第1卷，第1页。

② 郑观应：《道器》，《盛世危言》第1卷。

③ 汤震：《中学》，《危言》第1卷，第11页。

成就，都不过是“衍我绪余，因我规萬”，灵活运用，巧妙发展了[①]，因为那些事物本属于中国，现在又从西方输入，这是“天将以器还中国，而以道行泰西”。对那些本来属于中国的东西，没有理由一概拒绝[②]，等等。他们所以要煞费苦心，编造这样一套幼稚、可笑的神话，目的仍然是为了调和资本主义与封建主义的矛盾，企图在不改变封建统治的条件下实行资本主义。从害怕民主，到保持三纲五常，企图借重封建势力来推行资本主义，就成为早期改良主义者对待封建主义的态度的主要特征。

主张改良的知识分子也讲到要从本源上实行“丕然一变”的问题。什么是那种丕然一变，他们自己有明白的解说。宋恕在上李鸿章书中写道：“易服更制，一切从西，策之上也；参用西法，徐化默移，策之中也；不肯变通，但贵今实，策之下也。上者欲言而未敢，下者谐俗而羞言，兹所拟者，皆不上不下，居策之中，视今日之政，则已为甚高，较西国之治，则未免尤卑。”[③]陈炽写《庸书》以《名实》开章，也说“法之宜守者慎守之，实课以守法之效，毋庸见异而迁也；法之当变者力变之，实贵以变法之功，毋俟后时而悔也”[④]。这种“上者欲言而不敢”，“参用西法”，变革一部分，慎守一部分，不根本谋求民族独立，不触及封建制度的要害，只对半殖民地半封建制度中那些在当前妨碍资产阶级利益最甚的东西加以改变，以适应资本主义发展的初步要求，这就是他们提出变法要求的共同态度和限度。因此，那些思想主张是资本主义性质的，但又是保守的改良主义的。郑观应、陈虬等都说明，他们的言论，只是“敢谏之木，进善之旌”[⑤]，“与榷国是者，借箸筹之”[⑥]。也就是只发议论，究竟变与不变，那就由封建统治阶级当权人物，洋务派大官僚去决定了。

六七十年代，革命阶级和进步的社会力量，对中国半殖民地统治秩序、民族危机，产生出两种反应。资产阶级改良主义思想是一种反应。其动力来自呱

① 汤震：《中学》，《危言》第1卷，第12页。

② 陈炽：《自强》，《庸书》（内篇）卷上。

③ 宋恕（宋存礼）：《上合肥傅相书》（光绪十八年），《皇朝蓄艾文编》第2卷通论二，第16页。

④ 陈炽：《名实》，《庸书》（内篇）卷上。

⑤ 郑观应：《盛世危言》自序。

⑥ 陈虬：《经世博议》变法十三，《治平通议》第2卷，第14页。

呱坠地的民族资产阶级。这种思想并没有提出解决民族独立、资本主义发展的切实方案，但对于后来的斗争，特别是对于维新派有启发。各地群众反对外国教会的斗争是又一种反应。其动力来自农民阶级，劳动群众。两种反应、两种力量不但没有汇合在一起，而且也不可能汇合在一起。资产阶级改良主义者对群众的斗争不是表同情，而是反对、责骂。汤震、陈炽等人的著作里，都把参加斗争的群众看成“愚民”。他们在这个问题上同地主阶级当权势力、洋务派大官僚划不清界线。中国民族资产阶级先天软弱，害怕人民，不敢依靠人民的性格，贯穿在它全部的活动、斗争中。在舞台上一登场，它就强烈地表现出了这种先天软弱的性格。

第三节　群众大规模的反教会斗争

八十年代前后，外国资本主义加紧对中国的侵略，教会势力日益扩大。耶稣教差会1860年有二十个，1884年增至三十余个；传教士1864年有一百八十余人，1877年增至四百七十余人，1890年达到一千二百九十六人；传教士的常驻地点，1860年十四个，分布在东南沿海六省的通商口岸，1884年增至九十五处，1894年达到二百三十八处，主要分布在沿海各省和长江流域（湖南例外），山西、陕西、甘肃、四川、广西、河南、贵州、云南等省也都有了耶稣教传教士驻地。耶稣教徒1857年仅有四百人，1883年增至二万一千五百余人，1893年达五万五千多人。天主教修会，1860年九个，1883年增至十七个，1894年达到二十一个；天主教传教区，1844年十个，1883年增至三十四个；各教区设有主教，管辖本区的教务；天主教外籍教士1846年有一百人，1885年增至四百八十八人，东起台湾，西到西藏，北达黑龙江，南至海南岛，都有天主教士的足迹；天主教徒1850年三十二万人，1890年增至五十二万五千人。随着教会势力的扩大，教士的罪恶活动愈加猖獗，再加上这时中国边疆危机严重，中法战争爆发，中国人民反对外国教会的斗争，层出不穷，声势越来越大。

1885年，浙江杭州群众反对英国传教士，教堂几被拆毁；直隶平泉州发生反教骚动。1886年，江苏镇江工匠和居民捆缚不付工匠工资的教士送县；松江邱家湾天主堂被参加府试的七县生童捣毁；英教士在山东青州买屋建堂受到阻止；福建福安县外塘村民众捣毁教民店铺；湖南澧州团绅统率民众拆毁教士住屋，团总等设“剿洋局”，勒逼教民悔教，广西桂平县考童和兵丁焚毁美教士医馆；江西赣州群众烧毁仓寮前公地上新造教堂，驱逐教士；重庆和川东各属绅民、生童先是联名上书，要求官府阻止美、英教会在鹅项颈等处修建教堂，然后参加武试的生童发布揭帖，定期打教，聚众万人，将鹅项颈和城内英、美、法教堂、医馆悉予打毁；群众围攻天主教堂管事罗某住宅，被武装打手杀死、砍伤三十余人，群众更加愤怒，商人罢市，武生罢考，居民联团，四出打教，城乡教民房屋一齐被毁，城外白果树法国天主教书院遭五十余团三千多人的围攻；江北厅、大足、铜梁同时发生打教情事；贵州绥阳蒲老场团民殴伤教士；遵义团民万人，焚毁城内教堂；山东兖州士绅反对德国教士在城内买房建堂，以“东鲁义士”名义布告同乡，谴责英、法利用教会进行侵略，号召驱逐洋教；济宁、寿张等地也展开反对教会的活动。1887年，四川巴塘，浙江湖州，贵州黎平府，云南通海县，北京附近，南京城里，山东兖州、郯城、沂水、冠县，湖北汉阳，福建安溪、福安，分别发生反教会骚动，有的并向前来镇压的地方官吏展开斗争。福宁知府形容那种情形是：“顾此失彼，实属无法可施”。“乡民蠢动，众怒难犯”。[①]1888年，反教会事件在安徽安庆、直隶平泉州、山东邹县等地继续发生。1889年，湖南石门教堂被考生拆毁；山东曹县驱逐德国教士；广东番禺群众发布揭帖，号召反教举事。1890—1891年间，终于爆发了四川大足、长江中下游和热河朝阳一带的大规模群众斗争风暴，把反教会斗争推向新的高峰。

大足县龙水镇的法国教堂同中国内地的许多教堂一样，在当地占有大量耕地，既是外国侵略势力精神奴役中国人民的据点，也是教士对农民进行地租剥削的封建庄园。1886、1888年曾两次被打毁。1890年8月，当地举行传统的迎神赛会，县令应法国教士的要求，派人设局雇丁守护教堂。群众和教民发生冲突，捣毁教堂围墙。在法国教士逼迫下，县令诬指富户蒋赞臣主使

---

①光绪十三年十二月十二日总署收署福州将军古尼音布等咨文，见《教务教案档》第5辑，第1870页。

打教，派兵缉捕。曾以挑煤为业的余栋臣（又号余蛮子[①]），约同煤窑纸厂工人、苦力挑贩余翠坪和蒋赞臣等十二人歃血为盟，聚集民众数百人，武装暴动，焚毁龙水镇教堂和教士住房，杀教民十人，又联合团民数千，焚毁马跑场教堂、教会学堂和教民房屋。起义群众散发檄文，声讨侵略者“欺侮中华”，谴责某些官绅“助桀为虐”，号召人民群众起来驱逐外国教会势力。大足、铜梁等县群众纷起响应。清政府派员到大足“查办”，指挥地主团练，协同清兵进行镇压；同时分化起义群众，宣传“此番官兵到县，专为缉匪安民”，所有从前附和打教的人，决不波累。[②]起义者中的地主分子立即动摇，蒋赞臣向清军投降。余栋臣抵抗失利，率众退出龙水镇，潜伏于大足附近的西山中。1892年，余栋臣、余翠坪等集合二三百人再度驻扎龙水镇，清军与绅团前往攻剿，余翠坪被俘牺牲，余栋臣突围。余栋臣发动起义的基本群众为煤窑纸厂工人一百余人。他们从反教会开始，走上武装起义的途径，这是反教会斗争中出现的新情况。

长江中下游群众大规模的反教会行动，先从江苏扬州开始。1891年4月，哥老会成员蒋淮仿等在扬州贴出匿名揭帖，鼓动群众聚闹教堂。地方官出示禁止，有人撕掉告示，另贴红纸条说：“官府受贿，保护洋人。”5月初，五六千人围攻圣母堂，地方官派大队兵勇前往弹压。哥老会成员至安徽芜湖联络，遍贴揭帖，宣传反教。芜湖万余人大暴动，冲散弹压的清兵，焚烧教士楼舍，并围攻海关，与洋人短兵搏斗，然后从容解散。

芜湖暴动后，群众性的反教会怒潮，迅速在长江中下游各省掀起。安徽安庆、和州、广德、六安、宣城、建德、无为、太湖、含山、铜陵、宁国，江苏南京、苏州、丹阳、镇江、无锡、金匮、阳湖、如皋、江阴、上海，江西

---

①余栋臣阶级成分：据大足县文物保管所所长陈习删谈，余是四兄弟，原有产业就达四百余挑之多。他所以要挑煤炭，是因为当地当时风气使然，即使比他产业再多的人，也一样的挑炭，并不是穷困才挑炭。又据壁山县刘子林口述：余有两个妻子，十个儿子，两个女儿。起义后收了二三十个干儿子。当时有些地主愿意低价卖田给余，他买田也不完纳契税，便买了三四处田产。见《近代史资料》1955年第4期，第34、39页。照这两个口述材料，余的家庭相当富裕，应属地主阶级。但当时的文字记载与此不符。《民国重修大足县志·余栋臣传》载：余栋臣“年少肩煤营生”。《华司铎被掳记》说余栋臣“贫不能自存，以负炭为生”。见《汇报》第174号。

②光绪十七年三月二十五日成都将军岐元四川总督刘秉璋札洋务局，见《近代史资料》1958年第1期，第124页。

九江、临川、抚州、南昌、进贤，浙江杭州、孝丰、宁波、温州，湖北广济、宜昌、荆州、沙市、黄陂，湖南长沙、澧州、常德等几十个城市和广大乡村，凡有外国教会势力盘踞的地方，纷纷发生骚动和暴动。人心激动，声势浩荡，为以前所未有。

洋务派官僚薛福成在两年以后评论说：闹教案件，自同治以来，多次发生，“然未有如前年……之教案迭起，数千里之地，响应于一两月之内者”[①]。薛福成发现了事件的重要，观察仍是表面的。这场斗争的显著特点是：

第一，范围广泛，来势猛烈，外国侵略者和清政府都感到很惊慌。美国驻华公使向国内报告：“恐惧笼罩着中国”，“没有一个城市是安全的，上海也包括在内。”[②]英国公使也说：“这场危机无疑将成为很可怕的。”[③]英、法、美、俄、意等国军舰先后到长江示威；英、德、俄、意四国军舰在汉口搞联合军事演习，洋人仍然感到难以保障安全。美国公使上书国务院，要求加强在亚洲海面上的美国舰队。[④]英国公使急电外交部，请速添派兵船来华。[⑤]上海梵王渡等处教士奉命迁居租界。南京的耶稣教士逃往上海，武昌的传教士全部徙居汉口。远在福州的洋人，也一夕数惊。[⑥]英、美、法、俄、德、日、意、比利时、西班牙九国联合照会清政府，要求“缉犯”、劾官、赔款，后者一一接受，加紧武装镇压。湖广总督张之洞在宜昌暴动以后说：“白昼通衢纵火，各处焚抢至三时之久，并非一处延烧。文武官兵布列满街，毫无畏惧。若不诛数人，以后法纪尽废，匪徒得意，顽民横行，大乱将作，宜昌如何得安？湖北通省如何得安？此并不为洋人也。”[⑦]张之洞深感形势紧张，“大乱将作”。所谓“此并不为洋人也”，这说明他承认：为洋人，为中国统治阶级，两者一致，都是要屠杀人民。

---

①《庸盦全集》，《出使日记续刻》第8卷，第29页。

②《美国对外关系》，1891年，转引自卿汝楫《美国侵华史》第2卷，第600、602页。

③《英使华尔身致英国外交部》，见英国蓝皮书《1891年关于中国排外暴动的通讯》，第4页。

④《美国对外关系》，1891年，转引自卿汝楫《美国侵华史》第2卷，第602页。

⑤薛福成：《再论长江教案书》（光绪十七年八月二十二日），《庸盦全集》，《出使公牍》第4卷，第11页。

⑥《庸盦全集》，《出使日记续刻》第3卷，第8页。

⑦张之洞：《致宜昌方道罗镇裕守逄许令电》（光绪十七年八月十五日），《张文襄公全集》第136卷，第14—15页。

第二，人民群众自发地把反对外国侵略同反对镇压爱国运动的封建统治者结合在一起。1891 年 5 月，天津等地就贴出传单，号召人民起来，“消灭外国人，并进军北京，推翻现在的皇朝”[①]。同年 8 月，长江中下游一些哥老会首领先后在安庆、大冶举行会议，制订在长江沿岸武装起义的计划，决定 11 月间在沙市和安庆两地同时发动，并在汉口、黄州、樊口、黄石港、三夹、杨叶洲、武穴、九江、大通、南京、镇江、十二圩各轮船码头预备船只接应。后因船运武器被发现，高德华等哥老会首领遭捕杀，起义计划未得执行。但许多地区仍然发生反对外国教会和封建统治者的骚动和暴动。九江群众反对教会，官吏督兵镇压，士兵反戈相向，参加暴动群众行列。

第三，封建知识分子的反教会宣传，继续影响着群众。1890—1892 年间，湖南在籍候补道周汉等编印大量反教会宣传品，散播各地。其中《鬼叫该死》一种，据说在湖南便印了八十万册。外国侵略者和清朝地方大吏，都断言长江中下游的群众斗争是那些宣传品煽动起来的。德国公使巴兰德认为凌辱洋人的事，往往是在籍儒生为首。[②]长江一带人心不定，实由来自湖南的反教会宣传品“任便播散所致”[③]。美国公使田贝认为，《鬼叫该死》一书与粘贴告白，是滋事的根源。[④]英国公使欧格讷说：长江教案层见迭出，大半皆因周汉妄出谤书而起。[⑤]英国伦敦布道会华中区主持人杨格非认为，周汉和他官界的朋友，才是真正的罪犯。[⑥]张之洞也说，沿江各省教案纷起，皆由从湖南来的“揭帖散布鼓煽所致”[⑦]。这些说法的一个共同点，是极力缩小矛盾，以表面现象掩盖事件的真正原因。地主阶级知识分子的反教会宣传品，充满浓烈的封建气味，有的甚至像它所指责的教会宣传品那样，“悖谬绝伦”。但是群众在没有正确思想指引的情况下，要受到那些宣传品的影响，就是很自然的。

热河朝阳一带是蒙古族、汉族杂居地区，鸦片战争以前，天主教传教士就潜入

---

①《美国对外关系》，1891 年，转引自卿汝楫《美国侵华史》第 2 卷，第 600 页。

② 光绪十八年五月七日总署收德公使巴兰德函，《教务教案档》第 5 辑，第 1349 页。

③ 光绪十七年十二月十六日总署收德使巴兰德函，同上书，第 1333 页。

④ 光绪十八年三月十六日总署收美国公使田贝照会，同上书，第 1339 页。

⑤ 光绪二十一年九月初五日总署收英国公使欧格讷照会，同上书，第 1370 页。

⑥《1891 年中国的排外暴动》（英文本），上海 1892 年版，第 201 页。

⑦《扎岳常澧道荆宜施道严禁匿名揭帖》（光绪十七年七月十七日），《张文襄公全集》第 98 卷，第 23 页。

此地活动。后来天主教划热河为东蒙古教区，设主教府于朝阳县松树咀子村。至 1891 年，滦平、平泉、建昌、朝阳、围场等地建立的天主教堂已有二十多处，由法、荷、比利时教士管理。这些教士遇民教涉讼，必出面干预，袒护教民。1891 年夏初，建昌三十家子天主教民强向各铺“借粮”，枪杀社首，掳抢店铺。群众愤恨异常。朝阳建昌一带的土地山林，是蒙古王公贝子贝勒的封地。土地租给汉民耕种，剥削奇重。1891 年发生严重天灾，官吏横征暴敛如故。人民忍无可忍，武装起义，反抗外国教会和蒙古王公的残暴压迫剥削。

起义由金丹道教、在理教发动。金丹道教和在理教均是白莲教的分支，是遍布东北各省和直隶一带的民间秘密结社。参加者“士农工贾，所在多有”。起义的基本群众是租种蒙古贝子土地的汉族农民。金丹道教首领杨悦春（农民兼医生）称“开国府总大教师”。其余首领号为王、侯、军师、元帅、先锋等。起义军先占领敖汉贝子府，杀乌达盟长，接着又攻占朝阳。平泉、建昌、赤峰以及与朝阳接壤的奉天沿边一带的在理教和其他群众奋起响应。奉天的“马贼”，裁撤的散勇，也纷纷投入起义队伍，大小数十股，各有数百或数千人。旬日之间，共计达到数万人。大片农村地区均为起义军占据。他们所到之处，严厉打击蒙古统治者，焚毁天主教堂，劫狱毁署，抵击官兵。热河全境以及京师为之震动。清政府急派直隶、盛京、热河军队合力镇压。起义军以火铳、刀矛等武器，与握有洋枪的清军血战两个多月，大小数十仗。最后失败，杨悦春、李国珍等牺牲，起义群众被杀两万余人。

朝阳起义，使关内外人民受到鼓舞。直隶滦平、迁安、永平和奉天锦州发生了反教会的活动和暴动。

这一时期的反教会斗争，是在六七十年代反教会高潮被外国侵略者和清朝统治者镇压下去以后的新的高涨。地主士绅、封建知识分子在一些地区依然保持一定的影响。但他们的大部分活动是制作文字宣传，远离斗争的前线。地主武装团练多数站到了官兵一边，镇压群众。大足教案中，地方官向上司报告说：“现在县属绅团，非但不与匪勾连，并且均愿随同官兵径往攻捕。”[①]余栋臣一说是哥老会成员，长江中下游的斗争更出于哥老会有组织的活动。1891 年两江总督刘坤一报告清廷说：“安徽芜湖教堂被匪造谣焚毁后，江苏之丹阳、金匮、无锡、阳湖、江阴、如皋各属教堂接踵被毁……虽滋事情形轻重

---

①《近代史资料》1958 年第 1 期，第 124 页。

不一，要皆由于匪徒潜窜，捏造无根之言，煽惑愚民，聚众滋闹。”“此等造谣滋事之匪，极为诡秘，行踪飘忽，缉捕较难。”[①] 刘坤一认为长江中下游的反教会斗争是哥老会发动的。清廷谕旨也说，江苏、安徽、湖北、江西等省的“教案”，是“半由会匪从中主谋，游手之徒相率附和”[②] 而造成的。美国公使向国务院报告说：“他们都是反对外国人的。他们同时也是中国官吏所最恐惧的对象。”[③] 朝阳起义是金丹道教、在理教发起的。会党和各种民间秘密结社，在历史上曾经是城乡手工业者、破产农民、船工水手、码头苦力、江湖游民等下层群众反对官僚和地主的组织，现在它们开始成为反对外国侵略势力的组织者了。这是反教会斗争一个划阶段的发展。从多数的情况看，地主阶级已经退出、并极力镇压群众的反侵略斗争，新出现的资产阶级改良主义者害怕群众，在“教案”问题上，也与地主阶级、洋务派官僚采取同一立场。人民群众是反帝反封建的主力，在这里表现得非常突出。会党和各种秘密结社是中国封建社会的产物，它们在斗争中没有可能克服封建地主阶级传播的坏影响，使中国人民反对外国侵略势力的斗争在更高的水平上发展，当然更不可能解决如何动员和组织一切爱国力量，如何把反帝反封建结合起来，这样一些根本的问题。

---

① 刘坤一:《办结江苏镇江各属教案折》(光绪十七年八月初五日),《刘坤一遗集》第2册，第698页。

② 光绪十七年六月六日谕旨，见《教务纪略》卷首。

③《美国对外关系》，1891年，转引自卿汝楫《美国侵华史》第2卷，第600页。

第六章　甲午中日战争。帝国主义瓜分中国的活动

第一节　甲午中日战争

中法战争后十年，1894年，东方新兴的资本主义国家日本，又对中国发动了大规模的侵略战争——甲午战争。

日本资本主义其时正处在迅速发展中。1884年到1893年，公司资本从一亿一千五百多万日元增加到三亿零六百多万日元，工业公司和交通运输公司的资本从占全部公司资本的百分之四点三和五点九分别增至百分之二十五点五和二十九点五。[①]1892年，日本新式棉纺织厂已近四十家，有纱锭三十八万余枚。1890年因棉纱生产过剩，引起纱价暴跌，出现了第一次经济危机。第二年，日本纺织业资本家上书政府，要求取消棉纱出口税，以便向中国、朝鲜增加输出，显示出要求开辟国外市场的愿望。造船、铁道车辆工业，都出现了规模很大的制造厂。1893年煤产量达三百多万吨。钢铁工业落后，到1896年也建立起了八幡钢铁厂那样的大钢铁企业。

日本又是一个带有浓厚封建性的初兴资本主义国家。封建土地所有制依旧，西方列强继续享受关税协定等不平等权利。阶级矛盾、民族矛盾十分尖锐。地主向农民收取全部收获量的百分之六十到七十，农民缴纳的税捐占国家常年支出的百分之七十以上。大量自耕农破产，沦为佃农或者流落城市。资本家对工人的剥削惊人。1890年日本纺纱工人，男女平均工资为一角七分。女工最高工资相当于英国女工最低工资的十分之一，负担的劳动却非常沉重，每天工作十二小时。工农大众生活极端穷困，群众不断掀起反抗斗争。1890年到1893年间，许多地方发生抢米风潮，农民和城市贫民纷纷卷入，斗争中出

① 野吕荣太郎：《日本资本主义发展史》（中译本），三联书店1955年版，第66—69页。

现佃农农会和佃农同盟的组织。工人展开了一系列反对资本家的罢工。人民群众还进行了争取民主权利、维护国家独立和主权的斗争。他们要求言论自由，关税自主，取消西方资本主义国家在日本的领事裁判权。1889 年日本政府以天皇名义公布宪法。第二年举行议员选举，四千二百万居民中，有选举权的公民只四十六万人。资产阶级各派互相倾轧，争权夺利，在野党利用群众不满情绪进行倒阁活动，政府一再改组，政潮起伏，局势很不稳定。日本统治集团为了夺取工业产品市场，开拓原料基地，满足资产阶级的需要，和减缓国内阶级矛盾，转移群众反抗斗争的目标，加速走向对外扩张，积极准备发动侵略中国的战争。

1882 年朝鲜壬午兵变以后，日本军事首脑山县有朋提出扩充军备的意见书，扬言“欲能与世界各国对峙，保持国家体面，维持独立，则非保有强大兵力不可”①。同年，天皇下令扩充陆海军。1884 年，朝鲜甲申政变失败，日本决定加紧扩军，准备在朝鲜与中国作战。1890 年，日本军备改革完成，陆军拥有七个师团，现役兵五万三千人，后备兵二十五万六千人，海军拥有军舰五万一千吨。日本当权人物不断发出公开的或暗示的侵略战争的叫嚣。1890 年，山县有朋在第一届议会上发表所谓主权线和利益线的演说，把朝鲜和中国说成是日本的“利益线”。1892 年，外相大木竟公开教唆日本人要像明末骚扰中国沿海的倭寇一样到中国进行剽劫。1894 年 3 月外相陆奥宗光给日本驻英公使青木的信上说：国内形势日益紧迫，政府若不完成一个惊人的事业，便不能安定骚动的人心。但是，又不能无故挑起战争。朝鲜东学党的起义，给日本提供了进行侵略战争的口实。外相大隈重信发表煽动性的声明：“日本洗雪 1884 年所受耻辱的时候已经到来了。……如果善于利用目前独一无二的机会，日本政府就可以使帝国不仅受到朝鲜，而且同时受到世界其他国家的敬畏。”②一系列的事实表明，甲午战争，在日本方面是蓄谋已久，经过周密准备以后发动的。

美国、英国对日本的扩张，也给予鼓励和支持。美国积极打入朝鲜，并支持日本侵朝的活动。在美国政府扶助下，美国商业公司与朝鲜政府签订有

---

① 小山弘健：《日本帝国主义史》（中译本）第 1 卷，第 18 页。

② 麦克科陀克：《1894 年到 1900 年的英国远东政策》（R. S. McCordock，British Far Eastern Policy 1894—1900，New York，1931），第 88 页。

关沿海航行，砍伐森林，建立造船厂的合同。朝鲜政府特许美国企业家开采矿产。美国驻朝鲜公使福久，和在朝鲜政府中担任要职的美国人德尼、李仙得等，以维护朝鲜“独立”的朋友自居，挑拨朝中关系，煽动朝鲜统治者亲美、亲日。英、俄在远东一向对立。1884 年，担任朝鲜海关总税务司兼外务署协办的德国人穆麟德，怂恿朝鲜统治者投靠沙俄。朝鲜国王请求俄国派遣军事教官训练朝鲜军队，随后又表示愿意接受沙俄保护。俄国顾虑英国反对，不敢答应朝鲜的请求，但又企图取得永兴湾，在远东开辟不冻港。朝鲜统治者与沙俄的接近使英国深为不安。英国宁愿朝鲜为日本占有，而不愿为俄国占有。1885 年英海军突然强占巨文岛，建炮台，设兵营，修道路，企图久踞。俄国后来表示不占朝鲜领土，英国海军才从巨文岛撤出。英、俄两国此后在朝鲜一直保持着对峙的局面。1894 年 7 月，英国与日本在伦敦签订新的条约，开始改变以前与日本订立的不平等条约的性质。在此以后半个月，中日就宣战了。英国实际上是用这个条约支持日本对中国的侵略。准备就绪，环境有利，日本发动侵略战争的时间到来了。

甲午战争的过程

朝鲜是中国的近邻。中朝两国山川相连，呼吸相通。1894 年初，朝鲜南部爆发的秘密结社东学党领导的农民起义，在“除暴安良”“逐灭洋倭”等口号下，展开了反对封建统治者和反对外国侵略者的斗争。广大群众积极投入这个声势浩大的反抗洪流。英国传教士在其回忆录中记述当时群众踊跃参加斗争的情景说：“每天都有成千的人归附起义者，其中许多人早上还参加我们的集会，晚上就已在起义军队伍中了。他们的愿望和对美好的将来的期待是伟大的。它们打动了朝鲜人最敏感的心弦。”[①] 起义军击败朝鲜政府派去镇压的军队，6 月 1 日，占领全罗道首府全州。朝鲜统治者惊慌失措，请求清政府派兵协助镇压。清朝当局愿意支持朝鲜统治者，但对日本政府的态度有所顾虑。日本政府怂恿清政府派兵去朝，以便为自己出兵提供借口。6 月 2 日，日本驻朝使馆译员郑永邦奉命向清廷派驻朝鲜任总理通商交涉事务的袁世凯表示：“贵政府何不速代韩戡乱……我政府必无他意。”[②] 日本驻朝代理公使

① 李清源：《朝鲜近代史》（中译本），第 86 页。

②《北洋大臣来电》，《清光绪朝中日交涉史料》第 13 卷，第 7 页。

杉村和驻天津领事荒川分别向袁世凯和直隶总督兼北洋大臣李鸿章作出类似的表示，以引诱清政府落入日本预设的圈套。

李鸿章听信日本的保证，奏派直隶提督叶志超、太原镇总兵聂士成率淮军一千五百人赴朝，6月9日、11日先后分批到达，驻扎汉城西南二百余里的牙山县。1885年，李鸿章与日本首相伊藤博文订立中日《天津会议专条》，规定以后朝鲜若遇有变乱重大事件，中、日两国或一国要派兵，须互相通知。清政府照规定，于6月6日通知日本政府，并确切声明，一旦朝鲜局势安定，立即将清军撤回中国。

日本侵略者已经抢先采取行动。清军出动前，日本内阁于6月2日通过决议，以保护侨民为名，出兵朝鲜。当晚，陆奥与参谋次长川上操六议定派日军七八千人去朝，以便在朝鲜取得主动权。①6日，日本政府正式下动员令，设立作战大本营，陆海军大臣，陆军参谋总、次长，海军军令部长在大本营中担任要职。9日，日海军陆战队四百余人，以卫护驻朝日使大岛圭介回任为名，在仁川登陆，直趋汉城，接着大队日军在混成旅团长大岛义昌统率下，陆续拥到朝鲜。到13日止，在仁川登陆的日军已有八千人，实力远在清军之上。

清政府接到日本出兵的消息，大为慌张。李鸿章向日本声明：清军去朝是应朝鲜政府的邀请，而朝鲜政府并未要求日本出兵。如果日本政府派兵去朝，人数不可多，不要入朝鲜内地，以免中日军队发生冲突。②日本政府复照，断然拒绝中国的要求。其中说，日本出兵朝鲜，除遵照中日《天津会议专条》行文知照外，日本政府“唯行其所好而已”。至于日军的多少和在朝的行动，绝对不受中国政府的约束。“至谓或有意外之事一节，本国军律森严，断不碍及华兵，惟望贵国统将亦共留意”③。清政府为避免冲突发生，又建议中、日两国军队同时撤出朝鲜，再一次遭到日本的拒绝。日本为了达到侵占朝鲜的目的，向清政府提出日、中两国共同监督朝鲜改革内政的无理要求，其主要内容为两国各派委员若干名，调查朝鲜财政，淘汰中央及地方政府的官吏，设置警备兵力等等。日本预料清政府不可能接受这个共管朝鲜的计划，

---

① 见信夫清三郎：《陆奥外交》，东京，1935年版，第169—170页。

②《北洋大臣来电》，《清光绪朝中日交涉史料》第13卷，第9页。

③ 姚锡光:《东方兵事纪略》第1卷，载中国史学会主编《中国近代史资料丛刊·中日战争》（以下简称《中日战争》）第1册，第13页；参见陆奥宗光《蹇蹇录》第二章。

6月15日，内阁会议作出决定：不问与中国商议成否，不见实际结果，决不撤回在朝鲜的军队，中国如不赞同日本提案，日本必须独立担任，使朝鲜政府实行内政改革。[①]陆奥宗光在其回忆录中说：所谓改革内政问题，原是为了解决中、日间错综复杂的难局的一种办法。“万一终不能调和，则毋宁索性借此时机使其破裂”[②]。十分明显，改革朝鲜内政，是日本向中国挑衅的一个借口。6月26日、7月3日，驻朝日本公使面见朝王，提出朝鲜内政必须实行改革和改革的具体意见五条。朝鲜在日本大力压迫下，同意实行改革，但要求由朝鲜政府自行办理。7月17日，日公使馆照会朝鲜政府，说那样的答复等于拒不接受要求。日本准备照自己的意愿独立执行。

日军大规模侵入朝鲜，暴露了日本的极大侵略野心。中国国内舆论和在朝鲜的清军将领，一再要求清政府增派援军赴朝，扭转军事上的被动地位。李鸿章却首先寄希望于外国的调停，梦想利用第三者迫令日本同意撤兵。6月20日，他向俄国公使喀西尼提出请俄国劝告日本撤兵。喀西尼认为这是一个可借以抬高俄国在远东地位的机会，向李鸿章表示：俄韩近邻，断不容许日本妄行干预，如果日本不接受撤兵劝告，俄国将采用“压服之法”[③]。李鸿章一面又与英国驻天津领事接触，要他转告欧格讷说：“此好机会，勿任俄着先鞭。”要求英国派海军铁甲快舰十余艘去横滨强令日本撤兵。[④]日本不接受俄国撤兵的劝告，但向俄国作了虚伪的保证，表示日军决不先向清军发动攻击。俄国于7月9日通知李鸿章：俄国只能以友谊力劝日本撤兵，未便用武力强制。至于朝鲜内政应革与否，俄国不愿与闻。[⑤]英国不但拒绝出面干涉，反而劝告清政府让步，接受日本的侵略要求，以避免战争发生。在欧格讷的催促下，总理衙门与日本公使小村寿太郎举行谈判。日本表面敷衍英国，对谈判根本没有诚意。7月14日，小村向总理衙门提出强硬照会，指责清政府要求日本撤兵是“有意滋事”，声明“嗣后因此有不测之变，我（日）政府不任其

① 陆奥宗光：《蹇蹇录》，见陆奥广吉编《伯爵陆奥宗光遗稿》，东京，1929年版，第313页。

② 同上，第323页。

③《北洋大臣来电》（1894年6月21日、6月25日），《清光绪朝中日交涉史料》第13卷，第20、24页。

④ 姚锡光：《东方兵事纪略》第4卷，见《中日战争》第1册，第73—74页。

⑤《北洋大臣来电》，《清光绪朝中日交涉史料》第14卷，第14页。

责”。[①] 英国这时也就不过问了。

李鸿章对日本的一再退让，引起国内舆论的强烈不满，要求奋起抵抗侵略。日本又步步进逼，军机处、总理衙门一些官僚也认为外国的调停未必成功。从 7 月初起，清政府一再令李鸿章准备万一，以防日本发动战争。7 月 12 日，户部尚书翁同龢、礼部尚书李鸿藻被派参预军机大臣、总理衙门大臣会议，翁、李两人都反对李鸿章对日本退让。他们参加会议后第二天，清政府下了一道严峻的命令，指出战争势不可免。要李鸿章“断不可意存畏葸”，如果再次顾虑不前，贻误事机，“定惟该大臣是问”。[②]

李鸿章在清政府切责下，将驻扎天津附近的盛军卫汝贵部六千余人，驻防旅顺后路的毅军马玉昆所部二千人以及奉军左宝贵部马、步八营，丰升阿部奉天盛军六营从陆路开赴平壤，另调天津练军二千余人雇英国轮船从水路运往朝鲜，增援驻扎牙山的清军。

插图 27：中国运兵船高升号被日舰击沉（日本画家笔下的海战景况）

（采自日本《风俗画报》临时增刊，第 78 号，东京，1894 年 9 月）

7 月 23 日，日军占领朝鲜王宫，成立以大院君李昰应为首的政权，迫令宣布废除中朝间所有条约，“授权”日军驱逐在朝清军。两天后，日本海军在朝鲜牙山口外丰岛对中国海军进行突然袭击。中国军舰“济远”战败退却，

①《日本使臣小村照会》，《清光绪朝中日交涉史料》第 14 卷，第 32 页。

②《军机处电寄李鸿章谕旨》，同上书，第 35 页。

“广乙”中炮重伤，“操江”被劫走。日舰又强迫运载北塘防兵的英轮“高升”降服随行。船上士兵坚决不从，宁愿葬身于波涛之中。他们临危不惧，表现了不怕牺牲的英雄气概。“高升”号被击沉，船上士兵七百余人死难。

丰岛海战的同一天，日陆军从汉城出发，偷袭牙山清军。当时清军已撤离牙山，聂士成率一千五百人扼守位于牙山东北五十里的成欢驿，叶志超率余军驻扎公州，为聂士成军后援。成欢驿左右靠山，前临大河，河两岸全是水田沼泽，宜于防守。28 日夜间日军分两路发起攻击。右翼步兵正面佯攻，吸引清军；左翼步、炮、骑兵，迂回包抄，攻击清军后方及侧面。聂士成抗击正面敌军，击毙日军官兵多名，没有防备敌人后方进攻。29 日聂军战败，退往公州，叶志超已先弃公州率军北逃。为避免同日军遭遇，清军一路迂道远行，到 8 月底才到平壤。叶志超掩饰败逃，捏报牙山大捷。沿路以少胜多，击退敌军。在李鸿章的庇护下，他不仅没有受到惩处，清政府反而拨出赏银二万两，并任命他为平壤各军总统。

丰岛、成欢驿的交战是小规模战斗，中国海陆军损失不大，但对后来的战事有相当的影响。在李鸿章的失败主义指导下，北洋海军从此不敢再到大同江以南的海面去巡行，任令广大海域由日舰纵横出没，把制海权拱手让给敌人。这不仅便利敌人源源不绝地将兵员、军需物资运往朝鲜，并且挫伤了中国广大官兵的锐气，对后来的作战极为不利。

8 月 1 日，清政府对日本宣战。中国为阻止日本侵略朝鲜，为自卫而战，是正义的反侵略的战争。清政府命令李鸿章严饬在朝清军迅速进攻，并调集大军增援。

8 月初，卫汝贵、左宝贵等四部共一万四千多人先后到达平壤。平壤是朝鲜旧都，东濒大同江、北依牡丹台，形势险要。清军到达后，平壤居民夹道欢迎，争献茶浆慰劳。清政府不置统将，在朝将领人各一心，互不统属。叶志超闻敌即逃，被任为各军总统，各将领心怀不满，不服调度。清政府一再督促清军进攻汉城日军，叶志超等怯懦畏战，故意夸大敌军数字。先是说，战兵要有二万余人，后路、守口各兵须万余人，等到兵齐后，才能前进；[①] 后来又说，陆军劳费万端，必有四万余人，厚集兵力，分布前敌后路，或者可

① 《北洋大臣来电》，《清光绪朝中日交涉史料》第 17 卷，第 12 页。

以无虞。[①]一万多军队聚于平壤，在城内外筑垒防守，他们既不派兵侦敌，收集情报，也没有布置远局，择要分屯，却把平壤以南的广阔地区，弃置不顾。坐待敌人来攻。

日军作出进攻平壤的周密部署，采用分进合击的战术，准备给平壤清军以致命打击。9月初，日军万余人分路前进。大岛义昌率混成旅团五千余人，大事张扬，从正面攻击。师团长野津道贯统率大队，立见尚文少将统率朔宁支队，分别偃旗息鼓，偷袭平壤西南和北面。佐藤大佐率领支队从东海岸的元山出发，包抄平壤清军后路。后三路日军，严守秘密，以免清军发觉。9月12日，大岛混成旅团到达大同江东岸，从12日到14日，连日发起佯攻，吸引清军专防东路。

平壤清军划分的防区是：左宝贵等奉军守北城玄武门，叶志超守西门，卫汝贵所部盛军守西南门及南门，马玉昆部毅军守东门及大同江东岸，叶志超居城中调度策应。他们把主力军分布于东门及大同江东岸，特别重视通往汉城的大道。15日清晨，四路日军发起猛攻。东路战斗非常激烈。马玉昆军扼守大同江东岸，拼死抵拒，士兵肉搏应战，奋勇杀敌。卫汝贵部渡江支援，大同江西岸炮台守军配合作战，发炮轰击。据日本官方记载，东路战斗中日军将佐以下死者约一百四十名，伤者约二百九十名[②]，大岛义昌也在其内。自清晨四时激战至午后，清军迫使敌军伏地不敢抬头，最后日军败退。北路战斗也极为激烈。左宝贵曾遣兵三营到大同江上游防敌。叶志超因东路日军逼近，下令调回。敌军顺利偷渡大同江。15日，日朔宁支队、元山支队联合进攻北城。左宝贵亲自登城指挥，士兵拼死奋战。敌炮兵占领附近山头，居高临下，发排炮轰击清军，平壤北门外炮兵阵地相继失守，制高点牡丹台也为敌军攻陷。左宝贵中炮战死，营官多名力战牺牲，玄武门失守。日军大队攻平壤西南门，卫汝贵部继续抵抗。玄武门失守后，叶志超立即下令撤军，夜间率诸将弃平壤逃走。清军后路先已被日军元山支队切断，突围时溃不成军，士兵二千余人遭伏击牺牲，六百余人被俘，炮四十门，枪万余杆和大批粮饷都留给了敌军。叶志超仓皇北逃，路过安州、定州等险要地区都弃而不守。残兵败将一万余人于9月底先后渡鸭绿江撤回国境。敌人轻易地侵占了全朝鲜。

---

①《北洋大臣来电》，《清光绪朝中日交涉史料》第19卷，第9页。

② 日本参谋本部编：《日清战史》第2卷，东京，1904年版，第172页。

插图 28：北洋海军旗舰定远号

（采自日本《近代百年史画报》第 6 集，第 469 页）

平壤战败后两天，中、日舰队在鸭绿江口发生猛烈海战。

9 月 16 日，海军提督丁汝昌率领北洋舰队护送增援平壤的铭军刘盛休部四千人，到达大东沟。17 日午前返航旅顺途中，日舰十二艘，组成一字竖阵队形来袭。中国军舰定远、镇远等十舰作人字形阵迎战。定远、镇远两铁甲舰居人字顶部，其他各舰分列两翼。丁汝昌乘坐的旗舰定远号发出第一炮，舰上飞桥就被震断，丁汝昌从桥上坠落负伤，右翼总兵兼定远管带刘步蟾代替指挥作战。日舰先攻中国舰队右翼，扬威、超勇中炮起火沉没。致远负重伤，弹药用尽，管带邓世昌鼓轮猛撞敌舰吉野，中途中鱼雷沉没，全舰二百五十人壮烈死难。经远管带林永升力战殉职，全船官兵二百七十人奋战到最后，英勇牺牲。济远管带方伯谦、广甲管带吴敬棠贪生怕死，从战斗中脱逃。中国连后来赶来参战的大小舰艇共十三艘，两舰逃走，一舰被逃走的舰只撞毁，三艘被

插图 29：邓世昌像

（采自《中国近代史参考图片集》中集，第 62 页）

敌人击沉，其余七艘受伤轻重不等。日本旗舰松岛号中弹累累，死伤一百余人，赤城号舰长丧命，比叡、西京丸亦受重创。海战经历五小时，日舰先退，北洋舰队驶回旅顺。

黄海大战中双方力量相当。日舰驶速高、快炮多占优势，而定远、镇远两铁甲舰，船坚炮巨，为日舰所惧惮。中国士兵顽强战斗，表现了勇敢无畏的精神。一个亲历这次战斗的外国人记载：定远旗舰上的巨炮喷着火焰和硝烟。将炮弹猛射出去。水兵们严肃、乐观，他们当中丝毫没有恐惧的形迹。一个水兵受了重伤，裹着绷带而且局部残废，仍在专心致志地作战。[①]北洋海军提督丁汝昌是李鸿章的心腹。当时人说他“畏葸无能，巧滑避敌，难胜统带之任”。军舰平时失修，炮弹奇缺，军官生活腐化，纪律废弛。全凭一些有爱国心的将领和广大士兵不怕牺牲，英勇战斗，才竭尽所能打击了敌人，把战斗坚持到最后，直到迫使敌舰退却。

黄海海战中国失船较多，但也只是小败。李鸿章为保存实力，故意夸大败迹。他报告清政府说：北洋海军“快船快炮太少，仅足守口，实难纵令海战”[②]。他严令北洋舰队躲藏在威海港内，不准出海迎敌。使日本取得制海权，并造成以后中国海军关门挨揍、俯首降敌的结局。

平壤溃败后，清政府任命四川提督宋庆为帮办大臣，奉天东境各军，除黑龙江将军伊克唐阿所部外，都归其节制。清军沿鸭绿江西岸布防。宋庆毅军、聂士成所部淮军、刘盛休铭军及原由卫汝贵统率的盛军，防守九连城至安东一带江面，奉军丰升阿、聂桂林等守安东至大东沟一线，长甸至蒲石河由奉军倭恒额部防守，鸭绿江上游则由伊克唐阿军守卫。10月24日日军小队由水口镇偷渡鸭绿江，倭恒额军不战退走。第二天大队日军由九连城对岸渡江，聂士成军接战失利，其余各军相率惊溃。日军占领九连城、安东，夺获大炮七十余门，来复枪四千余支，其中有未用过的克虏伯炮和没有启箱的机关枪。宋庆弃凤凰城北逃。山县有朋任司令官的日本第一军以九连城为大本营，分路窜扰，向西、向东北侵犯，占领长甸、宽甸、岫岩等地，其目的在牵制清军；掩护第二军登陆，进攻金州、大连、旅顺。

---

① 泰莱：《甲午中日海战见闻记》（W. F. Tyler, Pulling Strings in China, London, 1929），第54—55页。

② 《据实奏陈军情折》，《李文忠公全书》奏稿，第78卷，第61页。

日本第一军渡鸭绿江入侵的同一天，第二军在陆军大臣大山岩的率领下，在辽东半岛东岸花园口登陆，抄袭旅顺，大连后路。旅顺是北洋海军根据地，从1880年开始兴建，设有大船坞，新式海岸炮台，陆路炮台几十座，置炮数百门。大连修建也已六年，有海岸、陆路炮台六座，置重炮二十余门，阵地坚固。旅顺有守军姜桂题、徐邦道等三十多营，一万余人。大连有铭军分统赵怀业军六营。日军从海上正面进攻旅顺，必定要付出很大代价。它照例采取迂回包围，截断后路的办法，从陆路夺取旅顺、大连。10月下旬，日军在花园口登陆，运输炮马辎重，历时十二日，清军没有前往阻击。11月2日，敌军到貔子窝，总兵徐邦道倡议出兵迎战，保护后路，并亲率所部到金州御敌，其他将领贪生怕死，推诿不前。5日，日军分两路猛扑金州。徐邦道战败退回旅顺，金州于6日失陷，旅顺、大连后路被截断。李鸿章事先毫无布置，事后推卸责任，说他是知道防守金州重要的，但没有力量去做。第二天，日海陆军联合进攻大连。守将赵怀业于前一天逃往旅顺，兵勇溃散，日军不战而占领大连，夺得大炮一百二十余门，子弹三千二百余万发，其他马匹、粮食、军用品无数。

插图30：日军抬着尸体离开旅顺附近的土城子

（采自Jukichi Inouye，The Japan-China War: On the Regents Sword，东京，1895年，图版12）

日军在大连休息十天后，向旅顺进攻。徐邦道所部与敌骑兵在土城子遭遇，迎前奋战，将日骑兵截成数段。敌步兵赶来救援，又被包围。日军苦战突围，徐军追杀至双台沟。20日徐邦道又与大队日军交战失利，退回旅顺。其他将领毫无斗志，不加援救。总办旅顺船坞工程、会办北洋营务处道员龚照玙逃往烟台，其他将领纷纷潜逃。22日，日军攻陷椅子山炮台，各台守军相继溃散。日军占领旅顺，夺得的军火武器仅大炮一项，即有三百六十门。清政府经营十五年，化费千万巨资建成的包括当时东亚最大船坞在内的旅顺军港，就这样为日本毫不费力地占领了。日军占领旅顺，兽性大发，野蛮地屠杀当地居民。英国人艾伦和美国人克利尔曼是这次暴行的目击者。艾伦记述日军在船坞附近的大水池残杀中国居民的情况："一大群日本兵围在水池的四周，将大批难民推入水池。日本兵四面八方向他们射击，用刺刀迫使那些挣扎着出来的人退回水池。水上漂满尸体，池水被鲜血染红。士兵们大叫大笑，仿佛要以复仇的狂欢吞没受难者的苦痛声音。看到那些人在激荡的水面上挣扎的样子，实在令人心悸。那些还活着的人竭力想从死尸堆里解脱出来，忽儿很快沉下去，但又不时探出头来，使尽最后一点力气，在血水里游动，发出求救和饶命的呼声。但这些呼喊却被围在四周的魔鬼所嘲弄。这些人中间有不少妇女，我看见其中之一举着幼童，挣扎向前。她高举小孩，像是向士兵求救似的。当她靠近池边时，一个恶魔用枪刺把她刺穿。她倒下后，第二下又把小孩劈死，用枪刺将看来才两岁的小孩的尸体高高挑起。这个妇人站起来，猛力去抢夺小孩，显然因力尽死去，重新倒入池中。她的尸体被剁成碎块——实际上凡是他们能够得到的每一个人都被剁成碎块。他们又把一大群新抓来的受难者赶入池中，直到池里几乎不能再容纳人为止。"① 克利尔曼是随同日军进入旅顺的《纽约世界报》记者，他说："日本人见人就杀。跪在街上乞求饶命的非武装人员被枪杀、刺死或砍头。……这个城市从这一头到那一头都遭到掠劫，居民在他们自己家里被杀害。""只有用来掩埋尸体的中国苦力才从这场大屠杀里幸存下来。"② 日军在旅顺的暴行，充分暴露了日本侵华战争的军国主义性质，同时揭穿了第二军司令官不杀俘虏、不杀居民的宣言的虚假。日本外相陆奥宗光硬说在旅顺被杀的只是脱掉军装、身藏武器

---

① 艾伦:《在龙旗下》(J.Allen，Under the Dragon Flag，London，1898)，第79—80页。

② 克利尔曼:《走向伟大之路》(J. Creelman，On the Great Highway)及《纽约世界报》1894年12月11、20、23、24日的报道，转引自多华特《辫子战争：美国在中日甲午战争中的卷入》(J. M Dorwart. The Pigtail War: American Involvement in the Sino-Japanese War of 1894—1895，U.S.A.，1975)，第108页。

的中国士兵，完全是一派谎言。日本侵略者的残暴行为受到全世界公正舆论的谴责。

插图 31：日本随军画家笔下的日军进入旅顺市街情景
（采自日本《近代百年史画报》第 6 集，第 477 页）

日军占领旅顺，随即策划进攻威海卫，消灭北洋海军。威海卫是北洋海军第二个根据地，与旅顺军港拱卫着渤海湾的入口。它的南北两岸像一双巨臂环抱着海港。南岸有南帮炮台三座，置炮十三门，南帮后路有陆路炮台四座，炮十二门。北岸有北帮炮台三座，炮十二门，后路有炮台二座，炮八门。港口的刘公岛及其东北的小岛日岛有炮台五座，设重炮、地阱炮十二门。这些炮都是最新式的。绥巩军统领戴宗骞率军四营驻守北帮炮台，分统刘超佩率军四营守南帮炮台。刘公岛则有护军统领张文宣统兵二营驻守。港内有铁甲舰、巡洋舰七艘，炮舰、练船八艘，鱼雷艇十三艘。李鸿章命令海军死守港内，不准出击，坐待敌人进攻。1895 年 1 月 20 日，日军出动二万人，仍采取包抄后路办法，在荣成县成山头登陆。黑木率第六师团走北道攻南帮炮台，佐久间率第二师团走南道攻北帮炮台，又以军舰二十二艘，鱼雷艇十九艘封锁威海港口。30 日，日陆军进攻南帮炮台，敌舰助战。南帮炮台守军英勇抵抗。港内海军发炮支援，激战后炮台失陷。赵北炮台经海军自行击毁，其余炮台为敌人占领。南帮炮台失守后，北帮炮台守军逃走。丁汝昌率海军破坏炮台内大炮。2月2日，日军占领北帮炮台。

插图32：日军在荣成县成山头登陆情景

（采自川崎三郎《日清战史》，东京，1897年，第5卷，卷首）

南、北帮炮台陷敌后，日海军加紧封锁威海，又利用南帮炮台大炮，轰击港内军舰。北洋海军遭到水陆夹攻，陷入绝境，避于清军还驻守着的刘公岛西口。港内军队再加上刘公岛上炮台的配合，全力突围，是最后一条出路。但军官们宁愿降敌，不肯下这个决心。日本鱼雷艇潜入港内，定远、来远、威远、宝筏、靖远各舰先后被鱼雷击中沉没。北洋海军中的洋员海军副统带英国人马格禄以及美国顾问浩威，勾结中国官员，胁迫丁汝昌献船投敌。丁汝昌于2月17日服毒自杀。与丁汝昌先后自杀的有海军总兵刘步蟾，威海守将戴宗骞、张文宣等。丁汝昌自杀后，浩威起草投降书，以丁汝昌名义，由广丙管带程璧光向日舰队司令伊东祐亨投降，将镇远、济远、平远、广丙等军舰及大批军火、物资拱手送给敌人。洋务派、李鸿章耗费无数金钱、大事渲染的庞然大物北洋海军，就这样可耻地全军覆没了。

旅顺陷落后，盘踞安东、岫岩的日第一军四千余人，在第三师团长桂太郎率领下，西犯海城，守将丰升阿等弃城逃走。海城失守，奉天府城受到威胁，辽西震动。宋庆率毅军、铭军等万余人反攻，不克。12月底，日第二军八千余人由第一旅团长乃木希典率领，从金州北犯盖平。盖平守将章高元率军英勇抵抗。营官杨寿山、李仁党力战阵亡，淮军统领张光前接战不力，率先退走，盖平沦陷。日本第一军、第二军会合，据守盖平、海城一线，待机进攻。前线淮军作战一再失利，清政府于平壤溃败后，即开始对湘军抱着希望。湘军旧将前新疆布政使魏光焘、江苏按察使陈湜、候补道李光久等，先后奉命募勇援辽。1894 年 12 月 28 日，任命湘系军阀首脑两江总督刘坤一为钦差大臣，节制山海关内外各军，随后又命宋庆和自请从军的湖南巡抚吴大澂于 1895 年 1 月底率湘军出关，刘坤一随即到山海关指挥。这时关外清军约八万人，浩浩荡荡，声势不小。清政府天天等待捷报。刘坤一等的布置是首先收复海城。2 月 28 日，吴大澂率所部魏光焘、李光久等军与吉林将军长顺、黑龙江将军伊克唐阿会攻海城，宋庆率军三万人，据守太平山要冲以为声援。日军采取声东击西战术，佯攻辽阳。辽阳知州徐庆璋告急，伊克唐阿撤军东去援救。3 月 3 日，日军大队乘间出原伊克唐阿军防地，包抄偷袭牛庄。牛庄为湘军后方根本、仅留一营人驻守，魏光焘等闻讯回救，全被围于牛庄市内。士兵据民房苦斗，死伤被俘三四千人，魏光焘、李光久等突围西走，牛庄储存的大批枪械、弹药、马匹、粮食全被日军掳去。宋庆放弃营口，退守田庄台。7 日，日军入营口，获得大炮四十五门，兵船、小火轮三艘。9 日，日军分路突击田庄台，宋庆仓卒应战，日军四处纵火，清军不及退走，被烧死、杀死二千余人。六天内连失牛庄、营口、田庄台，清军兵败如山倒，不可收拾。前线指挥大员吴大澂抢在部队前面一路逃之夭夭，同宋庆等人退到锦州、石山站。这是继平壤、九连城以后的陆军又一次大溃败。

3 月 23 日，日本海军掩护混成支队在澎湖文良港登陆，守将周镇邦不战而逃，都司刘思良战死。26 日，澎湖列岛沦陷。

日本侵略军大举杀入奉天境内，中国人民群众自发投入保家卫国的斗争。辽阳、岫岩、凤凰城一带群众，在辽阳知州徐庆璋支持下，组织民团抗敌。一时周围七八百里地区，几乎“无民不团”。岫岩东南的桂花岭，居民多为挖煤工人。“连村数十，自练乡团，贼来犯之，乡团极力堵御，以抬枪毙敌无算”①。自 1894 年 11 月中旬以后，与日军相持很久。猎户李樾、徐万润率猎户二千人，加入黑龙江将军伊克唐阿的部队，后来参加会攻海城和保卫辽阳

① 易顺鼎：《盾墨拾余》，《中日战争》第 1 册，第 113 页。

的战斗。辽阳州民团，协助聂士成、陈湜军，扼守大高岭，连续奋战。使敌人不敢占领辽阳。吉洞峪民团，多次击败日军，对保卫辽阳做出了贡献。奉天东边道一带民团，协助清军收复宽甸、长甸。农民、手工业工人缺少武器，他们拿着锄头、板斧等与日军搏斗，少年儿童投毒杀死敌兵。金州城南三道沟塾师阎士开拒绝给日军带路，敌人以死相威胁。阎士开大义凛然说，我是一个堂堂的中国人，岂能当你们倭寇的走狗！清军逃跑了，群众自发的反抗斗争打击了侵略军的气焰。

中国军队的装备与日本相比，差距有限。北洋海军的铁甲舰、巡洋舰多购自英、德，是当时先进的军舰。北洋陆军共三四万人，装备精良，号称全国第一支“劲旅”。刘坤一率领出关的湘、楚、皖各军不如北洋陆军整齐，装备训练，在国内也是较好的。数量上，中国军队比日军占着显著的优势。就是这样一支庞大的武装力量，在日本侵略军进攻下，竟然显得不堪一击。这集中说明代表封建地主阶级和买办阶级的清政权极端反动腐朽，根本没有可能保卫中国领土主权，没有可能保卫中国民族利益。军事上的大失败，正是这个政权卖国主义反动本质的又一次大暴露。战争开始不久，一些御史言官谴责战争不力，集中攻击李鸿章，把战败乞和说成仿佛是他一个人造成的，这自然只接触了事情的表象，而且等于替那拉氏为首的整个清政权洗刷罪责。但李鸿章在战争的决定性阶段中，掌握军事大权，始终参与外交决策。他的基本方针和态度，实际上也就是清政权的基本方针和态度。因此，从他的种种活动，又最足以了解清政权的本质，最足以说明战争失败的根源。

李鸿章早就发明过一种理论，它的实质是，当外国侵略者打进来的时候，与其抵抗，不如乞和，与其战胜，不如失败，早日了结。甲午战争中，他就是抱着这种态度对待战争的。1894 年 6 月，日军在仁川登陆已达八千人，运到大批作战物资。丁汝昌来电报告，李鸿章认为日本并未与我开衅，只要戒饬中国船舰水手不要上岸惹事就行了。驻日公使汪凤藻电告李鸿章，说日本打算用武力实现侵略目的，中国宜厚集兵力暗中加以阻止。袁世凯也报告说，应迅速调水师严备，并续调陆军。在朝清军将领叶志超等更一再发出增援的呼吁。李鸿章批评汪凤藻“急率”，指责海军总兵林泰曾请备战守是“胆怯张惶”，要叶志超“坚持约束，以待后命”。他电告总理衙门说：“我再多调，日亦必添调，将作何收场耶？”[①]7 月 22 日，“济远”“广乙”护送“高升”号运兵前往牙山。事先得到情报，日舰将出动拦截。丁汝昌准备派海军大队接应，已经升火起锚。李鸿章下令阻止，并斥责丁汝昌，“吾用汝不着”[②]。日军占领朝鲜王宫后，战事迫在眉睫，李鸿章令叶志超等“静守勿动”，要官兵相信所谓万国公法，说什么“我不先开仗，彼谅不动手”，“谁先开仗，即谁理绌”；[③] 用以解除将士的警惕。日军从花园口登陆，直奔金州。驻守大连的徐邦道，以为金州有失，旅顺难于防守，请分兵救援。李鸿章颠倒黑白，斥之为“糊涂胆小”，说什么徐邦道对金州“无守城之责”，要他的部下“各守营盘”。[④] 金州失守，丁汝昌怕旅顺陷落，自己罪在不测，亲到天津见李鸿章，请自率海军全力营救。李鸿章怒骂说：“汝善在威海卫守汝数只船勿失，余非汝事也。”[⑤] 御史安维峻揭发，北洋海军覆灭以前，李鸿章一直是“闻败则喜，闻胜则怒”，希望速败速和。李鸿章千方百计阻止自己指挥下的将士积极作战，也极力排斥北洋系统以外的军队参与战事。战争初起，清政府打算调前湖北提督、皖军程文炳北上，募勇参战，李鸿章断然拒绝。理由是程文炳一向隶属皖军，天津等地新募各营统领，皆淮军旧将，程文炳不可能统带。其后清政府据刘坤一的推荐，起用湘军旧将陈湜、魏光焘等。李鸿章向人表示：这些人“各募勇十营北来，多不中用”[⑥]。他显然不同意别人参战，不过这时不便公开反对了。刘坤一被授为钦差，节制关内外各军，他知道李鸿章必定阻碍作梗，具折固辞，只愿统率湘军二三十营，“独当一面”。李鸿章果然认为刘坤一无法指挥前敌各军，表示“岘帅（刘坤一字岘庄）一时不出京，即出亦难调度”[⑦]。这一次，李鸿章是说对了。刘坤一并没有指挥打过一仗。有人说他“顿兵于关门而毫无振作”[⑧]。“驻山海关，一日讹言倭兵至，坤一惧而三徙，其怯谬如此”[⑨]。刘坤一是洋务派的另一个首领，在对外作战中走

---

①《李文忠公全书》电稿，第 15 卷，第 44—52 页。
②《冤海述闻》，《中日战争》第 6 册，第 80 页。
③《复叶提督》，《李文忠公全书》电稿，第 16 卷，第 14、25 页。
④《寄大连湾赵统领等》，《李文忠公全书》电稿，第 18 卷，第 22 页。
⑤ 姚锡光：《东方兵事纪略》第 4 卷，《中日战争》第 1 册，第 69 页。
⑥《复叶总统》，《李文忠公全书》电稿，第 17 卷，第 5 页。
⑦《复周臬司》，《李文忠公全书》电稿，第 19 卷，第 33 页。
⑧ 余联沅：《大局难支请饬枢臣妥筹善策折》，《清光绪朝中日交涉史料》第 35 卷，第 6 页。
⑨ 文廷式：《闻尘偶记》，《中日战争》第 5 册，第 496 页。

的也是投降道路。不过这次他接手的时候，决定性的战事大部分过去了。在整个战争过程中，李鸿章的所作所为，都表现出他始终坚守一条方针：彻底的投降主义，卖国主义。

平壤溃败不久，给事中余联沅沥陈李鸿章六大罪状，说他以投靠洋人得功，终身不肯改变。此次战事一起，就胸存求和成见，并无战志。天津人传说“即其所亲附者亦无不以秦桧目之”[①]。不过余联沅没有可能懂得这个近代秦桧的阶级基础是什么。买办资产阶级的政治代表洋务派，这时是清政府的主要支柱、当权派。近代秦桧李鸿章的作为，体现的正是买办资产阶级的性格，在很大程度上也就是清政权的性格。甲午战争惨败的根源就在这里。

清政府对日乞和与统治集团内部在和战问题上的争论

中日宣战到平壤、黄海战役以前，中国表面上处在抗日高潮时期。战争的胜负尚未定局，那拉氏、李鸿章、军机大臣如孙毓汶、徐用仪等投降派在国内抗日舆论的压迫下，不敢公开进行求和活动。日军正在长驱直入，李鸿章完全没有可能使日本接受谈判，停止战事。西方列强只在一边注视局势的发展，“调停”也暂时中止了。但这个时期是很短暂的。9月底，眼看日军就要大举窜入中国东北地区，形势紧张。不少官员认为主持总理衙门的庆亲王奕劻贪鄙无能，不足以应付时局，要求起用十年前被废黜的富有“洋务”经验的奕䜣。那拉氏乐得拿奕劻作为替罪羊，解除职务。9月29日，命奕䜣在内廷行走，管理总理衙门，并添派总理海军事务，会同办理军务。

奕䜣本是洋务派最早的首领。中法战争以前，清政府一系列丧权辱国的对外交涉，他都是经手者。过去十年间受到排斥，自然很不满意，不过那种宫廷内部矛盾，决不足以改变一个洋务派贵族官僚的基本立场。奕䜣一上台，马上就与李鸿章一起，开始妥协求和活动。10月初，奕䜣授权赫德（当时英国公使欧格讷不在北京）与英国政府联系，请英国联合美、俄、法、德等国，出面调停战事，阻止日本向中国东北进兵，清政府愿意与各国共同保证朝鲜独立或中立。据赫德记载，孙毓汶、徐用仪向他乞求，“自下午四点谈到六点，他们两人几乎痛哭流涕，愿意听取任何好的建议，答应以后办这样，办

---

① 余联沅:《疆臣贻误大局沥陈危急情形折》,《清光绪朝中日交涉史料》第18卷，第6—7页。

那样”[①]，显出一副十足的奴才相。英国政府照会美、德、法、俄等国，询问他们是否愿意干预中日战争。英国提出以中国对日赔偿军费和列强保证朝鲜独立作为和谈基础。它还声明，拟议中的干涉限于外交活动，并且只在适当的时机到来时才进行。黄海海战以后，英国资产阶级明显地偏袒日本。9月25日，《泰晤士报》著论鼓吹英、日在远东合作，抵制俄国。它说：英、日没有互相冲突的利益，一旦外国干涉发生，日本可以指望英国同它站在一起。上海出版的英国报纸《北华捷报》刊登9月27日读者来信，狂呼日本对中国取得的胜利，认为这是西方文明战胜东方堕落的野蛮主义。《泰晤士报》10月10日社论，公开反对英国政府的调停活动。它说：“任何超过为保护欧洲人及其财产的必要而对交战国施加压力以导致一般协议的企图，必然是要失败的。”“对交战国施加压力必然意味着把中国从它愚蠢行动的后果中拯救出来，剥夺了日本由于它的能力和远见所赢得的果实。”“必须让中国与日本打下去以解决争吵。”英国政府本不想调停中日战争，加以国内舆论反对和美国政府拒绝参加，它的调停活动也就暂时停止了。

10月底、11月初，清政府转求美国出面调停。奕䜣又召集英、美、俄、法、德等五国公使，恳求他们转请各国政府联合干预中日战争，同时又训令各驻外公使，向所在国政府提出。美国公使田贝警告国务卿，如果美国按照1858年中美《天津条约》第一款接受中国人的调停请求，那就实际上承认日本是侵略者，中国是无辜的受害者，而且中国已经请求其他列强调停，接受请求会使美国卷到一个联盟里面去，以保护这个国家。[②]美国断然拒绝参加联合行动，声明说，如果中日两国都向它提出请求，美国总统将愿意单独调停中日战争。美国的意思是这时停战只对中国有利，应让日本得到充分的胜利，然后由它出来包揽中日间的和议。英外相金伯雷直截了当表示不便再与日本商谈。李鸿章提出与日本直接交涉的主张，推荐天津海关税务司德国人德璀琳去日本。他以为德璀琳身为洋员，既了解外国情况，又无形迹之疑。德璀琳携带李鸿章致伊藤博文信件，于11月26日到神户。日本指责德璀琳不合交战国使者资格，拒绝接待，清政府不得已将其召回。

---

①赫德致金登干函，1894年10月7日，对外贸易部海关总署研究室《中国海关与中日战争》，第63页。

②田贝10月31日、11月4日致葛礼山电，转引自多华特《辫子战争：美国在中日甲午战争中的卷入》，第75页。

德璀琳去日本前一天，美、日两国成立谅解，由美国驻中、日两国公使作为传达人，中国直接向日本求和。田贝于11月22日会见总理衙门大臣，表示愿与美国驻日本公使谭恩安排和平谈判。[①]清政府走投无路，乐意听从美国摆布。田贝随即电告谭恩，中国愿在承认朝鲜独立和偿付合理战费的基础上求和。日本拒绝中国提出的讲和条件，要清政府派出具有位高资深的全权代表，进行谈判，日本停战条件在正式和谈时才宣布。日本拒不透露停战条件，表明它怀着极大的贪心，将要凶狠残酷地敲榨勒索。

12月20日，清政府派侍郎张荫桓、湖南巡抚邵友濂为代表赴日求和，以美国前任国务卿科士达为代表团顾问，美国驻天津副领事毕德格随同前往。科士达素以亲日著称，与日本外务次官林董有过密切接触，日本对科士达的任命表示满意。日本政府发表首相伊藤博文、外相陆奥宗光为全权代表。1895年1月20日，两国代表在广岛会面。当时日军正进攻威海卫，又嫌张荫桓等在清政府中位望不高，故意指责张荫桓等全权不足，拒绝谈判。日本又借口广岛为军事要地，禁止他们对外通讯，并且加以种种侮辱，用强制手段把他们逐往长崎。伊藤等破坏广岛谈判后，又通过田贝通知清政府，如果改派“从前能办大事，威望甚尊，声名素著之员，给以十足责任”，日本随时可以开议。伊藤与张荫桓随员伍廷芳的谈话中，指名要李鸿章充任全权代表。清政府于是任命李鸿章为头等全权大臣，开复革职留任处分，赴日议和。日本于2月17日向清政府提出要求，除确认朝鲜独立、赔款外，还需同意割地，否则日本决不停战，预示日本将提出极其苛刻的条件。李鸿章得到清政府授予“商让土地”的权力后，于3月14日，带同科士达，率领大批随员、跟丁，分乘轮船两艘，向日本指定的地点马关[②]乞降。

卖国主义的清政权，使中华民族的生存受到了空前严重的威胁。人民群众对它的遇敌即溃、退让乞和，痛心疾首，严厉谴责，要求抵抗侵略。许多官僚感到切身利害，力求避开那种谴责。张荫桓奉命赴日议和，在上海给清政府写的一个报告里说，他走到通州，“接翰林学士良准书，谓臣以一身任天下之怨，到沪后应疏陈敌情贪狡，不可以和；兵气转圜，可以一战，请命回

---

①田贝:《中国及其人民》(C.Denby, China and Her People, Boston, 1910)第2卷，第131—132页。

②马关是下关的古称，属山口县，又称赤间关。下关系对同县东部濒临濑户内海的上关、中关而言。见平凡社《大辞典》，下中弥三郎《大百科事典》。

京等语。迨行抵沪上，匿名揭帖遍布通衢，肆口诋讥，互相传播；虽于审度利害，衡量短长漫无一当，而人心思奋，具见同仇敌忾之诚”[①]。黄海败后，那拉氏派翁同龢去天津传达意旨，同意李鸿章请俄国公使喀西尼调停战事。翁同龢不肯接受命令，说："臣为天子近臣，不敢以和局为举世唾骂。"在那拉氏压力下，翁同龢往天津走了一趟，回到北京复命，又声明："喀事恐不可恃，以后由北洋奏办，臣不与闻。"[②]张荫桓、翁同龢强调参与议和，就会"以一身任天下之怨"，"为举世唾骂"，足见社会上要求抵抗、反对投降的舆论高涨，而且官僚集团不能不受到这种舆论很大的压力。日本是一个新兴岛国。清政府与之打交道，处处忍气吞声，一败涂地，必然极大地损害它统治人民的权力和利益。统治阶级中许多人对此自然是不甘心的。在那拉氏、奕䜣、李鸿章等主和的同时，另一些人又在发出慷慨主战的议论。主战者的情况不同，大体上有这样几种人：

一、御史言官——清政府对日宣战到奕䜣上台以前，他们主要是批评作战不力，弹劾丁汝昌、李鸿章。他们指出丁汝昌卑鄙怯懦，贻误军机，必须加以严惩，以免以后有人临战逃避，竖降旗而怀二心。有的人要求赶紧撤换李鸿章、丁汝昌，说李鸿章听信洋人计策主和，不令前线将士作战，"无复人心"。李鸿章、丁汝昌不撤换，一旦敌兵来到，无法抵御，"深恐悔之晚矣"。他们的共同特点是不敢得罪那拉氏，把攻击的矛头集中在李鸿章身上。平壤、黄海败后，清政府被迫先后斩方伯谦、卫汝贵，和这类批评有些关系。但言官本无实权，他们的弹劾，只能使李鸿章受到"拔三眼花翎，褫黄马褂"之类的象征性处分。《马关条约》签订后，他们一些人继续主战，更加只是空喊，淹没在人民群众的抗议声中。

二、帝党官僚——那拉氏自北京政变起，掌握清政府的最高权力，到甲午战争已经三十多年。中法战争期间，她彻底改组军机处和总理衙门，任命阿谀取容的礼亲王世铎为首席军机大臣，由曲意逢迎的远支皇族庆郡王奕劻主管总理衙门。经过这番人事大调动以后，清政府更加成为那拉氏的朝廷。1875年载湉虽被指定为皇帝，年龄还小，所以长时间里根本不存在什么帝党

① 张荫桓等:《请饬下关内外统兵大员实力防剿勿以议和意存观望折》,《清光绪朝中日交涉史料》第33卷，第21—22页。

② 《翁文恭公日记》第33册，第89、94页。

问题。1889年，载湉十八岁，号称“亲政”。那拉氏继续干涉用人行政大权，满朝文武无不仰承鼻息，唯命是从。与载湉接近的朝臣，未免愤愤不平，畏惧那拉氏、一言不敢发的载湉本人对此也极不满意。侍读学士陆宝忠向他密陈，“母后只可婉劝，而不可奉命惟谨”。有的人指责那拉氏，既然“归政”皇上，又照旧遇事牵制，实在是失信于天下臣民。他们在载湉的周围，逐渐形成一个小集团，与集合在那拉氏周围的庞大官僚集团隐然相对立。时人称前者为“帝党”，后者为“后党”。帝党中地位最高的是载湉的师傅、户部尚书翁同龢，此外有经筵讲席官李文田，珍妃、瑾妃的哥哥侍郎志锐，翁同龢的门生故旧侍郎汪鸣銮、侍讲学士文廷式等。翁同龢口头上讲些“尊王攘夷”，对那拉氏所信任的李鸿章揽权植党深为不满。1891年，户部奏准两年内停购枪炮船舰机器，对李鸿章是一种限制，翁、李不和表面化。后来在对待日本侵略朝鲜问题上，翁主张强硬，想乘机为光绪争实权；李主张退让，企图保持淮系实力，保持本人权位。双方势成水火。翁、李的矛盾斗争接近构成帝、后两党间的矛盾斗争，但那时不存在谁主战、谁主和的争论。

那拉氏长期当权，经历过许多惊涛骇浪，重大事变。她从中得出一条基本经验，要保持清政权和她个人的统治地位，只有按照一定条件取得外国侵略者的支持。不管发生怎样的内忧外患，只要在洋人的眼光里还是有用的，她就可以继续坐在皇宫里，不会倒下去。那拉氏的这种经验，基本上也就是洋务派的经验。洋务派在“求富”“求强”口号掩饰下，适应国际资产阶级的需要，走半殖民地的道路，那拉氏用民脂民膏来享受取乐，在政治上适应外国侵略者的需要，走同一条道路。中法战争结束，奕譞被任为总理海军事务，南、北洋海军经费，拨归海军衙门，每年四百万两。就在这时，那拉氏兴修三海工程，费银三百万两，奕譞除移用海军经费外，还新设杂捐，进行搜刮，并由李鸿章出面，借口海军需款，向外商贷款充工程费。1888年，那拉氏又决定大兴土木，浚湖垒石，修颐和园（清漪园改名），以备常川居住。奕譞不仅任意挪用海军经费，作为修建费用，并以“海军衙门筹集巨款以备海军需要”的名义，授意李鸿章分别写信给两江总督曾国荃、两广总督张之洞等，勒捐二百六十万两，交李鸿章发商生息，作为颐和园常年修理费。海军衙门实际上成了那拉氏的“新内务府”。梁启超说：“吾尝游颐和园，见其门栅内外，皆大张海军衙门告示，同游之人窃窃焉惊讶之，谓此内务府所管，与海军何与？

而岂不知其为经费所以出也。”[①]1894年那拉氏六十岁，她一心想举办一次盛大庆典，满足个人虚荣。在那以前，已经指定首席军机大臣世铎等一批大官僚专门筹备。世铎等阿谀逢迎，大事铺张，指派地方文武大员来京祝寿，命令各省派道、府、县令先期到京城布置点景。那拉氏准备在生日那一天（11月7日），在颐和园接受百官祝贺，然后回宫。自西直门外关厢到西华门，沿路搭盖戏台、经坛，陈设景物，争奇斗巧。那拉氏特拨内帑银一千万两，另外户部请准一百五十六万两，作为举办庆典经费。中央及地方文武官员捐献的一百二十万余两和民间“报效”的不在其内。那拉氏担心延误做寿，支持李鸿章主张，但求从速对日妥协。翁同龢等乘机攻击李鸿章，反对妥协乞和。这样，帝党、后党，主战、主和就连到了一起。形式上是帝党主战，后党主和，两派对立。

帝党官僚的主战，实际内容其实很少。志锐是帝党重要分子，他的一个奏折说：天下皆知李鸿章措置之失误，唯独孙毓汶悍然不顾，力排众议，迎合北洋。孙在军机处十年，专权放肆，他私人写的信件，在地方督抚中有“小圣旨”之说。徐用仪起自军机章京，仰承孙毓汶的意旨，诪张舞弊等等。帝党官僚的言论里面，这算是最激烈的了，也只是多指出了李鸿章两个同党。孙毓汶原是奕譞的心腹，又替那拉氏收集情报，权势熏灼，自然为帝党所痛恨。翁同龢本人表态的事，有要求撤换丁汝昌，示意颐和园“停止工作”，自己不参加议和，以及主张宁肯多赔款，不割地，如此而已。当一部分官员们发起请求起用奕䜣的活动时，帝党主要人物翁同龢、李文田、文廷式等都积极参与其事。他们想利用奕䜣同那拉氏之间的宫廷内部矛盾，增加帝党势力，而对奕䜣与洋人打交道，一贯屈服投降的态度，显然并不重视。这很足以说明，帝党官僚反对李鸿章的投降主义，并不反对奕䜣的投降主义。

三、地方实力派——刘坤一、张之洞是地方官僚里面最有实力的，他们都是洋务派，但与李鸿章存在着矛盾，不时发表主战言论。刘坤一的言行显得很可耻。他受命督师以前，唱些高调，一到山海关，就显出了逃跑主义者的原形。《马关条约》刚签订，全国上下一片反对声。就在这时，刘坤一又陈述意见，说关内外现在分布军队四五百营，“讵不足当一战？”[②]当清政府郑

① 梁启超：《瓜分危言》。

② 曹和济：《津门奉使纪闻》，《中日战争》第1册，第160页。

重地询问，到底应当战还是应当和的时候，他同王文韶一起老奸巨猾地回复：事关大局安危，应请军机大臣等通盘筹议，请旨定夺。连口头主战的腔调也改变了。张之洞的主战更可耻。他的办法，最初是给英国、俄国一笔钱，请其出兵救援。帝党的志锐、文廷式也都提出过这种办法。文廷式说：赔款割地，朝廷“必不肯出此下策”。英、德与日本有矛盾，应及时派亲信重臣与英、德商议，“资其兵费，使伐倭人”。“湖广总督张之洞亦经密与商谋，大约不过二千万金上下，便可遵办”。[①]《马关条约》签字后，张之洞的主张进了一步，他上疏说，地险、商利、饷力、兵权被日本一口吞去，决不能答应。“请联络各国，以新疆数城赂俄，以西藏之后藏一带赂英，使助我剿倭”[②]。与张之洞关系很深的直隶藩司陈宝箴也向新任北洋大臣王文韶提出同样的建议。他并且慨叹，清政府的驻外使臣，没有人能够仿效申包胥作秦廷之哭。也就是认为可以经过多方游说，哭泣哀求，请来西方的强盗，帮助赶走东方的强盗。这类主战论的一个前提，是把希望寄托在帝国主义身上，依靠他们之间的矛盾争夺，来保全自己的生存和地位。独立自主，民族自信心，在他们身上已经丧失干净。这时，统治集团中主战、主和的分歧，实际上不过是投降的代价大小、时间早晚的分歧。尽管其中有的人也存有爱国心，事情并没有因此有所改变。

第二节　《马关条约》，反对割让台湾的斗争

李鸿章等一行于1895年3月19日到达马关，第二天与日本全权代表伊藤博文、陆奥宗光在春帆楼开始谈判。李鸿章要求在两国议和期间，双方陆海军一律停战。日本提出日军占领大沽、天津、山海关三处地方，天津至山海关铁路交日军管理以及停战期间军费由中国负担等苛刻条件，作为允许停战的前提。李鸿章答允停战期内中国“支补”日本军费，但拒绝其他条件。24日，李鸿章被迫撤回停战要求，回寓途中被日本浪人刺伤。日本政府担心列强借口干涉，自动宣布奉天、直隶、山东立即停战，有效期为二十一天，但

① 文廷式：《请密连英德以御倭人折》，《清光绪朝中日交涉史料》第21卷，第24页。
② 曹和济：《津门奉使纪闻》，《中日战争》第1册，第160页。

坚持台湾、澎湖地区不包括在停战范围之内，决心以武力夺占台湾。

4 月 1 日，日本提出全部媾和条款，主要内容为：清政府承认朝鲜“独立自主”；中国割让奉天南部、台湾、澎湖列岛；赔偿日本军费银三万万两，三年付清；以中国与西方列强的条约为基础，中日缔结新的通商行船条约，给日本以最惠国待遇；开放北京、沙市、湘潭、重庆、梧州、苏州、杭州七处为通商口岸。准许日本臣民居住经商。日船得由内河驶入上述口岸，搭运客货；日本臣民得在中国设厂从事各种制造，并得输入机器等等。为保证条约切实执行，日本得占领盛京（沈阳）、威海卫，占领期间军费由中国负担等等。李鸿章答应割让奉天安东、宽甸、凤凰、岫岩四厅州县及澎湖列岛，赔银一万万两。伊藤大肆恫吓，声称赔款数额可以通融，但不能大减，土地则奉天、台湾、澎湖列岛都要割让。他要李鸿章郑重考虑“日本为战胜者、中国为战败者的事实”。“若不幸此次谈判破裂，则我一声令下，将有六七十艘运输船，搭乘增援之大军，舳舻相接，陆续开往战地。这样北京之危，实不堪设想”。伊藤还露骨地恐吓中国议和大臣，“中国全权大臣离开此地，能否安然出入北京城门，恐亦不能保证”。[①] 清政府指示李鸿章与伊藤等竭力“磋磨”，说争得一分有一分的好处。[②]4 月 10 日，日本提出最后修正案，伊藤声明日本条款“已让至尽头”，中国“但有允、不允两句话而已”。[③] 他再一次恐吓李鸿章说：不要认为今天可侥幸得到日本允诺的媾和条件，日后也仍可得允诺。李鸿章被伊藤所吓倒，转过来恐吓清政府。他电告总理衙门，说日本要求是“哀的美敦书”（最后通牒），“词已决绝，无可再商”，若不答应，必至决裂，恐怕非马上订约不可。[④] 清政府在李鸿章催迫下，终于接受了日本全部要求。4 月 17 日，这个中国近代史上开一新纪录的丧权辱国的卖国条约在马关签字，并规定 5 月 8 日在烟台互换批准书。《马关条约》规定：一、中国承认朝鲜“为完全无缺之独立自主”，废除中国与朝鲜之间的传统关系，为此后日本吞并朝鲜奠定了基础；二、中国将辽东半岛、台湾全岛及所有附属各岛屿、澎湖列岛割让给日本；三、赔偿日本军费库平银二万万两，分八次交清；四、中国开放沙市、重庆、苏州、杭州为商埠，日船可以沿内河驶入

---

① 陆奥宗光：《蹇蹇录》，见《伯爵陆奥宗光遗稿》，第 493 页。

②《译署来电》，1895 年 4 月 11、15 日，《李文忠公全集》电稿，第 20 卷，第 36、39 页。

③ 李鸿章：《中日议和纪略》，第 29、19 页。

④《寄译署》，1895 年 4 月 13 日，《李文忠公全书》电稿，第 20 卷，第 38 页。

以上各口；五、日本臣民可以在中国通商口岸，设厂制造工业品，并得免征一切杂税等等。

日本关于割让辽东半岛的要求，使日、俄两国争夺我国东北的矛盾尖锐化了。中、日两国在马关议和期间，俄国政府突然展开紧张的外交活动，与德、法、英等国进行频繁的接触。4月6日，即日本公布议和条件后的第五天，俄国外交大臣罗拔诺夫给沙皇的条陈说，日本占领辽东半岛将威胁俄国的安全，建议俄国与列强联合干涉日本占有辽东半岛。罗拔诺夫说："我们的目的是双重的：在太平洋取得一个不冻港；并吞满洲的一部分以利修建外西伯利亚铁路。"①罗拔诺夫得到沙皇同意后，邀请英、法、德国政府与俄国联合，以日本割占中国大陆领土将破坏远东均势，并妨碍中日之间建立密切关系为名，向日本政府提出劝告，放弃占领辽东半岛。英国政府拒绝参加联合行动。4月8日，《泰晤士报》发表社论说："英国似乎没有任何理由必须干涉，以阻止割让中国国境上的这一小块领土给予日本。"4月17日，俄国再次邀请英、法、德三国共同抗议日本割让辽东半岛。德国、法国赞成，英国则再一次表示拒绝。德国所以赞成同俄国联合干涉日本退还辽东半岛，是从它的利益出发，把俄国的视线转向东方，而且在远东问题上同俄国合作，也可以影响俄国在欧洲问题上对德国的态度，削弱俄、法的同盟关系。德国还认为，它参加联合干涉，"有可能从感激我们的中国方面得到一块地方，作为我们的海军基地或煤站"②。法国赞成联合干涉，是因为它是俄国的同盟国。

4月23日，俄、德、法三国驻日本公使分别向日本政府提出内容相同的口头劝告，要求日本放弃对辽东半岛的占有。他们说："日本在辽东半岛的存在将使朝鲜的独立成为幻影并搅乱了未来的远东和平。"俄、德公使向日本外务次官林董声明："日本必须让步，因为对三国的抵抗是没有希望的。"③停泊在日本港口的俄国军舰昼夜升火，禁止船员登岸，情势紧张。日本在侵华战争中已经疲惫不堪，海军方面表示，不但对三国联合作战，即仅与俄国舰队作战，也全无把握。在朝鲜的前外相井上馨于4月25日电告陆奥，认为最

---

① 张蓉初：《红档杂志有关中国交涉史料选译》，第150页。

② 孙瑞芹译：《德国外交文件有关中国交涉史料选译》第1卷，第26页。

③ 同上书，第30页。

好接受三国要求，限于割让台湾，并增加赔款。[①] 日本政府于5月5日宣布接受三国劝告，放弃对辽东半岛的永久占领。德、俄、法三国同意日本可以增加赔款，作为“补偿”。

《马关条约》签字，全国人民义愤填膺，痛斥清政府的卖国罪行。上海《申报》以《论中国万不可允倭人割地之请》《论割地轻重》《论和之弊以割地为最重》为题，接连发表社论。正在北京会试的台湾籍举人汪春源等上书都察院，要求废约，反对割地，强烈抗议清政府“弃地畀仇”，表示台湾人民“与其生为降虏，不如死为义民”，台地军民“必能舍生忘死”，为反抗日寇占领台湾奋战到底。[②] 康有为联合各省举人一千三百名，举行集会，发起有名的公车上书，反对割地，主张迁都抗战。清朝中央及地方官员阻止订约的封章电奏，雪片飞来。翰林院侍读奎华等一百五十余人，编修李桂林等八十余人条陈时务，反对批准《马关条约》。山东巡抚李秉衡指出，批准条约将引起列强分割中国领土的危险。他说：“泰西各国环布中土，皆大于倭数倍，通商者据我要津，传教者愚我黔首，其蓄志均甚深。倭一得志，诸夷谓吾华土地之可利也，必狺狺然环向而起，肘腋之患，有已时哉！”[③] 广东巡抚马丕瑶在力阻和议的奏折中说：“此次电信（指马关订约的电信）到粤，粤人无不怒目裂眥，思食李鸿章、倭奴之肉，欲得而甘心焉。想天下之民情，固无不痛心疾首于此议也。”[④] 这些奏折突出地反映了广大群众反对《马关条约》的意志。翰林院侍读学士文廷式、编修丁立钧等还用批准卖国条约会导致太平天国那样的农民起义来恐吓清政府，他们在奏折中指出，如果清政府同意割地，各国群起效尤，割肉饲虎，不尽不止；并且着重强调，当日金田起事，是由于南京“和议苟且”所引起的，“江宁约定，而金田匪起，前事非远，可为寒心”[⑤]。文廷式、丁立钧等人，是站在维护清朝统治的立场上讲话。但是他们的这种说法，无意地讲出了一个重要的历史真相：农民起来推翻清政权，是由于它对外屈膝投降，变成了外国的走狗，起义的农民是爱国的，清政权是卖国的。这种说法，后来的维新派也不曾有过，表现出统治阶级中一部分人，

---

① 驻朝鲜公使井上馨致陆奥外务大臣电，见《日本外交文书》第28卷，第2册，第36页。

②《户部主事叶题雁等呈文》，《清光绪朝中日交涉史料》第39卷，第35—36页。

③ 李秉衡：《议和条约尚须斟酌折》，《清光绪朝中日交涉史料》第38卷，第31—32页。

④《力阻和议折》，《马中丞遗集》奏稿，第4卷，第12页。

⑤ 丁立钧等：《条陈时事折》，《清光绪朝中日交涉史料》第38卷，第5页。

对接受《马关条约》是不甘心的。

日本政府对三国干涉不得不完全让步，但对中国则决定采取“一步不让”的方针，坚持清政府必须批准《马关条约》，如期互换批准书。美国政府应日本请求，电令驻华公使田贝劝告中国从速批准条约。李鸿章的美国顾问科士达亲自到总理衙门进行威胁，说条约已不再是李鸿章的条约，而是皇帝的条约了。如果拒绝批准，他将在文明世界面前失去体面，大臣们就要对此事负责。①德国外相马沙尔会见中国驻德代办说：批准条约是绝对不可避免的。如果不批准，“我们将听中国自己决定其命运”②。法国也主张换约③。李鸿章从日本回国，称病住在天津。他电催总理衙门，“若互换愆期，则（日本）责言及兵争又至”。条约既然不可反悔，应派遣重臣至烟台互换。他还说他本人“不可以一口说两样话，徒为外人訾笑”④。清政府在日、美、德、法等国和李鸿章的催迫下，不顾全国人民和一部分官员的反对，于5月8日派伍廷芳与日本代表伊东美久治在烟台互换批准书。同年11月8日李鸿章与日驻华公使林董在北京签订中日《辽南条约》，中国以银三千万两，赎回辽东半岛。第二年7月21日，根据《马关条约》，订立《通商行船条约》，日本在华取得领事裁判权和广泛的经济特权，并规定清政府“已经或将来如有给予别国国家或臣民优例、豁除利益，日本国家及臣民亦一律享受”。

俄、法、德三国干涉，是根据各自的利益需要而行动的。英国、美国也从它们的利益出发，支持日本侵略中国的战争。英、美的态度是那样鲜明，以至日本一度活动它们来进行反干涉。中日在烟台交换条约批准书，日本代表伊东当场极度赞扬美国对日本的友好，对科士达深致谢意。他说，美国对我们的友好从开始起，是前后一贯的，我们对它的感谢是与日俱增的。日本天皇也正式感谢美国总统克利夫兰在中日战争期间所执行的政策。日本在这场战争中处处如愿以偿，在相当程度上是由于得到了英、美政府的庇护和支持。

---

①科士达：《外交回忆录》（J. W. Foster, Diplomatic Memoirs, London, 1910）第2卷，第149—150页。

②孙瑞芹：《德国外交文件有关中国交涉史料选译》第1卷，第45页。

③天津法领致李鸿章函称：“三国力争之事，著有成效，我驻京公使嘱为转陈，日本将辽东南部及旅顺海口在内，全行退出。是则于今日应换批准之约，无所阻碍矣。”见《李文忠公全书》电稿，第20卷，第53页，《译法国驻津总领事来函》。

④《复译署》，1895年4月22、23日，《李文忠公全书》电稿，第20卷，第41—42页。

《马关条约》是《南京条约》以来最严重的卖国条约之一。外国资本主义对中国的侵略从此进入一个新的时期，中国半殖民地的程度从此更深入一大步。日本割占台湾、澎湖列岛是继沙俄吞并中国广大领土后又一次对我国领土的大掠夺，预示着帝国主义瓜分中国疆土的大风暴的逼近。条约中规定准许日本在华设厂制造，符合西方资本主义国家对华输出资本的迫切需要。甲午战争前，外国资本主义利用中国丰富原料和廉价劳动力，已经在一些通商口岸从事工业制造，但这在当时是没有条约根据的。《马关条约》这一规定提供了不平等条约的保障。它所起的作用是严重阻遏中国资本主义的发展。[①] 中日战争改变了远东的局势，日本控制朝鲜，占领台湾，挤进军事强国的行列，成为与西方列强并驾齐驱的一员。它从中国勒索多达两亿三千万两的赔款，残酷加重中国人民的负担，却大大滋养了日本的资本主义。井上馨直率承认：中日战争前，日本政府全部收入只有八千万日元。一想到有三亿五千万日元到手，无论政府和私人，都感到无比的富裕。日本从中国勒索到的大赔款中，百分之七十五以上用于扩充军备。海军扩充费为一亿三千九百二十五万日元，军舰水雷补充基金为三千万日元，陆军扩充费为五千六百八十万日元，战费为七千八百九十五万日元。日本天皇也从中分肥二千万日元，作为皇室财产。另一部分则用来作为建立钢铁厂的资金。如此庞大的一笔资财，加速了日本迈上帝国主义、军国主义的进程。

《马关条约》规定割让台湾，台湾人民对清政府的卖国罪行，恨入骨髓。割台的消息传到台湾后，台北人民于4月20日鸣锣罢市，表示抗议。他们宣告饷银不准运出，制造局不准停工，台湾税收全部留作抗击日军之用，他们发出檄文："我台民与李鸿章、孙毓汶、徐用仪不共戴天"，无论在车上、船上，在街道上，在旅馆、衙署内，只要碰到李鸿章等卖国贼，一定把他们杀死，"以为天下万世，无廉无耻，卖国固位、得罪天地祖宗之炯戒"。[②] 台湾绅民致电清政府，坚决反对割地求和，表示"桑梓之地，义与存亡"，[③] 准备

---

①日本提出这个要求，有意在争取英国对它的支持。英国人约瑟夫说："尽管日本在华贸易（当时）是较为不重要的，它却提出了广泛的通商要求，这些正是英国商人渴望已久、而至今未能获得的。……英国商人也许较日本人自己获得更多的利益。"见《列强对华外交》（P. Joseph，Foreign Diplomacy in China 1894—1900, London, 1928），第105页。

②《台湾人民抗战檄文》，《中日战争》第6册，第449—450页。

③《申报》1895年5月15日。

与侵略者进行决死的斗争。

《马关条约》批准后，清政府命令台湾巡抚唐景崧开缺来京，台省大小文武官员由唐饬令内渡，同时派李鸿章的儿子李经方为全权委员，前往台湾办理交割手续。台湾人民痛恨李氏父子卖国，唐景崧为此特通知李鸿章，如果李经方来台交割台湾，“台民愤极，定中奇祸”①。李经方不敢在台湾登陆，按照科士达的主张，在基隆口外日轮“横滨”号上，向日本台湾总督桦山资纪交出割台清单，将“台湾全岛及所有附属各岛屿”，“所有堡垒、军器、工厂及属公物件”，永远让与日本。台湾就这样轻易地被清政府出卖了。

台湾绅民以苗栗县人、进士出身的在籍兵部主事丘逢甲为首，推举唐景崧领导抗日。唐景崧是约半年前由台湾布政使升任巡抚的。战事发生不久，刘永福也由广东调到台湾，部队扩充至四千人，仍号黑旗军。清政府任命唐景崧为巡抚时，特别责成他要与刘永福妥为商办，不得刚愎自用，动辄与僚属龃龉。马关割台消息传出，唐景崧上奏清政府，主张把全台开放给列强作为租界，外国占有开矿等经济利益，中国可以收税，那样，日本不能独占。他一面慷慨陈词，反对割让台湾，表示准备死守；一面又留下后路，向清政府申述：“惟臣先行，民断不容，各官亦无一保全。只合臣暂留此，先令各官陆续内渡，臣再相机自处。”②照他的安排，道员林朝栋守台中，刘永福守台南。有人电询刘永福布置情况怎样，他回复：“刘有廉颇老年气象”，意思是不能重用了。他自己则守台北，以便掩护台湾官员撤退，伺机自行逃走，其部属高尔伊、俞明震等提出坚守台湾，节节抗拒的建议③，遭到拒绝。

5月27日，日本侵台主力近卫师团从冲绳中城湾出发，乘大批船舰，经钓鱼岛附近海面，分路进攻台湾。两天以后，日军在基隆以东五十里的底澳登陆。基隆、底澳一带原由福建水师提督杨岐珍所部驻守，清政府命令台湾文武官员内渡，杨岐珍撤走守军，日军乘虚袭取底澳。6月1日，日军占领三貂岭，然后分三路进攻基隆。日海军发炮助战，基隆失陷。唐景崧接获基隆失守消息后，仓皇逃走，台北大乱。日军不知虚实，不敢轻进。6月7日，美国《纽约先驱报》记者戴维逊等引导日军进城，台北不战而陷。台中守将

---

①《光绪朝东华录》第4册，中华书局本，第69页。

②《唐维卿中丞电奏稿》，见《中日战争》第6册，第394页。

③高尔伊:《上唐中丞书》，同上书，第369—370页；俞明震:《台湾八日记》，同上书，第377页。

林朝栋及绅士丘逢甲等也先后逃离台湾。

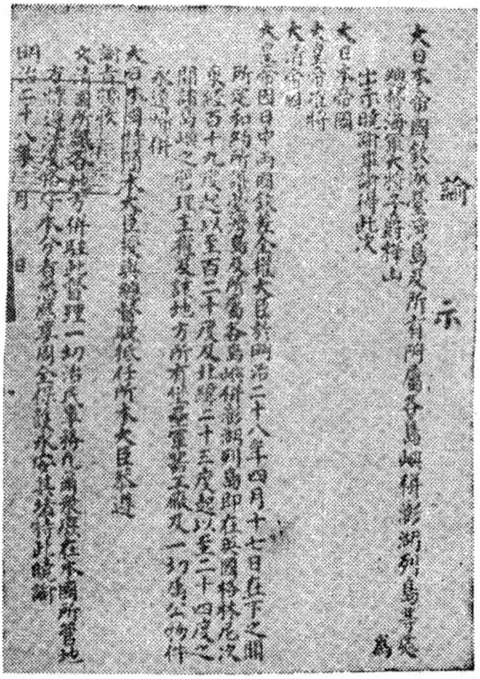

諭示

插图 33：桦山资纪在台湾登陆后发布的布告（1895 年 6 月 2 日）

（采自日本《近代百年史画报》第 6 集，第 486 页）

台北失陷后，台中空虚，台南势成孤立。爱国军民拥护帮办台湾军务、台南守将刘永福领导抗日。刘永福以中法战争中打败法军著名，在群众中享有威望。他集众订立盟约，提出“众人一心，兵民一气，不计生死”[①]的口号，团结义民军、淮军、楚军，共同抗日。军民同仇敌忾，团结在刘永福的周围，将士自动要求减发饷银、口粮，人民踊跃捐献，台南挑水工人、抬轿工人每日捐钱五文助饷。大陆人民支持刘永福抵抗日本侵略军，四川举人张罗澄致书刘永福，鼓励他坚守台湾，河南道员易顺鼎渡海来台，协助刘永福作战。这一段英勇抗战的历史，分前、中、后三个时期：

---

① 刘永福：《盟约》，《中日战争》第 6 册，第 454 页。

插图 34：日本侵略军在基隆街头

（采自川崎三郎《日清战史》第 7 卷，卷首）

前期，6 月中旬到 8 月中旬，战事限于北部。6 月中旬，日本近卫师团在北白川能久亲王统率下，分两路自台北南犯，东路循山道进攻大科坎（大溪），西路沿铁路经桃园进犯大湖口。大湖口位于台北通新竹入口，是抗日义军重要据点。苗栗生员吴汤兴，新竹生员徐骧、姜绍祖等奋起抗击入侵日军，淡水县吏胡嘉猷率地方武装、原林朝栋部属傅德星率兵二营与吴汤兴等合力作战，徐骧、胡嘉猷义军与三角（三峡）、大科坎一带村民痛击东路日军；吴汤兴、姜绍祖等义军与西路日军苦斗，大小数十战，给敌军以重大杀伤。义军苦于粮械不济，新竹富户又不肯助饷，吴汤兴、徐骧各军战败后退。东、西两路日军在大湖口会合后进攻新竹，义军主动撤离新竹城。6 月 23 日新竹失陷。7 月 9 日，义军分三路反攻新竹，吴汤兴率主力攻南门，傅德星军攻东门，营官陈澄波率新募兵营攻西门，徐骧、姜绍祖率军策应。日军在新竹四郊设伏，各路义军进攻失利，徐骧、姜绍祖赶来助战，姜绍祖遭大队日军包围，被俘牺牲。上海《申报》接连转载日本报纸关于台湾战况的报道说："台湾乱党甚谙战事，加以视死如归，有进无退。……台兵每遇临阵时，虽势值危迫，而偏踊跃向前，誓死不退。有时日兵以大队至，台兵见势不敌，即佯为退去，一转瞬间已不知去向。俟日兵相距十余步或二十余步之近，彼等即放枪猛击，每发辄中，弹子皆在要害。”“日兵由台北前进，各处攻战，每次被围受创。兼之路多险阻，行军不敢锐进时，每遇台民耕于田、樵于山及家居者，探问前途有伏兵否，若辈皆答以不知。及日兵战败而退，则若辈不论男女，率皆奋勇腰击，亦有从墙壁间放枪者，致日兵大受伤夷。”[①]台湾军民英勇顽强的战斗精神，连敌人也不得不照实承认。日军纵火烧毁三角涌、二甲九、大科坎一带民房，屠杀群众，使台北、新竹间村镇夷为废墟。

中期，8月中旬至9月下旬，战事移到中部一带。8月中，近卫师团分三路进攻苗栗，抗日义军在苗栗以北的尖笔山组织抵抗。傅德星、吴汤兴、杨载云（副将）军与敌军激战，杨载云阵亡，义军撤出尖笔山。刘永福派吴彭年率黑旗军赶来迎战。未到以前，苗栗已失陷，吴彭年联合徐骧等义军，退守大甲溪。8月24日，敌军南犯大甲溪，吴彭年等乘敌渡河时，实行突击，日军大乱溃退。不久敌另调大队猛攻，徐骧义军被围，营官袁锦清率黑旗军五十人冲敌阵。徐骧义军突围，袁锦清及黑旗军全部阵亡，大甲溪被占。日军乘胜连下胡卢墩（丰原）、牛马街（清水），逼近大肚溪。刘永福再调七星队（刘永福亲军）增援，协同各军保卫彰化。彰化为台湾中部重镇，又是义军重要根据地，其东北八卦山为彰化城屏障。8月27日，敌军分左右两翼猛扑八卦山。义军奋起迎战，吴彭年令吴汤兴为前队，营官陈尚志为后队，营官李仕高为左队，黑旗军林鸿贵为右队，严守八卦山，展开台湾抗日军兴以来的最大一次搏斗。义军与敌激战一天，吴汤兴、林鸿贵中弹死。夜间敌右翼收买汉奸，从僻径登上八卦山，义军与日军白刃相接，吴彭年及其指挥的七星队全部壮烈战死。28日，日军攻入彰化城，李仕高等部在城内与敌军巷战，最后全部牺牲。日军近卫师团长中将能久亲王、旅团长山根信成少将受重伤，不久毙命。

彰化失守后，敌军连占云林县、他里雾（斗南）、大莆林，嘉义危急。刘永福令守备王德标率七星队防守嘉义，副将杨泗洪率镇海军、武毅右军、吉林炮队赴前敌，统带各军；又招得黄荣邦、林义成、简成功、简精华等率义民数千人助战，抗日力量增大。8月30日，杨泗洪等发起反攻，进围大莆林，简精华等助战，日军突然遭到袭击，仓皇逃窜。杨泗洪追击敌队中炮死，营官朱乃昌奋战，义军黄荣邦截击逃敌，前后夹攻，收复大莆林，朱乃昌伤重

---

①《申报》1895年8月4、19日。

牺牲。杨泗洪死后，刘永福令都司肖三发指挥前敌各军，令简成功统率义军。9月1日，王德标率七星队及义军进攻云林县，日军弃城逃走，王德标追歼逃敌，义军黄荣邦、林义成等消灭窜到观音堂的一股敌军，另一股敌军逃入彰化城，凭借优势炮火，死守待援。肖三发督率各军，包围彰化，抗日军用抬枪土炮攻城，几次突击，但都没有得手。

侵台日军主力近卫师团遭到台湾军民的严重打击，狼狈不堪。日本政府急调乃木希典统率第二师团来台增援。8月底，并任命陆军中将高岛鞆之助为台湾副总督，专门负责军事。9月中旬，编成“南进军”，拟定作战计划，决定分三路进攻台南。

随着时间的延长，台湾抗日军饷械竭蹶的危机日益严重。李鸿章早在6月初，就以台湾已经割让给日本为由，要求清政府不再接济台湾饷械。他说：“我国须自立脚步，以免日后倭有口舌。”[①]英、德驻华公使，根据外国报纸刊载的关于上海、广东有军械、勇丁运往台湾的消息，向清政府提出警告，要求清政府查禁。清政府命令沿海各省督抚查禁海口，不准大陆以人力、物力接济台湾军民抗日。在清政府的严密封锁下，台湾抗日军的处境更加困难。刘永福一再派文案罗绮章、吴桐林到内地求援，都没有结果。吴桐林到福州、广州、南京向闽浙总督边宝泉、两广总督谭钟麟、广东巡抚马丕瑶和两江总督张之洞哀泣求助。他们都以奉旨不得接济台湾为词，加以拒绝。只谭钟麟、马丕瑶答应由广东善堂筹商救济费三数万元。但又领不到现款。张之洞等人当初的所谓“主战”，本来是主张把中国某些地方送给外国，以换取保持他们的统治地位和现存秩序的。于今那拉氏的朝廷已经做到这一点，当然他们也就同意出卖台湾，“奉旨”拒绝给台湾人民可歌可泣的抗敌斗争以任何支持了。这就是李鸿章以外的洋务派和其他一些大官僚主战的本来面目。

台湾抗日军在饷源枯竭情况下，与日军浴血苦战。而台南外国洋行又乘机破坏，它们指使大小商人拒用刘永福发行的官银票，并纷纷索兑现银，市面大乱。前敌诸军饷粮断绝，连日饥饿不能支撑。日军乘机反扑，云林等地又入敌手。黑旗军将领肖三发、义军首领黄荣邦等战死。

后期，10月上旬至下旬，抗日军在南部进行最后抵抗。10月上旬，日近卫师团猛攻嘉义，抗日军沿路设雷，炸毙日军数百人。敌军冒死夺城，嘉义

①《大学士李鸿章来电二》，《清光绪朝中日交涉史料》第45卷，第12页。

不守。

配合近卫师团南攻，在海军掩护下，10月10日、11日，日本混成第四旅团和第三旅团，在台南以北的布袋口和台湾南部的枋寮登陆，分别向台南进攻。10月19日台南抗日军与近卫师团大战于曾文溪。敌军马步炮齐攻，抗日军知道这是最后一战，作战异常勇敢。义军首领徐骧、总兵柏正才等相继阵亡，余军纷纷退入台南。枋寮登陆日军攻占凤山县、旗后炮台后，继续北犯。台南受日军三路夹攻，形势更加危急。刘永福抛弃他所统率的抗日将士，登轮逃回大陆。21日，台南英国教士宋忠坚导引日军入城，台南失陷。

刘永福在台湾作战中起过一定的作用。他如果决心与人民一起抗战到底，如像当时有人所说的，“成则为郑延平，不成则为田横”，不管哪种结局，只要是出于反抗外国侵占中国领土，都将成为一位民族英雄。但是这时的刘永福已经是清朝统治序列里面的一员，起义农民的本色早就不存在了。因此，他只能走唐景崧等人走过的路子，而不可能同人民群众一起，坚持斗争到底。统治阶级的利益享受，家室妻子的眷恋，使一个人断送了唾手可得的光荣。

台湾军民英勇、顽强的抗战，气壮山河。它使日本侵略者为占领台湾受到了应得的惩罚。日本在侵台战争中，动员了兵员约五万人，夫役二万余人，伤病死亡的达三万余人①，主力军近卫师团伤亡过半。当时有人热情赞扬了台湾军民反抗斗争的英勇和顽强，指出如果清军在平壤和鸭绿江都能像在台湾一样地战斗，辽东等地就不至于丢失，割辽、割台的事都不可能发生。②这个评论是确切的。台湾同胞不怕牺牲，英勇战斗，把他们反抗侵略，保卫国土的崇高爱国主义精神用鲜血写在祖国的史册上，光辉照耀。此后，在日本统治台湾的半个世纪里，他们反抗日本的斗争从未间断过。

中日战争从1894年7月日军在牙山不宣而战，到1895年4月《马关条约》签字，历时九个月。其后，日军在台湾登陆和当地人民的抗日战争，从1895年5月下旬至10月下旬，又历时五个月。后面五个月与前面九个月迥然不同，都是这场战争的组成部分。

中国在甲午战争中的失败，宣告了洋务活动的破产。从十九世纪六十年代

---

① 竹越与三郎：《台湾统治志》（Yosaburo Takekoshi，Japanese Rule in Formosa，London，1907），第91页。

② 洪弃父：《台湾战纪·序》，《中日战争》第6册，第332页。

开始，三十多年间，洋务派建立新式海陆军，购买外国枪炮船舰，举办军事工业，开办民用工业，李鸿章等大吹大擂，把办洋务说成是自强求富的捷径。洋务活动曾经迷惑过一些人，以为这样真的可以使中国逐渐富强起来，对它寄托了希望。中法战争的失败，清醒了一部分人，对洋务活动的实效开始怀疑。这次战争中，洋务事业的买办性、腐朽性，充分、彻底、全部暴露出来。洋务活动可使中国富强起来的一点幻想，在许多人心目中也由此消失了。

第三节　帝国主义瓜分中国的局势

甲午战争的结局，极大地改变了远东的形势。中国的惨败，使所有帝国主义者更加看出中国软弱可欺。日本侵华的得逞，直接助长了列强争夺中国的野心。国际资产阶级舆论抑制不住他们对中华民族的敌视、轻蔑和侮辱。它们开始把中国称为“远东病夫”，以至说中国“正躺在死亡之榻上”，奄奄待毙。一些侵略者的代言人公开提出“分配这个病夫的遗产”问题，把“瓜分中华帝国”[①]一事提上侵略日程。所谓“中国问题”、即帝国主义围绕争夺中国而相互矛盾斗争，成为远东国际关系的核心。

远东国际的此种风云骤变，是在世界资本主义正发展到最高阶段即帝国主义阶段的时代背景下发生的。这时，一些发达的资本主义国家，金融资本的统治正在确立，资本输出的需要日益增大，列强分割世界的斗争达到极其紧张的关头，这更使它们加强了对中国的争夺和分割。

“帝国主义的一个重要的特点，是几个大国都想争夺霸权”[②]。英、俄、德、法以及日、美等国，这时都是在华霸权的积极争夺者。俄国下手最快，野心也最大。帝国主义在侵略中国这点上是共同的，但它们彼此间勾心斗角，充满着尔诈我虞，互相利用和互相拆台。在甲午战后的几年间，帝国主义从对清政府的政治性贷款，攘夺路矿特权，强占中国领土，到在特定地区建立所谓利益范围或势力范围，把中国拖到了被瓜分的边缘。

---

① 吉尔乐：《远东问题》(V. Chirol. The Far Eastern Question, London, 1896)，第66、150—151、195页。

② 列宁：《帝国主义是资本主义的最高阶段》，《列宁选集》第2卷，第810页。

对华政治性贷款

《马关条约》规定中国偿付日本巨额战费。当时清政府全年收入不到银八千万两，无力支付赔款，不得不举借外债。帝国主义如蝇逐臭，都来争揽这笔赚钱生意。俄国是首要的发动者。1895 年 5 月 1 日，沙俄外交大臣罗拔诺夫向清廷驻俄公使许景澄表示："闻中国拟将借费偿付日本，此事俄国户部已筹良策，有益中国，预备询商。乃闻欲向不肯合劝（还辽）之英国商借，颇觉诧异。特请代达国家，应先商俄国，方见交谊。"[①] 它一面对清政府大施压力，一面撮合六家法国银行和四家俄国银行，组成对华借款银行团。清政府提出向俄、德、法三国分借，罗拔诺夫坚决拒绝，并威胁说"分办不如勿借"[②]。在沙俄胁迫下，7 月 6 日，许景澄在彼得堡与俄法银行团签订借款合同，总额四亿法郎，合库平银九千九百万两，年息四厘，九四又八分之一折扣，以海关收入担保，三十六年还清。在借款合同签字的同一天，还签订了具有条约效力的《声明文件》，规定中国政府此后决不许他国"办理照看税入等项权利，如中国经允他国此种权利，亦准俄国均沾"[③]。俄法金融资本与俄国政府结合，通过这次借款，从中国发了一笔横财。正如列宁后来所指出的，"银行从四亿法郎的中俄公债中得到百分之八的利润"[④]。同年 12 月，经沙皇批准，正式成立华俄道胜银行。俄国财政大臣维特主持银行的组成工作，其资金大部分来自法国。一位俄国外交官明白供认，道胜银行完全是"一个政治和金融的混合机构，事实上不过是俄国财政部的一个稍微改头换面的分支罢了"[⑤]。这个银行从成立的第一天起，就成了沙俄帝国主义侵华的有力工具。

---

① 许景澄：致总理衙门电，1895 年 5 月 1、24 日，《许文肃公遗稿》第 10 卷，第 14 页。

②《许文肃公遗稿》第 10 卷，第 14 页。

③ 马慕瑞：《对华条约集》（J. MacMurray, Treaties and Agreements with and Concerning China 1894—1919, NewYork, 1921）第 1 卷，第 41 页。《声明文件》的中文约文艰涩难懂，见王铁崖编《中外旧约章汇编》第 1 册，第 630 页。下文所引"办理照看税入等项权利"，英文本作"监督、管理中国税收等项权利"。

④《帝国主义是资本主义的最高阶段》，《列宁选集》第 2 卷，第 775 页。

⑤ 罗申：《外交四十年》（B. Rosen，Forty Years of Diplomacy, London，1992）第 1 卷，第 198 页。

德国被排除在俄法银行团对华借款之外，很不甘心，转而同英国联合，争夺第二次对华大借款，俄、法、美等也积极兜揽。经办借款的总理衙门闹得像个大拍卖场。军机大臣兼总理衙门大臣翁同龢在日记中叙述英、法公使忿争的情形，说英使宝克乐“咆哮恣肆，为借款也，此等恶趣，我何以堪”。又说“无耻无餍，施（法公使施阿兰）之谓矣”。“终日在虎豹丛中，可称恶劫”。[①]英国汇丰银行和德国德华银行合伙，夺得这次借款。1896年3月，汇丰银行和德华银行与清政府订立合同，总额为一千六百万镑，合库平银九千七百六十多万两，年息五厘，九四折扣，三十六年还清，仍以关税收入担保。1897年底到1898年初，清政府又着手举借第三次大外债，英、俄两国为此进行了激烈的争夺。其时正值德国强占胶州湾，列强一齐向中国扑来，争夺借款的双方都提出极其狠苛的要求。结果英、德资本再度勾结，在赫德帮助下战胜俄、法集团。1898年3月1日与清政府订立续借款合同，总数仍为一千六百万镑，合库平银一亿一千二百七十余万两，年息四厘五，八三折扣。回扣盘剥之重，在国际债务史上是少有的。借款的担保，除关税外，增加苏州、淞沪、九江、浙东各地货厘和宜昌[②]、湖北、安徽等地盐厘收入，由赫德派人代征。

1895—1898年清政府三笔大外债，共合库平银三亿零九百多万两，外国银行扣除回扣之后，清政府得二亿六千二百多万两[③]，其中二亿三千多万两，作为甲午战争赔款、辽东半岛赎还费及日军占领威海卫军费，转手交给了日本。中国从此外债骤增，每年交付本息两千万两以上，相当于当时一年的全部关税收入，中国深深地落入了国际金融资本的罗网之中。

甲午战争以前三十多年里，清政府向外国借债二十五次，每次数目不大，合计四千一百多万两，年息一般百分之六七。甲午战争以后的四年里，举借外债七次。其中俄法、英德等三次大借款，不但数额巨大，而且政治奴役性格外显著。例如：（一）直接干涉中国财政，控制财源。俄法借款签订的《声明文件》、英德第二次借款规定苏州、安徽等地盐厘收入，归赫德派人代收，都是对中国财政和财源的干涉控制。（二）把夺取中国海关控制权，作为贷款目的之一。俄法借款谈判中，法国曾提出建立地位在海关之上、权力实际可

---

①《翁文恭公日记》，光绪二十二年一月十九、二十三日。

②据张之洞《抱冰堂弟子记》，宜昌盐厘指宜昌万户沱盐厘，每年约收二十五万两，向系江南在该地设局加抽，不属于湖北省征收的盐厘之内。见《张文襄公全集》第128卷，第13页。

③应付给外国人的佣金在内。

以包揽各项税收的机构，以保证中国还债，也就是挤掉英国人长期把持的海关总税务司职务。英德二次大借款，法国、俄国都希望掌握海关控制权，夺取总税务司一职。但每次都遭到英国的坚决反对。英德第一次借款特地规定，中国还清债款以前，海关税务司继续由英国人担任不变。赫德强调说："如俄法控制借款和海关，中国就须听命于他们，而不肯听任何人的话了。"[①] 侵略者争夺中国海关大权的秘密由赫德揭穿了：他们认为谁掌握海关，中国就得服从谁的命令。（三）贷款又是作为一种手段，以便行使政治压力。这一点，最明显地表现在债款归还期限的规定上。三次大借款的还清期限，第一、第二次规定为三十六年，第三次为四十五年，不得提前或一次还清。外国贷款越多，就越增强他们在中国的政治力量，清政府欠债的时间越长，在政治上依赖、受制于外国的时间就越长。经济剥削与政治奴役结合在一起，是这些借款的突出特点。

抢夺中国铁路矿山利权

列强争夺对华借款，与抢夺铁路矿山是同时进行的。法国同俄国一样，刚一参加干涉还辽，就"居功求报"[②]。1895 年 5 月初，法国外交部长哈洛托对清朝驻英法公使龚照瑗说：法国屡次"帮助"中国，但中越边界问题及通商问题迄未解决，请立即商议"通融办法"[③]。法国驻华公使施阿兰也一再要挟清政府订立中越界约和商约。法、俄狼狈为奸，法国金融资本大力支持俄国，俄、法在政治上互相支持。清政府不敢开罪法国，"不得不勉从其请，以示酬答之意"[④]，于 6 月间与施阿兰订立《续议界务专条附章》和《续议商务专条附章》。界务方面，法国由于两年前侵占老挝，扩大了在印度支那的殖民地，这时它以改定和划定边界为名，逼迫清政府将云南边境上的猛乌、乌得等地划归越南。商务方面，条约规定开思茅、河口为商埠，往来货物，按原订税率减收十分之四，"中国将来在云南、广东、广西开矿时，可先向法国厂商及矿师人员商办"；"越南铁路或已成者或日后拟添者……可由两国酌商，接至中

① 对外贸易部海关总署研究室：《中国海关与中日战争》，第 208 页。

② 总署：《中法续议界约商约专条请旨派员画押折》，《清季外交史料》第 114 卷，第 1 页。

③ 龚照瑗致总署电，《清季外交史料》第 111 卷，第 23 页。

④《清季外交史料》第 114 卷，第 2 页。

国界内”。在法国催逼下，次年6月，清政府又与法国费务林公司订立合同，给予该公司承办由越南境内修铁路至广西龙州的权利。

法国对中国广西、云南的加紧侵略，加剧了它同英国在这个地区的矛盾。英国担心法国势力由云南扩及四川，不利于它在中国的优势并影响及东南亚的侵略地位，借口清政府在中法《续议界务专条附章》中违背了1894年3月的中英条约，胡搅蛮缠，索取“补偿”。1896年1月，英法达成协议，调整双方在亚洲、非洲的侵略利益，其中一项规定是：在中国云南、四川两省，双方共同享受各自已经得到的“一切商业上和其他方面的特权和利益，以及以后可能得到的任何性质的特权和利益”。英法协议成立后，英国一再胁迫清政府，提出种种侵略要求。1897年2月签订中英《续议缅甸条约附款》，英国夺去原属中国的一些土地，并取得对中国南碗三角地（猛卯三角地）的“永租权”。《附款》规定：将来中国如在云南修筑铁路，“即允与缅甸铁路相接”。又西江开放通商，广西梧州、广东三水县江根墟辟为商埠，江门、肇庆府等处为船只停泊及上下客货的口岸。英国继法国之后，在云南和两广的侵略地位大为增强。

与英法争夺中国西南地区相呼应，俄国更早就打定了将魔爪伸入中国东北的主意。西伯利亚铁路1895年路基筑到赤塔。马关议和条款公布，罗拔诺夫对沙皇提出的进行干涉的直接目的之一，就是为了修建外西伯利亚铁路，吞并满洲的一部分。1896年4月，财政大臣维特陈述这条铁路的重要战略意义说：“它使俄国能够在任何时间内在最短的路上把自己的军事力量运到海参崴及集中于满洲、黄海海岸及离中国首都的近距离处。相当数目的俄国军队在上述据点的出现，一种可能性是大大增加俄国不仅在中国并且在远东的威信和影响，并将促进附属于中国的部族和俄国接近。”①俄国的侵略野心一点也不下于日本。清政府这时希望依赖俄国，抵制日本，推行“联俄拒日”政策，正好落入俄国布置的陷阱。

1896年5月，沙皇尼古拉第二举行加冕典礼。清政府原派布政使王之春前往致贺。俄国公使以王之春“位望不高”，提出抗议，指名要李鸿章充当专使。清政府于是任命李鸿章为“钦差头等出使大臣”前往祝贺。俄国派专员

---

①财政大臣维特的节略，见张蓉初译《红档杂志有关中国交涉史料选译》，三联书店1957年版，第169页。

在苏伊士运河迎候李鸿章，伴送他到彼得堡。维特和罗拔诺夫随即与李鸿章开始秘密谈判，提出中俄缔结军事同盟以及为了防日，允许俄国在中国黑龙江、吉林境内修筑铁路直达海参崴的要求。俄国对李鸿章软硬兼施，一面出重金贿买[①]，一面又由沙皇亲自出面施加压力，6月间，双方终于在莫斯科签订《中俄密约》（即《御敌互相援助条约》），约中规定：同意俄国在黑龙江、吉林两省修建铁路，并与西伯利亚铁路连结起来。“平常无事，俄国亦可在此铁路运过境之兵、粮”。“当开战时，如遇紧要之事，中国所有口岸，均准俄国兵船驶入”。日本“如侵占俄国亚洲东方土地，或中国土地，或朝鲜土地”，中俄应即“互相援助”。它的中心内容是在中国境内修筑铁路和取得所有权，这就是中东铁路（当时中国称为东清铁路）的由来。华俄道胜银行承办经营，从此更加活跃起来。

同年9月，清政府与道胜银行签订《合办东省铁路公司合同章程》，具体规定中东铁路的建造及经营管理等事项，由道胜银行另设中国铁路公司主办。中东铁路名义上由中俄合办，有清政府的股份，中国商民一样可以购买股票，实际上它完全受俄国支配，清政府只是为它的一切活动提供便利而已。《合同章程》中规定：中东铁路公司对铁路沿线地段“享有绝对的，专有的管理权”（中文约文为“凡该公司之地段……由该公司一手经理”），这是对中国主权的严重侵犯。12月，俄国政府单方面制定并颁布《中东铁路公司章程》，事实上把中东铁路当成西伯利亚大铁路的一部分。《公司章程》擅自“授权”给中东铁路公司，只要经中国政府核准，它即可在中国开采煤矿，兴办其他工商企业；“在被划给中东铁路及其附属物的土地上，法律及秩序的维持应委之于由公司所任命的警察担任”[②]。这一切侵犯中国主权和利益的规定，再加上中东铁路公司的种种非法活动，中东铁路沿线地段成了俄国侵略中国的基地。1897年春，俄国开始筑路，向沿线派出大批修路队和殖民者，开采矿产，建立城镇（哈尔滨是第一个），推进对我国东北，首先是东北北部的“和

---

①关于俄国是否贿赂李鸿章，一直聚讼纷纭。俄国财政大臣维特在他的回忆录中否认有此事，但俄国外交部的一个副司长沃尔夫却持肯定态度，他说，李鸿章同维特在条约上签字以后，还在口袋里装上二百万卢布回到北京。罗曼诺夫在1928年出版的《俄国在满洲》一书中，根据俄国财政部的档案指出，维特曾向李鸿章面允三百万卢布的贿赂，但当时并未付款，直到1897年初才在上海交付了一百万卢布。

②《中东铁路公司章程》摘要，见马慕瑞《对华条约集》第1卷，第84—88页。

平征服”[①]。列宁指出：帝国主义把建造铁路这样一种似乎是“简单的、自然的、民主的、文化的、传播文明的事业”，“变成对十亿人民（殖民地加半殖民地），即占世界人口半数以上的附属国人民，以及对‘文明’国家资本的雇佣奴隶进行压迫的工具”。[②]中东铁路是一个典型的例证，说明帝国主义在半殖民地中国夺取铁路权利对于它们扩张在华势力具有多么重要的意义。

插图 35：东清铁路开工仪式

（采自 M. A. Alexander Hosie, Manchuria，Its People, Resources and Recent History, London, 1901, p.44）

列强攫取中国路权的活动，甲午战前已经开始。战后由英、法在西南发起，特别由于俄国强筑中东路，它们争夺路权的斗争，到 1898 年、1899 年间，达到白热化的程度。不久以前，清朝官僚中一些人坚决反对修建铁路，现在大多数人承认“铁路为富强第一要义”了，打算修路，但缺乏资金，只有乞灵于外资。这正适合帝国主义输出资本、夺取路权的需要。通过对铁路投资，它们在经济、政治两方面都得到极大的利益和权益。经济利益是双重剥削，即得到高额折扣和优厚利息，再加上用这笔借款购买铁路器材得到大量利润。政治上的权益是，某国得到某路的投资修筑权，其势力随之渗透到铁

① 约瑟夫：《列强对华外交》，第 168 页。

②《帝国主义是资本主义的最高阶段》，《列宁选集》第 2 卷，第 733 页。

路沿线地区，使那个地区成为它的势力范围。它们自己把这称做“利权掠夺战”或者“争夺让与权之战”。其中芦汉、津镇、粤汉等几条铁路涉及地面广，斗争也最激烈。

芦汉铁路从北京近郊的芦沟桥[①]到湖北汉口，是一条贯穿南北的主要干线。甲午战前，清政府已有意兴建。战后湖广总督张之洞主张借款建路，英、德、法、俄、美等国都来兜揽，提出苛刻条件。张之洞以“比（利时）究是小国，不过图工作之利，别无他志”[②]，于 1897 年 5 月，中比订立《芦汉铁路借款草合同》，比利时攫得芦汉路修筑和经营权。草合同订立后，英、德、美等驻华公使揭露比款中有俄、法资本参加，要求清政府拒签正式合同。法国公使毕盛，沙俄代办巴布罗福对清政府施加压力，不许更改。1898 年 6 月，清政府与比国银行团签订《芦汉铁路借款详细合同》和《行车合同》，规定十年内，清政府不得提前一次清偿借款，保证了俄法集团对铁路的控制。

英国不甘心于俄、法在中国腹地广修铁路。1898 年 5 月，它取得沪宁铁路借款权后，拟订出一个所谓长江流域铁路系统的庞大计划，准备从浦口筑路至信阳与芦汉铁路相连，再从武昌建铁路经万县、重庆直达成都，然后与滇缅铁路衔接。为了抵制俄国势力，它又极力争揽山海关至牛庄铁路的借款权，于同年 6 月与清政府订立山海关至牛庄铁路草合同，使其势力插入东北地区。8 月，英公使窦纳乐向总理衙门提出修筑下列五条铁路的要求：（1）天津至镇江；（2）山西、河南至长江沿岸；（3）九龙至广州；（4）浦口至信阳；（5）苏州、杭州至宁波。他恐吓说，如果不立即接受这些要求，将视为对英国的敌意，他将依照英国政府的训令行事。清政府不敢拒绝，除津镇铁路因牵涉到德国利益须另议外，其他全部答应。

津镇铁路是与芦汉铁路平行的又一条贯通南北的主要干线。清政府本拟借美款修筑，遭到英、德两国的反对。汇丰银行与德华银行在英、德两国政府支持下，于 1898 年 9 月在伦敦订立分赃协定，双方平分津镇铁路的投资权。第二年 5 月，清政府与英德银团签订《津镇铁路借款合同》，借款条件与芦汉铁路相同，山东峄县以南由英国修建，以北由德国兴筑。它们为了长期控制这条铁路，规定三十年后中国始能“自备款项”，清偿借款。

---

① 即卢沟桥。——编者注

② 张之洞：《致天津王制台》，《张文襄公全集》第 153 卷，第 10 页。

粤汉铁路是贯穿华中到华南的又一条主要干线，1898年初，清政府决意修建粤汉路。美国积极争夺这条铁路的投资权。督办铁路事务、买办官僚盛宣怀，湖广总督张之洞一唱一和，主张借美款修路。他们说“欲防后患，舍美莫属”①，“粤汉自以美款为妥”②。同年4月，美国华美合兴公司和清政府驻美公使伍廷芳签订了《粤汉铁路借款草合同》，美国夺得了粤汉铁路的承筑权和长期控制权。

帝国主义争夺中国铁路投资权，到1898年11月止，英国共得2800英里，俄国1530英里，德国720英里，比利时650英里，法国420英里，美国300英里，总共6420英里。③帝国主义从中国掠得路权以后，有的并没有立即着手兴建。但是它们取得某一条铁路的让与权（矿权也一样），就意味着它们在那个地区的势力范围建立起来了。

帝国主义夺取中国路权与夺取矿权，大部分是彼此相关联的。1898年5月，英国福公司与山西商务局订立《合办矿务章程》，取得在盂县、平定州、潞安、泽州和平阳府属煤、铁以及他处煤油各矿的让与权，限期六十年。同年6月，豫丰公司代表河南地方当局与福公司订立合同，将“怀庆左右”和“黄河以北诸山各矿”开采权给予福公司，限期六十年，“调度矿务与开采工程、用人、理财各事”，全由福公司一手经理。同年10月，津榆铁路督办与英国汇丰银行订立《南票矿务合同》，将朝阳南票地方煤矿及其“左近”或女儿河至南票、南票到锦州铁路一带的矿权给予英国。1899年2月，四川矿务局设立的华益公司，同英国订立《四川矿务华洋合办章程》，以所谓“分利平权”的原则，准许五成洋股，合办四川煤、铁、煤油等矿。法国于1895年6月，与清政府订立《续议商务专条附章》，取得广东、广西、云南三省开矿的优先权，又于1899年5月与四川矿务局订立《四川矿务章程》，取得灌县、犍为、威远、綦江、合州、巴县等处煤铁等矿和天全、懋功两处五金矿产让与权。德国取得山东全省的矿权，俄国掠取在新铺及外蒙古一些地方开采金矿的权利。

---

① 盛宣怀：《粤汉路借美款草约定议电奏》，《愚斋存稿初刊》第21卷，第10页。

② 张之洞：《致上海盛京堂》，《张文襄公全集》第155卷，第4页。

③ 英国蓝皮书《中国第1号（1899）：关于中国事件的通讯》（China. No.1，1899，Correspondence Respecting the Affairs of China, London, 1899），第344页。

插图 36：德国强租胶州湾后在青岛留下的石刻

（采自 W.A.P.Martin, The Awakening of China，London，1907，p.35）

强占租借地，直接进行殖民统治

德国作为干涉“还辽”的一员，同俄、法一样，无耻地向清政府勒索“报酬”，于 1895 年 10 月取得在汉口、天津开辟租界的特权。中德《汉口租界条约》规定，德国在汉口永久设立租界，界内中国人不得居住，德国汉口领事为租界区域内的主要行政官员。与此同时，德国外交大臣马沙尔向清朝驻德公使许景澄提出要求说：“德兵船在华无埠不便，请中国或租或借，允划一地储煤屯船”[①]，实际是要在华建立海军基地。1896 年底和 1897 年初，一再提出要划给这样一个“煤站”。选定的目标是山东胶州湾。德皇威廉第二这时无中生有，大倡“黄祸论”。捏造所谓“黄种人入侵”白种人的危险，还特地把自己设计的一幅“黄祸图”赠给俄国沙皇，号召“所有欧洲列强”都“联合起来抵抗佛教、异端和野蛮人的侵犯，以捍卫十字架”[②]。企图以此来缓和列强由于德国加紧侵华而必然激起的彼此间的矛盾，并怂恿俄国加强对东方的

① 许景澄：致总理衙门电，1895 年 12 月 29 日，《许文肃公遗稿》第 10 卷，第 22 页。

② 威廉致尼古拉信，1895 年 9 月 26 日，见列文编《德皇威廉第二致沙皇尼古拉第二书信集》（lssal Don Levine, Letters from Kaisar to the Czar, London, 1920），第 18—19 页。

侵略。1897 年 11 月，德国抓住山东曹州巨野县两个德国传教士被杀事件，扩大事端，派兵袭据胶澳，分兵略地，实现其蓄意已久的夺取胶州湾，在山东扩充侵略势力的阴谋。清政府被迫屈服。1898 年 3 月，中德签订《胶澳租界条约》，德国“租借”胶州湾，为期九十九年。在此期间，此地“中国不得治理，均归德国管辖”（英约文意，在“割让的领土上”中国“放弃行使主权”并将其“让与德国行使”）。德国有权在山东建造胶济铁路（分南北两线，北线由胶州湾经潍县、博山等处“往济南及山东界”，南线由胶州经沂州、莱芜至济南）及开采铁路沿线两旁各三十里内的煤矿。以后中国在山东省内如有开办各项事务而需要外国帮助，“或用外国人，或用外国资本，或用外国料物”都必须“先问该德国商人等愿否承办工程，售卖料物”。山东省由此变成了德国的俎上肉。

插图 37：沙俄占领下的旅顺口

（采自 B. L. Putnam Weale, Manchu and Muscovite, London, 1907, p.84）

德国攫取胶州湾，立即引起各帝国主义强盗争先恐后展开宰割中国领土的疯狂活动。在中国已经残破的山河上，一时黑云翻滚，群魔乱舞。短短的几个月间，割地狂潮，震撼全国。

1897 年 11 月，德国占胶州湾，12 月，俄国舰队即开进旅顺口。俄国政府一面通知英、日两国，诡称清政府允许俄舰暂泊旅顺“过冬”，并无他意；[①]一面又对清政府说，俄舰停泊是为了帮助中国。清统治者幻想在对德交涉中取得俄国的支持，完全听信谎言，命令旅顺守将宋庆，“俄船在旅所有应用物件，随时接济”[②]。俄国不久就现出凶恶真相，提出“必须租得不冻海口，为各师屯地”[③]，并限期照准。前此沙皇尼古拉第二还亲自向许景澄表示，要求中国顾全中俄“交谊”，允许从中东铁路公司自西伯利亚干线筑一支线至黄海海岸。[④]俄国的强盗行径，激起国内报纸舆论和许多官吏的反对，他们要求拒签俄约。俄国又一次卑鄙地施展贿赂手段，出七十五万卢布[⑤]以收买清谈判代表李鸿章、张荫桓，终于在1898年3月27日如期订立《旅大租地条约》。条约规定，中国“将旅顺口、大连湾及附近水面”连同大连湾迤北为“保守该段所需”的陆地租与俄国，租期二十五年。租借地内“所有调度水陆军并治理地方大吏全归俄官”。俄国“备资自行”在这里建设军事基地。租借地北面划一中立区（“隙地”），民政仍旧归中国管理。“惟中国兵非与俄官商明，不得来此”。条约又规定扩大给予中东铁路公司的让与权，准其由中东铁路干路某站（后来定为哈尔滨）起至大连湾筑一支路。5月，中俄又签订《租地条款专条》，划定旅大租借地与“隙地”的界线，并规定非俄国应允，中国不得将“隙地”和“隙地”东西沿海口岸让与别国人享用或与别国通商；中东路支路经过的地方，不得将铁路利益给予别国人等等。7月，清政府与中东铁路公司签订《续订合同》，将中东铁路支路定名为南满支路，公司取得：（一）其船只“行驶辽河并该河之支河”以及驶入营口和“隙地”各口之权；（二）“在（中国）官地树林内自行采伐”之权；（三）“在此支路经过一带地方，开采煤矿”之权。俄国纠集德、法干涉日本退还辽东，清政府把它当做“恩人”看待。时间过去不过三年，清政府花三千万两银子从日本手里赎回的辽东，转

---

① 梯雷：《关于1892—1904年俄国和英国关系的备忘录》（J. A. C. Tilley，Memorandum Respecting the Relations Between Russia and Great Britain，1892—1904），见《关于大战起源的英国文件》第1卷（Ed. G. P. Gooch，British Documents on the Origins of the War 1898—1914, Vol. I，The End of. British Isolation,London，1927），第2页。

② 旨寄宋庆电，《清季外交史料》第127卷，第33页。

③ 许景澄致总署电，《清季外交史料》第130卷，第11页。

④ 许景澄致总署电，《清季外交史料》第129卷，第18页。

⑤ 见《维特伯爵回忆录》（中译本），第79页。

手又被俄国夺去。而且南满支路的修筑，把东三省南部和北部联结起来，我国整个东北地区实际上落到了沙皇俄国的掌握之中。

德国、俄国分别强占胶州湾和旅大，法国马上在保持“东方均势”的借口下，提出四项侵略要求，其中一项就是“在南省海面设立趸船之所”。法国外交部长恫吓清驻法公使庆常说：“山东允德借地及铁路数道，法独向隅，议院不平，请派舰重办。所开四事，必须照准……否则不得不筹办法。”[①]清政府无力抗拒，1898年4月，与法国互换照会，同意将广州湾租与法国，“作为停船趸煤之所”，为期九十九年。

英国在中国的既得权益最大，同其他帝国主义利害冲突也最多。其中同俄、法两国的矛盾尤为突出。俄占旅大一事，英、俄之间的斗争一度异常激化。1898年1月，英国曾要求清政府开大连为商埠，以便防止俄国独占，扩充自己的势力。俄国政府训令驻华代办巴布罗福蛮横地威胁总理衙门说：“大连若开口岸，俄与中国绝交。”[②]清政府不敢答应英国的要求。俄国霸占旅大成为定局，英国便要求占有威海卫相对抗。同样，与法国租借广州湾相对立，英国又强索九龙。清政府既屈服于俄、法，便无法抗拒英国。1898年6月9日，中英签订《展拓香港界址专条》，英国在“保卫”香港的借口下，租借了九龙半岛及其附近水面、岛屿，租期九十九年。租借地内除九龙城里的中国

插图38：英国占领下的威海卫

（采自日本《近代百年史画报》第7集，第509页）

---

①奕劻:《法国请租广州湾并建造滇越铁路谨拟办法折》,《清季外交史料》第131卷，第4页。

②《翁文恭公日记》，光绪二十三年十二月二十三日。

官员在“不得与保卫香港之武备有所妨碍”的前提下，可以“司其事”，“其余新租之地，专归英国管辖”。7月1日，中英《订租威海卫专条》签字，英国租借威海卫及其附近的水面、岛屿，“租期应按照俄国驻守旅顺之期相同”。威海卫自甲午战争以来一直为日军所占领，作为清政府履行《马关条约》的担保；如今清政府刚付清对日赔款，日军一撤，马上又落到英国手里。

自德国强占胶州湾起，不到四个月的时间内，俄、法、英各国像野兽般地一齐向中国猛扑过来，逼订一系列的不平等条约、文件，从北到南分别攫夺了五处海湾港口，在帝国主义侵华史上增添了一个名为租借地的新项目。所谓租借地，在列强侵华中具有极重要的地位，它不仅是帝国主义确立、保持、强化在华势力范围的军事基地，同时又是进行政治、经济、文化等全面侵略的新据点，实际上是帝国主义强行割据中国领土进行直接统治的殖民地。

划分势力范围

帝国主义在强占租借地的高潮中，纷纷采取迫使清政府承担义务，不将某一地区割让给别国的办法，来划定其在华势力范围。早在1897年3月，法国强迫清政府向它保证，“永不将海南岛让与任何他国，不论久暂，作为停船趸煤之所”。一年后，这个办法就被各国相继采用了。

1898年2月9—11日，中英互换照会，清政府对英“确切保证，不将扬子江沿岸各省租、押或以其他名义让与他国”。

4月上旬，中法互换照会，清政府对法保证：“无论永暂，无论租借或以其他名义，均不将”“越南邻近各省”即云南、广东、广西“全部或一部让与他国”。英国也要求清政府承诺不将云南、广东两省让与他国。[①]

德占胶州湾，日本不甘落后，其政客日夜聚谈，设想种种方案，4月22日日本发出照会，宣称他“轸念”清政府近来的困境，明察当时实际情况，不得不“早筹妥善之法”，要求划定与台湾只有一水之隔的福建省为日本势力范围。清政府照准，声明“福建省内及沿海一带均属要地，无论何国，中国断不让与或租给”。

帝国主义分别要挟清政府就“不割让”某一特定地区向它们提出保证，用意很清楚：巩固已有的侵华成果，准备进一步扩大那些成果，与此同时，排

---

① 约瑟夫：《列强对华外交》，第309页。

除其他帝国主义对那个地区的争夺，树立自己对那个地区的干预权。因此，在划分势力范围的过程中，它们相互间进行着激烈的斗争。在一系列活动上，又彼此勾结和妥协。

1898年9月，英、德两国金融资本的代表对划分在华铁路利权问题达成协议，规定长江流域等地为英国的“利益范围”，山东等地为德国的“利益范围”。[①]这个协定得到两国政府的支持，事实上也就是两国侵华政策的一部分。

1899年4月，英、俄两国政府以换文的方式互相协议，擅自划定各自的在华铁路利权范围。英国“不在中国长城以北为它自己或英国臣民或其他人谋求任何铁路让与权，并且不去直接或间接地阻挠俄国政府所支持的在该地区对铁路让与权的要求”；俄国“不在长江流域为它自己或俄国臣民或其他人谋求任何铁路让与权，并且不与直接或间接地阻挠英国政府所支持的在该地区对铁路让与权的要求”。[②]英德、英俄协议，表面上只是中国铁路利权范围的划分，实质上是划分彼此在华势力范围的一种方式。英国承认山东等地及长城以北分别为德、俄的势力范围，德、俄承认长江流域为英国的势力范围。英俄协议中特别订有一条：“两国表示它们决不侵犯中国主权或中国与列强之间的既存条约。”[③]它们蛮横把中国领土一块块分割以去，然后来郑重表示“决不侵犯中国主权”，在帝国主义者的眼里，中国几乎就是他们的殖民地，不再存在什么主权问题。

1898年，美国正在进行与西班牙争夺菲律宾的战争，未能参与对中国海湾港口和势力范围的争夺。战事终了，它决定急起直追，攫取满意的一份。1898年12月，美国总统麦金莱对国会的咨文中说：“对于中华帝国沿海省份的一些地方被几个欧洲强国所控制的非常事件，美国并不是一个袖手旁观者。”[④]不久以后，他对参议院讲演中又说：菲律宾群岛永远是我们的。直接随着它，还有中国那一片无限广大的市场。我们既不能放弃前者，也不能放弃后者。1899年3月，美驻华公使康格向国务卿陈述意见，要政府讨论租借大沽口的利害。9月和11月，美国政府先向英、德、俄三国，接着又向法、日、

---

① 马慕瑞：《对华条约集》第1卷，第267页。

② 同上书，第204页。

③ 约瑟夫：《列强对华外交》，第390页。

④ 载《美国外交文件》（Papers Relating to the Foreign Relations of the United States 1898, Washington, 1901），1898年总统咨文，第24页。

意各国提出所谓在华“门户开放”，贸易机会均等的照会。美国承认各国在华势力范围和它们已经得到的路矿等特权，同时要求列强在租借地和势力范围内：一、对任何条约口岸或任何既得利益不加干涉；二、对各国货物，一律由中国政府按照现行税率征收关税；三、在征收港口税、铁路运费方面，对别国船只、货物不实行差别待遇。美国的工业正迅猛发展，工业总产值以及钢铁、电力等许多主要方面的生产已超过英、德、法各国而居世界首位。美国这个政策是要列强开放在华租借地和势力范围，使它享有均等的贸易机会，以免因“排他性待遇”而遭到损害。英国对美国的倡议，表示有条件地赞同，俄国的答复故意含糊其辞，但不公然反对，其他国家则根据各自的情况作了相应的表示。美国利用了其中的外交辞令，于1900年3月，宣布它所提出的主张已为各国所接受。这样，帝国主义列强在中国经过几年空前尖锐复杂的大争夺之后，终于在美国“门户开放”政策的基础上暂时取得表面上的一致，在一定程度上建立起侵华的联合阵线，确定“门户开放”政策是美帝国主义加紧侵略中国的一个重要步骤。所谓“门户开放”，它与美国资产阶级所宣传的，以及也被某些中国人曾经信以为真的什么“保障中国领土完整和主权独立”毫无共同之处。恰恰相反，它明白承认列强在中国既得的“势力范围”或“利益范围”——这个与中国“主权独立”显然不相容的东西。它只是直接反对一个或几个强国不顾其他国家而获得独占特权的策略。中华民族的根本利益和要求，是从帝国主义侵略、压迫的枷锁下解放出来，而“门户开放”所做的是结成帝国主义侵略、宰割中国的一种同盟。

帝国主义通过对中国的压迫侵略和它们相互间的协议，中国河山大致被它们划定为各自的势力范围：长城以北特别是东北地区成为俄国的势力范围，山东成了德国的势力范围，福建变成日本的势力范围，广西以及云南、广东两省邻近越南的地区成了法国的势力范围，长江流域各省以及云南、广东两省的另一部分成为英国的势力范围。美国没有特定的势力范围，但它到处都可以插足。

甲午战争和战后的短短几年里，国际资产阶级侵略者疯狂地占领了中国大片领土和沿海沿边要地，“势力范围”是他们下一步就要占领的领土和要地。中国处在这样一种严重形势下面：从半殖民地过渡到殖民地。国际资产阶级舆论中，所谓处理中国“遗产”的叫嚣，越来越尖厉刺耳。[1]有人且以《中国的瓦解》为题著书，替本国的垄断资本侵华出谋献计。1898年4月，德国首相毕鲁的一番讲话，是有代表性的。他说：“曾经有人提到瓜分中国，但是无论如何这种瓜分不会由我们来促其实现（！）。我们已经完成的一切都是为了做好准备，以便不论将来发生什么事，我们自己都不致落得两手空空。旅客不能决定火车什么时候开动，但他能做到火车开动时不至误车。傻瓜才会落在最后。……我们已经获得了胶州这样一个战略上政治上的据点，它将使我们在未来的远东具有决定性的势力。根据这样一个强固的据点，我们可以安然地注视着事态的发展。”[2]帝国主义者张牙舞爪，蠢然思动，正在等待时机，以求一逞。中国的被瓜分，成了非常现实的危险。

第四节　孙中山的政治活动，群众反侵略反压迫的浪潮

中国社会各革命阶级和其他爱国分子，面对瓜分危机，迅速把反对帝国主义侵略、反对封建压迫的斗争引向新的高潮。以孙中山为代表的一小部分民族资产阶级和小资产阶级分子，开始要求以革命手段来推翻清政府的统治。1895年，第一次发动武装起义。

孙中山（1866—1925年），名文，字德明，号逸仙。1897年在日本时化名中山樵，后即以中山为名。广东省香山县（今中山县）翠亨村人，出生于农民家庭。他幼年参加劳动，十岁入私塾。1878年，孙中山到檀香山，在胞兄孙眉（这时已由雇工发迹为资本家）的帮助下，先后入英、美教会举办的

①俄国财政大臣维特关于处理中国“遗产”问题给沙皇尼古拉二世所上的条陈，说得十分露骨，尽管时间上稍晚些。他说：“各国的当前问题是如何从这些衰朽的东方国家特别是庞大的中华帝国的遗产中，尽可能分得大的一份。俄国从历史和地理上来讲，有着不可争辩的权利，分得这个预期的猎物的最大部分。”“由于我们和中国之间有着绵长的国境线，由于我们有着特别有利的形势，除非中国能够自卫，否则中华帝国的很大一部分为俄国吞并，只不过是一个时间问题罢了。但我们的主要目的是要使这种吞并自然地进行，不要引起轻率的事件，不要冒进，不要侵占领土，以免有关的其他国家先机下手，瓜分中国，因而使俄国得不到中国最富饶的省份。”见《维特伯爵回忆录》（中译本），第94页。

②引自肯德《中国铁路发展史》（中译本），第138页。部分译文据约瑟夫《列强对华外交》第306页重译。

学校，学习西方文化知识。1883 年回国后，继续在香港、广州两地的教会学校读书，接受西方资产阶级教育。1892 年毕业于香港西医书院后，在澳门、广州开业行医。在这期间，孙中山学到了不少自然科学知识，也研读过一些西方国家的历史和政治学说，对欧美资本主义国家的情况、政治制度等有所了解。

中法战争后，孙中山就关心国家大事。他在广州、香港先后结识的好友，有广州医校同学、洪门会党成员郑士良，广州格致学院和香港医学院学生陈少白，香港华民政务司小职员尤列，翠亨村的同乡、富商的儿子杨鹤龄等人。他们多在香港、广州受过欧美式教育，向往西方资产阶级的文明，具有改造祖国的愿望。孙中山与他们志同道合，共同议论时政，抨击清朝黑暗统治，寻找救国的道路。太平天国革命和洪门中鼓吹的排满思想，对他们政治观点的形成很有影响。孙中山常常谈起他的广东前辈洪秀全，称之为“反清第一英雄”①，并有“以洪秀全第二”自命的志向②。

甲午中日战争以前，孙中山虽然有了一些反清思想，但是还没有发展成为革命的民主主义者。他与当时著名的改良派人物何启、郑观应、王韬等先后有过交往，并受他们的影响，早期的政论文章就是重复他们著作中的一些观点。民间的或缺少奥援的知识分子，历来寻求上进的办法，是“求知当道，游说公卿”，孙中山最初也是走的那条路子。在香港学医期间，他曾请见香山县令，建议仿效香港，整顿地方。1890 年，又写信给已退职的香山籍洋务派官僚郑藻如，主张效法西方资本主义国家，在香山振兴农桑，劝戒鸦片，兴办学校，“验其无谬”后，在全国各地推广。③1894 年春，二十八岁的孙中山，同他少年时代意气相投的同乡陆皓东一起，到北方游历。这年夏天抵达天津。孙中山送给李鸿章一封早就准备好的长信，建议模仿西方国家，改良政治，发展工农业生产，务使“人能尽其才，地能尽其利，物能尽其用，货能畅其流”，强调“此四事者，富强之大经，治国之大本”。并且说，如果专搞“船坚炮利”，就是“舍本而图末”。④ 这种上书活动和书信的基本内容，就是希望通过洋务派中最有权势的官僚，实行一些资本主义的改良措施，谋求民富

① 陈少白：《兴中会革命史要》，第 5 页。

② 胡去非：《总理事略》，第 5 页。

③《致郑藻如书》，《孙中山全集》第 1 卷，第 1—3 页。

④《上李鸿章书》，同上书，第 8 页。

国强。但是李鸿章既未接见，对他的意见也不予理睬。孙中山经过这番挫折，又在天津、北京等地看到清朝政治龌龊，大大超过广州，逐渐觉得上书请愿、和平改良方法行不通，从此开始坚定地反清。这已经是甲午中日战争爆发的前夕。

1894 年秋，孙中山再到檀香山，在华侨中进行反清的宣传组织工作。11 月 24 日，在那里成立了中国早期的资产阶级革命小团体——兴中会，议定章程。《兴中会章程》写着“中国积弱，非一日矣！……堂堂华夏，不齿于邻邦；文物冠裳，被轻于异族。有志之士，能无抚膺！夫以四百兆苍生之众，数万里土地之饶，固可发愤为雄，无敌于天下。乃以庸奴误国，荼毒苍生，一蹶不兴，如斯之极。方今强邻环列，虎视鹰瞵，久垂涎于中华五金之富，物产之饶。蚕食鲸吞，已效尤于接踵；瓜分豆剖，实堪虑于目前。……是会之设，专为振兴中华、维持国体起见。盖我中华受外国欺凌，已非一日，皆由内外隔绝，上下之情罔通，国体抑损而不知，子民受制而无告。苦厄日深，为害何极！兹特联络中外华人，创兴是会，以申民志，而扶国宗”[①]。1895 年初，孙中山回到香港，约集陆皓东、陈少白、郑士良，并与杨衢云领导的辅仁文社合作，于 2 月间成立兴中会总会，杨衢云被推为会长。香港兴中会重新发表宣言，对檀香山章程作了一些文字修订。它没有明确谈到革命，还带有若干改良的色彩。但会员誓词中提出“驱除鞑虏，恢复中华，创立合众政府”的口号，弥补了会章所存在的缺陷，推翻清朝政府，建立欧美式的资产阶级民主共和国的思想比较明确。因此，兴中会章程实际上具有中国资产阶级革命的第一个纲领的性质。

兴中会在檀香山成立时，入会的仅二十余人，不久发展到一百二十多人。香港总会数十人，广州分会数百人。会员名籍可考者一百七十五人。其中：中小商人八十二人，农场主、银行经理七人，工人三十九人，会党分子十五人，其他是医生、教员、翻译、传教士、学生等。从这些人的成分看，兴中会会员是资产阶级、小资产阶级为主。兴中会的核心人物多是资产阶级及其知识分子。兴中会是一个中国资产阶级的政治团体，与传统的农民造反的秘密结社比较一下，这一点尤其明显。

兴中会总会成立后，就筹划武装起义，夺取广州。杨衢云、黄咏商等驻香

---

① 孙中山：《檀香山兴中会章程》，《孙中山全集》第 1 卷，第 19 页。

港负责后勤工作。孙中山率领陆皓东等驻广州主持起义事宜。他以“农学会”名义展开活动，发展会员，分设机关，联络并组织广东省各地的会党、绿林、乡团、退伍军人和防营、水师兵丁，制定攻城计划，准备于10月26日（旧历九月初九日）在广州发动。香港议员何启和两名英国记者参与讨论武装起义的会议，表示他们愿意运动英国承认起义后建立的政府，日本驻香港领事得到消息，也派人告知兴中会，如果发动起义，日本政府可以暗地帮助。他们自然是各有自己的如意算盘，并非真正要支持反对帝国主义、封建主义统治的中国人民。10月26日晨，各地的会党首领、绿林头目、军队联络人员，都到起义机关听候命令。但由于谋事不密，事先被官方察觉，香港殖民当局也将兴中会活动情况向两广总督密告。这次起义没有正式发动就被镇压下去了。陆皓东、朱贵全等牺牲，另有四十余人被投入监狱。

广州起义失败后，清政府大肆搜捕革命党人。广州城内遍贴悬赏告示，缉拿革命领袖孙中山、杨衢云等人。孙中山逃亡国外，在日本、檀香山、美洲等地华侨中，继续宣传革命。

孙中山后来回忆广州起义失败后的情形说：“当初次之失败也，举国舆论莫不目余辈为乱臣贼子、大逆不道，咒诅谩骂之声，不绝于耳。吾人足迹所到，凡认识者，几视为毒蛇猛兽，而莫敢与吾人交游也。”[①]兴中会的成立和准备广州起义是中国资产阶级进行革命活动的开始。中国资本主义很幼弱，国内资产阶级政治上多数要求改良，赞成革命的很少。孙中山主要在香港和海外华侨中间进行活动，联系和争取的对象，多半是华侨中的资产者和小资产者，目的在于筹措经费，物色准备回国参加反满活动的人物。在国内，活动多限于广东，着眼于能够参加武装起义的会党和士兵，在人民群众中尚未产生影响。广州起义失败后，国内有些人可能从官方缉拿逃犯的文书中知道有一个“会匪”首领“孙汶”。对于中国资产阶级的革命活动和他的领导者孙中山，这时几乎还没有什么人知道。

与资产阶级的活动没有联系，而又同时并进的，是这时人民群众自发地掀起了反对帝国主义侵略、反对封建压迫的浪潮。参加的基本群众是广大农民，城乡手工业者，偶尔也有地主、商人卷进里面。他们的活动是分散的，发生的地区则是带全国性的。

---

①《建国方略》，《孙中山选集》上卷，第174页。

甲午战争中国割地赔款，人民群众很快在日常生活中受到它的灾难性打击。清政府举借大量外债，偿还债款本息和新增军费等项，每年增加支出二千多万两。1896年，户部奏报财政严重困难，不知如何应付。地丁、漕粮、盐课、厘金等数项，占户部全年收入的四分之三，都是直接取之于人民的。应付的办法，首先就是从这些项目上打主意，向人民敲骨吸髓，进行剥削。

田赋漕粮本有定额，地方官吏巧立名目，加重浮收。甲午战争后，钱价日涨，银价日落，库平一两仅抵一千二三百文，各地官吏仍照旧额折价，按二千数百文甚至三四千文征收，然后按市价折银上兑。河南一省，仅银钱差价，一年浮收三百七八十万两。[①] 福建、江西、湖北等省，有的地方钱粮先由粮差垫纳，征收时勒索多至数倍。安徽贵池等地钱漕由保书包收包缴，每额米一担，不论有无灾荒，岁收花户洋十余元不等。山东、福建一些地方征收本色，有一石收至数石以上的。这些多收的钱粮都被官役侵吞了去。有人在奏报里说："百姓纳官者一，而耗于纳者一二倍至十倍不等，如漕米多至七八倍，地丁多至三四倍。"[②] 盐课从1894年起，不断加价加捐。加价名目有筹饷加价、另筹加价、赔款加价、豫引加价、海防加价、练军加价等；加捐的名目有偿还摊捐、官运余利等等。盐课附加捐税不断增加，盐斤销价即随着上涨。清政府利用盐课，搜刮人民，偿还赔款债务，直接记录在"赔款加价""偿还摊捐"等名目上。商货厘金更是清政府筹款的重点，茶、糖、烟、酒税，原属百货厘或州县杂税。1896年，户部提出另行办理，不断增加税率。广东烟酒税率最高，平均超过原税二倍。佛山一局，1899年增至三倍。1896年，河南开办煤厘，江苏开办棉花捐；江苏、江西、湖南开征米捐。米捐税额增加多次。江苏一省，米捐征收额年达数十万两。1897年，广东在百货厘中补抽炮台经费七成，总数年达五十万两。1895—1897年间，户部平均每年收入厘金一千六百多万两，较甲午中日战争前增加二百万两左右。实际增加的数目，要多至数倍。

1895—1899年间，水、旱、虫、雹等自然灾害遍及全国。江苏、浙江、安徽、江西、湖北、湖南、直隶、山东、河南、山西、陕西、甘肃等十二省，五年累计受灾州县二千零六十四处，平均每年四百一十三处。其中山东、江苏、

①《刘家模奏》，《光绪朝东华录》，光绪二十五年，第125页（总4431页）。

②《李文田传》，《佛山忠义乡志》第14卷。

直隶三省受灾面积最广。五年累计，山东二百七十八州县，江苏二百六十九州县，直隶二百二十六州县。自然灾害中常见而又最严重的是水、旱灾。官吏侵吞治河经费，河工败坏。长江、汉水，淮河常常漫溢决口，黄河“几于无岁不决，无岁不数决”①。灾区人民死亡枕藉。1897 年春，湖北沙市饥饿死亡的，每天有一二百人。1898 年春，淮徐饥民过扬州，遗尸数百具。1899 年黄河大溃决，山东淹死十六万人。同年春，江北窑湾镇“饿殍积尸可蔽二十亩”。逃荒的群众，沿途纷纷出卖子女，以免饿死。卖价每孩从五十文到一千文。面对这种情形，统治者只是讲两句“体恤”的谎言骗人，不管人民死活，照旧催科搜刮。

统治者那样的残酷压榨，也还不敷偿还借款，填满帝国主义者的欲壑。1898 年，清政府决定举借内债，发行取名“昭信股票”的债券，进一步筹款。股票办法规定，“其地方商民愿借者，即将部定章程，先行出示，并派员剀切晓谕，不准稍有勒索”。实际情况相反，它正是给大小官吏提供了又一个压榨勒索人民的机会。原定发行“昭信股票”一万万两，在搜刮到一千多万两以后，就弊端百出，群起反对，再也推销不下去了，被迫停止。1899 年，清政府又发动“整顿财政”，那拉氏并亲自过问，要求“裁革陋规，剔除中饱”等。主要收获，也就是新近提拔起来的军机大臣刚毅奉命去江苏、安徽、浙江、广东等省，搜刮到了一千多万两银子。“昭信股票”和“整顿财政”，两项加在一起，才够偿还一年的外债，人民群众却因此在苦海中陷得更深了。刚毅被派赴广东时，英国人办的《北华捷报》发表评论，担心那拉氏等人这样做，会“把那里经常燃烧着的叛乱火星煽成大火”。

帝国主义、封建统治者沉重的政治压迫，加上残酷的经济剥削，城乡人民不得不走上反抗的道路。1895—1899 年间，群众斗争的频繁、活动范围、武装起义规模，较甲午中日战争以前，都有显著增长和扩大。

饥民索赈、抢米、吃大户、闹风潮，成为常见的事。1895 年，直隶永平、遵化、通州等地十几个州县的难民闯入富家分粮、吃大户。1896 年，湖北通山县，广西永安州、灵川县饥民哄闹官衙，要求州官发米、平粜。广东怀集县灾民涌入富家勒分银钱米谷。1897 年，湖北当阳、宜昌、汉川等地灾民抢夺

① 李秉衡:《奏陈山东河工未能确有把握情形折》(光绪二十二年十月十五日),《李忠节公奏议》第 13 卷，第 9 页。

粮米；安徽太湖灾民群集县署索赈；四川奉节县饥民千余人抢粮。1898年春夏间，抢米风潮席卷长江沿岸和沿海各省。安徽、江苏、浙江各十余县，湖北、湖南、江西、福建、广东、广西、山东的一些地区，纷纷发生饥民索赈、抢米、“借粮”、拦截米船、捣毁平粜局、闹谷罢市等事件。少的数百、数千人，多的上万人。湖南“随处抢米”；扬州饥民连续抢仙女、邵伯、宜陵、丁家伙、杨家庄、樊汉等镇所有米店；南京饥民万余人，哄抢城内外米行数十家。群众散发揭帖，指责“官皆贪酷，不顾民食”①。合肥南乡抢米，县官下乡“劝导”，被围困二十余日。

抗租、抗粮、抗捐税的斗争，在江苏、广西、广东、浙江、福建、云南、湖南、安徽、奉天等省频繁出现。1896年，广西灵川县龚国泰等聚众抗粮，捣毁粮局，闯入县城拘留所，释放押犯。奉天铁岭大狼洞地方郭朝栋等抗交官租，殴打官差。这年6月，苏州机匠反对查机加捐，聚集二三千人捣毁机捐局和厘捐局，殴打牙厘局员司。11月，江苏宜兴商民反对厘局私设柴菜捐，纷纷罢市。1897年，上海英法租界工部局增收小车捐，车工二千余人停车抗议。1898年，官府征收铺户房捐，福州、苏州等地商民群起抵制；厦门商民罢市抗争；江宁群众四千人参加反抗；温州城乡民众数千人捣毁县、府、道署和平阳厘局；鄞县民众四千余人拆除濠河厘局，捣毁县署，殴打县官。福建归化征收房契等税，商民罢市反抗，考童罢考支持。同年7月，淮安、清江商民抗议漕运总督在淮安添设验补局，罢市三日，聚众一千余人拆毁厘局。同年冬，江苏川沙厅横沙地方数千佃户抗租。1899年，杭州船民二三百户，罢航抗议船捐局猛加船捐。秋天，河南安阳孙成林等要求豁免钱粮，立社抗官。同年冬，江苏川沙厅佃户千余人继续抗租，绑架沙务局司事。上海、松江、无锡、苏州米行一齐罢市，反对官府为抵还洋债，加抽米捐。无锡、金匮、常熟、昭文等地有关行业响应。

群众暴动、武装反抗斗争遍布全国各省。1895年春，河南归德，山东曹州地区杆子、大刀会数千人攻破睢州王桥寨，竖“替天行道、杀富济贫”旗帜。同年夏，广西武宣、来宾韦志恩、陈源湘等率众起事，拦抢商船，抗拒官兵。广东归善、永安、长乐交界地区唐观士等聚集千余人“劫富济贫”。吴川群众起事，为首庞姓称“洪顺大王”。同年4月，甘肃绥化撒拉族反抗地方

①《时务日报》1898年7月31日。

官吏勒索，围攻厅城。河州、狄道花寺教主马永琳、撒拉族首领马古禄班等乘机率众起事。海城、巴燕戎格、碾伯、西宁、大通等地回民纷起响应。卷入斗争的回民达数十万人，分头围河州、困西宁、攻大通、占大通营，袭击平远、古浪、平番、永昌、山丹等地。清政府调派甘肃、陕西、新疆三省军队联合镇压。回民英勇抵抗，大败清军。喀什噶尔提督董福祥先“招抚”河州、西宁等地部分回民，然后又妄加罪名，大肆杀戮。这次回民起义持续一年四个月，驰骋数千里，战死、被杀和冻饿而死的，仅西宁地区就有数十万人。董福祥因此受到那拉氏信任，在反动统治者里面一时很出风头。1896 年 3 月，幅党邵同春等在江苏萧县、砀山与河南永城、夏邑等地结党起事。4、5 月间，广东合浦林姓聚众起事，抗拒官兵。1897 年 4 月，广东石城、遂溪三点会刘芝草等聚众数千人起事，自称“大王”。四川夔州江湖会唐皋等联合饥民起义。6 月，广西哥老会攻入灌阳县城，释放狱囚。7、8 月间，广东崖州饥民起事，儋州黎族群众响应。琼州黎族数千人分队入城，劫狱释囚。12 月，广西马平会党韦四、刘三全等聚党数千，围攻柳州府城。1898 年，内蒙古敖罕旗、河南虞城、湖北松滋等处，都发生群众树旗起事，或劫掠喇嘛庙，或焚毁县衙。6 月，广西陆川县天地会首领李立亭发动起义，自称洪顺堂大元帅，建号“洪兴”。藤县、岑溪、桂平、贵县等地会党响应，饥民、游勇纷纷投入，队伍迅速扩大。起义军攻破容县、陆川、北流、兴业，围攻郁林、博白等城。清政府急调两广军队围剿。李立亭脱逃，余党散逸。起义群众大批被杀，许多村落竟至人烟歇绝。1899 年 1 月，安徽涡阳爆发刘朝栋（杆子头）、牛师秀（运盐车头）为首的农民起义，围攻涡阳县城。刘朝栋称“大汉盟主”，邵大发称“仁义王”，燕怀军称“堂主”，涡河两岸饥民纷纷参加，迅速达二万多人。他们打着“官逼民变”“劫富济贫”旗帜，在河南永城，安徽宿州、亳州、太和、阜阳、蒙城一带，劫夺富室，袭击兵营，夺取粮饷兵器。清政府派徐州、归德、寿州等地官兵，联合团练武装残酷镇压，饥民被杀万余人。12 月，贵州天柱县与湖南芷江碧涌地方会党李申唧等数千人起事，建号“大成雷音”，自称“雷音王”。

当群众反对封建剥削、压迫的旧式斗争继续不断的时候，锋芒直指外国侵略者的群众反帝斗争，更掀起了新的浪潮。这个浪潮，是人民对《马关条约》，帝国主义侵占沿海土地，强划势力范围，阴谋瓜分中国的直接回答。其中有广泛发生的教案，有反对外国侵略的武装起义，有租界、租借地和附近地区以及铁路沿线地区群众反夺地、反压迫、保卫主权的斗争。一些要求和口号的共同性，把这些斗争直指帝国主义，要求拯救祖国危亡的特点表现得极为显著。

1895—1899年间，反教会斗争遍及四川、湖北、湖南、安徽、江苏、江西、山东、直隶、广东、福建、浙江、贵州、河南、广西、山西、奉天、吉林、西藏、云南等二十个省区，累计达三百七十州县以上。1895年有八十州县，1896年有四十七州县，1897年有三十九州县，1898年有一百二十余州县，1899年有八十五州县。四川发生教案的地区最多，累计有九十六州县。山东次之，有五十余州县。江苏、湖北各有三十几州县。其中四川成都教案，福建古田教案，山东巨野教案，四川余栋臣再次起义，浙江应万德领导的暴动，影响甚大。

1895年5月，《马关条约》刚刚签字，四川成都到处传播外国人要攻占四川的流言，又有揭帖说，英、法、美三国不肯助华抗日，应将“三国之人”逐出四川。这年端午节，成都反教会暴动发生。各阶层群众焚毁英国教会医馆，第二天，又将城内英、法、美三国的教堂、医馆、住宅焚毁。天主教主教杜昂受伤，外国教士避居华阳县署。省内三十多州县的群众闻风而起，惩治教民，捣毁教堂。总计共打毁教堂、医馆、住宅七十余处。清政府随即残酷镇压。王瑞亭等六人遭杀害，另十七人枷杖充军。又赔偿教会损失。帝国主义者对这样的处理并不满意。美驻华公使田贝报告国务院，主张必须惩办高级官吏，以增加恐吓的效果。清政府屈服，四川总督刘秉璋等被撤职。成都教案发生后，沿江各省反对外国教会的声浪四起，匿名揭帖广泛传布，湖北巴东、南漳、恩施，江西庐山，浙江平阳等地发生殴打教士、捣毁教堂的事件。福建和广东的群众，都发出号召，强调要以台湾人民英勇抗日为榜样，驱逐洋鬼子。这年七月，福建漳州贴出捣毁教堂告白，永福教堂被焚毁；广东佛山儿童在教会医馆前议论“打番鬼”，惠州群众张旗执械，围攻天主堂。8月，福建发生了震动远近的“古田教案”。

古田斗争是由民间结社——斋教发动的。斋教是白莲教的一个流派，流传于江西、湖南、福建等地。入教者多是贫苦农民、手工业者。古田斋教聚会时曾遭到官府镇压，斋教首领图谋抗官起义。英、美教士得知，向官府告密。群众越发痛恨这些外国侵略分子。8月1日，斋教一二百人，焚毁教堂，袭击花山洋人住所。他们举着红旗，上写“龙华会上，除番救主”口号。英教士及其家属十一人被杀，英、美教士六人受伤。事件发生，官府立即派兵搜捕镇压。各国驻华公使联合向清政府“抗议”，英、美官员组成“观审团”，到古田监督中国官员审理案件。斋教成员百余人被捕，首领刘祥兴、郑准等二十六人就义。一个外国人评论这场暴动的性质说：“中国人袭击教士住宅，其目的不是掠夺而是杀人，为了报仇雪恨，而非抢夺财物。”① 也就是说，斋教群众进行的是一场反对外国侵略的斗争。

1896 年，湖北、湖南、安徽、河南、江苏、山东等省反教会斗争此伏彼起。民间结社发动的斗争逐渐增多。这年 6 月，山东曹县大刀会首领彭桂林等率领二千余人，打毁单县、丰县、砀山等地教堂，劫取马良集盐店。地方官吏以“民变”上报。清政府忙命两江总督刘坤一和山东巡抚李秉衡派兵镇压。首领刘士端、彭桂林和大批群众被杀。

1897 年初，湖北南漳界山地方民众焚毁教堂，驱逐教民，官府派兵镇压。团民千余人奋起抵抗，同时竖“顺清灭洋”旗帜，表示不与官府为难。同年，福建永春、金门等地绅民阻止教会租屋建堂。山东平度州英雄会发动反教会斗争，州官出示保教，英雄会声言“要拿洋鬼子”，并说：“四川已经杀了若干，现在平度也要如此行。”② 临清群众千余人阻止天主教在庙地上建筑教堂。冠县梅花拳千余人攻打教民。济宁、菏泽、成武、单县、寿张等地，教民与非教民不断发生冲突。11 月，巨野张家庄天主堂德国教士二人被杀。德国即以这件事为借口，派兵强占胶澳，胁迫清政府撤巡抚李秉衡职，惩办“凶手”。但群众并没有被吓倒。德国强占胶州湾、英国强占威海卫后，山东人民的反帝斗争，形势更趋高涨。文人笔墨，市巷唇舌，纷纷谴责帝国主义的侵略行径。义和团的前身义和拳、梅花拳这时已经走进反抗斗争的行列，大刀会是它的同盟者之一。义和团运动在山东爆发，和这个形势密切相关。

1898 年 7 月，余栋臣在四川大足再一次领导武装起义。七年以前，他发起反教会斗争失败，清政府长期捉拿未获。本年春天被川东道逮捕。由同党蒋赞臣等营救出狱，回到大足，余栋臣又决定起义。7 月初，夜袭荣昌郑家湾天主堂，抓住法国教士华芳济，随后发布檄文，谴责帝国主义侵略中国的种

---

① 福森科：《瓜分中国的斗争和美国的门户开放政策》，第 93 页。

②《山东时报》光绪二十二年十二月二十七日，见《山东近代史资料》（三），第 302—303 页。

种罪行，声明起义目的。檄文说："今洋人者，海泊通商，耶稣传教，夺小民农桑衣食之计，废大圣君臣父子之伦，以洋烟毒中土，以淫巧荡人心。自道光以迄于今，其焰愈张，其势愈暴。""既占上海，又割台湾，胶州强立埠，国土欲瓜分。自古夷狄之横，未有甚于今日者。""本义民藏身无地，负屈呼天，爰起义师，誓雪国耻。""兵不苦饥，事必有成，则日本军费二百兆之赔偿，本年'昭信股票'六千万之派款，朝廷厚爱吾民，一切免矣。"檄文最后号召群众起来斗争，"脱目前之水火，逐异域之犬羊"。[①]义军中还有许多标语口号，如"顺清灭洋""除教安民"等等。起义军以龙水镇为根据地，活动于荣昌、铜梁、隆昌、内江、资州、乐至、安岳、合州、江北、巴县、江津、璧山等地，最盛时达一万多人。义军所至，教堂悉被打毁，教民财产概充公用。远近各州县纷纷响应。铜梁易昏等聚众打教，攻入潼南遂宁县境。邹南山等聚众千余人在定远、岳池、广安等地活动。郫县会党李小霸王聚众千余人，打毁教堂数所。天全州王国璋等联合会党打教。泸州刘昏王聚众数千人，纵横于长宁、遂宁、南溪、江安、叙永等地。彭大川集众打毁筠连县教堂。泸州九姓土司的儿子也聚众千余人加入反教会活动。四川三十八州县和一个土司的地区，反教斗争一时如同鼎沸。华芳济被掳，法驻华公使向总理衙门严重交涉。面对这个情况，清政府"议剿议抚，纷乱百端"。它生怕余栋臣等杀死法国教士而引起国际交涉，一再谕令要把"保全教士""交还华铎"放在首位。四川当局派人与义军接洽，表示"息兵修好"，劝说余栋臣、蒋赞臣都集中到龙水镇，进行谈判。1898 年 10 月，清政府派新任藩司王之春专办大足教案，采用"剿抚兼施""以剿为抚"的策略，先消灭其他各股，然后厚集兵力包围义军根据地龙水镇。1899 年 1 月，清兵攻占龙水镇，迫使余栋臣交出教士华芳济，向清军投降。蒋赞臣被俘。余栋臣投降后在提督周万顺营中充任哨官。不久又加以"私逃"的罪名，解送成都监禁。

与余栋臣再次起义同时，反教会斗争、反帝武装起义也在其他省份兴起。1898 年春，直隶大名府迤南一带的联庄会展开反教会活动。大名府，湖北武昌、汉口和江西九江等地出现大量约定 4 月 15 日"焚杀洋人"的揭帖。湖南长沙、湘潭等十数州县贴出用周汉名义发出的文告，号召群众起来驱逐洋人、烧毁教堂，勒令教民背教。衡州、长沙、茶陵、安乡等地相继发生拆毁教堂、

①《余栋臣传》，《民国重修大足县志》第 5 卷，第 18—19 页。

驱逐教士的事件。湖北荆门陈姓土豪率领多人焚毁天主教堂，麻城宋埠驱逐瑞典教士。长乐县哥老会首领秀才向策安等聚众数千人起义，揭“灭洋”大旗，掳长乐知县苏贻英和巴东县比利时教士董若望，纵横数县。长阳县吕守蛟、袁敦五、覃培章，长乐李清臣各聚数百人响应。长阳起义群众竖“保清灭洋”大旗，李清臣部攻入湖南石求县，焚毁教堂，杀毙教士。

1898年春天，四川江北厅绅民拆毁美国教士租屋，荣昌土豪殴打天主教堂教士。7月，广西梧州会党首领张姓发布“驱逐夷人，保护中国”告示，自称已集合三万余人，定期起事。[①] 广东廉州会党揭“灭奸保国”旗帜。江西、安徽、江苏、福建、山东、奉天等省不断发生“教案”。12月，浙江严州府杨有根等自号“地主堂”，焚烧建德、桐庐教堂。

1899年3月，浙江黄岩花门甲董应万德率众三四千人起义，太平松门某武举揭“保清灭教”旗号，两县起义群众共烧毁天主教堂十二处。官府派兵镇压，应万德率众抵抗，攻城劫狱。后被奸人诱擒送官，父老妇孺二万余人请求保释，应万德被秘密押送到福建杀害。

1898—1899年间，生活在外国强占的商埠、租界、租借地及其附近地区的人民，也连续掀起反对帝国主义的斗争。1898年春，湖北沙市群众焚烧日本领事公馆、怡和洋行和税务司住屋。7月间，法国强行扩展上海租界，拆毁四明公所义地围墙，打死打伤民众多人。上海工商界以宁波帮为主，发起罢市、罢工，卷入斗争的群众数十万人。法租界店铺一律罢市，电灯被捣毁。北市钱庄银号停止汇划。长江船只停航。各行各业的宁波人，如机器匠、工厂工匠、搬运工、裁缝、水木匠、洗衣工、厨师、洋行中的宁波雇工，均纷纷停工。在群众强大压力下，法国的侵略活动不得不有所收敛。6月至11月，广东遂溪的海头、南柳等村人民自发英勇抗击法军。法国强租广州湾，不待划界，即派海军向遂溪进犯，占领海头炮台。居民奋起反抗，拔去法军国旗，杀死华籍领航员，禁止卖给法人食物。海头、南柳等村居民联合袭击法军营地。本地一部分地主士绅也站到爱国斗争行列里面。山东胶州群众袭击强占民地、凌辱居民的德国侵略军，焚毁营房。荣成、海阳县渔民杀毙德兵多名。奉天金州人民联合当地驻军，英勇抗击企图进入金州城的俄国军队。俄国人在金州辖区，强征捐税，杀死民众多人，当地居民组织民团，不断展开斗争。

① 《中外日报》1898年9月7日。

黑龙江群众数千人阻挠俄国修筑铁路。吉林长春居民仇杀俄国工程师及俄兵十余人。奉天盖平农民殴打削平民房民墓的俄国侵略者。复州、熊岳一带，士绅组织民团，禁止出售土地，阻挠俄人勘探路线。参加筑路的华工，也因扣发工资，被打骂关禁，不断进行反抗俄人暴行的斗争。

1899年1月，青岛附近一百八十个村庄阻止商民向青岛出卖食物。随后，高密人民阻止德国修筑铁路。濠里一带一百零八村组成以孙文、李金榜（武举）等为首的民团武装，与德军展开斗争，迫使铁路一度停工。8月，福建厦门人民反对日本强占虎头山一带为租界，当地居民数百人执持棍棒、瓦石赶走侵略者，要求臬司“保全国土，勿媚外人”。同时，商民罢市，船户罢海，进行抗争。日本和清政府被迫搁置租界划界活动。为反对英国租借九龙半岛，东莞和新安人民集资备械，修筑炮台，开挖坑堑，在大浦、雁田等地，集众数千，与英兵激烈战斗。匿名揭帖号召“忠义之民”，练习杀敌本领，同心协力，驱逐英人。威海卫附近人民也进行了抗粮抗税和拔除界石的斗争。广东遂溪新任知县李钟珏于2月视事后，组织团练精壮四千二百多人，分别进行训练。8月，在赤泥岭举行的誓师大会上，表示了誓死杀敌的决心，提出了“不打法国鬼，就要做亡国奴！”“保卫家乡，就要打法国鬼！”等口号。在爱国热情鼓舞下，文东营义勇于8月下旬夜袭驻赤坎附近的法营。10—11月，黄略、麻章等村团练先后三次抗击法军的进攻，毙伤敌官兵数十人。群众的坚决斗争，使法国侵略者占领黄略、麻章等要地的目的未能实现。

《马关条约》以后，人民群众掀起的反帝浪潮里面，余栋臣再次起义和遂溪县群众斗争，最引人注目。余栋臣的檄文，一面强调民族危机深重，斥责清朝统治者倒行逆施，一面又声明只反对洋人，并无背叛朝廷的意思。例如说：“各州府县，官是朝廷之官，兵是朝廷之兵，役是朝廷之役，如能见容，一切不敢犯。本义民但诛洋人，非叛国家，倘若视为仇雠，反戈相向，则兵丁官役皆畏洋人，并非我朝臣子，于国家法在必诛，于义民理难容宥。”自诩“我朝臣子”，“但诛洋人”，合在一起，也就是“扶清灭洋”的宗旨。檄文毫无疑问，是出自某个封建文人的手笔。① 但这并不重要。其他许多群众起义，不约而同，都接受或者提出同样的口号，不能从某种偶然性得到说明。它反映的是民族矛盾空前尖锐，和农民阶级、劳动群众对这个问题的认识。他们

① 徐庆坚辑：《余栋臣与四川人民反帝运动》，见《近代史资料》1955年第4期，第34页。

以是否反对外国侵略者和是否对自己“反戈相向”，来区分同盟者还是敌人，是表示他们反对帝国主义立场的鲜明性。清政府对他们“剿抚兼施”“以抚代剿”，有没有这类口号，并不起决定作用。遂溪群众斗争中，清政府派往广州湾划界的钦差大臣、广西提督苏元春，站在法军一边，镇压人民反抗，并制造假情报诓骗群众，给法军进攻开路。在法国压力下，清政府命令两广总督谭钟麟对李钟珏严加参办。1899 年底，李鸿章担任两广总督，还责怪李钟珏不识时务，说：“君是上海人，当与洋人习，何不度德不量力乃耳！”又说：“德非不度，但太不量力耳！”在死抱投降主义的官僚看来，人民即使只反对洋人，也应该“剿办”，说不到共同对外的问题。李钟珏等一部分官绅，也是被迫卷到反帝斗争中去的，而且处处束缚群众的手脚。据李钟珏叙述：“方事之殷，乡民激于义愤，力谋自卫，正值各省奉旨办团，乘此时机，集资购械，踊跃从戎，其奋勇非由劝励。为邑宰者，既不能禁止弗行，亦不能坐视弗顾。唯有时时以阅操为名，申诫生事。幸而十阅月中，乡团遵谕，未越雷池一步。不幸而三次被攻，竭力抵御，卒以器械不及，死伤至百余人之多，余心恫矣。”① 但是他们毕竟参加了斗争，起过积极作用。李钟珏对“不啻一法国官员”② 的卖国贼苏元春极为不满。谭钟麟奏复朝廷，也认为“遂溪县并无处分可议”③，最后以“奉旨革职”了结。民族矛盾尖锐化，显然已经引起地主阶级内部的分化。甲午战争以后，中华民族与外国侵略者间的矛盾、国内阶级矛盾彼此交叉，斗争表现出复杂的形势，而突出的是民族矛盾的急剧上升。余栋臣再次起义，遂溪群众斗争中一部分官绅参加，不同营垒的动向，都是说明这个问题。中国处在反帝大风暴的前夕。

---

① 李钟珏：《且顽老人七十岁自叙》，第 247 页。

② 同上书，第 244 页。

③ 同上书，第 248 页。

第七章　一八九八年资产阶级改良派的维新运动

第一节　民族资本主义的短暂浪潮

中国在甲午中日战争中失败，接踵而来的是帝国主义疯狂分割中国沿海要地，争夺修造铁路和开采矿产的权利，划分势力范围。形势迫使越来越多的人认识到要挽救民族危亡，只有从根本上改变经济上落后的状况，仿效西方，大力兴办各项近代工业，发展资本主义。康有为在公车上书里极其鲜明地说出了这种看法。他所建议的立国自强之策，就是“富国为先”，“以商立国”，废除限制人民使用机器、开设新式企业的禁令，准许并鼓励商人用机器自行开采矿产，制造各项用器、兵器和货物，在内河通航轮船，集股兴建铁路，以及兴办其他各种近代企业。①洋务派垄断着官办和官商合办企业，对民间资本主义工业历来设置重重障碍。甲午中日战争以后，洋务派的情况发生了显著变化。中国失败，李鸿章政治上、实力上都垮下去了。在中法战争以后开始兴办官营企业的张之洞，现在成了这派势力的首要代表人物。张之洞善观风色，一面继续抱住官办、官督商办的老规矩不放，特别是在办理铁路等问题上；一面又接过维新派的口号，表示“保护华商，厚集商力”，建议清政府在各省设立商务局，讲究商务，及时兴办各种实业。②刘坤一等其他大小

① 康有为:《上清帝第二书》,《戊戌变法》第 2 册，第 132—133、139—146 页。又见总理衙门《奏覆洋商改造土货应筹抵制折》(光绪二十三年二月初十日),《戊戌变法》第 2 册，第 403 页。

② 张之洞:《吁请修备储材折》(光绪二十一年五月二十七日),《张文襄公全集》第 37 卷，奏议 37，第 30—32 页。

官员也纷纷请求清政府允许商办各种新式企业。[①] 民间有同样要求的人更多。清政府在这种情形下，不得不表示要有所补救。

1895 年 7 月清政府下令，各省招商多设织布织绸等局，广为制造，并准许于内河行驶小型轮船。第二年，又通饬各省督抚分别在省会设立商务局，由各商公举殷实稳练、素有声望的绅商，派充局董，驻局办事。“将该省物产行情，综其损益，逐细讲求。其与洋商关涉者，丝、茶为大宗，近则织布、纺纱、制糖、造纸、自来火、洋胰子诸业，考其利病，何者可以敌洋商，何者可以广销路。如能实有见地，确有把握，准其径禀督抚，为之提倡”。各府州县，也在水陆通衢设立通商公所，联络协助。[②]1897 年，清政府因给事中褚成博的奏请，再下令各省集股设厂，官助商本，公举殷实商人分任厂务，“由地方官认真督查，并准官绅量力附股”[③]。清政府的这些命令，虽然都只是官样文章，但对商人兴办实业和愿意投资于新式企业的官僚、绅士，不失为一种鼓励。

新式企业利润优厚，也刺激着人们兴办实业的热情。据一些资料记载，不少企业在九十年代上半期获得的纯利，有高达百分之二十以上的，分派的股息也高出百分之十。这对人们兴办新式企业有相当的吸引力。张之洞署理两江总督，稍加提倡，就有一批人集资设厂。1896 年，对外贸易又有转机，各地新设的工厂接踵而起。1897 年，上海及附近地区，轧花厂、织布厂、缫丝厂纷纷创设，局面为之一新。当时《海关报告》叙述这种情形说，“风气已开，商人唯利是图，谁不乐相则效”[④]。1895 年以后的短短几年间，中国出现了一个兴办资本主义工业的小小浪潮。

棉纺织业得风气之先。1895 年，由张之洞发动，在籍国子监祭酒陆润庠

---

① 例如：刘坤一《遵议廷臣条陈时务折》（光绪二十一年八月初七日），《刘忠诚公遗集》奏疏，第 24 卷，第 37—38 页；胡燏棻《变法自强疏》（光绪二十一年闰五月），《戊戌变法》第 2 册，第 278—282 页；王鹏运《请通饬开办矿务鼓铸银元折》（光绪二十一年十二月十五日），《戊戌变法》第 2 册，第 291 页；褚成博《制造宜开民厂片》（光绪二十一年五月二十六日），《坚正堂折稿》第 2 卷，第 23 页。

②《东华录（光绪朝）》第 131 卷，第 11 页。又见总理衙门《奏覆请讲求商务折》（光绪二十一年十二月二十四日），《戊戌变法》第 2 册，第 399—402 页。

③《东华录（光绪朝）》第 139 卷，第 6—7 页。又见总理衙门《奏覆洋商改造工货应筹抵制折》（光绪二十三年二月初十日），《戊戌变法》第 2 册，第 402—404 页。

④《通商各关华洋贸易总册》，光绪二十三年，总论，第 1 页。

等在苏州创办苏纶纱厂，股本六十余万两，购置纱锭一万八千二百枚。道员杨宗濂、杨宗瀚兄弟在无锡创办业勤纱厂，资本二十四万两，购置纱锭一万零一百九十二枚。翰林院修撰张謇承领官有纱机二万零三百五十枚，在南通创办大生纱厂，官商合股五十万两。浙江巡抚廖寿丰招绅士庞元济等在杭州创办通益公纱厂，领借官款四十万一千两，购置纱锭一万五千零四十枚；又招绅士陈光颖等在萧山创办通惠公纱厂，资本四十五万元，购置纱锭一万零一百九十二枚。1896 年以后，又有裕源纱厂资本家在上海增设裕通纱厂，购置纱锭一万八千二百枚。上面这几个新设立的纱厂，到 1899 年都已先后开工投产。共计有九万二千多纱锭。上海周围地区、其他一些省份，也曾经酝酿创办棉纺织厂，有的已购就机器，后来因棉纱的销路转入困境，中途停止。①

缫丝业的发展也很快。上海一地，1894 年还只有华资缫丝厂七家，1896—1897 年间，猛增到二十余家，有丝车六七千台。苏州、镇江、杭州、萧山等处，在同一时期内也新设立了缫丝厂七家。此后，上面这些地方的缫丝业停止发展，有的丝厂关闭。广东的缫丝业则仍在继续增长。到 1901 年，顺德境内使用蒸气机生产的缫丝厂不少，南海、三水等处，也设立了几家缫丝工厂。

1895 年以后，陆续有人设立针织厂、毛巾厂等。其中有设在上海的中国最早的针织厂——云章机器织造厂，资本数万两；汇丰银行买办吴懋鼎在天津创办北洋织绒厂，资本二十五万两。

面粉工业这期间也有增长，并出现了规模略大的工厂。1896—1897 年间，广州有机器磨坊六家。1897 年知州章干臣在安徽芜湖创办益新机器米面公司，资本三万两，每日产米四百石，产面粉六百石。1898 年候补道孙多森（协办大学士孙家鼐之子）在上海创办阜新机器面粉公司，资本十万元，日产面粉四百袋。1900 年买办商人祝大椿等在上海创办华兴机器面粉公司，备有粉磨十部，日产面粉一千二百袋。浙江商务局在杭州创办利用公司机器面粉厂，官商合股五万两，日产面粉三百袋。上海、天津等地也新设立了一些小型机器面粉厂。

1895 年以后，各地还新设立了一些碾米厂、榨油厂、卷烟厂、打蛋厂等食品工厂。1895 年华侨大资本家张振勋在山东烟台创办张裕酿酒公司，栽种

①本节自此以下所用资料和列举的数字，除特别注明的以外，都是根据多种材料综合，考订而得。由于所据资料繁多庞杂，不再一一注明原材料出处。

葡萄，酿造各种酒品，后来发展成规模很大的企业。

火柴工业也兴办了一些新厂。1896年，上海燮昌火柴公司在汉口分设汉口燮昌火柴公司，资本三十万两，工人一千二百人，日产火柴一百二十箱。湖南长沙，官绅王先谦等创办和丰火柴公司，资本三万两，招募灾民七八百人工作，日产火柴二十箱左右。苏州、广州、贵阳、福州、太原、九江、重庆、镇江等地，也都先后新设了一些火柴工厂。到1900年，全国共有华资火柴厂十八家，资本八十多万元。

玻璃工业、肥皂洋烛工业等，这时也各有一些新厂设立。

印刷出版业，随着资产阶级改良主义维新运动兴起，各处设立书局编印新书，创办报馆出版报纸，盛极一时。短短几年里出现的印刷出版机构多至四五十家。其中在1897年和1898年间设立者就有三四十家。1898年那拉氏政变后，大部分报馆、书局停歇，印刷厂倒闭。一部分则在外国租界挂上外商牌子，如上海《中外日报》《苏报》，天津《国闻报》等，才得以存在一些时候。

采矿业方面，新设煤矿二十一家，投资约三百七八十万元。规模最大的是盛宣怀创办的江西萍乡煤矿局，资本一百万两。新设立的煤矿有些中途停闭，到1900年尚存十三家，但资本数增长到六百四十万元。金属各矿也新设了三十一家，资本三百一十余万元。加上原有各矿，去掉停闭的，1900年共有各种金属矿厂三十四家，资本约计五百二十万元。

上海、广州、长沙、宁波等地开始兴办了若干小型发电厂。

小轮船航运业陡然兴起是这时期的一个突出现象。以轮船公司或轮船局等组织形式出现的，近一百家。到1900年，除去倒闭的以外，加上1894年以前创办继续营业的共剩小轮船公司或轮船局七八十家。连同广州等处拖带渡船的轮船，共约轮船四百四十艘，总吨数约八九千吨，资金二百八十余万元。小轮船航运业，主要分布在沿海通商口岸附近水域，长江中下游几条大的支流，以及珠江下游等处。广州附近的拖渡轮船，1897年只有三十只，1898年猛增到一百一十只，1899年再增加到一百六十八只，1900年达二百五十二只。繁盛的地方，小轮船已开始取代旧式航船成为当地水上交通的主要工具。

各项工业和小轮船运输业的发展，需要有修理机器的行业。以修造为主要业务的中小型机器修造工厂明显增加，并开始出现一些专业性质的机器修造厂。制造能力也有显著的提高。1900年广州附近水域行驶的八十几只小轮船，多半是在省城制造的。[1] 新创办的中小型机器修造厂约四五十家，连同1894年以前创办、1900年继续营业的机器修造厂共七十家，资本共约五十万元。范围包括制造轮船、缫丝机、轧花机、纺纱车零件、印刷机、汽锅及其他机件修理等等。原来规模最大的发昌号机器厂于1899年出售给英商耶松船厂，因之机器修造业的资本总数没有增加多少。

1896年，盛宣怀奏准创办中国通商银行。1897年5月，上海总行首先开业，以后在各地次第设立分行十处。股本二百五十万两，并由户部拨款长存一百万两。这是由中国资本设立的第一家银行。

和以往一样，民族资本主义照旧受到帝国主义、封建势力的阻挠破坏，成长困苦艰难。甲午战争后，帝国主义侵华势力猛增，又在通商口岸设厂制造，操纵中国的经济命脉，无所忌惮。正在成长中的民族资本主义，首先碰到外国资本的沉重压制打击。1897年，张之洞报告说：华商兴办工业经验不足，货物行销未广。已建成的工厂，获利不多；没有建成的工厂，集资非易。洋商见中国厂商竞相使用新法生产，深为忌恨，千方百计阻抑，勒价停市。上年江浙、湖北等省缫丝、纺纱各厂，多有亏损，有歇业的，有抵押于洋商的。“以后华商有束手之危，洋商成独揽之势”[2]。棉纺织业受洋商的打击尤为严重。1895—1899年洋纱大量进口，华纱的销路减少。英、德、美商又陆续在上海设立怡和、公茂、瑞记、鸿源等四家纱厂，与华商纱厂直接竞争。华商资本微弱，亏折受损。结果是裕晋纱厂全厂售归德商，裕源请求另招洋商入股，大纯、华新两厂岌岌自危，不可终日。缫丝业大部分市场在外国，洋商操纵压价，外销滞迟。上海二十家华商缫丝厂，1898年全年开工的寥寥无几。其中十一家将房屋、机器招人盘顶。清政府关于华商使用机器生产的禁令是逐步解除的，但直到十九世纪末，仍未在法律上给华商自由设厂的权利。封建势力对兴办资本主义企业，依然多方设置障碍。各级官吏利用职权恣意刁难、勒索，就是其中一端。有人列举这方面的情形说：兴办新式企业，“或督抚留难，或州县留难，或某局某委员留难。有衙门需索，有局员需索，更有幕府需索，官亲需索。不遂所欲，则加以谰言。或谓其资本不足，或谓其人品不

---

①《通商各关华洋贸易总册》，光绪二十六年，下卷，广州口，第76页。

② 张之洞：《华商用机器制货请从缓加税并请改存储关栈章程折》（光绪二十三年正月二十八日），《张文襄公全集》第45卷，奏议45，第18—19页。

正，或谓其章程不妥，或谓其于地方情形不合，甚或谓夺小民之利，夺官家之利。路矿则谓碍风水，碍坟墓，又添出绅士之需索矣。内河行轮，则谓碍民船，碍厘金，又添出厘员之需索矣。种种留难，凡待华人莫不如是”①。在帝国主义、封建势力的层层控制和压抑下，许多投资新式企业的官僚、地主和商人，在企业的创办过程中，以及为求得企业的生存和发展，继续走着托庇于外国资本和本国封建势力的老路。

托庇于外国势力，最普遍的方式，是利用外商的招牌、挂上洋旗。一切无力取得封建政府特许，又无力突破地方封建势力的阻挠，或已有先设的近代企业获有专办权利的地方，想要兴办近代企业的普通商人，甚至包括某些具有道府这样职衔的官僚，几乎无不纳费于洋人，采用洋商旗号。当时有人指出："一铁路而华人办之不能成，有洋商出面而成矣；一矿务而华人办之不能成，有洋商出面而成矣；一内河行轮而华人办之不能成，有洋商出面而成矣。……即全系华商股份，而不挂一洋旗，不由一洋商出面，亦成而必败。……谓予不信，请观各处路矿，为华商请办者若干，为洋商逼办者若干？又观内河行轮，挂龙旗者若干，挂洋旗者若干？"②所有已经通航小轮船的内河，除了湘江以外，无不有挂洋旗的轮船航行。特别是镇江至清江浦及镇江以南一段运河，以前华商多次申请行轮都未批准，直到1898年清政府接受英国提出的开放全部内河的要求，才得通航，所有华商小轮无一不挂洋旗。一时英、美、法、日各国旗帜，遍布这条航线，简直成了洋旗展览所。还有些地方的工业企业，也因为排除不了封建势力的阻挠，在最初创办时就挂上洋商的招牌。像1896年起在营口设立的三家机器榨油厂，1897年在芜湖设立的益新机器米面公司，1898年在福州设立的耀明火柴公司，1899年在重庆设立的立德燧火柴厂等，都挂英商招牌。

设厂租界，继续成为民族资本托庇于外国势力的一种方式。"盖一辟租界，则华商皆得自由，以有洋商可以庇护也，以有洋界可以藏匿也。华官向之虐待者，今无所施其技矣！"③这时期新设的民族资本企业，除了矿业、轮船航运业分散在各地以外，其余大都集中在上海等处通商口岸。原因之一，就在

---

① 李作栋：《华务洋务辨》，《新辑时务汇通》第78卷，第10页。

② 同上。

③ 同上。

这里。

托庇于外国势力来兴办中国资本主义企业，当时有人作过这样的评论："吾向者亦尝谓华商挂洋商牌号为无耻，既而平心论之，今日凡路、凡矿、凡航业、凡公司，不由洋商出面，竟不能成。……华商之挂洋牌，可为寒心；而华官之驱华商挂洋牌，可为痛恨。"[①] 事实上这正是外国资本主义侵入，中国已经沦为半殖民地，而封建统治依然保持的情形下，所不可避免的事情。1895 年张之洞在江苏筹设内河轮船总局，商人要求将来洋人小轮行驶时，华商轮船也照洋商例，一律只完正、半税，不纳厘捐。张之洞认为："如允之，则厘金大耗；如不允，则彼不愿承办，且必尽挂洋旗，厘仍无收。"[②] 他把开放内河让华商行轮看作是对华商的特别恩赐。"令其捐助饷需"，才准承办[③]，他更不愿意，"无故自弃厘金之半"，损害洋务派官僚的朋比分肥，终于断然批示："万不可行。"[④] 这种情形在当时既无法扭转，要创办近代企业的某些官僚、地主、商人便只有出资于洋商，购挂洋旗。外国商人既可从中收取挂旗费用，外国势力更可由此迅速侵入内地。所以这种悬挂洋旗的办法既成为华商兴办近代企业的盛行方式，也成为外国向内地伸展侵略势力的方便途径。而民族资本则由此被捆上一条难以自解的绳索。

一些创办较早或规模较大的企业，特别是在通商口岸以外地方创办的工矿轮船航运业，又大多是依靠封建官府特别允许并同本地封建势力或洋务派势力结合而兴办起来的。例如江苏内地创办的三家纱厂，是张之洞在署两江总督任内奉旨筹办和支持当地绅士创办的。苏州的苏纶纱厂和苏经丝厂二厂，除由张之洞支持，将清政府所借的商款强行改作股款外，并息借积谷官款二十三万余两，所需资金可以说全是靠官力取得的。南通的大生纱厂有一半股份是领用官有纱机作股的。无锡的业勤纱厂也靠借领江苏积谷官款十万两作周转。浙江的两家纱厂则是浙江巡抚廖寿丰奏请招集绅士创办的，杭州通益公纱厂借领官款四十万一千两，萧山通惠公纱厂亦借领官款十万四千余两。

① 李作栋：《华务洋务辨》，《新辑时务汇通》第 78 卷，第 10 页。

②《致苏州赵抚台、邓藩台、牙厘局朱道台》（光绪二十一年七月十六日），《张文襄公全集》第 147 卷，电牍 26，第 24 页。

③《致苏州奎抚台》（光绪二十一年六月初六日），同上书，第 4 页。

④《致苏州赵抚台》（光绪二十一年七月十九日），同上书，第 26 页；《致总署》（光绪二十一年七月十七日），《张文襄公全集》第 78 卷，电奏 6，第 28—29 页。

其余在镇江及一些省份曾经酝酿而未建成的纱厂，其发起者也大都是当地的督抚和绅士。矿产因为全在内地，情形更是如此。内河小轮船航运业，规模并不大，最初也都是"事出疆吏指地奏请"。张之洞在批饬各地创办小轮船航运业时，就一再申明"必须有乡绅为领导，以免杂商蒙混淆乱"[①]，"官督绅办，不涉商人之事，庶他商不至觊觎"[②]。湖南这个时期创办的工矿轮船航运业，无论是官办或所谓商办，也都是在巡抚陈宝箴支持下，由一些著名绅士兴办的。而且正是由于这种官绅的联合坚持，才得以突破张之洞的层层障碍，兴办起航行湘江的第一家轮船航运企业。

这种由各省督抚奏请批准、由当地绅士创办的近代企业，在形式上大都称作商办，一般不再冠以官督商办名义，在经营上一般都由投资人或创办人作主经营。它们有官府的支持，往往获有在当地专办一定年限的权利。这种情形，固然使企业取得了兴办和存在下去的某些便利，同时，也使它们必须依靠封建势力，或者造成经营腐败。一般商人对于投资近代企业，更加踟蹰不前。

洋务派经营的早期官僚资本主义企业，这时更加显露出它的封建腐朽性和买办性。在台湾的一部分已因台湾被割让而为日本所占夺。其余旧有的，不是陷于停顿，就是进一步依赖外国，同外国资本相勾结。新设的也如出一辙。轮船招商局早同英商太古、怡和两轮船公司订立合约，充当它们垄断中国江海航运的小伙伴。电报招商局也同外国在华电报企业相勾结，实际上变成外资电报企业在中国的分支机构。在铁路建筑上，不仅新设的全靠借外债来兴办，旧有的也全归官办变作抵借外债的押品。官僚资本的两家钢铁厂，清溪铁厂早已停顿，汉阳铁厂改为官督商办，归盛宣怀办理，也因经营失败，几次打算改为中外合办。萍乡煤矿靠借德国债款开工。开平煤矿最有成绩，控制在外国工程师手上。漠河金矿本来获利最高，却被官府用报效和赈捐名义全行勒索而去，迅速由盈变亏。四川冕宁金矿轰动一时，但开办五年，耗资三十余万两，毫无成效。经办人私与英商订立合同，改作中外合办。湖南铅锑各矿全由官办，成为排挤商矿的工具。纺织业本是垄断性的获利事业，华

① 张之洞:《致镇江吕道台》(光绪二十一年十一月二十一日),《张文襄公全集》第149卷，电牍28，第27页。

②《批湘绅王先谦等禀请办内河轮船》(光绪二十三年三月二十七日),《张文襄公全集》第118卷，公牍33，第2页。

盛纱厂将股本亏尽，打算租与洋人，终被盛宣怀倒骗到自己手里。湖北织布、纺纱两局也连年亏折，停机减产。带着浓厚买办性的洋务事业的经营方式，已经进一步证明缺乏任何生命力，徒然成为民族资本主义发展的障碍。康有为发起变法维新，张之洞为代表的洋务派抵制变法维新，正是表现出他们各自不同的政治色彩，他们抱着各自阶级的利益和要求。

民族资本主义这次兴办实业的浪潮，虽然时间短暂，毕竟使新兴的民族资产阶级的力量有了增强。不过他们所处的地位并没有比以前改善多少。帝国主义的压迫和控制比以前更为严重，封建主义的压迫和束缚在许多方面依然如故。民族资产阶级要求改变现状，以适应资本主义发展的需要。但与帝国主义、封建势力相比，力量实在太弱小了。特别是民族资产阶级中较有力量的是刚从官僚、地主、富商中转化而来的那个部分，他们属于民族资产阶级上层，同帝国主义、封建势力保持着更多的联系。他们只能企求对现状作些局部的改变，没有力量，也不可能要求从根本上来一个变革。康有为领导的改良主义维新运动，恰如其分地反映出了他们的地位和利益，以及他们与其他力量、阶级阶层间的彼此关系的状况。

第二节　维新运动的兴起和高涨

七八十年代出现的资产阶级改良主义思想，甲午中日战争以后迅速发展起来。它在知识分子中广为传播，从一种社会思潮变成了带有一定群众性的政治潮流。资产阶级改良派已经开始成为一个独立的政治力量。1898 年，资产阶级改良派发动了一个变法图强的维新运动。[①]领导这个运动的有康有为、梁启超、谭嗣同、严复等人。

康有为（1858—1927 年），原名祖诒，号长素，广东南海县人，出身于官僚地主家庭。祖父兄弟三人和父亲、叔父都参加过武装镇压农民起义，叔祖父康国器官至广西巡抚，父亲在江西做过知县，是本地豪族。他早年受程朱理学的教育，后来转而信奉陆王学、今文经学，注意经世致用。1879 年游香港，1882 年过上海，“见西人殖民政治之完整，属地如此，本国之更进可

①1898 年是农历戊戌年，因此，这个运动又称为戊戌变法或戊戌维新。

知，因思其所以致此者，必有道德学问以为之本原”[1]；于是开始讲求西学，努力阅读当时江南制造局和外国教会所译西书以及《海国图志》等介绍外国情况的著作。1888 年，康有为到北京参加顺天乡试。他在中法战争失败的刺激下，第一次向皇帝上书，请求变法维新。书中指出当时的形势是："强邻四逼于外，奸民蓄乱于内，一旦有变，其何以支？"[2]提出"变成法，通下情，慎左右"三项主张，请皇帝赶快实行，以挽救清朝统治的危机。这是康有为进行政治活动的开始。他的这封上皇帝书得到某些帝党官员的赞赏，却无人敢转递上去。康有为在这次顺天乡试中本来已经名列第三，主考官顽固守旧大臣徐桐说："如此狂生，不可中。"临时抽去康有为的试卷，使他没有考取举人。1890 年，康有为回到广州，开始招收学生讲学。后来正式设立"万木草堂"学馆。学生最多时有一百余人，其中梁启超、徐勤、麦孟华等以后都是维新运动的领导者或骨干分子。康有为在讲学的同时，撰写出《新学伪经考》和《孔子改制考》等著作，给维新运动从理论上作了准备。

插图 39： 康有为像

（采自 T. Richard，Forty-Five Years in China，London，1916，p.160）

《新学伪经考》刊行于 1891 年。大旨借考辨今、古文经的真伪问题，攻击清朝统治阶级奉为治国准则的儒家经典为伪书，为变革旧制扫除思想障碍。康有为以前，龚自珍、魏源等就已经在借研究今文经学，议论时政。由于他们没有进一步作全面地考察，往往信此疑彼，不能形成完整的体系，不构成对当时流行的儒家经典的全面威胁；特别是没有赋予经学以改革政治的明显

① 梁启超：《康有为传》，《戊戌变法》第 4 册，第 9 页

② 康有为：《上清帝第一书》，《戊戌变法》第 2 册，第 125 页。又《南海先生遗稿》（康有为手迹）中，"奸民蓄乱于内"，作"教民蓄乱于内"。

内容，议论隐讳曲折，没有引起多大震动。《新学伪经考》不同。康有为在这书中指出：秦始皇只烧民间所藏书籍，博士所藏的今文经并没有散失。所谓经过秦代焚书，六经亡缺，河间献王献书及鲁共王坏孔子旧宅发现壁中所藏古文经等说法，都是刘歆伪造事实，“饰经佐篡”，为王莽的新朝服务的。古文经学不是孔子之学，而是新朝之学，应称新学。刘歆“上为圣经之篡贼，下为国家之鸩毒”。从那以后，“世所指目为汉学者，皆贾、马、许、郑之学，乃新学，非汉学也；即宋人所遵述之经，乃多伪经，非孔子之经也”。“刘歆之伪不黜，孔子之道不著”，需要“发奸露覆，雪先圣之沉冤，出诸儒于云雾”。[1] 这样，康有为就把长期统治中国，被当作天经地义的圣经大法，宣布为乱臣贼子所窜乱伪造的假古董；它甚至成了一千多年来中国社会一切罪恶的根源，是必须彻底抛弃的。《新学伪经考》有牵强武断之处，并不完全符合历史事实。但它宣布历代遵行的典章制度为非法，打击了顽固派“恪守祖训”的反动理论根据，使人敢于对清朝统治阶级奉为立政治国的最高准则提出怀疑，对封建知识分子的思想不能不是一个很大的冲击。

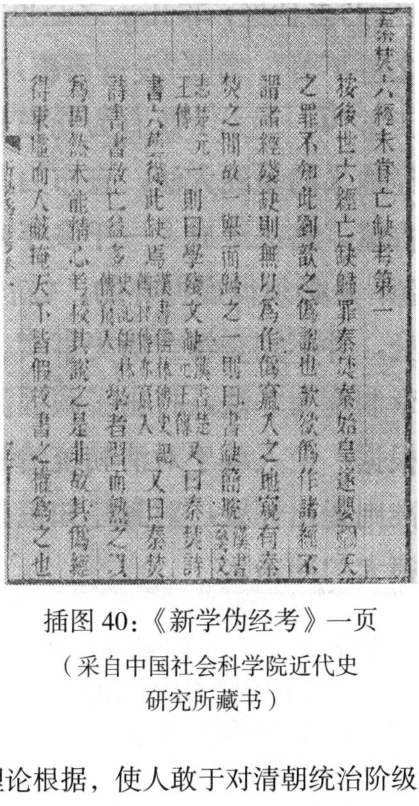
秦焚六經未嘗亡缺考第一
按後世六經亡缺歸罪秦焚秦始皇遂嬰[illegible]天
之罪不知此劉歆之僞說也歆欲僞作諸經不
謂諸經殘缺則無以爲作僞竄入之地窺有秦
焚之間故一舉而歸之一則曰書缺簡脫
一則曰學殘文缺又曰秦焚詩
書六藝從此缺焉又曰秦焚
詩書書散亡益多學者習而熟之以
爲固然未能精心考校其說之是非故其僞經
得東[illegible]而人敢擁天下皆假校書之權爲之也

插图 40：《新学伪经考》一页
（采自中国社会科学院近代史研究所藏书）

《孔子改制考》阐述所谓“素王”“改制”“三统”“三世”等今文经学派的微言大义，紧紧配合当时的政治斗争，赋予它以适合维新变法所需要的内容。古文经学派认为《诗》《书》《礼》《乐》《易》是周公所作，《春秋》是古代的训告策书，孔子只作了删定宣传的工作。康有为遵循今文经学派的观点，说明六经为孔子所作，是孔子托古改制论述自己的义理制度的巨著；特别是《春秋》一书，是孔子制定的可以行之百世的治理国家的最高法典。古

① 康有为：《新学伪经考叙》。

代书简短缺，尧、舜的事迹茫昧无稽。其实，“尧、舜如今之滇、黔土司人也”[1]。诸子百家都是假托尧、舜，宣传自己的治国理想。六经中叙述的尧、舜、文王，也是孔子所假托。“不必其为尧、舜、文王之事实也”[2]。照康有为的解释，孔子这样做，有两个原因：一、“无征不信，不信民不从，故一切制度托之三代先王以行之”[3]。二、“布衣改制，事大骇人，故不如与之先王，既不惊人，自可避祸”[4]。这就是说，托古改制的目的，一方面是打着古代圣王的招牌，易于使人接受；另一方面则是为了披上古代圣王的合法外衣，以免因要求改革政治，遭受迫害。与其说这是康有为对孔子托古改制的解释，还不如说是他对自己心理的描述。康有为本人正是抱着这样的心情，利用今文经学为维新变法开辟道路的。

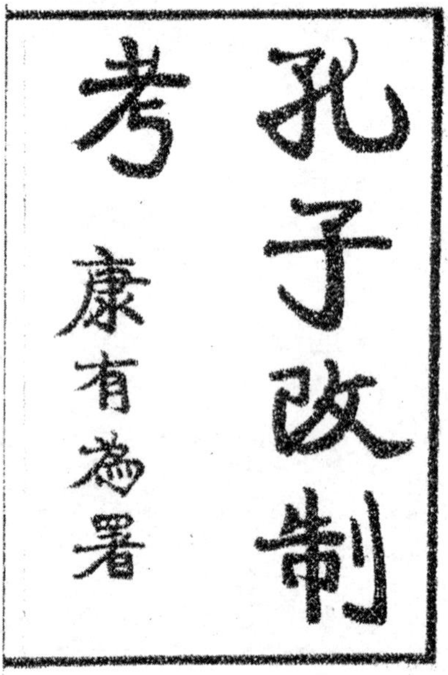

插图 41：《孔子改制考》封面
（采自中国社会科学院近代史研究所藏书）

康有为叙述孔子托古改制的具体内容说：“孔子拨乱升平，托文王以行君主之仁政；尤注意太平，托尧、舜以行民主之太平。”[5]“可知《六经》中之尧、舜、文王，皆孔子民主、君主之所寄托。”[6]《尧典》是孔子发挥民主主义思想的著作。其中记述舜即位后向四岳咨询治天下之道，是孔子主张“四岳共和”；辟四门以招徕贤俊，是孔子提倡开设议院；一夫一妻，是儒家男女平等的旧制；女子年近二十出嫁，是“孔

① 康有为：《万木草堂口说》，抄本，第 18 页。
② 康有为：《孔子改制法尧舜文王考》，《孔子改制考》第 12 卷，第 285 页。
③ 同上。
④ 康有为：《孔子改制托古考》，《孔子改制考》第 11 卷，第 267 页。
⑤ 康有为：《孔子改制法尧舜文王考》，《孔子改制考》第 12 卷，第 284 页。
⑥ 同上，第 285 页。

子改制而重女学”[①]。康有为在这里不但把孔子打扮成一个有计划地假托古代圣君贤王改革现行制度的大改革家，而且把自己的大部分变法要求，牵强附会地假托在孔子的名下，使两千年前的孔子，似乎也早已提出了某些资本主义性质的改革主张了。

梁启超评论康有为宣扬今文经学的用意说：“南海以其所怀抱，思以易天下，而知国人之思想束缚既久，不可以猝易，则以其尊信之人为鹄，就其所能解者向导之，此南海说经之微意也。”[②]“今日国中闻立宪共和之论而却走者，尚占大多数……不引征先圣最有力之学说以为奥援，安能树一壁垒，与二千年之劲敌抗耶？”[③]梁启超认为《新学伪经考》“大体皆精当，其可议处乃在小节目”。“有为以好博好异之故，往往不惜抹煞证据或曲解证据，以犯科学家之大忌”。他自己“时时病其师之武断，然卒莫能夺也”。[④]“其师好引纬书，以神秘性说孔子，启超亦不谓然”[⑤]。其实，康有为正是利用这种手法为他们的政治斗争服务的。马克思指出：“当人们好像只是在忙于改造自己和周围的事物并创造前所未闻的事物时，恰好在这种革命危机时代，他们战战兢兢地请出亡灵来给他们以帮助，借用它们的名字、战斗口号和衣服，以便穿着这种久受崇敬的服装，用这种借来的语言，演出世界历史的新场面。”他们“都穿着罗马的服装，讲着罗马的语言来实现当代的任务，即解除桎梏和建立现代资产阶级社会”[⑥]。康有为宣扬的“素王”“托古改制”“三统”“三世”等今文经学的所谓微言大义，正是请出来给维新变法以帮助的古代“亡灵”。

康有为在《新学伪经考》和《孔子改制考》中，不敢从根本上批判为封建专制统治服务的儒学，而只能依据自己的观点对儒学作有利于变法维新的解释，甚至把孔子抬高到教主的地位，推尊孔子为中国历史改革的鼻祖，这是资产阶级改良主义思想软弱性的表现。但那两部经学著作，在当时政治斗争中确实发生了一定影响。梁启超说《新学伪经考》是思想界的大飓风，《孔

① 康有为：《孔子改制弟子时人据旧制问难考》，《孔子改制考》第13卷，第303页。

② 梁启超：《论中国学术思想变迁之大势》，《饮冰室合集》文集之七，第99页。

③ 同上，第101页。

④ 梁启超：《清代学术概论》二十三。

⑤ 梁启超：《清代学术概论》二十五。

⑥ 马克思：《路易·波拿巴的雾月十八日》，《马克思恩格斯选集》第1卷，第603、604页。

子改制考》等于火山大喷火、大地震。《新学伪经考》出版后，给事中余晋珊参劾康有为“惑世诬民，非圣无法”[①]，要求予以焚毁。给事中洪良品批评康有为“竟以圣贤经世垂教之书，谓出自乱臣贼子之手，侮圣毁经，贻患不小”[②]。劣绅前吏部主事叶德辉说：“康有为隐以改复原教之路德自命，欲删定六经而先作伪经考，欲搅乱朝政而又作改制考，其貌则孔也，其心则夷也。”[③]洋务派头子张之洞说：“假如近儒公羊之说，是孔子作《春秋》而乱臣贼子喜也。”[④]“恢诡倾危乱名改作之流，遂杂出其说以荡众心……邪说暴行，横流天下。……吾恐中国之祸不在四海之外，而在九州之内矣。”[⑤]帝党官僚翁同龢、孙家鼐，也都不同意康有为的经学观点，翁同龢阅《新学伪经考》后，认为“真说经家一野狐也”[⑥]。孙家鼐奏请焚毁《孔子改制考》。清政府曾一再下令毁版。在一些开明的官吏和知识分子中间康有为则赢得了相当高的声望，再加上各种实际活动，确立起了他在维新运动的领袖地位。

插图 42：梁启超像

（采自 T. Richard, Forty-Five Years in China, London，1916，p.160）

梁启超（1873—1927 年），字卓如，号任公，广东新会县人，出生在一个乡村塾师的家庭。自幼学习八股帖括之学，稍长进广州“学海堂”（嘉庆年间两广总督阮元所设）肄业，沉酣于训诂词章。1889 年考中举人，1890 年到北京参加会试落第。归途中路过上海，“购得《瀛环志略》，读之始知有五大洲各国，且见上海制造局译出

① 《康南海自编年谱》，《戊戌变法》第 4 册，第 128 页。

② 《洪右丞给谏答梁启超论学书》，《翼教丛编》第 1 卷。

③ 《叶吏部与刘先端黄郁文两生书》，《翼教丛编》第 6 卷。

④ 张之洞：《劝学篇 · 宗经第五》。

⑤ 张之洞：《劝学篇序》。

⑥ 《翁文恭公日记》，《戊戌变法》第 1 册，第 511 页。

西书若干种，心好之”[①]，开始接触西学。梁启超回广州后，慕康有为名，拜他为师，向他学习今文经学和西学。从此“决然舍去旧学”，退出“学海堂”，协助康有为撰写《新学伪经考》和《孔子改制考》等书，成为康有为的得意门生。

1896—1898年间梁启超先后发表《变法通议》《古议院考》《说群》和《论君政民政相嬗之理》等一系列论著，比较系统地论述了资产阶级改良主义的变法理论。他从“法者天下之公器，变者天下之公理”出发，说维新变法是世界大势所趋，“变亦变，不变亦变”。摆在中国面前有两条道路：一条是主动实行变法，以日本明治维新为榜样，则“变之权操诸己，可以保国，可以保种，可以保教”。一条是继续因循守旧，苛且偷安，把“变之权让诸人”，则势必同印度、波兰那样，或者沦为一国的殖民地，或者被几个强国瓜分，最终由别人来代它实行变法。[②]当然只有前一条道路，即由自己来实行变法，才是中国救亡图存的唯一出路。怎样实行变法呢？梁启超说：“变法之本，在育人才；人才之兴，在开学校；学校之立，在变科举；而一切要其大成，在变官制。”[③]这种从要求改变学校教育制度入手，逐步培养人才，然后对封建专制政治制度进行某些改革，对资产阶级开放政权，正是资产阶级改良主义维新变法所要走的道路。梁启超的文字通俗流畅，笔锋犀利而又常带感情，很受人们特别是青年知识分子的欢迎，成为维新运动中杰出的宣传家。

谭嗣同（1865—1898年），字复生，湖南浏阳县人。父亲谭继洵进士出身，在西北等地做过官，1898年正担任湖北巡抚。谭嗣同少年时倜傥不羁；好泛览群书而鄙薄八股时文，在课本上批下“岂有此理”字样。壮年时漫游南北各地，足迹遍及十几个省份，广泛接触到社会各阶层的生活状况，热爱祖国山河，对人民遭受帝国主义、封建主义剥削压迫的苦难表示同情。他曾借前人的话发出浩叹：“风景不殊，山河顿异；城郭犹是，人民复非。”[④]中法战争后，谭嗣同开始有变法的思想，努力钻研自然科学和西方资产阶级社会政治学说，阅读天文、格致、政治、历史等各种书籍。中国在甲午战争中惨败，谭嗣同感到亡国灭种之祸迫在眉睫，更加提倡变法图强，说：“有见于

① 梁启超：《三十自述》，《戊戌变法》第4册，第44页。
② 《论不变之害》，《戊戌变法》第3册，第18页。
③ 《论变法不知本原之害》，同上书，第21页。
④ 《三十自纪》，《谭嗣同全集》，三联书店1954年版，第206页。

大化之所趋，风气之所溺，非守文因旧所能挽回者，不恤首发大难，画此尽变西法之策。”[①]他甚至断言“今日中国能闹到新旧两党流血遍地，方有复兴之望”[②]，决心以献身的精神投入这场斗争。

1896年，谭嗣同开始撰写《仁学》[③]一书。他在这本书和其他一些作品中，宣扬资产阶级的民权、平等学说，批判了君主专制制度和封建的纲常伦理，提出了“冲决网罗”的口号。谭嗣同用与卢梭《民约论》相类似的观点，解释国家的起源和君民之间的关系说：“生民之初，本无所谓君臣，则皆民也。民不能相治，亦不暇治，于是共举一民为君。”“夫曰共举之，则且必可共废之。君也者，为民办事者也。……事不办而易其人，亦天下之通义也。”[④]根据这个思想，他愤怒抨击中国封建专制主义的政治制度和文化思想，指出专制君主“视天下为其囊橐中之私产”，而把人民当作“犬马土芥”[⑤]。“二千年来之政，秦政也，皆大盗也。二千年来之学，荀学也，皆乡愿也；惟大盗利用乡愿，惟乡愿工媚大盗”[⑥]。对于封建纲常伦理的反动本

插图43：谭嗣同像

（采自T. Richard, Forty-Five Years In China. London，1916，p.160）

---

①《上欧阳瓣薑师书·二》，《谭嗣同全集》，第297页。

②《上欧阳瓣薑师书·三》，同上书，第303页。

③《仁学》在谭嗣同生前没有公开出版，直到那拉氏发动政变，梁启超逃亡日本后，才在《清议报》上发表了一部分内容，后来正式刊印成书。但戊戌变法前，《仁学》的部分印稿已经在一些人中传阅。1897年梁启超在《时务报》发表的《说群自序》（《饮冰室文集》卷三）中说，得严复《天演论》、谭嗣同《仁学》，读之“犁然有当于其心，悼天下有志之士，希得闻南海之绪论，见二君之宏著，或闻矣、见矣，而莫之解、莫之信。乃内演师说，外依两书，发以浅言，证以实事，作说群十篇”。

④《仁学》卷下，《谭嗣同全集》，第56页。

⑤同上，第58页。

⑥同上，第54页。

质，谭嗣同也作了无情的揭露。他说："三纲五常"不过是专制君王用来"能制人之身者，兼能制人之心"①的工具；而"俗学陋行，动言名教，敬若天命而不敢渝，畏若国宪而不敢议……则数千年来，三纲五常之惨祸烈毒，由是酷焉矣！"②尤其是"二千年来君臣一伦，尤为黑暗否塞，无复人理"③。谭嗣同不但一般地批判了封建专制制度，并且把矛头直指清朝的反动统治。他说满族贵族入主中原是"凭陵乎蛮野凶杀之性气以窃中国"④，而"满汉之见，至今未化，故视为傥来之物，图自全而已，他非所恤！岂二百五十年之竭力供上，遂无一点好处耶？"⑤谭嗣同对太平天国革命寄于同情，说："洪杨之徒，苦于君官，铤而走险，其情良足悯焉。"而痛斥曾国藩湘军是"戮民为义"，"助纣为虐"。⑥谭嗣同的思想在资产阶级改良派中最为激进，有许多话是当时其他改良主义者所不敢说的。

插图 44：严复像

（采自张海鹏编《简明中国近代史图集》，第 90 页）

严复（1854—1921 年），字又陵，号几道，福建侯官县人，出身于没落地主家庭。少年入福州船政学堂学习，毕业后被派往英国学习海军。1879 年回国，任福州船政学堂教习。第二年，李鸿章在天津创办北洋水师学堂，调严复去担任总教习。严复在留学英国期间，广泛阅读亚当·斯密、孟德斯鸠、赫胥黎、斯宾塞等人的著作，对西方资产阶级的哲学、社会科学有较多的了解。回国后，继续研究西学，努力寻找西方国家所以富强的原因。

①《仁学》卷下，《谭嗣同全集》，第 55 页。

② 同上，第 14 页。

③ 同上，第 55 页。

④ 同上。

⑤《上欧阳瓣薑师书·二》，《谭嗣同全集》，第 288 页。

⑥《仁学》卷下，同上书，第 62 页。

严复熟悉英语，能够阅读西方资产阶级学者的某些原著，直接从其中吸取新思想，这是当时其他改良主义者所不及的。

甲午中日战争失败，对严复的刺激太深了。他痛感到必须维新变法，才能避免亡国大祸。1895 年，严复在天津《直报》上发表《论世变之亟》《原强》《辟韩》和《救亡决论》等政治论文，阐述自己关于变法图强、挽救国家危亡的主张。他根据斯宾塞的社会学说，认为一个国家的强弱，决定于国民的力、智、德三者的高下，提出"鼓民力""开民智""新民德"等三项使中国富强的办法。"鼓民力"是指禁止鸦片和禁止妇女缠足，以增进人民的体质。"开民智"是指废八股，提倡西学。"新民德"是指逐步实现君主立宪政治。[①]

强调向西方学习，培养精通西学的变法人才，是严复维新思想中的一个特点。他在文章中一再指出向西方学习的必要性和紧迫性，说"救亡之道在此，自强之谋亦在此"[②]。他抨击那些抱残守阙、反对向西方学习的顽固士人说："夫士生今日，不睹西洋富强之效者，无目者也。谓不讲富强，而中国自可以安；谓不用西洋之术，而富强自可致；谓用西洋之术，无俟于通达时务之真人才，皆非狂易丧心之人不为此。"[③]

严复很重视介绍西方的自然科学知识和资产阶级社会政治学说，这些对当时中国的知识分子具有很大的吸引力，起了启蒙的作用。其中影响最大的是他所翻译的《天演论》[④]一书。《天演论》是英国生物学家赫胥黎所著论文集《进化论与伦理学及其他》中前两篇文章。严复的译文是意译，并且加了许多按语。《天演论》大旨在阐发达尔文的进化论，说明生物界的进化是由于"物竞"和"天择"，意思是一切生物都处在相互竞争之中，只有那些最能适应环境的得以生存下来，其他的都被自然淘汰。赫胥黎又认为生物界这种"物竞天择，适者生存"的规律，同样也适用于人类社会。不过在人类社会中，"并不是那种碰巧最适应于已有的全部环境的人得以生存，而是那些伦理上最优秀的人得以继续生存"。"我们要断然理解，社会的伦理进展并不依靠模仿

---

①《原强》,《戊戌变法》第 3 册，第 41—59 页。

②《救亡决论》，同上书，第 70 页。

③《论世变之亟》，同上书，第 74 页。

④《天演论》译成时间，说法不一，一般都认为是在 1896 年。据王栻《严复传》考证，初稿可能在 1894 年，至迟在 1895 年译成。1895 年刘古愚曾在陕西刊行《天演论》，以后，修改稿在《国闻汇报》陆续发表（未完），直到 1898 年 4 月才正式出版。

宇宙过程，更不在于逃避它，而是在于同它作斗争”。[①]《天演论》讲到自然现象时是唯物的，讲到社会现象时是唯心的。在中国正面临瓜分危机的条件下，严复把《天演论》介绍进来，起着警醒的作用。人们更加痛感到，如果不赶紧振作起来，“自强保种”，在“优胜劣败”的竞争规律面前，亡国灭种的惨祸注定无法避免。《天演论》在全国风行一时，康有为、梁启超等都受到很大的影响。严复在提倡西学、传播西方资产阶级思想方面，对维新运动作出了显著的贡献。

严复同时也介绍了西方庸俗进化论的观点。斯宾塞《群学肄言》的严复译本中说，“民之可化至于无穷，唯不可期之以骤”。严复在《原强》一文中就特别强调了斯宾塞这句话。康有为认为社会的进化，“自族制而为部落，而成国家，由国家而成大统；由独人而渐立酋长，由酋长而渐正君臣，由君主而渐为立宪，由立宪而渐为共和”，其来源，就是斯宾塞《群学肄言》的“渐进”论。从这一点来说，严复介绍的西方庸俗进化论，对改良派也是有影响的。他们坚持“渐变”，反对“突变飞跃”，即坚持改良，反对革命，庸俗进化论正好提供了理论根据。

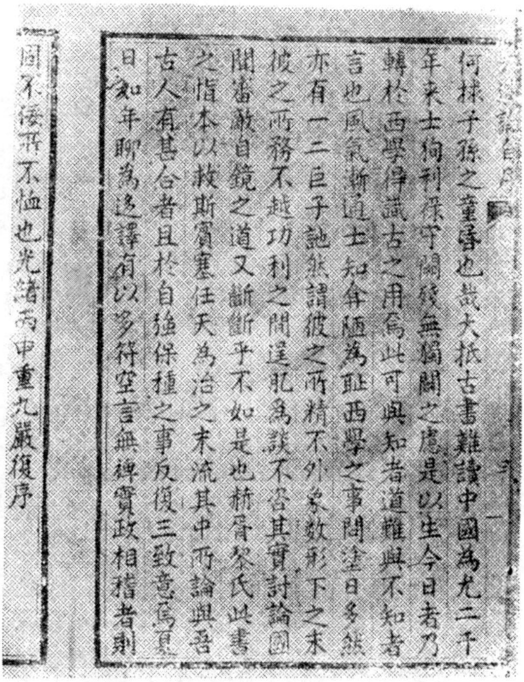
何林子孫之童昏也哉大抵古書難讀中國為尤二千
年來士徇利祿守闕殘無獨闢之慮是以生今日者乃
轉於西學得識古之用焉此可與知者道難與不知者
言也風氣漸通士知弇陋為耻西學之事問塗日多然
亦有一二巨子訑然謂彼之所精不外象數形下之末
彼之所務不越功利之間逞臆為談不咨其實討論國
聞審敵自鏡之道又斷斷乎不如是也赫胥黎氏此書
之恉本以救斯賓塞任天為治之末流其中所論與吾
古人有甚合者且於自強保種之事反復三致意焉夏
日如年聊為迻譯有以多符空言無裨實政相稽者則
固不佞所不恤也光緒丙申重九嚴復序

插图 45：《天演论》严复译序之末

（采自中国社会科学院近代史研究所藏书）

1895 年，康有为、梁启超发起的“公车[②]上书”，揭开了维新运动的序幕。康有为在

①《进化论与伦理学》（中译本），科学出版社 1971 年版，第 57、58 页。

②汉代的郡县，每年要派遣官员至京城陈送统计簿书，举为“孝廉方正”的人入都，可以乘坐他们的车子，叫作“计偕”。清朝沿用旧事，称举人为“孝廉”或“公车”。

1893年已考取举人,《马关条约》签订前正在北京参加会试。他与梁启超等人鼓动各省应试举人用向皇帝上书的方式起来反对签约，主张拒和、迁都、变法。广东、湖南两省举人首先响应，其他各省举人继起，分别到都察院递送奏折，要求代奏。5月，康有为又倡议十八省举人集会，联名上书。在康有为起草的上皇帝书上签名的有一千多人。[①]上皇帝书反对清政府批准卖国条约，要求立即迁都、练兵、变法；并且指出前两项不过是“权宜应敌之谋”，后一项才是“立国自强之策”。[②]都察院借口这时清政府已经正式批准条约，无法挽回，拒绝转递。这便是有名的“公车上书”，它的重要意义在于冲破了清朝严厉禁止士人干政的禁令，使维新运动开始成为一个群众性的政治运动。

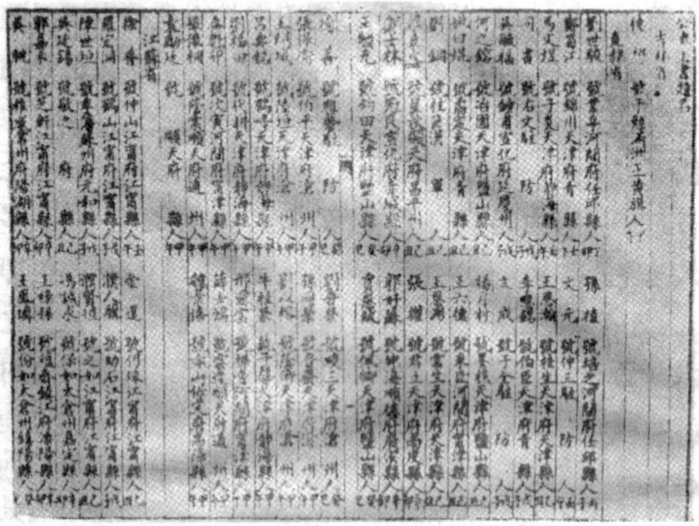

插图46：《公车上书》题名之一部

（采自《中国近代史参考图片集》中集，第100页）

《公车上书》中关于变法的主要内容，大致是：一、仿行多少近似西方君

---

①关于在《公车上书》上签名人数,《康南海自编年谱》说“与名者千二百余人”（《戊戌变法》第4册，第130页），梁启超《戊戌政变记》卷七说“与斯会者凡千三百余人”（《戊戌变法》第1册，第297页），而《公车上书题名》所载人名只有十六省，共603人（《戊戌变法》第2册，第155—166页）。

②《戊戌变法》第2册，第139页。

主立宪的政治，由全国各府县每十万户公举一名“议郎”，“不论已仕未仕，皆得充选”。① “议郎”不仅轮班值直，备皇帝咨询，凡中央及地方一切大政，由“议郎”会议，经三分之二多数通过，即下达各部执行。二、推行有利于发展资本主义的经济政策，包括统一币制；鼓励民间开发矿藏，修筑铁路，制造轮船以及兴办一切机器制造业；奖励各种创造发明，许其专利；提倡采用西方先进的农业器械和技术，发展经济作物的生产；国家帮助商人组织合股公司，振兴商务，蠲免厘金，减轻出口税，发展国内外贸易。三、革新文化教育，募集经费，广设学塾，课程中增加外国史地和自然科学；京师和各省分设天文、矿学、医学、光学、化学、电学、机器和武备驾驶等学堂，毕业生分别授予秀才、举人、进士等出身；改革科举考试的科目，增加有关外国情况的试题；准民间开办报馆，出版新闻纸；奖励出国留学，派官员出洋考察。这篇后来称为上清帝第二书的文字，是康有为同梁启超、麦孟华一起，在一天两夜的短时间里起草出来的。洋洋万余言，资产阶级改良派要求中国走资本主义道路，以挽救民族、国家危亡的各种细节，都在这里面提出来了。唯一没有接触到的是农民土地问题。对于靠什么力量来实现自己的那些设想，康有为忧心忡忡地向皇帝指出：“民日穷匮，乞丐遍地，群盗满山，即无外衅，精华已竭，将有他变。”② 也就是改良派站在反对农民的立场上，全部寄希望于封建统治阶级，以为只要皇帝“独奋乾纲，勿摇于左右之言，勿惑于流俗之说，破除旧习，更新大政”③，一举手之间就可以实现自己的目标。

“公车上书”后，会试发榜，康有为取中进士，授职工部主事，他没有到工部就职。6月，康有为又将《公车上书》加以修改补充，要求都察院代奏。这次都察院不敢拒绝，光绪皇帝看到后极嘉许，下令抄写四份，一份送那拉氏，一份给军机处，并发各省将军督抚，一份存乾清宫，一份留勤政殿，以备随时阅览。得到鼓舞的康有为接着又上书，都察院说他是工部主事，奏折例应由工部代递，不肯收受。工部又拒绝转递，这次上书没有成功。

康有为除了向皇帝上书要求变法，还开始在士大夫中进行维新变法的宣传活动和组织工作。1895年7月，他和梁启超等创办《中外纪闻》，日印一千

---

①《戊戌变法》第2册，第152页。

② 同上书，第140页。

③ 同上书，第154页。

份，免费随《邸报》分送北京的官员们。《中外纪闻》由梁启超、麦孟华等人撰稿，宣传变法思想，并转载在华外人所办报刊上介绍外国情况和科学技术的文章。一个月后，印数增加到三千份。这是资产阶级改良派在维新运动中创办的第一份报刊。8 月，在康有为的鼓动下，帝党官员侍读学士文廷式出面，在北京组织“强学会”，推陈炽为提调、梁启超为书记员。学会每隔数日举行一次集会。每次都有人演讲。康有为作《强学会叙》，说明成立“强学会”的宗旨。他指出：中国目前正处在列强包围之中，形势岌岌可危。“俄北瞰，英西睒，法南瞬，日东眈”，“磨牙涎舌思分其余者尚十余国”。[①] 如果不及早采取措施，实行必要的改革，中国很快就会被列强瓜分，人民将沦为牛马不如的亡国奴。康有为号召一切爱国的士大夫团结起来，努力讲求和宣传维新思想，自下而上地推动清政府实行变法。“强学会”吸引了许多知识分子，又得到帝党官员翁同龢等人的支持，发展很迅速。两江总督刘坤一、湖广总督张之洞、直隶总督王文韶见学会得势，各捐银五千两以充会费。李鸿章也自愿捐银二千两入会，因他名声太臭，被会众拒绝。一些英、美传教士也表示支持，有的还公开加入“强学会”。

顽固派看见“强学会”会务一天比一天发达，不能容忍了。他们到处散布谣言，攻击学会。大学士徐桐、御史褚成博扬言要上奏弹劾，许多人不敢再收阅《中外纪闻》，送报的人不肯代送。学会中也有人害怕了，或是主张自行解散，或是劝康有为出京暂避。10 月，康有为离京南下，“强学会”由梁启超主持，勉强维持下去。11 月，康有为得到当时署理两江总督张之洞的支持，在上海成立“强学会”。入会者有汪康年、黄遵宪、张謇、陈三立、梁鼎芬等；同时还向浙江各书院征求会员，又吸收了章炳麟等人入会。“上海强学会”出版《强学报》，日出一小册，免费分送；此外，还准备按章程规定，翻译出版外国书刊，开办图书馆和博物馆。“强学会”由北京发展到上海，声势愈大，愈加引起顽固派的憎恶。1896 年 1 月，由御史杨崇伊（李鸿章的亲家）出面，上奏弹劾“强学会”植党营私，要求严禁。那拉氏借此强迫光绪帝下令封闭“强学会”，查禁《中外纪闻》。上海方面，张之洞因不同意康有为宣传孔子改制学说，停止供给“强学会”经费，这时也下令查禁“上海强学会”和《强学报》。

① 《戊戌变法》第 4 册，第 384 页。

从“公车上书”到“强学会”的被取缔，虽然只短短不到一年的时间，但维新运动已经成为一股引人注目的潮流，越来越多的人卷进到潮流里面来了。

资产阶级改良派是维新运动的发动者和中坚力量。他们中间除康有为、梁启超、谭嗣同、严复外，影响较大的还有：黄遵宪（广东人，曾任驻日、美等国外交官多年）、唐才常（湖南人，拔贡生）、熊希龄（湖南人，进士）、江标（江苏人，湖南学政）、皮锡瑞（湖南人，今文经学家）、樊锥（湖南人，拔贡生）、麦孟华（广东人，举人）、汪康年（浙江人，进士）、林旭（福建人，内阁中书）、刘古愚（陕西人，举人、书院山长）、张謇（江苏人，状元、翰林院修撰）以及早期改良主义者宋育仁、陈炽、宋恕、陈虬等人。这些人都出身于封建家庭，除了严复等极少数人曾经直接受过西方资产阶级教育外，大多是受传统的儒家教育，又涉猎过一些西方资产阶级社会政治学说和自然科学，倾心向西方学习的知识分子。其中有些人本身又是各种新式企业的创办者，例如：谭嗣同、熊希龄等在湖南开办内河轮船公司，还准备开采煤矿、金矿；严复与人合股在河南开办煤矿；刘古愚在陕西办纱厂的计划虽然未能实现，但仍开办了机器轧花厂；宋育仁在四川创办玻璃公司和人力车公司；张謇后来是有名的实业家，南通大生纱厂在1896年着手筹建，1899年正式开车生产。他们之中，大的资本家、民族资产阶级上层人物是少数。但他们深感瓜分亡国危险，要求发展资本主义，与当权的洋务派、封建统治者有矛盾和斗争。同时，他们同帝国主义、特别是同封建势力又保持着密切联系，选择在他们看来最可行的改良主义道路，来推行自已的政治、经济主张。这一切，正是民族资产阶级上层的阶级性格的表现。

以翁同龢为首的帝党官员，在一定程度上是维新运动的赞助者。甲午中日战争以后，后党因签订丧权辱国的《马关条约》，太不得人心，不得不暂时退缩。帝党想乘此机会对后党施加压力，迫使它让出更多的权力。资产阶级改良派发动维新运动，把实现变法的希望寄托在皇帝身上，这一点恰恰适合帝党向后党夺取权力的需要，因此加以赞助。“公车上书”后不久，翁同龢开始同康有为直接来往。据康有为在自编《年谱》中说：他们第一次见面时，翁同龢对于在1888年没有代康有为转递第一次上书一事，表示歉意。他们两人就变法问题进行了长时间的讨论，谈得十分融洽。当康有为要求翁同龢积极影响载湉实行变法时，翁同龢带着亲切而神秘的口吻回答说：“与君虽新见，然相知十年，实如故人，姑为子言，宜密之。上实无权，太后极猜忌……即吾之见客，亦有人窥门三巡数之者，故吾不敢见客，盖有难言也。”[①]帝党赞助变法，目的在于变无权的载湉为有权的皇帝。他们看到改良派为了进行自上而下的维新变法，也希望载湉拥有实权。因此企图利用这股新起的政治力量，以便加强自己的实力。他们对改良派宣传兴民权等主张，不得不暂时加以容忍。康有为曾经为一个御史起草奏折，弹劾后党军机大臣徐用仪，载湉据此立即将徐用仪斥退。帝党在同后党的斗争中得到改良派的合作。维新运动也由于得到帝党的支持，增加了它的声势，影响扩大。改良派对此喜出望外，把帝党视作同道，更加希望通过他们接近和影响载湉，达到自上而下地实现变法维新的目的。

1896 年 1 月，“强学会”虽然被查禁，维新派在全国范围内的活动并没有停止。上海、两广、湖南、陕西等地开展得尤其迅速，取得的成绩也最显著。

上海　黄遵宪与汪康年用“上海强学会”的余款，创办《时务报》（旬刊），8 月正式出版，《时务报》由梁启超任主笔，除发表改良派宣传维新变法的论文以外，还登载谕旨、奏折、各地新闻以及从外国报纸上摘译的文章。梁启超的《变法通议》就刊登在这个报刊上。《时务报》创刊后，大受知识界的欢迎，几个月之内，发行额达到一万多份，风行全国。反对维新运动的胡思敬说，《时务报》“张目大骂，如人人意所欲云，江淮河汉之间，爱其文字奇诡，争传颂之”[②]。后来补授光禄寺少卿的屠仁守也说，《时务报》发行以后，“虽以僻寂荒城，独无分局，而皆辗转丐托，千里递寄，数人得共阅一编，资为程课”[③]。这是空前的盛事。许多学会、学校和报刊在上海接踵而起。学会有提倡农学的、要求提高妇女地位、反对女子缠足、主张改进儿童教育、以及组织翻译西学书籍的农学会、女学会、不缠足会、蒙学公会、译书公会等。学校有经世学堂、东文学社、女学堂、蒙学堂等。报刊有《农学报》《工商学报》《实学报》《求是报》《算学报》《蒙学报》以及《译书公会报》等。苏州、无锡、扬州、南京等地也先后创办起苏学会、雪耻学会、测量学会、匡

---

①《戊戌变法》第 4 册，第 132—133 页。

②《戊戌履霜录》，《戊戌变法》第 1 册，第 373 页。

③《与时务报馆辨辟韩书》，《翼教丛编》第 3 卷。

时学会、务本学堂、中西学堂以及《无锡白话报》等。据不完全的统计，从1896—1898年间，上海及其附近地区创办的报刊不下三十种，舆论界呈现出一派活跃的景象。

两广　上海强学会解散，康有为回广州，继续在“万木草堂”讲学。1896年11月，康有为赴澳门筹办《知新报》，第二年2月正式出版，五日一册，后改为十日一册，由康有为之弟康广仁任经理，梁启超、徐勤等任撰述。《知新报》发行遍及南方各省，在维新运动中发挥了较大的宣传作用。同月，康有为到广西桂林讲学，4月与唐景崧、岑春煊等组织圣学会，又创办《广仁报》和广仁学堂。两广的维新运动更加活跃起来。广州先后成立显学会、群学会和不缠足会，1895—1897年间，出版《博闻报》《中外新闻报》和《维新报》等十种报纸。

湖南　1895年秋，谭嗣同、唐才常等在浏阳筹办学馆，迈出了湖南维新活动的第一步。署按察使黄遵宪、学政江标及后任徐仁铸等主张变法，维新运动进一步开展起来。1897年3月，江标、黄遵宪、唐才常等在长沙创办《湘学报》。10月，成立时务学堂，招收青年知识分子学习中学和西学，培养变法人才。由熊希龄任提调，梁启超任中学总教习，唐才常等任分教习。谭嗣同起初不在湖南，也积极参与了学堂的筹建工作，回来后又经常在学堂讲学。时务学堂的教习在给学生课卷写下的批语中，反对专制主义，提倡民权思想，如：“二十四朝其足当孔子王号者无人焉，间有数霸者生于其间，其余皆民贼也。”“后世为臣者，不明以臣佐君之义皆是为民作用，而遂甘为奴隶妇孺，至于国破时，仅以一死塞责，后世遂目为忠臣，二千年之锢蔽，牢不可破。”“《春秋》大同之学，无不言民权者。”“能兴民权者，断无可亡之理。”等等。①1898年春，谭嗣同、唐才常等人又在长沙创办《湘报》（日报）和成立“南学会”。“南学会”备有书报仪器，并定期举行讲演会，由谭嗣同、黄遵宪、皮锡瑞等担任主讲。谭嗣同等设立“南学会”有寓地方议会于学会，兴民权必先兴绅权的意思。据梁启超说：“南学会”的组织办法，准备由巡抚派选绅士十人为总会长，再由这十人各举所知，辗转吸收会员，每州每县都有三至十人，“选各州县好义爱国之人为之”②。“南学会”会章规定，在省城设

① 苏舆编：《翼教丛编》第5卷。

② 《戊戌政变记》，《戊戌变法》第1册，第300页。

总会，各府厅州县设分会，鼓励会员对地方风俗利病、兵马钱粮、厘金矿务以及法律刑狱等事提出改革意见；并说："将来智慧日开，学会权所得为，如通民隐、兴民业、卫民生诸事皆可渐次推行。"[①]《湘报》的创办和"南学会"的成立，推动了湖南全省的维新运动。省城长沙学会、报刊一时并起。学会有不缠足会、法律学会、学战会以及公法学会等。报刊有《公忠报》《经济报》《博文报》等。浏阳、常德、衡阳、岳阳等地先后开办群萌学会、明达学会和任学会等。许多州县纷纷成立南学会分会。湖南维新运动蓬勃兴起，顽固派恨之入骨，疯狂反扑。岳麓书院山长王先谦、大劣绅叶德辉等鼓噪而起，用各种卑劣手段对改良派大肆攻击。他们纠集一批守旧士绅，向巡抚陈宝箴递交《湘绅公呈》，攻击时务学堂"倡为平等、平权之说"，学生"争相趋附，语言悖乱，有如中狂"，"不复知忠孝节义为何事"；要求对时务学堂"严加整顿"，摒退提倡新学的教师。[②]岳麓书院等几个长沙旧书院的主管人又制定所谓《湘省学约》[③]，提出"正心术""核名实""尊圣教""辟异端"等条款，加强对书院学生的控制，防止他们受维新思想的影响。王先谦亲自写信给陈宝箴，对陈宝箴请毁《孔子改制考》书版的奏折表示不满足，说"康有为心迹悖乱，人所共知"，"留此祸本，终成厉阶"[④]；意思是必须将康有为置之死地而后可。叶德辉几次写信给皮锡瑞，肆言诋毁，皮锡瑞被迫离开湖南。邵阳守旧士绅污蔑"南学会"邵阳分会主持人樊锥"首创邪说，背叛圣教，败灭伦常，惑世诬民"，将他驱赶出境。[⑤]湖南新旧两党的斗争十分尖锐、激烈。顽固派人士那些反对维新运动的奏折、文章、书信等，在那拉氏发动政变后不久，被汇编成一部书，叫做《翼教丛编》，以显示他们的反动业绩。

陕西　中法战争后，刘古愚等对洋务派"事事食人唾余，糜费不资而全落后着"[⑥]的做法，极为不满，开始有进一步改革的要求。强学会成立的消息传来，刘古愚大为振奋，立即亲笔抄写康有为的《强学会序》，把它张贴在他任山长的泾阳味经书院讲堂。1895—1898年间，在刘古愚等人的主持和推动

---

①《南学会总会章程二十八条》，《湘报》第35号，第139—140页。

②《翼教丛编》第5卷；《戊戌变法》第2册，第640页。

③《翼教丛编》第5卷。

④《再致陈中丞》，《虚受堂书札》第1卷。

⑤《邵阳士民驱逐乱民樊锥告白》，《翼教丛编》第5卷。

⑥柏景伟：《覆马丕卿》，《沣西草堂集》第3卷。

下，成立复邠学会，五日一会，每会必有演讲。又翻刻严复所译《天演论》和康有为《桂学答问》等书籍；开办时务斋，招收青年学习新学。又出版不定期的《时务斋随录》，还附设讲会，每月开讲两次。“凡有志时务者，不论籍贯，不论文武，农工商贾皆准听讲”①；并创设复邠义学女学。三原、扶风、华州、泾阳等地，也先后成立励学斋、不缠足会、乐群会、复邠会、友仁学会以及学习新学的崇实学院和游艺学塾。陕西沉闷蔽塞的风气，为之一扫。

天津、四川、浙江、江西等地，维新运动也有开展。1897年严复在天津创办《国闻报》（日报），登载国内外时事，经常发表社论，宣传变法。不久，又增出《国闻汇报》（旬刊），严译《天演论》等译著就按期在这个刊物上发表。四川虽然得风气较晚，但在宋育仁等的主持和推动下，1897—1898年间，在重庆创办《渝报》；在成都设立蜀学会，创办《蜀学报》。每月朔望日由宋育仁、廖平（今文经学家）等人讲演。威远成立农学会，准备兴办农业学堂和试验农场。重庆开办中西学堂，“士林中人，争投问业，不数日即已满额”②。遂宁、泸州、蓬州等地，都有人在提倡办学堂，广购图书，延聘教员。1897年，章炳麟等在浙江杭州设立兴浙学会和化学会。兴浙学会章程规定每月出版会员论文集一册，文章要求切近时事。化学会每月按时表演化学试验，任人参观。同一年，陈虬创办《利济学堂报》（半月刊）于温州，后来又与章炳麟、宋恕等编辑《经世报》（旬刊）于杭州。绍兴、宁波、温州等地也开办了各种学堂。江西在1898年成立励志学会和经济学堂。有人积极筹办中西学堂、格致学堂，创立医学会、茶学会；又准备派人赴日本考察教育，以便仿照推行。其他如湖北、安徽、福建、贵州、河北等省，在办学堂、立学会、改造旧书院方面，也都有所推进。据不完全的统计，1895—1898年间，全国创办的学会、学堂和报刊，共有三百多起，可算蔚然成风。

报纸、学会主办人情况不同，内容、宗旨差别很大。如苏学会章程说：“为学之道千条万绪，不能出圣教范围……以中学为主，西学为辅，中学为体，西学为用，中学有未备者，以西学补之；中学有失传者，以西学还之。以中

① 刘古愚：《味经创设时务斋章程》，《烟霞草堂文集》第8卷。

②《中外日报》1898年9月9日。

学包罗西学，不能以西学凌驾中学，此是立会宗旨。”[①] 这是一片洋务派谬说。但总的看来，它们的兴起，是来自维新运动的推动，而且宣传维新思想的占着大多数。

资产阶级改良派通过组织学会、设立学堂和创办报刊等方式，使自己的影响很快散布到全国。但参加学会、学堂和阅读报刊的，主要是少数开明官吏和关心国家危亡或寻求个人出路的知识分子。改良派眼里根本没有广大工农劳动群众，同他们没有任何联系。维新运动的社会基础显得非常薄弱。

西方传教士的混入，更使维新运动增加了严重的缺陷。改良派通过他们接触到一些西方资产阶级民主思想，同时帝国主义的侵略思想在改良派中也找到了传播的机会。早在八十年代，西方传教士就在上海成立广学会，出版他们译著的书籍，发行《万国公报》等刊物，大肆宣扬基督文明和奴化思想，要求清政府作某些“改革”，以适应帝国主义变中国为殖民地的需要。维新运动兴起，他们认为有机可乘，打起支持改良派变法的幌子，大肆活动，英国传教士李提摩太，美国传教士林乐知、李佳白等最为积极。强学会成立，正在北京的李提摩太、李佳白立即入会，英、美公使也愿意捐赠图书仪器，表示支持。帝国主义分子同改良派和帝党官员往来频繁。他们用著书立说、向清政府上条陈等，宣传自己的变法主张，竭力想把维新运动引上他们所设计的轨道。在李提摩太的《新政策》、李佳白的《新命论》、林乐知的《治安新策》《印度隶英十二益说》以及福开森的《强华本源论》等文章中所提出的变法内容是：一、建议中国在经济、文化、军事等方面，仿效西方资本主义国家，进行改革，诸如修筑铁路、开发矿产、振兴实业、通商贸易、创办报馆、广设学校以及训练新式军队等等。但反对中国在政治上取法资产阶级

①《戊戌变法》第4册，第446页。梁启超《清代学术概论》中说：“甲午丧师，举国震动；年少气盛之士，疾首扼腕言‘维新变法’，而疆吏若李鸿章、张之洞辈，亦稍稍和之。而其流行语，则有所谓‘中学为体，西学为用’者，张之洞最乐道之，而举国以为至言。”（第160—161页）许多人根据此说，以为“中学为体，西学为用”的口号是张之洞在《劝学篇》中首先提出的。其实，张之洞虽然主张“中学为体，西学为用”，但在《劝学篇》并无“中学为体，西学为用”的提法，而是用了“旧学为体，新学为用”的字样。考“中学为体，西学为用”的提法，最早见于孙家鼐《议覆开办京师大学堂折》（光绪二十二年七月，公元1896年8月）。他说：“中国五千年来，圣神相继，政教昌明，决不能如日本之舍己芸人，尽弃其学而学西法。今中国京师创立大学堂，自应以中学为主，西学为辅；中学为体，西学为用。……”云云。苏学会章程中那段话，就是出自这里。

民主制度。林乐知说："泰西有君民共主之国，更有民主之国，中国势殊事异，断难冒昧仿行。"[①] 李佳白说：中国封建君主专制制度，"意美法良，诚不必如泰西君民共主，致多纷更"[②]。二、变法应该以"兴教化"为先。所谓"兴教化"就是在中国广泛传播基督教，使人人蒙受上帝的福音。林乐知说："欲变国势之弱为强，必先变人之虚伪为真实"；而"福音为真实之源……中国苟求不以福音释放自主之真道治其国人，终不能得西国真实在内之富强也。照今日华人之情形，外求西国之益，内守儒教之道，正如嗜果而不思种树，购器而不求造法，浚源而不问水源，其必竭也无疑矣"。[③] 三、中国缺乏维新人才，必须聘请外国人来主持变法大计。李提摩太在《新政策》中建议清政府：设立"新政部"，由八人总管，半用西人，半用中国官员，聘请英、美人各一名充当皇帝的顾问官，其他如外交、铁路、财政、文教以及军事等部门都要引用外国人。总之，一切新政必须"借用他国之人，而派本国大臣与之合办"。[④] 这个建议实际上是要变中国为由外国全面控制的殖民地。林乐知公开提出在中国"东南方遴择两省地，租归英治。凡有利蔽，听其变置"；由英国把统治殖民地印度的办法，"一一移而治华"。[⑤] 帝国主义分子钻到维新运动中来，鼓吹他们的所谓变法，同资产阶级改良派追求的变法，是根本对立的。改良派希望通过提倡新学，批判旧学，提倡民权，改革封建君主专制制度，从而挽救民族危亡，解除中国半殖民地半封建的地位。帝国主义分子却力图维护封建制度，借变法来扩大帝国主义在华权益，全面控制中国，直至把中国变为它们的殖民地。但是改良派却看不出这种根本区别，他们被这些帝国主义分子表面上装着如何热爱中国，说什么他们"爱中邦如本邦"，"愿中国富强"，不惜"尽心竭力，求有益于中国，虽死亦所甘心"[⑥] 等等谎言所蒙蔽，认为这些人是真心实意帮助中国维新变法的朋友。改良派中许多人的西学知识，大都来自阅读当时外国教会所出版的图书报刊，在思想上受到传教士们的很大影响，更加认不清这些人的真面目。他们荒唐地幻想同帝

①《治安新策》，《中东战纪本末》初编，第8卷。
②《新命论》，《戊戌变法》第3册，第257页。
③《论真实为兴国之本》，《万国公报》第91期，第14页。
④《戊戌变法》第3册，第239页。
⑤《印度隶英十二益说》，《万国公报》第94期，第12页。
⑥《论真实为兴国之本》，《万国公报》第91期，第14页。

国主义分子合作，共同推进维新运动的发展。李提摩太等人加入强学会，康有为、梁启超十分高兴，他们请李提摩太在北京多留几个月，帮助开展会务。梁启超还自愿担任李提摩太的秘书。改良派后来提出的对待帝国主义侵略的政策与洋务派完全一样，甚至走得更远一些，是和他们同帝国主义侵略思想划不清界线相联的。

第三节　近代中国第一个思想解放的潮流，资产阶级改良主义思想与封建主义思想的论战

资产阶级改良派的维新变法思想是同买办资产阶级、地主阶级的利益相对立的。维新运动迅猛高涨，变法思想广为传播，必然同反动统治阶级发生尖锐的矛盾。清政府中掌握实权的洋务派和顽固派一致反对改良派，他们对维新变法思想发动凶猛的还击。

顽固派死抱住封建主义的一切旧事物、旧思想，对任何新事物、新思想一概采取敌对态度。鸦片战争以后的几十年里，中国一天天贫弱下去，在这些人看来，其原因，不在于外国的侵略和腐败落后的封建制度，而是由于“人心不古”。他们说：“当今之世，非无治法之患，实无人心之患。”[①]补救之道，“总以正人心，培国脉为本”[②]。正人心最好的办法又是提倡程朱理学，由皇帝“举行经筵”，“延访天下真儒、深明朱子之学者，置诸左右，使之朝夕献纳，启沃圣心”，则“唐虞三代之隆不难矣”。[③]顽固派是反动统治阶级中最腐朽没落的势力，他们惧怕对现状进行任何变革，即使像洋务派那样，为了维护摇摇欲堕的封建统治，在一些枝节问题上作点改革，也遭到顽固派的非议。改良派要求走向资本主义的变法维新，顽固派自然更加反对。不过那些道理与现实生活尖锐矛盾，显得太没有说服力了。

洋务派是买办资产阶级在政治上的代表，他们自己兴办或主持若干具有资本主义性质的工矿交通企业，也希望清政府进行某些改革，以适应本阶级的需要。“变法”这个口号是他们早就提出过的。改良派向清政府提出变法维新

① 褚成博：《变法宜先变心折》，《坚正堂折稿》第2卷，第18页。
② 李秉衡：《奏陈管见折》，《李忠节公奏议》第10卷，第8页。
③ 徐致祥：《请举行经筵折》，《嘉定先生奏议》卷下，第30页。

的要求，其中如兴办实业、设立学校、创办报刊、学习西方科学技术以及改革科举取士制度等，不但不妨碍洋务派的切身利益，在某些方面还符合他们的要求。对于这些，洋务派是支持的。洋务派又是封建大官僚、大地主，他们同封建势力保持着很深的联系，在维护封建专制制度这个根本观点上，同顽固派是完全一致的。洋务派绝对反对民权，不许丝毫触动封建专制制度；因此对改良派要求实行君主立宪制度，提倡民权、平等思想，坚决加以反对。这是洋务活动和维新运动的根本区别。洋务派对维新运动一度打算用表面上赞成实际加以控制的办法，把它纳入洋务活动的轨道。当改良派的要求越出了洋务活动的范围，提倡向西方学习资产阶级社会政治学说，鼓吹“民权”“平等”，主张实行君主立宪制度，洋务派对维新运动就竭力反对和进行破坏。多年的洋务派首领李鸿章，在甲午战争以后，实力和政治影响都陡然下降了。这一派人对待维新运动的态度，在实力明显上升了的张之洞身上表现得最为明显。

张之洞历任两广、湖广总督，1894年署理两江总督，1896年回湖广总督本任。他掌握着相当一部分近代军事工业和民用工业，是最有实力的地方大吏之一。维新运动兴起，北京强学会成立，张之洞立即捐款，并列名加入。上海《时务报》、不缠足会、农学会以及湖南《湘学报》开办，张之洞又以出资赞助、列名参加等各种方式加以支持。他附和振兴实业，开办学堂等创议。张之洞竭力拉拢改良派人士。1895年康有为到南京，张之洞隆重接待，“隔日张宴，申旦高谈”①，甚至表示要与康有为结党为伍。张之洞还一再请梁启超到湖北，他在1896年8月写给梁启超的一封亲笔信中说：“甚盼卓老中秋前后来鄂一游，有要事奉商。”②张之洞这时已年近六十，而梁启超还只有二十几岁，居然称之谓“卓老”，阿谀之情，溢于言表。后来梁启超到武昌拜访他，张之洞竟然想用迎接钦差大员的礼节，鸣炮并开中门及暖阁相迎，以示破格接待。张之洞的这些举动，使改良派迷惑了，以为他真心赞助维新运动。有的人称张之洞为“今世之大贤”，希望利用他的权势和地位，进一步推动维新运动的发展。改良派对洋务派划不清界线，洋务派对改良派却有非常明显的

① 康有为：《与张之洞书》，《戊戌变法》第2册，第522页。

② 张之洞：《致汪康年、梁启超书》，转引自汤志钧《论时务报的汪梁之争》，《历史学》1979年第2期。

界限。张之洞在同意康有为在上海成立强学会时，提出要康有为放弃孔子改制学说。“频劝勿言此学，必供养”[①]。这实际上是收买康有为，要他放弃资产阶级改良主义的立场。康有为断然拒绝，张之洞对上海强学会分会便处处掣肘，最后终于下令解散。张之洞对上海《时务报》也力图加以控制，他经常通过他的亲信梁鼎芬等人向《时务报》经理汪康年、主笔梁启超等施加压力。梁鼎芬曾写信给汪康年，要他恪守君为臣纲的教条，不要倡言民权，“常存君国之念，勿惑于邪说，勿误于迷途”[②]。汪康年渐渐向张之洞靠拢，对改良派在《时务报》发表文章，常常加以阻抑；梁启超愤而辞去主笔职务，《时务报》完全成为张之洞的喉舌。后来梁启超回忆当时《时务报》的情形说：张之洞“以报中多言民权，干涉甚烈”，他同张之洞之间“殆如雇用者与资本家之关系”。[③]湖南维新运动兴起，张之洞起初表面上加以支持，《湘学报》出版，他下令所属各级官府订阅。后来，又说：《湘学报》“谬论甚多”，不准再往湖北发行。张之洞还打电报给湖南巡抚陈宝箴等，指责新出《湘报》的文章，“其偏尤甚”，倘若任其“远近煽播，必致匪人邪士，倡为乱阶”，要他们“留心救正”。[④]

1898 年 4 月，张之洞发表《劝学篇》一书，公开攻击资产阶级改良派的变法思想，彻底暴露他反对维新运动的真面目。《劝学篇》全书共二十四章，分内、外两篇。张之洞在序言中说：“内篇务本，以正人心；外篇务通，以开风气。”所谓“本”，是指封建专制统治以及维护这个统治的封建纲常名教，这些是万世不变的。所谓“通”，是指西方的科学技术、器械制造以及某些并不触动专制制度的经济、军事、文化等方面的措施，这些是可以随时学习、变通的。《劝学篇》的主要内容有以下三点：第一，宣扬清朝统治的“德泽深厚”，列举什么“薄赋”“宽民”“救灾”“惠工”“恤商”“重士”等十几项所谓“仁政”，胡说“自汉唐以来，国家爱民之厚，未有过于我圣清者”。[⑤]他显然感到清政府的统治危机十分深重，不极力涂抹粉饰，已经维持不下去了。

---

①《康南海自编年谱》，《戊戌变法》第 4 册，第 135 页。

②汪诒年：《汪穰卿先生传记》第 2 卷，第 17 页。又《梁鼎芬致汪康年函》，《汪穰卿师友手札》。

③《莅报界欢迎会演说词》，《戊戌变法》第 4 册，第 254 页。

④《致长沙陈抚台黄臬台电》，《张文襄公全集》电稿，第 34 卷，第 20 页。

⑤《劝学篇 · 教忠第二》。

第二，维护封建纲常伦理，反对民权、平等学说。《劝学篇》中有《明纲》一章，专门鼓吹“三纲为中国神圣相传之至教，礼政之原本，人禽之大防”[①]。另有《正权》一章，内容是所谓“辨上下，定民志，斥民权之乱政”[②]，污蔑改良派“倡为民权之义，以求合群而自振”，是“召乱之言”[③]。坚决反对改良派要求实行君主立宪政治。第三，楬橥“旧学为体，新学为用”的口号，竭力维护孔学在思想界的统治地位。《循序》中说：“今欲强中国，存中学，则不得不讲西学，然不先以中学固其根柢，端其识趣，则强者为乱首，弱者为人奴，其祸更烈于不通西学者矣。”[④]又说：“今日学者，必先通经，以明我中国先圣先师立教之旨……然后择西学之可以补吾阙者用之。”[⑤]可见所谓“旧学为体，新学为用”，实际是说旧学、中学是根本，新学、西学只不过是在不损害旧学、中学的体系的前提下，用来作某些补充而已，而孔孟圣道是永远不允许动摇的。1898年7月，《劝学篇》由张之洞的门生翰林院侍讲黄绍箕送呈给载湉。光绪帝阅后大为赞赏，下谕说：《劝学篇》“持论平正通达，于学术人心，大有裨益，着将所备副本四十部，由军机处颁发各省督抚学政各一部，俾得广为刊布，实力劝导，以重名教而杜卮言”[⑥]。《劝学篇》由于得到载湉的赞赏，“挟朝廷之力以行之，不胫而遍于海内”，成了一部最有影响的反对维新变法思想的反动作品。

甲午战争宣告了洋务运动的破产，但是它的政治、思想影响继续存在。改良派要变法，就必须在政治上思想上批判洋务派的观点，同时回答顽固派。双方通过奏折、报刊以及在学堂、书院的讲台上，阐述各自的观点，进行论战。改良派以洋务派为主要对手，针锋相对展开辩驳，并阐明了自己的改良主义变法主张。

第一，要不要变法，要不要改变封建专制制度的问题。

顽固派和洋务派根据“天不变、道亦不变”的根本观点，反对改良派的维新变法，反对改变封建专制制度。顽固派根本反对变法，他们的理由不外

① 《劝学篇·序》。

② 同上。

③ 《劝学篇·正权第六》。

④ 《劝学篇·循序第七》。

⑤ 同上。

⑥ 《戊戌变法》第2册，第43页。

乎两条。一条是所谓治国之道，在人而不在法。中国的首要任务是“正人心”，而不是“变成法”。另一条是“祖宗之法不能变”①。他们说：“一代之法，莫不与一代相终始。凡开国之初，其祖宗定祸乱而致太平者，率非后嗣之所能及。……凡子孙欲革先人之法，则其祸乱必尤甚于未革之世。”②顽固派甚至认为：祖宗之法，到后世虽然产生流弊，也不应该轻易改变。不改祖宗之制，“则虽危而犹可不至于亡”，如果大改祖宗之法，“则其颠覆可立待”。③有人大骂改良派“专变成法，则是列圣贻谋之良法美政，俱不足守矣，辩言乱政，莫此为甚”④。洋务派表面上不反对变法，但坚决反对改变封建君主专制制度。张之洞在《劝学篇》中一面侈谈变法，提出了派人出洋游学，设学校，译西书，办报馆，奖励农工商业，开矿藏，修铁路等主张。一面却说：“不可变者，伦纪也，非法制也；圣道也，非器械也；心术也，非工艺也。”“法者，所以适变也，不必尽同；道者，所以立本也，不可不一。……所谓道、本者，三纲四维是也。若并此弃之，法未行而大乱作矣。”⑤洋务派的理论是：一些具体的典章制度，可以因时而异，有所变革；而君主专制制度则是圣人治国之道，永远不应改变，如果改变这种制度，一定会祸乱国家。

改良派根据进化论，提出“变者，天下之公理”⑥的观点，同“天不变，道亦不变”的观点相对立。康有为说：“新则壮，旧则老；新则鲜，旧则腐；新则活，旧则板；新则通，旧则滞，物之理也。法既积久，弊必丛生，故无百年不变之法。”⑦他还宣称人类社会是按照今文经学的三世学说，即“据乱世”“升平世”“太平世”的进化规律发展变化的，因之，国家的法制必须随着时代的变革而变革，变法是不可以避免的。梁启超认为天地间一切事物都在随时变化，如果一旦停止变化，“则天地人类并时而息”⑧。谭嗣同也论证了新事物必然代替旧事物的道理。他说：天地万物都在不断更新，“昨日之

---

①《康有为自编年谱》引荣禄语，《戊戌变法》第4册，第140页。
②曾廉：《忠敬文论》，《蠡庵集》第7卷（下）。
③曾廉：《齐鲁执政疾迟论》，同上书。
④孔灏：《驳保国会章程》，《觉迷要录》第4卷。
⑤《劝学篇·变法第七》。
⑥梁启超：《变法通议自序》，《戊戌变法》第3册，第11页。
⑦《应诏统筹全局折》，《戊戌变法》第2册，第198页。
⑧《变法通议自序》，《戊戌变法》第3册，第11页。

新，至今日而已旧；今日之新，至明日而又已旧。所谓新理新事，必更有新于此者”①。谭嗣同从而痛斥顽固派反对变法，是“挟其蒙敝惰怯之私”，“不恤亡学亡政亡教”，而“终成为极旧极敝一残朽不灵之废物而已矣”。②谭嗣同还驳斥了顽固派所谓治国之道在人不在法，变法必先正人心的谬论。他说：“西国之治平，岂皆人心正于中国乎？……亦彼之法良意美，我无法而已。”③国家的强弱，不决定于人心正或不正，而决定于有没有良好的政治制度。况且要正天下之人心，又岂能徒托空言，没有良好的法制，人心又从何处正起，所以正人心亦寓于变法之中。

改良派以清朝改变前朝法制和清朝又屡次改变自己的法制等具体事实，驳斥了顽固派的“祖宗之法不能变”的说法。康有为认为：由于外国的侵略，使中国遇到了“数千年来未有之变局”，顽固派死守所谓祖宗之法，“引旧法以治近世，是执旧方以医变症，药既不对，病必加危”。④他进一步指出：作为国家政治制度的法，是用以保护国家疆土的，现在祖宗创立的法已经不能保护祖宗开辟的疆土，而且将使国家走向灭亡。空守祖法毫无意义，为守祖法而舍弃疆土更是轻重倒置。

改良派批判了洋务派只主张改变一些枝节问题的做法。康有为说：清朝的统治已经是粪墙、朽木、千疮百孔，必须以开创的精神进行全面变革，才有出路。洋务派徒事弥补，是“根本不净，百事皆非”⑤。洋务派的所谓变法，实际只是“变事而已，非变法也”⑥。梁启超斥责洋务派侈谈自强变法几十年，“而利未一见，弊已百出”，是“百举而无一效”。⑦改良派在面临亡国大祸的危急形势下，大声疾呼：能变则全，不变则亡，全变则强，小变仍亡⑧，彻底揭露了洋务派只变枝节，不变根本的主张给国家、民族带来严重的危害。

---

①《湘报后叙上》，《谭嗣同全集》，第137页。

②《仁学》卷上，同上书，第35页。

③《思纬壹壸台短书·报贝元徵》，同上书，第403页。

④《上清帝第四书》，《戊戌变法》第2册，第175、177页。

⑤同上，第178页。

⑥《敬谢天恩统筹全局折》，《戊戌变法》第3册，第216页。

⑦《论变法不知本原之害》，同上书，第21、20页。

⑧康有为：《应诏统筹全局折》，《戊戌变法》第2册，第197页。

改良派用进化论的观点驳斥了洋务派、顽固派反对变法、反对改变封建君主专制制度的观点，具有进步的意义。但是，改良派只要求逐渐进化，反对革命突变。这种态度在康有为的《进呈法国革命记序》中表现的最为明显、集中。他在这篇文章中竭力渲染革命的残酷性说，“臣读各国史，至法国革命之际，君民争祸之剧，未尝不掩卷而流涕也。流血遍全国，巴黎百日而伏尸百二十九万，变革三次，君主再复，而绵祸八十年，十万之贵族、百万之富家、千万之中人，暴骨如莽，奔走流离，散逃异国，城市为墟。而革变频仍，迄无安息，旋入洄渊，不知所极”。“普大地杀戮变乱之惨，未有若近世革命之祸酷者矣！”[①] 改良派一面反对洋务派不变政体，只变皮毛，一面又反对用革命手段推倒半殖民地半封建统治秩序，而只要求自上而下，逐渐改革这种秩序。不变革不行，革命突变更不行，这就是改良派的变法立场。

第二，要不要兴民权、设议院、实行君主立宪的问题。

洋务派和顽固派对这个问题的看法是完全一致的，他们从维护封建纲常伦理的观点出发，反对兴民权、设议院、实行君主立宪制度。顽固派说：兴民权是使“民有权，上无权矣”，“只速乱耳”。“中国幸不设议院耳，设议院而废君，大逆不道之事更多矣”。[②] 他们的结论是：“民主万不可设，民权万不可重，议院万不可变通。”[③] 洋务派的论点同顽固派没有什么区别。洋务派首领张之洞说：三纲五常“相传数千年，更无异义，圣人所以为圣人，中国所以为中国，实在于此。故知君臣之纲，则民权之说不可行也”[④]。又说：“民权之说，无一益而有百害”，“使民权之说一倡，愚民必喜，乱民必作，纪纲不行，大乱四起”。[⑤] 他为了反对设议院，极力替封建专制制度辩护，说什么“凡遇有大政事，诏旨交廷臣会议，外吏令绅局公议，中国旧章所有也。即或咨询所不及，一省有大事，绅民得以公呈达于院司道府，甚至联名公呈于都察院。……建议在下，裁择在上，庶乎收群策之益，而无沸羹之弊，何必袭议院之名哉！”[⑥] 顽固派和洋务派都认为兴民权、设议院、实行君主立宪制度，

---

①《戊戌变法》第 3 册，第 7—8 页。

②《翼教丛编》第 5 卷，第 7 页。

③ 王仁俊：《实学平议》，《翼教丛编》第 3 卷，第 14 页。

④《劝学篇 · 明纲第三》。

⑤ 同上。

⑥《劝学篇 · 正权第六》。

使民有权而君无权，不合君为臣纲的纲常伦理，是离经叛道，也就是违反封建统治阶级和洋务派大官僚的权利，是绝对不可行的。

改良派对洋务派和顽固派进行了坚决的驳斥。谭嗣同揭露封建纲常伦理的反动实质，说“独夫民贼，固甚乐三纲之名，一切刑律制度皆依此为率，取便己故也”[①]。严复从人民是国家的主人这一论点出发，严厉抨击封建君主专制制度。他说：秦以来的为君，正是一群窃国大盗！“国谁窃？转相窃之于民而已。既已窃之矣，又惴惴然恐其主之或觉而复之也，于是法与令猬毛而起。质而论之，其什九皆所以坏民之才、散民之力、漓民之德者也。斯民也，固斯天下之真主也，必弱而愚之，使其常不觉，常不足以有为，而后吾可以长保所窃而永世”[②]。梁启超进一步发挥康有为关于人类社会进化分为三个阶段的理论，提出了所谓“三世六别”说，他认为从人类社会的政治制度的演变来看，可以分为三个时期、六个阶段。“据乱世”是“多君为政之世”，其间又分为“酋长之世”和“封建及世卿之世”；“升平世”是“一君为政之世”，其间又分为“君主之世”和“君民共主之世”；“太平世”是“民为政之世”，其间又分为“有总统之世”和“无总统之世”。“三世六别”依次衔接，人力既不能阻止它的更替，也不能使它躐等。[③]梁启超说，当今中国正处在由“君主之世”向“君民共主之世”演进的时代，改变君主专制制度，实行君主立宪制度，是历史的必然，谁也无法抗拒。

改良派还从挽救国家危亡这一最大的现实要求出发，论证了兴民权、设议院、实行君主立宪的必要性和紧迫性。改良派认为造成中国贫弱、西方资本主义国家富强的原因虽然很多，但最主要的是中西政治制度的不同。西方各国兴民权、设议院，人人有自由之权，国家大事取决于人民的公论，所以能日益富强。中国实行君主专制，视人民如草芥、如奴隶，自然只能越来越贫弱。梁启超说：“泰西各国何以强？曰议院哉，议院哉！”[④]中国为什么贫弱？“虽千因万缘，皆可归狱于君主”[⑤]。“君权日益尊，民权日益衰，为中

---

①《仁学》卷下，《谭嗣同全集》，第66页。关于谭嗣同批判封建纲常伦理的论述，详见上节，此处不赘述。

②《辟韩》，《戊戌变法》第3册，第81页。

③《论君政民政相嬗之理》，同上书，第26页。

④《古议院考》，《饮冰室合集》文集之一。

⑤《与严幼陵书》，同上书。

国致弱之根原”[1]。因此，改良派坚信要救亡图存，唯一的办法是立即兴民权、设议院、实行君主立宪。他们指出洋务派和顽固派说兴民权会招致天下大乱、国家败亡，这完全是一片胡言。其实正好相反，“能兴民权者，断无可亡之理[2]；只有设议院、实行君主立宪，才能使君民间关系融洽，国家疑难容易解决，言路不至壅塞。由此也就可以“合四万万人之心以为心”[3]，达到联一气而御外仇的目的。

改良派主张兴民权，改变封建君主专制制度，是符合历史发展趋势的。但改良派对民权的要求有很大局限性。他们认为：“欲兴民权，宜先兴绅权。”[4]这表明改良派只要求封建统治者向民族资产阶级上层开放政权，并不想在中国建立以资产阶级为主体的国家制度。改良派对于实行君主立宪制度是所谓离经叛道、“用夷变夏”等指责，采取了为自己辩护的态度。他们中间的多数人在论战中不敢直接攻击维护封建纲常伦理的儒家学说，而是附会古代经籍，说兴民权、设议院都是符合孔子之道的。康有为说：民主之大公，尤为孔子所愿望，把孔子打扮成一个民主政治的拥护者。梁启超对《孟子》一类儒家经典，进行穿凿附会，力图证明中国古代的圣君贤王，早已设置类似西方国家的议院等机构来治理国家。他还认为汉代的“议郎”已具有资本主义国家中议员的性质。改良派的这些说法，无非是要证明他们并不是封建纲常伦理的真正离经叛道者。

第三，要不要废除八股取士的科举制度，要不要提倡新学、提倡西学的问题。

顽固派坚持八股取士的科举制度，维护旧学、中学，排斥新学、西学。他们认为以制义（即八股文）取士，是得天下人才的最好办法。“读书、作人、为文止是一道，必其人博通而正大，笃实而宏远，而后其文字自有儒者气象”。现在科举制度不能出人才，不是八股文的弊病，而是因为读书人有“利禄之心”，揣摩陋术，想侥幸得功名。改革的办法绝不是废除八股取士的科举制度，而是“必自正制义始，制义正而后心术端，心术端而后人才兴”[5]。顽固派对

---

①《西学书目表后序》，《饮冰室合集》文集之一。

②《翼教丛编》第5卷，第8页。

③ 康有为：《上清帝第二书》，《戊戌变法》第2册，第153页。

④ 梁启超：《上陈宝箴书论湖南应办之事》，同上书，第553页。

⑤ 曾廉：《与诸生徒论制义》，《瓠庵集》第18卷，第6—9页。

新学、西学，视作洪水猛兽，他们说：提倡新学、西学，是“举中国尧舜周孔亘古相传之道术，一旦弁髦弃之”，流弊所及，不堪设想。[①] 洋务派把学习新学、西学局限在科学技术、船炮器械方面，至多包括某些不触动封建专制制度的具体政策措施；他们反对向西方学习资产阶级的社会政治学说。所谓“中学为体，西学为用”“旧学为体，新学为用”都是这个意思。

改良派反对八股取士的科举制度，认为这是一种愚民政策，只能使人虚掷光阴，闭塞聪明，不可能培养出有用的人才。严复批评八股取士有锢闭智慧、败坏心术和助长游手好闲等三大害，而其中任何一害都足以灭亡中国。挽救之道只能是“痛除八股，而大讲西学”。[②] 他还写了一篇《道学外传》，把八股士人的丑恶形象，刻画得淋漓尽致。徐勤揭露封建教育制度由于实行八股取士所造成的腐败状况。他说：“有乡里子弟，读书十年……而不能作一书札”，“有一代名臣，而不知范仲淹为何人，曾入翰林，而问司马迁为何科前辈”。他痛斥八股取士的科举制度是封建统治者用来使天下读书人“不通物理，不通掌故，不通古今，不通时务”的“愚民之术”，指出“覆中国，亡中国，必自科举愚民不学始也”。[③] 改良派特别重视废除八股取士制度，把它列为维新变法的重要内容之一。他们主张废除八股，改试策论，兼采西学，讲求时务。有的人还进一步要求逐渐用学校来代替科举制度，各级学校毕业的学生，分别授予生员、举人、进士等出身。

改良派积极提倡新学、西学，对旧学、中学作了一些批判。谭嗣同认为秦朝以后的中国旧学，几乎全是为维护封建专制君统服务的，都应该加以摈弃。他说：“三代下无可读之书。”[④] 严复详细剖析了中学和西学的区别，指出中学不联系当前的实际问题，往往以古人之是非为是非，不论宋学、汉学以及词章之学，统统都是“无用”“无实”，“其为祸也，始于学术，终于国家”。因此，都应当把它们束之高阁。[⑤] 西学同中学相反，以实际事物为研究对象，不盲目信奉前人，而是“贵自得而贱因人，喜善疑而慎信古”，西学既有裨于

---

① 屠仁守：《奏陈变通书院章程疏（代山西巡抚胡聘之拟）》，《屠光禄奏疏》第4卷，第25页。

②《救亡决论》，《戊戌变法》第3册，第60—70页。

③《中国除害议》，同上书，第120—131页。

④《仁学》卷下，《谭嗣同全集》，第56页。

⑤《救亡决论》，《戊戌变法》第3册，第64—65页。

实用，又能不断创新进步。西方各国的所以富强，是由于有“学问之士倡其新理，事功之士窃以为术，而大有功焉”①。顽固派拒绝西学，就是不让中国掌握这个可以立致富强的思想武器，让帝国主义列强永远宰治中国。这如同“见仇人操刀，遂戒家人勿持寸铁；见仇家积粟，遂禁子弟不复力田”，实在是愚蠢已极！②

洋务派的“旧学为体，新学为用”，“中学为体，西学为用”谬说，遭到了改良派有力的驳斥。严复以北洋海军终于一败涂地为例，斥责洋务派所标榜的“中学为体，西学为用”实际是仅仅袭取西方资本主义的毛发，是“盗西法之虚声，而沿中土之实弊”③。梁启超反驳“中学为体，西学为用”的主张说，如果依了洋务派意见，那末向西方学习的结果，必然是“仅袭皮毛……忽其政本之大法”④，仍无助于挽救国家民族的危亡。他们指出西学范围宽广，部门很多，学习必须分清主次，才不致舍本逐末。严复认为洋务派所注意的汽机兵械、天算格致等科学技术，都只是西学“形下之粗迹……而非命脉之所在”⑤，只有“群学”，即西方资产阶级的社会政治学说，才是西学的“要归”所在。掌握了“群学”，就能总结出一国盛衰强弱的原因，从而把国家治理好。梁启超把西学分为政学（研究“古今中外治天下之道”）和艺学（指自然科学和技术），主张学习西学必须采取“以政学为主义，以艺学为附庸”的方针。⑥他主张效法日本，开设政治学院，讲授西方资产阶级社会政治学说，培养变法人才，说日本变法，“数年之间，人才大成”⑦，就是得力于设立这样的学院。

改良派提倡新学、西学，反对旧学、中学，在当时封建主义思想还占统治地位的中国，使人们振聋发聩，起着资产阶级启蒙作用。但是，改良派从西方学来的进化论、天赋人权论等资产阶级社会政治学说，在世界已经进入帝国主义时代，它们本身已经腐朽、没落了。改良派在传播生物进化论时，宣

①《原强》，《戊戌变法》第3册，第56页。
②《救亡决论》，同上书，第70页。
③《戊戌变法》第3册，第68页。
④《上南皮张尚书书》，《饮冰室合集》文集之一。
⑤《论世变之亟》，《戊戌变法》第3册，第72页。
⑥《与林迪臣太守书》，《饮冰室合集》文集之三。
⑦《复刘古愚山长书》，同上书。

扬了庸俗进化论；在解释社会现象时，更陷入了社会达尔文主义。改良派在介绍天赋人权论时，只是把它作为一种论证必须实行君主立宪的理论，并没有得出建立资产阶级共和国的结论。改良派对旧学、中学的批判也很不彻底。他们中间的大多数人，只批判儒学中的程朱学派，不但不批判、甚至吹捧陆王学派；只批判古文经学，不但不批判、甚至信奉今文经学。这一切，都使改良派在同洋务派、同封建主义思想的斗争中，拖着很长的封建主义尾巴，显得软弱无力。

资产阶级改良派同洋务派、顽固派在上面三个问题上展开了激烈的论战，其中心环节，是要不要改变地主阶级与买办资产阶级的联合专政，实现君主立宪政体，让资产阶级上层的政治代表也参加到政权里面去。

改良派在论战中反复说明了要救国，只有维新；要维新，只有仿行资本主义的政治制度。他们批判封建专制制度，提出君主立宪的要求，初步介绍了西方进化论和资产阶级民主思想。民权、进化的理论逐渐在中国传播开来，不少知识分子开始摆脱封建思想的某些束缚。在清朝专制政府统治下，人民不敢议论朝政，公开批评清政府。现在有不少人鼓吹维新变法，在报刊上和学会上、学堂里公开讨论和宣传民权、进化等学说，这是近代中国第一个思想解放的潮流。

第四节　百日维新与那拉氏的反动政变

1897 年 11 月，德国出兵强占胶州湾。接着，俄国派舰队占领旅顺、大连，帝国主义列强卷起夺取中国沿海港口和划分势力范围的狂潮。形势危急，瓜分大祸就在眼前，改良派抓住这个时机，把救亡图存的维新运动推向一个新的阶段。

这一年 12 月，康有为从上海到北京，立即向皇帝上书。他说：列强以德国强占胶州湾为嚆矢，瓜分豆剖，阴谋已经暴露。朝廷如果还不立即革旧图新，则国亡无日，“恐皇上与诸臣求为长安布衣而不可得矣！”关于变法本身，康有为提出了上、中、下三策。上策是“采法俄、日以定国是，愿皇上以俄国大彼得之心为心法，以日本明治之政为政法”，即全面实行变法。中策是精选有才能的官员，逐日召见。虚心听取他们关于变法的意见，谋议既定，次第施行。下策是朝廷通令各省督抚，根据各省的不同情况，实行变法，“目前不妨略异，三年要可大同”。康有为说：三策中间，能行上策，可以自强；能行中策，也可以保持一个弱国的地位；仅行下策，或者不至于全部沦亡。① 这是康有为上清帝第五书。工部尚书淞桂看到书中有“欲为偏安，无能为计”等句，大怒，不肯代递。康有为的上书虽未能及时送到载湉面前，却广为流传，又在报刊上公开发表，产生了很大的影响。给事中高燮曾上奏折请载湉召见康有为，翁同龢也加以推荐。奕䜣反对，说本朝成例，非四品以上官不能召见。今康有为乃是小臣，“皇上若欲有所询问，命大臣传语可也”②。光绪帝不敢打破“成例”，只得命大臣传见康有为，询问变法大计。

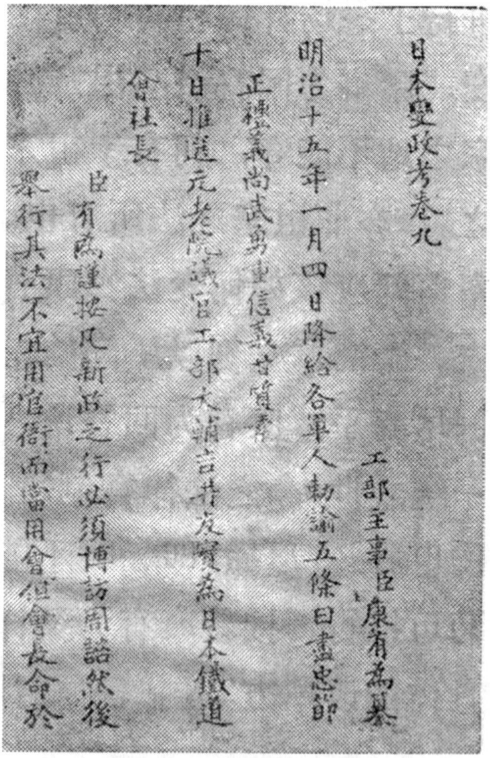
日本變政考卷九
工部主事臣康有爲纂
明治十五年一月四日降給各軍人勅諭五條曰盡忠節正禮義尚武勇重信義守質素
十日推選元老院議官工部大輔吉井友實爲日本鐵道會社長
臣有爲謹按凡新政之行必須博訪周諮然後舉行其法不宜用官衙而當用會社會長命於

插图 47：《日本变政考》一页

（采自故宫档案《日本变政考》戊戌进呈原本）

1898 年 1 月 24 日，李鸿章、翁同龢、荣禄以及刑部尚书廖寿恒、户部侍郎张荫桓等在总理衙门约见康有为。康有为同反对维新变法运动的李鸿章、荣禄等人进行了一场针锋相对的辩论。荣禄说：“祖宗之法不能变。”康有为回答说：“祖宗之法，以治祖宗之地也。今祖宗之地不能守，何有于祖宗之法乎？即如此地为外交之署，亦非祖宗之法所有也。因时制宜，诚非得已。”廖寿恒问应该如何变法？康有为说：“宜变法律，官制为先。”李鸿章立刻以质问的口气说：“然则六部尽撤，则例尽弃乎？”康有为回答说：“今为列国并立之时，非复一统之世，今之法

① 以上引文均见《上清帝第五书》，《戊戌变法》第 2 册，第 188—197 页。

② 梁启超：《戊戌政变记》第 1 卷，《戊戌变法》第 1 册，第 250 页。

律官制，皆一统之法，弱亡中国，皆此物也，诚宜尽撤，即一时不能尽去，亦当斟酌改定，新政乃可推行。”接着康有为又详细申述了他所设想的许多具体的改革方案，并且说：日本维新，仿效西法，法制甚备，与中国相近，最易仿摹，近来他编辑有《日本变政考》及《俄大彼得变政记》，可以采鉴。[①] 载湉得知会谈情况以后，下令要康有为条陈所见。并进呈《日本变政考》和《俄大彼得变政记》等书。

1月28日，康有为向总理衙门呈递上清帝第六书，也就是《应诏统筹全局折》。他在这个奏折中介绍日本明治维新的经验以后，向载湉提出实现全面变法的三条根本办法。第一条，“大誓群臣以革旧维新”。皇帝到太庙或御

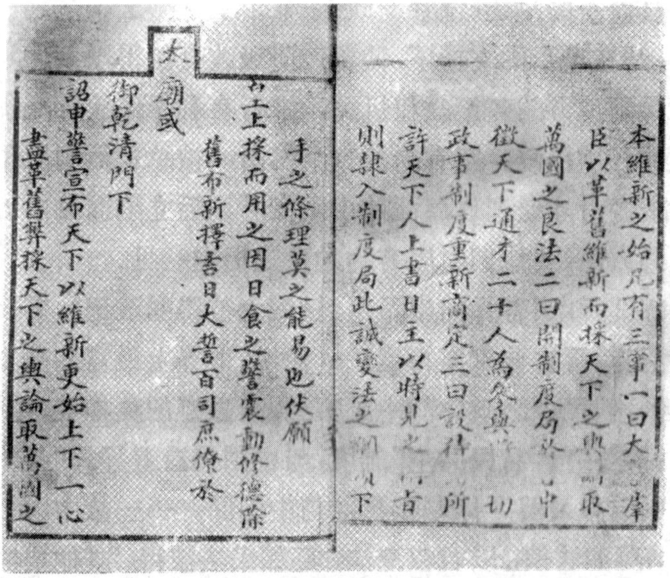
本維新之始凡有三事一曰大誓羣
臣以革舊維新而採天下之輿論取
萬國之良法二曰開制度局於宮中
徵天下通才二十人為參與將一切
政事制度重新商定三曰設待詔所
許天下人上書日主以時見之稱旨
則隸入制度局此誠變法之綱領下
手之條理莫之能易也伏願
皇上採而用之因日食之警震動修德除
舊布新擇吉日大誓百司庶僚於
太廟或
御乾清門下
詔申警宣布天下以維新更始上下一心
盡革舊弊採天下之輿論取萬國之

插图48：《应诏统筹全局折》一页

（采自故宫档案《杰士上书汇录》）

乾清门，正式宣布实行变法，以定国是。第二条，“开制度局于宫中，将一切政事重新商定”。依照南书房、会典馆之例，设立制度局，挑选天下通才为修撰，派王大臣充总裁，每日讨论，将旧制新政斟酌施行。第三条，在午门设立“待诏所”，派御史为监收，许天下人上书，皆与传达，或与召见。新政的

① 以上引文均见《康南海自编年谱》，《戊戌变法》第4册，第140页。

施行，在中央成立十二局分别负责，十二局的名称是：法律局、税计局、学校局、农商局、工务局、矿政局、铁路局、邮政局、造币局、游历局、社会局和武备局。地方每道设一新政局，每县设一民政局，统筹新政。① 这个三项办法集中到一点，是在皇帝的支持下，使资产阶级改良派得以参与从中央到地方的各级政权机关，推行有利于民族资产阶级的各项新政。康有为的这个奏折，被总理衙门压了一个多月才送到载湉面前，载湉看到后立刻面谕总理衙门大臣，要他们对康有为的建议提出意见。

2 月，康有为向皇帝呈进《俄大彼得变政记》，并附一奏折，再次要求实行变法。他说，世界上最富的莫如美国，但民主之政体与中国不同；最强盛的莫如英、德，但都是实行"君民共主"制度，与中国仍有差异。"惟俄国其君权最尊，体制崇严，与中国同。……故中国变法，莫如法俄；以君权变法，莫如采法彼得"②。他要光绪帝不要与臣下隔绝，以致受人蒙蔽欺罔；而要与臣民相亲，多倾听他们的呼声。康有为的用意仍在要载湉起用改良派，争取皇帝，实行"以君权变法"。

载湉看到康有为的这些奏折，很受感动，指着第五书中"求为长安布衣而不可得"等语，对军机大臣们说："不是忠肝义胆、不顾生死的人，怎敢如此直言不讳。"③ 他对康有为的变法主张，越来越加以重视。维新运动开始与光绪帝结合起来。

在康有为连续上书的同时，改良派和各省在京与他们通声气的人士纷纷组织学会，号召推行新政，保卫本省的疆土。1898 年 1 月，康有为等旅京广东籍同乡发起成立粤学会。接着，林旭等发起开闽学会，杨锐等发起开蜀学会，宋伯鲁、杨深秀等发起开关学会（包括陕西、山西两省旅京同乡）。这一年适逢会试，各省应试举人云集北京。4 月，康有为和御史李盛铎等联名发起，在上述各学会的基础上，扩大成立"保国会"。参加成立大会的有京官和应试举人等二百多人，康有为在会上发表了慷慨激昂的演说，说："今日人人有亡天下之责，人人有救天下之权。"④ 号召人们为实现维新变法而奋斗，以拯救中国免遭列强瓜分的惨祸。《保国会章程》载明成立的缘起是："本会以

① 故宫档案《杰士上书汇录》上卷。

②《上清帝第七书》，《戊戌变法》第 2 册，第 203 页。

③ 梁启超：《戊戌政变记》第 1 卷，《戊戌变法》第 1 册，第 250 页。

④《三月二十七日保国会上演讲会辞》，《戊戌变法》第 4 册，第 410 页。

国地日割，国权日削，国民日困，思维持振救之，故开斯会以冀保全，名为保国会”。《章程》提出“保国、保种、保教”三项宗旨，号召会员激励愤发，讲求变法，探讨内政外交事宜，向各级官府提出建议。《章程》规定在北京、上海两地设立总会，各省各府各县都设分会。保国会实际上是一个维新派的外围团体。不久，保浙会、保川会、保滇会等又相继成立。

洋务派和顽固派阻挡不住改良派同光绪帝接近，对于公开出现的要求维新变法的政治团体，非把它镇压下去不可。他们群起攻击保国会。吏部主事洪嘉与指使善于钻营的无聊文人孙灏写了一篇题为《驳保国会》的文章，说康有为“厚聚党徒，妄冀非分”，“目无君上”，想做“民主教皇”，[①]并印成小册子广为散发。关于保国会的许多流言蜚语，在京师达官贵人和士大夫中传播扩散。荣禄公开对人说：“康有为立保国会，现在许多大臣未死，即使亡国也不劳他保。僭越妄为，非杀头不可。你们如有相识的人入会，叫他们小心自己的脑袋。”[②]御史潘庆澜上折弹劾康有为“聚众不道”[③]。御史黄桂鋆又弹劾保滇会、保浙会、保国会。军机大臣刚毅准备对参加保国会的人进行查究，载湉不许，说“会能保国，岂不大善，何必查究”[④]，事情才罢休。保国会在顽固派的围攻和恫吓下，不少会员害怕了，要求退出。发起人之一的李盛铎看风使舵，连奏三本攻击保国会。托报馆登载全部会员名单，抽出自己的名字不登，求得顽固派的信任。保国会开会，到会的人数一次比一次少，会务无形中处于停顿状态。此后，改良派再也没有组织什么群众性的政治团体，而把自己的注意力集中于争取皇帝。

百日维新

1898年6月11日，载湉颁布明定国是上谕，表示变法决心。上谕说：“数年以来，中外臣工讲求时务，多主变法自强。……惟是风气尚未大开，论说莫衷一是，或托于老成忧国，以为旧章必应墨守，新法必当摈除，众喙哓哓，空言无补。……朕惟国是不定，则号令不行，极其流弊，必至门户纷争，

---

① 孙灏：《驳保国会》，《觉迷要录》第4卷，第4页。

② 苏继祖：《清廷戊戌朝变记》，《戊戌变法》第1册，第350页。

③ 康有为：《康南海自编年谱》，《戊戌变法》第4册，第143页。

④ 梁启超：《记保国会事》，同上书，第417页。

互相水火，徒蹈宋、明积习，于时政毫无裨益。……嗣后中外大小诸臣，自王公以及士庶，各宜努力向上，发愤为雄，以圣贤义理之学，植其根本，又须博采西学之切于时务者，实力讲求，以救空疏迂谬之弊。”①从1898年6月11日，光绪帝颁布“明定国是”上谕开始，到9月21日，那拉氏发动政变为止，总共一百零三天，历史上称为“百日维新”。

“百日维新”使自下而上的带有群众性的变法要求，变为自上而下进行改革的实际行动。改良派正式登台了。“明定国是”上谕颁布后，改良派和倾向变法维新的人士欢欣若狂。他们以为凭借皇帝的权威来实现自己变法主张的大好时机已经来到，个个准备大显身手。唐才常在湖南听到光绪帝决心变法，说：“皇上神圣天纵，远迈唐、虞。……合地球全局观之，变之自上者顺而易。变之自下者逆而难。今适得顺而易者，诚我四万万人之幸。”②他相信变法一定成功，筹钱去捐道员，准备做维新大官。

“百日维新”，在清政府内部，又是同帝党和后党，也就是宫廷内部的长期斗争纠缠在一起的。甲午中日战争以后，那拉氏、后党暂时有所收敛，但决不允许载湉、帝党势力的扩大。吏部侍郎汪鸣銮反对签订《马关条约》，割让台湾，与翁同龢来往密切，载湉几次召见，为那拉氏所疑忌。户部侍郎长麟，据说在载湉召见时曾说：“太后虽是同治帝之母，而实为咸丰帝之妾。皇上是承继咸丰帝之后，凡入嗣者无以妾母为母之礼，西太后就同治朝言之，则谓之太后，就皇上言之，则先帝之遗妾耳，本非母子，皇上宜收揽大权。”③1895年12月，那拉氏逼迫载湉下令将汪鸣銮、长麟同时革职，罪名是：“上年屡次召对，信口妄言，迹近离间。”④翁同龢任军机大臣兼毓庆宫行走，除了同其他军机大臣一起晋见皇帝外，在毓庆宫还可以同载湉独对。1896年2月，载湉奉那拉氏之命，撤去翁同龢毓庆宫行走的差使，防止发生不利于后党的密谋。帝党官员文廷式同康有为等共同发起组织强学会，那拉氏强迫载湉下令解散，文廷式也被革职，驱逐回籍。帝党官员一个个被逐退，载湉的地位更加孤立。严重的民族危机、维新运动的浪潮在清政府内部引起尖锐的反映，斗争随之更加复杂起来。那拉氏、她周围的一批大官僚反对改革，同维新运

①《戊戌变法》第2册，第17页。

②唐才常：《致欧阳中鹄书》，同上书，第579页。

③梁启超：《戊戌政变记》第2卷，《戊戌变法》第1册，第207—258页。

④《清实录（光绪朝）》第378卷，第2—3页。

动站在完全对立的地位。载湉和少数帝党官员感到在帝国主义列强企图瓜分中国的威胁下，清朝的江山社稷有难以保全的危险，主张改革现状，找一条出路。载湉有爱国心，本无实权。变法维新对他们没有损失，相反，可以拿起这面旗帜，倒是有利于向那拉氏要求权力。5月底，调和于帝、后之间，多少偏向于那拉氏，几次阻挠载湉与改良派接近的奕䜣死去。载湉抓住这个机会，向庆王奕劻表示："太后若仍不给我事权，我愿退让此位，不甘作亡国之君。"奕劻向那拉氏请示，那拉氏大怒，说："他不愿坐此位，我早已不愿他坐之。"奕劻极力劝说，那拉氏方始答允说："由他办去，俟办不出模样再说。"[①]奕劻回来复命说："太后不禁皇上办事。"于是载湉下诏变法。但是，那拉氏并没有因此罢休，在"明定国是"上谕颁布后不久，连续采取下面几项措施，对载湉和改良派加以恐吓和防范。一、突然免去翁同龢一切职务，勒令回籍。二、令新授二品以上文武大臣到那拉氏面前谢恩，控制载湉对人事的任免。三、任命荣禄署理直隶总督，统率北洋三军（董福祥的甘军、聂士成的武毅军、袁世凯的新建陆军），以及其他一些后党官员为步军统领等负责京城巡防事务的官员。那拉氏在军事上完全控制了直隶和北京城。"百日维新"期间，载湉向那拉氏争得了较多的发布诏书的权力，事实上也只有这么一点权力。

6月16日，载湉召见康有为，讨论变法事宜。康有为向载湉首先陈述中国受到列强的交迫和分割，已处于生死存亡的关头，非尽变旧法，实行维新，不能自强。他接着指出：近年来不是不讲变法，但都没有筹及全体，少变而不全变，是变事而不是变法，必定不能成功。现在需要"统筹全局而全变之"，"先开制度局而变法律"。他很自信地说：只要把各国变法的章程条理，斟酌中国的情形，加以修改补充，实力推行，则"泰西讲求三百年而治，日本施行三十年而强。吾中国国土之大，人民之众，变法三年，可以自立，此后则蒸蒸日上，富强可驾万国"[②]。载湉对康有为的这番谈话很满意，准备重用他，由于荣禄、刚毅等人的阻挠，只给康有为在总理各国事务衙门行走这个地位

---

① 苏继祖：《清廷戊戌朝变记》，《戊戌变法》第1册，第331页。

② 关于光绪帝召见康有为的经过，见《康南海自编年谱》，《戊戌变法》第4册，第145—147页。

甚低，又无实权的位置。[①]7 月 3 日，载湉又破例召见只有举人身份的梁启超，并赏他六品衔，办理译书局事务。杨锐、刘光第、林旭、谭嗣同、严复等人也先后被召见。改良派同载湉进一步接近。改良派纷纷上奏折、递条陈，把许多关于新政的建议送到载湉面前。载湉又选择其中认为可以采纳的，作为诏书、谕令颁布。

“百日维新”期间，载湉颁布的诏令共约一百多件，内容涉及经济、政治、军事、文化教育等各个方面，其中比较重要的有：一、振兴农工商业。在中央设农工商局，各省设分局，推动农业、工商业的发展。鼓励私人兴办各种工商实业。组织农会、商会等民间团体。奖励各种新发明、新创造，许其专利。二、设立铁路矿务总局，修筑铁路，开采矿藏。三、先在京师及通商口岸开办邮政局，逐步推广，并裁撤驿站。四、改革财政制度，编制国家预算，按月公布出入款项。五、准许士民上书言事，官府不得阻抑。六、裁撤詹事府、通政司、光禄寺、鸿胪寺、太仆寺、大理寺等闲散衙门，裁撤督抚同城的湖北、广东、云南三省巡抚及东河总督；删订各部院办事则例，淘汰各衙门冗员，整顿吏治。七、取消旗人由国家供养的特权，许自谋生计。八、裁减绿营，军队改用洋枪、洋操，加强训练。筹款添造兵轮战船，扩充海军实力，增加水师学堂学生名额、培养海军人才。九、允许私人兴办兵工厂，制造枪炮。十、改革科举考试制度，废除八股，改试策论，讲求实学。十一、广设新式学堂，提倡西学。在北京设京师大学堂，各地设中、小学堂及各种专科学堂。取消各地书院、淫祠，改为学堂。设译书局翻译外国书籍。十二、准许民间自己创办报馆、学会。

洋务派和顽固派用各种方式阻挠新政的推行。7 月初，载湉下达定国是诏已经二十几天，总理衙门在奉旨妥议康有为《应诏统筹全局折》的复奏中，居

---

① 一般记载都说光绪帝召见康有为后，许其专折奏事。但王照说：康有为上书“须依官司体制，由总理各国事务大臣加封代递，不如余以京堂资格宫门径递之简洁也”（《戊戌变法》第 2 册，第 574 页）。胡思敬《戊戌履霜录》卷二说：“廖寿恒新参枢务，上眷有为甚，时有宣问，密授寿恒达之，有为诸陈奏，亦缘寿恒得进。”（《戊戌变法》第 1 册，第 375 页）苏继祖《清廷戊戌朝变记》也说：光绪帝在召见康有为后，“仍引嫌不敢随时召见，凡有顾问之事，由总署代传；或有章奏条陈，亦由总署呈进，特派廖（寿恒）公专司之，朝中呼为‘廖苏拉’”（《戊戌变法》第 1 册，第 335 页）。《戊戌变法档案史料》编者在故宫档案中发现康有为的上书，“全是总理衙门代递的”。可见康有为事实上并未专折奏事。

然还说："为政之道，不在多言。墨守成轨，固无以协经权；轻改旧章，亦易以滋纷扰。"对康有为提出的建议，逐条加以批驳。[①]载湉非常不满，亲笔批示："著军机大臣会同总理各国事务衙门王大臣，切实筹议具奏，毋得空言搪塞。"[②]会议时，有的军机大臣说："开制度局是废我军机也，我宁忤旨而已，必不可开。"洋务派军机大臣王文韶更狡猾，他说："上意已定，必从康言，我全驳之。则明发上谕，我等无权矣，不如略敷衍而行之。"[③]他的意见得到大家的一致赞成。结果在给皇帝的报告中，对康有为奏折中所提出的主要建议，表面上没有一句话反驳，实际内容都抽换掉，设法敷衍搪塞过去了。有人概括当时朝廷中的情况说："凡遇新政诏下，枢臣俱模棱不奉，或言不懂，或言未办过"，推托了事。[④]在地方上，各省督抚中只有一个湖南巡抚陈宝箴支持变法。有实力的两江总督刘坤一、两广总督谭钟麟等推宕敷衍，对于新政谕令，置之不理。张之洞对那拉氏批示过的办商务局一事，极力筹划，条陈意见，其他上谕一概置若罔闻。刘坤一说："时事之变幻，议论之新奇，恍兮惚兮，是耶非耶，年老懵乱，不知其然，不暇究其所以然。朝廷行政用人，更非封疆外吏所敢越俎，而其责成各督抚者，可办办之，否则静候参处。"[⑤]谭钟麟不管谕旨怎么催问，也不予以答复。至于直隶总督荣禄，更是不把载湉放在眼里，他的奏折都直接呈递给那拉氏，根本不递给载湉。在洋务派和顽固守旧势力的破坏下，新政诏谕，大多成了一纸空文，没有实效。

9月初，载湉为了儆戒阻挠新政的守旧大臣，严惩礼部满汉尚书、侍郎等负责官员。事情的经过是：礼部主事王照上折条陈有关变法事项，礼部尚书怀塔布、许应骙等不肯代递。王照据理力争，他们不得已勉强代奏，同时弹劾王照咆哮公堂，借端要挟。载湉知道后，下令将尚书怀塔布、许应骙以下侍郎等六人全部革职。接着，光绪帝又赐给候补侍读杨锐、刑部候补主事刘光第、内阁候补中书林旭和江苏候补知府谭嗣同等四品卿衔，任命他们为军机章京，参预新政。奏章经他们阅览，上谕由他们拟稿。这是"百日维新"中载湉亲自决定的人事上的最大变动，给反动势力一个有力的打击。最后，载

①《总理各国事务奕劻等折》，《戊戌变法档案史料》，第8页。

②《戊戌变法档案史料》，第9页。

③《康有为自编年谱》，《戊戌变法》第4册，第153页。

④苏继祖：《清廷戊戌朝变记》，《戊戌变法》第1册，第336页。

⑤《复冯莘垞》（光绪二十四年六月二十三日），《刘坤一遗集》第5册，第2229页。

湉又接受改良派的建议，准备开懋勤殿，讨论各项制度。

那拉氏的反动政变

维新运动前进的过程，也就是反维新变法势力酝酿集结的过程。在这种势力中，以那拉氏为总头子的洋务派和顽固派是最有实力的部分。除此之外，还有各色各样的人。“百日维新”期间所颁布的各项新政诏令，如果认真实行起来，势必直接间接触犯大批人的切身利益。裁撤闲散衙门，淘汰冗员使不少官僚吏胥失去职位。裁汰绿营使许多军官不再能营私舞弊，侵吞空额钱粮。许士民上书等有一定民主色彩的改革，使官僚们的封建专制统治受到妨碍。中国这时应试的童生人数非常之多。据康有为说，广东南海、顺德、新会三县，每年应试童生各五六千人，四川成都、湖南长沙各数千人。全国一千五百个县，平均每县以七百人计算，全国超过一百万人。废八股、改书院为学堂，不但成千上万只会做八股文的士人失去了晋身之阶，而且使一大批塾师发生失业恐慌。准许旗人自谋生路的上谕，引起了久惯寄生生活的旗人的极端反对。甚至修理京城街道，排挖河沟这种本来有益于群众的新政诏令，也被贪官污吏、守旧势力用来动员群众反对变法。据记载，京城负责管理街道的工部街道厅；管理沟渠河道的司官，有顺天府大兴、宛平两县和步军统领衙门。前三门外面，又有都察院管理街道城防司汛等官。每年官府支出数量可观的修筑经费，又从居民商店讹诈勒索一大笔款项。但是没有一文钱用到工地上。预定的岁修经费，工部先分去一半，下面各有关的衙门再分去一半。从商民勒索来的巡查打扫等费用，则全部落到了步军统领衙门和内、外城防等官吏的手里。街道、沟河的修挖，实际无人过问。“粪土载道，秽污山积，风即扬尘，雨即泥泞，春夏之交，变成瘟疫，而居其中者，奔走往来晏如也。洋人目之为猪圈，外省比之为厕屋”。“百日维新”中，载湉下令工部和各有关衙门查勘估修，改善观瞻。大清门、正阳门外的蔬菜鸡鱼摊肆，一概移至城根摆设。“于是官吏间民皆称不便，官吏怂恿百姓，联名呈恳体恤”[①]。一般市民群众的利益与地主官僚是根本对立的。但当他们受旧习惯的影响，看不清楚自己利益所在的时候，也会去盲目地反对进步的新事物。所以反对变法维新的，除反动的地主、官僚而外，人群庞杂，表面上看上去是五花八门。

---

① 苏继祖：《清廷戊戌朝变记》，《戊戌变法》第 1 册，第 340—341 页。

改良派通过开学会，上条陈等制造变法维新的舆论，反动、保守势力则歪曲、编造种种口实制造反对变法的舆论。康有为建议设制度局，改订官制，北京就有"裁撤六部九卿，而设立鬼子衙门，用鬼子办事"的谣言。[①]后来裁撤詹事府等衙门，谣传更炽，引起许多旧官僚的惶惶不安。6月中，御史宋伯鲁、杨深秀弹劾礼部尚书许应骙守旧迂谬，阻挠新政。许应骙在覆奏中说康有为在乡里为众论所不容，这次晋京，意图侥幸得官。对于被派充总理衙门章京，心怀不满。"其建言既不可行，其居心尤不可问"，要求将康有为立行罢斥，驱逐回籍。[②]御史文悌又配合许应骙弹劾康有为立保国会是"与会匪无异"，"名为保国，势必乱国……徒欲保中国四万万人，而置我大清国于度外"。[③]后来那拉氏发动政变，所宣布的改良派重大罪状之一，就是所谓"私立保国会，言保中国不保大清"[④]。7月上旬，谕旨废天下淫祠，改为学堂，反动分子造谣说，皇帝已经信奉天主教，并在宫中设立了礼拜堂。"朝野议论，无不谈康有为，内言传于外，外言又传于内"。种种流言蜚语，愈出愈奇。

9月初，光绪帝撤换礼部堂官，任命谭嗣同等人为军机章京后，斗争更加激烈。那拉氏周围的反动分子如怀塔布、荣禄、内务府大臣立山以及庆王奕劻、端王载漪等纷纷活动，策划政变。怀塔布被免去礼部尚书后，他的老婆到颐和园向那拉氏哭诉。准旗人自谋生计上谕颁布后，管理皇室事务的内务府大臣立山等率下属官员数十人一起跪在那拉氏面前，控告载湉。怀塔布、立山以及御史杨崇伊等先后到天津与荣禄密谋，一时间，京津道上，信使往来不绝。不久，奕劻、载漪又同赴颐和园，哭请那拉氏垂帘听政。

载湉感到事态严重，亟谋对策。9月15日，他召见杨锐，交付一件密诏，说：那拉氏反对变法，反对罢斥老谬昏庸大臣，"朕亦岂不知中国积弱不振，至于阽危，皆由此辈所误；但必欲朕一旦痛切降旨，将旧法尽变，而尽黜此辈昏庸之人，则朕之权力实有未足。果使如此，则朕位且不能保，何况其他"，

① 《清廷戊戌朝变记》，《戊戌变法》第1册，第337页。

② 《明白回奏并请斥逐工部主事康有为折》，《戊戌变法》第2册，第481—482页。

③ 《严参康有为折稿》，同上书，第485页。

④ 光绪二十四年八月十四日《上谕》，同上书，第103页。

要康有为等妥速筹商应付的办法。[①]18 日，载湉又要林旭带出给康有为的密诏，催他迅速离京出外，不可迟延。载湉的前一封密诏在杨锐手里搁了两三天，他惊恐不知所措，这时才由林旭一起交到康有为手里。康有为、谭嗣同等得到载湉的密诏，跪读痛哭一场，立即同梁启超，康广仁，林旭，徐仁镜、徐仁录（徐致靖的次子和侄子）商量营救载湉的办法。改良派不要群众，毫无实力，在这紧要关头，只能寄希望于封建军阀的武力支援和帝国主义分子的干涉上。

他们寻求武力支援的头一个对象，是参加过甲午战争、现在已经成为北洋三军中武毅军统将的聂士成。三镇之中，聂士成所部人数最多。九月上旬，形势一天天紧张起来。康有为经过徐致靖、谭嗣同、徐仁镜两次请聂的换帖兄弟王照去游说聂士成，王照坚决不干，活动聂士成的计划只得作罢。载湉密诏下达以后，他们把寻求武力支援的目标集中在袁世凯身上。袁世凯曾经加入强学会，俨然是维新运动的赞助者。他所统率的新建陆军装备精良，被改良派认为是拥有实力的人物。康有为说："拥兵权，可救上者，只此一人。"[②]康有为先派作过袁世凯幕客的徐仁录刺探袁世凯的态度，袁表示对康有为十分钦佩。反动分子策划政变的传闻透露出来以后，康有为一面替徐致靖起草奏折，请载湉召见袁世凯，加官优奖，一面自己又写一道密奏，由谭嗣同上递，建议载湉用袁世凯，以备不测。9 月 14 日，袁世凯到北京，16 日载湉召见后，传旨嘉奖，命他以侍郎候补，专办练兵事务。18 日深夜，谭嗣同密访袁世凯，要他"勤王"，杀荣禄，除旧党，恢复皇帝大权。袁世凯推脱说，那拉氏和载湉不久将赴天津阅兵，那时如果皇上"疾驰入仆营，传号令以诛奸贼，则仆必能从诸君子之后，竭死力以补救"。谭嗣同说：荣禄奸诈，对付他恐非易事。袁世凯怒目而视，装着很激动的样子，答道："诛荣禄如杀一狗耳。"[③]20 日，载湉再次接见袁世凯。当天袁世凯回到天津，立刻向荣禄告密，出卖光绪帝

---

① 光绪帝给杨锐密诏，1909 年杨锐之子上缴给清政府，罗惇曧《宾退随笔》曾予转录，文字与梁启超《戊戌政变记》所载不同，此处据《宾退随笔》。又密诏发下日期有 9 月 13 日、14 日、16 日几种说法，查光绪二十四年七月、八月《谕折汇存》召见臣工名单，杨锐是在旧历七月三十日（公历 9 月 15 日）被光绪帝召见的，密诏当于此日发下。

② 《康南海自编年谱》，《戊戌变法》第 4 册，第 159 页。

③ 梁启超：《谭嗣同传》，同上书，第 52 页。

和维新派。后来，袁世凯写了一篇《戊戌日记》[①]为自己洗刷。《日记》中记载：9月18日谭嗣同突然黉夜来访，说荣禄向太后献策，将废立弑君，要袁世凯营救载湉。办法是：在载湉召见袁世凯时，面付朱谕一道，令袁将荣禄正法，并迅速带兵入京，包围颐和园，由谭嗣同设法将那拉氏杀掉。袁世凯不敢承允，托辞推宕，谭嗣同再三催促，“几至声色俱厉，腰间衣襟高起，似有凶器”，袁世凯不得不勉强答应说：等到太后同皇帝到天津阅兵，“伊时军队咸集，皇上下一寸纸条，谁敢不遵，又何事不成”。谭嗣同随即离去。袁世凯回到天津，即向荣禄略述内情，第二天，荣禄再找袁世凯详细了解情况。晚间得知那拉氏训政的消息，袁世凯“耿耿于心，寝食难忘者，恐累及上位耳”！四天后，荣禄奉召入京，临行时，袁世凯又同他相约，誓死保全载湉。袁世凯在《日记》中为自己百般辩解，表白他对载湉何等忠心耿耿，否认出卖维新运动，但不得不承认两件事：第一，他曾经答应谭嗣同在天津阅兵时，执行载湉的命令。第二，他回天津后，立刻将情况密报荣禄。袁世凯的辩解，实际上起了欲盖弥彰的作用。一度参加维新运动，然后反过来又叛卖维新运动，两面三刀，取得当权者的信任，这是袁世凯在反革命阶级中政治地位扶摇直上的决定关键。9月19日，康有为拜访李提摩太，准备找英国公使设法营救载湉，英公使不在北京，扑了个空。康有为又去见游历中国正在北京的伊藤博文，也没有结果。

就在康有为、谭嗣同等紧张寻求对策的时候，那拉氏一边也正在采取政变的最后步骤。载湉召袁世凯进京，荣禄马上行动。9月18日，即谭嗣同游说袁世凯的同一天，荣禄伪造情报，说英、俄开仗，英国兵船游弋大沽口外，调聂士成军队移驻天津，调董福祥军驻扎北京城外长辛店等地，把京津地区控制起来，又命袁世凯赶快返回军营。也还是这一天，杨崇伊赴颐和园上折，请那拉氏“即日训政，以遏乱萌”。杨折极简短，总共四百多字，表现了气氛的紧迫。其主要内容是，革员文廷式“又创大同学会，外奉广东叛民孙文为主，内奉康有为为主”。“康有为偕其弟康广仁及梁启超来京讲学，将以煽动天下之士心。……不知何缘引入内廷，两月以来变更成法，斥逐老成，借口言路之开，以位置党羽。风闻东洋故相伊藤博文即日到京，将专政柄。……

①《戊戌日记》最早发表于1926年2月上海《申报》上，近代史研究所藏有钞本，书名为《戊戌纪略》，附有袁世凯《书戊戌纪略后》。又《戊戌变法》第1册，第549—554页。

伊藤果用，则祖宗所传之天下，不啻拱手让人”。[①]杨崇伊折上说的什么大同会全是谎言。真正重要的是伊藤“将专政柄”的说法。那拉氏无心关注中国的前途，但害怕载湉真的与外国结合起来。如果那样，她的权力就再也保不住了。另一个危险是杨崇伊没有说出来的，那就是袁世凯突然进京，并受到破格提升。载湉已经预备9月20日让袁世凯进宫“请训”和接见伊藤博文。那拉氏本来宣布21日由颐和园还宫。现在必须赶在20日以前采取行动。于是那拉氏提前于19日下午六七点钟匆匆进城，以至宫里仓卒没有准备。第二天下午，载湉在勤政殿会见伊藤博文，打算面询变法方略。那拉氏公然坐在屏风后面监听，载湉实际已经失去自由，与伊藤只得照例数语而退。

9月21日，正式宣布那拉氏重新训政，下令捉拿康有为。当天，那拉氏在便殿审讯载湉。奕劻、军机大臣等跪在案的一侧，载湉跪于另一侧，案前设竹杖，那拉氏凶恶地追问：“变乱祖法，臣下犯者，汝知何罪？试问汝祖宗法重？康有为重？背祖宗而行康法，何昏愦至此？”载湉战栗回答：“是固自己糊涂，洋人逼迫太急，欲保存国脉，通融试行西法，并不敢听信康有为之法也。”那拉氏大怒说：“难道祖宗不如西法，鬼子反重于祖宗乎？康有为叛逆，图谋于我，汝不知乎，尚敢回护耶！”载湉回答“知道”。那拉氏追问：“既知道，还不正法，还要放走？”载湉回答“拿杀”。22日，那拉氏单独审讯载湉一次。23日，又同大臣一起第三次审讯。这时那拉氏已经接到袁世凯出首告密的报告，追问载湉用意何在？载湉一概推到康有为、谭嗣同头上。在场的人又起诉，又作证，“若原被告焉”。[②]从那以后，载湉即被监禁在瀛台，成了一名阶下囚。

康有为20日已秘密离开北京。21日政变消息公布，梁启超、谭嗣同等聚集在李提摩太寓所，商议挽救办法。他们决定由李提摩太去见英国公使，容闳去见美国公使，梁启超去见日本公使，请英、美、日等帝国主义国家出面干涉。其中梁启超见到了日本公使，但也没有结果。改良派希望得到帝国主义列强的帮助，终成泡影。21日，京城警备部队包围康有为居住的南海馆，没有搜出康有为，抓走康广仁。康有为乘坐英商公司轮船从天津转赴上海，摆脱清政府的追捕，逃往香港。梁启超到日本公使馆避难，后在日本人掩护下，

---

①《戊戌变法档案史料》，第461页。

②《清廷戊戌朝变记》，《戊戌变法》第1册，第346—348页。

化装逃出北京，径赴日本。谭嗣同在政变发生后，积极设法营救载湉。很多人劝他逃往日本，他坚决不走，说：“各国变法无不从流血而成，今中国未闻有因变法而流血者，此国之所以不昌也，有之，请自嗣同始。”[①]杨深秀在那拉氏宣布“训政”后，“独抗疏诘问皇上被废之故，援引古义，切陈国难，请西后撤帘归政”[②]。9 月 23 日，袁世凯告密内容到达北京；24 日黎明，谭嗣同、杨深秀、林旭、杨锐、刘光第、徐致靖、张荫桓等被捕。那拉氏不敢公开审讯，9 月 28 日，下令将康广仁、杨深秀、谭嗣同、林旭、杨锐、刘光第同时杀害。人们称谭嗣同等六人谓“戊戌六君子”。徐致靖永远监禁，张荫桓遣戍新疆，其他许多拥护新政的官吏陆续被革职或放逐。翁同龢虽早已开缺回籍，政变后，又以“滥保匪人”等罪名，给予革职永不叙用，并交地方官严加管束的处分。

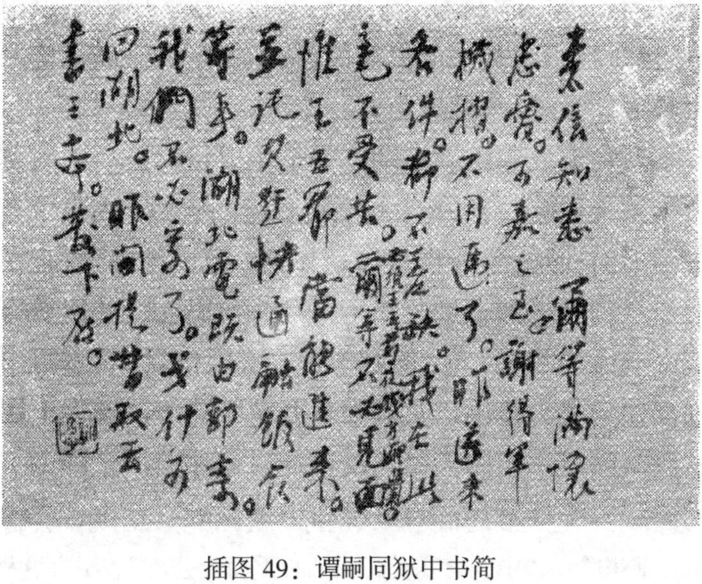

插图 49：谭嗣同狱中书简

（采自《谭嗣同全集》，三联书店 1954 年版，卷首）

9 月 26 日，那拉氏下谕说：朝廷“并非好为变法，弃旧如遗。……方今

① 梁启超：《谭嗣同传》，《戊戌变法》第 4 册，第 53 页。

② 梁启超：《杨深秀传》，同上书，第 60 页。

时势艰难，一切兴革事宜，总须斟酌尽善，期于毫无流弊”①。在这个借口下，陆续废除了载湉在“百日维新”期间所颁布的多数上谕。一些革新措施，停止执行。裁撤的旧衙门，全部恢复。维新机构除京师大学堂外，全部废止。

改良派发起维新运动，一个主要目标是要求阻止帝国主义侵略。1897 年底至百日维新失败，列强争夺中国沿海要地、争夺借款和划分势力范围的斗争，正在激烈进行。德国占领胶州湾，俄国占领旅大、并取得修筑南满路的权利，英、德对华第二次大借款，日本提出划福建为势力范围，英国强租九龙半岛等，都发生在这段时间里。中国人民的反帝反封建斗争，帝国主义无不极力干涉破坏，百日维新中偏偏没有发生这样的事。同一期间，帝国主义对四川、广西、广东人民群众的反教会、反侵略斗争，有的横蛮干涉，有的武装镇压。从这里可以看出，帝国主义显然感到与劳动群众相对立的康、梁等地主资产阶级知识分子的爱国运动，对它们并没有构成什么问题。

百日维新中，日本、英国有一些活动。它们一是混水摸鱼，利用时机，捞取新的利益；二是想把变法改良纳入适合侵略者需要的轨道。变法前夕，日本参谋本部总长川上操六派神尾光臣等来中国。他们向改良派宣称日本“赞成”中国变法，煽动康有为、谭嗣同等提出中国联合英、日，共同抗俄的主张。对于洋务派更积极拉拢。神尾光臣等与张之洞接洽，确定由日本派教官替湘、鄂两省训练军队，并出资接受中国留学生至日本学习军事，先后约二百人前往。伊藤博文游历中国，人们都知道“此来具有深意”。在伊藤没有到中国以前，日本报纸上刊载他的谈话说：中国此后四五年，时局当有大变动，近来虽然派遣留学生赴日，“若以此为济时之策，恐不足恃。维新办法，须大为改弦更张”。更张的内容是：一、设立国家银行，集资一百兆两，“此银行应聘外国之人，原属开办银行之熟手者”。二、设水师武备学堂，“中国无好学问之武员”，自然也是要聘请外国人主持。三、改募兵制为征兵制，和举办铁路、轮船、邮电等。“中国之积弊，在私心重而无公心”，举办这样的大事，“良非容易”，还是非“外人”不可。②简单说，就是中国的政治、军事、经济部门，非改革到大用日本人不可。但伊藤博文一到北京，政变就发生了。他的那些主张，没有找到对象正式提出来。英国前海军大臣、国会议员查理 · 贝

①《戊戌变法》第 2 册，第 101—102 页。

②《戊戌变法》第 3 册，第 394—395 页。

思福，也来中国了解情况。他同样到晚了，只是9月底在香港与几天前逃到那里的康有为见面，听取康有为的倾诉和要求英国帮助拯救载湉的呼吁。贝思福在他访问中国的报告中，建议英国通过完全控制清政府、取得对中国陆海军和警察的监督权，来保证英国在华的优势地位。英国如果来得及对改良派施加影响，也必定是朝这个目标走的。俄国密切注视着中国的局势。它担心的不是中国内部怎样变动，而是西方列强和日本的行动。俄国参谋本部里早就有人分析说，自行其是的中国永远不会成为俄国的危险邻邦。但是中国一旦被外国人所操纵，俄国就要警惕了。改良派要求联合英、日，制止俄国"东封之志"，俄国的回答是赶紧经营旅大和中东、南满铁路，紧紧地把中国东北控制在自己手里。等到反动政变发生，没有一个帝国主义国家表示反对。各国外交官的看法，这时也完全明朗了。英国驻华公使窦纳乐给外交部的报告说："我认为中国正当的变法，已大大被康有为的朋友们的不智行为搞坏了。"[①]《字林西报》转述北京外交使团的看法是："维新党的计划是不合实际的，光绪皇帝可能把中国弄得不成样子。"那拉氏的"及时干涉是有裨时局的"。[②]俄国驻北京代办巴布罗夫向俄国外交部报告说：那拉氏发动政变，是由于她"对于中国皇帝的轻举妄动不能再袖手旁观（他由于性格软弱和缺乏经验，已经陷入野心家的手中），应当立即彻底消灭康有为和他的同党的擅权专断……因为这些人是必然会把中国导向灭亡的"[③]。帝国主义的这种态度，最清楚地表明，中国任何一点微小的进步性的改革，它们是一律不希望看到的。

"百日维新"失败，宣告了改良主义的破产

维新运动所要解决的问题有两个：一个是挽救民族的危亡，一个是发展资本主义。对这两个问题，改良派都没有作出正确的答案。

帝国主义的侵略，使中国的民族危机日益严重，亡国大祸迫在眉睫。改良派发动维新运动，要求挽救民族危亡，明显地具有爱国主义性质。但是，

---

① 王崇武译：《戊戌政变旁记（英国蓝皮书）》，《戊戌变法》第3册，第532页。

② 刘启戈译：《字林西报周刊》，同上书，第520页。

③《俄国对外政策档案·中国之部》，1898年的1978卷，转引自齐赫文斯基《中国变法维新运动和康有为》，第244页。

改良派对帝国主义的认识非常幼稚，他们的爱国思想远没有发展为反帝思想，他们不愿意把维新运动当做反对帝国主义的运动，而且幻想中国可以依靠某些帝国主义国家的支持来完成自强革新的事业。改良派认为不必正面反对帝国主义，只要实现变法维新，就可以顺便地解决民族危亡的问题。他们在什么原因造成民族危机以及怎样才能挽救这种危机的问题上，都有错误的认识。在改良派看来，帝国主义侵略中国，阴谋实行瓜分，主要是由于中国不能自强。康有为说："吾既自居于弱昧，安能禁人之兼攻？吾既日即于乱亡，安能怨人之取侮？"[①]这不啻是说，中国的被侵略完全是咎由自取，谁叫你自己太不争气了，就难怪别人要来欺凌。梁启超也说：列强所以迟迟没有瓜分中国，是因为它们所注重者在商务，一旦瓜分，必使中国"沦胥糜烂"，对各国不利；"如中国终不自振，终不自保，则其所谓沦胥糜烂者，终不能免，而彼之商务无论迟速而必有受牵之一日，故熟思审处，万无得已，而势始必出于瓜分"。[②]照这样说来，帝国主义倒是在好心等待中国自强。只是由于中国不能"自振""自保"，才不得已而要瓜分中国。改良派在强调中国必须奋发自强的同时，不自觉地掩盖了帝国主义的侵略罪责。改良派在如何挽救民族危机的问题上，陷入了轻率的幻想。他们认为：只要中国向西方学习，实现资本主义的改革，发愤图强，帝国主义就会自动停止对中国的侵略。梁启超在上面引述的那段话后面，紧接着提出挽救瓜分的办法说："虽则吾苟确然示之可以自振，可以自保之机，则其谋可立戢，而其祸可立弭，昭昭然矣。"[③]所谓"可以自振，可以自保之机"，就是赶快实行维新变法。谭嗣同虽然看出了不平等条约对于中国的祸害，但他又把解除这种祸害，看成是轻而易举的事。他说："凡利必兴，凡害必除，如此十年，少可自立。不须保护，人自不敢轻视矣。每逢换约之年，渐改订约章中之大有损者。……但使一国能改约，余皆可议改，如此又十年，始可由富而强，始可名之曰国。治定功成，礼乐可徐兴矣。"[④]帝国主义列强已经把形形色色的不平等条约强加给中国几十年了，它们从亚洲这个幅员辽阔的国土上取得的权益正越来越多，它们吞噬中国劳动者血汗的胃口正越来越大，不发动广大人民群众起来斗争，把帝国主义势

①《上清帝第五书》，《戊戌变法》第2册，第190页。

②《南学会叙》，《戊戌变法》第4册，第421—422页。

③《戊戌变法》第4册，第422页。

④《思纬壹壶台短书·报贝元徵》，《谭嗣同全集》，第412、418页。

力驱逐出去，哪个帝国主义国家肯轻易放弃侵略权益？改良派的想法，都只是一厢情愿，至少是太天真了。

要发展资本主义，就国内条件来讲，有一个如何冲破封建主义束缚的问题。资产阶级改良派要求在中国发展资本主义，使一个贫穷落后的中国变为富强先进的中国，这在当时的情况下，是顺应历史发展潮流的。太平天国革命时期，洪仁玕的《资政新篇》模糊地提出了中国发展资本主义的要求，但它在农民革命中没有产生什么实际效果，这是因为当时中国还没有出现资产阶级。现在改良派提出了在中国仿行资本主义制度的包括政治、经济和文化教育等方面的一些设想，广为宣传，一小部分并且以政府法令的形式宣布推行。中国民族资本主义势力在政治舞台上初露头角，这是中国近代历史上重要的新鲜事物。中国的封建经济制度、上层建筑有几千年的历史，盘根错节，要建立资本主义制度，阻力极大，不经过引起社会巨大变动的人民群众的革命斗争，是无法实现的。改良派不敢正视这个真理。他们把最大希望建立在争取皇帝、劝说封建统治阶级自己来主动进行改革上面。以为由一个封建皇帝下命令自上而下地进行资本主义改革，封建主义的种种束缚，就会随之一一解脱。这当然又只能是一种幻想。改良派并不是不知道西方有过资产阶级革命，但他们害怕那种革命，康有为看待法国大革命的态度就是证明。他们一向视革命群众为“乱民”“会匪”，所以要变法维新，也是出于抵制人民革命运动的需要。康有为曾一再警告清朝统治者，如果不及时变法，则“金田之役，将复起矣”。[①]“天下皆知朝廷之不可恃，人无固志，奸宄生心，陈涉辍耕于陇上，石勒倚啸于东门，所在而有，近边尤众。……乱机遍伏，即无强邻之逼，揭竿斩木，已可忧危”[②]。改良派就这样把自己发动的维新运动与人民群众的革命斗争完全对立起来。在维新运动兴起期间，以农民为主体的群众反教会斗争正在并行地发展，走向以义和团运动为主要部分的近代中国第二次革命高潮。群众反教会斗争尽管存在着诸如笼统的排外主义等缺点，有其落后的一面；但从根本上说来，它是属于中国人民反帝反封建的伟大革命斗争行列。改良派要求挽救民族危亡，在这一点上同群众反教会斗争方向一致。只有在广大人民群众中间才能找到支持进步改革事业的巨大力量。但是，

①《上清帝第一书》，《戊戌变法》第2册，第128、125页。

②《上清帝第五书》，同上书，第192页。

改良派对群众反教会斗争，所采取的是极端敌视的态度。“百日维新”中，光绪皇帝颁布过一件关于“教案”的上谕，要地方官对教堂“实力保护”，同外国传教士“彼此诚信相孚”；“一面开导百姓，毋以薄物细故，轻启衅端”。[①]梁启超在这个上谕后面，写了一个按语，大肆污蔑反教会斗争的群众为“暴徒”“奸民”，说什么“教案之起，虽由暴徒借端生事，亦缘朝廷及长官有仇视外人之心，故奸民乃因而乘之”[②]。改良派既与广大人民群众相对立，他们当然得不到广大人民群众的实力支持，改良派在遭到反动势力反击时，完全处于软弱无力的境地，失败是必然的。

维新运动的失败也显示了这样一条重要的历史规律：在帝国主义同中国封建势力已经结成了反动同盟的时候，国内任何进步的政治运动，如果不去依靠广大人民群众，就必定要从帝国主义、封建势力方面去寻找支持的力量，因而也就不可能找到什么出路。

第五节　百日维新中光绪帝的矛盾地位。改良派的动摇、后退

光绪帝的矛盾地位

光绪帝载湉在变法过程中所处的地位是矛盾的。这个矛盾地位，来源于清政权的反动性质和维新运动进步性质的矛盾、对立。载湉虽没有实权，但又是清政权正式的代表者，同时又是维新运动一定限度的支持者，没有他的参与，就没有百日维新。代表买办资产阶级的洋务派与封建地主阶级，力求保持现有利益和权力分配的状况；代表资产阶级上层的改良派，要求打破现状，使自己分享一部分政治经济权利。因此，在百日维新中，载湉发布的一系列命令，既有表现洋务派、顽固派的利益和要求的，也有采纳改良派的建议和要求的。它们同时罗列在一起，但是各自的倾向明显。

1898年6月11日下诏定国是以后的一百零几天里，上谕如雪片纷飞。改良派一再上折，但没有被采纳，相反由洋务派提出来、虽与改良派的主张抵

①《戊戌变法》第2册，第35页。

②同上书，第36页。

触的建议，却大量地见诸诏书。其中有变法纲领的问题，也有经济政策、文化教育方针的问题。

变法纲领方面：3 月 11 日，由总理衙门递进的康有为请“大誓臣工开制度新政局”的奏折，提出了开制度局是变法维新的三大政策之一。其具体办法是“用南书房、会典馆之例，特置制度局于内廷，妙选天下通才十数人为修撰，派王大臣为总裁，体制平等，俾易商榷，每日值内，同共讨论，皇上亲临，折衷一是，将旧制新政，斟酌其宜”①。大约十天以后，即中俄签定旅大租借条约前几天，康有为上条陈，作了种种论述，最后归结到一条，请载湉独奋乾断，“专以开制度局，变新法，修战具为事”②。4 月 13 日，康有为上《译纂日本变政考，乞采鉴变法，以御侮图存折》，陈述大局危急，建议载湉以日本为图样，实行变法。应当采取的一项措施，就是“开制度民政之局”③。6 月 16 日，载湉在颐和园召见康有为，康当面陈述，“臣请皇上变法，须先统筹全局而全变之，又请先开制度局而变法律，乃有益也”④。康有为受载湉召见以后的第三天，再次上折，“请御门誓众，开制度局以统筹大局，革旧图新，以救时艰”。他指出制度局的任务，是“审定全规，重立典法。何事可存，何法宜革，草定章程”。⑤非常明确，在宫中设立制度局，全面变法，是改良派变法的政治纲领。他们变法维新的各种主张中，开制度局占据首要地位。

载湉最初也没有忽视康有为这个纲领，几次责成王大臣会议回奏，并严厉指出不许浮词搪塞。军机大臣们最后来一个偷梁换柱办法，8 月初，由礼亲王世铎等奏复。内容是“皇上延见廷臣，于部院卿贰中，如有灼知其才识，深信其忠诚者，宜予随时召对，参酌大政”。又选翰詹科道十四人，随同到班，听候召见。“此制度局之变通办法也”⑥。康有为建议中，制度局的入选应该是“天下通才”（有的地方作“草茅才士”），也就是应该包括康有为和他的改

①即统筹全局折，原由叫做“为外衅危迫，分割洊至，急宜及时发愤，开制度新政局，革旧图新，以存国祚”。见故宫《杰士上书汇录》第 1 卷。

②《杰士上书汇录》第 1 卷。

③同上书。

④《康南海自编年谱》，《戊戌变法》第 4 册，第 145 页。

⑤《杰士上书汇录》第 2 卷。

⑥《戊戌变法档案史料》，第 10 页。

良派同志和盟友。在"变通办法"中全勾掉了，载湉表示同意。这是对康有为建议开制度局、全面变法的否定，使改良派变法的政治纲领一开始就没有能够实行。

变法还是不变法以及怎样变法，在康有为看来，开制度局是一个关键。载湉接受洋务派和其他大臣的意见把它否定了。康有为并不死心。8月中旬，他在《进呈波兰分灭记序》里面又一次陈述："今吾贵族大臣未肯开制度局以变法也，及今为之，犹或可望。"再迟数年，俄国在东北的铁路筑成，长驱直下，那时想变法，帝国主义也不允许了。[①]8月29日，他在谢编书赏银，"请及时发愤，速筹全局"奏折里，最后一次强调要开制度局，并阐述它的重要意义说："制度局不开，措施之散漫乖错延搁如彼，犹泛沧海而无航，经沙漠而无导，冥行乱驶，而当风雨雾雪涛飓之交，而欲诞登彼岸，不致沉溺，岂可得哉！"皇上应当自断之，自审之，不为庸人所乱，不为谣言所惑。"选通才于左右以备顾问，开制度局于宫中以筹全局，坚如山岳，厉若风霆，则纲举目张，规条具举……若仍左右无谋议之人，全局无统筹之计，因任守旧，零碎凑集，先后倒置，缓急失宜，变事而不变法，变法而不变人，医多药杂，凌乱妄投，脉乱疾病"，那样中国就将成为"波兰之续，虽欲变而不能矣"。[②]尽管康有为讲得如此激烈沉痛，载湉不作任何表示。从此以后，开制度局就再也没有提起，石沉大海了。

经济政策：发展民族资本主义是改良派活动的两大目标之一，是他们常常议论的题目。康有为在奏章中提出的这方面的重要建议有：一、提倡工艺，奖励创造发明；二、设通商院；三、废除厘金制度。设立通商院，成立商会、股份公司，《公车上书》中就提出来了。百日维新中，康有为又连续上折，请令十八省开商务局。他说，中国之所以贫困，是由于工商业不发达，财源无止境地外溢。政府没有商官、商律保护工商业，商人遭受官府压迫，胥吏欺凌，"民困商贫，而国大受其病"。以前本有谕旨，允许设立商务局，"惟各省督抚，多未通时变，久习因循，故奉旨两年，各省未见举办"。现在应"令各省皆设立商务局，皆直隶于总理衙门，由商人公举殷实谙练之才数人办理（另一处说'公举通达时务殷实商人试办'），或仿照广东爱育堂商董轮办章

---

① 故宫档案康有为《波兰分灭记》，戊戌进呈原本，第1册。

② 《杰士上书汇录》第2卷。

程办理"[①]。关于裁撤厘金，他奏片中说："内地害商之政，莫甚于厘金一事，天下商人久困苦之。……卡厂日增，密如织网，吏役日多，托为巢穴。每省厘卡百数，吏役数千。……以二十行省计之，不下十万人，皆仰食于此。吮民脂血，倚势作威，胁索诈赃，肆其荼毒，无所不至。"他以自己奔走四方，亲见亲闻的具体事实，描述厘金的黑暗、危害，说："臣尝携有洋布大帐，亦遭扣罚。臣犹如此，何况小民？"他主张坚决裁撤此项恶政，嘉惠商民。[②]康有为的这些建议，应该说，代表的是民族资产阶级独立发展的利益，希望打破洋务派、封建势力的控制与阻碍。它们是改良派发展资本主义要求的具体化，与洋务派在"振兴商业"的口号下，抑制民间工商业是不同的。

6月12日至8月31日，载湉多次发布上谕，设立商务局、商会，"振兴商务"。6月12日的上谕说："商务为富强要图，自应及时举办。……即着各省督抚，督率员绅，认真讲求，妥速筹办。"[③]7月25日的上谕又说："振兴商务，为目前切要之图……着刘坤一、张之洞拣派通达商务、明白公正之员绅，试办商务局事宜。"[④]两次都是说要"员绅"，这重点与康有为一再强调的"公举通达时务殷实商人试办""公举殷实谙练之才数人办理"不同。8月21日"训农通商"的上谕，确定京师设立农工商总局。但它的任务，只是督促、考察各省农工商分局的活动，不是改良派所要求的由中央机关统一管理，摆脱地方督抚、主要是摆脱洋务派的控制。被任命为农工商总局的三名督理大臣中，裕禄和洋务派王文韶保举的各一人，另一个是刚毅的亲信端方。那拉氏政变后撤农工商总局，刚毅奏报说：端方"系奉所命入康党探其消息者"[⑤]。此人因之很快受到重用。

裁撤厘金问题，载湉看到康有为的奏片以后，据说"恻然动念，面谕维新诸臣，谓行新政就绪，即裁撤厘金"。9月14日发出的一道上谕，意思却是相反。那上头说，厘金制度起自咸丰年间筹集军饷的需要。"经曾国藩、胡林翼厘定章程，法称最善"。日子久了，办理的人又不适当，才生出种种弊病。"值此帑藏奇绌，需饷浩繁，户部职领度支，当思如何兴利除弊，如何开源节

① 《条陈商务折》，《戊戌变法》第2册，第249页。
② 《奏请裁撤厘金片》，同上书，第265—269页。
③ 《戊戌变法》第2册，第20页。
④ 同上书，第43页。
⑤ 《清廷戊戌朝变记》，《戊戌变法》第1册，第349页。

流……　总之理财之道，取之农不若取之商，用吏役不若用士人，不外从前创办厘金之良法”[①]。这当然不是要裁撤厘金，也没有表示“行新政就绪”以后就裁撤，而是为厘金制度辩护，维持早期洋务派推行的，完全不利于民族资本主义自由发展的政策。

文化教育方面：康有为在百日维新中最早上的奏折，是请废八股、改用策论取士。他说，改行策论，“从此内讲中国文学，以研经义国闻掌故名物，则为有用之才；外求各国科学，以研工艺物理政教法律，则为通方之学”[②]。他同时草拟的以徐致靖名义上的“请废八股”疏中，也列举泰西各国的学校，“皆教之图算，古今万国历史，天文地理及化光电声、格致、法律、政治之学”[③]。他们讲的都不只是单纯废八股那种文体，还有重视“各国科学”的内容。

6月23日，载湉宣布废除八股。谕旨说，八股在历史上是很有功绩的，康熙年间文运昌明，科举制艺培养了不少人才。现在废除八股，“向用四书文者，一律改试策论”。“策论与制艺，殊流同源，仍不外通经史以达时务。总期体用兼备，人皆勉为通儒”。[④]学习西方科学技术，政治法律的内容被抹去了。7月19日载湉发一道上谕，公布科举章程，乡会试仍旧分为三场，一试历史政治，二试时务，三场试四书五经。在这以前的7月4日，张之洞、陈宝箴上了一个《妥议科举新章折》，提出“合科举、经济、学堂为一事”，照旧考试四书五经，修改康有为的废八股改用策论的主张。载湉说，他对张之洞、陈宝箴的奏折“详加披阅，所奏各节，剀切周详，颇中肯綮，着照所拟”，回到了洋务派一边。

张之洞的心腹，后来的军机四卿之一杨锐，从北京给张写信报告消息，首先表示他反对变法，说京城人人痛恨康有为，比之如洪水猛兽，必要杀掉他而后甘心。然后评述说：“公（指张之洞）条陈科举一奏，立奉谕旨，一切允行，天下仰望。上方锐意新政，凡关涉改革之事，但有论建，无不采纳，转较胜于身在政府也。”[⑤]在杨锐看来，张之洞虽然不在北京做官，他的意见，

---

①《戊戌变法》第2册，第93—94页。

②《请废八股试帖楷法试士改用策论折》，同上书，第211页。

③《戊戌变法》第2册，第339页。

④ 同上书，第24页。

⑤《大陆杂志》第19卷，第5期所载杨锐致张之洞的信。

载湉是无不赞成的。杨锐看到的事情，洋务派其他人当然也看到了。

7月24、25日，载湉又连发两道谕旨，更加突出。7月24日，据孙家鼐的奏请，命令将冯桂芬所著《校邠庐抗议》印发各衙门悉心核看，分别可行与否，限十天内咨复军机处汇呈，以备采择。7月25日命令颁发张之洞的《劝学篇》四十部给各省督抚、学政。不久，又命令排印三百部。载湉特别强调，这部书又是经他"详细披览"过的，持论平正通达，于学术人心大有裨益，应当"广为刊布，实力劝导，以重名教而杜卮言"[①]。冯桂芬、张之洞两人的作品相隔三十年。冯桂芬虽是早期洋务派的理论家，但他的许多议论，在三十年以后的洋务派去看，无论如何也太陈旧了。原来《校邠庐抗议》中的《采西学议》，最早提出了这样一条原则："以中国之伦常名教为本原，辅以诸国富强之术。"所谓中国伦常名教为本原，就是说君君臣臣那种封建秩序不可更易，所谓辅以诸国富强之术，就是采用西方科学技术，来保卫、巩固君君臣臣的统治秩序。张之洞对冯桂芬的理论加以归纳，在《劝学篇》里提出一个简单口号，这就是"旧学为体，新学为用"。载湉这样推崇《劝学篇》，以至要依靠它来"重名教而杜卮言"，足见他在思想理论上是"中学为体，西学为用"的信奉者。难怪他推行的政策不少是洋务派那一套。

载湉下达的命令，如修筑铁路、举办邮政、裁军练兵、废除漕运、开办学堂等等有见于康有为奏折中的。但这些内容，洋务派早就提出过，例如1895年胡燏棻的《变法自强疏》里，把筹饷、练兵、筑铁路、开民厂制造机器、废止漕运、创办邮政、设立学堂等等，都列举出来了，论述详细。其中筹饷、练兵、筑铁路等，并且分别在实行。说载湉发布这类命令是采纳的洋务派的主张，更加合乎事实。但事情还有另外的一面。与前述那种情形相反，改良派有一些建议，载湉是大体上接受，并用谕旨宣布了的。他们在百日维新中占有一定的地位，其中首先值得提到的，是下诏定国是。

作为百日维新开端的定国是诏，不但是蔚然兴起的维新运动的产物，也是康有为直接促成的。康有为在自编《年谱》里说，1898年5月下旬，他由于变法活动受到种种攻击，已经决定暂回广东。一再阻挠变法的奕訢适在这时死去，载湉决心变法。康有为立即上书翁同龢，"促其亟变法，勿失时"。翁同龢自己也被人弹劾，感到康有为走了以后，没有人从事宣传鼓动，要他留

---

①《戊戌变法》第2册，第43页。

下来办几件事再走。于是康有为起草两篇“请定国是而明赏罚”的疏稿，分别由御史杨深秀、侍读学士徐致靖递上。[①] 翁同龢把这两个奏折送到了载湉手里。几天以后，下了定国是的诏书。《翁文恭公日记》上对此有简要记载。[②] 事情刚刚过去，梁启超曾颇自豪地对人说：“新政来源真可谓全出我辈。……仆等于彼时乃代杨侍御、徐学士各草一折，言当定国是，辩守旧开新之宗旨，不得骑墙模棱，遂有二十三日之上谕。”[③] 康有为自己也上了一个《请告天祖誓群臣以变法定国是折》。[④] 载湉下诏定国是，是直接采纳了康有为、梁启超先后起草的三个要求“定国是”奏章的主张，这是明白无误的。时间比这稍早一点，载湉经过奕劻的调和，从那拉氏要来一点事权，这对于发出定国是诏是不可缺少的。翁同龢从为载湉争取权力的角度出发，主张变法，给改良派接近载湉做了穿针引线的工作。从这一点来说，他也算定国是诏的促进者。不过在他看来，载湉这时似乎“专讲西学”，而不强调“圣贤义理之学”，未免有点不对头了。翁同龢日记里透露了这个意思。

康有为草拟的三个奏稿，都是强调变法的重要性，理由、论据和措词大同小异。载湉定国是诏同样也是说需要变法，至于变什么，怎样变，也只是简单地提到了须“博采西学”。这道看来内容空洞的诏书，引起的反响出乎意外地强烈。改良派欢欣鼓舞，反动派、守旧势力则感到相当惊恐。这是由于定国是诏虽然没有具体内容，却是一个政治宣言。它由皇帝来正式宣布，旧的统治制度实在太腐朽、太不得人心了。必须参照“西学”来一番重大改革，

---

①《康南海自编年谱》，《戊戌变法》第4册，第144页。

②《戊戌变法》第1册，第523页。

③《梁任公年谱长编》，第57—58页。

④《戊戌变法》第2册，第206—208页。《戊戌奏稿》中，此折肯定经过篡改。“采万国之良规，行宪法之公议”，无疑是后来加入的。但不能因此认为全折是出于伪造。康有为自编《年谱》里叙述他的多项建议遭到大官僚们一一否定的情形说：“所云誓群臣定国是一条，以为诏书两下，国是已定，此条无庸议。”这说明他是确有“定国是”折的。黄彰健《戊戌变法史研究》中判定全折为伪。所举理由，是康自编《年谱》记载代杨深秀草拟的“定国是”折，曾列举古今中外变法有效的君主四人与现存杨折相合；《奏稿》中此折所举中国古代变法君主人数、人名不同于《年谱》，也不同于杨折。其实这个事实只能证明《年谱》所述代拟杨折为真，与《奏稿》此折真伪全然无关。因为《年谱》中所记变法君主人数、人名只是叙述代拟杨折的内容，根本没有涉及他自己上折是怎样讲的。《年谱》上说同时分拟杨、徐二折，也没有叙述徐折的内容是什么。从现在徐折中知道，只是“定国是”意思与杨折相同，文字很不一样。康折与代拟杨折是两篇不同的文章，彼此文字不同，不能互相证明孰真孰伪。

清政权才可望维持下去。对于洋务派与封建顽固势力，都是一个重大的打击。载湉在这个问题上基本采纳了改良派的主张。

6月23日下诏废除八股。其间经过种种斗争，载湉采纳康有为的意见，才实现了。康有为记载说，6月16日，他见载湉，历数八股祸国殃民。“上曰：‘然。西人皆为有用之学，而吾中国皆为无用之学，故致此。’对曰：‘上既知八股之害，废之可乎？’上曰：‘可。’对曰：‘上既以为可废，请上自下明诏，勿交部议，若交部议，部臣必驳矣。’上曰：‘可。’”。但是等到载湉要发命令的时候，刚毅马上出来阻止了。他照例“请下部议”，载湉不准；刚毅威胁说：“此事重大，行之数百年，不可遂废，请上细思。”载湉愤怒驳斥，刚毅最后仍坚持，“此事重大，愿皇上请懿旨”。载湉不作声了。后来得到那拉氏默许，终于下达了废八股的诏书。

9月2日，上谕宣布，士民上书言事，都察院不需要拆阅，随到随递，不准稽压。9月13日，又下令不论官民，一律可以应诏陈言，藩臬道府，均得自行专折具奏，士民上书由本省道府随时上奏。1895年，康有为上清帝第四书。就建议载湉下诏求言，许天下人到午门递折，永以为例。后来上的请“大誓臣工，开制度新政局”折里，又提出在午门设待诏所，派御史为监收，“许天下人上书，皆与传达”。百日维新中，康有为再次在奏折中请下明诏，令天下人民上书。载湉宣布允许士民上书，加上由道府转奏的限制，对康有为的建议还算部分采纳了。[①] 梁启超当时认为允许士民上书，是什么把中国“从古最塞之国体，一变而为最进之国体”，任意夸张，不着边际。但在洋务派、封建专制主义统治的中国，人民——主要是早期资产阶级和它的知识分子有权对皇帝讲话，对于促进资产阶级利益，打破洋务派、顽固派控制是有利的。而且士民上书难免要议论、以至揭发大官僚们腐败无能，通敌卖国。那道谕旨一发表，就有人评论说：“在廷诸大臣，最恶言事者败事。尝告人曰：‘自伊犁事、法越事以至甲午日本事，皆辩言乱政者偾事所致。欲天下无事，杜绝言路，自然安静，而办事者亦可顺手。’今上广开言路，正与之相反。不便于诸公之事，此为第一切肤之痛。”[②] 反动、守旧大官僚们的切肤之痛，也就

---

①《戊戌奏稿》所列《谢赏编书银两折》，后来大加篡改了，不是原来面目。其中“请明诏特下，令天下人民上书”，符合康有为等人当时的思想和要求，自无疑问。

②《清廷戊戌朝变记》，《戊戌变法》第1册，第342页。

是维新运动的生气所在。

载湉推行的政策中，很多是洋务派的主张，又有改良派的主张，反映了他所受的压力沉重，处境困难。一方面，那拉氏为首的洋务派、顽固派和各种守旧势力坚决拒绝变革；又一方面，中国瓜分危机、各地接连掀起的群众反抗斗争，要求必须进行改革。前一个方面的压力，使他面临被废黜，从皇位上栽下来的现实危险。后一个方面的压力，使他有成为亡国之君，如康有为在《波兰分灭记》里所说的"国亡身辱，妻子不保，备古今寡有之酷毒"的可能。宫廷的环境条件，决定载湉生来是旧统治秩序的维护者，现实的社会危机，宫廷内部权力斗争，又促使他扮演赞成改革现制度的角色。梁启超撰《光绪圣德记》，称载湉为"英断绝代"的圣主，以为尧舜之君，不过如此，那当然是保皇主义的宣传。载湉在那拉氏的淫威管制下，长期受到压抑，恐惧战栗，奉命唯谨，不敢稍有反抗。但其智力水平也不属于刘禅、晋惠帝一类。他敢于向那拉氏要求事权；对某些大臣表示：我向不拘细节，"你们嫌我讲西法，我将要改变西法，汝等其奈我何！"翁同龢记载，对于变法，"圣意坚定"；礼部堂官六人，一次被全部撤职。这一些，表明他具有相当的判断力和胆量。就因为这样，百日维新中，他采取何项政策的选择余地不多，也不是全然不能表现自己的意志。洋务派的许多主张他采纳了，改良派的主张，有的"下部议"驳回了，有的下明诏宣布执行，正是表现了他的选择、他的政治态度和倾向。其中有些问题，改良派并没有划清与洋务派的界线，载湉更不可能对它们加以区别。这也是使洋务派的主张，在那纷纷扬扬的上谕中占着优势的原因。

改良派，首先是康有为，他认为自己的建议不能实现，只是因为守旧大官僚的反对，载湉是赞成的，不过他没有权，无可奈何。康有为在自编《年谱》里说，他提的许多建议，从下诏定国是，开制度局，天下臣民可以直接上书，一直到开法律、学校、民政、农工商各局，所得到的回答，不是"此条无庸议"，便是"已经奉旨另办了之"，或"屡奉谕旨饬办了之"，或"与我本意大相反矣"。"我折似无一语驳者，似无一条不行者，上亦无以难之。虽奉旨允行，而此折又皆成为虚文矣。谓大官了事，所谓才者如此"。[①] 意思是很明白的：第一，他的政策主张，大部分并没有被采纳；第二，是守旧大官僚

---

①《戊戌变法》第 4 册，第 153—154 页。

们的阴谋诡计，把他的一条条建议化为乌有了，载湉是赞成那些建议的，只是对大官僚们“无以难之”。改良派本来具有地主阶级、资产阶级两重性格。地主阶级的眼光，使他们不易辨别载湉推行的政策与他们自己之间的分歧。

照改良派的观点，载湉只要有了权，清政府就会变成一个日本明治维新那样的政府，载湉也会成为他们心目中的维新皇帝。他们一直是这样希望的。英国人办的《字林西报》在那拉氏发动政变以后假惺惺地说，“维新党在各部门中都实行大刀阔斧的改革工作、直到举世都为之震惊，认为比起这个青年的中国来，就是日本的维新速度也瞠乎其后”。“年青的光绪皇帝……集合一些年青的改革家在自己身边，并且颁布了一系列改革命令。这些命令，像我们在前面所指出，没有一个不切实用，换句话说，都是具有实行的可能性的，如果能彻底实行，无疑地将为中国带来真实的利益”等等。[①] 这种观点实际上是不认为载湉的立脚之地，是买办资产阶级、地主阶级和它们进行联合统治的清政权。仿佛他个人可以离开那个立脚的地盘，孤立地去从事某种改革。统治阶级的利益要求，与它的代表者掌握的权力是不能分割的。脱离了前者也就不存在后者。

中国此时已经深深地陷入半殖民地、半封建社会，与三十年前日本明治维新的国内外环境、条件全不相同。帝国主义在华政治、军事、经济势力，已经大到开始实施瓜分中国的地步。封建经济制度根深蒂固。军事工业、大部分民用资本主义工业掌握在买办资产阶级，它们的政治代表洋务派手里。在这种情形下，本身软弱无力，又与群众相隔绝的维新变法，只会像已经发生的那样，议论多于行动，失败大于成就。载湉在这场斗争中，即使取得胜利，掌握实权，也只可能改变上层建筑的某些形式，即改变政体，而不能触动政权的反动实质。政体与国体，即政权的形式与它的阶级实质，往往并不是一回事，甚至毫不相干。历史上许多事实证明是如此。并且载湉的个人主张、见解，也是随着时间、环境变化的。例如翁同龢长期最为他的亲信、倚赖，他由此得与康有为等改良派接近，翁因此被那拉氏罢逐。但后来情形全变了。戊戌变法以后六年，翁同龢死。据说奕劻出面，请赐予恤典。“上盛怒，历数翁误国之罪。首举甲午主战，次举割青岛。太后不语，庆王不敢再言，故翁无

①《字林西报周刊》，《戊戌变法》第3册，第516、518页。

恤典”[①]。这等于由他自己把甲午战争、维新运动的案给全部翻掉了。百日维新中已经做的，和可能做的，都说明维新变法不被推翻，留给载湉的，只能是一个洋务派皇帝的位置。这是他的阶级地位、环境条件决定的。载湉的行动表明他有爱国心，但是不表明他的爱国心不受其阶级地位环境、条件的严格限制。

庞杂的官僚集团里，一部分人冷眼旁观维新运动。他们表面置身于事变以外，事实上是大官僚、反动势力的支持者。他们根本不理会载湉与改良派行动的目标、政策，只从宫廷矛盾斗争去看待事变。一个吹捧张之洞的《劝学篇》为“拯乱之良药”，接近洋务派的官僚叶昌炽，在他的《缘督庐日记》里面，记载变法和失败的见闻以后归结说：“康梁之案，新旧相争，旗汉相争，英俄相争，实则母子相争，追溯履霜之渐，则又出于嫡庶相争。乱匪降自天，生自妇人，岂不信哉！”[②]顽固反对变法的胡思敬评述说：光绪“十八年至三十四年，为母子夫妇不和时代”。“自古国家之败，多起于伦理；家齐而后国治，不诚信哉！”[③]在这些官僚看来，事变全部是一场宫廷纠葛，嫡庶矛盾，母子相争。载湉对维新运动的态度，变法与反变法斗争，从而也是母子不和，嫡庶相争所决定的。他们的目的只在做官、升官，两只眼睛必须紧紧盯住宫廷和上层权势的消长，认清行情。不然的话，就有可能断送一辈子的前程。这种人的观点把宫廷矛盾、变法与反变法斗争的位置完全颠倒了，什么亡国亡种，什么救亡图存，全不在他们注意之中。

宫廷内部纠纷，家族间的权位争夺和斗争，情形很不一样。单纯的宫廷政变，废立事件，只涉及极少数人的利害。它们虽然也流血杀人和记录在史册上，总是很快就不为人挂齿了。此类事例多不胜数。载湉与那拉氏间的斗争，也发生在宫廷内部，也有所谓废立问题。但它是和变法维新与反对变法维新这个范围大很多，意义深刻得多的矛盾、斗争联系在一起的。它与单纯的宫廷内部纠纷大不一样。梁启超记载说：“自四月初十以后（按：指恭亲王奕䜣死以后），皇上日与翁同龢谋改革之事，西后日与荣禄谋废立之事。”又说：“政变之总原因有二大端：其一，由西后与皇上积不相能，久蓄废立之志

① 王照：《方家园杂咏二十首并纪事》，《戊戌变法》第4册，第361页。

② 叶昌炽：《缘督庐日记》，《戊戌变法》第1册，第534页。

③《国闻备乘》，《戊戌变法》第4册，第970页。

也；其二，由顽固大臣痛恨改革也。”[①]这合乎事实。载湉要从那拉氏手中夺过实权，就需要改革某些旧制度，实行变法，排除反对自己的旧势力。对他说来，夺取权力是真实的，变法维新也是真实的。那拉氏要照旧掌握全部权力，必须反对“变乱祖宗成法”，使现存统治力量的平衡不被打乱，继续保持自己举足轻重的地位。对她来说，掌握全部权力，重新“垂帘听政”是真实的，反对变法也是真实的。问题不在于双方对应否变法的态度有无虚假，而在于宫廷内部矛盾同变法与反变法斗争，到底哪个处于决定性的位置上。

一个深知宫廷内情、立言谨慎的《清廷戊戌朝变记》的作者，对这个问题是这样回答的：“不遇两宫之深嫌，固无此变；即遇两宫有嫌，而无荣相之媒糵，以取悦于太后，亦无此变；即有荣相之媒糵，而不遇皇上之积仇，康有为之触怒，或迫于大义，或怀念旧恩，亦可无此变；奈何群相构难，萃于一时。……今日者势成骑虎，社稷有倾覆之祸，皇上有倒悬之危，所倾社稷危皇上者，不得不归咎于康有为也。”[②]他的意思是宫廷内部确实存在种种仇怨，但它们是可以消释和压制下去的。不想闯进来一个康有为，引起了那些仇怨的暴发而不可收拾。这里只需把“康有为”改为“维新运动”，意思就明确了。所谓归咎于“康有为”，自然是说归咎于反映中国瓜分危机迫在眉睫、号召救亡图存的维新运动。换一个说法，并非宫廷矛盾引起变法斗争，相反，是民族危机，维新运动的斗争，促进载湉与那拉氏之间权力斗争的尖锐化。事实也正是这样。第一，是否需要改变现状来挽救民族危亡，是这时国内矛盾、斗争的焦点。载湉在宫内权力争夺中，用明确的语言讲出了这一点。他一则说，没有事权，情愿让位，“不甘作亡国之君”；再则说，他试用“西法”，是由于“洋人逼迫太急”，想借此保存国脉。就算这只是他为自己争权辩护提出的一种理由，客观事实也还是先存在亡国危险、维新运动，后在宫廷内部明白提出权力问题。第二，先发生变法，危及大批官僚、社会守旧势力的权益，然后宫廷的权力斗争才迅速升级。切身权益受到变法妨害的，有洋务派，也有顽固派。作为他们的总头目的那拉氏，对此是不能容忍的。载湉给杨锐带出的密诏说，那拉氏坚决反对变法，反对罢黜老谬昏庸大臣，“朕位且不能保，何况其他？”宫廷矛盾激化到如此程度，首先是来自变法斗争，这是说得很清

---

①《戊戌政变记》，《戊戌变法》第1册，第260、268页。

②《清廷戊戌朝变记》，同上书，第354页。

楚的。第三，所谓废立问题，也只是在变法、反变法斗争中最后变得严重起来了。梁启超强调甲午战争以后，那拉氏一直怀着废立的心事，她多次“翦除皇上羽翼”，但废立也止于“隐谋”。6月11日下定国是诏前夕，气氛陡然紧张起来。那拉氏与荣禄密谋，想阻止变法，策划由王公大臣吁请“训政”。因为缺少人联名，也就停止了。代替的办法，是不久以后革退翁同龢、荣禄接任北洋大臣，调兵入北京等。直到这时，那拉氏还顾虑“训政”也会“招揽权之讥”，更谈不到行废立。《清廷戊戌朝变记》上说：“或谓荣相（荣禄）请训时，太后两次密语者，即天津阅兵，将行废立也。窃谓不然。”那拉氏、荣禄如果确实打算这么干了，必定调兵入卫，决不用跑到天津去行此大举动。“况今日京师之臣民，不知有是非久矣。苟行废立，尚有敢谓其不然者乎？不待兵力以压制之耳！所以蓄意五年不敢遽行者，恐天下不服，外人干预也。天津一区，北洋数军，能抗天下，能拒外人乎？”① 这个分析是有见识的。到9月上旬和中旬，载湉命令谭嗣同等参预新政，召袁世凯入京，并准备开懋勤殿。变法维新又有新的举动。那拉氏再也忍耐不下去了。“天下不服，外人干预”的顾虑被夺权决心所代替，维新运动于是以群众性爱国活动开始，以宫廷政变结束。

这些事实说明，百日维新中，清宫内部的斗争不是孤立的。帝国主义加紧侵略、人民要求抵抗的强大压力、革命危机存在，使宫廷内部在如何才能保持其统治地位的问题上，不可避免的要产生、并不断加剧矛盾分歧。家族内部的争夺，日益演化为最上层的统治危机。大体上，这就是维新运动与宫廷权力斗争之间的关系。

载湉与改良派植根于不同的阶级土壤上。他既不是维新运动的首领，更不是发起者。帝国主义瓜分中国的危机，意味着清政权不是被推翻，便是变成某个占领国的小傀儡。载湉名义上毕竟是清政权的首脑，不得不替它找条出路。别的出路并非没有，他根本不能考虑。与维新派合作，实行变法，就成了一条唯一可供选择的路子。康有为上书、上折，常常用开新与守旧，来形容变法与反变法两种对立势力。载湉下诏变法，是在开新的阵地上插了一脚。改良派的变法主张本来已经够温和了。百日维新，也只是采纳了他们变法建议中偏重形式的某些部分。就这样，与载湉的本来的阶级地位也是相对

---

①《清廷戊戌朝变记》，《戊戌变法》第1册，第336页。

立、相矛盾的。结果他等于被剥夺政治权利终身、过着长期囚禁的生活。以前和以后，载湉都是一个似乎并不存在的人物。变法维新中，他却是重要的当事人之一。他是周围环境的十足奴隶，这一百天里，又是一个不可省略的奴隶。

改良派的动摇、后退

百日维新中，载湉对改良派的建议大打折扣，改良派对自己的政治纲领、主张同样大打折扣。载湉接受变法，条件是实行一部分改良派的主张，实行大部分洋务派的主张。康有为建议变法，条件是放弃实行立宪政体，改为依靠载湉的“乾纲独断”。改良派内部在政治目标上首先就是有分歧的。

改良派与洋务派、顽固派论战最激烈的问题之一，是要不要兴民权、设议院，实现君主立宪。改良派与洋务派政治上划分界线，主要也是在这个问题上。康有为原来是有开议院的思想主张的。“公车上书”中，他主张十万户选一人充“议郎”，备顾问。那种“议郎”虽然不是资产阶级有权立法的议员，但可以起些通达“民情”的作用。1896年6月，他上清帝第四书，列举各项建议，其中一条是“设议院以通下情”，凡有政事，提交会议讨论，少数服从多数。1897年末上清帝第五书中，他明确主张“自兹国事付国会议行……采择万国律例，定宪法公私之分”。又希望载湉“以俄国大彼得之心为心法，以日本明治之政为政法”（不久以后的奏折中叫“政谱”）。大彼得的心法，指君主纡尊降贵，摒除高高在上的陈腐体制，接近贤士能人，学习工艺科学知识（所谓“易装游法，学于船匠”），决心变政。日本明治的政谱，中心是采取西方政体，开国会，颁布宪法。

但是百日维新中，康有为以自己的名义上条陈、奏折中，始终没有见到有开国会、行宪法的建议。凡是讲到变法要从根本变起的地方，都是说在宫中设制度局，讨论新政。舆论造的不少，原来康有为赞成开国会的思想是一回事，关于变法的实施政策是另一回事。道理上、原则上他认为应当立宪、开国会。政治实践上，他只主张在宫廷开制度局。改良派一争取到接近皇帝的机会，马上就把自己的政治纲领抛到一边去了。他们在实行立宪政体的问题上，先亲手与洋务派划分界线，然后又亲手消灭了彼此间的界线。

这种背弃自己政治纲领的行动，康有为是极力坚持的。他自己说：内阁学士阔普通武上疏请开议院，“上本欲用之，吾于日本变政考中，力发议院为泰西第一政，而今守旧盈朝，万不可行。上然之”[①]。康有为在《日本变政考》里反对中国开议院，主要是在“民智”低下问题上做文章。他说：“民智”的基础在于设立学校，而学校与议会的关系是相联系、相始终的。“故学校未成，知识未开，遽兴议会者，取乱之道也。学校既成，知识既开，而犹禁议会者，害治之势也。夫议会之终不能禁，犹学校之终不能废也”[②]。又说：日本国势大振，能够与西方国家改订条约，恢复本国的自主权力，发扬民权，收效是如此之神速！“然必自大开民智始。民智不开，遽用民权，则举国聋瞽，守旧愈甚，取乱之道也，故立国必以议院为本，议院又必以学校为本”[③]。两段话看来都是强调开议院、兴民权，但又都是和教育水平联在一起，或混为一谈，并由此推论出教育不发达，讲民权不但无益，反而是“取乱之道”。因此，他劝载湉切不可操之过急。中国“民智未开，蚩蚩自愚，不通古今中外之故，而遽使之议政，适增其阻挠而已。令府州县开之，以奉宣德意，通达下情则可。日本亦至二十余年始开议院，吾今于开国会，尚非其时也”[④]。康有为反复强调，变法必须以日本作蓝图，其根本是开议院、行宪法。而坚决反对这样做的不是别人，又恰恰是他自己。

改良派始终不成为一个有组织的集团。它的重要分子最初也只是凭思想倾向相同结合在一起。康有为反对开议院、行宪法的主张，暴露了他们在变法步骤、政治纲领实施上的矛盾、分歧。百日维新的前进目标首先就是模糊、不明确的。政治目标的摇摆、不明确，反映了改良派阶级地位的骑墙状态、模糊和不肯定性。

谭嗣同、林旭站在激进的一翼，主张开议院、行宪法。康有为记载说：“于时，复生、暾谷又欲开议院，吾以旧党盈塞，力止之。而四卿亟亟欲举新政，吾以制度局不开，琐碎拾遗，终无当也。故议请开懋勤殿以议制度。”[⑤]谭嗣同、林旭主张开议院，是他们参与新政事宜，取得起草上谕的权力以后，不过言论没有留下来。就谭嗣同来说，他反对君主专制的思想，在《仁学》

①《康南海自编年谱》，《戊戌变法》第 4 册，第 158 页。

②《日本变政考》第 7 卷，第 39 页。

③《日本变政考》第 11 卷，第 42 页。

④《日本变政考》第 6 卷，第 4 页。

⑤《康南海自编年谱》，《戊戌变法》第 4 册，第 159 页。

中讲的不少，也很尖锐。例如他认为孔子创立学说的本意，是“黜古学，改今制，废君统，倡民主，变不平等为平等”；世界上最初本无所谓君臣，都是民，因为要有人办事，于是共举一民为君。“夫日共举之，则且必可共废之”等等。① 当他谈到“共举之君”的时候，所描写的，与其说是立宪政体的君主，不如说更像资产阶级共和国的民选总统。

改良派中间，在变法步骤、纲领实施上的分歧，使康有为以至忍不住在背后对谭嗣同、林旭咒骂、攻击。康有为自己记载：他对梁启超说，谭嗣同、林旭二人的相貌举止，都不像开国功臣的样子。“今兹维新，关中国四千年大局，负荷非常，而二子起布衣而骤相，恐祸将至矣。昔何晏、邓飏执政，而管公明谓其鬼幽鬼躁，必及于难。吾今惧矣”②。何晏、邓飏都是魏国浮薄文人，因为依附曹爽，被司马懿所杀，灭三族。据说江湖术士管辂曾给他们相面，断定其不得好死，有“鬼幽鬼躁”的话。康有为用那种荒唐无稽的谎言来评论谭、林，相反，对地位很低、在维新运动中很少为人所知的徐仁静（徐致靖次子）、徐仁录（徐致靖侄）极力吹嘘，说他们“形相甚好，可入军机”。他对同一个阵营的激进分子反感是如此露骨，维新运动再继续下去，也必然从内部分裂、拆伙。

康有为、梁启超代表维新运动的主流派。他们都主张“尊君权”，“以君权雷厉风行”变法，拒绝开议院。变法失败不久，梁启超回顾这个过程说，康有为最先提倡民权，“然其言实施政策，则注重君权”。理由是中国积数千年的旧习惯，民智未开，骤然给予权力，难以行通。利用君权的强大势力，雷厉风行去改革政治，其效果必定可以事半而功倍。康有为“谓当以君主之法，行民权之意。若夫民主制度，则期期以为不可”，这是他“独有所见”。③ 康、梁连君主立宪政体也不敢见诸实行，突出表现了维新运动中他们这一派人政治上严重的动摇性和弱点。他们就是在从事进步活动的时候，政治观点也是皇权主义者，远谈不上民主主义。康有为保皇终身，梁启超 1901 年主张开明专制，前后立场是一贯的。

变法靠“乾纲独断”，是康有为自“公车上书”起的条陈、奏折里，反复

① 《仁学》，第 54、56 页。

② 《康南海自编年谱》，《戊戌变法》第 4 册，第 159 页。

③ 《康有为等人传记》，同上书，第 34 页。

申述过的建议。他以为凭着君主的无上权威，只要下决心变法，什么事都能办到。例如《日本变政考》中说，对日本变法的经验如果确实相信，“则运造化而生于心，发雷霆而出于手，是在我皇上一反掌间而措天下于泰山之安矣”[①]。又说，日本变法规模宏阔，条理通达，使它得以迅速兴盛起来。但是中国情形不同，风气未开，民情隔膜。“惟有乾纲独断，以君权雷厉风行，自无不变者。但当妙选通才，以备顾问，若各省贡士聊广见闻，而通下情。其用人议政，仍操之自上，则两得之矣”[②]。一是载湉的“乾纲独断”，一是天下“通才”——其中首先是康有为，以及把他引荐给皇帝的翁同龢等，参加掌握政权，下令进行改革，就是康有为的变法路线。翁同龢那样的帝党官僚所以同意与康有为合作，就是因为他们有一个共同的政治、思想基础：“乾纲独断”，拥护皇帝，尊君权。

严复、康广仁是维新运动中最右和动摇最早的一些人。他们彼此没有什么联系，但先后在维新运动中露过面。严复 1895 年发表宣扬资产阶级民主的《辟韩》一文，百日维新中又以讲新学的名声，受到载湉召见。但在开议院、讲民权问题上，比康有为后退更早。1897 年，梁启超在《时务报》上鼓吹民权，严复表示反对。他从唯心观点出发，用庸俗进化论来解释历史，说“天演之事，始于胚胎，终于成体”。西方能实行民权，是因为远在希腊、罗马时代已经有那种“胚胎”。中国一直行君主政体，没有那种“胚胎”，“虽演之亿万年”，也不能由君主进入于民主。[③]同一年，他发表《中俄交谊论》，替李鸿章的联俄政策辩护。其中特别指责“论者动言中国宜减君权、兴议院”的不当，强调“以今日民智未开之中国，而欲效泰西君民并主之美治，是大乱之道也”。[④]康有为说，中国民智未开，兴议院、行民权，“取乱之道也”；严复说，中国民智未开，行君主立宪，“大乱之道也”。他们在这个问题上，是一样的立场，一个腔调。但康有为表面上还在主张开议院的时候，严复就处处表示反对了。百日维新前夕，他在《国闻报》上发表《上皇帝万言书》，绝口不谈民权，只是重复洋务派提出过的一些“变法”主张。那拉氏发动政变，严复主办的《国闻报》被封闭，没有受到更严重的追究，正是由于他早就坚

---

①《日本变政考》第 1 卷，第 5 页。

② 同上书，第 45 页。

③《论君政民政相嬗之理》，《戊戌变法》第 3 册，第 30 页。

④《晚清文选》，生活书店 1939 年版。

决反对开议院、行民权，政治上拥护洋务派。

康广仁卷入维新运动，完全是因为康有为的关系。他对君权、民权并无兴趣，而只强调废八股的重要性。康广仁开始有点名气，是七月间监察御史文悌弹劾康有为的奏折中提到他改变科举制度的言论。载湉没有实权，使康广仁认定改良派不会取得权力，变法毫无希望。康有为记载："幼博则专意在废八股，自八股废后，民智大开，中国必不亡。"[①] 他们应当立即离开北京回广东，向香港一带掌握西方科学的知识分子宣传孔子学说，三年以后必有成绩。那时来议政变法，救中国，为时未晚。并且"日以为言，每当上折，必阻挠之，谓办此琐事无谓，日与卓如言之"[②]。康广仁这是劝康有为逃避同守旧派的斗争，退出政治漩涡，去坐观风色，免遭祸败。一直到被杀害时，他认为最重要的也还是废八股的问题。

改良派内部对待政治纲领的这种情况，说明他们中少数激进分子是很孤立，并遭到猜忌的。康、梁为首的妥协势力居于主导地位。载湉下的许多诏令虽然不能兑现，他还是有发布命令的权力。关于开议院的问题，第一次由阔普通武提出，载湉准备实行；阔普通武由此擢升侍郎，康有为认为"万不可行"，结果放弃了。第二次，谭嗣同、林旭又提出，康有为又"力止之"，结果也是放弃了。已经被任命参预新政的杨锐，这时给人写的信里面说："现在新进喜事之徒，日言议政院，上意颇动。"[③] 康有为也说，载湉这时"于变法勇决已甚"。没有康有为一再阻挠，他下一道宣布"预备立宪"之类的谕旨，很可能办到。这对变法的结局不会有什么改变，但改良派至少因此还表现出有遵守自己政治纲领的勇气。康有为等人缺乏这点勇气，希望留下一条道路，与洋务派、封建大官僚取得妥协。在这个问题上，比他们的"圣主"光绪皇帝，甚至还不如一些。

百日维新中，改良派在对待帝国主义侵略的问题上，后退之远，更加惊人。"公车上书"中，康有为反对割弃台湾，说放弃台湾事小，离散全国民心事大。日本没有一卒一兵闯进台湾，一听到大言恫吓，全岛就割弃了，外国必然群起效尤。"法人将问滇桂，英人将问藏粤，俄人将问新疆，德、奥、意、

①《康南海自编年谱》，《戊戌变法》第 4 册，第 152 页。

② 同上。

③《杨参政公家书》，《戊戌变法》第 2 册，第 572 页。

日（西班牙）[1]、葡、荷皆狡焉思启，有一不与，皆日本也，都畿必惊；若皆应所求，则自啖其肉，手足腹心，应时尽矣”。他的警句是“割地之事小，亡国之事大”。[2]割地求和，只有把中国引向灭亡。戊戌变法前不久，康有为向载湉第五次上书，再次痛切陈述帝国主义瓜分中国的空前危险局势。他列举非洲各国、波兰、越南、印度灭亡的情形说，非洲是被欧洲国家一举灭亡的，波兰是受俄、法、奥屡次进攻而后灭亡的，越南是由法国逐步夺去其权利以后一旦灭亡的，印度是海陆要害被英国全部占领，一步步灭亡的。它们是中国的前车之鉴。他特别着重指出，如果以为可以利用列强互相间的矛盾，靠它取得外援，使中国不被瓜分，那是完全错误的。“夫欲托庇强邻，藉为救援，亦必我能自立，则犄角成势，彼乃辅车；若我为附枝，则卧榻之侧，岂容鼾睡，此又中智以下咸知难恃者也”[3]。抵抗侵略态度鲜明，道理也讲得相当透彻。

1898 年 3 月底，俄国勒逼清政府割让旅大，形势紧迫。在那以前，载湉已经派荣禄、李鸿章、翁同龢等在总理衙门约见康有为，讨论变法事宜。3 月 22 日、26 日，康有为连上两道奏折，请坚决拒绝俄国的要求。一道由他自己起草递出，一道向他的学生麦孟华口授，并由麦具名递出。他自己上的“为胁割旅大，覆亡在即，乞密联英日，坚拒勿许，以保疆土而存国祚”的折子，提出拒俄的上、中、下三策供选择。“密联英、日，赫怒而战，上策也；不允画押，听其来攻，徐待英、日之解难，中策也；布告万国，遍地通商，下策也”。上策“言战”，首先要密联英、日。日本人对俄国“仇之久矣”，“英愿出死力而助我”，打败俄国，可以无疑。“然甲午以来，误于恃俄，于今三年，未修武备，或不敢言战，则泰西有不允一例，名为普卢爹士，但坚拒其请……。”这样，所谓上策，他自己显然也认为是行不通的，不过说说而已。中策，俄国来攻，“我不还炮，不与战，但必不画押”。那时日本、英国“必合而仗义责俄，或陈兵拒俄”。第二次鸦片战争中，叶名琛对英投降的所谓“不战不和不守，不死不降不走”，现在被康有为认真推荐出来了。如果这还是不行，那还有下策，“可遣大使，布告万国，皆许其遍地通商，立约瑞士，公众共保”[4]。上

---

① 西班牙，当时译名为日斯巴尼亚。见王铁崖编《中外旧约章汇编》第 1 册，第 218 页。

②《上清帝第二书》，《戊戌变法》第 2 册，第 132 页。

③《上清帝第五书》，同上书，第 193 页。

④《杰士上书汇录》第 1 卷。

策行不通，中策不过是幻想，康有为实际是把下策作为上策提出来的。向麦孟华口授的折子，拒俄办法三条，内容与前折相同。第一是“言战”。但是中国在甲午战败以后，兵事废坠，俄国强大，“举人等固知其必不能战也”，“又知诸臣之必不敢言战也”。这头一条，自己马上否定了。第二是请英国、日本两国援救。俄国用兵，中国只闭门自守，绝对不与交战。“布告天下，请局外之国公断，度英与日本，必将出而助我。……二国并力，既足制乎俄人，复返侵地，更有德于中国。此举人等所以敢决于英、日之助我，而请之可以坚拒也”。不过这到底不保险。第三是“合众公保”，万一英、日两国因为俄人强悍，不愿坚持援助，或者坚持了然后又照例向中国索取报酬，那怎么办?“如此则有公保之法足以应之。……若昌告万国，捐旅、大为公地，而使诸国通商，使彼既可平权，又能获利，自必乐为听从；在我虽失二地，可缓分裂，亦属有裨大局。……诸国涎我商务，日求口岸，诚布告各国，许其遍地通商，订立约章，合众公保，诸国畏俄之强，无利尚能保土，岂获此通商大利，独不助我以制俄哉！俄虽强暴，安能万里以与诸国抗战！与其割要地于强俄，以致瓜分，孰若求公保于各国，然后变法以图存。天下存亡，在此一举”[①]。前后两折稍有不同的，是前一折“言战”的部分话比较多，而且慷慨激昂；后一折对于“言战”行不通，讲得更加直截了当，而且突出了允许外国“遍地通商”“合众公保”的部分。戊戌年底，康有为自编《年谱》时说，俄人索旅顺、大连，“三月初一日，吾上折陈三策请拒之。……时门人麦孺博公车适来，吾口授一折，请以旅、大与诸国，联英拒俄。言极激切，立写上”[②]。难以见人的布告万国，许“遍地通商”，改成了只是“尽开沿海口岸，以利益各国”；而于“订立约章，合众公保”，只字没有提及。在对待帝国主义侵略的问题上大踏步后退，康有为心中有数，这时觉得需要粉饰一番。

一年以前，康有为曾明白反对把希望寄托于列强的援助上，以为那是“中智以下咸知难恃”的。现在他放弃本来正确的主张，一变而为肯定英、日必定可以帮助中国抗拒俄国。这已经是明显倒退了。“布告万国，皆许其遍地通商，立约瑞士，公众共保”无疑是更大的倒退。

康有为提出对俄上、中、下三策，是在3月下旬。在这以前一个多月，即

① 折载戊戌年三月十三日《国闻报》，转见黄彰健《康有为戊戌真奏议》。

②《康南海自编年谱》，《戊戌变法》第4册，第141页。

2月中旬，买办官僚、洋务派的后起者盛宣怀同王文韶、刘坤一、张之洞等讨论帝国主义分割中国的局势。盛宣怀宣布他的主张说："鄙见各国窃保护之名，分占边疆海口，渐入腹地。一国起争，数国效尤。牵制之法，不足破其阴谋；通商之利，不足抵其奢欲。处今日而散其瓜分之危，唯有照土耳其请各国公同保护。凡天下险要精华之地，皆为各国通商码头；特立铁路矿务衙门，统招中国及各国股份，聘请总铁路师、总矿务司，职分权力悉如总税务司。"[①] 不久以后，盛宣怀把他的主张归纳为两句话："救分割之弊宜合纵……上策也"；"救联缀之弊宜牵制……中策也"。他借用战国时期，齐、楚、燕、韩、赵、魏诸国联合抗秦，即所谓"合纵"那个词，建议采取办法，使帝国主义联合起来，共同保护中国。作为买办阶级的代言人，盛宣怀看出了清政权的危险所在。中国的海陆要地、铁路矿山，如果由帝国主义列强各自瓜分掉，中国领土最后成为一个个帝国主义强盗的殖民地，清政府就失去了存在的余地。反过来，由中国主动把铁路矿山、险要精华之地的权益，全部"平等地"送给列强，它们不用互相争夺，照他看来，就能"散其瓜分之局"。于是清政权也就可以作为列强在华利益的共同看守人，得到"各国公同保护"而存在下去。这表示买办资产阶级、洋务派，经过长期与洋人打交道，对于盘算自己的统治利益，更有经验了。买办资产阶级、封建地主阶级，就是这样与帝国主义互相利用，彼此依存，以维护他们在中国的半殖民地、半封建统治的。

盛宣怀主张"请各国公同保护。凡天下险要通商之地，皆为各国通商码头"。康有为同样主张"布告各国，许其遍地通商，订立约章，合众公保"。改良派的保国保种，救亡图存，一变而成了帝国主义"公保"清政权作为半殖民地统治工具不被消灭。改良派在这个问题上与洋务派达到了融合一致。

如何对待帝国主义的侵略，康有为的谬误、倒退，还有更甚的。百日维新末期，眼看变法败局已成，康有为一心希望英、日帝国主义给予援救，不择手段。9月18日，他见到载湉的密诏，马上会见由他从上海邀到北京来的李提摩太，并建议载湉任命李提摩太为顾问，以保障安全。李提摩太提供一份列强瓜分中国图，和他自己处理瓜分局势的对策。当天夜间，康有为同杨深秀、宋伯鲁、李岳瑞、王照等人集会讨论进行办法。康有为自编《年谱》记

---

①《愚斋存稿初刊》第30卷，第23页；第31卷，第32页。

述讨论的情形说："吾未与诸公谈密诏事，而以李提摩太交来瓜分图，令诸公多觅人上折令请调袁军入京勤王。"[①] 康有为转述、并"令诸公多觅人上折"的李提摩太对策是什么，《年谱》没有讲。杨深秀、宋伯鲁受康有为煽动，把它正式作为建议提出来了。

9月20日，杨深秀上的《为时局艰危，拼瓦合以救瓦裂折》说："昨又闻英国牧师李提摩太新从上海来京，为吾华遍筹胜算，亦云今日危局非联合英、美、日本，别无图存之策。臣素知该牧师欧洲名士，著书甚多，实能深明大略，洞见本源。况值日本伊藤博文游历在都，其人曾为东瀛名相，必深愿联结吾华，共求自保者也，未为借才之举，先为借箸之筹。臣尤伏愿我皇上早定大计，固结英、美、日本三国，勿嫌合邦之名之不美，诚天下苍生之福矣。"[②]9月21日，宋伯鲁上的折上说："昨闻英国教士李提摩太来京，往见工部主事康有为，道其来意，并出示分割图。渠之来也，拟联中国、日本、美国及英国为合邦，共选通达时务、晓畅各国掌故者百人，专理四国兵政税则及一切外交等事。别练兵若干营，以资御侮。凡有外事，四国共之，则俄人不敢出。"[③] 杨深秀、宋伯鲁不是改良派分子，他们都拥护变法，痛恶守旧大官僚，都是御史，在朝廷有发言权，也敢放胆说话。康有为就利用这种情况，通过他们来宣传自己的主张。

所谓中外"合邦"，康有为早有此议论。这年5月，他曾与日本矢野文雄约定，举办"两国合邦大会议"，定稿极详。事情为俄国人所知，矢野文雄没有敢进行。从宋伯鲁的奏折中得知，现在李提摩太所提出的"合邦"办法，在中、日、英、美共选官员百人，掌握四国军事、政治、经济、外交等权，并在中国建立一支四国指挥的军队，"以资御侮"。这种"合邦"，不折不扣，是把中国合到英、美、日帝国主义手里，中国交出全部主权，沦为英、美、日三国的保护国、殖民地。改良派的爱国主义愿望，到这里全部倒过来，走到了它的反面。要是果真去推行，那是彻底的卖国主义。康有为《年谱》中，对此讳莫如深，而杨深秀、宋伯鲁两位一片热忱，但不知轻重的御史，却替他作了记录。

---

①《康南海自编年谱》，《戊戌变法》第4册，第161页。

②《戊戌变法档案史料》，第15页。

③ 同上书，第170页。

康有为、梁启超等人从发起维新运动到变法失败，他们的政治主张、活动方向，中间显然经历了一次重要的转变。这个转变发生于何时？原因是什么？变法维新的积极参加者王照和康有为自己都有所说明。

变法失败以后半年，王照说："及丁酉（1897 年）冬，康有为入都，倡为不变于上而变于下之说。其所谓变于下者，即立会之谓也。照以为意主开风气，即是同志。俄而康被荐召对，即变其说，谓非尊君权不可。照亦深以为然，盖皇上既英明，自宜用君权也。"① 康有为 1901 年写给人的信上说："当戊戌以前，激于国势之陵夷，当时那拉氏揽政，圣上无权，故人人不知圣上之英明；望在上者而一无可望，度大势必骎骎鬻割至尽而后止，故当时鄙见专以救中国四万万人为主。用是奔走南北，大开强学、圣学、保国之会，欲开议院得民权以救之。……及见皇上后，乃知圣明英勇，能扫除旧国而新之，又能决开议院，授民以权。当时孙家鼐谏曰：'若开议院，上即无权。'上曰：'吾以救民耳！权之有无何论焉？'此固英德意奥法俄所死人千万而不可得者，而一旦上能敝屣天下而行之，吾为感泣，愿效死焉。……夫圣主之挺出，岂独天下不知，即吾开保国会时亦不知。陈军机次亮告我曰：'皇上实英明通达，过于群臣。'我答曰：'此真军机颂圣之言，吾不信也。'及既见圣明，乃知出于意表。试问天之生此，又令遍历诸艰，不以为救中国计而何哉！"② 两个说明，内容基本相同。有真实的部分，有不真实的部分。王照主要是转述康有为的话，并不知道其中底蕴。

真实的部分，是肯定 1898 年春天以后，康有为在变法活动中，曾突然改变主意。他在那以前，赞成民权，倾向"变于下"，在那以后强调君权，极力希望"变于上"，在短时间里，结社开会也还没有停止。不真实的，是康有为说他改变主意是在 1898 年 6 月 16 日受载湉召见以后。以前不了解载湉其人怎样，"望在上者而一无可望"。等到"既见圣明，乃知出于意表"，所以主张用君权变法了。他说的原因和时间，两者都不对。康有为上清帝第五书，是在 1897 年 11 月底至 12 月 12 日之间。第六书，即统筹全局折，迟至 1898 年 3 月 11 日才送到载湉面前，但康有为是 1 月 28 日递交总理衙门的。第五书写得极为沉痛激烈，"恐皇上与诸臣求为长安布衣而不可得"一类的话，使载

① 《关于戊戌政变之新史料》，《戊戌变法》第 4 册，第 331 页。

② 康有为未刊稿，转见黄彰健《戊戌变法史研究》，第 1—2 页。

湉为之深受感动。那上面明明写着请“明定国是，与海内更始。自兹国事付国会议行……采择万国律例，定宪法公私之分”。从第六书起，所有开国会、行宪法的话，在康有为奏折里就再也没有出现了，代替的是开制度局和开懋勤殿。4月17日，康有为在保国会第一次集会上演说，谈到泰西立国的本原，“议院以通下情，君不甚贵，民不甚贱”，也没有认为中国现在可以照办。相反，4月13日，由总理衙门递呈的《日本变政考》里，反对中国现在设议院、行民权，至再至三。而康有为受载湉召见，还在这以后两个月。事情很清楚，康有为变法态度的突然转变、后退，绝对不是见到载湉，发现了一位“为救中国计”而挺出的圣主以后，其时间自然也不在6月，而是在上第五书与上第六书之间。那段时间共一个多月，直接关系康有为的重要的事情，是1月24日与总理衙门大臣会谈，讨论变法问题。这虽不是载湉的召见，但是他的意旨。康有为多次上书，争取皇帝接受变法，在他看来，这是一个真正的开始。上清帝第六书，就是那次会谈以后第四天进呈的。载湉表示接受变法的意向，康有为与大臣们直接对话，讨论变法问题，这是他态度转变的关键。

事实上，康有为、梁启超等所处的地位，从此也起了变化。这种变化是双重的。一重是，普通的新进士人，骤然变得靠近清政府权力阶梯的高层了。康有为得到载湉信任以后，名义上没有高官，实际成了变法出谋划策的人物。开制度局如果实现，他当然是这个有权讨论全面变法的机构中的一员。谭嗣同、林旭等四人以军机章京“参预新政”，康有为说他们“实宰相也”。但主持变法的首脑仍是康有为。谭嗣同、徐致靖分别打算荐举康有为入军机和值懋勤殿。康知道那拉氏一定会忌恨、打击，才推辞不允。后来决定开懋勤殿，用顾问官十人。康有为活动王照、徐致靖推荐他和梁启超等十人。载湉并禀知了那拉氏，在军机处记名登记。百日维新再继续下去，康、梁等人的官位会是很高的。再一重变化，是宣传爱国、受人同情的士人，因为得到皇帝信任，变成大官僚、宦途竞争者的对手和各种守旧势力猛烈攻击的目标了。4月底，保国会的章程刚一出来，孙灏就逐条反驳，说康、梁等“厚聚党徒，妄冀非分”“非圣无法”“辩言乱政”。每一条都足以构成杀头的资格。御史潘庆澜、黄桂鋆相继弹劾康有为大逆不道，弹劾保滇会、保浙会等。7月间，文悌上折，捏造康有为“保中国不保大清”。保国会发起人之一御史李盛铎也赶快投到了反康的一边。孙家鼐又上疏弹劾《孔子改制考》。9月上旬，湖南举人曾廉上书，请杀康有为、梁启超。至于一般议论中的反对、咒骂那就更多了。荣禄天天攻击变法，据说对康有为早怀着必杀之心。康有为感到四面楚歌。他连声惊叹："恶我愈至，谤言愈甚"，"于是京朝震动，外省悚惊，谣谤不可听闻矣"！"吾今惧矣"！

改良派核心人物的地位这种双重变化，越发加深他们的阶级性格中本来严重软弱的特性，更迅速地与封建阶级、帝国主义势力相妥协。他们需要这样来保住自己的地位和利益，而不愿去"与众违异，妄招攻击"。在阶级斗争的浪涛起伏、汹涌中，动摇、倒退，成了他们难以逃脱的命运。这是康有为改变态度的根本原因。变法维新即使不被推翻，改良派不去与掌握官僚资本、掌握军事工业的洋务派相结合，不取得帝国主义的支持，就必定无法保住政权。而一旦与洋务派结合，维新运动的性质就消失或改变了。改良派将要做的事情，很可能是和载湉一起，镇压变法运动中的激进分子，同时，把清政府后来宣布的"预备立宪"提前几年。"变法维新"，那时也就将由另外的口号去代替。历史证明，在半殖民地、半封建制度统治下，中国民族资产阶级是不能维持自己的政权的，不管是独立的，还是改良主义那种半资产阶级的。帝国主义、买办资产阶级、地主阶级都不允许他们做到这一点。

第八章　一九〇〇年的义和团运动

第一节　震动全国的义和团运动

义和团在战斗中发展

资产阶级改良派发起的维新运动刚刚过去，1900年爆发了以农民为主体的轰轰烈烈的义和团反帝爱国运动。义和团运动和维新运动一样是帝国主义侵略加深、民族灾难空前严重的产物，是甲午中日战争以后中国人民反侵略、反瓜分斗争的继续，也是长期以来彼伏此起、遍及全国的群众反教会斗争的一个总汇合。它又一次显示出中国人民反对帝国主义的顽强斗争精神和巨大力量。

义和团本称义和拳，原是流行于山东、直隶和江苏北部等地的民间秘密结社，至少已有近百年的历史。1808年（嘉庆十三年），清政府把义和拳看作同白莲教支派八卦教一样的"邪教"，严禁传习，违者治罪，但它仍在山东、直隶等省活动。甲午战后，在民族矛盾急遽激化的情形下，大刀会、金钟罩、同心会、铁布衫会等秘密结社在山东各地纷起进行反教会斗争，义和拳的活动也日益活跃起来。大刀会、金钟罩等结社的成员纷纷加入，义和拳成了他们共同进行反帝斗争的团体，具有极广泛的群众性。

从三元里到义和拳，群众反对外国侵略和本国统治者的斗争，主要有过三种情况。三元里、特别是广州的反入城斗争，是以地主阶级掌握的社学为中心进行的。它单纯反对外国的侵略，与清政权并不发生冲突。社学最初不同于地方团练，地主绅士越来越把它变成地方团练。在群众斗争深入以后，社学那种本来带有地方特点、又不适合下层群众需要的形式，就再也没有作用了。太平天国创立的拜上帝会，有共同的信条，组织严密。宗教信仰和政治理想结合在一起，不像同时存在的三合会那样山头林立，只有笼统的反清复明口号。优点和特点都很明显。但拜上帝会只是把中国民间崇拜多种偶像的土迷信，换成了尊奉基督教教义、单崇拜上帝一种偶像的洋迷信。人民群众对这种由外国侵略者控制利用的洋迷信越来越厌恶，太平天国失败，拜上帝会也就消灭了。长期流行于北方的白莲教和流行于南方的哥老会一类的秘密结社，植根于下层群众中，白莲教带着浓厚的宗教迷信色彩，哥老会在六十年代以后各地的反教会斗争中起过作用，也都很快失败了。义和拳与白莲教有源流的关系，重点虽不在于教，而在于拳，但仍旧是封建社会流传下来的民间秘密结社，没有积极的改革，也没有先进的阶级力量提供指导。资产阶级改良派这时已经创造过学会一类的斗争形式，不过它只适于资产阶级上层活动的需要，与劳动群众是无缘的。在全国反帝风暴来到的形势下，人民群众只有利用现成的形式进行斗争，纯粹旧式的义和拳就这样走上了新的肩负重大历史使命的战斗前列。

义和拳反帝斗争最早在山东发动，决不是偶然的。胶东半岛在甲午战争期间遭受日军的蹂躏。战后日军盘踞威海卫三年之久，日军撤走后，又立即为英国所强占。1897年德国占领胶州湾，强行划山东全省为它的势力范围。德国侵略者“动因细故，称兵压胁”，群众在日常生活中时刻感受帝国主义的压力。山东美国传教士曾说，德国强占胶州湾是当地群众反教会斗争显著增多的“第一个主要原因”。山东教堂林立，大小教堂会所共一千一百多处，外籍传教士三百多人，分属德、法、英、美等国。天主教方济各会最早在山东传教。1882年，德国圣言会分得一部分地区。基督教在这期间建立起一大批新教堂，“山东为基督教各派所分割。美国公理会分得的地区位于直隶边界以南到黄河为止。美国长老会则在黄河两岸直至济南以东，它的西面是浸礼会。这些地区以南的狭长地带是属于英国圣公会的精神管教之内（一个小的美国浸礼会被包在它的中心）；接着的一片狭长地域，美国监理会则处于优势地位”，“山东半岛的尖端是普理第斯教友会的保留地”。[①] 外国教士依仗公使、领事的包庇，横行霸道，气势嚣张。他们唆使不法教徒，为非作恶。群众对教会、教士的专横凶暴，义愤填膺，切齿痛恨。先后两任山东巡抚也对教会和外国教士表示不满。李秉衡说：莠民入教以后，教士倚为心腹，恃作爪牙，

① 蒲索尔：《义和团起义》，第316—317页。

凡遇民教控案到官，教士必为之关说，甚至多方恫吓，不达目的不止。平民饮恨吞声，教民越发志得意满。张汝梅也说：德国主教捏造事实，危言耸听，以洋兵的武力，夸示教民，处处挑衅生事。人民群众长期遭受外国侵略者的欺凌压迫，又从多次斗争失败的经验里，逐渐认识到“官府不足恃，惟私斗尚可泄其忿”①，也就是只有自己起来进行反抗斗争。不反抗没有出路，中国人民驱逐这些披着宗教外衣的外国侵略者，是完全正当的行动。

1898年，邻近直隶的山东冠县义和拳，以阎书勤为首，联合赵三多、姚文奇等，聚众数千人，烧毁红桃园教堂，占领梨园屯②，震动了鲁、冀两省边境地区。第二年，义和拳在朱红灯、本明和尚③带领下，在平原县岗子李庄、森罗殿与地方营队战斗，更高地举起武装斗争的旗帜，促进了在平、恩县、长清、高唐等地义和拳的大发展。在平县八百六十多个村庄，设立拳厂的达八百余处，东昌、武定、泰安、济南等府所属州县的群众极大地发动起来了。

清政府在帝国主义督促下，压制群众反教会斗争。1899年3月任命署江宁将军毓贤为山东巡抚来加强对义和拳的镇压。毓贤在山东二十多年，曾任曹州知府，由于残酷镇压群众反抗斗争，被清政府誉为“声名卓著”，升任兖沂曹济道道员，后又升为按察使。清政府这时任命毓贤为山东巡抚，其用意在大杀山东拳民。毓贤接任后，出告示禁止民间设坛习拳，先后达八次之多。他又派出营队到莘县、平原、冠县、高唐、宁阳等地反复扫荡。义和拳的对策是宣传他们只反对教会，不与官府为难，如果官府执意武装镇压，他们就进行反抗。山东美国传教士指责毓贤镇压不力，天津美国领事若士得通过直隶总督裕禄不断促毓贤保护教堂，镇压义和拳，对毓贤施加压力。毓贤生怕得罪帝国主义，加强对义和拳反教会斗争的镇压。他电复裕禄说：“上月（10

---

①《义和团档案史料》上册，第6页。

②各种资料和调查报告，对当时的一些地名，或者叙述中没有交代明白，或者由于行政区划屡经改变，照旧抄录，以讹传讹，很不准确，难以征信。邻近山东的直隶境内，山东“飞地”不少。冠县远在卫河以东，与直隶威县并不接壤。梨园屯既在威县境内，是冠县的“飞地”。姚文奇（即姚洛奇）是山东临清留善固人，此地距威县地界不过十余华里。赵三多又为威县（一说南宫县）沙柳寨人。据此，义和拳最初斗争的中心，是在卫河以西的直隶威县一带，而不是在卫河以东的冠县地区。关于这方面的准确情况，有待继续查考。

③朱红灯，山东泗水人（一说在平人），1898年到长清大李庄参加义和拳，成为当地义和拳重要首领。本明和尚，高唐州人，又叫心诚和尚，出家前叫杨天顺，是禹城、在平等地义和拳重要首领。

月）击毙匪徒多名，谅美领事无不知也。保护之力，可谓尽矣。”11 月，他派人诱捕朱红灯、本明和尚，又对裕禄说：“贤迭派队勇，业将匪首拿获，办理教案，似亦可对外人。”①但毓贤看到群众反教会斗争的声势越来越大，义和拳的发展很迅速，如果单纯采取武装镇压的办法，势必激起群众对官府的激烈反抗，不可收拾。于是，他企图用分化的手段来瓦解义和拳。他把参加义和拳的一般群众称之为“拳民”，默许他们设厂习拳；对于武装反抗教会的人则诬陷为“匪徒”，捉拿惩办。毓贤在给清政府的一个报告中说：百姓与教民，“结怨既久，仇衅愈深，外匪乘机构煽，以报怨复仇为名，因以闹教生事。其中固难保无被诱之拳民，然亦有拳民绝不与闻者，固不能概诬拳民以闹教之名”。“东省民风素强，民俗尤厚。际此时难日亟，当以固结民心为要图”。②毓贤的这个办法，并没有达到瓦解义和拳的目的，义和拳却由此获得了半合法的地位，更加迅速发展起来。“义和拳”本是一个民间非法的秘密结社，由此逐渐成为一个得到官府默认的公开的团体，“义和团”的名称大概也是在这种情况下开始广泛流传起来的。③

帝国主义者对毓贤的这种做法并不满意。1899 年 12 月初，恩县庞庄公理会教士致电美国公使说：“山东、直隶义和拳叛乱，波及二十个州县，蔓延甚速。……立誓杀害教徒，除灭外国人。除非四国公使馆联合施加压力，庞庄、临清和济南府的美国人认为局势几乎不可收拾。”④美国公使康格据此照会总理衙门：“除非帝国政府采取某些马上见效的措施消灭匪徒，则外国人证实这样一个信念，即中国政府故意漠视一个重大的问题，其结果导致它曾许诺加以

---

①《东抚电》（光绪二十五年十月初六日；十月二十六日），林学瑊编《直东剿匪电存》，《义和团运动史料丛编》第 2 辑，第 51、52 页。

②《义和团档案史料》上册，第 40 页。

③“义和团”的名称，最早见于 1898 年山东巡抚张汝梅的奏报，他说：“直隶、山东交界各州县，人民多习拳勇，创立乡团，名曰义和，继改称梅花拳，近年复沿用义和名目。”“此次查办义民会，即义和团。”（《义和团档案史料》上册，第 15 页）张汝梅关于义和团是乡团的说法是不可信的，以后清政府的官方文书中也很少有“义和团”的称谓，而是称“义和拳”或“拳会”。1899 年 12 月御史黄桂鋆的奏报中说：“山东义和等团，非欲谋乱也。……地方官不论曲直，一味庇教而抑民。遂令控诉无门，保全无术，不得已自为团练，借以保卫身家。”（《义和团档案史料》上册，第 44—45 页）此后，“义和团”的称谓逐渐多起来了。

④明恩溥：《中国在动乱中》，第 216 页。

保护的外国人的无谓牺牲，而使它自己带来最严重的后果。”[①] 在美国的胁迫下，清政府立即撤换毓贤，任命袁世凯为山东巡抚。康格对这项任命表示满意，他夸奖袁世凯“能干、勇敢、有胆量”。美国国务卿海约翰还说：袁世凯担任山东巡抚“将在该省开创一个新纪元”。[②] 袁世凯以疯狂屠杀义和团来献媚帝国主义，接任后，把镇压义和团当作主要任务。他颁布告示说：义和团向干例禁，显悖王章，要群众“缚献首犯”，隐匿不报的作为窝主治罪。他派道府大员督同营队镇压，并令各属悬赏购缉[③]，义和团首领王立言等被捕杀。袁世凯依靠他统带的武卫右军和扩编的武卫军先锋队马步炮队二十营，对主要活动于山东黄河北岸的义和团发起攻击。1900 年上半年，在山东西北部武城、夏津、高唐一带战斗的王玉振，在北部陵县、临邑活动的王文义和东北部乐陵、海丰一带拒抗官兵的孙洛泉等义和团首领先后被杀死。义和团被消灭十余部。山东人民咒骂袁世凯，称之为“鬼子巡抚”[④]，以表示对他的切齿痛恨。

1898 年，直隶南部威县、曲周、景州、阜城等地的义和拳已经积极活动起来。许多村庄设立拳厂，练习拳术，组织群众进行斗争。阜城临镇义和团树旗，叫做“传神助（锄）教灭洋共和义和团”[⑤]。冀州开元寺住持武修和尚率领拳众一千余人，焚毁景州苏古庄、刘八庄教堂，计划往攻朱家河天主教总堂。武强小范镇义和团三千人准备进攻献县东大过教堂。群众反教会斗争风起云涌，使地方官十分惊恐。景州知州王兆骐认为局势如“厝火积薪”，哀叹兵力不足。他报告直隶布政使说：“拳党众多，一呼百诺，动辄集众千百，汹汹而来。无论欲拿不得，且实拿不胜拿。”景州“拳场亦已有数十处，拳众呼吸千百人，如练军零星分布，恐寡不敌众，如统驻在城，更鞭长莫及”[⑥]，他苦苦哀求，托病辞职。直隶总督裕禄调淮军右翼统领梅东益部六营到冀州、深州、河间等地镇压，并派武卫前军聂士成所部邢长春马队两营协助。武修和尚等被捕死难。义和团乘机向西、向北发展，1899 年末、1900 年初，赵州、正定所属州县，到处设立拳场。河间知府到任丘查禁，义和团持械伤官，声

---

①《美国外交文件》，1900 年，第 84 页。

② 同上书，第 78、97 页。

③《西巡回銮始末记》第 2 卷。

④ 奚尔恩：《在山东前线》，第 122 页。

⑤ 程宗裕编：《教案奏议汇编》第 7 卷。

⑥《西巡回銮始末记》第 4 卷，第 6 卷。

言："官兵来惟有打仗。"[①]雄县、新城、容城、涿州等地义和团占据任丘梁召村，"声称官军往捕，即行拒敌"[②]。义和团蔓延迅速，清军疲于奔命，裕禄顾此失彼，惊呼"燎原大祸，恐在目前"[③]。5 月 22 日，涞水义和团会同安肃、定兴拳众，在石亭地方设伏，击毙淮军副将杨福同及清军多名，裕禄急调聂士成军杨慕时部三营到芦保线，又派聂士成亲自带队到杨村、丰台镇压。义和团为了阻止清军调动，破坏芦保铁路和电杆，27 日，进驻涿州城。"城头上万头攒动，刀矛林立"。"老团、新团，时出时入，常有一万余人"。接着义和团又破坏涿州到长辛店铁路沿线的车站、桥梁，逼近北京。义和团在短短的一年多的时间内，从山东、直隶交界地区兴起，直趋北京、天津，一场反帝斗争的熊熊烈火已经点燃起来了。

插图 50：沿着大运河行进的义和团

（采自 R. Deacon，A. History of the Chinese Secret Service， London，1974，pp.288—289）

①《梅统领电》（光绪二十六年二月十七日到），《义和团运动史料丛编》第 2 辑，第 85 页。
②《梅统领、张道电》（光绪二十六年二月二十三日到），同上书，第 88 页。
③《致聂提台（士成）》（光绪二十六年四月二十二日到），同上书，第 109 页。

义和团的组织、斗争方式和斗争目标

义和团沿袭中国历史上秘密结社的办法来发动群众和组织群众，但具有自己的特点。它用设立神坛、安炉领香等方式发展组织，以操演拳术吸引群众。义和团分乾、坎、艮、震、中等八九个字号[①]，其中乾字号（以黄布为标记）和坎字号（以红布为标记）人多势众，力量最大。但在各个字号之上，以及每个字号本身，都没有统一的组织和集中的领导。义和团的基层组织是坛，又称坛场或拳厂，是敬神、练拳、聚会、议事的场所。有的地区，几个或更多的坛口之上有总坛口，各总坛口之间并无统属关系。北京附近州县的义和团大批进入北京时，往往打着“某县某村义和团”的旗帜，自成单位。义和团的首领一般称为大师兄、二师兄、三师兄，也有称祖师和总大师兄的，例如山东济阳、齐东、惠民、商河、邹平、章丘义和团首领孙玉龙就称总大师兄。义和团各坛口往往各自进行分散的斗争，但当需要联合行动时，他们分送传单，邀约同会人参加，即使数百里外，也要派人前去接应。最早坚决主张镇压义和团的劳乃宣说，他们“传单一出，千人立聚，兵刃森立，俨同敌国”[②]。在义和团进入北京、天津等大城市后，联合斗争的规模更大了。

义和团的参加者绝大部分是农民。当时人记载：“入坛之人，初惟乡村愚民，平时受人欺压，无可伸理”，运动兴起后，“相率弃其农业，纷纷入城”，以泄积愤。[③]另一目击者记述北京附近义和团向城区集中的情况说：“连日由各处来团民不下数万，多似乡愚务农之人，既无为首之人调遣，又无锋利器械；且是自备资斧，所食不过小米饭、玉米面而已。既不图名，又不为利，奋

---

①刘孟扬《天津拳匪变乱纪事》说：“众匪等自分为乾、坎、艮、震、巽、离、坤、兑八门。”见中国史学会主编《中国近代史资料丛刊·义和团》（以下简称《义和团》）第2册，第7页。又光绪二十五年十一月二十日梅东益、张莲芬致裕禄电：“义和拳匪共分八九门，各教徒众，河间、深、冀各属同时起事。”（林学城《直东剿匪电存》，《义和团运动史料丛编》第2辑，第64页）1900年10月24日乐陵县禀山东巡抚称：“李海盐山县石家寨人，供认占的中字，系炉中小走，自称小走即大师兄别号。”

②劳乃宣：《义和拳教门源流考书后》，《义和团》第4册，第456页。

③《拳匪纪事》第6卷。

不顾身，置生命于战场，不约而同，万众一心。”① 从这里清楚看出农民群众不畏强暴，自我牺牲的可贵精神。农民以外，参加义和团的还有手工业者、旧式交通运输工人、城市贫民、和尚道士以及散兵游勇等。帝国主义经济侵略在中国北方地区的日益深入，洋货输入的增加，使旧式手工业日趋凋敝。许多从事手工副业的农民和城镇手工业者在破产、失业的威胁下，铤而走险，纷纷加入义和团。恩格斯曾经预言：“英国资本极力要修建中国的铁路。但是，中国的铁路意味着中国小农经济和家庭工业的整个基础的破坏；由于那里甚至没有中国的大工业来予以平衡，亿万居民将陷于无法生存的境地。”② 京津榆和芦保铁路的兴建和通车，使铁路两旁附近各州县原先的车夫船工、店伙挑夫等大批失业，他们相率参加义和团。卷到这个反帝斗争行列里来的还有一些中小地主和封建知识分子，即所谓“各处拳党，尽有衣冠之族、殷实之家杂于其中，非尽无业游手也”③。这种情况，在运动趋向高潮时，更加普遍，甚至若干官吏也混了进来，鱼龙混杂，泥沙俱下。这些被卷进来的封建知识分子、地主绅士和官吏，他们或者害怕新思想、新事物，或者与教会有矛盾、利害冲突，他们在农民队伍里竭力煽动盲目排外的情绪，企图把义和团的反对帝国主义的斗争，引导到不妨害封建统治者的利益，而又能发泄他们怨愤的道路上去。

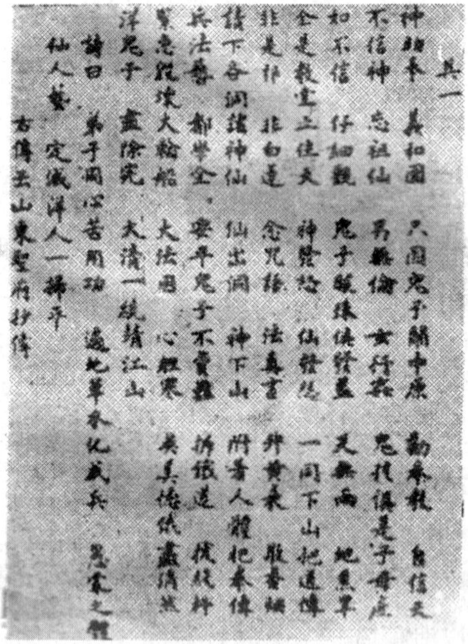
其一
神助拳　義和團　只因鬼子鬧中原　勸奉教　自信天
不信神　忘祖仙　男無倫　女行姦　鬼孩俱是子母產
如不信　仔細觀　鬼子眼珠俱發藍　天無雨　地焦旱
全是教堂止住天　神發怒　仙發怨　一同下山把道傳
非是邪　非白蓮　念咒語　法真言　升黃表　敬香烟
請下各洞諸神仙　仙出洞　神下山　附著人體把拳傳
兵法藝　都學全　要平鬼子不費難　拆鐵道　拔線桿
緊急毀壞大輪船　大法國　心膽寒　英美俄德盡蕭然
洋鬼子　盡除完　大清一統靖江山
詩曰　弟子同心苦用功　遍地草木化成兵
仙人藝　定滅洋人一掃平
右傳出山東聖府抄傳

插图 51：义和团发布的揭帖

（采自中国历史博物馆编《简明中国历史图册》10，第 53 页）

义和团带有浓厚的神秘主义色彩。它用画符、念咒、请神附身等“法术”

① 仲芳氏：《庚子记事》，近代史研究所编《庚子记事》，第 15 页。

②《马克思恩格斯全集》第 38 卷，第 467 页。

③ 劳乃宣：《拳案杂存》，《义和团》第 4 册，第 452 页。

来动员群众，并广泛宣传“持符念咒，神灵附体”可以枪炮不伤来鼓舞斗志。义和团所请的神，除了佛教、道教以及在民间广为供奉的某些神仙菩萨之外，还有许多神话、小说中的人物。一位目击者的记载说：“每团各设有坛宇，所奉之神，任意妄造，殊不一律。率以出于《西游》《封神》《三国》《水浒》诸小说者为多，且有供祁寯藻及李秉衡等。李时尚生在，不伦不类，殊无可索解。”[①]这种情况反映义和团没有统一的组织和集中的领导；说明他不是由哪一个民间秘密结社单独发展起来的组织，而是由许多个民间自发组织联合组成的团体。至于供奉祁寯藻、李秉衡，显然是表明了义和团的政治宗旨和态度。因为祁、李在民间传说里，是第一次鸦片战争和中法战争中主张抵抗侵略的人物。

义和团散发各种传单、揭帖，宣传自己斗争的正义性，因而得神灵的保佑，必定能取得胜利。有一张传单说：“一片苦海望无津，小神忙乱走风尘。八千十万神兵起，扫灭洋人世界新。”[②]在天津发现的一张匿民揭帖说：“神助拳，义和团，只因鬼子闹中原。……天无雨，地焦旱，全是教堂止住天。神发怒，仙发怨，一同下山把道传。……兵法艺，都学全，要平鬼子不费难。拆铁道，拔线杆，紧急毁坏火轮船。大法国，心胆寒，英美德俄尽消然。洋鬼子，尽除完，大清一统靖江山。”[③]又一揭帖说道：“只因四十余年内，中国洋人到处行。三月之中都尽杀，中原不准有洋人。余者逐回外国去，免被割据逞奇能。”[④]又如在北京，广泛传说在温泉附近，掘出了一块石碑，上面刻着：“庚子之年，日照重阴。……最恨和约，误国殃民。上行下效，民冤不伸。原忍至今，羽翼洋人。趋炎附势，肆虐同群。逢天曹怒，假手良民。红灯下照，民不迷津。义和明教，不约同心。全重漂洋孽，时逢本命辰。待当重九日，翦草自除根。”[⑤]义和团在这些传单、揭帖中，宣传了许多迷信落后思想，并且表露出盲目排外的情绪。但是，这些传单、揭帖，向人们发出了不畏强暴，同仇敌忾，把外国侵略者统统赶出去，保卫国家独立的战斗号召，

---

① 吴永：《庚子西狩丛谈》，《义和团》第3册，第373页。

② 王火选辑：《义和团杂记》，《近代史资料》1957年第1期，第10页。

③ 奇生编：《庚子荓蜂录》，转引自《近代史资料》1957年第1期，第18页。这个揭帖在《拳乱纪闻》等书中都有记载，但词句略有不同。

④ 佐原笃介等辑：《拳乱纪闻》，《义和团》第1册，第120页。

⑤ 同上，第112页。

表现了中国人民的爱国主义精神和战斗热忱，在广大群众中起着巨大的动员作用。

义和团运动出现不少迷信落后的东西，是丝毫不值得奇怪的。中国历史上一些规模稍为大一点的农民起义，几乎都利用宗教迷信来动员和组织群众。这是同广大农民由于受到封建主义的压迫和剥削所造成的文化落后状态分不开的。到近代，在没有先进阶级的领导下，旧式的农民革命依旧不可能避免这种状况，太平天国革命是一个明显的例证。义和团面对用洋枪洋炮等新式武器武装起来的侵略者，手中拿着长矛大刀等落后武器，希图以画符、念咒、练习"神拳"等办法使自己可以"刀枪不入"，来打败敌人，当然是不可能的。义和团前仆后继的英勇斗争精神，是出于他们对侵略者的强烈憎恨，不单是靠迷信来支持。有一条消息，说到义和团抵抗八国联军时的情形是："拳匪信枪弹不伤之妄，遇有战事，竟冲头阵，联军御以洋枪，死者如风驱草；乃后队存区区之数，尚不畏死，倏忽间亦皆中弹而倒，西人皆深悯其愚。"① 既然在联军的洋枪轰击下，大批大批的义和团众倒了下去，可见枪弹不伤的法术已经不可靠，而后来者不去逃命，却继续冲上前去，宁死不屈。这完全驳倒了所谓义和团在战斗中的勇敢精神，主要是靠封建迷信来支持的说法。

义和团提出了"扶清灭洋"的口号。这个口号大约是 1898 年义和团在山东西北部、直隶南部兴起时就提出来的，后来普遍流行于各地义和团。与此同时，四川大足，湖北长阳、长乐，浙江海门、太平等地的群众反教会斗争中，也出现过"顺清灭洋""保清灭洋""护国灭教"等口号。它的意思完全相同，连字面差别也很微小。义和团的"扶清灭洋"口号，实际上提出了谁是当前的敌人，谁是朋友，联合谁，反对谁的问题。这是农民反抗斗争中出现的一个崭新情况。天地会、白莲教长期流行的口号都是"反清复明"，表示它们与早不存在的明政权站在同一个立场上，反对清政权，不存在联合谁的问题。"扶清灭洋"不同，是把清政权看做一个异己的势力，不是同一个势力，农民阶级没有使自己同异己者混同起来，保持着独立的立场。"扶清灭洋"集中表示出义和团斗争的锋芒是针对外国侵略者的，即所谓"灭洋"。其他不管什么人，也不管出于什么动机，只要赞成"灭洋"，义和团就加以联合，扶持。"扶清"在这里带有号召统一行动的涵义。围绕着这个口号，有两点很值

---

①《拳乱纪闻》，《义和团》第 1 册，第 149 页。

得注意的地方。

第一，义和团一反历史上农民阶级反压迫斗争的传统，明白表示自己不打算夺取政权。中国封建社会中，从陈胜、吴广起，每次大规模的农民起义无不抱着夺取政权、坐朝廷的目的。义和团以前，清代多次农民战争，包括太平天国都想打到北京推翻清朝皇帝的统治。其中天理教李文成起事，还先在皇宫布置党羽，以谋里应外合。他们作了种种努力，都没有能够成功。义和团兴起，在很短的时间里，像潮水一样涌进了北京，使北京城事实上处在他们的控制之下，生杀予夺，没有人敢于违抗。义和团不久以前还遭受清政权的镇压流血，现在他们并没有试图推翻这个反动卖国的政权，自己来坐在朝廷上。如果进入北京、控制了畿辅一带的义和团要这么做，即使最后仍会失败，而把封建统治秩序打个落花流水，在八国联军以前使那拉氏、载湉落荒而逃，是可以办到的。他们的做法相反，虽然也宣布“不必问朝廷之命”，但仍在形式上接受清政权的“招抚”，多少听从其驱使。义和团也出现过要“杀一龙二虎三百羊”即要杀载湉、奕劻、李鸿章等的说法，其所以认为这些人可杀，是怀疑他们同洋人来往密切，是“二毛子”，并不是想夺取政权。传说在永定门附近挖出的碑文中说：“大清归大清，谁是谁的主。”① 有一张传单说：“众人未看清，上帝降神兵，扶保真君主，挪位让真龙。”② 还有谣言：“先拆电线杆，后拆火车道，杀尽外国人，再与大清闹。”③ 这就说明在参加义和团运动的人们中间，有人利用当时的情势进行反清的活动。这些活动可能与天地会等反清秘密结社有密切的关系，但它在整个义和团运动中没有产生多少实际的影响。

第二，与“扶清灭洋”的口号相联系，清政府内部在应当如何对待义和团的问题上，发生了尖锐斗争和激烈争论。由于坚决反对义和团而被统治集团中另一派杀掉的太常寺卿袁昶在一个奏折里说：“昔咸丰年间之发匪、捻匪负隅十余年，蹂躏十数省；上溯嘉庆年间之川陕教匪，沦陷三四省，窃据三四载。……至今视之，则前数者皆手足之疾，未若拳匪为腹心之疾也。盖发匪、捻匪、教匪之乱，上自朝廷，下至闾阎，莫不知其为匪，而今之拳匪，

---

①《马家堡碑文》，《近代史资料》1957 年第 1 期，第 13 页。

②《庚子乩文》，同上，第 17 页。

③ 黄曾源：《义和团事实》，《义和团运动史料丛编》第 1 辑，第 133 页。

竟有身为大员，谬视为义民，不肯以匪目之者；亦有知其为匪，不敢以匪加之者。”[①]这段话明白说出了统治集团中，对义和团的看法与对以往农民起义的看法有很大不同。以前对于白莲教、太平天国、捻军等农民起义，统治集团内部是一致的，所有的人都认为是“匪”，都要求镇压，不存在、也不允许存在第二种主张。在义和团斗争面前，他们发生了尖锐的争论：义和团到底是“义民”还是“匪”，应该“抚”还是应该“剿”？一派人认为义和团对于统治阶级是好事，至少不是很坏的事；一派人认为是极危险的大坏事。这种情况也是以往农民反抗斗争出现时所从来没有过的。坚持义和团是“匪”的一派人，认为统治集团内部所以发生这种尖锐分歧，一个重要原因，是义和团“扶清灭洋”的口号引起了混乱。袁昶辩论说：“查拳匪揭竿之始，非有枪炮之坚利，战阵之训练，徒以‘扶清灭洋’四字号召群不逞之徒，乌合肇事。”“夫‘扶清灭洋’四字，试问从何解说？……若谓际兹国家多事，时局维艰，草野之民，具有大力，能扶危而为安，扶者倾之对，能扶之，即能倾之，其心不可问，其言尤可诛。”[②]劳乃宣说：“从来叛乱之徒，无不有所托之名，以为号召众人之帜，如藩臣称兵向阙，则以清君侧为名；草野揭竿肇变，则以诛污吏为名，无自名为叛逆者。拳党之以扶中朝、灭洋教为名，亦犹是也。而昧者遂信其果为忠义，是犹闻其清君侧之名，即以逆藩为忠臣；闻其诛污吏之名，即以乱民为义士也。”[③]也就是说，认为义和团不是“匪”是“义民”，那是相信了“扶清灭洋”的号召。这些辩论都是指出农民群众反压迫反侵略斗争的口号，在清朝统治集团内部引起了不同的理解，而且成了对义和团主“抚”主“剿”两派斗争一个回避不了的问题。

义和团的斗争目标是仇教灭洋，没有夺取政权的要求；清政府从下到上，对义和团一直存在“剿”与“抚”的摇摆分歧。两个敌对阶级这种一反常态的表现集中说明了同一个基本事实：帝国主义与中华民族之间的矛盾特别尖锐，民族矛盾是当时中国社会各种矛盾中最主要的矛盾，而封建统治阶级与人民大众的矛盾暂时地降到了次要和服从的地位。农民阶级不是无缘无故，忽然改变了它们对封建统治阶级的态度和离开历史传统的；封建阶级当权势力也

---

①《袁昶奏稿》，《义和团》第4册，第160页。

②同上，第165页。

③劳乃宣：《拳案杂存》，《义和团》第4册，第458页。

不是毫无来由，忽然对农民反抗斗争起了善心。它们只是帝国主义侵入、中国开始为外国所暗中瓜分这个特定历史条件下，错综复杂、反复变幻的阶级斗争的一种表现。

“扶清灭洋”的口号将斗争锋芒指向帝国主义侵略者，鲜明表达了中国人民反对帝国主义、挽救民族危亡的紧迫愿望。清政府官吏里面有人指出：“方今天下强邻虎视，中土已成积弱之形，人心愤激久矣。每言及中东一役，愚父老莫不怆然泣下。是以拳民倡义，先得人和，争为投钱输粟。倡始山东，盛于直隶，现传及各省。所至之处，人多赢粮景从。父兄莫可拴束，妻子不能阻挽，独悻悻以杀敌致果为心。”[①]“扶清灭洋”正是反映了人民群众的这种强烈情绪和要求。义和团的迅速发展，并且不是以战争夺取城池的方式进入了北京，和这个口号是直接联系在一起的。在对待帝国主义的态度、认识上，义和团不仅比太平天国前进了一大步，也高出同时代的资产阶级改良派和革命派。农民群众从现实生活中领教了帝国主义的凶残，指明它是中国人民的凶恶敌人，这个认识没有错。改良派虽然也认识到沙皇俄国是要“亡人之国”，但把同样是帝国主义侵略者的英国、日本看做朋友，以为可以跟它们结成同盟，而不懂得它们是一丘之貉。革命派同样对帝国主义抱着极大的幻想。“扶清灭洋”没有反封建的内容，并不减损它的重要性，这就像《天朝田亩制度》没有反对外国侵略者的内容，并不减少它的重要性一样。它们所处的环境各异，对换一下位置，采取的态度会是差不多的。

“扶清灭洋”又是一个含糊不清的口号。义和团缺乏政权观念，没有政权组织，“扶清”的说法，首先使他们对封建统治阶级的反动本质难以识透。他们反对载湉、奕劻、李鸿章等“一龙二虎”，而却错误地把载漪、刚毅等反动头子看做自己的支持者。同时，宣传扶清，也就会在一定程度上麻痹农民群众对清政权施展种种阴谋手段的警惕，被统治者欺骗利用，以至最后被出卖。这种情况表明：当时以农民为主体的劳动人民还没有从本质上了解中国的封建统治阶级已经成为帝国主义侵略的工具，二者已经结合起来，共同对中国人民进行残酷的压迫和剥削的事实；因而他们也不可能在大力反对帝国主义的时候，正确解决反帝和反封建之间的关系问题。

“灭洋”的提法，也反映出义和团运动中存有笼统排外的思想。有的记载

---

①《义和团档案史料》上册，第 178 页。

说：义和团从惩罚横行不法的外国传教士和作恶多端的中国教民，发展到杀一切外国人，所有中国教民，甚至惩罚那些多少同外国有一点粘连的人。北京的义和团，“其宗旨以灭洋仇教为名，其称人也，自洋人、教士、教民，以至华人之与洋人往还，通洋学、谙洋语者，用洋货者，其间分别等差，共有十毛之目，初不仅外间所传大毛、二毛、三毛已也。十毛之人，一落匪手，必杀无赦”[①]。或者说，义和团“最恶洋货，如洋灯、洋磁碗，见即怒不可遏，必毁而后快”[②]。这些记载，如“十毛之人”“必杀无赦”等肯定有夸大，大概也不会全属子虚。参加义和团运动的广大农民和手工业者，所以誓志“灭洋”，目的是为了摆脱由于帝国主义侵略所造成的破产、失业的境地，是为生存而斗争；决不是、也不可能是为了去维护那个几千年来一直压在自己头上的封建剥削制度。他们所进行的是正义的斗争，是爱国的斗争。因此，不可以把他们的斗争同地主阶级为了维护封建剥削制度，去抵制资本主义生产方式和近代科学技术的反动行为，不加区别地混为一谈。也不能从农民的蒙昧落后、具有某种排斥先进生产方式的本能来加以指责。但是农民群众对帝国主义侵略的认识还停留在只是凭自己的直觉所得到的感性认识阶段，分辨不清楚帝国主义的侵略本质，也不可能区别作为帝国主义的侵略手段同时强加给他们的先进生产方式和某些科学技术。当义和团进入高潮，一些守旧的地主士绅、特别是清朝统治集团中的顽固派卷进来以后，在这帮人的煽动下，笼统的排外显得突出起来。当时有的报纸评论说，统治集团“忽闻助清美名，灭洋快事，满朝心醉，举国皆狂，则斯时非唯纵之，且或煽之。故以拆铁路，毁电杆，烧学堂，焚译署，杀教民，攻使馆，事事合政府宗旨，即事事为政府所主使，盖亦可知”[③]。这大体上合乎事实。笼统的排外思想模糊了群众的斗争目标，给义和团的反帝爱国运动带来了消极的作用。

义和团进入北京、天津。清政府对义和团的“剿”与“抚”

1900 年 3、4 月间，北京已经出现义和团的活动。5 月以后，小股外县拳民陆续进入北京城，当地居民参加义和团的也逐渐多起来。清政府几次下令

---

① 《拳事杂记》，《义和团》第 1 册，第 271 页。

② 佚名：《天津一月记》，《义和团》第 2 册，第 146 页。

③ 王其榘辑：《有关义和团舆论》，《义和团》第 4 册，第 228 页。

严厉查禁，都没有结果。6月中旬，开始进入高潮。“团民自外来者，一日数十起，或二三十人一群，四五十人一群。……有夜来者，城门已闭，至城下叫门。守城兵并不拦阻，即刻开放入城”[①]。内城、外城居民也纷纷设立“坛口”，参加义和团的人数一时达十余万。一队队团民高举义和团旗帜，手执大刀长矛或腰刀宝剑一类武器，浩浩荡荡在通衢大街上巡行。北京内九外七各城门、皇城各门、王公大臣各府第、六部九卿文武大小衙门，均由义和团民驻守。日间插旗摆械，盘诘行人，夜间灯烛辉煌，分班值宿。[②]6月13日，义和团焚烧八面槽等处教堂、医院。14日，又焚毁宣武门一带的耶稣堂以及天主教堂。对被怀疑是教民的人，勒令他们在神坛前叩头焚表，辨别真假，虽政府官员，如被怀疑，也一律对待。6月16日，团民焚烧前门大栅栏一家西药房，延烧铺户一千余家，大小房屋七千余间。围攻西什库教堂和东交民巷使馆的战斗接着也开始了。义和团的活动已经在北京造成了清政府难以控制的局面。

插图52：义和团在北京街头

（采自A. H. Smith, China in Convulsion, New York, 1901,V. I. p.220）

同一个时间里，天津义和团的活动也一天天高涨起来。1900年2月，南门外开始有人练习义和拳法术。5月间，渐渐在城内各处立坛，几天之间，多至十数处。拳民争相购买刀矛等器械，官府不敢禁止持械，但禁止冶铁。禁令刚一发布，拳民纷集县署，露刃逼官府弛禁，大街小巷遍布冶铁炉，打造武

①《庚子记事》，第12页。

② 同上，第20页。

器。6月，天津附近州县的义和团大批进入城内。静海县义和团首领曹福田，文安、霸州义和团首领王德成，独流镇义和团首领张德成等，先后率领队伍到天津参加“灭洋”战斗。6月14、15两日内，烧毁西门内、镇署前、仓门口、天后宫以及三岔河口海望寺旁等处的教堂，接着又开始向紫竹林租界进攻。义和团在天津声威大震。17日，侵略军进攻大沽。直隶总督裕禄一向对义和团实行高压政策，这时不得不改换手法。20日，他向清政府报告说：“天津义和团民，近已聚集不下三万人，日以焚教堂，杀洋人为事，值此外患猝来，断难再分兵力剿办拳民，势不得不从权招抚，以为急则治标之计。”[①]裕禄以总督名义的檄文召张德成，德成大怒说：“吾非官吏，何得以总督威严凌我？”裕禄只得承认错误，命人以八人大轿抬至总督衙门，开中门相迎。义和团队伍在街上行走，遇到官弁坐轿的喝令下轿，骑马的喝令下马，且必脱帽旁立。天津监狱也被捣毁，放出犯人。

义和团进入北京、天津造成了巨大的声势，给国内各阶层以极大的震动。全国范围内人民群众反帝运动迅猛高涨，清政府受到前所未有的巨大威胁，手忙脚乱，策划如何能够躲开这场伟大群众斗争的打击锋芒。

自从义和团运动兴起，清政府官员在如何对待义和团的问题上，一直有两种态度、两种做法。一种认为义和团来源于白莲教一类的邪教，必须严加取缔；对义和团所进行的武装反教会的斗争，更应坚决镇压。山东平原县知县蒋楷、直隶吴桥县知县劳乃宣最早持这种看法。山东巡抚袁世凯和直隶总督裕禄也都采取这种做法。劳乃宣说：“义和团名目，实系白莲教支流。”“若知其原为邪教，则本为法律所不容，即不与天主教为难，亦在应禁之列。”[②]又说：义和团“拥众千百，枪械林立，动言焚杀，官吏熟视之，而莫敢谁何，纪纲法度，荡然无存……失此不图，广西金田之祸，不过期月间事耳”[③]。这一派人看出义和团的反帝斗争实质上同封建统治是对立的，以至惊慌地认为是又一次太平天国农民革命，大祸就要临头了，因而主张不论其“仇教与否”，都必须坚决镇压。

另外一种意见，主张把义和团这个组织同它所进行的反教会斗争区别开

① 《义和团档案史料》上册，第157—158页。

② 《禀遵饬示禁习义和拳严密防范并送示稿由》，《义和团》第4册，第460、461页。

③ 《义和拳教门源流考书后》，同上书，第451—452页。

来。对于反抗教会的武装斗争，必须严肃处置，决不可任其蔓延；而对义和团这个组织本身，最好收编为乡团，受官府控制，消除叛乱于萌芽状态中。山东巡抚张汝梅在1898年就提出收编义和团的主张。他在一个奏折中说：直隶、山东交界地区，拳民年多一年，如任其自立私会，官府不加约束，不但外人有所借口，并且时间久了，会酿成事端。因此他主张把拳民纳入乡团范围，可以自卫自家，守望相助，不准稍滋事端，以杜塞流弊，消去乱萌。毓贤接替张汝梅任山东巡抚后，也是采取把“拳民”和进行武装反教会斗争的所谓“匪徒”加以区别对待的方针。朝廷中某些御史言官也反对武力镇压义和团。袁世凯接替毓贤为山东巡抚，翰林院侍讲学士朱祖谋上奏折说：拳会人数既众，良莠自不能齐。偶尔与教堂滋事，但择其少数渠魁，责令地方官缉获惩办，就解决了。袁世凯到山东后，“万一轻信浮议，仓猝出师，大军所临，耳目震骇，铤而走险，已属可虞，甚至势成燎原”[①]。这一派人看到义和团的斗争锋芒主要针对外国侵略者，认为对义和团采取高压政策，很可能引火烧身，对清朝的统治带来严重的威胁，因而主张实行所谓“抚”的方针，以便加以操纵、利用。

朝廷的态度动摇不定。1899年11月，清政府命令毓贤取缔大刀会、红拳会，说：闻得山东地方有大刀会、红拳会各种名目，多是不逞之徒，借闹教为名，结党横行，欺压良善。地方文武弹压缉捕，俱不得力。毓贤应即督饬所属文武各员，查明各种“会匪”名目，严行禁止。[②]两个月后，1900年1月，清政府忽然又颁发谕旨说：“近来各省盗风日炽，教案迭出，言者多指为会匪，请严拿惩办。因念会亦有别：彼不逞之徒，结党联盟，恃众滋事，固属法所难宥；若安分良民，或习技艺以自卫身家，或联村众以互保闾里，是乃守望相助之义。地方官遇案不加分别，误听谣言，概目为会匪，株连滥杀，以致良莠不分，民心惶惑。”谕旨要求各省督抚，“严饬地方官办理此等案件，只问其为匪与否，肇衅与否，不论其会不会，教不教”。[③]这个谕旨，表明清政府基本上采纳了那些主张“招抚”义和团的官员们的意见。可是，一个多月后，清政府又接受总理衙门提出的要求，命令直隶、山东两省督抚出告示对义和

①《义和团档案史料》上册，第43页。

②金家瑞、林树惠辑：《有关义和团上谕》，《义和团》第4册，第8页；又见《义和团档案史料》上册，第38页。

③《义和团档案史料》上册，第56页。

团严行禁止，"倘仍有执迷不悟，覆蹈故辙，即行从严惩办，勿稍宽纵"①。4月，清政府又重申"民间学习拳技，自卫身家，亦止论其匪不匪，不必问其会不会"②的方针，实际上取消了前一道命令。在短短几个月时间里，清政府对义和团的态度反反复复，在"剿"还是"抚"的方针上，举棋不定。

就在清政府感到对付义和团"剿""抚"两难的形势下，义和团逼近北京、天津，声势越来越大。这引起了清朝统治者的极大恐慌。1900年4月底，给事中胡孚辰上奏折说：拳民人数众多，即令压以兵威，暂就范围，但是积恨既深，反抗必更激烈，野火燎原，大可忧虑。③5月初，御史郑炳麟又上奏折说：近来山东、直隶两省，拳民遍地，及于京畿，其势几乎不可阻遏。地方大吏不是出示严禁，就是派兵弹压，几个月以来，情况日益严重。一旦激成变故，会成为滔天大祸。于是他提出："莫如用'因'字诀，因其私团而官练之，消患于无形。"④朝廷命令裕禄、袁世凯各就地方情形，通筹妥议，据实覆奏。裕禄、袁世凯坚持对义和团武力镇压，认为把义和团改编成官办的"团练"的办法是不可行的。5月下旬以后，义和团在涞水打败清军，大队齐集涿州。群众的革命斗争已直接威胁到清政府的心脏，如果处置得不恰当，清朝的统治有被推翻的严重危险。5月30日，军机大臣兼顺天府尹赵舒翘等上奏折说：拳会蔓延，杀不胜杀，不如招抚利用，统以将帅，编入行伍，因势利导，比较可行。⑤6月上旬，清政府命令军机大臣、节制北洋各军的荣禄说："此等拳民，虽属良莠不齐，究系朝廷赤子，总宜设法弹压解散，该大学士不得孟浪从事，率行派队剿办，激成事端，是为至要。"⑥言外之意，就是对义和团的武力镇压不必过分认真。同时，清政府又先后派赵舒翘和协办大学士、军机大臣刚毅等到涿州一带去向义和团"宣布朝廷德意"，实际上是观察义和团的态度。刚毅一向主张对义和团实行"招抚"政策，他到涿州后报告清政府说：拳会人多势众，直隶、山东各州县无处不有，诛不胜诛，"断无

①《有关义和团上谕》，《义和团》第4册，第11页。

②《义和团档案史料》上册，第82页。

③ 同上书，第84页。

④ 同上书，第84—85页。

⑤ 同上书，第110页。

⑥《有关义和团上谕》，《义和团》第4册，第15页。

轻于用剿之理"①。他还报告说：良乡一带拳民经他劝告后，"立时悔悟，即日撤厂"；涿州拳民，也正在派人晓谕解散。②其实是刚毅默认义和团为合法，义和团则并没有因他的"劝导"而解散；清政府也默认刚毅的做法，对义和团转而实行"招抚"的政策。

在这以前，朝廷关于"剿"与"抚"的命令，矛盾反复，但对于义和团进入北京是坚决不允许的。有人作过统计以后说："谨案五月以来，有禁团民滋扰禁城谕旨七道，严饬步军统领、顺天府、五城御史及派出之统兵大员，缉拿首要，解散胁从，撤坛拆棚，至矣尽矣。乃禁者禁而为者为……虽明诏煌煌，不特团民蔑视无关，即地方官吏亦视若弁髦，是则诏谕直等于官样文章耳。"③义和团进入北京，决不是清廷没有坚决阻止的结果，而是各种因素凑集在一起，使它没有力量加以阻止的结果。

这时统治集团内部主"剿"、主"抚"两派的斗争还在继续。客观的现实是在义和团席卷京津，造成了无法控制的强大压力下，清政府只有两条路可供选择：一是完全听从列强的要求，以至依靠外国势力严厉镇压义和团。这是统治集团中一部分人、特别是洋务派所神往的。但在京城内外，与采取暴力行动"灭洋"的众多的群众动刀兵，一部分军队内部又已经不稳，风险实在太大了，闹得不好将陷入灭顶之灾。一是暂时承认义和团某种程度的合法性，从缓执行外国人严厉镇压的要求，然后徐图解救办法。这有可能躲过眼前的危险。那拉氏事后追述当时的情况和她的看法说："当乱起时，人人都说拳匪是义民，怎样的忠勇，怎样的有纪律，有法术，描影画态，千真万确，教人不能不信。后来又说京外人心，怎样的一伙儿向着他们；又说满汉各军，都已与他们打通一气了，因此更不敢轻说剿办。后来接着攻打使馆，攻打教堂，甚至烧了正阳门，杀的抢的，我瞧着不像个事，心下早明白，他们是不中用靠不住的。但那时他们势头也大了，人数也多了，宫内宫外，纷纷扰扰，满眼看去，都是一起儿头上包着红布，进的进，出的出，也认不定谁是匪，谁不是匪，一些也没有考究。这时太监们连着护卫的兵士，却真正同他们混在一起了。就是载澜等一班人，也都学了他们的装束，短衣窄袖，腰里束上红

---

①《义和团档案史料》上册，第137—138页。

②同上书，第138页。

③杨典浩：《庚子大事记》，《义和团运动史料丛编》第1辑，第13页。

布，其势汹汹，呼呼跳跳，好像狂醉一般，全改了平日间的样子。载澜有一次居然同我抬扛，险些儿把御案都掀翻过来。这时我一个人已作不得十分主意，所以闹到如此田地。我若不是多方委曲，一面稍稍的迁就他们，稳住了众心，一方又大段地制住他们，使他们对着我还有几分瞻顾，那时纸老虎穿破了，更不知道闹出什么大乱子，连皇帝都担着很大的危险。”[①]那拉氏这段话虽然是后来的追述，也不会没有辩解和虚饰的成分，但很足以反映出她的严重困境和表里不一、两面派的阴险嘴脸。那拉氏显然认为只有第二条选择才是可行的，舍此别无他途。当时发出的谕旨也准确地讲出了她的那种处境和看法。6 月 26 日，清廷在答复李鸿章等人的电旨中说：“尔各督抚度势量力，不欲轻构外衅，诚老成谋国之道。无如此次义和团之起，数月之间，京城蔓延已遍，其众不下十数万。自兵民以至王公府第处处皆是，同声与洋教为仇，势不两立。剿之，则即刻祸起肘腋，生灵涂炭。只可因而用之，徐图挽救。奏称信其邪术以保国，亦不谅朝廷不得已之苦衷矣。”[②]非常明显，那拉氏“招抚”义和团，是实在有苦难言，迫不得已的。必须这样做，方能减缓祸起肘腋的威胁，使义和团的暴力打击不至落到自己和清朝统治的头上。

对义和团暂时采取“抚”的政策，与统治集团内部的权力斗争，“废立”问题也有关系。戊戌变法失败后，载湉被幽禁，拥护废立的顽固派扬言皇帝病重，企图加以谋害。英国公使提出警告说：“如果皇帝在这个关头死去，它在西方列强中所产生的影响，对中国说来，将是最具有灾难性。”[③]他还派法国医生入宫为光绪看病，诊断结果说皇帝患的是肾脏病，没有生命危险。谋害法不得行。那拉氏决定废光绪帝，派李鸿章向外国驻华使馆疏通。李鸿章对德国公使克林德说：载湉体力智力都不能胜皇帝之任，决定另立皇位继任人。[④]1900 年 1 月，以光绪帝的名义下诏，宣称自己不能生育，立端王载漪子

---

① 《庚子西狩丛谈》，《义和团》第 3 册，第 436 页。

② 《义和团档案史料》上册，第 187 页。

③ 英国蓝皮书《中国第 1 号（1898）》，关于中国事务的通讯，第 304 页。

④ 杨国伦：《英国对华政策（1895—1902）》，第 112 页。罗惇曧《拳变余闻》云：“孝钦虑废德宗各国有违言，先命荣禄私于李鸿章，使密询各国意。……（李授粤督）各国使臣来贺，鸿章乘间言，我国欲立大阿哥，行将为帝，君等入贺否？皆言未洞内情，不知所贺……隐示以不认废帝意。”

溥儁为大阿哥。这是那拉氏废去载湉的又一步骤。外交团又提出警告："假如皇帝去位，那在列强中将引起恶劣印象，并将产生不幸的后果。"[①]废立计划又受到挫折，顽固派非常怨愤，尤其是载漪、刚毅等人仇恨洋人的干涉超过其他顽固分子。他们害怕洋人，也当然害怕群众的力量。义和团兴起，打有"扶清灭洋"的旗帜，又充满迷信色彩，显得很有"法术"。顽固派认为是出现了一个机会，幻想利用群众的"灭洋"斗争，来实现夺取皇位的目的。因此，在义和团逼近京畿以后，他们就积极主"抚"，与坚决主"剿"的洋务派及其追随者进行斗争。那拉氏向来一手扶植洋务派，一手提携顽固派，交替运用两种势力来保持自己的统治地位。在与洋人打交道时，经常是靠洋务派去卖力。于今迫在眉睫、要解决的是义和团的暴乱，与洋人打交道在下一步。清政府没有力量控制住义和团，她自己对于洋人干涉废立，又早已心怀愤懑，于是就只有采纳顽固派"招抚"的主张。这是她充分估量了形势以后选择的对自己有利的决策。没有权力斗争，统治集团也只能走这条路，但是权力斗争加强了那拉氏的决心。

义和团进入北京以后，它的成分越来越复杂。6月下旬，清政府任命庄亲王载勋和协办大学士刚毅等"统率"义和团。北京城内，除了源源不断地继续从外县前来的义和团民以外，当地的贫民在各庙宇纷纷安坛设团，某些官宦豪富之家也自立坛口，表示信奉义和团，甚至王公、贝勒等都有在家中设坛的。这种情况，一方面表明义和团的声势愈来愈大，但同时也给义和团带来了不少问题。这些自称义和团的人群中，不少是城市游民，有些人长期依靠各种不正当的职业谋生。这时便假借义和团的名义，向群众进行讹诈勒索，甚至抢劫。义和团的纪律本来是好的。一个记载说：北京义和团"众志成城，大家一志吃素，喝白开水，不谓为一钱，不扰百姓，不沽名气"[②]。另一个记载说：义和团"只仇杀洋人与奉教之人，并不伤害良民"[③]。当义和团焚烧教堂或教民房屋时，一般情况下，都是让贫民任意取走财物，而团民自己不拿一物。许多城市游民尤其是那些达官贵人们设立坛口，招募徒众以后，情

---

① 杨国伦：《英国对华政策（1895—1902》，第112页。

②《石涛山人见闻志》，见《义和团运动史料丛编》第1辑，第82页。又《恒谦手札残稿》云："东城四牌楼以南，各胡同皆有坛，少者亦有四五十人，每日三餐，老米咸菜饭。"见《义和团》第4册，第426页。

③《庚子记事》，第15页。

况很快恶化。“各乡村团民，尚多粗食布衣。京城内新设各坛团民，虽亦蒙头裹腿，打扮相同。而衣履旗帜，皆都绸绉。人人洋洋得意，夸富争荣”。“京城之团，则寻仇焚掠，指良人为教民，抢人勒输，劫取行人财货，种种私心，不可枚举”。[①] 尤其重要的，是义和团的公开合法地位，更加模糊了团民群众对清朝封建统治者的认识，以致他们的活动，得以被清政府控制、利用。清政府任命载勋、刚毅等统率义和团后，又拨给义和团粳米二万石，并以那拉氏的名义“赏”银十万两。许多义和团都到庄王府去挂号、报到，领取给养，并听候调遣。有的义和团还打出“奉旨义民保清灭洋”的旗帜。这就造成一种假象，仿佛以农民群众为主的义和团并不与买办资产阶级、地主阶级的朝廷相对立，而是与朝廷一致的；朝廷也不与农民群众对立，而是支持他们的“灭洋”斗争的。这种假象，使人猛一看，阶级阵线一团迷蒙混乱，也分辨不出谁革命，谁反对革命，谁是爱国主义，谁是卖国主义。

席卷全国的反帝风暴

北京义和团运动的大爆发，特别是义和团进入北京、天津，促使人民群众的反帝怒潮很快席卷全国。直隶全省、顺天府所属二十四州县，几乎全投入如火如荼的反抗斗争。保定、河间、正定、顺德等府、冀州、赵州、沧州等地群众纷纷攻打教堂，驱逐教士、教民，远近震动。义和团围攻保定东关、安肃安家庄、河间范家圪垯、任丘段家坞、宝坻大宝甸、献县张家庄等天主教堂的斗争，十分激烈，有的坚持了三个月之久。山西自6月起，义和团在各处张贴匿名揭帖，集众练拳。7月，义和团焚毁太原董家巷教堂，于是大同、五台、徐沟、榆次、汾州、平定诸州县，相继焚堂。据不完全统计，全省五十多个州、厅、县，共拆毁教堂九十余处。内蒙古从6月到8月，口外七厅，土默特旗、四子王旗、阿拉善三盛公等地的广大蒙古族、汉族、回族群众，积极参加反对天主教堂的斗争，其中围攻萨拉齐二十四顷地总堂，四子王旗铁圪旦沟、乌尔图沟和鄂托克旗城川教堂的战斗一直继续到9月中旬。这些教堂一般都深沟高垒，拥有精锐武器。部分清军也投入斗争。山东义和团拆毁曹州府属大小教堂，焚毁潍县、乐陵、临清等地的英、美、法等国教堂。东北地区，4月中奉天熊岳城出现义和团揭帖。5月，辽阳群众攻击俄军哥萨

①《庚子记事》，第21、20页。

克。6月，盛京义和团张贴揭帖，号召群众立即奋起，驱逐侵略者出国土。7月，义和团拆毁除新民三台子、朝阳松树嘴子以外的奉天境内所有教堂，破坏了俄国强修的除鞍山站以外，北起开原南至海城的铁路。吉林、黑龙江义和团焚毁长春、吉林、伊通、呼兰等处教堂。在东北的俄国侵略者及其他各国教士，南逃大连，北窜哈尔滨，躲避群众斗争的锋芒。在河南，义和团与大刀会、江湖会等开展反教会斗争。河南所属黄河以北武安、涉县等数十州县天主教堂被焚毁，林县群众攻打教堂，开仓分粮；黄河以南除南阳靳岗、新野外，其余州县的天主教堂，都被捣毁。周口群众，捣毁英、美教堂。在浙江，平阳神拳会于7月散布揭帖，号召“除教灭洋”，平阳县西门、鳌江、萧家渡、北港等处教堂被毁，瑞安群众纷起响应。诸暨白旗党烧毁牌头教堂，一度攻入县城，烧毁英国教堂。8月，宁海伏虎会集众焚毁大里、中胡等教堂。黄岩百姓教烧毁天主教堂。秘密结社终南会聚众五千人，攻破江山、常山县城，杀死西安县令及教士多人。全省天主教堂被毁数十处。江西饶州、建昌、赣州等地会党、斋教集众焚毁饶州、抚州、临江、赣州等地法国教堂二十九所，英国教堂三所，美国教堂五所，德国教堂两所。湖北蕲州五百寺、黄梅胡世柏、广济田庆二天主堂先后被焚毁，枣阳、襄阳、随州、谷城等地群众焚毁当地教堂。湖南衡州府城外天主堂、福音堂被会党于7月间放火焚烧。南京城厢内外，出现义和团的揭帖，镇江、丹阳群众“约日焚教堂，杀西人”，扬州、淮安等处盐民数千“聚众滋扰”，江都、苏州盐犯与狱外群众联络，约期劫狱。安徽婺源、宿松教堂于7月间被焚毁，安庆、芜湖等地遍贴“杀洋人，焚洋楼”的揭帖，号召群众进行反帝斗争。四川大邑县群众6月举行反教会斗争，接着邛州、蒲江、名山、雅州等十多个州县的教堂被焚毁。云南昆明群众于6月烧毁法国教堂二处，英国教堂一处。师宗、陆凉教堂被拆毁。个旧锡矿工人几万人，集枪数千杆，准备抗击法国侵略者。贵州桐梓县陈秀俊等传习义和拳，分棚操练，陈自称统领，另有元帅、文案等。福建漳州群众，焚毁美国教堂，厦门出现义和团揭帖。广东顺德、南海、新会、饶平等县会党集众数千人，焚毁教堂。广西象州、修仁一带，出现反教揭帖，义和团到贵县传授拳术。陕西渭南哥老会在义和团“毁教灭洋”的口号下进行反教斗争，捣毁华县、延安、靖边等处教堂。甘肃凉州遍贴匿名揭帖，号召进行反教斗争。新疆伊犁地区惠远县，有天津义和团派人到那里开场教习拳棒。帝国主义直接统治的上海租界，也“谣言繁兴，人心惶惑”，使侵略分子感到

“末日已近在目前”。在短短几个月内，北起黑龙江南到两广，东自江苏，西至云南、新疆，都点燃起反帝斗争的烈火。它们与义和团遥相呼应，有的直接采取了义和团的旗号。义和团反帝波涛在全国激荡澎湃，迅速形成了波澜壮阔的近代史上第二个革命高潮。

第二节　八国联军侵入中国和义和团的英勇抵抗

义和团抗击侵略联军的第一个战役

外国侵略者最惧怕群众的反抗斗争。1900 年 1 月，清政府发布对义和团只问其为匪与否，不论其会不会、教不教的谕旨以后，英、法、德、美等国驻华代表纷纷提出强烈抗议。英国公使窦纳乐报告英政府说，清政府倾向于鼓动像义和拳这样团体的成员。法国公使毕盛召集美、英、德、意公使开会，1 月 27 日，他们向总理衙门提出内容相同的照会，要求清政府发布谕旨，彻底消灭义和拳和大刀会，在谕旨中明白声叙“凡是参加这些团体的成员或者藏匿他们，都是违背中国法律的刑事犯罪行为”。3 月 10 日，他们再次要求清政府颁发镇压义和拳和大刀会的谕旨，并且必须在《京报》上公布。他们要挟清政府在四十八小时内答复，如不照办，各国使馆报请本国政府采取措施保护在华侨民的安全。窦纳乐告诉德、法等公使，如果得不到清政府的满意回答，各国就派军舰到大沽示威。美国公使康格说，万一大沽示威无效，各国声言派卫队到北京保护使馆，一定能使清政府屈服[①]。5 月 20 日，十一国公使听信法国主教樊国梁的煽惑性报告[②]，以外交团名义照会清政府，要求

①《美国外交关系》，1900 年，第 104 页。

②樊国梁的信上说：“情势一天比一天变得严重和具有危险的性质。北京被义和团四面包围了。宗教迫害是幌子，主要目的是消灭欧洲人。这个目的清楚地表示了出来，并且写在义和团的旗帜上。他们的同谋者在北京等待他们。他们将开始攻击教堂，最后进攻使馆。对我们北堂的人来说，攻击的日子实际上已经被确定了。北京全城的人都知道，每个人都在谈论它，公众的激动情绪明白地显示出来了。”（见英国蓝皮书《中国第 3 号（1900 年）》：《关于中国暴乱通讯》，China No. 3（1900）: Correspondence Respecting the Insurrectionary Movement in China，第 108 页。）

严禁团民练拳纠党，传布揭帖；团民聚会地方，不论庙宇民居，将其住持屋主，一并收监；办拳不力之员，概行惩处；为首焚杀之“匪”，一并正法；纵“匪”助“匪”之人，尽数诛戮等等。[①]他们当天命令各国在大沽海军，做好登陆准备。德国公使在30日决定召陆战队来京的外交团会上，发出“瓜分中国时机已到”[②]的狂叫。沙俄公使格尔思一面参预各国密谋，一面又频频向清政府讨好，提供有关义和团活动和外交团内部策划的情况，显得与其他帝国主义不同，借以欺骗清政府。4月中，他将初到卢沟桥的义和团人数、装备、活动情况告诉总理衙门，要清政府派兵弹压。5月中，各国公使开会讨论调兵来北京，格尔思告诉清政府说，只是由于他“从中开导，极力劝阻，故暂作罢论”。他还说“因念中俄数百年友谊，不忍看各国派兵来京，扰乱中国”，“而各国之内，又有以中国现在有事为幸者，其心意可知”。[③]就是这个口口声声以“友谊”为重的格尔思，于四天后，即5月19日，密电俄国太平洋舰队司令，要求“派遣载有陆战队的军舰到秦皇岛，决定必要时召陆战队来此间”[④]。

5月28日，驻北京的外交使团举行会议，决定马上以“保护使馆”的名义调兵入京，并且把这个决定通知总理衙门。窦纳乐向总理衙门说明，“任何阻力也不能拦挡各国公使调兵保护使馆的决心。至于兵数的多寡，是调来一支保护使馆的卫队，抑或调来可以镇压有组织的反抗的大军，将视中国政府如何作为而定”[⑤]。清政府不敢贸然答应侵略者调兵入京的要求，强调它对列强的保护措施和决心。英、美、俄、法四国公使一同到总理衙门施加威胁恐吓，说你们要是坚持反对，其结果会很难预料。清政府屈服下来，经那拉氏批准，同意各国调兵入京，只希望人数少一些。5月31日和6月2日，英、俄、法、德、日、美、意、奥海军四百余人，分两批到达北京。这是侵略军的先头部队。6月10日，全副武装的八国联军二千余人，不顾清政府的反对，在英国海军中将西摩和美国上校麦克卡拉率领下，携带大炮、机关枪，强占火车多

① 李杕：《拳祸记》，第67页；英国蓝皮书《中国第3号（1900年）》，第100页。

② 张凤桢：《中德外交史》（The Diplomatic Relations Between China and Germany Since 1898），第100页。

③《义和团档案史料》上册，第99页。

④《红档杂志有关中国交涉史料选译》，第216页。

⑤《近代史资料》1954年第2期，第14页。

列，从天津出发，预定两天内闯入北京城。旅顺俄军两千人赶来参加，到天津时，西摩联军已经出发，俄军便暂时留在租界里。

插图 53：义和团破坏铁路和电线杆

（采自佚名《义和团战争全图》，第 2 页）

义和团英勇抵抗西摩率领的侵略军。他们拆毁铁路，随处袭击敌人，阻挡侵略军的推进。西摩联军第一天走了四十多公里，第二天走了十公里，第三天只走了三公里。当天下午，义和团在廊坊与侵略军首次交锋。据西摩情报官记载，义和团约二百人，手持大刀、长矛、抬枪等武器，向敌人进攻，“没有一点害怕或犹豫”。他们是“爱和平的朴实农民”，“其中很多是孩子”。英、美、奥军开炮夹击，义和团死亡约六十人。[①] 此后，义和团日夜阻击联军，与盘踞廊坊、落垡车站的侵略军交战，表现了极大的勇气和爱国精神。他们先是破坏通往北京的铁路，使侵略军无法前进，然后又破坏落垡以东的铁路，烧毁杨村大桥，切断侵略军与天津的交通和电讯联系。15 日，义和团向杨村集中，准备切断敌军退路，全歼敌人。18 日，董福祥甘军也参加了攻打侵略军的战斗。在这以前，甘军已经控制北京车站，并杀死了前来车站迎接援军的日

① 璧阁衔：《在华一年记》（C. Bigham:a year in China），第 273 页。

本使馆书记生杉山彬。西摩联军遭到痛击，当晚撤退到杨村，夺得四艘木船，装运伤兵和辎重，沿北运河朝天津方向逃窜，一路遭到义和团和清军的追击和堵截。22 日，侵略军抢占西沽武库，又被清军和义和团重重包围，英海军炮队队长、德巡洋舰长被击毙。他们数度派间谍向天津租界送信求援，都没有成功。直到 26 日，才被俄国中校率领的一支援军救出，丧魂落魄地逃回天津租界，死伤三百人（死 62 人，伤 238 人），占侵略军总数七分之一。美国上校达奇特说：“如果中国方面由一个有经验和有能力的军官领导，西摩讨伐队在回到天津前就会被消灭。”[1] 西摩自己也承认：“义和团所用设为西式枪炮，则所率联军必全体覆没。”[2] 美国公理会教士明恩溥说：西摩联军进犯的失败，“永远消除了惯常被人们提出来的那个论点，即一小队外国军队，只要组织得好而且武器齐全，就可以在整个中国从这一端到那一端长驱直入，不会遇到有效的抵抗”[3]。义和团的英勇战斗戳穿了帝国主义分子吹嘘的“西方军队无敌”的神话。

插图 54：同情义和团的甘军士兵

（采自 L. Giles, The Siege of the Peking Legations, A Diary. Australia， 1970，p.120—121）

由于义和团拆毁铁路和切断电讯联系，6 月 15 日，大沽各国海军与西摩侵略军的联络完全断绝。俄国海军中将基利杰勃兰特召集各国高级将领会商对策。他提出由沙俄舰长陀罗勃罗佛尔斯基指挥各国海军，占领大沽车站。如中国军队抵抗，则进攻塘沽炮台。侵略者后来借口清军在海河口布雷，于 16

①A.S.Doggett: America in China Relief Expedition（1903），第 14 页。

② 广学会编：《万国公报》，第 145 期。

③ 明恩溥：《中国在动乱中》，第 441—442 页。

日晚八时向大沽守军发出通牒，限令于第二天凌晨二时前交出炮台营垒，由各国接管，否则届时以武力夺取。大沽守将罗荣光断然拒绝。当晚，英、俄、日、德、奥等国组织突击队一千人，在事前驶入大沽口内的炮舰、鱼雷艇掩护下，向南北岸炮台发起猛攻，另有军舰二十八艘在拦江沙外助战。炮台守军奋起应战，击毙日海军大佐，打死打伤敌军多名。炮台为敌攻陷，天津的门户被打开。

清政府的"宣战"和所谓"东南互保"

1900年6月中旬，八国侵略军直趋北京，义和团与一部分清军已经同侵略军展开激烈搏斗，在这个形势下，清政府必须决定对外是和还是战，也就是投降敌人，还是抵抗外国入侵。清政府内部，在这个问题上，两种主张尖锐对立。这种对立又是同对义和团的"剿"与"抚"直接联系在一起的。

军机大臣王文韶、户部尚书立山、兵部尚书徐用仪、内阁学士联元、太常寺卿袁昶和吏部侍郎许景澄等人是主和派的代表。他们害怕得罪帝国主义列强会招惹大祸，带来严重的后果，动摇清朝根本。他们主张必须赶快把义和团当作"乱民"，坚决镇压下去，这样才有可能阻止洋兵入京。大学士、军机大臣、武卫军统领荣禄和管理总理衙门的庆王奕劻都属于这一派。他们在公开场合，态度模棱两可，并不坚持自己的意见，而在幕后积极活动。4、5月间，荣禄曾七次上递折片，主张赶紧剿办义和团，不要引起洋人干涉。6月6日，他与主抚的一派人当面大闹，并向那拉氏倾诉载漪等人会要误事。荣禄这种态度，与北京以外的主和派是相通的。他们主要利用与那拉氏的密切关系，暗中施加影响，或则利用职权，从中牵制。1901年11月，英国公使萨道义与刘坤一作过一次谈话，萨道义问："荣相上年在京袒匪攻馆，何不加罪？"刘答："荣相当时稍事依违，具有苦衷，亦有深意。若非荣相暗中救全，荣固自罹其祸，各馆亦何能无恙？实有功无罪。"又同年12月刘坤一回答英国驻南京领事关于荣禄及武卫军围攻使馆的事，刘说："勇攻使馆，非荣相本意。当时拳焰方炽，内则有端（指端王载漪），外则有董（指董福祥），荣相不得不阳与之合，为暗中保护之计。否则自罹其祸，大局更不可收拾。具有苦心，外省尚有未能深悉者，况各国乎？使馆卒得无恙，实荣相保全之力；东南得以认真保护，亦荣相密为维持。”[①] 封疆大臣中两江总督刘坤一、两广总督李鸿章、湖广总督张之洞、山东巡抚袁世凯都是坚决反对抵抗的主和派，表现了洋务派的立场。处于无权地位的载湉也支持这一派人的主张。

端王载漪、庄王载勋、辅国公载澜、贝勒载濂、军机大臣刚毅和大学士徐桐等人是主战派的代表。这些人多数是清政府中的顽固派。他们受到义和团运动巨大声势的威慑，感到恐惧；又觉得义和团的"灭洋"目标可以利用，去为自己的权力斗争火中取栗。他们中间有些人愚蠢到顶，相信义和团的"法术"，以为或许真有可能把洋人打败，驱逐出中国。顽固派们就是怀着这种阴险和侥幸的心理坚决主战的。他们利用人民群众中反侵略爱祖国的热情，打起"抗外敌""雪国耻"的旗帜，吸引舆论支持，形成一股相当的势力。

那拉氏全面衡量形势以后，既然在对义和团的"剿""抚"问题上采纳了顽固派的主张，现在对于和战问题，自然也就要继续顺这条路走下去，赞成主战，反对主和。6 月 10 日，西摩联军从天津北犯，那拉氏任命载漪主管总理衙门，加强主战派在政府中的地位。那拉氏忧心忡忡，担心帝国主义会用武力胁迫她交出政权。12 日，许景澄等被派往英使馆劝阻西摩联军进京，遭到英使馆的拒绝，更增重她的疑惧。侍讲学士朱祖谋上奏折说：外国增兵北京，"惊扰固不待言，且以速拳民之祸，尤恐侵寻迫胁，干我政权"。他以日本兵闯入朝鲜王宫杀死闵妃，朝鲜国王逃入俄国使馆避难的事情告诫那拉氏说："倭、俄于韩城之事，可为寒心。"[②]13 日，清政府调聂士成全军回天津，又令裕禄实力阻止外兵进京，"如有外兵阑入畿辅，定惟裕禄、聂士成、罗荣光是问"[③]。就在这一天，默许义和团进入内城，这是打算利用义和团抵制外国用武力逼她归政的一种准备。义和团到处设立神坛，在大街上结队游行，又使她非常恐慌，下令拆除坛棚，要清兵弹压义和团，并急如星火地催促李鸿章迅速来北京，命令袁世凯统兵入卫，这又是想依靠洋务派官僚军阀加强对义和团的镇压。16 日，西摩联军占据廊坊，北京更加吃紧。16 日起，连续四天，那拉氏召集王公大臣、六部九卿举行御前会议，辩论和还是战的问题。17 日，大沽炮台被占领，帝国主义采取的这个新的严重步骤，越发激起了中

① 《寄庆亲王王中堂》（光绪二十七年十月三十日），《刘坤一遗集》，第 2632 页。

② 《义和团档案史料》上册，第 129 页。

③ 同上书，第 142 页。

国人民群众反侵略斗争的强烈情绪，这种情绪又感染了一部分清军官兵，卷入抵抗外国侵略者的行列。清朝统治集团因此更没有可能靠自己的力量来镇压义和团，也更不可能对外国的进攻回避作出明白回答了。大沽炮台被夺占的同一天，那拉氏接到一份载漪伪造的列强的《归政照会》，共有四项要求，其中一条是勒令她交出政权。19 日，上海《字林西报》发表社论，主张驱逐西太后及亲信党羽出北京，将政权交给光绪帝。那拉氏以为帝国主义真要扶植载湉，对她下手了。这个偶然因素，促进了她不得不与列强暂时破脸。她在御前会议上高声叫喊："我为江山社稷，不得已而宣战。顾事未可知，有如战之后，江山社稷仍不保，诸公今日皆在此，当知我苦心，勿归咎予一人，谓皇太后送祖宗三百年天下。"[①]21 日，清政府向各国"宣战"，命令荣禄率武卫军备战守；又命令各省督抚招民成团，借御外侮，并称许义和团为义民，要各省迅速修理军械，备民团领用。在宣战谕旨中，还慷慨激昂地说："与其苟且图存，贻羞万古；孰若大张挞伐，一决雌雄。"[②]仿佛地主、买办阶级的清政府真要抵抗帝国主义的武装进攻，同农民阶级、广大人民群众站在一起反对外国侵略了。

事情一开始，就露出了这个宣战是虚假的。早已变为列强在中国维持半殖民地统治工具的清朝统治集团，绝对没有决心和勇气、也没有能力抵抗外国的侵略，更不用说进行与列强同时开战的反侵略战争了。首先，宣战诏书就不是向作战对手讲话，而只是一个对内发布的文件。诏书从头到尾没有指出谁是开战的敌国，也没有送给任何外国政府。其中只是煞费苦心，提到一个通知清军交出大沽炮台的外国人的名字。盛京将军增祺 6 月 28 日向清廷请示说："此次中外开衅，究系何国失和，传闻未得其详，应恳明示，以便相机应敌。"[③]这一问，实际把宣战诏书的荒唐、虚假，一下子揭开了。

宣战以后，清廷命令裕禄等督率军民收复大沽炮台，又命令在京津线上的董福祥部抽出兵力往天津助战，而实际没有认真的作战部署。相反，并非军事前线的外国使馆和西什库教堂，成了清军进攻的首要目标。清军主力荣禄的武卫中军和新调进城里的董福祥军，都参加了对使馆和北堂的围攻。在

① 恽毓鼎：《崇陵传信录》，《义和团》第 1 册，第 49 页。恽毓鼎是会议参加者之一。

②《义和团档案史料》上册，第 163 页。

③ 同上书，第 201 页。

这以前的6月19日，载漪统率的虎神营一个下级军官在东单牌楼开枪打死德国公使克林德，不是奉上面的命令干的，是一个偶然事件。宣战过了三四天，所谓“归政照会”查无实据。6月25日，那拉氏下令停止攻击，命荣禄与使馆商议和局。荣禄因为坚持主和，一开始就反对攻打使馆，25日以后，武卫中军对使馆更是名为进攻，实为严格保护。使馆区的洋兵约四百人，西什库五十人。荣禄所部八千人，董部甘军约一万人，加上义和团群众，从6月下旬到8月14日，既没有攻下使馆区，也没有攻下西什库教堂。甘军受载漪指使，攻打使馆比较认真。荣禄奉有那拉氏意旨，对甘军加以制约，或拒绝供给弹药，或以震动皇宫为借口不许放炮。使馆周围由荣禄增加自己的部队，控制局势。当时替荣禄效命奔走、深受信任，后来升至直隶总督的陈夔龙记载说：董福祥久攻使馆不下，端王传矫旨命荣禄用巨炮轰击英使馆。各国公使参随各员均居于英使馆。荣禄密嘱炮手加高标尺尺码，发炮时炮弹越过使馆屋顶，落于前门外草厂十条胡同，使馆得以保全。[①] 又士兵时而施放空枪空炮，时而用木屑等物充当弹药。枪炮声不绝，使馆安然无恙。被围困在使馆区的外国人开头对这种情况迷惑不解，不久就明白了其中的奥妙。著名的侵略分子赫德发现：“历次攻击并不是由政府所能调动的数目的兵员所发动的——攻击没有一次干到底，总是正当我们恐怕他们一定要成功的时候就停住了。”掌握这种行动的人“或许是知道摧毁使馆区将会对这个帝国和这个皇朝带来怎样的损失的一位聪明的人”。“假使在我们周围的军队真的彻底而决心地攻击的话，我们支持不了一个星期，或许连一天都支持不了”。[②] 使馆区里面的英国人也说，欧洲人认为“中国以大军围攻区区之使馆而不能克，可见兵力之弱；众口一词，其意坚不可拔，不知此亦大误。……盖中国人乃在其能杀之时而掣其刃，非其力之不能也”[③]。

义和团受到招抚以后，清政府继续施展阴谋诡计，利用对外宣战的名义，一面鼓励他们加紧攻打使馆和教堂；一面又把他们分批调出，推到同侵略军作战的第一线上。目的都是一个，借用帝国主义的力量来消灭义和团。城里的义和团虽多至几万人，都只有长矛、大刀一类原始武器。在狭长的阵地上，

---

① 陈夔龙：《梦蕉亭杂记》。

② 赫德：《这些从中国来》，第39页，转引自马士《中华帝国对外关系史》第3卷，第249页。

③ 朴笛南姆威尔：《庚子使馆被围记》，《义和团》第2册，第200页。

成堆的人拿着这类武器进攻敌方工事，大批地牺牲在外国人的枪口下面。北京义和团主力的一部分，很快在这种行动下消耗了。宣战不久，坚决反对义和团的袁昶提出："先清内城以安民心。现禁城有拳团三万余人，来者穰穰不止，日久必生变，既不能部勒使受约束，不如导使随（甘军、马玉昆）往津御洋兵，少两得之。"[①] 以前建议收编义和团的御史郑炳麟，也感到这些"乱兵""乱民"留在京城里太危险了。奏请"尽移武卫军，率义和团均赴津沽，俾当前敌，而以官军鞭笞督饬，使义和团奋勇杀敌"，然后京城才能"安堵如常"。[②] 载澜担任"会同办理义和团事宜"，在和战问题上与袁昶尖锐对立，对于驱赶义和团赴前敌，他们的主张却不谋而合。当时人 8 月 2 日的日记上记载："又闻澜公昨日饯团，誉其忠义，饬往前敌，而断不可回；如一回，则以军法从事。"[③] 又"京城各门有令，准出不准入，实情不虚。由京调出者无日无之，皆以夸讲为奖励之辞；出京师即刺杀之。天津教民不必言，官军一见，亦杀团匪，各将官见而杀之。……闻各路兵及庄王、荣相、董军门、各统兵大员，皆密设法收抚团众。有不受抚者，均遣至各处攻打前敌，少有退缩，迎以大炮，一炮休矣，升天矣。实露半剿半抚之法"[④]。北京义和团主力另一部分，又在这种欺骗下被打发出去，零散或成批覆没了。所谓"导使往津御洋兵，少两得之"和"半剿半抚"，无非是说，借外国人的刀屠杀义和团，或者清政府在招抚掩盖下，暗地里对义和团实行剿灭。北京这么做，也通知外地照样办理。7 月 22 日，军机处寄给增祺等一道上谕："现在中外开衅，将来收束地步，亦不能不预为筹计。……各该省如有战事，仍应令拳民作为前驱，我则不必明张旗帜，方于后来筹办机宜可无窒碍。"[⑤] 又一道上谕说："该将军等当懔遵叠次谕旨，如与俄兵接仗，务令拳民先驱，我军不可明张旗帜。"[⑥] 上文引的"半剿半抚"论的作者，抱着欣赏的态度记载："外间言，天津各团众闭枪炮者，说只说，听只听。马玉昆指挥各团前敌打仗，有进无退。中间武卫军。前团进有敌枪所伤，稍退，勇两旁一分，大炮开矣，各团众皆赴鬼门关

① 袁昶：《乱中日记残稿》，《义和团》第 1 册，第 341 页。

②《义和团档案史料》上册，第 245 页。

③《庚子记事》，第 163 页。

④《石涛山人见闻志（辑本）》，《义和团运动史料丛编》第 1 辑，第 95、96、97 页。

⑤《义和团档案史料》上册，第 360 页。

⑥ 同上书，第 429 页。

闭枪炮去者！大内各邸堂与各堂密语，京东及天津一炮可打四千余人，因地旷得手；西什库则不能者，地窄也。看此光景，里外皆夹打团匪，此半抚半剿之道露出。”[①]那拉氏一伙采取这种反革命阴谋手段，利用义和团的纯朴爱国热情和“扶清灭洋”的含糊思想，不久就在相当程度上实现了自己的希望。7月18日至28日、8月3日至4日清军与使馆两次“休战”是一个信号。它表示这时清政府已经基本上能够控制北京的局势，义和团的威胁大为减轻了。6月25日，即宣战后的第四天，那拉氏指示荣禄派人与使馆议和，不久清政府又通过多种渠道，向列强反复说明，开衅决不是它的本意。6月29日大沽被占，侵略军正在进攻天津。清廷电令杨儒等各驻外使臣向所在国政府正式声明：“此次中外开衅，其间事机纷凑，处处不顺，均非意料所及。”电旨与宣战诏书截然相反，根本不承认义和团为“义兵”或“义民”，而是明确地说它们是“乱民”“乱党”。“朝廷非不欲将此种乱民下令痛剿，而肘腋之间，操之太蹙，深恐各使保护不及，激成大祸”。自然也否认它打算依靠山东、京畿不约而集的“义兵数十万人”，来对列强“大张挞伐，一决雌雄”，而是剖白清政府“即不自量，亦何至与各国同时开衅，并何至持（恃）乱民以与各国开衅。此意当为各国所深谅”。电旨最后要各驻外使臣把清政府“万不得已而作此种因应之处”，“向各外部切实声明，达知中国本意。现仍严饬带兵官照前保护使馆，惟力是视。此种乱民，相机设法自行惩办”。[②]7月3日，即宣战第十三天以后，清政府直接向俄、英、日发出国书求和，再次把战争的责任全部推到义和团头上。致俄国的国书中无耻地说，中俄两国订有密约，中国为时势所迫，“不得不唯贵国是赖”，万望从中排难解纷，进行调和。[③]致英、日两国的国书，也是摇尾乞怜，恳请它们捐弃小嫌，共维全局。但这时尚处在攻打使馆“战争”的早期，义和团的威胁强大存在。袁昶记述：义和团一听说议和，“则出辞已大不逊，多不堪出口之语。总之，暂时京师义团及甘军各营不出大城，便是大害，不知伊于胡底”[④]。因此，清政府接洽对帝国主义投降，必须严守秘密，并采取一些办法掩盖自己的阴谋活动。7月3日向俄、英、日致国书求和，也就在这一天，又发出一道上谕，声称“现在中外

①《石涛山人见闻志（辑本）》，《义和团运动史料丛编》第1辑，第95页。

②《义和团档案史料》上册，第202、203页。

③同上书，第228页。

④《乱中日记残稿》，《义和团》第1册，第349页。

业经开战，断无即行议和之势”。“各将军督抚等，务将和之一字先扫除于胸中”[①]。同一天，又责令裕禄加紧军事行动，又催袁世凯派出的援兵“星夜赴京”。清朝统治者惧怕外兵大举侵入，内忧外患一齐逼来，力求阻止外国军队前进，这是完全真实的，并非装样子。但宣战既不是清政府的本意，恳求列强千万不要认真看待，准备迅速投降，实现和议，这当然就是本意了。它偏偏又对臣下强调，和议是不可能的，务必将“和”字从胸中扫除掉，这样做，实际的作用是欺骗群众。往后，义和团的威胁逐渐减轻，清政府的求和活动也就公开进行，并且对内也不像宣战诏书称义和团为“义兵”“义民”，而是直接叫“乱民”了。7 月 19 日给沿江沿海各督抚的一道上谕说：“一月以来，除德使被乱民戕害，现在严行查办外，其余各国使臣，朝廷几费经营，苦心保护，均各无恙。”[②]7 月 24 日又一道上谕说：“现幸各国使臣，除克林德外，余均平安无恙，日前并给各使馆蔬菜食物，以示体恤。”[③]攻打使馆的枪炮声这时却并没有停止。

帝国主义对清政府的本意确实也没有发生误解。它们公然夺取大沽炮台，占领天津，同时又一致认为“对中国的战争状态并不存在”[④]。夺取大沽不久，各国军队司令官共同表示“我等之本国，现与中国政府保持和平，故决非对中国政府进兵”。“此次进兵之目的，在讨伐以义和团之名欲颠覆中国政府之有力叛徒”，“援助中国政府镇压叛徒。若中国政府不讨伐叛徒，则各国自行讨伐”。[⑤]7 月 13 日，日本政府致清政府的复信仍然强调：“迩来北方团匪，日益猖獗，妄动乱举，无所不至。……自上月以来，各国将大兵派往天津，日本亦不得不调派兵员〔至〕该地，此系专为弹压匪类，救护使臣起见，并无他意。”[⑥]帝国主义对清政府没有按照他们的要求，把义和团扼杀在反洋教斗争的摇篮里，固然很不满意；但它们强调出兵是镇压中国人民的反抗，而不在于惩治犯了奴才不敬重主子的罪过的清朝统治者，这最有力地说明了那种宣战的实在意义。

---

①《义和团档案史料》上册，第 221—222 页。

② 同上书，第 344 页。

③ 同上书，第 365 页。

④ 马士：《中华帝国对外关系史》第 3 卷，第 244 页。

⑤ 王芸生：《六十年来中国与日本》第 4 卷，第 10—11 页。

⑥《清光绪朝中日交涉史料》第 54 卷，第 21 页。

那拉氏跟帝国主义已经打过四十年的交道，深知怎样利用对方的需要，不断适应情况，来保住自己，也保住中国封建地主阶级的统治地位。她本来不想对列强宣战，义和团“变起肘腋”，逼迫她采取了把这场烈火极力煽向洋人，同时借洋人的手来屠杀造反的群众，然后又彻底投降帝国主义的阴险策略。她没有可能事先逆料结果必定会怎样，也不是每一步事先都安排布置好了，可保万无一失。但统治阶级的根本利益，总的形势，让一个经历过多次大事变、富于统治经验的年老妇人，选定了要朝这个方向走去。一个美国资产阶级学者评论当时的情形说：“倘若她想不被义和团的浪潮所淹没，她就必须浮在这个浪潮之上——要使浪潮不至消灭皇朝，就必须把它转向对付洋人。”①这时西太后就是竭力挣扎着要浮在浪潮上面。1900 年 6 月 5 日，英国公使会见奕劻后报告英政府说，庆王承认他不能保证北京和其他地方的安全，并怀疑调来保卫这个城市的六千名士兵除保护政府财产以外会对义和团开火。窦纳乐的电报说，总理衙门已不能打动太后关于任令义和团继续横行不加反对的危险。②这是符合实际的。

义和团兴起不久，统治集团内部发生尖锐争论和对立，后来也一直众说不一的关于义和团是否反对清朝统治，亦即是否反封建的问题，在那拉氏选择对列强假宣战、真投降这条出路，以至终于保持住了她的原有地位以后，实际上是正面作出了回答。义和团给自己规定的鲜明战斗目标和任务是“灭洋”，反对帝国主义侵略。这是运动的主流。他们没有提出反封建的要求或号召。有的地方出现过“替天行道”“均粮”等历来农民反封建斗争的口号，北京出现过要杀一龙二虎的说法，这些都是局部的，不占重要地位。他们的注意力倾注在“灭洋”上，反封建思想认识模糊。但是买办资产阶级、封建地主阶级掌握的清政权，是依靠替洋人维持对中国的半殖民地秩序而存在的。群众反抗的暴力虽然只是朝着外国侵略者的，清政府也不能允许其滋生蔓延，而要加以镇压、消灭。因为事实上，这是对它的统治权力的直接破坏和挑战，决不会为洋人答应。于是义和团一开始，就不得不到处与清政权、封建统治势力发生冲突。从山东兴起，到进入北京、天津，他们每前进一步，都是在与

① 马士：《中华帝国对外关系史》第 3 卷，第 247 页。

② 惠尔：《不列颠，中国，以及反教骚动（1891—1900）》（E.S.Wehrle：Britain，China，and the Antimissionary Riots 1891—1900，1966），第 165 页；参见英国蓝皮书《中国第 3 号（1900 年）》，第 36—37 页。

封建势力进行流血斗争以后取得的。5月下旬，义和团与清军在涞水一战，歼敌七十余人，杀清军分统，接着占据涿州城，才掀起运动的全面高涨，造成了进入北京、天津的局势。义和团群众在落垡、高碑店遭受号称清军精锐的聂士成军屠杀，他们积怨在怀，不止一次主动迎击聂军，毫无畏惧。这一切，都表明义和团是在同封建势力顽强斗争中发展起来的。相反地，封建统治阶级在这方面的认识，一开始就是非常明确的。一直到6月21日宣战之前，6月6日、6月13日、6月14日、6月15日等各次上谕，都是命令军队对义和团严厉镇压、解散，一片剿灭声。不过这时它实际无能为力了。"扶清灭洋"口号在清政府内部引起了争论，焦点是"灭洋"对他们是好事还是坏事，双方都没有对"扶清"感到放心。他们无论是"主剿"还是"主抚"，目的都是一个，扑灭这场人民斗争的烈火。那拉氏先假宣战，然后彻底投降，她明白地把义和团的威胁摆在第一位，列强的威胁居于第二位。义和团坚决的反洋教、反侵略斗争，要在不间断地与封建统治阶级的对抗中进行，就实际包藏着这场运动随时都有变为大规模反清、反封建斗争的可能。那拉氏准确看出了这一点，外国侵略分子中也有人看出了这一点。5月27日赫德在给海关驻伦敦办事处税务司金登干的电报中就指出："各国使馆正在讨论如何应付义和团。北京似将面临外国军队占领的局面。中国朝廷处于进退两难的地位，如不镇压义和团，则各国使馆将以采取行动相威胁；如准备镇压，则这一强烈的爱国组织，将转变为反抗清朝的运动。"① 十九世纪末，清政权与帝国主义结合得更紧密了。中国人民要彻底地反封建，必须同时反对帝国主义；反过来，要坚决反对帝国主义，也必须同时反对封建统治者。两者间的关系，人们在认识上没有解决，在实际斗争中早就不可分割了。义和团没有明确的反封建要求，在实践上，又是勇于反清朝统治、反封建的。尖锐的民族矛盾、那拉氏一伙的欺骗利用，使这场运动不足以突出反封建的性质，但是这场运动也没有因此泯灭、取消反封建斗争的性质。

那拉氏宣战以后，北京的主和势力、洋务派分子，不敢同主战派公开争论了。两广总督李鸿章、两江总督刘坤一、湖广总督张之洞，这些洋务派要角，一则拥有地方实力，再则距离北京遥远，他们牢固地站在大地主、大买办阶级立场上，毫不动摇，与帝国主义相勾结，实行所谓"东南互保"，竭力

①《帝国主义与中国海关》第九编，第6页。

镇压群众起来进行反帝斗争。

当义和团发展到北京附近，那拉氏还没有假宣战的时候，李鸿章、刘坤一、张之洞与督办铁路事务的买办官僚盛宣怀等，声嘶力竭地攻击义和团，说它是“匪徒”和“叛逆”，要求清政府严加惩处。5月28日，盛宣怀电告总理衙门必须严厉镇压义和团，以免养痈成患，滋蔓难图。张之洞电称义和团戕官毁路，“法所当诛”，应该格杀勿论。刘坤一、张之洞联衔要求那拉氏“明降谕旨，痛剿拳匪”。盛宣怀积极活动，劝李鸿章等多上主张消灭义和团的奏折，施加压力，促使那拉氏改变主意。6月16日，西摩联军被围困在京、津道上，侵略者所处形势不妙。上海英国代理总领事霍必澜取得英政府的同意后，向刘坤一、张之洞分别提出保证，如果他们决心维持秩序，他们将得到英国在华海军的支持。英国为了阻止各地群众起来响应义和团的斗争，也排除其他帝国主义乘机在长江流域扩大势力，决定利用中国这些地方当权势力作为鹰犬，保护它在华的侵略利益。刘坤一、张之洞经过几度密商以后，同意霍必澜的计划。大沽炮台失守的消息传来后，盛宣怀竭力劝说刘坤一、张之洞赶紧与上海各国领事订约，成立所谓“东南互保”，造成既成事实。刘坤一也认为北方的战争已不可避免，他电告张之洞、安徽巡抚王之春、江苏巡抚鹿传霖、江西巡抚松寿说：“为今计，惟有力任保护，稳住各国……事至危急，未可拘泥。”[①]戊戌变法期间，参与过维新活动的实业家、小官僚，如张謇、陈三立、沈曾植、沈瑜庆等人，这时也麇集于刘坤一、张之洞周围，主张“东南互保”，进行了一连串的紧张活动。

清政府宣战诏发表后，李鸿章、刘坤一、张之洞很快相约，扣押这道谕旨，以防止开战的消息泄露出去。李鸿章通知主持电报局的盛宣怀说：“宣战旨此间并未出示，亦未分行各属，务饬电局勿张扬。”[②]他们以“矫诏”为理由，拒绝执行这以后朝廷的命令。清政府对各省督抚说：直隶、天津义和团会同官军作战获胜，“此等义民，所在皆有”，要他们招集成团。刘、张答复：“沿海一带，会匪、盐枭、安庆道友甚多，与拳会各自为党”，“并无拳会之党可招”。[③]袁世凯回答：山东拳民“精壮者多已争赴京、津效力，所留皆系老

①《寄张制军于中丞鹿中丞王中丞松中丞》(光绪二十六年五月二十三日),《刘坤一遗集》,第2563页。

②《复盛京堂》(光绪二十六年六月初七日),《李文忠公全书》电稿，第23卷，第13页。

③《义和团档案史料》上册，第195页。

弱，不堪驱策；或迫农事，不愿远征”[①]。清政府命令各省督抚：“现在统筹战备”，“所有各省认还洋款，著即暂行停解，听候部拨，移充军饷”。[②]李鸿章、刘坤一等人合谋反对，刘坤一竟说什么“洋款若停，牵动内地厘金，亦碍华民生计，转于饷需有害”，要求清政府继续照常偿付外债。[③]那拉氏一再催促李鸿章迅速北上，李鸿章却徘徊观望，迟迟不行。

刘坤一、张之洞等人活动的结果，于6月26日，由盛宣怀与上海道余联沅作为代表向驻上海各国领事提出所谓《中外互保章程》九条，主要内容为“上海租界归各国公同保护，长江及苏杭内地均归各督抚保护，两不相扰，以保全中外商民人命产业为主”。中国这些地方军阀官僚不惜抗拒本国主子命令，投靠外国主子的行动，受到各领事的赞赏。原则上他们同意九条办法，但认为必须得到各国政府的准许，才能正式签字订约。刘坤一不顾清政府的宣战谕旨，于6月28日致电张之洞说：“无论北事如何……仍照所议办理，断不更易。”[④]张之洞回电说：请速致意各国领事，如见宣战上谕，不必疑虑；督抚自当“执守沪约，尽力保护”[⑤]。他们起劲地镇压群众反帝斗争。李鸿章在广东，“募巡警”，“办团练”，“清户口”，遇有身带刀械，立即擒捕。张之洞与湖北巡抚，到处张贴告示，“禁谣拿匪，敢有生事，立即正法。所有洋商教士，力任保护”。刘坤一的告示说：“造谣闹教，即作匪论，严行查拿，立正典刑。”据南京英国领事报告，刘坤一派出军警保护教堂，昼夜巡逻。当地茶馆剧场，晚上九时一律歇业，九时至次日凌晨，实行宵禁。[⑥]“东南互保”的地区，后来不断扩大，除原来的江苏、江西、安徽、湖南、湖北外，浙江、山东、福建、广东等省也陆续参加进去。如果把附和的省份四川、陕西计算在内，几乎占了半数以上的省份。闽浙总督许应骙还直接同英国福州领事达成类似的协议。

这个《中外互保章程》，帝国主义最后并没有签字。英国外相7月4日对

---

①《义和团档案史料》上册，第293页。

②同上书，第207页。

③《复粤督李》（光绪二十六年六月十五日），《刘坤一遗集》，第1435页。

④《刘坤一致张之洞电》（光绪二十六年六月初二日），《义和团》第3册，第340页。

⑤《张之洞致江宁刘制台（坤一）上海盛京堂（宣怀）余道台（联沅）电》（光绪二十六年六月初三日），同上书，第343页。

⑥杨国伦：《英国对华政策（1895—1902）》，第168页。

驻英公使罗丰禄声明:《中外互保章程》“其意甚美,自当竭力体会,惟只能作为条陈,不能作为约章,因其中有英国权利,不便委弃;中国责成,不便越俎”。驻英法国公使回答英政府关于这个章程的态度时说:“预拟的措施在许多方面表明法国政府遵循的方向,但法国不准备授权总领事签字,以免束缚自己。”[①]有关条款在刘坤一等这方面则如实履行了。正是由于中国军阀官僚买办竭力替帝国主义维护秩序,镇压群众响应义和团运动,限制和阻碍了义和团运动的扩大和发展,使它主要局限于北方,削弱了反帝斗争的力量。所谓“中外互保”,实际是帝国主义与中国地主阶级、买办阶级联合镇压、屠杀义和团的公开联盟和这个联盟的条文化。外国批准与否,都不改变这个联盟的实质。

北京的清政府对英、法、德、俄等国宣战,它下属的地方政权,则与那些外国订立约章,结成联盟。一个政权,两种截然相反的对外态度。表面上看去,清政府在外国压力下,公开分裂成了两个权力中心,彼此间处在对立的地位上。但北京并没有谴责刘坤一、张之洞、李鸿章等这种等于脱离朝廷宣布独立的行动。7月7日,山西巡抚毓贤向北京报告他收到的盛宣怀从上海发来的电报:“长江、川、东、苏、浙、闽、粤各省已与各国议明,中外互相保护,两不相扰,各国已经照会应允。”[②]清政府没有表示异议。7月21日,刘坤一、张之洞、四川总督奎俊等联合奏报,说他们已经同外国“签订章程”,含糊其词。上谕明确地答复:“朝廷本意,原不欲轻开边衅。故曾致书各国,并电谕各疆臣,及屡次明降谕旨,总以保护使臣及口岸商民为尽其在我之实,与该督等意见正复相同。”[③]后来各国侵略军占领北京,那拉氏在逃往西安的途中再次发出指示,说:“前据刘坤一、张之洞等奏,沿海沿江各口商务照常,如约保护。今仍应照议施行,以昭大信。”[④]一个对外宣战,一个拒绝开战,明显地矛盾对立,那拉氏偏偏说彼此“意见正复相同”,而且认为只有保护帝国主义侵略利益,才算是遵守“大信”。这个事实,不能有别的解释,是又一次强调表明,那拉氏的宣战,是要躲过义和团打击的一种骗局。刘坤一、

---

①英国蓝皮书《中国第1号(1901年)》,第2、5、10—11页;又《张文襄公电稿》第36卷,第2页。

②《义和团档案史料》上册,第257页。

③同上书,第365页。

④同上书,第489页。

张之洞、李鸿章等洋务派大官僚，抗拒宣战谕旨，勾结帝国主义、镇压义和团，这才是清朝统治者的根本方针。他们的做法表面上矛盾分歧，实际并行不悖，殊途同归。他们是在不同的处境条件下，执行同一条反人民的方针。

天津陷落，外国侵略军即将大举进攻北京，统治集团内部两派的斗争愈加激烈。7 月 28 日杀许景澄、袁昶，8 月 11 日杀联元、徐用仪、立山。主战主和两派，对于屠杀义和团，在诱使、驱赶义和团群众赴前敌等行动中，早已表现出一致了。许景澄、袁昶等人被杀的罪名，不是主和，而是离间宫廷，表明两派在对外投降的问题上也接近于公开一致了。他们间的斗争，现在是争夺由哪一派来掌握投降帝国主义的实行权。两派的区分，可以看清楚了：主和派是直接投降派，主战派是迂回投降派。帝国主义进攻造成空前尖锐的民族矛盾，国内阶级矛盾暂时退居服从地位，这也不足以改变买办资产阶级、封建统治势力反对人民、投降帝国主义的特性。真正抵抗帝国主义侵略的是义和团、中国广大人民群众。

义和团抵抗侵略联军的又一个战役

义和团进入天津后，先后焚毁仓门口、镇署前、望海楼等处教堂。天津租界的侵略军出来干涉，盘踞老龙头火车站的俄军开炮轰击义和团，造成重大伤亡，激起群众的愤怒。曹福田、韩以礼为首的静海义和团与刘呈祥、杨寿臣率领的天津义和团一起，进攻车站和租界，揭开了天津战役的序幕。他

插图 55：天津老龙头车站战后景况

（采自山本诚阳《北清事变写真帖》，东京，1901 年，第 53 页）

们破坏铁路，阻击大沽开来的援敌，夜以继日地浴血奋战。1900年6月17日侵略军夺占大沽炮台的消息传到天津，聂士成所部清军也参加了战斗，炮击租界。

占领大沽的各国军队急速向天津来犯。21日，义和团和清军击退俄军、美军五百余人的联合进攻。23日，俄、英、德、美军约二千人在俄国斯多塞尔少将率领下，闯入租界，与困守租界的侵略军会合。不久，英、美等国的援军又接踵开来。侵略军立即组织力量反扑，对天津城及外围发起攻击。27日，大队俄军联合英、美军进攻海河东岸贾家沽的北洋机器局（东局子），守军与义和团合力抵抗。杀死杀伤俄军二百余人，但机器局失陷。6月底，张德成带领静海独流镇义和团到天津参战，驻扎在山海关内外的马玉昆部清军也陆续开到天津前线。马玉昆部联合张德成率领的义和团进攻紫竹林租界，曹福田为首的义和团进攻老龙头火车站，聂士成部守南门外海光寺一带，并与练军一起围攻东局子。老龙头火车站位于海河东岸，与紫竹林租界隔河相望，是出入天津租界的孔道，那里的战斗一开始就十分激烈。义和团多次冲进车站，与守敌搏斗。他们在一次夜袭车站的战斗里，切断了由法、日军据守的站房、月台与据守机房的英军之间的联系，跟敌军肉搏达三小时。英国人记述这场鏖战说："进攻者（指义和团）重创后被击退了，但联军的损失也很重大，伤亡人数近一百五十名，主要为法国和日本人。中国人作战英勇是不能否认的，他们装上刺刀，几次三番从车皮上冲杀出来劈刺敌人。他们虽不懂得使用武器，有的枪刺上还带着它出厂时的刀鞘，但他们确实不缺乏勇气。所需要的是好领导和多懂得些军事知识。"① 曹福田率领的进攻车站的战斗，打得主动顽强，使敌人胆战心寒。

7月9日，各国联军进攻天津城南海光寺一带，聂士成率部迎敌，在八里台中炮阵亡。聂军与租界守军恶战，为侵略军所惧惮。聂士成战死后，所部马步三十营多半溃散。次日，帮办北洋军务宋庆到天津主持战局。13日，联军大举进攻，炮击天津城，从清晨到中午，仅英军二十余门大炮发炮一千数百发，全城大火。联军以俄、德为一路，攻击东北角水师营炮台（黑炮台），另一路主力由日、英、美、法、奥军组成，共五千人，日本福岛少将任指挥，进

① 汤姆逊:《中国与列强》（H. C. Thomson: China and the Powers. London，1902），第57—58页。

攻天津南门，马玉昆部及练军何永盛部凭城坚守，频频发炮还击，阻敌前进，鏖战到第二天清晨。这是天津最激烈的一次战斗，歼敌最多，打死美军指挥官第九步兵团上校团长以下军官多名，毙伤敌军八百余人。当晚裕禄、宋庆、马玉昆等撤至北仓，放弃天津城。14 日，南门为日本工程兵轰塌，清军、义和团在城内苦斗后，天津陷落，黑炮台为俄军夺占。一个英国人说："我见过世界上好些地方的战斗，但再没有看到比这次同这些无知的中国人作战更为

插图 56：美军完成集结，准备向北京进犯

（采自 A.H. Savage-Landor，China and the Allies，London，1901，V.I，p.336）

艰苦的了。当我们越过土墙和路障时，中国人就开火，我们的人像苍蝇一样地掉下来，而不得不寻找荫蔽处。"① 这个记载说明义和团打得英勇顽强，他们为抵抗侵略，保卫祖国土地，用鲜血写下了光辉的篇章。

7 月 14 日，天津陷落，周围地区义和团的反抗斗争尚在继续，阻碍着侵略军的行动。联军由谁来担任统帅的问题，各国之间矛盾斗争，相持不下。侵略军在天津停滞了 20 天，于 8 月 4 日分两路沿运河两岸向北进犯。联军这时共两万人，其中日军八千多名，俄军四千八百名，英军三千名，美军两千多

---

① 宝复礼：《京津随军记》（Frederick Brown: From Tientsin to Peking; With the Allied Forces. London，1902），第 37 页。

名，法军八百名，意大利、奥地利共一百多名，德军大队正在海上来华途中。义和团与清军为阻止敌军前进，在北仓修筑阵地。并决堤放水淹没西沽、北仓间的广阔地段，有些地方还埋了水雷和地雷。5 日，联军以日军为主力，进攻北仓。义和团和清军奋力抗拒，伤毙敌军四百余人。北仓失守。担任联军情报官的英国天津卫理公会传教士宝复礼供认，由于他网罗了不少汉奸充密探，替联军搜集北仓清军人数、炮位、壕堑等情报，探明埋雷地点，极大地便利了侵略军攻占北仓。[①]6 日，英、俄、美军联合进攻杨村，清军应战失利，裕禄自杀。联军攻占北仓、杨村后，德、意、奥军先后退往天津。7 日，清政府正式任命李鸿章为议和全权代表，向侵略者乞降，并命宋庆照会各国统兵大员，先行商议停战。前线将领更无斗志。临时任命为帮办武卫军事务大臣的李秉衡自尽。侵略军不理睬清政府的停战议和要求，以日军为前导，长驱直入，几乎没有遭到抵抗。12 日，联军占领通州。13 日晚，俄军首先进攻东便门，接着日军进攻朝阳门、东直门。这几处战斗都很激烈，守军击伤沙俄侵略军参谋长华西里耶夫斯基中将，毙伤俄军一百二十余人、日军二百余人。

插图 57：日军炮击北京朝阳门

（采自 A.H. Savage-Landor， China and the Allies， London，1901，V.II，p.182）

①《京津随军记》，第 65 页。

由于大队清军赶往东便门、朝阳门增援，广渠门守备空虚，英军乘隙攻入。[①]14日，北京失陷，那拉氏、载湉于次日清晨仓皇出逃，城内大乱，义和团和部分清军继续抵抗，击毙美国炮队队长等。16日，西什库的围攻战结束。义和团退出北京后，继续顽强战斗，英国使馆牧师记载8月20日义和团和英军在南苑附近的一次交战说：一小队手执刀枪的义和团，“被狂热的激情所鼓动……据说其中一人的身体被洞穿后，仍挣扎着重新进攻。这样的行动在对日本的战争中是闻所未闻的，自从太平起义以来可能也没有见过”。他从义和团的勇敢作战得出结论：“只要在他们自己信得过的领导指挥下，中国人是能战和愿战的。”[②]这个英国牧师被义和团抵抗外国侵略的英雄行为所震惊，道出了实情。

八国联军的暴行

帝国主义侵略军是一伙穿着军服的有组织的匪徒。他们足迹一踏上中国的土地，就杀人放火，奸淫抢劫，干出了灭绝人性的暴行。大沽炮台失陷后，俄军纵火焚烧附近村落，屠杀当地居民，把周围地区变成一片废墟。他们炮击为汲取淡水驶向大沽口内一只驳船，直到船身起火沉没。船上约二三百名中国工人全体死难。[③]天津被攻占后，侵略军大肆掠劫。俄军在所占踞的地区，抢劫焚杀，继以奸淫，人民受害尤其惨重。美军掠劫长芦盐务署，据记载，他们从那里夺得的白银，足够支付美国远征军的全部费用。联军占领北京后，“特许军队公开抢劫三日”，“其后更继以私人抢劫”。[④]日军抢得户部库银三百万两，“礼王府存现银二百余万两，悉被法兵劫存西什库教堂，堆积如山”[⑤]。这些强盗以搜捕义和团为名，三五成群，身携洋枪手持利刃，在各街巷挨户踹门而入，卧房密室，无处不至，翻箱倒柜，无处不搜，凡银钱钟表，细软值钱什物，劫掳一空，主人稍有拦阻，即被戕害。此来彼往，一日数十

①英军统帅盖斯利将军在其通讯中说：“我得知我们在北京外城未遇抵抗，是由于俄、日军队提前进攻，以致抽调全部中国守军北去应援。当我们出现时，调回抽走军队已为时过晚，负责将军因此次失误悲愤交集，就地自杀。”见《中国与列强》，第100页。

②艾伦：《北京使馆被围记》（R. Allen，The Siege of Peking Legations），第283页。

③《中国与列强》，第124页；《京津随军记》，第31页。

④《瓦德西拳乱笔记》，《义和团》第3册，第31—32页。

⑤《义和团运动史料丛编》第1辑，第27—28页。

起。他们有的带同二套大车，在各胡同挨户装运，衣服、床帐、米面、木器无所不掳。惯于替侵略者辩护的李鸿章在奏折里也说，顺直地方，“各国联军四散屯布，每借樵苏之便，三五成群，于驻军所在三五十里村庄，肆行淫掠；甚至分往各州县，逼勒官绅，需索牛马米面果品皮衣，数盈千万；又拷逼现银，多则三五万两，少亦三四千两，皆令苛派民间，否则燔烧官舍民房，杀戮官吏良民，以相挟制。境内当典盐行概遭劫夺，鲜幸免者”[①]。

插图 58：北京城里尸骸狼藉

（采自 A.H. Savage-Landor，China and the Allies，V.I，p.208）

这伙匪徒以多杀人为乐事。法国侵略军一次把无辜群众逼到一个死胡同里，用机枪扫射十多分钟，“直至不留一人而后已”[②]。当时人记述，北京“城破之日，洋兵杀人无算”，“但闻枪炮轰击声，妇稚呼救声，街上尸骸枕藉”。甚至很久后，有些空屋里尸体腐烂，“蛆出户外”。[③]英国人记载：联军攻占北京后的一些日子里，北京“成了真正的坟场，到处是死人，无人掩埋他们，

①《义和团档案史料》下册，第 929 页。

②《庚子使馆被围记》下卷，《义和团》第 2 册，第 358 页。

③ 叶昌炽：《缘督庐日记》，同上书，第 470、471 页。

任凭野狗去啃食躺着的尸体”[①]。在这场骇人听闻的暴行里，俄军尤为凶残。北京被占后，各国侵略者分区抢劫。美国人马士说：“俄国占领区凌辱和暴行最为显著，而且也最持久。”[②] 英军头目在一次会议上发言说，在各占领区都有很多中国人，只有俄国占领区是例外，在那里只看见狗而已。俄人占据盛京，将所有东方藏书，俱运回俄国。

插图 59：天津城被八国联军破坏景况

（采自山本诚阳《北清事变写真帖》，东京，1901 年，第 49 页）

侵略军的大抢劫，大烧杀，大破坏给中国人民带来深重的灾难。一个英国人记述：“直隶全省几乎全遭蹂躏。在行军线上或者靠近行军线的村庄以及绝大部分较大的城镇，完全被破坏了。北京大面积的地区成了瓦砾堆。人口超过七十五万的天津，有三分之一被烧毁了。通州是个有八万人口的城市，几乎没有一所房子是完整的。一个有一万人的宽广小镇张家湾，事实上已荡然无存。”[③] 英使馆牧师于联军占领北京后一个多星期回国，他记述了从北京到通州沿途的亲见亲闻。他说：“我们一路经过的村落和分散的农舍，全部地绝对地被废弃了。地里的庄稼都已成熟，但无人看管，无人收割，留在那里任

① 《中国与列强》，第 125 页。

② 马士：《中华帝国对外关系史》第 3 卷，第 308 页。

③ 《中国与列强》，第 131—132 页。

其腐烂。”一路上见不到男人、女人和小孩。“到了通州，见到的景象更加骇人……这个城市经过俄国人掠劫，主要街道成了一大堆瓦砾。我们以为北京很残破了，它比起通州来，却又算不了什么”。他们在通州，只见到两个中国人站在十字路口，“可能是替外国人服务的”。①

侵略者在中国的暴行，令人发指。中国人民是永远不会忘记的。

插图60：瓦德西进入紫禁城

（采自L. C. Goodrich，The face of China，New York，1978，p.35）

八国联军占领天津后第二天，沙俄海军中将阿历克谢耶夫召集各国高级军官开会。他提议成立“天津临时政府”（即“天津都统衙门”），由俄军上校担任这个殖民地统治机构的行政首脑。由于其他国家反对俄国独掌大权，于是，改为由英、日、俄三国各派一名军官组成委员会。②这个机构于1900年7月成立到1902年8月撤销，对天津城及天津县、宁河县、塘沽、北塘沿海各处进行长达两年的殖民统治。阿历克谢耶夫明白供认：“我们参与管理无论对维持我们在中国北方的影响，还是出于军事考虑都是必需的。”③天津失陷后，俄国还抢先占领海河东岸大片地方，悍然宣布“根据征服之权利，该地段应归俄军所有”④。随即强行成立俄租界，以实现“更牢固地在该城站稳脚跟”的打算。其他各国纷纷效尤，在天津未占有租界的比、意、奥，要求建立，已占有

①《北京使馆被围记》，第292—294页。

②后来增加德国军官一名。

③科罗斯托维茨：《俄国在远东》（中译本），商务印书馆1975年版，第56页。

④同上书，第165、169页。

租界的英、法、日、德，要求扩充，出现了帝国主义强盗分割天津的局面。

帝国主义占领北京后，把北京分为英、俄、日、美、德、法、意几个占领区，实行军事统治，他们掠劫居民，镇压群众反抗。一些无耻官僚，如参加过辩论和战问题御前会议的恽毓鼎等，替帝国主义效劳，在美国占领区创设“协巡公所”，在日本占领区设立“安民公所”，在英占区设立“保卫公所”，在德占区设“华捕局”，帮助侵略者维持“秩序”。沙俄侵略者在它占领区内，张贴布告，禁止中国人民反抗，说什么“遇有执持枪械华人，定必即行正法，若由某房放枪，即将该房焚毁”。妄图用残暴手法，消灭群众反侵略斗争。

为了胁迫清政府屈从他们的要求，八国联军侵占北京后，英、德、法等继续派兵四出攻城略地，扩大侵略。9月间，沙俄侵略军沿京榆线占领北塘、秦皇岛、山海关等地，控制北京、天津到山海关的铁路线。瓦德西统率德军两万名来华后，任联军统帅。从10月中派德、英、意、法军从北京、天津分两路攻占保定起，直到第二年4月，多次出动侵略军进犯各地。一路法军攻至娘子关及紫荆关，一路德军进攻宣化、张家口。在天津的侵略军还南窜到山东边境。侵略军所到之处，焚杀掳掠，照例重演一番他们在天津、北京对中国人民犯下的滔天罪行。

第三节　俄国占领东三省和逼订“交地”条约

俄国出兵侵占东三省

俄国向来对我国领土怀有狂妄野心。义和团运动爆发的消息一传到彼得堡，陆军大臣库罗巴特金就情不自禁地叫喊：“我很高兴。这将给我们一个占据满洲的借口。”“我们将把满洲变为第二个布哈拉。”[①] 接着俄国在西伯利亚和远东地区进行战争动员，准备乘机侵占我国东北三省。1900年6月下旬，俄军强占中俄交界的吉林珲春圈儿河、九道河、三道岭等地。[②] 7月下半月，

①《维特伯爵回忆录》(中译本)，第83页。布哈拉原为中亚汗国，十九世纪后半期为沙俄吞并。

②《义和团档案史料》上册，第250页。

沙俄阿穆尔地区军事头目，出动大批军警，对海兰泡和江东六十四屯中国居民大下毒手，灭绝人性地进行血腥大屠杀。

江东六十四屯居民一万余人。1858 年《中俄瑷珲条约》规定：该地中国人，“照旧准其各在所住屯中永远居住，仍着满洲国大臣管理，俄罗斯人等和好，不得侵犯”。1880、1883、1889 年清政府三次派人丈量、划界，与俄方互换字据，以防俄人侵越。义和团运动兴起，俄国侵略者立即夺占这片被他们觊觎已久的肥沃土地。1900 年 7 月 16 日，俄军突然围捕在海兰泡做工、经商的数千名中国人，把他们驱赶到江边上，刀砍斧劈，绝大多数惨遭杀害。一个西方作者根据莫斯科、列宁格勒以及芬兰赫尔辛基等地图书馆收藏当时俄国人日记、回忆录、报告、书信等有关资料，详细叙述这次惨案的经过说：7 月 16 日，海兰泡当局对该地数千名中国人进行搜捕，先关在警察总部，当晚转移到结雅河边的木厂院子里。从 17—21 日，分四批徒步押往海兰泡北约十公里的黑龙江畔。第一批人数最多，约三千到三千五百人。由于天热路远，因行走不便而掉队的人群，全被哥萨克枪杀或用斧砍死（十个月后，沿路仍然到处可看到各种式样的中国服装、辫子，带肉的骨头和肢体）。其余的人到达指定地点后，俄军立即强迫他们泅水渡江。该处江面流急浪大，许多人被迫下水后，立即就溺死了。俄军对没有下水的人开枪射击。经过半小时后，江边积尸成堆，余下的又被哥萨克用马刀和大斧砍死。泅水到对岸得生的总数不到一百人。其他三批人的遭遇，同第一批完全一样，几乎全被杀死了。① 就在同一个时间里，俄国阿穆尔州军事长官格里布斯基亲率骑兵侵入江东六十四屯界内，逐一焚烧屯落，驱赶居民过江。7 月 16 日以后的六天之中，江东各屯被俄军焚抢一空，居民被追杀和溺死在江中的七千余人。8 月 12 日，格里布斯基公然颁布《条例》说：“我宣布：其居民根据《瑷珲条约》规定迄今一直归中国当局管理的前满洲外结雅地区（即江东六十四屯）及阿穆尔（黑龙江）右岸为我军占领之满洲土地，已归俄国当局管辖，凡离开我方河岸的中国居民，不准重返外结雅地方，他们的土地将交给俄国殖民者，供其专用。”②《瑷珲条约》以后中国在江东保有的最后小片领土、中国人民世代生活劳动

① 兰森：《俄中战争》（G. A. Lensen: The Russo-Chinese War，1967），第 91—94 页。

② 英国蓝皮书《中国第 5 号（1901 年）》，《关于中国暴乱通讯续集》（China No.5（1901）: Further Correspondence respecting the disturbances in China），第 14—15 页。

的家园，就这样被俄国殖民者抢夺去了。随后，沙俄对居住在尼布楚、伯力、海参崴以及黑龙江以北，乌苏里江以东其他地区的中国农民、商人和应募在西伯利亚建筑铁路、开掘金矿的工人，进行大屠杀。盛京将军增祺的奏折说，沙俄“将华民之在俄界者十余万人”，“尽行屠戮”。盛京副都统晋昌的报告也说，在俄境的中国人被“枪毙、水淹、火焚，不下二十余万”。[①]沙俄在海兰泡、江东六十四屯屠杀中国人的暴行，遭到全世界公正舆论的谴责。为了掩人耳目，沙俄装模作样地进行了罪证调查，并于1902年假惺惺地在当地军事法庭审讯。军事法庭判决阿穆尔地区军事长官格里布斯基中将应对这次事件负责。但鉴于其以往的“功绩”，不予追究，调往总参谋部任职。海兰泡城军事长官判处三个月的监禁后解职，副警察长处以三个月的监禁。这个震骇世界的大屠杀案就这样草草了结。[②]

插图61：1900年占领中国东北的俄国侵略军

（采自 B.L.P. Weale，Manchu and Muscovite， London，1907, p.296）

① 《义和团档案史料》下册，第709页；上册，第641页。

② 马罗采穆夫：《1881—1904年的俄国远东政策》（A. Maloze-moff: Russian Far Eastern Policy.1881—1904），第142页。

7月底8月初，俄国出动军队十余万人[①]，分路攻入我国东北。一路俄军由海兰泡出发，于8月1日夜间渡黑龙江发动进攻，占领黑河，夷为平地。3日进攻瑷珲城，当地守军激烈抵抗失利，瑷珲陷落。俄军越兴安岭经墨尔根（嫩江），于8月28日占领黑龙江省城齐齐哈尔。黑龙江将军寿山兵败自杀。俄军入城后，府库财物，被掠劫一空，饷银三十余万两被劫走。一路俄军自赤塔进攻海拉尔、牙克石、博克图，与侵占齐齐哈尔俄军会合后，又南下攻陷吉林伯都讷（扶余）等地。一路俄军自伯力（哈巴罗夫斯克）出发，沿松花江上溯，攻三姓、哈尔滨、呼兰。一路俄军从海参崴出发，于7月30日攻占珲春。一路俄军从双城子（乌苏里斯克）向西进犯。宁古塔经守军激烈抵抗后于8月29日为俄军占领。吉林将军长顺派人乞降，答应俄军军需粮食、车辆等由当地供给，清军一律缴械，银库、军械由俄兵看守。9月22日，俄军进占吉林省城，拆毁机器局，抢走铸币厂大量白银。一路俄军自旅顺出发，8月4日占营口，9月28日攻占辽阳，10月1日进盛京城。东三省重要城市和主要交通线，全为俄军占领。沙俄对东北实行军事占领，铁岭以北归伯力总督格罗德科夫统治，铁岭以南归关东（旅大租借地）总督阿历克谢耶夫统治。俄国军队到处抢劫焚烧，无恶不作。瑷珲失陷后，俄军将“城市一概轰平”，“海城盖平沿铁路居民烧毁无遗类”[②]，哈尔滨、珲春、铁岭、双城等地被杀居民无数。沙俄军事封建帝国主义的狰狞面目又一次彻底暴露在世人面前。

1900年12月，正当沙俄侵略者无耻地庆祝战胜中国的时候，无产阶级革命导师列宁以极大的义愤痛斥沙俄政府侵略中国、屠杀中国人民的暴行。列宁说：“沙皇政府在中国的政策是一种犯罪的政策”，它“动员了好些军区，耗费了数亿卢布，派遣了几万名士兵到中国去，打了许多次仗，取得了一连串的胜利，——的确，这些胜利与其说是战胜了敌人的正规军，不如说是战胜了中国的起义者，更不如说是战胜了手无寸铁的中国人。淹死和屠杀他们，不惜残杀妇孺，更不用说抢劫皇宫、住宅和商店了。而俄国政府以及奉承它的报纸，却庆祝胜利”。[③]

---

①库罗帕特金：《俄军与日俄战争》第1卷，第155页，称俄军派往东三省有15万至19万人。维特1900年8月31日（俄历）致内务大臣西皮亚金说俄国动员军队在20万人以上，见《维特伯爵回忆录》（中译本），第88页。

②《清光绪朝中日交涉史料》第59卷，第19页。

③列宁：《中国的战争》，《列宁选集》第1卷，第213、217页。

东北人民群众和部分清军对沙俄侵略者进行英勇的抵抗。俄军进攻瑷珲时，当地义和团协同清军与俄军血战。鄂伦春族组成的马队参加了抗战。8月4日的防御战中，四百名守军奋勇抗敌。5日，清军逐屋战斗，全部战死。来自海兰泡的俄国人凯克讷尔记述清军战斗说："每一个人不得不对'和平的'中国人所发生的事表示惊异。他们中的许多人表现得像是真正的英雄，如果不是有那样一个腐败无用的统帅侵吞军费而让他们自己去张罗衣食，瑷珲的攻占会使俄国人付出大得多的代价，遭到毁灭的将是海兰泡而不是瑷珲。"① 俄军占领瑷珲后，为了镇压当地群众的反抗，发出布告说："如果任何人敢于在村子里大胆向俄国人开枪，或者刺死俄国人，这个村子或城镇将被焚毁，那里的人将没有一个会活着留下来。"② 珲春、三姓、宁古塔守军都进行了顽强的抵抗。三姓战斗中，打死侵略军团长文尼阔夫等多人，宁古塔坚守至四十余日，农民军首领刘永和等率部帮同清军守城。东北人民还组成"忠义军"，提出"御俄寇，复国土"等口号，"动与俄人为难"，使侵略者"穷于收拾"。1901年6月，瓦德西报告德国政府说："余从可靠方面闻得，俄国占领满洲一事，曾遇不少困难。该地居民本来即不驯静……更因俄人之暴虐残忍行动，达于极点，以致该地居民深受刺激，极为不安，常有武装完备之骑兵数百成群，袭击俄军，使其坐卧不宁。"③

沙俄诱订条约，实行公开兼并东三省的第一步

俄军侵占东北后，沙俄本来是要一举实行兼并的宿愿；但是侵略者很快发现，目前这样做是不现实的。俄军这次入侵受到的强烈抵抗，俄国人在旅大地区统治所遭受的严重困难，都说明他们还没有力量做到这一点。旅大地区俄国军事长官阿历克谢耶夫认为：在关东省（按：俄国人对他们占领下的旅大地区的称呼）以俄治华的试行中已充分暴露出条件还未成熟。在这样大的范围内（按：指整个东北三省）再犯同样的错误，实在是冒险。④ 这正是说，中国人民抵抗力量强大存在，使俄国无法马上在整个东北地区实行以俄

---

① 转引自《俄中战争》，第120页。

② 同上。

③《瓦德西拳乱笔记》，《义和团》第3册，第140页。

④ 科罗斯托维茨：《俄国在远东》，第152页。

治华，而还需要一个以华治华的过渡阶段。其次，俄国现在就公开兼并东北，必定引起英、日等国的强烈反对，造成难以预料的后果。因此，俄国决定形式上暂时保留清朝的地方政府，实际上由俄国实行军事占领，作为公开兼并的第一步。阿历克谢耶夫胁迫在俄军劫持下的盛京将军增祺，派已革道员周冕于1900年11月8日在旅顺订立《奉天交地暂且章程》九款，其主要内容为：俄兵驻扎盛京及其他各地；华兵“一律撤散，收缴军械”；俄国派员驻盛京，预闻要公；中国驻扎巡捕马、步各队，人数多寡另行酌定等等，作为沙俄“交地”的条件。[①]这个章程剥夺中国在奉天省的主权，盛京将军不过是对俄国占领当局负责的属员而已。罗曼诺夫在其所著《俄国在满洲》一书中也说：这个所谓交地章程，“显然破坏了中华帝国的‘独立’和中国中央政府的主权”[②]。阿历克谢耶夫以此系“暂且章程”，以后能“再行商议酌改”[③]为理由，诱骗增祺于11月30日签字。《暂且章程》的订立，使沙俄侵略者十分满意。俄国资产阶级喉舌《新时报》公然狂妄地将中国东三省改称为“黄俄罗斯”。

《奉天交地暂且章程》订立后不久，沙俄外交、财政、陆军三大臣共同制定了《俄国政府监理满洲之原则》。它除了包括《暂且章程》的主要内容以外，还规定东三省铁路的经管以及铁路设置的护路队，由财政大臣监督统辖等等。这个“监理原则”经尼古拉二世批准后，沙俄政府积极诱逼清政府进行所谓撤军、交地的谈判。目的是从清政府手中弄到一张出卖主权的正式文据，使他占领东北合法化。为了保密，同时顾虑在北京商议受其他列强的干预，沙俄政府要求清政府任命驻俄公使杨儒为全权代表，在彼得堡举行谈判。清政府并不知道增祺与阿历克谢耶夫已签订《暂且章程》，同意俄国的要求，于1901年1月2日，任命杨儒为全权代表，对俄国允许交还东北，深表谢意。

1月3日，伦敦《泰晤士报》揭露了增祺与沙俄订立条约的惊人消息，并刊出了《暂且章程》的全文[④]，引起了强烈反响。杨儒从维特那里得到证实以

---

① 全文见《清季外交史料》第144卷，第17—18页。

②《俄国在满洲》（中译本），商务印书馆1980年版，第233页。

③《清季外交史料》第144卷，第18页。

④ 英国蓝皮书《中国第2号（1904年）》，《关于俄国占领满洲及牛庄通讯》，第2页。其中个别条文（如第七条）与《暂且章程》字句略有不同。

后，报告清政府说：此事“流弊无穷……东省不失而失”[①]。清政府宣布增祺与俄国订约，始终未向政府报告，不予承认，命令杨儒“废暂约，立正约”，“设法磋磨，不避其难”。日本、英国因沙俄独吞中国东北于己不利，纷纷向清政府提出警告。日本公使小村寿太郎对李鸿章说：“各国咸注意俄国举动”，它“名虽交还，实同占据”。“若东省阴为俄有，英必占长江，德必据山东，日本亦不得不起而争利”。[②] 日、英等国向沙俄政府提出质问，沙俄外交大臣拉姆斯道夫当面撒谎，否认订立俄中协定，他强词夺理，颠倒黑白，反诬中国侵略了俄国。胡说俄国占领东北是对付中国侵略的自卫措施的结果，即使永久占领东北，也是完全正当的。他还虚伪地表示，俄国没有占领东北的意图，同中国解决铁路和边界问题以后，就从中国东北撤兵。[③] 这时沙俄因《暂且章程》泄露，引起列强责难，狼狈不堪。为了摆脱困境，同时更为了急于诱订正式条约，经杨儒多次争辩以后，拉姆斯道夫于1月24日表示《暂且章程》可不再批准，但要求杨儒“异日商谈正约”，“务勿阻难”。

1月17日，维特向杨儒透露预拟中的约稿内容，2月16日，拉姆斯道夫正式提出书面约稿十二款，主要内容为：中国允许俄国在东北驻扎一支军队，直到“地方平靖”及清政府完全履行末四款的规定为止；中国不在东北驻军，只设马步巡捕，人数与俄商定；“将军大员办事不合邦交，经俄声诉，即予革职”，“中国北境水陆师，不用他国人训练”；“连界各处，如满蒙及新疆之塔尔巴哈台、伊犁、喀什噶尔、叶尔羌、和阗、于阗等处矿路及他项利益，非俄允许，不得让他国或他国人；非俄允许，中国不得自行造路；除牛庄外，不准将地租与外国人”；末四款包括从东省铁路干线或支线造一条铁路直达北京以及赔偿铁路损失，由中国与东省铁路商定“以他项利益相抵”等等。[④] 这个约稿暴露了沙俄的极大野心，它不但攫夺中国在东北的“兵权、利权、派官之权”，而且独占蒙古、新疆等地筑路开矿和其他权利，甚至中国自己在蒙古、新疆建造铁路也不允许，蛮横凶狠到了极点。第六条“中国北境水陆师，不用他国人训练”，实际上把直隶、山西、陕西、甘肃都视为它的势力范围。杨儒指出：俄国“留兵名为保路，实注意末四款”。按照维特预设的圈套，中

① 《李文忠公全书》电稿，第30卷，第31页。

② 同上书，第35页。

③ 《关于大战起源的英国文件》第2卷，第34页。

④ 杨儒：《电报汇钞》，《杨儒庚辛存稿》，第73—74页。

俄订立两国政府的条约以后，根据规定，中国必须与铁路公司订立合同，以“各项利益相抵”赔偿铁路“损失”[①]，由此沙俄取得奉天全省金矿、东三省石油矿，铁路两旁五俄里内煤矿开采权，鸭绿江流域森林采伐权及面积达三万平方俄里的东三省铁路两侧的租地权等等。沙俄为了迫令清政府迅速答应签约，一面通过驻北京公使格尔思恐吓李鸿章，如果中国“听各国谗言，不愿立约，则东三省必永为俄有”[②]，一面由道胜银行经理璞科第出面又一次向李鸿章行贿，如李鸿章促成签约，事后给李鸿章五十万卢布作为酬劳。

沙俄提出的约稿内容透露以后，日本首先向清政府表示：中国千万不可割地，如果允许一国设官置兵，虽不是明割，也是暗让，一经允定，其他国家一定援例要求。财政及其他各种利益也一样。倘若一国要挟太重，中国应答复此次事变与各国有关，必须与各国公约（按：指商议中的辛丑和约）一起讨论。[③]英国向清政府声明：中国不应与一国单独订立有关让与土地、财政权利的条约，否则英国也将要求其他权利作为补偿。[④]美国表示：“中国勿与一国立密约，让地或借款，别给利益，恐有大碍。”[⑤]德国声明“和约未结以前，中国最好不与他国及公司定约，将土地银钱等利益相让”[⑥]。意大利、奥匈帝国也向清政府作出了相同的表示。

中国国内舆论坚决反对签约。3月15日，上海爱国士绅在张园集会抗议。他们指出沙俄对中国的侵略到了无法容忍的地步，号召中国人民“出死力以争此一日之命”，要求清政府“力拒俄约，以保危局”。[⑦]他们给李鸿章的公电说：“俄约若成，中国即亡，士民公愤”，望“据理严拒”。江苏、浙江、广东、山东以至东北群众，纷纷表示支持，杭州群众举行集会抗议。香港、澳门同胞和新加坡、檀香山等地华侨一再电请拒签俄约。刘坤一、张之洞为代表的多数督抚也反对签约，他们认为“各国所以成告中国者，盖中能从拒，逆

---

①《李文忠公全书》电稿，第23卷，第17页。

②同上。

③《光绪朝东华录》，第4616页；《李文忠公全书》电稿，第31卷，第46页。

④《李文忠公全书》电稿，第31卷，第47页；杨国伦：《英国对华政策（1895—1902）》，第286页。

⑤《李文忠公全书》电稿，第32卷，第9页。

⑥同上书，第14页。

⑦《中外日报》1909年3月16日。

料俄断不敢遽犯众怒，俄所以迫中速允者，亦以允后可箝各国之口”；如果答应俄国要求，各国必起而效尤，“分裂之祸，即在目前”。[①] 清政府在国内外强烈反对声中，一面苦苦哀求俄国减轻条件，一面请各国出面向沙俄求情，遭到列强的拒绝。

沙俄胁迫清政府签约没有得逞，改换手法，将原来的十二条改为十一条，删去第六条“中国北境水陆师，不用他国人训练”，其他若干条款，也作了一番删削，例如满蒙新疆矿路及他项利益，不得让与他国，改为满洲全境矿路及一切工商利益不得让与他国，造铁路通往北京改为通往直隶、满洲交界之长城等，于 3 月 13 日作为最后约稿抛出，用尽威逼利诱之能事，勒限杨儒于十四天内签字，不准更易一字；如果逾期，原来说过的交还东北一事便要作罢。[②] 两天后，拉姆斯道夫重申“不能再易一字，亦不能展期，或允或否，两言而决”[③]。3 月 18 日，拉姆斯道夫再次威胁杨儒说：“限期已迫，如逾期不画押，勿再议交收，勿再言友好，前告各国不占地之文，当收回作废。”[④] 清政府左右为难，不签约，担心俄对东北由暂据变为永占，签约则各国起来效尤，中国立遭瓜分，它命令杨儒请俄展限。杨儒要求会见拉姆斯道夫面商延长最后限期，遭到拒绝，甚至送去的国书节略，也原封退回。李鸿章认为条约“刺目处均删除，照允无后患”[⑤]。清政府无计可施，电令李鸿章“全权定计，朝廷实不能遥断”[⑥]。李鸿章据此电告杨儒：“内意已松”，“即酌量画押，勿误”。[⑦] 杨儒坚持“非奉画押之旨，不敢擅专”[⑧]，坚决拒绝签字。当时俄国知道李鸿章已令杨儒“酌量画押”，画与不画，决定于杨儒。杨儒不签字，它占领东三省就是非法，杨儒签字，东三省就可到手。俄政府用拒绝会谈等手段压迫杨儒无效，满限前两天，又施展卑劣伎俩，维特约见杨儒，催促他签字，说什么“如贵大臣能画押，他日政府不能批准，再行作废”，被杨儒拒

---

① 《李文忠公全书》电稿，第 32 卷，第 30 页。

② 《光绪朝东华录》，第 4639 页；《李文忠公全书》电稿，第 33 卷，第 16 页。

③ 《李文忠公全书》电稿，第 33 卷，第 20 页。

④ 《李文忠公全书》电稿，第 34 卷，第 1 页。

⑤ 《李文忠公全书》电稿，第 33 卷，第 20 页。

⑥ 同上书，第 6 页。

⑦ 同上书，第 4 页。

⑧ 同上书，第 12 页。

绝。维特又说，日后中国“如欲加罪于与俄订约之人，俄必出场保护”。杨儒回答说：“贵大臣何出此言？我系中国官员，欲求俄国保护，太无颜面！如此行为，我在中国无立足之地矣！”[①] 维特没有达到目的。第二天，拉姆斯道夫再次约杨儒签字，又被杨儒拒绝。3 月 26 日，清政府在国内强烈反对和列强压力下，决定不签字，电令杨儒转告俄国“非展期改妥，无碍公约，不敢遽行画押”[②]；指令李鸿章通知北京各国公使，先议公约。俄国压迫清政府订约的阴谋失败后，于 4 月 6 日，发表冗长声明：恬不知耻地说什么俄国出兵中国是“非与中国为难”，俄国为“保地方安静”，“归复满洲吏治”，向中国商议订约撤兵，由于各国与中国为难，所以交收东三省的谈判暂停，等清政府稳定后再继续举行。李鸿章卖国心切，于俄国声明暂停谈判后，电告维特心腹乌赫托姆斯基说：“各国多方恐吓，中外大臣，多信其言；我虽屡奏催，孤掌难鸣。……俟公约定后，再行画押。”[③]《辛丑条约》订立前后，俄国公使格尔思、维特的代表波兹德涅耶夫与李鸿章进行频繁接触。为避免列强干涉，沙俄玩弄花招，由格尔思与李鸿章订立两国政府间关于撤兵的条约，由波兹德涅耶夫出面订立所谓私人性质的银行合同，将东三省路矿及其他利益全部让归道胜银行，也就是让归俄国。10 月 7 日，沙俄提出具体的银行合同，坚持先订银行合同，然后再订撤兵条约。李鸿章表示这个合同把整个满洲交给银行，他不敢对合同负责，而且必然引起其他国家的抗议。10 月 14 日，维特给波兹德涅耶夫的电报说：如果李鸿章不老老实实签字，就“分文不给他”[④]。后来形势变化，俄国被迫于 1902 年与清政府订立《交收东三省条约》，但俄军的大部分并没有撤走。

杨儒最后一次拒绝签约，从拉姆斯道夫处回使馆，天寒路滑，下车时跌倒，从此一病不起。第二年死于任所。现在留下的会谈节略，一一记录着俄国侵略者的横蛮凶狠和杨儒谈判的处境困难艰苦。在外当强敌、内受卖国投降主义指挥的情况下，杨儒做了他职守中能够做到的最好事情。中国的半殖民地化，在统治阶级里面产生了一大批与此相适应的“外交家”。他们力求满足帝国主义的需要，维护本国的反动统治。他们的所谓办理外交，大部分是

① 王芸生：《六十年来中国与日本》第 4 卷，第 118 页。

②《李文忠公全书》电稿，第 34 卷，第 16 页。

③ 同上书，第 29 页。

④ 罗曼诺夫：《俄国在满洲》，第 282 页。

办理对外国投降，签订丧权辱国条约。从琦善、李鸿章到曹汝霖、章宗祥等等，大同小异。近代中国的社会矛盾又是复杂的。在民族遭受侵略、压迫的严重关头，统治阶级中的爱国分子，总是走出来参加反抗斗争。杨儒在中俄谈判中表现了这种斗争精神。他是反动政权里面办理外交的爱国人物的一个代表。

第四节 《辛丑条约》

那拉氏、载湉等仓皇从北京逃出以后，1900 年 9 月 10 日抵太原，10 月 26 日到西安，暂时在这里住下来。那拉氏在流亡途中，为了早日求得列强饶恕，公开出卖义和团。被她指定出来收拾时局的洋务派首领、与列强议和的全权大臣李鸿章，在 8 月 25 日的报告中，把一切责任都推在义和团头上。他说："此次中外启衅，不及三月，至于两宫蒙尘，京师失陷。……天下臣民莫不谓拳匪所误，各国进兵亦皆以剿匪为词。今洋兵已入京城，非特不退，抑且添兵。闻其意在借剿拳匪，深入内地，故弁兵皆备寒衣，恐非旦夕所能了结。"他直接建议"明降谕旨，声明拳匪罪恶，饬令直隶总督督饬文武及各路援兵认真剿办"。李鸿章还认为，这"于议和之局尤有关系"。[①] 清政府完全接受李鸿章的意见，9 月 7 日颁发谕旨，要求官兵实力剿除两个多月以前它称赞过的"义兵""义民"，"务净根株"。谕旨说："此案初起，义和团实为肇祸之由，今欲拔本塞源，非痛加铲除不可。"[②] 不是外国侵略引起了义和团的反抗，而是义和团的反抗引起外国侵略，成了"肇祸之由"；如何去"拔本塞源"，不是要坚决抵抗帝国主义入侵，而是要坚决对反抗帝国主义侵略的中国人民"痛加铲除"。那拉氏为首的清朝统治者，为着彻底对外投降，把一切都颠倒过去了。

同样意思的命令，以后陆续见于朝廷谕旨和在北京与列强接洽投降的李鸿章、奕劻对下面的指示。它们都立刻见诸实行，官员们对此再也没有分歧了。代理直隶总督、藩司廷雍，几个月以前，因为窥知那拉氏的意向，曾经

---

①《义和团档案史料》上册，第 507—508 页。

②《义和团》第 4 册，第 52 页。

是直隶地方大吏中招抚义和团的坚决主张者。接到朝中"剿拳"谕旨以后，他很快报告说："现查顺直各属，拳匪众多者，共计三十余州县。拟就现有兵力，先就拳匪猖獗之区办起。……总期一律廓清，以仰副朝廷除莠锄奸，绥靖畿疆之至意。"① 他们说话算数，直隶布置大批军队，分区搜杀。浙江提督吕本元、贵州提督梅东益负责清剿沧州、河间一带义和团，天津镇总兵徐得标、游击范天贵消灭涿州、安肃、定兴等地义和团，登州镇总兵夏辛酉镇压涞水、易州等地义和团。在联军到达保定时，廷雍又按照李鸿章的指示，"执白旗相迎"。不过在侵略者看来，他们一些人悔改得太晚了，廷雍很快被枪决，并枭首示众。山东巡抚袁世凯派段祺瑞、张勋、曹锟、倪嗣冲等在武定、济南府所属州县分头围剿义和团。他又拟定《严禁拳匪暂行章程》，重刑督促官绅、吏役、保甲长以及家长等查拿拳民；并奖励告密，提被告人家产一半或全数充赏。② 清朝的地方官和军队，就这样奉令充当着外国侵略军深入国土、屠杀人民的清道夫。联军总司令瓦德西说："当联军前进之际，常常发现中国军队与拳队相战之遗迹。各个城镇入口之处，多悬已斩拳队领袖之头，以欢迎联军。"③ 几个月以前，当那拉氏假宣战的时候，形式上清政府是义和团反对帝国主义的同盟军，现在清朝统治者事实上是帝国主义绞杀中国人民的爱国运动、屠杀中国人民的同盟军了。震动全国的义和团反帝爱国运动，在帝国主义八国联军的血腥镇压和清政府的利用、出卖下失败。那拉氏假宣战所造成的那种阶级关系、阶级阵营似乎模糊混乱、暧昧不清的状态，现在又恢复本来状况，完全明朗化了。

义和团在直隶、山东等地被镇压下去，并没有使清政府实现它想同各国赶快达成和议的迫切愿望。李鸿章、奕劻作为议和大臣，他们在北京完全无事可为。外国人说奕劻"如一囚徒，无权开议"，李鸿章"实际上是受到礼遇的俘虏"。真正的讨论和争论只是在各侵略国之间进行，而且斗争激烈。

帝国主义各国首先要解决的，是瓜分中国还是"保全中国"的问题。侵略分子中，许多人大发议论、大肆宣传，认为瓜分中国是上策。这时八国联军约十万人，东北另有俄军十余万人，共二十几万大军，占领着中国首都、直隶

---

①《义和团档案史料》上册，第 599 页。

②《西巡回銮始末记》卷四。

③《瓦德西拳乱笔记》，《义和团》第 3 册，第 30 页。

全省和整个东北三省。其他地区，它们各自的势力范围或者照旧，或者在加强。北京、天津已经由外国人建立起一套管理机构，全面行使统治权力。瓜分中国，现在看来是很方便的。在华势力最大的英、俄两国和野心勃勃的德国，事实上都作了瓜分中国的准备。但是义和团那样规模的激烈大爆发和它所反映出的全中国人民的意向，是侵略者必须十分重视的。英、俄、德等国先后都看出，瓜分中国是它们力所不及的事。8 月间联军占领北京前夕和 11 月间，老中国通、英国大资产阶级的谋士赫德，连续发表长篇大论，批驳瓜分中国的主张。他说，瓜分，“对于如此众多的人口来说，决不能期望那是一劳永逸的解决办法，那样一来，骚动、不幸和不稳定，就会连贯于以后的世世代代”。[①]“平静或者表面上的平静也只不过是不可避免的爆发前的一种准备，由此早晚会在各地发生突然的叛乱，表现出民族感情的存在和力量。……从利害得失的简单道理来考虑，这样一种解决办法应予以谴责”[②]。他反问道：“军事示威能一直继续到全部现有的以及可能出现的团民都被斩尽杀绝为止吗？但是怎么能把中国的四亿人民消灭光呢？……使中国人降到农奴的地位，并使他们一直保持那样的地位——但是对于四亿人民来说，那是可能的吗？”[③]英国银行家、香港英国贸易界首脑人物怀特海德著文称赞赫德的看法，说“在关于中国的一切事情上，没有一个活着的人比赫德爵士更有权威，他担任中国海关总税务司已经有三十七年以上”[④]。俄国与英国利害关系对立，在认为现在瓜分中国必定遭到中国人民的强烈反抗这一点上，与英国完全一致。它因此才采取“交地暂且”办法，先实行以华治华。德国面对现实，也不得不搁下瓜分打算。瓦德西向狂妄虚伪、捏造所谓“黄祸论”的德皇威廉二世奏报说：“皇上诚然常有瓜分中国的思想”，可是，“吾人在此却有一事不应忘去者，即中国领土之内……共有人口四万万”，“彼等在实际上，尚含有无限蓬勃生气”。“中国所有好战精神，尚未完全丧失，可于此次‘拳民运动’中见之”。[⑤]“无论欧、美、日本各国，皆无此脑力与兵力，可统治此天下生灵四

---

① 吕浦、张振鹍等：《“黄祸论”历史资料选辑》，第 145 页。

② 同上书，第 153 页。

③ 同上书，第 158—159 页。

④ 同上书，第 161 页。

⑤《瓦德西拳乱笔记》，《义和团》第 3 册，第 86 页。

分之一”，“故瓜分一事，实为下策”。[①] 法国舆论界也有人强调指出：“将中国地段分为属地，此系各国铸成大错。彼以为中国可以作为藩属，其实不然。照实计之，中国断不能为各国藩属。……窃尝熟计，凡其国民本性懒弱，抑实无心爱国，不相联合，方可被人取为藩属耳。然此非可以论华人，缘华人心力最坚，极能任事，与印度人梦梦者不同。人言曰，历来只有一中国，不可以为数中国，非虚言也。故欲分割中国为属土，乃是至愚之事。以余观之，中国必不能为属土，且永远不能为属土，中国者将复为中国而已。”[②] 这些说法、行动，出发点不同，但是一致承认意志坚强、有爱国心的四亿中国人民，决不会允许帝国主义把中国瓜分掉。

列强关于要不要瓜分中国的讨论，是与它们都想从中国攫取最大的侵略利益，彼此间猜忌倾轧，明争暗斗，同时进行的。

沙俄为了笼络中国封建统治者，取得清政府对它占领东北的承认，于8月25日，即联军占据北京后十天，宣布准备撤退它在北京的占领军，并将俄国驻华使馆迁往天津，以便清政府早日恢复统治秩序，尽快开始议和。后来它又声明不参加联军对保定和其他地方的所谓惩罚性的军事“讨伐”活动。英国反对俄国独吞中国东北，英、俄在亚洲的扩张侵略政策使它们长期居于互相反对的地位。英国当时集中相当多的兵力镇压南非布尔人的反抗斗争，抽不出大量军队到远东来，它怂恿日本出兵镇压义和团，同时力图与德国取得谅解，阻止俄国在华北扩张势力。英国认为李鸿章亲俄，不承认他的代表资格。同俄国向清政府频频讨好的伪善态度相反，德国侵略者凶相毕露。瓦德西于8月20日统率德军二万人和大批舰只启程来华，临行前威廉要他乘机攻占烟台，进一步控制山东，要扩大德国势力范围到长江流域。他还告诉瓦德西勒索最大限度的赔款，作为扩充海军的经费，又对派到中国来的德军叫嚣要杀死落在他们手里的所有中国人。德国针对沙俄撤军的决定，提出惩办“祸首”作为开始议和的先决条件。德国不承认李鸿章的全权代表资格，打算在他北上途中加以拘留。日本和英国一样，反对沙俄独占东北，但采取的策略不同，它对清政府表示谅解，宣布不参与联军对各地的“讨伐”，反对以清廷回京作为议和的条件，承认李鸿章是清朝的代表，愿意对他北上议和提供保护，不

①《瓦德西拳乱笔记》，《义和团》第3册，第244页。

②《法人论中国》，《中国旬报》，第25期。

赞成惩办与义和团有牵涉的清王室成员。日本鉴于李鸿章亲俄，积极支持刘坤一、张之洞等督抚反对李鸿章把东三省出卖给沙俄。日本还企图乘机夺占福建省。法国是俄国的盟国，它力图在远东保持列强的均势。它和俄国达成谅解，法国对沙俄在东北的行动不置可否，俄国对法国在云南修筑铁路，推进法国势力和解决教案，也采取同一态度。[①]法国只在反对英国扩大政治势力和经济利益时，支持俄国，但不同意立即撤退各国在北京的占领军。美国主张维持清政府原有统治秩序，也就是所谓“维持中国领土和行政完整”，“保全中国”。1898 年，美国打败西班牙，夺取菲律宾，积极向太平洋西岸扩张，对中国怀着极大的野心。它不满足于仅仅取得某个地区作为势力范围，而要求凡别国在中国享受的一切权利，美国也都能享受。它把这种政策叫做“门户开放”，“利益均沾”，1899 年分别向俄、德、日、法、意等国提出。1900 年 7 月，各国侵略军进入天津，美国向列强再次发出照会，重申“门户开放”原则，并且把这种“开放”从列强的势力范围扩大到全中国。美国这个政策，名曰“保全中国”，实质只是不赞成列强分而治之，而要由帝国主义联合统治中国。帝国主义列强之间矛盾重重，不仅表现在外交人员的勾心斗角，而且各国占领军之间的军事摩擦不断发生。它们必须尽速找到一个能够为大家共同接受的侵略方案，来解决彼此间的斗争和争吵。

法国政府在 10 月 4 日提出备忘录，主张包括惩凶、赔款、在中国驻扎军队、平毁大沽炮台等六项要求作为开始议和的基础，为各帝国主义所赞成。10 月 16 日，英、德先后达成协议，宣布“不利用目前纠纷为本国在中国境内谋取领土利益”，主张“保持在中国之权益及现有条约上的权利”。这个协定与美国“门户开放”政策相一致，得到大多数列强的赞同。这样，就在这一年 10 月，列强对华政策终于达到共同的结论：形式上保持“中国的领土和行政完整”，继续维持以那拉氏为首的清政府，作为它们统治中国的工具。英、俄、德、法、美、日、意、奥、比利时、荷兰、西班牙等十一国公使在法国提出的六项要求的基础上，扩大为议和大纲十二条，于 12 月 24 日强迫清政府接受。李鸿章、奕劻作为议和的全权代表，唯一工作就是把帝国主义的讨论条款，及时传达给在西安的那拉氏等人。荣禄在西安，也知道“庆、李名

---

① 驻俄大使 Montebello 致外交部长（1907 年 1 月 31 日），见《1881—1904 年的俄国远东政策》，第 150 页。

为全权，与各国开议，其实彼族均自行商定，是日交给条款照会而已，无所谓互议也”[①]。不久列强又依照大纲拟订出详细条目，这就是1901年9月7日由奕劻、李鸿章代表清政府正式签订的《辛丑条约》。这个条约除正约外还有十九个附件，它是帝国主义列强套在中国人民身上的新的沉重枷锁，也是清政府给自己立下的卖身契。

《辛丑条约》的主要内容有：一、勒索巨额赔款。中国向各国赔款白银四亿五千万两，分三十九年还清，加上年息四厘，本息共计九亿八千二百多万两，各地的地方性赔款不在其内。当时清政府全年收入为八千八百余万两，支出一亿一百万两，其中还外债和付息二千多万两，入不敷出。列强指定海关税、通商口岸常关税及盐税作为偿付赔款之用。俄国分得的赃款达一亿三千余万两，占赔款总额百分之二十九，在各国中居第一位。俄国外交大臣直言不讳地招认“1900年的对华作战，是历史上少有的最够本的战争”[②]。二、拆除大沽炮台，北京设使馆区，北京到山海关铁路沿线驻军。《辛丑条约》规定，大沽炮台以及北京到海口的工事“一律削平”。在北京东交民巷一带设立“使馆区”，界内不准中国人居住，使馆区由外交团管理。使馆区及北京到山海关沿线十二处驻扎外国军队，驻军地点为黄村（意大利）；廊坊、杨村（德国）；军粮城、塘沽（法国）；芦台、唐山（英国）；滦州、昌黎（日本）；山海关、秦皇岛、天津（国际军）。上述各处包括北京使馆区驻军总数共六千人。帝国主义凭借在北京及其附近地区驻扎的军队，又通过事实上已成为清政府太上皇的各国公使，不断施加军事政治压力，干涉中国内政，加强对清政府的控制。三、镇压中国人民的反抗斗争。条约规定永远禁止中国人民成立或者加入具有反帝性质的各种组织，违者一律处死。地方官对其辖区内发生的“排外事件”，如不及时弹压，“立即革职，永不叙用”。对附和过义和团的官员，中央王大臣、地方巡抚、藩臬以下被监禁、流放、处死的共一百多人。发生过反帝斗争的城镇，一律停止文武科考五年。帝国主义企图通过这些办法来消灭中国人民的反抗斗争。四、改设外务部。条约规定改总理各国事务衙门为外务部，“班列六部之首”，由清朝近支王公主管，另设尚书二人，其中一

---

①《荣禄与奎俊书》，《义和团运动史料丛编》第1辑，第142页。

②罗曼诺夫:《帝国主义侵略满洲史》，英译本，第187页。俄国1901年2月5日提出的赔款数字为白银18000000两，后来陡增到130371120两，占全部赔数的28.97%。见赤木英道《日本外交史》，第189页。

人为军机大臣。帝国主义提高外务部的地位是为了使它更便于执行媚外卖国的政策，为它们效劳。五、修订新的商约。清政府同意“将通商行船各条约，诸国视为应行商改之处及有关通商各事宜，均行议商，以期妥善简易”，以便利帝国主义进一步在中国扩大经济侵略。这个条约加强了帝国主义对中国的统治，保持了清政府的权位。那拉氏对条约非常满意，对帝国主义感激涕零。在批准议和大纲时，她以早被剥夺了发言权的载湉罪己诏的形式，丧尽廉耻地说：“今兹议约，不侵我主权，不割我土地。念列邦之见谅，疾愚暴之无知，事后追思，惭愤交集。”她表示要“量中华之物力，结与国之欢心”[①]，决心要忠顺不二地充当帝国主义的走狗。一个美国人评论说，这时中国“已经达到一个国家地位非常低落的阶段，低落到只是保持了独立主权国家的极少的属性的地步”[②]。中国封建时代的政权，有过屈辱已极、替外部势力充当统治工具的侄皇帝、儿皇帝。现在时代改变了，清政府实际上是名异实同的帝国主义统治中国的儿皇帝。

第五节　义和团运动中资产阶级的态度。义和团的功绩

义和团运动发生，中国资产阶级势力已经出现，在政治上登台表演了。资产阶级各派系，不论是改良派或是革命派，对义和团一致采取反对态度。他们只看到义和团运动的落后一面，而看不到它反帝爱国的正义性；只看到清政府一度对义和团表面上加以招抚，而看不到以农民为主体的广大人民群众同封建统治阶级之间的根本对立。他们都对义和团进行攻击，认为它是祸国殃民的根源。康有为恶骂义和团，称之为“蛇豕”“拳贼”。《清议报》上刊载的一篇文章说，义和团不仅是“国家之害”，而且是“四万万人切肤之灾”。爱国者应该“平团匪”，对外国侵略者应该“亲之如己国之人，为之警卫以安其意，为之讨匪以雪其仇”[③]，这些话，听起来完全是一个热衷于替洋人服务的奴才讲的。改良派的报纸《中外日报》发表社论，主张要反帝只有在中国

---

①《义和团档案史料》下册，第945—946页。

②马士：《中华帝国对外关系史》第3卷，第383页。

③伤心人稿：《论义民与乱民之异》，《清议报》第52册，第3页。

强盛以后，具备了“自强之本，而后可以胜人”[①]。这实际上是取消殖民地、半殖民地人民的反侵略、反压迫斗争。对于义和团，这个报纸恶狠狠地叫嚷“必宜剿，必不宜抚；宜急剿，必不宜缓”[②]，表示他们对农民群众反帝斗争严重的恐惧心理。资产阶级革命派也把义和团说成是应该剿灭的“奸民”和“匪徒”。兴中会写给英国香港总督的信中，在揭露清政府腐败的同时，指摘清政府容忍义和团“妖言惑众，煽动危邦”，主张“平匪全交，乃为至理”。[③]软弱的资产阶级动员了全部舆论工具，对义和团口诛笔伐，说明了这样一个事实：他们害怕劳动群众的阶级斗争，又被貌似强大的帝国主义列强所吓倒，看不见人民群众的力量。照他们看来，中外力量对比是“万不当一”，义和团进行反帝斗争，只会造成大局糜烂，不可能有任何积极作用。他们宣传爱国，又反对人民群众伟大的爱国斗争，与群众相对立。

康有为、梁启超在戊戌变法失败逃亡日本以后，先后在日本、东南亚、美洲等地组织保皇会，以保卫载湉恢复权力为宗旨进行活动。康有为宣传他奉有载湉的密诏，取得相当一部分华侨的信任。义和团进入高潮，康有为等以为推翻那拉氏，实现光绪帝复权的机会已经到来。梁启超写信给澳门保皇会总会说：“当今义和得志，贼党扰乱之时，真乃千载一时，稍纵即逝”，“吾党在南，不识能乘时否？”[④]康有为派门人徐勤等四处筹款，希望依靠英国，推倒那拉氏。八国联军占领北京，康有为写信给英国外交大臣，提出三项要求，首先是帮助光绪帝复权。

改良派另一首领唐才常接受康有为的指使，从日本回国，1900年7月间，在上海邀集容闳、严复、汪康年、郑观应等具有资产阶级政治倾向的分子八十余人，倡议设立“中国国会”。推容闳、严复为正副会长，唐才常为总干事。“国会”的宗旨写着：一、保全中国自立之权，创造新自立国；二、决定不认满清政府有统治清国之权；三、请光绪帝复辟。这完全是康有为保皇会的主张。不承认“满清”有统治“清国”之权，请光绪帝复辟，也就是不承认那拉氏的清政府，而拥护载湉的清政府。

唐才常又成立秘密的“自立会”，吸收长江流域会党，清水师营兵和一

---

①《歼厥渠魁说申议》，《义和团》第4册，第184页。

②《歼厥渠魁说》，同上书，第183页。

③冯自由：《中华民国开国前革命史》上编，第61页。

④《与港澳同人书》，《与惠仙书》，赵丰田编《梁任公年谱初稿长编》第2册。

些思想激进的知识分子组织“自立军”，起兵“勤王”。长江一带会党的票布上，原来印有“灭洋”“杀尽洋鬼”的字样，按照梁启超的意图，一律收回，改为“富有票”，删去反帝口号以便与主张“灭洋排外”的义和团相区别。7月2日，康有为在南洋致函各埠保皇会筹款，说他能够得到外国的支持，胜利不成问题。他说：“新党已于上海设立国会，预开新政府，为南方立国基础。将来迎上（按：上指载湉）南迁，先布告全国，保护西人洋行、教堂等事。”又说：“我南方勤王义勇已分布数路，不日将起，既成方面，可与外国订约，行西律西法。一面分兵北上勤王，助外人攻团匪以救上。英既相助，则我可立不败之地。”[①] 康有为在这里直接宣告，他的军队是将要帮助帝国主义攻打义和团的。投靠帝国主义，坚持反对反帝国主义的义和团，康有为、梁启超等在这一点上与李鸿章、张之洞等洋务派是完全一样的。唐才常被纳入了康、梁的轨道，又成了康、梁的牺牲品。

自立军有日本人参与密谋，军械来自日本，指挥起义机关设在汉口英租界内。他们准备8月9日在大通、安庆、新堤、汉口、常德等五处同时发动。但是康有为接济的款项迟迟不来，举事日期一再推迟，仅秦力山如期起兵，占领大通。他们发出檄文，宣布“讨贼勤王”，“清君侧而谢万国”，“保全中国自立之权”，“请皇上复辟”。两天后，起义军因孤立无援被清军击败。唐才常决定于8月23日在武昌、汉口、汉阳三处举事。英国为了维持“东南互保”的局面，担心自立军起兵影响长江流域秩序。霍必澜告诉自立军，“推翻清政府使光绪帝复位的行动不能得到英国的同情”。英帝国主义支持张之洞镇压自立军。[②]8月21日，经汉口领事签字，派出巡捕会同清朝官吏搜捕自立军总部，逮捕唐才常、林圭等三十余人。次日夜间，张之洞将自立军重要成员二十人杀害。新堤自立军闻变起事，麻城、沙市等地十余处会党起兵，湖北崇阳、监利，湖南湘潭、沅州等地会党响应，先后为清政府所镇压。湖北、湖南地方官吏杀新派人士两百余人。其中很多是两湖知识分子的精华。自立军活动失败，保皇维新那种目标，对若干爱国知识分子再也没有吸引力了。

义和团运动期间，孙中山领导的兴中会联络两湖闽粤等地三合会、哥老

---

① 冯自由：《中华民国开国前革命史》上编，第81、82页。

② 赵仲愚《日益斋日记》“英领事有公文致鄂督云：南方有所谓大刀会、哥老会、维新党诸种，皆与北方团匪相仿佛，有为乱者，即速擒捕，敝国决不保护”。转引自《梁任公年谱初稿长编》第2册。

会积极准备起义。兴中会曾于1900年6、7月间，在英国影响下，一度有意拥护李鸿章在广东成立“独立”政府，后来又希望取得日本台湾总督儿玉的帮助。日本企图乘机割取福建，再次分裂中国领土。儿玉允许孙中山到台湾活动，供给兴中会武器。孙中山派郑士良到惠州发动起义，派史坚如到广州联络会党响应，派杨衢云、陈少白到香港筹款接济。他自己去台湾等待起义军到厦门，渡海接应。10月8日，兴中会领导会党在惠州三洲田袭杀清军，直趋隆镇，大败清军于佛子坳，21日到三多祝时，起义军队伍扩大到二万人。日本政府恰在这时改组，首相伊藤博文改变侵略中国的策略，而且对革命党人在台湾活动具有戒心，决定不再接济兴中会军械，并迫使孙中山离开台湾。起义军血战半月，士气极旺，但缺乏武器，日本政府又查禁军火出口。孙中山派人通知郑士良说：“政情忽变，外援难期，即至厦门，亦无所得，军中之事，请司令自决进止。”[①]郑士良因弹尽援绝，不得不解散起义队伍，自率数百人退往香港。惠州起义失败。资产阶级革命派对帝国主义缺乏正确的认识，他们要求中国的独立与富强，却把这个希望寄托在帝国主义的援助上。这是不切实际的幻想，其失败是必然的。

十九世纪末，中国无产阶级还处在幼年，是一个自在的阶级。资产阶级代表资本主义生产方式，接触近代科学文化，是比农民先进的阶级。但半殖民地半封建制度下的资产阶级，先天带有软弱性。它不敢坚决反对帝国主义，因此，也就不能成为反帝国主义的义和团农民运动的领导者，反而站在对立面来咒骂、反对这场革命运动。这个重要事实，把农民阶级在中国近代历史上所处的重要地位、所起的革命作用，再一次突出显示出来了。在半殖民地半封建制度下面，广大农民群众既是反封建的主力军，也是反帝国主义的主力军。从鸦片战争到义和团运动，历次重大的斗争都证明了这一点。要处理好反帝反封建这两者的关系，农民阶级是难以做到的。但是义和团运动的经历，对后来中国革命的前进极有教益。义和团被清政府出卖，遭到帝国主义、封建阶级联合镇压以后，分散的斗争仍在继续。1901年5、6月间，四川巴县一带义和团散发揭帖，提出“灭清剿洋兴汉”，号召群众起义。1902年4月，直隶广宗武举景廷宾和义和团早期首领之一赵三多等领导起义，举起“扫清灭洋”大旗，重新进行战斗。这支队伍一度发展至三四万人，攻下广宗、威

① 冯自由：《中华民国开国前革命史》上编，第95页。

县等城。新任直隶总督袁世凯急忙派段祺瑞等率大军镇压，德、法、日侵略军也赶往“助剿”。“扶清灭洋”改为“扫清灭洋”，这是一个大前进。农民群众，正式把反对帝国主义和反对已经成为帝国主义走狗的清朝政权结合起来的问题，鲜明地提出来了。

义和团运动失败了，它的功绩是巨大的。

这场自发的群众斗争震撼全世界，粉碎了帝国主义瓜分中国的迷梦。八国联军占领北京前后，列强讨论和争论要不要瓜分中国的问题，结果，答案是否定的。其中一个原因，是它们分赃不均，彼此矛盾，争持不下，无法达成所谓“国际解决办法”。但这只有次要意义，不是规定事变走向的。根本原因，是中国人民强大抵抗力量的存在，帝国主义无力征服，不能动手瓜分。赫德在当时写的文章中分析说：“不论中国哪一部分领土被分割去，都必须用武力来统治。像这样，被分割去的领土越大，治理起来所需要的兵力就越多，而骚乱和叛乱的发生就越是确定无疑。中国如被瓜分，全国就将协同一致来反对参与瓜分的那几个外国统治者。”① 这是讲得相当透彻的。反过来说，也就是侵略者面临的问题，首先是要协同一致，来反对四亿中国人民。这是它们的头号难题。只要几亿人民的抵抗力量没有丧失，外国瓜分中国就是梦呓。被侵略的国家和地区，人民抵抗的力量弱小了、丧失了，侵略者间的分赃矛盾是可以解决的。谁的实力大，谁就占据最大的份额，以次递减。不能用协议解决，就用武力解决。西班牙、葡萄牙、英国、法国瓜分美洲的斗争，英、法、德等国瓜分非洲的斗争，葡萄牙、英国、法国一度瓜分印度的斗争，荷兰、西班牙瓜分印尼的斗争，美国、西班牙瓜分菲律宾的斗争等等，都是那样。因此，几个世纪里，殖民国家之间战争连绵不断。十九世纪后期，帝国主义侵略势力比以往任何时候更增大了，但他们所碰到的中国人民这个对手，也比以往碰到的大多数对手强大得不可比拟。帝国主义不敢瓜分中国，而要“把现存的王朝作为一个正在活动着的东西而接受下来，并且，一句话：竭力利用它”②，根据就在这里。

义和团所起的阻止帝国主义瓜分中国的作用，西方舆论界很快就看出来了，中国的先进分子不久也看出来了。1908 年孙中山写的一篇文章中，引证

---

①《“黄祸论”历史资料选辑》，第 152—153 页。

② 同上书，第 145 页。

他的英国老师评论关于外国是否会瓜分中国的言谈说："在吾西国，则此等言论，已成为明日黄花。盖自日本败中国之后，西人见如此地广民众之国，乃败于蕞尔弹丸之日本，各国之野心家，遂大倡瓜分中国之议。谓：'支那人乏于爱种爱国之心，而富于服从媚异性质……倘列强有欲为中国之主者，中国人必欢迎恐后。'……于是俄、德遂试行其瓜分之政策于胶州、旅顺矣。然，不见中国人民之欢迎，只见其仓惶失措。于是颇生疑忌，不敢立肆其蚕食鲸吞之志。无何，而'扶清灭洋'之义和拳起矣，其举虽野蛮暴乱，为千古所未闻，然而足见中国人民有敢死之气。同时又有革命军起于南方，举动文明，毫无排外，更足见中国人民有进化之机矣。各国于是已尽戢其野心，变其政策，不倡瓜分，而提议保全支那之领土，开放支那之门户。惟俄尚恋恋于满洲之野，故卒遇日本之一击。近数年来，西土人士，无贤不肖，皆知瓜分中国，〔为〕必不能行之事；倘犹有言此者，世必以不识时务目之。不意中国人士，至今尚泥于'拳变'以前之言，真可谓不识时务者矣。"①孙中山深有感于其言，把自己的文章题叫作"论惧革命召瓜分者乃不识时务者也"。后来孙中山继续评论义和团的功绩说："其勇锐之气，殊不可当，真是令人惊奇佩服。所以经过那次血战之后，外国人才知道，中国还有民族思想，这种民族是不可消灭的。"②

从阻止帝国主义瓜分这个意义上说，义和团运动并没有失败。赫德着重讲过这一点。他说："这个运动已经掌握了群众的想象力，将会像野火一样烧遍全中国；简单说来，这是一个纯粹爱国主义的自发自愿的运动，其目标是使中国强盛起来——以实现中国人的计划。就通过实力来达到它所提出的目的即达到根除外国宗教和驱逐外国人的目的这一点来说，它的第一次实验并不是十分成功的；但是，就它所做出的试探——试探自发自愿的运动是否能起作用——来说，或者就其作为检验方式方法以供将来选择的一次实验来说，它并不是一次失败。"③又说："五十年以后，就将有千百万团民排成密集队形，穿戴全副盔甲，听候中国政府的号召，这一点是丝毫不容置疑的！如果中国政府继续存在下去，它将鼓励——而这样鼓励是很对的——支持并且

①《论惧革命召瓜分者乃不识时务者也》，《孙中山全集》第1卷，第382页。

②《三民主义·民权主义》第五讲，《孙中山选集》下卷，第724页。

③《"黄祸论"历史资料选辑》，第146页。

发展这个中华民族的运动；这个运动对于世界其余各国不是吉祥之兆，但是中国将有权力采取行动，中国将贯彻它的民族计划！”[①] 以前帝国主义总是把中国人看做“东亚病夫”，以为可以任意奴役宰割。现在像赫德这样知名的英国大资产阶级代言人，如此坦率地肯定义和团运动的正义性，承认群众自发地反对外国侵略的实验并不是一次失败，并且预言出五十年后中国的“团民”会是什么样子。这证明义和团使帝国主义认识了中国人民。

在国内的一面，这个运动再一次沉重打击封建势力，清王朝的统治进一步衰落了。没有统一组织、没有统一领导的下层群众，异口同声喊着“灭洋”的口号，遍地蜂拥而起，就把那拉氏掌握的清政府逼得走投无路，不得不承认他们合法，并在表面上接过他们的口号，完全违反本意去对外宣战，这真是破天荒的事情。一些有实力的地方督抚，又公然拒绝执行它的命令，各行其是。李鸿章、张之洞甚至在有人活动他们割据自立的时候，并没有立即反对。清政府的统治力量下降到了极其低下的水平上。太平天国以后，统治阶级里面还有人侈谈所谓“同治中兴”，以自欺欺人。义和团运动以后，封建统治阶级除了一意投靠帝国主义，还必须采取恢复戊戌政变废除的全部新政，还加上新的让步，寻求与资产阶级妥协，否则不能保持其摇摇欲坠的统治地位。

同样明显的，是资产阶级爱国知识分子中一些人受到义和团的促进，向革命转化。1901 年，资产阶级知识分子里面有人一反从前，开始对农民斗争表示称誉、崇敬。这一年，在日本横滨出版的《开智录》上面的一篇文章说：“义和团此举，实为中国民气之代表，排外之先声矣。彼眈眈逐逐，以一鼾睡而目尽我中国人，而狂思妄想豆剖瓜分我中国者，观于此，能无废然变计耶？”“今虽败师逐北，溅血横尸，然其‘勇’之一字，未尝不轰全球人之耳，电全球人之目也。外人于此，则平日倡兵力瓜分、和平瓜分之议，或涂红圈绿线于支那地图，谓某地为某国势力范围之企图，亦未胆敢如前之猖獗耳。”“有此数功，则我国民精神从此振刷矣。”[②] 所以发生这种变化，是义和团的斗争使清政府黑暗腐朽，对外屈服，彻底暴露于世。资产阶级中一部分抱改良主义思想的人对清政府的幻想最后破灭了。农民群众的英勇行动使人们又一次看到，只要敢于起来斗争，帝国主义的凶焰是可以遏止的。形势愈来

①《“黄祸论”历史资料选辑》，第 148 页。

②《义和团有功于中国说》，《辛亥革命前十年间时论选集》第 1 卷，上册，第 62 页。

愈明显，革命是资产阶级所能选择的最好前途。农民反帝运动就这样完成了资产阶级改良派所无法完成的任务：抵制了瓜分狂潮，又促进了一批资产阶级知识分子向革命转化。当时没有任何其他阶级能够发挥出这种惊人作用。

太平天国失败到义和团运动的三十六年，社会生活、阶级斗争呈现出这样一些特点：中国出现了资本主义，有了早期的资产阶级和工人阶级。世界资本主义开始进入帝国主义，对中国的侵略越发加紧。半殖民地半封建制度，在这个曾经是世界先进文明的国度里最后形成。清政府被迫参加中法、中日、义和团三次民族战争，表现了这个时期民族矛盾的尖锐、突出。资产阶级改良主义思潮和农民阶级为主体的反洋教运动，并排兴起。它们的性质各异，又有两点完全一致。第一，都是以半殖民地加深，中外矛盾加剧为背景发展起来的。第二，都是从六七十年代开始，经过三十多年的陆续发展，到九十年代末达到了一个决战阶段。由改良主义思想演进而来的资产阶级的政治改良运动，很快宣告破产，农民发动的反帝斗争有重大意义，但无法阻止中国在半殖民地轨道上滑下去。清政府从此与抵抗侵略绝缘；旧式的农民战争，新兴的资产阶级改良运动，都抵抗不住外国侵略，都完成了自己的使命，显著地标志了这个阶段的完结。

第九章　十九世纪后半期的科学和文化

第一节　自然科学的介绍和学习

近代中国知识分子学习西方自然科学起始于十九世纪六十年代。第一次鸦片战争以后，曾经有人提出学习西方自然科学的主张，也做了一些工作，但人数不多，影响不大。六十年代以后，随着近代工业的建立和资本主义的发生、发展，介绍和学习自然科学的工作，开始受到重视，逐渐发展起来。

1862年，奕䜣奏准在北京设同文馆，招收八旗子弟，学习外国语言文字。同文馆成立之初，并无学习自然科学的课程，只是给开设学堂学习外国知识创了一个先例。1866年，同文馆内添设天文算学馆，聘请外国教师讲授天文、算学。1863—1864年间，上海、广州先后创设广方言馆和广州同文馆，广方言馆兼习算法。1865年，上海成立江南制造局，附设有机械学校。1867年，福州马尾船政局附设前后学堂开学，前学堂学制造，后学堂学驾驶。1871年，京师同文馆添设医学、生理学讲座。1874年，上海创设格致书院。1876年，丁日昌在福州新设电气学塾，学习内容为电气、电信及制造电线、电报各种机器等。1880、1881年，天津设立电报学堂及水师学堂。1882年，广州建成实学馆，课程除中文外，还设有英文、数学等；同年，上海设立电报学堂。1885年，天津设北洋武备学堂。1887年，刘铭传在台湾设立西学堂；张之洞在广州筹建广东水陆师学堂，后又添设矿学、化学、电学、植物学、公法学等五所西艺学堂。1893年，湖北设自强学堂，天津设西医学堂。1895年，盛宣怀奏准在天津设立中西学堂，有土木工程、采矿、冶金及机械工学等学科。这些学堂全都掌握在洋务派手里，它们不同于旧式书院。教师大部聘请外国人担任。

甲午中日战争以后，资产阶级改良派积极提倡设立新式学堂，学习自然科学。他们认为日本所以战胜中国，首先是日本遍设各类学校，技艺先进，人才众多。他们要求清政府学习德国、日本的经验，特下明诏，命令全国各省、府、县、乡，一律兴办学堂。乡立小学，县立中学，省、府立专门高等学堂、大学。同时，在各省州县普遍设立艺学书院，学习天文、地理、采矿、医学、光学、力学、化学、电学、机器、武备、驾驶等专门学科。维新运动期间各地建立的学堂、学会，大部分都学习和宣传西方自然科学；其中通艺学堂、算艺学堂、地学公会、农学会、测量会等则是专门学习自然科学的。许多报刊也都登载关于自然科学的文章，还出版了《算学报》《农学报》《格致新报》等专门刊物。一些旧式书院也随之添设了自然科学方面的课程。到十九世纪末，学习西方自然科学和工程技术，开始形成一种风气。

西方自然科学和工程技术方面的著作，在同一个时间里也陆续介绍到中国来。十九世纪后半期，从事翻译工作的机构主要有：江南制造局、京师同文馆和外国传教士在上海设立的广学会。由于宗旨不同，这三个单位所译书刊的内容有较大的差别。同文馆侧重于外交、世界历史以及有关时论等方面，翻译自然科学方面的著作不多。广学会主要翻译与传播基督教有关的书籍，也出版一些与基督教根本教义不相抵触的科学技术书籍。翻译出版自然科学和技术书籍最多的首推江南制造局。通过翻译，西方自然科学中的许多学科，不论是应用科学，还是基础科学都陆续引进中国。其中包括近代数学、物理学、化学、矿物学、地质学、天文学、医学等。中国人自己著述的自然科学书籍也陆续出现，并不断增多。1898 年，上海成立了专门刊印数学书籍的算学书局。十九世纪末，各地翻译和辑著的科学技术书刊有一千多种。

中国近代第一批有成就的自然科学家和工程技术人员，也就是在这个时期里做出业绩，或者奠定基础的。他们之中，比较著名的有李善兰、徐寿、华蘅芳、詹天佑等。

李善兰（1811—1882 年）字壬叔，浙江海宁人。研习中国古算书，作过曾国藩幕客，后任同文馆算学总教习、总理衙门章京等职。

李善兰在没有接触到西方的有关资料以前，通过自己的独立研究，在级数、整数论和三角函数展开式等高等数学方面，已经取得许多成果。他先后写出了《垛积比类》《考数根四法》《方圆阐幽》《弧矢启秘》《对数探原》等著作，1867 年出版《则古昔斋算学》十三卷。在《垛积比类》一书中，通过中国传统的三角垛研究，得出有名的“李善兰恒等式”，为当时中外数学家所注意。李善兰同外国传教士一起合译了许多较新的自然科学书籍。他所译的棣么甘的《代数学》和罗密士的《代微积拾级》，是西方近代代数学、解析几何学和微积分学在我国最早的中译本。李善兰在译书时所创造的一些数学名词，例如微积分等，一直沿用至今。除了数学以外，他还翻译了一些其他学科的著作。《谈天》《重学》《植物学》是介绍西方天文学、力学和植物学的书籍。《谈天》一书是英国著名天文学家侯失勒（约翰 · 赫歇尔）宣传哥白尼太阳中心说的通俗名著。哥白尼的学说，在欧洲经过三百多年的斗争，最后才为人们所承认。这一学说传入中国，也经历了几十年的斗争。阮元就坚持天动地静的说法，认为太阳中心说是“离经叛道，不足为训”①。李善兰在《谈天》一书的译序中批判了这种观点，说“拘牵经义，妄生议论，甚无谓也”。这部书中关于天体进化的知识对中国思想界产生了很大的影响，成为资产阶级改良派宣传进化、变革的一种根据。鲁迅说他早年学的自然科学，就有《谈天》在内。《植物学》一书介绍当时西方植物学中一种最新成就——细胞学说，指出植物的种子、根干、枝叶以及花果，都由细胞构成。李善兰还着手翻译牛顿的《自然哲学数学原理》一书，译名为《奈端数理初集》，可惜没有译完。李善兰在数学方面的造诣，特别受到当时人们的推崇，说他是“梅氏（指清代著名数学家梅文鼎）以后，一人而已”②。

徐寿（1818—1884 年）字雪村，江苏无锡人。早年即留意于自然科学，以水晶印章磨成三棱镜，作光学试验；又在不同距离设立许多枪靶，以试验枪弹飞行抛物线的道理。他曾入曾国藩幕府，帮助曾国藩创办安庆机器局；后任江南制造局提调，倡议建立翻译馆。1874 年，徐寿与英人傅兰雅等在上海创办格致书院，聘请西人教化学、矿学及演讲科学专题。

徐寿和来华外人合译了不少自然科学书籍。其中有《化学考质》《化学求数》《化学鉴原》及其《续编》《补编》等，较多地介绍了当时西方的化学知识。徐寿翻译的化学著作中，介绍了 1875 年新发现的元素镓（Ga）。他所制定的一套化学元素中文名称，对后来影响很大，许多金属元素的名称今天还在使用。《宝藏兴焉》是他翻译介绍西方采矿、冶炼技术的书；《汽机发轫》《西艺知新》及其《续刻》等，则是讲求机器制造和工艺制造的书籍。

---

① 阮元：《蒋友仁》，《畴人传》第 46 卷。

② 诸可宝：《李善兰》，《畴人传》三编，第 6 卷。

华蘅芳（1833—1902 年）字若汀，江苏金匮人。青年时代，对中国古算书下过功夫，通晓玄烨编纂的《数理精蕴》。他曾为曾国藩幕宾，在安庆机器局同徐寿等一起工作，后任江南制造局提调，又入翻译馆从事译书工作。先后在上海格致书院、湖北自强学堂、西湖书院、无锡竢实学堂、天津武备学堂任教。

华蘅芳著有《行素轩算稿》行世。其《算学笔谈》一书，为生平精力所聚，是学习近代数学极好的启蒙读物。他和外国传教士合译了许多数学书，主要有：《代数术》《代数难题》《三角数理》《微积溯源》《合数术》和《决疑数学》等，对代数、三角、微积分和概率论作了系统介绍。其中《决疑数学》一书，介绍了欧洲在十九世纪还是很新颖的一门数学分支——概率论。书中叙述概率论自 1812 年创立以来的简单历史和概率论的一般知识，介绍最小二乘法和在数理统计中有名的常态曲线公式，并说明概率论在天文测量及理论物理方面的应用。华蘅芳著译各书，大部分通俗易懂，有些曾被当时的学堂选作课本。他还自己设计制造过一个直径长五尺的气球，试飞成功。

詹天佑（1861—1919 年）字眷诚，广东南海人。幼年考取第一批留美学生，毕业于耶鲁大学。回国后，被派往福州船政局水师学堂改学驾驶，曾任扬武兵轮操练，中法战争期间，在扬武舰英勇抗击法国侵略者。此后，历任广东博学馆及广东海图水陆师学堂教习，天津、津芦、锦州、萍醴、潮汕等铁路工程师，新易（直隶新城高碑店到易县）铁路总工程师，京张铁路总工程师兼会办、总办，川汉铁路总工程师兼会办，粤汉铁路总理兼总工程师以及汉粤川铁路督办等职。

詹天佑著有《华英工学字汇》《京张铁路工程纪略》等书，是中国近代早期杰出的工程技术人员。1892 年，修筑滦河铁道桥，开始受到人们的注意。詹天佑在工程技术方面的主要成就在进入二十世纪以后。1902 年，英、法工程师争筑新易路，清政府改由中国自己修筑，派詹天佑主持，四个月全部竣工。此后，清政府拟建京张路，英、俄又展开激烈争夺，相持不下。清政府决定任詹天佑为总工程师，英国侵略者大肆讥讽，扬言："中国能开凿关沟之工程师，尚未诞生于世"，铁路决不能筑成。结果，在詹天佑主持下，工程进行极快，1905 年开工，原定七年完工，只用了四年时间，全线即通车。詹天佑成了中外闻名的工程技术专家。

这一时期，还有一些西方自然科学的新成果介绍到中国来。1872 年，制造局出版《汽机必读》，是英人蒲尔捺于1865年写成的《蒸汽机的原理和用法》一书的中译本。蒲尔捺的书在英国很流行。1885年修订重版，刊有作者把此书介绍给当时中国驻英公使曾纪泽的信。1873年，制造局出版英国赖伊尔的《地质学纲要》(1865年第六版)中译本，名《地学浅释》，是一部西方地质学名著。1876年，普通计算机也由欧洲输入中国，有人利用它编制了各种数表。1879年徐建寅增译李善兰所译《谈天》一书，把十九世纪中叶欧美天文学界发现的海王星、土星光环、月球表面知识等都收录在书中，并介绍了1871年新发现的小行星资料。他和李善兰翻译的许多天文学名词，一直为我国天文学界所沿用。1888年，沈寿康翻译弗朗雪斯·培根的《新工具》一书，名《格致新机》，不久就再版，流行一时。1897年，马良(马相伯)撰《尺算徵用》，介绍西方的计算尺。1899年，王季烈翻译出版的《通物电光》中说："爱克司字母，代数学中用以代未知之数。伦得根初于泡内查得通物电光，因未知其为何种光，故名之曰爱克司光。"伦得根即德国的伦琴，他在1895年发现伦琴射线(即X射线)，四年之后，即介绍到中国。《通物电光》还介绍了人体透视法，并附有图片。

中国这时从西方引进技术，比较有成效的是造船业。福建船政局、江南制造局造成轮船舰艇四十余艘。福建船政局所造三十多艘中，半数以上比较新式的船舰是中国技术人员自己设计制造的。1880年，天津机器制造局试制成潜水艇一艘。状如橄榄，入水半浮水面，设有水标及吸气机，可以从水底下发射水雷，行动灵活。

西方近代自然科学知识输入中国，在思想界产生了越来越广泛的影响。资产阶级改良主义活动家，都程度不同地学习了西方自然科学，运用某些自然科学知识来论证自己的政治主张。康有为阅读过一些自然科学的译著。1885年，他开始写作《诸天讲》一书，根据当时所学习到的自然科学知识，对若干天文方面的问题作了阐述，高度赞赏哥白尼的"日心说"和牛顿的天体力学。康有为把天体演变和生物进化等事实，引申到人类社会中来，作为自己变法维新的政治主张的依据。他说："天道，后起者胜于先起也；人道，后人逸于前人也。"[①]"人道进化，皆有定位，自族制而为部落，而成国家，由国家而成大统；由独人而渐立酋长，由酋长而渐正君臣，由君主而渐为立宪，由立

---

①《日本书目志·序》。

宪而渐为共和……进化有渐，因革有由，验之万国，莫不同风。观婴儿可以知壮夫及老人；观萌芽可以知合抱至参天。”[①]康有为在宣传维新变法的文章和讲话中，常常先谈一大段自然演变、生物进化的道理，然后再提出自己的政治主张。谭嗣同学习西方自然科学的积极性很高，曾广购江南制造局译出的天文、格致、算学等书籍，潜心研读。他在南京发起组织测量会，在家乡湖南浏阳创办算学馆，还为长沙时务学堂选购科学仪器，自认为对于仪器颇有考究。谭嗣同也利用自然科学知识，尤其是关于自然界的进化学说来作为宣传社会变革的思想武器。他在看了许多化石以后，深有感慨地说：“天地以日新，生物无一瞬不新也。今日之神奇，明日即以腐臭，奈何自以为有得，而不思猛进乎！”[②]他的主要著作《仁学》一书，有不少自然科学的内容。梁启超在《清代学术概论》中评述说：《仁学》的宗旨，是想要将科学、哲学、宗教冶为一炉，提出一个更加适用于人生、社会的学说。严复是近代中国比较系统地介绍西方哲学和自然科学方法的第一人。他很重视自然科学对国家兴衰的作用，强调要把“格致之事”摆在优先地位。严复在《原强》一文中介绍说：自达尔文的书出版后，“欧美二洲几于家有其书，而泰西之学术政教，一时斐变。论者谓达氏之学，其一新耳目，更革心思，甚于奈端氏之格致、天算，殆非虚言”[③]。康有为、梁启超等人所学到的还只是一些最普通的自然科学常识，谈不上具有系统的知识。但在这一点上，他们毕竟与纯粹封建的政治人物、知识分子大不相同了。

十九世纪后半期，近代科学技术开始在中国这块土地上生根发芽了，同当时先进的资本主义国家相比，中国的自然科学是很落后的。许多重要的学科没有系统介绍进来，研究工作尚处于初创阶段，成果少如凤毛麟角。但它毕竟冲破了封建制度和旧的传统思想的束缚和阻挠，坚定地迈出了第一步。许多忧国忧民的志士仁人在向西方寻找救国真理的时候，把那些国家的自然科学昌盛同富强直接联系起来，介绍鼓吹。中国的自然科学和技术正是在这样的条件下萌芽、发展起来的。自然科学的介绍和学习，加上西方社会政治学说的输入，使原来像是死水一潭的中国思想界开始兴起西学和中学、新学和

---

①《论语注》第2卷，万木草堂丛书本，第10—11页。

②《上欧阳瓣薑师书·二十二》，《谭嗣同全集》，第317页。

③《原强》，《戊戌变法》第3册，第41页。

旧学的激烈斗争。它们反映出新的阶级与旧的统治势力之间的激烈斗争，也推动着革新运动的前进。

第二节　哲学、史学、文学

政治运动、政治思想与学术思想、观点直接间接相联系，在这个时期里的哲学、史学、文学等文化思想领域的斗争中表现得尤其明显。改良派为了要求变法维新，充当着推进西学、新学的先驱者的角色。封建意识形态的中学、旧学从此发生动摇，资产阶级意识形态的西学、新学从此逐渐滋长起来。

哲　学

资产阶级改良派在哲学方面的代表人物是康有为、谭嗣同和严复。

康有为的哲学思想非常庞杂，其体系是唯心主义的。康有为以“元”为宇宙间天地万物的本体，他叙述自己的哲学基本观点说：“其道以元为体，以阴阳为用。理皆有阴阳，则气之有冷热，力之有拒吸，质之有凝流，形之有方圆，光之有白黑，声之有清浊，体之有雌雄，神之有魂魄，以此八统物理焉。以诸天界、诸星界、地界、身界、魂界、血轮界，统世界焉。”[①] 他又说：“元为万物之本。”[②]“天地、阴阳、四时、鬼神，皆元之分转变化，万物资始也。”[③] 这就是说，宇宙是以“元”为本体，万物都是由“元”产生的。那么“元”又是什么？康有为认为：“元即气也。”[④] 所谓“气”，在中国古代哲学家里面，确实有人是把它作为物质或具有物质性的东西看待的。宋明以后，思想家们长期争论不休的“理”“气”先后问题，在一定意义上反映了唯心论和唯物论的分野，康有为肯定“气”是最原始的，反对“理在气前”，显然应当认为是唯物主义的观点。“气”究竟是什么？中国古人的解说并不总是很明确的，有的存在自相矛盾的情况。例如宋代哲学家张载，强调气的基本性质是

---

①《康南海自编年谱》，《戊戌变法》第 4 册，第 117 页。

②《春秋董氏学》第 6 卷上，第 7 页。

③《礼运注》，第 24 页。

④《万木草堂口说》，康有为原稿本，第 1 页。

无形有象，是物质性的；同时，又主张“太虚之气”是超然于物质世界之上的东西，于是气又变为神秘莫测了。康有为所说的“气”并不是物质的东西，在他进一步探讨“元”的本质时就暴露出来了。他说：“浩浩元气，造起天地。天者一物之魂质也，人者亦一物之魂质也，虽形有大小，而其分浩气于太元，挹涓滴于大海，无以异也。”[①]康有为在许多地方把世界的本质叫做“乾元”“太元”“太一”“太极”“神”“有知之电”“知气”“魂知”“精爽”“灵明”“明德”等等。这样，在康有为看来，作为世界本质的“元”，并不是物质性的，而是有知觉有意志的精神实体或道德规范；客观事物都是“元”的“分转变化”，是“元”的外化、分化。照这种情形，康有为的哲学思想是一种客观唯心主义。

康有为又认为“元”和婆罗门教的“大梵天王”、基督教的“耶和华”相似，对客观世界有统摄作用。皇帝的政令，国家的治乱，都由它的意志来决定。天、人、万物都是由“元”分化而成。天是“元”的一部分，人也是“元”的一部分；而人又是分天之气而生，又是天的一部分。元、天、人是一而二，二而一的东西。天人合一，天人相通。他说：“物我一体，无彼此之界；天人同气，无内外之分。”“故诚者知此，以元元为己，以天天为身，以万物为体。……山河大地，皆吾遍现；翠竹黄花，皆我英华。”[②]孟轲主张“万物皆备于我”，康有为模仿孟轲的话而且加以发展。他说：“天下虽大，我身为本，若无我身，即无天下国家。”[③]时而客观唯心主义，时而主观唯心主义，或者宗教神学，表现了康有为哲学思想特有的唯心主义的庞杂混乱。

康有为的社会历史观是庸俗进化论。他认为“变易”是客观世界的普遍规律。他说：“盖变者，天道也。天不能有昼而无夜，有寒而无暑，天以善变而能久。火山流金，沧海成田，历阳成湖，地以善变而能久。人自童幼而壮老，形体颜色气貌，无一不变，无刻不变。《传》曰：‘逝者如斯。’故孔子系‘易’，以变易为义。”[④]又说：“新则和，旧则乖；新则活，旧则板；新则疏通，旧则阻滞。”[⑤]在康有为看来，事物无时无刻不在变化之中，而事物也只

①《大同书》，《甲部，绪言，人有不忍之心》。

②《中庸注》，第29页。

③《孟子微》第2卷，第23页。

④《进呈俄罗斯大彼得变政记序》，《戊戌变法》第3册，第1页。

⑤《上清帝第六书》，引文据故宫藏抄本《杰士上书汇录》，与通行本异。

有通过日新变化，才能壮大强盛。人类社会同样是按照日新变化的规律不断发展变化的。康有为把公羊三世说和《礼运》小康大同说糅合在一起，勾画了一幅社会发展的蓝图。他解释“三世”是“据乱者，文教未明也；升平者，渐有文教，小康也；太平者，大同之世，远近大小如一，文教全备也”[①]。社会历史就是按照据乱、升平、太平的顺序前进，由野蛮逐渐发展为文明的。龚自珍讲“三世”，是说从古到今反复出现“治世”“乱世”“衰世”，清朝的社会到了衰时。康有为的说法，比龚自珍明显前进了。

康有为的“变易”观点中，还包含有一些关于事物的矛盾对立统一的认识。他认为：“若就一物而言，一必有两。……知物必有两，故以阴阳括天下之物理，未有能出其外者。”[②]“盖太极两仪之理：物不可不定于一，有统一而后能成物；不可不对为二，有对争而后能进。”[③]客观事物都存在着对立统一的两个方面，对立面的斗争促使事物向前发展，这种议论包含着辩证法的因素。但在康有为的思想中，占主要地位的仍是形而上学的观点。他解释所谓“三世”的社会发展观时，认为无论据乱、升平、太平，每一世中都又分为三世，而每一“小三世”中再分为三世，辗转重叠，由九世、八十一世以至于无量数世。社会历史按照这种次第发展，不能躐等。[④]事实上，无穷的分割，就是取消社会发展的阶段性，取消社会发展的飞跃和突变；无量数世，等于什么世也没有。这是典型的庸俗进化论观点。

谭嗣同的哲学思想和康有为一样也是非常庞杂的，他的重要哲学著作《仁学》中，有许多自相矛盾的地方。谭嗣同开头接受了王船山“道不离器”的唯物主义观点，认为属于客观事物范畴的器是第一性的，道是器所派生的。他说：“道，用也；器，体也。体立而用行，器存而道不亡。……夫苟辨道之不离乎器，则天下之为器亦大矣。器既变，道安得独不变？”[⑤]他根据这个道理，论证国家的情势既然已经发生变化，治国的法度也应随之改变。后来，他受康有为的思想影响，又结识傅兰雅等西方传教士和杨文会等佛教信徒，接受唯心主义和神学说教；同所接触到的某些西方自然科学和资产阶级社会政治学

①《春秋董氏学》第2卷，第4页。

②《春秋董氏学》第6卷上，第8页。

③《论语注》第3卷，第4页。

④《论语注》第2卷，第11页。

⑤《思纬壹壹台短书——报贝元徵》，《谭嗣同全集》，第390—391页。

说，糅杂在一起，来解释世界、解释社会历史。谭嗣同在《仁学》中叙述自己的思想来源时说："凡为仁学者，于佛书当通《华严》及心宗、相宗之书，于西书当通《新约》及算学、格致、社会学之书，于中国书当通《易》《春秋公羊传》《论语》《礼记》《孟子》《庄子》《墨子》《史记》及陶渊明、周茂叔、张横渠、陆子静、王阳明、王船山、黄梨洲之书。"[①]一长串的书单，包括佛教、基督教和孔、孟、庄、墨诸家学说；有唯心主义者，也有唯物主义者；有自然科学，也有社会科学，是一个中外古今不同学科、不同学派、不同观点的大杂烩。谭嗣同把许多不同的概念，生搬硬套地拼扯在一起，使他的哲学思想显得特别混乱。把许多互相矛盾对立的思想包揽在一起，作为自己对世界的根本看法，显然说明谭嗣同在哲学思想上还在摸索前进之中。他从孔学的牢笼解脱出来，不承认那是真正的权威了，但是又还没有找到可以信任的权威。于是，在摸索前进的道路上见到什么就捡起什么，并且总是承认它们的价值，这表现谭嗣同不是一个思想保守者，是一个在黑暗中寻求真理，而又不知道出路在哪里的惶惑徘徊者。他在解说中显得很有信心的样子，那是他还没有意识到自己的弱点。

谭嗣同在说明世界的本质时，吸取当时西方自然科学关于物质性的"以太"的假说，认为世界的本体是"以太"，整个宇宙和宇宙内的星云、星团、声、光、热、电、风、雨、云、露、霜、雪，人体内的筋肉、血脉、脏腑，无不由"以太"凝结而成。他说："任剖某质点一小分，以至于无，察其为何物所凝结，曰惟以太。"[②]"原质犹有七十三之异，至于原质之原，则一以太而已矣。"[③]他把以太假说与儒家学说的仁捏合起来，认为以太是体，仁是以太的用，说以太"显于用也，孔谓之仁"[④]。不管这种捏合怎么牛头不对马嘴，谭嗣同承认物质性的以太是宇宙万物的本原，毕竟要算他的哲学思想中具有唯物主义倾向的东西。

在谭嗣同思想中占着显著位置的是佛学唯识宗的观点。他在进一步探讨世界、探讨社会历史时，强调用识来加以解释，也用识来说明以太；同时，又在一定程度上接受了王阳明的学说，把以太归结为"心力"，企图把识、心力

①《仁学》，中华书局版，第6页。

②同上书，第7页。

③同上书，第18页。

④同上书，第7页。

和以太等同起来。他说："以太者，亦唯识之相分，谓无以太可也。"[①] 作为客观世界本源的以太既然可以认为并不存在，客观世界也就并不存在了。客观事物和主观认识都是识的不同功能的活动，人们只是"托言以太"而已。"以太也，电也，粗浅之具也，借其名以质心力"[②]。就是说，以太只是起证明心力的作用。"以太""识""心力"实际上是一个东西。谭嗣同在《仁学》中力图破除儒学纲常伦理思想的一些束缚，提出"冲决网罗"。有的议论毫无顾忌，在今天看来，也可以认为是相当勇敢的。但是他那种勇气缺少深刻观察事物能力的支持，刚刚把儒学网罗冲开一个缺口，立刻又跌进了同样是唯心主义说教、而且装潢得更加巧妙的佛学网罗里面。

从唯识论观点出发，谭嗣同无限度地夸大"心力"的作用，说"心力最大者，无不可为"[③]。"心之力量，虽天地不能比拟。虽天地之大，可以由心成之，毁之，改造之，无不如意。……再阅万万年，所谓格致之学，真不知若何神奇矣。然不论神奇到何地步，总是心为之。若能了得心之本原，当下即可做出万万年后之神奇，较彼格致家惟知依理以求，节节而为之，费无穷岁月始得者，利钝何止霄壤？"[④] 夸大心力的作用，也就是夸大识的作用。谭嗣同认为儒家的《大学》一书是阐明佛教唯识宗的著作。"佛之所谓藏，孔之所谓心"[⑤]。儒家所说的心，就是指唯识宗所谓的藏识。识具有决定国家以至世界发展变化的能力，和心一样，"无不可为"。《仁学》从以太假说的唯物观点开始，以佛教唯识宗的彻底唯心主义告终。

谭嗣同的哲学思想中，也如同康有为一样，关于事物发展变化的观点，是一个重要的部分。谭嗣同提出"日新"说，认为一切事物都处于不断的运动、变化之中。他说："天不新，何以生？地不新，何以运行？日月不新，何以光明？四时不新，何以寒暑发敛之迭更？草木不新，丰缛者歇矣；血气不新，经络者绝矣；以太不新，三界万法皆灭矣。"[⑥] "昨日之新，至今日而已

---

①《仁学》，第 42 页。

② 同上书，第 4 页。

③ 同上书，第 66 页。

④《上欧阳瓣薑师书 · 二十二》，《谭嗣同全集》，第 319 页。

⑤《仁学》，第 43 页。

⑥ 同上书，第 30 页。

旧；今日之新，至明日而又已旧。”[①] 谭嗣同还根据他当时所理解的自然科学知识，叙述自然界的进化过程说：“天地万物之始，一泡焉耳。泡分万泡，如熔金汁，因风旋转，卒成圆体。日又再分，遂得此土。遇冷而缩，由缩而干；缩不齐度，凸凹其状，枣暴果膜，或乃有纹，纹亦有理，如山如河。缩疾干迟，溢为洪水；干更加缩，水始归墟。沮洳郁蒸，草蕃虫蜎，璧他利亚，微植微生，螺蛤蛇龟，渐具禽形。禽至猩猿，得人七八。人之聪秀，后亦胜前。”[②] 自然界如此，人类进化也如此，日新又新，后胜于前。

谭嗣同还朦胧地感觉到，事物的发展变化是由于事物内部存在着矛盾双方的对立冲突。他说：“日新乌乎本？曰：以太之动机而已矣。独不见夫雷乎？虚空洞杳，都无一物，忽有云雨相值，则含两电，两则有正有负，正负则有异有同，异则相攻，同则相取，而奔崩轰礴发焉。”[③]“譬之于云，两两相遇，阴极阳极，是生两电，两有异同，异同攻取，有声有光，厥名曰‘雷’。振微明玄，参伍错综，而有有矣。有有之生也，其惟异同攻取乎？其成也，其惟参伍错综乎？”[④]

事物不断发展变化和事物内部存在矛盾斗争的观点，是谭嗣同哲学思想中的辩证法因素。在这个问题上，与康有为相比，还没有达到前者的那种认识高度。同时，他没有能力辨别出事物变化中量与质、绝对与相对的关系，说不清楚了，就求助于佛家生死轮回的说教，牵强附会加以解释。他说：日新好比佛时时都在投胎，时时都在住胎。“一刹那顷，已有无量佛生灭，已有无量众生生灭，已有无量世界法界生灭。求之过去，生灭无始；求之未来，生灭无终；求之现在，生灭息息，过乎前而未尝或住。是故轮回者，不于生死而始有也，彼特大轮回耳。”“去者死，来者又生；连者生，断者又死。何所为而生？何所为而死？乃终无能出于生死轮回之外。可哀矣哉！”[⑤] 佛学华严宗有所谓“三世一时”“一多相容”等说法。谭嗣同接受下来，认为过去、现在、未来没有差别，一般和个别没有差别。事物在一定条件下的质的稳定性，事物发展的阶段性，被否定了。“日新”说变成了相对主义和不可知的玄学胡

---

① 《湘报后叙上》，《谭嗣同全集》，第137页。

② 《仁学》，第41页。

③ 同上书，第31页。

④ 同上书，第41页。

⑤ 同上书，第42页。

言乱语。

严复深受西方哲学思想的影响，他写的文章和所译述的书籍中，从古希腊的赫拉克利特、苏格拉底到当时西方流行的较重要的资产阶级哲学派别，几乎无不涉及。其中，他最赞赏的是达尔文、斯宾塞和赫胥黎的进化理论。

达尔文《物种起源》一书，给上帝创造世界的神学目的论以致命打击。恩格斯称赞这本书说："写得简直好极了。目的论过去有一个方面还没有被驳倒，而现在被驳倒了。此外，至今还从来没有过这样大规模的证明自然界的历史发展的尝试，而且还做得这样成功。"①马克思认为达尔文的书"为我们的观点提供了自然史的基础"②。达尔文的缺点和错误，是他不了解事物发展的质变和飞跃，强调量变过程；受马尔萨斯人口论的影响，强调种内斗争。庸俗进化论和社会达尔文主义从这些地方找到了可乘之机。斯宾塞恰恰就是扩大达尔文学说的错误观点，并把生物进化论的规律当作社会发展的规律，用生存斗争学说解释人类社会现象，来构成他的庸俗进化论和社会达尔文主义体系的。恩格斯指出："生存斗争，首先必须把它严格限制在由于植物和动物的过度繁殖所引起的斗争的范围内，这种斗争实际上是在植物和低等动物的一定发展阶段上发生的。""想把历史的发展和错综性的全部多种多样的内容都总括在贫乏而片面的公式'生存斗争'中，这是十足的童稚之见。"③斯宾塞的错误，正在于此。

严复介绍达尔文学说时，强调生物进化和生存斗争等理论，同样适用于人类社会。他称达尔文的进化论为"天演论"，说它的主旨是："民物于世，樊然并生，同食天地自然之利矣。然与接为构，民民物物各争有以自存。其始也种与种争，及其稍进，则群与群争，弱者常为强肉，愚者常为智役。""动、植如此，民人亦然。民人者，固动物之类也。"④"天演之学，将为言治者不祧之宗。"⑤严复这样理解和宣传达尔文，已经不完全是达尔文的生物进化论，而主要是斯宾塞的社会达尔文主义了。

---

①《恩格斯致马克思》（1859年12月11日或12日），《马克思恩格斯全集》第29卷，第503页。

②《马克思致恩格斯》（1860年12月19日），《马克思恩格斯全集》第30卷，第131页。

③《自然辩证法》，《马克思恩格斯全集》第20卷，第651、652页。

④《原强》，《戊戌变法》第3册，第41、42页。

⑤《天演论》论十七，进化。

对于斯宾塞，严复评述说，他“宗天演之术，以大阐人伦治化之事，号其学曰群学”。“一群之成，其体用功能无异生物之一体，小大虽异，官治相准，知吾身之所生，则知群之所以立矣；知寿命之所以弥永，则知国脉之所以灵长矣。……生之与群，相似如此，此其故无他，二者皆有官之品而已矣。故学问之事，以群学为要归，唯群学明而后知治乱盛衰之故，而能有修齐治平之功”。[①] 严复把资产阶级社会学译为群学，认为社会的构成和生物一样，国家的构成和人的身体一样，这完全是斯宾塞的社会有机体说。严复在以斯宾塞和达尔文相对比时，认为斯宾塞的理论较达尔文“尤为精辟宏富……欧洲自生民以来，无此作也”[②]。他尊信斯宾塞，显然甚于尊信达尔文。

严复一生中翻译了许多西方哲学、社会科学方面的书籍，在甲午战后所译的赫胥黎的《进化论与伦理学》(译名称《天演论》)是影响最大的书籍之一。严复标榜翻译工作要求做到信、达、雅，其实自己并没有这样做。他的翻译是“不云笔译，取便发挥，实非正法”[③]；“取足喻人而已，谨合原文与否，所不论也”[④]。《天演论》经过严复按照自己的见解加以发挥，并且在各节后面添加按语，不少地方同赫胥黎的原意颇有出入。不仅增添了宣传斯宾塞的社会达尔文主义的内容，而且还以斯宾塞来驳难赫胥黎。

斯宾塞鼓吹生物个体之间、种族之间的自由竞争，优胜劣败等等，是宣扬“弱肉强食”，为帝国主义侵略弱小国家制造理论根据。严复所宣传的进化理论，在这方面与斯宾塞却是大不相同的。他强调进化是一种不可抗拒的普遍存在的客观规律，人们在认识这种规律后，不应当自甘作劣等民族坐待灭亡，而应该奋发图强，以求得“适者生存”，改变被淘汰的命运。他说：“进者存而传焉，不进者病而亡焉。”[⑤]“苟且之治，不足存其国于物竞之后。”[⑥]他在有关的著译中，一再强调人们要努力自强自立，力争自主，以求得国家、民族的生存发展。他说：“国之兴也……必其一群之人……人人皆求所以强而

①《原强》,《戊戌变法》第3册，第43页。

②《天演论》，导言一，按语，第5页。

③《天演论》，译例言，第9页。

④《各学浅说》，译者自序。

⑤《天演论》，导言十五最旨，按语，第53页。

⑥《天演论》，导言八乌托邦，按语，第33页。

不自甘于弱。”[①]“外物之来，深闭固拒，必非良法。要当强立不反，出于力争，庶几磨厉玉成，有以自立。至于自立，则彼之来皆为吾利，吾何畏哉？”[②]又说：“慎守力权，勿任旁夺，则天下事正于此乎而大可为也。即彼西洋之克有今日者，其变动之速，远之亦不过二百年，近之不过五十年已耳，则我何为而不奋发也耶！”[③]努力奋斗，自强不息，中国就能转弱为强，赶上西方的先进国家。严复这样把进化论的宣传同中国的现实情况、民族命运结合起来，使他与斯宾塞的反动理论相对立，并在中国思想界确立下应有的地位。

西方自然科学的方法论，也是严复着重提倡介绍的西学内容。他在《原强》中高度评价首创归纳法的佛兰西斯 · 培根，说西方国家的富强，得力于科学的发达，“而二百年学运昌明，则又不得不以柏庚（即培根）氏之摧陷廓清之功为称首”[④]。严复称培根所创的归纳法谓“实测内籀之学”[⑤]。他称赞这种经过客观事实的反复检验，然后求得其普遍正确性的科学方法说：“一理之明，一法之立，必验之物物事事而皆然，而后定之为不易。其所验也贵多，故博大。其收效也必恒，故悠久。其究极也必道通为一，左右逢源，故高明。”[⑥]

培根的归纳法是唯物主义经验论的方法。严复提倡这种方法，是针对中国的“旧学”而发的。他认为中国传统的封建文化学术，许多是从古旧陈说或主观臆造中推演出来的，而不是从对客观事物的观察出发经过反复验证，用归纳法得出的；因而都是“师心自用”的先验产物。那种所谓学问，“一言以蔽之，曰无用”，“曰无实”。“救死不瞻，宏愿长赊，所托愈高，去实滋远，徒多伪道，何俾民生也哉？故由后而言，其高过于西学而无实；由前而言，其事繁于西学而无用；均之无救危亡而已矣”。[⑦]严复用唯物主义经验论着重批判了以陆九渊、王阳明为代表的唯心主义先验论。他说：“陆王之学，质而言之，则直师心自用而已。自以为不出户可以知天下事，与其所谓知者，果相

---

①《国闻报缘起》。

②《有如三保》，《严复诗文选注》，第 198 页。

③《原强》，《戊戌变法》第 3 册，第 54 页。

④《原强》，同上书，第 56 页。

⑤《天演论》，论十一学派，按语，第 118 页。

⑥《救亡决论》，《戊戌变法》第 3 册，第 65 页。

⑦ 同上，第 64 页。

合否，不径庭否，不复问也。自以为闭门造车，出而合辙，而门外之辙，与其所造之车，果相合否，不龃龉否，又不察也。”“其为祸也，始于学术，终于国家。”①严复的这些批评一针见血，告诉人们，坚持一曰无用，二曰无实的旧学，何其愚蠢。

严复结合中国的实际，宣传介绍进化论、唯物主义经验论，中国思想界、学术界深受其影响。但是，严复由于片面强调感觉经验，终于走向了主观唯心主义和不可知论。在《天演论》中，严复认为山河大地及一切事物都不是客观存在的，世间的一切都依靠人的感觉而存在，是人的感觉的产物。这是十八世纪英国唯心主义哲学家贝克莱的“存在就是被感知”的主观唯心主义。《天演论》里面进一步强调：离开人的知觉以外，无论是上帝、灵魂的存在或客观物质的本体的存在，都是不可知的。“物之本体，既不敢言其有，亦不得遽言其无”。“观物之理，最为精微”。②事物的存在是无法证明的，人们认识客观事物，只是意识本身的作用。只有意识是可知的，因此，也只有意识是真实存在的。“是实非幻者，唯意而已。……唯意无幻，无幻故常在。吾生始终，一意境耳。积意成我，意自在，故我自在”③。佛家教义中有所谓“无形体，无方相，无一切有为法”“寂不真寂，灭不真灭”等说法。严复认为那是一种不可思议的境界，其中包含着最精微的哲理。“理见极时，莫不如是”④。严复在这里又和康有为、谭嗣同一样，在自己的哲学思想中，把主观唯心主义、不可知论以及佛教神秘主义等等拉杂在一起，令人莫明其妙。

康有为、谭嗣同和严复的哲学思想，明显地呈现出有两个特点。一是时代特点，一是资产阶级改良主义的阶级特点。

十九世纪末叶，农民反抗斗争与资产阶级改良主义并行，资产阶级革命运动的兴起还在后面。意识形态领域里，腐朽没落的封建主义的东西摇摇欲坠，但仍占据着统治地位，新生的资产阶级的东西正在萌发，却十分微弱。中国处在一个新旧交替的过渡时期。康有为、谭嗣同的哲学思想，基本上是中国传统哲学的延续。他们所讨论的哲学问题、哲学范畴以及运用的思想资料，许多仍属于旧的儒学和诸子学的范围；同时都受佛学的影响较深。他们的

---

①《救亡决论》，《戊戌变法》第3册，第64、65页。

②《天演论》，论九真幻，第100、101页。

③《天演论》，论九真幻，按语，第102页。

④《天演论》，论十佛法，按语，第108—111页。

哲学思想同中国传统哲学又有明显的差异。康有为、谭嗣同都在不同程度上受到西方近代自然科学和庸俗进化论的影响。他们的著作里面，堆满声、光、化、电、元素、以太等自然科学的词汇，不顾对于那些东西多半只是一知半解，连得其皮毛也说不上，他们拼命搬运那些概念，简单生硬地同中国传统哲学的概念凑合在一起，来论证自己的思想主张。这是由于凭那些流传了几千年的陈旧思想，或者把它们略加改头换面，再也无法回答现实生活中迫在眉睫的民族存亡问题，而必须并且有可能加上西学这种新的东西了。中西混杂、新旧错综，那不是深奥渊博，而是肤浅混杂。严复对西方社会政治学说的了解可称精深，自然科学的知识也较为丰富。但他本人的哲学思想也绝不是纯粹西方式的。在许多地方依旧没有超脱中国传统哲学的窠臼，其中包括崇尚佛家教义。不成熟的阶级产生不成熟的思想。没有较为严密的体系，就是康有为、谭嗣同、严复等人共同的体系。一方面是中国传统哲学的继承和行将终结，另一方面又预示了中国近代哲学的真正开始。这种情况，正是从一个侧面反映了那个时代的特点。

康有为、谭嗣同和严复等人的哲学思想中，还有一点也是共同的，即他们都认识到客观事物是不断发展变化的，并把这种观点当作要求清政府实行变法维新，以挽救中国危亡的重要理论根据。也就是他们的哲学观点都直接、间接服务于他们的改良主义政治主张。

康有为宣传今文经学的三世说，认为人类社会由野蛮逐渐发展为文明，国家的政治制度也必须有相应的变化，“由君主而渐为立宪，由立宪而渐为共和”[①]。这是世界万国无例外的因革进化规律。违背了这个规律，就会天下大乱。草昧乱世，或者进化初开，都不能实行太平世的制度；同样地，“当升平之时，应发自主自立之义，公议立宪之事，若不改弦，则大乱生”[②]。意思是一目了然的，清朝统治者，要避免灭亡大祸，就必须变法维新，实行立宪政治。谭嗣同宣传日新变化的观点，论证反对变法维新的好古守旧思想，是阻止中国获得新生的机会，导致亡学、亡政、亡教的中华民族的大敌。他严厉责斥顽固派说：“古而可好，又何必为今之人哉！”[③]谭嗣同对“仁”的解

①《论语注》第2卷，第10页。

②《中庸注》，第36页。

③《仁学》，第30页。

释是“通”，他认为中国和外国的关系应该是“彼治于我，我将师之；彼忽于我，我将拯之。可以通学，可以通政，可以通教，又况于通商之常乎！”[①] 按照这种解说，“仁”的一个重要内容，就是学习西方，来改革中国的封建主义统治。严复宣传进化论，阐发物竞天择、适者生存的理论，目的同样在于唤起人们发愤图强，实行变法维新。他强调国家的大法，积久必然生弊，需要因时兴革，说：“法犹器也，犹道涂也，经时久而无修治精进之功，则扞格芜梗者势也。以扞格芜梗而与修治精进者并行，则民固将弃此而取彼者亦势也。此天演家言所谓物竞天择之道，固如是也。”[②]

康有为、谭嗣同和严复等人认识到一切事物都在变化、发展，自然界是如此，人类社会也是如此。谁能适应这种变化、发展，谁就能生存；谁不能适应这种变化、发展谁就必然被淘汰。他们从这样一种哲学的高度来看待中国的现实，要求变法维新。但是他们又过分夸张人的主观作用，有时甚至认为人的主观精神可以成为世界的主宰；而把实现自己所要求的改革的希望，寄托在少数“志士仁人”和个别“圣君”即统治者的身上；不敢正视千百万广大群众的力量，并且站在敌对立场上看待群众反抗斗争。康有为、谭嗣同、严复在接触西方进化论的同时，也接触到了西方资产阶级宣传革命、主张自由平等博爱的学说。他们接受进化论，坚决拒绝自由平等的主张，提倡一点一滴的改良，反对革命的变革。他们所代表的是刚从旧社会母胎中诞生的中国民族资产阶级的上层部分。特定的阶级地位，在他们的哲学思想上打下了深刻的烙印。

史　学

中国文化里面，历史学一直占着重要的地位。社会阶级变动当然是历史书的主要内容；同时，不同的社会势力总要在历史编撰中明白提出自己的政治观点、政治要求。十九世纪后期历史学的情形也不例外。

封建统治阶级受到以太平天国为主力的农民革命的严厉打击，长期传习的旧史学从此衰败下去。太平天国革命时期，战事频仍，广大地区文献荡然。梁启超说：咸同年间，江浙一带，许多读书人“转徙流离，更无余裕以自振

①《仁学》，第 10 页。

②《原强》，《戊戌变法》第 3 册，第 49 页。

其业”；不少人奔赴仕宦之途，“奋志事功，更不复以学问为重”，以致“百学中落”。[①] 不止江、浙两省，其他许多地方也有类似情形。直到1882年，封建主义的卫道士、大劣绅王先谦，还在那里感慨万端，悲叹封建学术文化陷入困境，没有恢复元气。[②] 封建史学衰落，是其中的一端。镇压太平天国革命的刽子手曾国藩，曾力图重振封建文化，未能如愿。他在南京、苏州、扬州、杭州、武昌等地创办书局，延聘儒士，校刊群籍。金陵书局是重点，一批文人费时十几年，在史学方面只不过对一部分“正史”进行了些校勘。王先谦的《汉书补注》，被人称作“荟萃群言”的著作[③]；其实是限于走乾嘉老路，对前人关于《汉书》的注释，作了一次清理和补充。以古器皿等实物资料和古文字来考证历史的金石学、古文字学受到一些人的注意。湘系幕僚出身的吴大澂和浙江学人孙诒让在这方面做的工作较多。洪钧著《元史译文补证》，是利用外国史书材料来考证和补充旧史。陈鹤的《明纪》和夏燮的《明通鉴》，是依照旧史书体裁编纂的史书，并无特色。至今研究者时常翻检的，倒是那时编纂的史料集，即王先谦抄节档案而成的《东华录》，对清史研究有些用处。旧史学的衰败，于此可见。

六十年代，中外反动势力相结合，残酷镇压了太平天国革命，在洋务派的极力撑持下，清朝的统治经过险恶风浪以后，又暂时延续下来了。洋务派官僚以及与洋务派有联系的文人，于是急忙编撰历史，给曾国藩等所谓“中兴名臣”唱赞歌，替清政府对外无耻投降辩护，粉饰外国的侵略，为进一步推行洋务派的路线制造舆论。薛福成的《中兴叙略》和《叙曾文正公幕府宾僚》，王闿运的《湘军志》，王定安的《湘军记》，以及钱勖的《吴中平寇记》，朱孔彰的《中兴将帅别传》等都属于这一类。关于太平天国史的纂述，有夏燮的《粤氛纪事》，王韬的《粤逆崖略》和《洪逆颠末记》等。王韬不是洋务派僚属，他因为涉足过太平天国受到曾国藩等查拿，逃往香港。他写了若干贬损太平军的作品，也含有希望取得洋务派宽恕的意思，后来并确实得了宽恕。

王闿运的《湘军志》对曾国藩兄弟多少有些讥评，曾国藩授意王定安另

---

① 梁启超：《清代学术概论》二十。

② 王先谦：《续古文辞类纂 · 序》。

③ 徐世昌：《清儒学案》第190卷，《葵园学案》。

撰《湘军记》以为抗辩。对这两部书，当时和后来有各种不同的评论，但它们为湘军“叙战绩，纪功烈”，并无二致。[①] 钱勖的《吴中平寇记》专门吹捧李鸿章如何勾结外国侵略者镇压太平天国革命。朱孔彰的《中兴将帅别传》甚至把华尔、戈登这帮伙同清政府镇压太平天国，双手沾满中国人民鲜血的外国强盗，也作为“中兴将帅”来立传，无耻地宣称他们是什么有劳于中国的“殊邦烈士”。曾国藩查办天津教案，残害无辜人民，媚外卖国，万众腾骂，朱著《中兴将帅别传》说他是所谓“老成至计，谋出万全”。王韬在《粤逆崖略》中指出清政府虽然在军事上把太平天国打败了，但若不在政治上革除积习，如粉饰、因循和蒙蔽等等，对清朝的统治来说，仍旧是很危险的。薛福成在《中兴叙略》中，总结曾国藩所以取得成功的反革命经验，主要在于能够罗致各种人才，充分发挥他们不同的作用。王韬、薛福成站在统治者一边，总结历史经验教训，目的在使“后之任大事者，皆当取以为戒”[②]。清朝统治者用尽九牛二虎之力，把农民革命镇压下去，表面上似乎出现了所谓“中兴”，骨子里却早已病入膏肓。王韬、薛福成希望它吸取教训，兴利除弊，必然是徒劳的。

农民大起义，英法联军深入北京把皇帝赶跑，那拉氏发动政变夺取政权等一系列大事变，使政治意识敏锐的封建文人开始反对乾嘉考据之学，认为那已不能适应封建统治者的需要。他们感到在“时当多故，旋乾转坤”之际，再去从事那种沾沾于名物器数，繁征博引的所谓学问，对国事人心没有好处。“古人致治之法存诸经，后人致治之法存诸史”，当今“治经不如治史之尤要”[③]；而且“史愈近者愈切实用”[④]。话说得很明白：以儒家经典为对象的繁琐考证和金石之学，都挽救不了面临内外危机的封建统治，应当改变方向，研究较近的历史。不是走乾嘉死路的旧史学，而是表达洋务派观点的历史纪述，把这个主张实践了。它的影响很恶劣。后来中国史学研究中，有一派人顽固坚持站在买办资产阶级立场上看待中国近代历史。薛福成、钱勖、朱孔彰等人是他们的老前辈。

---

① 罗尔纲：《湘军新志·自序》。并见王代功《湘绮府君年谱》第2卷；曾国藩《湘军记·叙》。

② 薛福成：《书沔阳陆帅失陷江宁事·自识》，《庸盦海外文编》第4卷。

③ 朱怀新：《佩弦斋杂存·跋》。

④ 朱一新：《读汉书艺文志》，《无邪堂答问》第2卷。

资产阶级改良运动兴起，历史学领域才跟着出现了一番新的景象。从改良运动的政治要求出发，介绍、解说外国历史，揭露外国侵略中国，对封建主义历史学观点展开批评，表现了这种景象的特点。

外国历史的介绍，在洋务活动中本来已经开始。北京同文馆设立后，曾组织编译《俄国史》《世界史纲》和《各国史略》等书。上海江南制造局附设翻译馆所译书刊中，有法国、俄国史志，《西国近事汇编》等若干种。曾国藩和后来的张之洞曾令人编辑、翻译《地球图说》《万国通史》。薛福成、沈敦和、徐建寅等编译介绍英、法、俄、德、意、比等国历史的书籍也分别刊行。王韬编撰《四溟补乘》《普法战纪》和《法国志略》等书。《四溟补乘》已经不传。《普法战纪》在梁启超的《读西学书法》中，被看作是纪事本末体的外国史书中较好的一种。《法国志略》是王韬用来宣传"君民共主"，赞扬资产阶级君主立宪政体和西方文明的。他既批评"拿破仑两朝，皆以帝制自为，专擅魁柄，政出一人，庶众不服，异论颇兴"，也批评后来"屡改为民主之国，几乎视君如弈棋，大乱因之"。[①] 显然他表达的是资产阶级改良主义思想。黄遵宪著《日本杂事诗》和《日本国志》。《日本国志》以"外史氏曰"的方式发表议论，赞扬日本明治维新以后向西方学习，转弱为强，但对民权问题没有明确表态，更没有认为值得中国效法的意思。相反，他认为君民同权、父子同权，流弊不可胜言。对中国说来，"不可得而变革者：君臣也、父子也、夫妇也，凡关于伦常纲纪者皆是"。"可得而变革者：轮舟也、铁道也、电信也，凡可以务财训农通商惠工者皆是"。[②] 撰写《日本国志》时的黄遵宪，还没有脱离洋务派的思想羁绊。

改良主义思想宣传变成为带有群众性的政治运动以后，资产阶级改良派开始自觉地利用介绍外国历史来作为宣传变法主张的思想武器。梁启超在《西学书目表序列》中说："西政之属，以通知四国为第一义，故史志居首。"[③] 在他编辑的《西政丛书》中，史志排在最前面。唐才常强调通晓外国历史的重要意义，认为只有"通知各国治乱兴衰之由"，"强弱存亡之本"，"合中西之古以为鉴"，才能使变法图强收到切实的效果。他并指出史学是"四民与知之

①《法国志略》第16卷，广志上，志统系。

②《工艺志》，《日本国志》第40卷。

③《戊戌变法》第1册，第449页。

业”[①]，即是士农工商都需要通晓的学问，不是只有少数人需要知道。也就是要让群众了解古今中外的历史，奋起争取革新社会。

梁启超于1896年作《波兰灭亡记》。书中介绍波兰一再被周围列强瓜分的惨痛历史，总结出一条经验，认为“不图自强，而欲庇大国之宇下，借他人之保护”，非但不能自救，相反，适“足以速其亡而已”。[②]其用意是以此来儆诫清朝统治者，唤醒中国人民。唐才常1897年作《日本安政以来大事略述》，连续刊载于《湘学报》上。[③]唐才常在《自叙》中尖锐批评清朝统治阶级中的顽固派是“顽种”，是“全聋瞽者”；洋务派是“谬种”，是“半聋瞽者”。他明确地说，编写《略述》的宗旨，是要把它作为在中国实行维新变法的“法戒”，使人们知道变法就要像日本那样，全面的彻底的变，百折不回，根本不同于“取西政之一二端，济其权力之私”的洋务派的什么“新政”。日本善于学习外国先进的东西，过去向中国学习，现在又向西方各国学习，所以变法只三十年，就成为亚洲的一个强国。中国要免于灭亡就要变法，学习西方。唐才常又作《最古各国政学兴衰考》，从正反两方面总结印度、埃及、希腊、波斯、罗马等世界古文明国的历史经验，说明一个国家的政治和学术善变不善变，能不能随着时代的发展而变化，直接关系到它的兴旺发达或者衰微没落。他认为只要“善变”，就可以“蹶而复振”，弱国也可以图存；中国应以此为殷鉴。唐才常根据自己对达尔文进化论的理解，作《各国种类考》[④]，从历史上寻求世界各国“强种之术”。他尖锐批评那些守旧家“荣古而虐今”“尊旧而卑新”的顽固思想；指出各国历史发展情况，证明存在着一条自然公理：“变则通、通则存、存则强”[⑤]。中国也只有遵循这条公理，除旧布新，才有前途。康有为1898年编纂成《俄彼得变政记》和《日本变政考》《波兰分灭记》等书，进呈载湉。它们实际是康有为要求变法、上皇帝书的一部分。论述外

---

①《湘学报》，1897年4月22日，第1册，“史学第一”，无题。后编入唐才常《觉颠冥斋内言》，1898年，标题为《史学论略》。

②《时务报》1896年8月29日，第3册。

③原载《湘学报》1897年8月8日—9月7日，第12—15册。编入《觉颠冥斋内言》时，改题为《日本宽永以来大事略》。

④《湘学报》，“史学第五”，1897年9月7日—1898年2月11日，第15—27册。

⑤原题《论最古各国政学兴衰之理》，《湘学报》，“史学第二”，1897年5月2—22日，第2—4册。编入《觉颠冥斋内言》时，改为此题。

国历史与条呈变法完全结合在一起了。书中用按语形式所发的许多沉痛激烈的议论，集中起来，无非是说，清政府必须变法维新，刻不容缓。《波兰分灭记》上说，波兰灭亡的原因，一是“强邻干涉其国政，而隐忍不能自立”；二是“国民不合，而上下隔塞”，“政治得失惟一二大臣知之，而平民无与焉”。波兰在未被瓜分之前，国王也曾决意变法，可算是贤主，但终于因为“内制于大臣，外胁于强邻，因循不早计，遂至于国亡身辱，妻子不保，备古今寡有之酷毒”。[①]讲的是波兰，指的是中国。各书述评的宗旨大都如此。康有为又作《法国革命记》，把法国资产阶级革命描述成一场历史上空前的大灾难。他在《进呈法国革命记序》中说：“普大地杀戮变乱之惨，未有若近世革命之祸酷者”，而这都是从法国革命开其端的。他对法国专制暴君路易十六深表同情。康有为、梁启超等，在介绍评述外国历史的时候，一面主张变法，一面又反对革命。历史在他们的笔下，变成了资产阶级改良主义政治观点的注脚。这一点很突出。

叙述中外关系史，全面揭露外国侵略中国的著作，此时还难以找到，但一些知识分子已经把眼光投向这个方面来了。甲午战败，很快有人根据当时的外国报刊和其他资料，编成《中日战辑》[②]一书，目的在“使读者知所奋发，无忘甲午之耻”[③]。1897年，姚锡光编撰《东方兵事纪略》，较为详尽地记述了中日甲午战争的始末，谴责清政府误国，揭露日本的侵略。同一年，《时务报》发表陈贻范翻译英国人所作《俄人蚕食太平洋迤北边地考》，揭露沙俄侵略中国的历史，说沙俄从来“拓土是谋”，“凡中国有棘手之处，俄无不乘隙而入，肆意要求，侵割土地”。[④]沙俄侵华史实，更早就受到人们重视了。1878年，有署名“鹭江寄迹人”者，根据俄国的历史著作，译纂成《俄国志略》一书刊行。译者在前言中说：“俄国所留心著意，无非侵占邻国地土为务。以现在时势而论，西边有英、法、德、奥、意各国，皆虎视眈眈，断不容他人有侵占之事，行之甚难。若南边虽小，有隙可乘，欲行侵占，英国必起而争之，此又不能如愿，行之亦不易。其稍可注意者，惟东边耳。俄国

---

①《波兰分灭记》第7卷，按语，据故宫存康有为进呈本。

②辑者王炳耀，1896年上海书局石印本。阿英编《近代外祸史》收录此书，标题为《甲午中日战辑》。

③王炳堃：《中日战辑·序》。

④《时务报》1897年9月17、27日，第39、40册。

之东界，乃我中国西北境，若不及早设防之，恐将来事机一露，即难收拾矣。俄之行为险诈，居心叵测，若视之兵戎，尚可预防，倘于玉帛礼貌而来，尤属可虑，不知其蓄意如何，更须严防为是。”[①]这种认识，正是由历史事实得出来的。甲午战争以后，那拉氏、李鸿章亲俄，清政府与俄国订立结盟性质的密约。康、梁等改良派拥戴载湉变法，不满那拉氏、李鸿章，反过来亲英、日，提出与英、日等国建立“合邦”的主张。改良派不认识帝国主义侵略的共同本质，在评述历史时，看见俄国，无视英、日。政治上的软弱和幻想，直接反映到了历史研究的领域。

批判封建主义历史观，宣传进化论，是资产阶级改良派历史评述中最值得重视的部分。严复的《论世变之亟》一文，批判封建史学中所谓“一治一乱，一盛一衰”的循环史观和认为世愈古、治愈盛的复古史观，提倡用西方资产阶级学说中“以日进无疆，既盛不可复衰”的进化观点研究历史。梁启超在许多宣传变法的论述中，都以进化史观作为重要理论根据。他大声疾呼说：有史以来，从上古到今天，无论自然界还是人类社会，都是不断进化的，这是“古今之公理”。他斥责顽固派一味“守古”，是违背历史进化公理的。封建史学从来以君主为历史的中心。梁启超首先提出非议。他认为历史“有君史，有国史，有民史”。西方国家“民史”盛行，而中国的史书，“不过为一代之主作谱牒”。[②]旧有的“二十四史，则只能谓之二十四家谱”[③]。谭嗣同也批评说，旧史归根到底，不过是一姓谱牒，根本忽略了民间的生活、教育、商业、工业和农业活动的记载。[④]徐仁铸发挥同样的观点，认为“西人之史，皆记国政及民间事，故读者可考其世”。“中国正史仅记一姓所以经营天下保守疆土之术，及其臣仆翼戴褒荣之陈迹，而民间之事，悉不记载”。十七史不过是十七姓家谱，甚不足取。[⑤]百日维新前专门翻译西书的《译书会公报》，译载英国著名历史家格林的《英国人民简史》，题为《英民史略》，以示对“民史”的重视。中国封建统治者一向以“天朝”自居，盲目地认为中国是世界的中心，而外国都是环绕着中国这个中心的所谓“四裔”。旧史学中这种观念牢

①《俄国志略》，光绪四年中华印务总局承印。译纂者说明：“此书缘为译录其国史之大略。”

②《续译列国岁计政要叙》，《时务报》第33册，1897年。

③《湖南时务学堂初集》，1897年冬刊于长沙。

④《湘报后序下》，《湘报》第11号，1898年3月18日。

⑤《辅轩今语》，《湘学报》1898年3月13日，第30册。

不可拔。清朝官修的《皇朝文献通考》宣称：“中土居大地之中，瀛海四环，其缘边滨海而居者，是谓之裔，海外之国亦谓之裔。”[①] 鸦片战争以后，魏源的《海国图志》，特别是徐继畬的《瀛环志略》等著作，继续残留着以中国为中心的传统观念。十九世纪后期这种观念开始被人们反对了。王韬指出，“自世有内华外夷之说，人遂谓中国为华，而中国以外谓之夷”，“沾沾自大，厚己以薄人”，是完全错误的。[②] 黄遵宪说：“史臣以内辞尊本国，谓北称索虏，南号岛夷，所以崇国体，是狭陋之见。”[③] 徐勤认为“无所谓中国，无所谓夷狄”，中国夷狄之辨，是封建统治者“尊内而抑外，是己而非人”。[④] 康有为也说，过去大地未通，“史学者只识本国而已，其四裔记载，仅为附庸”。现在“环球通达”，需要联系世界历史来了解中国的历史和现状。这些批评都是正确的。不过康有为又认为“地球之国，启自泰西”，“百余年来，为地球今古万岁转轴之枢”的是：培根的“创新学”、哥伦布的“辟新地”和西方资本主义国家的议会政治。[⑤] 改良派中一些人批判了封建史学的落后观念，却又接受了西方资产阶级历史学的所谓西欧中心论。他们是从封建的中国中心错误观点，转向资本主义的欧洲中心错误观点。地理和时代变换了，错误的性质没有两样。

中国封建时代的史学理论不乏民主性的精华。中国古代史家强调直笔，反对秽史，强调史学、史德、史识同样重要。就在清代，章学诚的《文史通义》也提出过不少有价值的前人所未发的见解。但所有那些理论，无例外地都是把封建地主阶级、他们的代表者帝王将相看做历史的主人。“直笔”“史德”等也并不是离开地主阶级立场的、某种超阶级的规范。封建时代商业是末业，商人载在《货殖列传》；医师、天文历数、技术人才载在《方技列传》。他们都是末流或者次要分子，因此也就不排在与历史主人同等的行列中。反抗封建统治的群众、农民战争的领袖，因为他们是历史主人的对立面，所以总是作为“群盗”、“流寇”、大逆不道者出现。改良派破天荒第一次提出了历史书上应当有“民”的地位，应当重视撰写“民史”。在这一点上，他们是勇敢地

---

①《四裔考》，《皇朝文献通考》第293卷。

②《华夷辨》，《弢园文录外编》第10卷。

③《日本国志·凡例》。

④《春秋中国夷狄辨·自叙》。

⑤《日本书目志》第4卷。

向两千年的封建史学挑战，也是向现实的封建统治阶级挑战。梁启超所说的“民”自然不是指劳动群众，而是指资产阶级和它的代表人物，也就是改良派自己。他们认为历史的主人再也不应当只有封建阶级一家，而应当加上资产阶级和它的代表人物一家了。改良派政治斗争的目标是参加政权，成为当权者，他们要争取成为历史书上的主人，这是完全一致的，也是必然的。改良派害怕讲阶级斗争，不承认阶级分析的合理。他们反对讲二十四史那种旧的“君史”，主张要写“民史”，客观上是接触到了一个尖锐的理论问题：历史学是有党性，即阶级性的。

文　学

在文学理论和文学创作上，反映了十九世纪后期时代动向的，仍然是资产阶级改良派或具有相近思想的知识分子。就像在哲学、历史学领域一样，他们对文学、文体、语言学分别有自己的主张，有的人在创作上卓有成就。

旧体诗在清末已经明显衰落。少数人追求宋诗的形式，内容空虚陈旧，号称“同（治）光（绪）体”。黄遵宪、夏曾佑、谭嗣同等针对那种情形，提倡改革旧诗。夏曾佑、谭嗣同起初主张用西学的新名词作诗，在诗词中硬加进一些外文译名，以示区别于充满陈词滥调的旧诗。他们相约作诗非佛、孔、耶稣三教经典中的词句不用。这种所谓诗当然说不上有多少艺术价值；徒然充满些不伦不类的名词。黄遵宪响亮地提出“诗界革命”的口号，夏曾佑、谭嗣同、梁启超等积极赞成。

“诗界革命”，照梁启超在《饮冰室诗话》中的解释是：对旧诗要“革其精神，非革其形式”；堆积满纸的新名词，并不能算是“诗界革命”，必须“能以旧风格含新意境，斯可以举革命之实”①，也就是要求突破旧诗樊篱束缚，表达新思想内容。黄遵宪早年写的《杂感》诗中说：“俗儒好尊古，日日故纸研。六经字所无，不敢入诗篇。古人弃糟粕，见之口流涎。沿习甘剽盗，妄造丛罪愆。……我手写吾口，古岂能拘牵。即今流俗语，我或登简编。五千年后人，惊为古斓斑。”②后来在《人境庐诗草》自序中说：“仆尝以为诗之

---

①《饮冰室诗话》六三，人民文学出版社1959年版，第51页。

② 钱仲联：《人境庐诗草笺注》第1卷，古典文学出版社1957年版，第15—16页。

外有事，诗之中有人；今之世异于古，今之人亦何必与古人同。”[①]强调诗歌要反映现实生活，具有时代特征，反对在形式、格调上一味模仿前人。改良派知识分子的这种主张，是与他们在政治上反对守旧，要求开新相一致的。

中国在几次对外战争中连遭失败，人民群众强烈要求抵抗帝国主义侵略，切齿痛恨清政府腐朽无能、投降卖国。许多诗歌的作者，把谴责外国侵略、鞭挞卖国主义，歌颂抗战英雄烈士作为共同的题材，慷慨陈词。从阿英《中法战争文学集》《甲午中日战争文学集》所汇集的现有篇章，可以看出这种情况。它们涉及一系列战斗、事件和正反两面的人物。思想性和艺术性结合得比较好的，是改良派著名人士写的这类作品。黄遵宪纪中法战争的诗凡若干首，写谅山之战的《冯将军歌》，先铺叙冯子材手执长矛，挺身冲阵，“从而往者五千人，五千人马排墙进。绵绵延延相击应，轰雷巨炮欲发声。既戟交胸刀在颈，敌军披靡鼓声死。万头窜窜纷如蚁，十荡十决无当前，一日横驰三百里”。然后笔锋一转，“吁嗟乎！马江一败军心慑，龙州拓地贼氛压！闪闪龙旗天上翻，道成以来无此捷。得如将军十数人，制梃能挞虎狼秦。能兴灭国柔强邻，鸣呼安得如将军！”[②]所谓“道成以来无此捷”，揭露鸦片战争以来清政府对外屈服是一贯的，发人深思。甲午中日战争中，清政府惨败乞降，割弃台湾。广大人民群众、地主阶级中的爱国者痛悼祖国河山沦丧，人民陷于异国统治，悲哀愤怒，达于极点。黄遵宪、谭嗣同和倾向维新主张的台湾进士丘逢甲，在他们的诗作里把这种情绪充分表现出来了。黄遵宪的《台湾行》说：“城头逢逢擂大鼓，苍天苍天泪如雨，倭人竟割台湾去！……天胡弃我天何怒，取我脂膏供仇虏。眈眈无厌彼硕鼠，民则何辜罹此苦？亡秦者谁三户楚，何况闽粤百万户。成败利钝非所睹，人人效死誓死拒，万众一心谁敢侮？一声拔剑起击柱：今日之事无他语，有不从者手刃汝。”[③]谭嗣同题为《有感一章》的诗是：“世间无物抵春愁，合向苍冥一哭休。四万万人齐下泪，天涯何处是神州。”[④]丘逢甲的《春愁》《往事》诗：“春愁难遣强看山，往事惊心泪欲潸。四百万人同一哭，去年今日割台湾。”“往事何堪说，征衫血泪斑。龙归天外雨，鳌没海中山。银烛鏖诗罢，牙旗校猎还。不知成异域，夜夜梦

---

①《人境庐诗草笺注》自序。

②《人境庐诗草笺注》第 4 卷，第 136—137 页。

③《人境庐诗草笺注》第 8 卷，第 245—246 页。

④《谭嗣同全集》，第 488 页。

台湾。”[①] 改良派维新变法，处处受到顽固派的阻拦、破坏，终于以流血宣告失败。康有为、谭嗣同、黄遵宪写的诗，不但如实记录了那个时代的矛盾和斗争，也如实记录了他们作为革新者、先进者的精神面貌。康有为 1888 年赴北京应顺天乡试，第一次向清帝上书请求变法。临行前写给人的诗表示：“东方索米终难饱，同甫陈书不厌多。”[②] 南宋思想家、政论家陈亮（同甫）屡次上书反对向金人屈服议和，曾说：“研穷义理之精微，辨析古今之同异……则亮于诸儒诚有愧焉。至于堂堂之阵，正正之旗，风雨云雷交发而并至，龙蛇虎豹变现而出没，推倒一世之智勇，开拓万古之心胸……自谓差有一日之长”。康有为借陈亮的故事抒写出了自己不凡的抱负。《出都留别诸公》诗：“沧海惊波百怪横，唐衢痛哭万人惊。高峰突出诸山妒，上帝无言百鬼狞。岂有汉廷思贾谊，拼教江夏杀祢衡。陆沉预为中原叹，他日应思鲁二生。”[③]“强学会”成立纪事诗：“山河已割国抢攘，忧国诸公欲自强。复社东林开大会，甘陵北部预飞章。鸿飞冥冥天将黑，龙战沉沉血又黄。一曲欷歔挥涕别，金牌召岳最堪伤。”[④] 这些诗境界雄伟，音节响亮。康有为说：“诗者，言之有节文者耶！”诗是有音节和文彩的语言，这可以看做是他从艺术角度给诗下的定义，而且也是努力实践的。学者的诗、特别是清朝学者的诗总是堆砌许多典故，掉书袋，康有为也免不了这种习气。谭嗣同政治上最激进，诗也悲凉激越，奇诡豪迈。《六盘山转饷谣》一首，叙述劳动人民疾苦的情形说：“马足蹩，车轴折，人蹉跌，山岌嶪，胡雁一声天雨雪。舆夫舆夫，尔勿嗔官！仅用尔力，尔胡不肯竭？尔不思车中累累物，东南万户之膏血！”[⑤]《崆峒》《留别湘中同志八篇》等，尤其足以表现谭诗的风格。留别同志八篇中有云：“睡触屏风是此头，也曾开绢向荆州。生随李广真奇数，死傍要离实壮游。”“寰海唯倾毕士马，逢时差喜卫哀骀。”“莫嫌南宋小京都，勾践钱镠有霸图。枳棘凤鸾魂九逝，人文龙虎泪双粗。成军自是须君子，亡国偏来作大夫。剩水残山怜马远，天教留得一西湖。”[⑥] 梁启超说，篇中句句有寄忱，词章瑰玮，光

---

①《甲午中日战争文学集》第 1 卷，第 79、80 页。

②《康有为诗文选》，人民文学出版社 1958 年版，第 139 页。

③ 同上书，第 160 页。

④《割台行成后……》，《康有为诗文选》，第 193 页。

⑤《谭嗣同全集》，第 463 页。

⑥ 同上书，第 483 页。

怪陆离，可惜没有人能够作出解释了。谭嗣同在《仁学》中曾愤怒斥责“奇渥温，爱新觉罗诸贱类异种”，他的反满思想是很明显的。八篇中有些内容，当是那种情绪稍加掩饰的在诗歌上的流露。《狱中题壁》：“望门投止思张俭，忍死须臾待杜根。我自横刀向天笑，去留肝胆两昆仑。”[①] 舍身爱国，从容赴死，充满乐观战斗的精神，不止在维新志士里面，在近代中国整个民主主义者行列中都是巍然屹立的。

散文创作方面，康有为、梁启超的成绩远远超过自己的诗歌。他们不愧为一代文豪，极善于宣传鼓动。他们有些文字，至今读来仍足以令人感情激动，愤发踊跃。据说康有为评论中国的古典文学，认为《李斯谏逐客书》为天下第一篇奇文。他自己的条陈、奏折等，确有模仿谏逐客书，写得生动形象的地方。康有为早期文字的影响，主要在社会的上层。梁启超长期在报刊上发表政论文章，影响更加广阔。梁启超政论文字“笔锋常带感情”，词汇、笔调一扫陈格，半文不白，又善于摇曳生姿，苦于八股束缚的广大青年士人，受到它的强烈吸引，文风为之丕变。这就是后来所说的“改良体”或“新民体”。就像康、梁改良主义是从封建到资产阶级革命的过渡环节一样，“新民体”是陈旧的古典文到现代文中间的过渡环节。“新民体”的盛行是在戊戌变法失败以后，在那以前，梁启超的散文创造已经崭露头角了。

当时和稍后的文学批评，认为改良派的作家叫嚣、粗豪、浅薄，不承认他们在文学上的地位。改良派相反，自我估价很高。梁启超在《清代学术概论》上说：“（清朝一代）以言夫诗，真可谓衰落已极。……直至末叶，始有金和、黄遵宪、康有为，元气淋漓，卓然称大家。……以言夫散文……末期则魏源、曾国藩、康有为。”[②] 又说：“南海先生不以诗名，然其诗固有非寻常作家所能及者，盖发于真性情，故诗外常有人也。先生最嗜杜诗，能诵全杜集，一字不遗。故其诗虽非刻意有所学，然一见殆与杜集乱楮叶。”[③] 康有为一些奏议大笔淋漓，说他的诗也相仿佛，可以认为是公允的，说放在杜甫集中难分真假，是过分夸张。至于把魏源、黄遵宪、康有为同刽子手曾国藩、专门咒骂太平天国的反动诗人金和排列在一起，加以推崇，这是因为改良派

---

①《谭嗣同全集》，第 496 页。

②《清代学术概论》三十一。

③《饮冰室诗话》二十六，第 19 页。

同样仇视农民起义。他们在这个问题上与曾国藩、金和等人并无差异。文学思想离不开社会阶级地位、政治观点，这不过是又一个例子。

小说也是资产阶级改良主义者文学思想中涉及的问题。他们重视利用小说来宣传自己的政治观点。1898年严复主编的《国闻报》发表《本馆附印说部缘起》，梁启超主编的《时务报》发表《译印政治小说序》，他们认为，古人可歌可泣的事迹，长期流传于民间，并非依靠经、史、子、集等书，而是仰仗野史小说。小说文字通俗，描写细腻，“其入人之深，行世之远，几几出于经史上，而天下之人心风俗，遂不免为说部之所持”[①]。欧、美、日本等国，利用小说宣传政治观点，在促进社会进步方面，作用明显，值得仿效，康有为把这个意思讲得更具体了。他听说某位作家正准备写一部关于戊戌政变的小说，便寄去一首长诗，催促作者赶快实现自己的计划。诗里面说，他曾在上海书店查访，看哪一类书销路最广，结果发现“经史不如八股盛，八股无如小说何”。那拉氏政变以后，天昏地暗，是非颠倒，人心混乱。现在小说风气大盛，有与传统的六经平起平坐之势。希望作者像古代良史董狐那样，“书法不隐”，写出维新与政变的真相，揭露顽固派，唤醒世人。[②]

戏剧的情形不同一点，反映当时最重大题材的远远没有诗歌、散文等显著。长期盛行的昆曲，清中叶以后趋向衰落了。原来发源于安徽、湖北一带的徽、湖两个剧种，相继来北京演出，它们逐渐混合在一起，别具一格，形成一个被称为京剧的新剧种，同治、光绪以后大盛。它的剧目大部分取材于《三国志演义》《水浒全传》《说岳全传》《杨家将演义》等历史小说和民间故事。有些剧目思想性和艺术性是很好的。著名演员兼剧作家汪笑侬，在戊戌六君子被杀后编成的《党人碑》和在八国联军之役后演出的《哭祖庙》等，借题发挥，有一定的现实意义。然而在人们通常知道的各项剧种里面，这类题材并不多见。京剧常常要到宫廷或达官显宦家里去演出，不可避免地具有大量封建糟粕和低级庸俗趣味的东西，否则统治者就不会欣赏或者不能容许。例如原来流传在江南一带用昆腔演唱的连台戏《洪杨传》，本是宣传太平天国农民斗争的，京剧在移植过程中，大加修改，丑化太平军将领的形象，为清王朝歌功颂德，变成替镇压太平军的清军将领树碑立传的反动戏。戏曲创作这

① 严复、夏曾佑:《国闻报馆附印说部缘起》,《中国近代文论选》上册，第2辑，第200页。

②《康有为诗文选》，第232页。

时基本上还停留在民间作家、民间艺人手里。追求科举功名的知识分子只承认诗词、八股、散文是“正途”，其他都不是。维新派士人反对八股，要求改革科举，但他们大部分是有科举功名的正途士人，主要是讲新学、西学，小说、戏曲创作被排除在他们的视野之外。梁启超有过以戊戌变法为题材写小说的设想，但并没有实行。康有为主张用小说来宣传他们的活动，但仍旧认为小说不过是“茶余睡醒用戏谑”的清闲的文学。在戏曲、小说问题上，改良派没有完全否定陈旧的正统观点，因此也就谈不到有何成就。

社会政治改良的议论刚一兴起，文体改革的主张也就提出来了，而且呼声不断高涨。1887 年，黄遵宪提出语言和文字合一的主张。他认为英、法等国语言文字合一，所以文学兴盛。中国为了使农、工、商、妇女、幼童都能通习文字，需要推行一种“适用于今，通行于俗”的语文合一文体。[①]1897 年，梁启超也发表文章，主张学习日本变法的经验，使用通俗文字，以便对儿童和一般群众进行宣传。同一年，康有为的弟子陈荣衮发表《俗话说》，指出：今天的雅话就是古代的俗话，今人专学古代的俗话而不用当前的俗话，使人们“手、口异国，动须翻译”，“是相率为无用之学”。[②]1898 年，《苏报》刊登裘廷梁提倡白话文的论文《论白话为维新之本》，认为文言文之为害，是两千年来文字的“大厄”。假使历代的君主崇白话而废文言，中国人的聪明才智不为文字游戏所误，专心致志，用来为有用之学，中国今天何至于如此衰落！“吾一不知夫古人之创造文字，将以便天下之人乎？抑以困天下之人乎？人之求通文字，将驱遣之为我用乎？抑将穷老尽气，受役于文字，以人为文字之奴隶乎？”[③] 裘廷梁并发起组织白话学会，推动白话文的工作。

文体改革的实践是少数先进分子开始编印白话教科书，创办白话报纸。维新变法高潮前后出现的白话报纸有《无锡白话报》《杭州白话报》《苏州白话报》和《京话报》。又有《蒙学报》《演义报》和康有为嫡系的《知新报》都采用浅说。《上海晚报》仿照某些日本报纸，一条新闻同时用文言文和官话各报道一次。中国近代编写通俗小学教科书，创始的人是陈荣衮。从 1895—1900 年，他先后编写的各种初级课本达十种以上。其中有《妇孺须知》《妇孺

①《日本国志》第 33 卷，《学术志》二。

②《陈子褒先生教育遗议》正编，第 1 页。

③《中国近代文论选》上册，第 2 辑，第 177 页。

浅解》《妇孺释词》《妇孺新读本》和妇孺三字书、四字书、五字书等。他很注意通过教学实践，发现所编课本中不适于幼童学习的部分，逐年修订，不断求得改进。百日维新失败以后的第二年，陈荣衮仍在《知新报》发表《论报章宜改用浅说》的文章，主要论点是：开通风气需要依靠报纸。外国报纸用浅说，发挥出很大作用；中国报纸用文言，极难推广。中国想要变法，必须改革文体，使用浅说以开民智。他还反对文言、白话两种文体共存，认为与其保存文言，使半数的人不能理解，不如完全改用白话，使人人都能通晓。这种见解在当时是很可贵的。改良派人士里，梁启超的创造是改变文风，而陈荣衮、裘廷梁等这批白话文的提倡者和实行者所做的是改变文体，他们在语言文学上的贡献更加值得重视。

现代汉语拼音文字也是这个时候出现的。1891 年，宋恕在《六斋卑议》中首先提出汉语拼音的主张。康有为、谭嗣同、梁启超等也都有提倡切音文字的议论。康有为还编制过拼音字母。《时务报》刊登汉语拼音方案，梁启超为之作序文进行鼓吹。当时，从事编制汉语拼音方案的人们有一个共同的信念，那就是：欧美各国及日本之所以富强，是因为它们采用拼音文字，有利于教育普及；人们容易接受新的道理，上下同心，讲求富强之道，因而国家日趋强盛。中国汉字繁难，不易学习，教育不普及，人们难于接受新事新理，不能同心同德，以致国事不振。他们都把汉语拼音化问题当作改良中国社会，挽救民族危亡的重要手段看待。因此，有越来越多的人提倡和注意汉语拼音化。1892—1900 年间，先后提出的汉语拼音方案多至八九种。1892 年出版的第一部汉语拼音方案的书，叫《一目了然初阶》，第二年又出版了它的节本《新字初阶》。这个方案以拉丁字母及其变体作为汉语拼音字母，以福建厦门等地的方言为拼音标准。1895 年，有人编成一套以独体篆文和自创的简单符号为字母的拼音方案，称之谓“豆芽字母”。1896—1897 年两年中出现的《传音快字》《盛世元音》《闽腔快字》《拼音字谱》等，都以速记符号为字母，以官话或方言为拼音标准。《拼音字谱》还另编了一套拉丁字母拼音方案。康有为的十六音母的拼音方案，也是编制于这个时候。1900 年，王照创制一种以汉字偏旁为字母的《官话合声字母》。这些汉语拼音方案的拼音方法，除“豆芽字母”和康有为的方案不知道详情外，其余都采用双拼制，继承了传统音韵的反切法。《一目了然初阶》开始采用左起横行的书写方法，是中国近代第一部横排书。

文字语言学方面，多年办理洋务、通晓西方一些国家文字语言的马建忠，在汉语语法研究中作出了独特的建树。中国自汉代开始，有人专攻文字，谓之小学。往后逐渐发展为文字学、音韵学和训诂学，从字形、字音、字义方面对文字进行探讨。在这几类著作中，只是零散、片断地涉及语法的分析解说，没有把语法作为一个专门的对象去进行系统研究。马建忠认为西语有规矩，容易学习，有利于普及教育，并可使人们节省出学习语言文字的时间，用来钻研有用之学。汉文无语法书，学习艰难，白白消磨了人们的智慧才力。他决定以周秦以后到唐代韩愈以前的诸家文字为例，参照西语语法，编成一部汉语语法书，使人们较快地掌握语文工具，“胥吾京陔亿兆之人民，而群其材力，群其心思，以求夫实用，而后能自群，不为他群所群”①。这就是1898年出版的《马氏文通》。全书分字类和句读两部分。字类部分参照西语语法，把古汉语中的字分为五类实字，四类虚字；句读部分也按照西语语法作了相应的分类。《马氏文通》第一次使古汉语的研究摆脱经学附庸地位，找出汉语语法规律，为后来这个领域的研究奠定了科学基础。尽管它还存在不少缺点，在汉语语法研究上却是一部不朽的学术著作。

第三节　西方资本主义国家对中国的文化侵略

文化侵略是西方资本主义国家变中国为半殖民地的重要侵略手段之一。军事、政治、经济侵略直接表现为强力压迫或者血淋淋进攻屠杀，是侵略者硬的一手；文化侵略是他们软的一手，旨在精神上麻醉、奴化中国人民。传教、办医院、办学校、吸引留学生、建立会社、出版报纸刊物等，都是这个侵略政策的组成部分。教会、传教士在执行文化侵略政策中，一马当先。

文化侵略是与鸦片战争一起到来的。鸦片战争以后，各国教会陆续派遣传教士到中国来建立教会、教堂，进行所谓布道工作。到十九世纪末，在华的天主教修会和外方传教会已有十几个，各修会来华的传教士约八百人，吸收教徒约七十万人。②属于天主教的会所、教堂，仅直隶、山东、山西、河南

①《马氏文通·后序》。

②据顾长声《传教士与近代中国》，上海人民出版社1981年版，第100、108页。

四省即有四千多处。天主教各修会受罗马教皇领导。1879年，罗马教皇划中国为五大传教区，把中国绝大部分省区囊括在天主教势力范围里面。① 最早，中国天主教的"保教权"属葡萄牙，1843年后，落入法国之手，来华天主教传教士都受法国政府的保护。德国侵略势力膨胀起来以后，要求取得在华德籍天主教传教士的"保教权"，法国同意将山东省德籍传教士的"保教权"让与德国。基督教（指新教、又称耶稣教）对华传教活动，主要由英、美两国的教会进行。十九世纪末，基督教在华差会，共有四十余个，外国传教士总数约一千五百人，吸收教徒约八万人。② 各国基督教传教士都受本国教会领导，得到各国政府、驻华使馆的保护。俄国东正教在鸦片战争以前一直在中国传教。东正教的传教士团受俄国政府派遣，经费由俄国政府支付，清政府并给予部分补贴。东正教会不仅是一个宗教团体，并且是俄国常驻中国的官方代表机构。1860年中俄签订《北京条约》后，俄国向中国派驻公使，东正教使团不再代表官方，而成了一个披着宗教外衣的俄国间谍机构。基督教在华差会发展至四十多个的时候，东正教传教区域也扩大到东北、西北、蒙古等地。1905年，在蒙古和西北地区注册的教徒达三万七千余人。

中国出现外国人设立的医院，首先也是由于传教士需要利用它来开展宗教活动。这是那些创办人一开始就确定了的。1834年，美国纽约公理会派遣第一个传教医生伯驾到中国来，教会在一份声明中对他说："你绝对不要忘记，只有当这些（指行医）能作为福音的婢女时才可引起你的注视。医生的特性决不能替代或干扰你作为一个传教士的特性。"③ 同年，英国东印度公司的哥利支医生在要求多派传教医生到中国来的呼吁书中也说："请医务界的善士们前来做好事，以博取人民的信任，由此而为逐渐接受那美好无疵的基督教铺平道路。"④1838年在广州成立了由哥利支任会长、伯驾任副会长的中华医药传教会。1886年，一部分在华的外国传教医师在上海组织中华博医会，

---

① 五个教区是：直隶、辽东、蒙古为第一区，山东、陕西、河南、甘肃为第二区，湖南、湖北、浙江、江西、江南为第三区，四川、云南、贵州、西藏为第四区，广东、广西、香港、福建为第五区。

②《传教士与近代中国》，第320—321、117页。

③ 嘉惠霖：《博济医院百年史》，第28—29页，转引自顾长声《传教士与近代中国》，第43页。

④《中国丛报》1835年12月，第386页，转引自《传教士与近代中国》，第43页。

推动教会的医务活动。这个时期里，外国人在中国创办的医院和诊所，最多时达一百多处。绝大多数是规模很小的诊疗所，一般都附设在教堂里边。天主教会创办的医院有天津、九江、南昌等地的几所法国医院，以及青岛的天主堂养病院等。英、美基督教差会在广东、广西、福建、江西、湖北、四川、江苏、浙江以及直隶等省设立了四五十所大小医院。广州博济医院，上海仁济医院、同仁医院，南京鼓楼医院，苏州博习医院，杭州广济医院，汉口、武昌两地的仁济医院，福州柴井医院以及成都男医院等，是办的时间较久，或为人所知的。比办医院晚一点，在中国创办学校开始受到外国人的注意。他们对这项活动所抱的希望远远超过办医疗事业。它不仅仅是为了传教，而是要按照外国的需要培养中国社会各方面的大小领袖人物，使外国能够在精神上支配中国。一个美国牧师在 1890 年基督教在华传教士大会上说："真正的教会学校，其作用并不单在传教，使学生受洗入教。他们看得更远，他们要进而……使学生能成为社会上和教会里有势力的人物，成为一般人民的先生和领袖。""作为儒家思想支柱的是受过高等教育的士大夫阶层，如果我们要对儒家的地位取而代之，我们就要训练好自己的人，用基督教和科学教育他们，使他们能胜过中国的旧式士大夫，从而能取得旧式士大夫所占的统治地位。"[①] 关于这一点，后来为一个极力主张美国应该关心中国青年教育问题的大学校长说得更具体了。他在一份给美国总统的备忘录里说："哪一个国家能够做到教育这一代的青年中国人，哪一个国家就将由于这方面所支付的努力，而在精神的和商业的影响上，取回最大可能的收获。……为了扩张精神上的影响而花一些钱，即使从物质意义上说，也能够比用别的方法收获得更多。商业追随精神上的支配，是比追随军旗更为可靠的。"[②] 十九世纪末，外国在中国创办的书院、学校约二千所，学生总数在四万名以上。绝大部分是小学，中学约占十分之一。一些书院，陆续成为后来各地教会大学的前身。例如上海圣约翰书院是圣约翰大学的前身，上海和苏州两地的中西书院是东吴大学的前身，山东登州的文会馆和青州广德书院是齐鲁大学的前身，广州格致书院是岭南大学的前身，以及北京汇文书院是燕京大学的前身，等等。外国在

①《基督教在华传教士大会记录，1890 年》，第 457—459 页，转引自《传教士与近代中国》，第 233 页。

② 明恩溥：《今日的中国与美国》(Arthur. H. Smith: China and America today)，第 213—218 页。

中国设立学校，争取中国知识分子的目的，并没有完全落空。他们确实培养出了极少数高等华人、买办知识分子。

创立会社，设置出版机构，印刷书籍，发行报纸刊物，是外国进行文化侵略的一个重要方面。外国人在中国设立出版机构和报馆，不少是由教会出面的。它们大量地印行宗教宣传品，也翻译、编纂一些医学和自然科学、社会科学书籍。广学会是其中最有影响的。它成立于1887年，最初称同文书会，活动的时间长达五十余年。英国长老会传教士韦廉臣是创办者，野心勃勃的英国浸礼会传教士李提摩太接手以后，扩大经营。参与和支持广学会的包括各个方面的侵略分子。董事会会长是总税务司赫德，副会长是德国驻上海领事佛克，董事包括在华有活动力的传教士，英、美、法、德等国驻华使节，上海工部局总董，以及怡和洋行、谦信洋行、汇丰银行、花旗银行的老板等等。广学会刊行的报纸有《中西教会报》《万国公报》和《大同报》。戊戌变法期间，《万国公报》的发行量最多时达三万八千余份。另一个有影响的机构是尚贤堂。美国长老会传教士李佳白于1897年创办，受到美国公使田贝、英国公使窦纳乐和总税务司赫德等人的实力支持。尚贤堂活动的重点，是吸收中国的官僚士大夫为会员，企图通过他们来在精神上支配中国的中上层，这比办学校争取对中国青年的精神支配更加直接。1862年英商创办《上海新报》，1872年英商创办《申报》，1878年天主教会在上海创刊的《益闻录》（后改名为《格致益闻汇报》）。1886年天津海关税务司德人德璀琳等集股创办《时报》。最后日本人也赶上来了。1897年日本人在福建出版《闽报》，1898年在上海创办期刊《东亚时报》，1901年在北京出版《顺天时报》。所有外国人在中国创办的这些会社、言论机构、出版物，与教会、外国政府的关系不尽相同，但是它们向中国人民灌输奴化思想，制造帝国主义侵略有理的舆论，在介绍西方文化的名义下散播种种谎言，阻止中国人民的思想觉醒，是完全一致的。有的报纸刊物的编辑、撰稿者是熟悉洋情的中国人。在中国抵抗外国入侵的某些时刻，他们也在报刊上多少反映出一些人民的情绪。但是那并不能妨害报刊老板的利益，而且也只是外国侵略者之间的利益存在矛盾的时候才是允许的。

最普遍、也是始终不变的，是传教士们通过他们的出版物宣传西方的上帝创造一切，决定一切，驱使中国人一切按照西方上帝的意旨，也就是按照西方资产阶级的意旨行事。他们说：“独有一位上帝，德行全备，造化万有之主，治理天地，且养育亿兆，赏善罚恶，至公无私。”因此，“自天子至于庶人，皆当崇奉尊敬”。[①] 一个国家的强弱兴衰决定于它所信奉宗教的真伪。当今世界上只有信奉基督教的国家最为强盛，它们辖有全世界绝大部分的土地，这是只有基督教为真教的有力证明。[②] 上帝先造万物，而后造人，是为了让人类利用万物，不使荒废。如果某一个国家教化不足，不能很好利用自己的资源，不但本国贫穷，也使其他国家不能利用这些资源来致富，那末，别的国家就有权越俎代庖。例如非洲土地肥沃，非洲人自己不会利用，欧洲各大国就把非洲瓜分，这是完成所谓“天付物与人之名分”，就像长江东流一样，是不可抗拒的。[③] 把这种深奥的道理和中国现实联系起来，那就是列强侵略中国是上帝的安排，中国只可俯首听命，若有反抗，就违背了上帝的意旨，各国有权出兵来强迫中国承担被侵略的义务，以完成上帝所赋予它们的神圣使命。美国传教士裨治文很早就宣称：伟大的造物主曾保证要将全世界都交给人类管理，我们无论如何决不从上帝所保证的应当履行的一切责任退缩。中国在和其他国家的关系上，公然触犯了要爱你的邻舍如同爱自己一样的教条，各国必须规劝中国改变这种态度。如果中国坚持不变，各国就应该强迫中国走上一条与“各国的权利和她的义务”更为一致的路线上来。[④] 中日甲午战争后，李提摩太说：“中国不愿与他国交，于上天一视同仁之意未有合也，遂屡有弃好寻仇之祸。他国不得谓为悉合也，然闭关开衅之端则在中国，故每有边警，偿银割地，天实为之，谓之何哉！”[⑤] 传教士说他们是到中国来宣讲福音的。他们确实这样做了。不过所宣讲的只对帝国主义侵略者是福音，对中国人民则是深重的灾难。列宁说，传教士是“用传教的鬼话来掩盖掠夺政策的人”[⑥]，千真万确。

西方文化侵略的谋士，力图把为帝国主义侵占殖民地服务的宗教思想同中国封建文化结合起来，加重奴役中国人民的精神枷锁。西方传教士开始到中国来传教时，把基督教说成是真教，将儒、释、道、回看作异端邪说，以为

① 慕维廉：《天道源流》，《万国公报》第114册，第5页。
② 李提摩太：《教务本末上》，《洋务新论》第4卷，第3页。
③ 林乐知：《治安新策中之下》，《中东战纪本末》第8卷，第25页。
④《中国丛报》1834年12月，第363页，转引自《传教士与近代中国》，第34页。
⑤《泰西新史揽要》译本序，第1页。
⑥《中国的战争》，《列宁选集》第1卷，第214页。

可以凭借大炮和不平等条约，使中国这个异教国家归化基督教。传教士们的这种做法，并未取得预期的效果，到七十年代初，教徒人数还没有超过一万人。他们之中有些人开始主张在中国影响最大的儒家学说中，寻找一些他们可以接受的东西加以宣扬，把儒家思想说成和基督教是基本一致的，希望这样来减少传布基督教的阻力。1869—1870 年间，美国传教士林乐知在他主编的《教会新报》上，连续发表题为《消变明教论》的长篇文章，说儒家学说中的"五伦""五常"和"君子三戒"等同基督教教义是完全吻合的。一些传教士也开始在传教活动中把基督教和儒家学说结合起来。1877 年，在华基督教传教士举行全国大会，就这个问题进行辩论。只有少数人仍持反对态度，多数人赞成。

所谓基督教和儒家学说相结合，主要是把基督教教义中宣扬奴化思想的东西，同孔学代表的封建思想、礼教糅杂在一起，使宗教宣传更带有欺骗性，使孔学变为侵略者可以利用的工具。德国传教士花之安所著的《自西徂东》一书，明显地表现了他们在这方面所作的努力。全书共分仁、义、礼、智、信五集，某些基督教教义被分别列入五集，加以发挥。例如《仁集》中，在引用"四海之内，皆兄弟也"后，作者发议论说："伏愿华人早捐往日之嫌，推心置腹，相待以诚，复圣人怀柔之典。"在引用"博爱之谓仁"一句后，又说："仁则无所不爱，善者我固爱之，恶者我亦怜而爱之。""耶稣教人，专以仁德化人，欲人无报仇之心，不记仇敌之犯我。""仇敌虽犯我，其心坦然，自不与之争也。"① 在《义集》中，着重讲中国政府要"绥靖地方""广行恕道"和遵守"万国公法"等。在《信集》中介绍西方基督教会如何在本国劳动群众中间进行欺骗宣传的经验。花之安写道："至于工人聚集之处，或村落、或会馆，常有教士以善言劝导，或派善书，以化其梗顽之习，使知人生天地间，贵贱不齐，各有其职，君子劳心，小人劳力，难以强同，各安其分，故无有悖谬之事。"②

这些基督教文明传播者，极力想把儒家学说融合到基督教里面去，用按照资产阶级利益加以解说的西方上帝的教义，来改造、统一东方封建主义的教义。英国传教士慕维廉从儒家经典中搜集了一些记有"上帝"两个字的词

---

①《自西徂东》第 1 卷，广东小书会真宝堂 1884 年版，第 51—53 页。

②《自西徂东》第 5 卷，第 378 页。

句，牵强附会地编造了一套中华始祖从西方迁徙而来的谎言，说中华始祖从西方带来了三纲五常和上帝之道，只是到中国之后，人心变坏，陷于异端邪俗之中，不再敬拜上帝。因此，他认为中国古圣人所教导的三纲五常之道虽然是好的，但不应抛弃对最根本的上帝的崇拜。[①]德国传教士安保罗更提出了由基督教来成全儒教的说法。他认为儒教包含有善道和差谬两部分。儒经中有尊奉上帝的言词和儒家提倡的三纲五常、慎独克己、爱众亲仁等都是善道，应该保存；但儒家兼拜群神和祖先，尊君主为天子等，都是差谬，亟需改革。孔子是人，耶稣是上帝之子。时至今日，孔子再生于中国，也必愿为耶稣的信徒。[②]在精神世界里，孔子和孔子所代表的中国人既然都要皈依于西方上帝了，在现实生活里，中国人应当一切顺从西方上帝化身的外国资产阶级，受他们的剥削压迫，那就是理所当然的了。

基督教由坚持反对孔学，变为愿与孔学相结合，是帝国主义与中国封建阶级所组成的反动文化同盟中重要的一部分。那个反动同盟的性质，毛泽东这样指出过："在中国，有帝国主义文化，这是反映帝国主义在政治上经济上统治或半统治中国的东西。……一切包含奴化思想的文化，都属于这一类。在中国，又有半封建文化，这是反映半封建政治和半封建经济的东西，凡属主张尊孔读经、提倡旧礼教旧思想、反对新文化新思想的人们，都是这类文化的代表。帝国主义文化和半封建文化是非常亲热的两兄弟，它们结成文化上的反动同盟，反对中国的新文化。这类反动文化是替帝国主义和封建阶级服务的，是应该被打倒的东西。"[③]

文化侵略的执行者，在他们的出版物上又以传播西学、新学之名，行传播宗教神学、贩卖帝国主义侵华理论之实。传教士们利用中国一部分知识分子热心学习西方自然科学和社会学说的情况，把自己装扮成精通西学的模样，以西学、新学传播者自居。广学会的命名，就包含着这种意思。林乐知说："会以广学名，广西国之学于中国也。"[④]"广学一会，日究泰西有用诸学，冀以广华人之闻见，发至治之馨香。"[⑤]李提摩太说：今日中国，除非采用新学以

① 慕维廉：《续录天道源流》，《万国公报》第116卷，第9—10页。

②《救世教成全儒教说》，1899年单行本。

③《新民主主义论》，《毛泽东选集》第2卷，第694—695页。

④《广学会记》，《中东战纪本末》第8卷附页，第2页。

⑤《治安新策下之上》，《中东战纪本末》第8卷，第25页。

补旧学之不足，不能恢复元气。为此设广学会于上海，选择西方最有益于中国的新学，通过翻译或著述，介绍给中国人。如果中国人能大力捐款，助其发展，就可使中国民富国强。①

外国人掌握的出版机构，介绍过一些自然科学知识。广学会的出版物里面有一套《格致启蒙丛书》，其中包括物理、化学、天文、地理、生物等自然科学方面的书籍，也有一些社会科学的书籍。它原是美国一个学院的教科书。但是传教士们对于中国人能不能、或者应不应该学习西方自然科学却有一种特别的看法。他们说：欧洲几百年来的自然科学成就是在修道院中发展起来的，后来转到修道院附设的学塾。这些学塾逐渐扩充为大学。大学师生研究的主要课题，仍然是天道之学（神学），格物之学包含在天道之学中。②只有具有圣灵的上帝之子，才能领会万物之理，可见教道是格物之学的先导，是教化的"远本"③。人们只有崇奉造物主，才能扩充心思，启迪智慧，振兴格致之学。④林乐知批评渴望学习自然科学而不愿信仰基督教的中国人说："世人不察，谬欲背弃真道而不受，反欲得受道中所发之智学，是犹溃其母以求其子，安望其能如愿以偿乎？"⑤花之安在《自西徂东》自序上写道："中国之大势，已有累卵之危矣！……中国人亦有明白而警悟，谨慎而有为，勤勉而学西国之学者，但学问失其要，徒得西学之皮毛，而不得西学精深之理，虽学亦无甚益。""中国欲求西学之美好者，须知其从根本而出，其理于何而得乎？非从耶稣道理，何以致此乎？""抑知徒欲以物利中国，而不能以耶稣道化民，则民离心离德。"⑥显然，这些著书立说的外国人所说的要在中国"广西国之学"，根本内容是广基督教神学。他们断定愚蠢的中国人，不先虔诚崇拜西方的上帝，启迪智慧，就想学习自然科学知识，那是荒谬的，决不会如愿以偿。口头上他们标榜"日究泰西有用诸学"，实际上他们完全反对中国人研究西方有用的学问。

资本主义的社会政治学说，也有少量是由外国传教士翻译、介绍过来的，

---

①《广学会敬募金资以助华人启》，《中东战纪本末》第8卷，第49页。

②李思：《十六续教化阶梯衍义》，《万国公报》第112卷，第7—8页。

③林乐知：《续论格致为教化之源》，《万国公报》第107卷，第2页。

④丁韪良：《格物以造物为宗论》，同上，第4页。

⑤林乐知：《续论格致为教化之源》，同上，第3页。

⑥《自西徂东》自序。

李提摩太翻译的《泰西新史揽要》、林乐知编译的《中东战纪本末》，就是其中影响较广的读物。《泰西新史揽要》著者为英人麦垦西，书中主要叙述十九世纪欧美各国的历史，对中国人了解西方有所帮助。但李提摩太并非全部照译，对于那些不符合把中国变为外国殖民地的观点的地方，就删去或改编。他在编译序言中，直截了当地说，中国近年“取败之理”是因为“不体天心，不和异国，不敬善人”，中国要想转祸为福，必须“幡然尽改其谬误”。[①]他的所谓“体天心”，就是要中国人民听从上帝的安排，老老实实做帝国主义的奴隶，不许反抗。“和异国”，非常明显是叫中国统治者处处向列强各国屈膝求和，接受它们提出的任何侵略要求。“敬善人”，当然指对一切侵略分子要毕恭毕敬，听从他们的摆布。《中东战纪本末》搜集了不少关于甲午中日战争的史料，并附有当时人们撰写的评论，是一部资料书。林乐知在译序中大肆宣扬“弱肉强食”的帝国主义理论，说：“各国之鹰瞵而虎视者，非尽欲欺侮中华也，弱肉而强食，势有必至，理有固然也。”[②]又说：“欧洲各国，类皆驰情于域外，虽以斐（非）洲之酷热，北极之严寒，犹且按图剖分而食之，造舟黾勉而赴之，矧以地处温和带下民殷物阜之中国，有不思染指于鼎，过屠门而大嚼乎？”“秋水时至，百川灌河，尚有朝潮夕汐进退盈缩之一候。若夫各国之入中国，则竟如水之就下，有进而无退，有盈而无缩也，其孰从而御之哉！”[③]也就是说，落后软弱的中国人，在帝国主义“如水之就下”的压迫下，一切挣扎抵抗都是徒劳的，没有意义的。命运已经注定了中国要变成列强的殖民地，中国人的出路只有一条：充当外国侵略者的牛马奴隶，如此而已。

教会在帝国主义文化侵略中占有突出的地位，这不等于说所有来华的传教士、教师、医生等都是侵略分子。帝国主义对中国的文化侵略和经济侵略一样，有它复杂的一面。经济侵略破坏中国自然经济的基础，给中国资本主义的产生造就某些客观条件；文化侵略同时也带进若干西方近代文化知识。这不是侵略者的本意，但又是绝对不可避免的。因为他们没有办法把事物本身存在的矛盾分割开来。这里更不存在帝国主义是否怀有好心的问题。灌输奴

①《泰西新史揽要》译本序言。

②《中东战纪本末》初编，第1卷，林序。

③《中东战纪本末》初编，第8卷，第34页。

化思想，使中国人民丧失自尊心、自信心，败坏他们的人格、国格，养成民族自卑感，成为洋人的精神俘虏，安于被奴役、被践踏的地位而不要觉醒奋起，这就是帝国主义文化侵略的本质。

附　录

一 大事年表

公元	中　　国	外　　国
1838	中国反对英国鸦片侵略，清政府决定严厉禁烟。	英国、法国分别同土耳其签订不平等商务协定。 阿富汗反英战争爆发。
1839	林则徐在广东虎门销烟，全国展开群众性禁烟运动。 英国破坏中国禁烟运动，英兵船几次在广东袭击中国水师。	英国宪章派第一次向国会递送请愿书，宪章运动第一次高潮。 土耳其、埃及第二次战争爆发。
1840	第一次鸦片战争爆发。英军北上抵达大沽口外，清政府对英妥协。	
1841	英国侵占香港。 中国对英宣战。英军攻陷福建厦门，浙江定海、镇海、宁波。 广州三元里人民自发进行大规模武装抗英斗争。 英国策动锡克军侵入我国西藏地区。	英国强迫伊朗签订不平等条约。
1842	湖北崇阳钟人杰等起义。 英军侵入长江，抵达南京江面。中英《南京条约》签订，第一次鸦片战争结束。	英国宪章运动第二次高潮。 日本近江农民起义。
1843	洪秀全创立“拜上帝会”。 广州人民发动反对英国侵略者进入广州城的斗争。	法国对越南进行武装挑衅。
1844	中美《望厦条约》、中法《黄埔条约》签订。 洪秀全、冯云山到广西进行革命宣传活动。	法国侵略摩洛哥。 德国西里西亚织工起义。

续表

公元	中　　国	外　　国
1845	广东广州府一带天地会群众反抗斗争活跃。 洪秀全在广东家乡写作《原道救世歌》《原道醒世训》等著作。	英国发动侵略印度旁遮普的战争。
1846		美国发动侵略墨西哥的战争。
1847	洪秀全、冯云山在广西桂平紫荆山区建立“拜上帝会”组织。 湖南新宁天地会瑶族雷再浩等起义。	马克思、恩格斯创建的“共产主义者同盟”在英国伦敦成立。 利比里亚共和国建立。 西欧经济危机爆发。
1848	广东钦州、广西横州、宾州等地天地会起义，广西境内三合会山堂并起。 “拜上帝会”会众同地主团练的斗争日趋激烈。	法、德、意、奥、捷、匈等国爆发资产阶级革命运动。法兰西第二共和国成立。 英国宪章运动第三次高潮。 印度旁遮普锡克教徒反英起义。 伊朗巴布教徒起义。 马克思、恩格斯合著《共产党宣言》在伦敦出版。
1849	广州人民反进城斗争取得胜利。 中国澳门官吏被殖民主义者追逐，葡萄牙拒交地租，强占澳门。 湖南新宁天地会李沅发等起义。	英国吞并印度旁遮普。
1850	“拜上帝会”会众在广西桂平金田村集中（“团营”）。 清道光帝旻宁死，咸丰帝奕詝继位。	西非富尔贝人抗法斗争开始。
1851	洪秀全率“拜上帝会”群众在金田村起义，建号“太平天国”，攻克永安州城。 中俄《伊犁、塔尔巴哈台通商章程》签订。	阿尔及利亚爆发大规模反法起义。

续表

公元	中　　国	外　　国
1852	太平军自永安突围，进军湖南、湖北，攻克汉阳、汉口。 广西南宁天地会胡有禄、朱洪英等起义。 福建厦门爆发反对外国侵略者掠卖华工的群众大示威。	法国第二帝国成立，路易·波拿巴夺取政权，称拿破仑第三。 英国发动第二次侵略缅甸的战争。 “共产主义者同盟”解散。
1853	太平军攻克武昌，连破九江、安庆、南京。太平天国以南京为都城，改称天京。 太平天国颁布《天朝田亩制度》。太平军北伐西征。 安徽、河南捻党纷纷起义，响应太平军。 福建小刀会黄位、黄得美等起义，台湾李石、林恭等起义。 上海小刀会刘丽川等起义。 曾国藩筹练反革命武装湘军。 清政府开始征收厘金。	克里米亚战争爆发。
1854	太平天国北伐军退守直隶东光县连镇、山东高唐州；西征军在安徽、湖北取胜，攻入湖南与曾国藩湘军交锋。 贵州白莲教支派斋教群众起义。 广州天地会陈开、李文茂等在佛山起义，附近各州县天地会响应。 广西胡有禄、朱洪英起义军占领灌阳，建立“升平天国”。 英、法、美三国向清政府提出修约要求。	日本被迫与美国签订《日美和好条约》，英、俄、荷兰等国援美国先例，和日本签订类似的条约，日本开放下田、函馆等口岸，对外通商。

续表

公元	中　　国	外　　国
1855	太平天国北伐军失败，西征军在江西鄱阳湖口大败湘军。 上海小刀会起义失败。 陈开、李文茂起义军占领广西浔州，建立“大成国”。 “升平天国”起义失败。 河南、安徽各路捻军首领大会于安徽亳州雉河集，推张洛行为盟主，称大汉明命王。 贵州苗民张秀眉等在台拱起义。 贵州白莲教系统的号军纷纷起义，红号攻入桐梓。 英国指使尼泊尔军侵入我国西藏地方，占据济咙、聂拉木、宗喀等地。	
1856	太平军破清军江北大营、江南大营。太平天国领导集团公开分裂。 英国侵略军进攻广州，第二次鸦片战争爆发。 云南哀牢山彝族起义军在弥渡建立以李文学、王泰阶为首的革命政权。 云南蒙化回民反清起义，攻下大理。 西藏地方政府在驻藏大臣主持下同尼泊尔订立和约，尼泊尔军撤走。	克里米亚战争结束。 英国发动侵略伊朗的战争。
1857	石达开离开天京，率部出走。 英法联军攻陷广州城。 捻军张洛行部渡淮河南下与太平军联合作战。	印度爆发民族大起义。 印度尼西亚马辰地区爆发反对荷兰殖民者的起义。 欧洲和美国经济危机爆发。
1858	英法联军攻陷大沽炮台，进抵天津，清政府屈辱投降。中英、中法、中美《天津条约》和中俄《瑷珲条约》、中俄《天津条约》分别签订。 太平军组织浦口战役和三河战役，摧垮清军江北大营和歼灭湘军大部精锐。	法国发动侵略越南的战争。 英国占领南非柯萨人的全部领土。

续表

公元	中　　国	外　　国
1859	英、法公使拒绝按清政府指定路线进京，英法军舰进攻大沽。中国军队奋起抵抗告捷。 太平军在江西景德镇大败湘军，陈玉成联合捻军在庐州击溃清军。 洪仁玕到天京，总理太平天国政事，并提出《资政新篇》，经洪秀全批准后发布。 云南昭通李永和、蓝大顺等起义。	印度民族大起义失败。 印度尼西亚爪哇等地爆发反对荷兰殖民统治的斗争。 美国约翰·布朗起义。 意大利、法国对奥地利战争爆发。 苏伊士运河动工开凿。
1860	英法联军进入北京，清政府再次投降。中英、中法、中俄《北京条约》分别签订，第二次鸦片战争结束。 太平军再破清军江南大营，乘胜解放苏常地区。 中外反革命势力开始联合镇压太平天国革命，太平军在上海附近与“洋枪队”和英法侵略军激战。 李、蓝起义军攻克四川自流井，前锋逼近成都。	日本的推翻幕府运动开始发动。 法国伙同西班牙再次发动侵略越南的战争。 意大利西西里农民起义。
1861	湘军攻陷安庆。太平军克杭州，解放浙江大部分地区。 “大成国”起义失败。 贵州青岩爆发绅民反对外国教会侵略的斗争。 清咸丰帝奕詝死，同治帝载淳继位。那拉氏发动宫廷政变，垂帘听政。 清政府设立总理各国事务衙门。 曾国藩建安庆军械所，制造洋枪洋炮。 第一种中文日报——《上海新报》在上海由英商创刊。	意大利完成统一运动——意大利王国建立。 俄国颁布废除农奴制的法令。 美国南北战争发生。

续表

公元	中　　国	外　　国
1862	太平军第二次进军上海，大破外国侵略军。太平天国庐州陷落，陈玉成死难。太平军与湘军在天京城外大战四十余日，不胜。 陕西各地回民群众起义。 江西南昌，湖南湘潭、衡州等地爆发群众反教会斗争。贵州开州官员处死法国传教士。 清政府设立京师同文馆。	法国强迫越南签订第一次《西贡条约》。 朝鲜南部爆发大规模农民起义。 墨西哥人民反法战争开始。
1863	太平天国苏浙根据地内太仓、昆山、苏州、无锡等地被清李鸿章淮军联合“常胜军”占领，金华、富阳、绍兴等地被清左宗棠军和英、法干涉军，“常捷军”占领。 石达开军在四川大渡河全军覆没。 捻军根据地安徽雉河集被清军攻陷，张洛行死难。 甘肃回民开始展开大规模的反清斗争。 四川重庆爆发群众反教会斗争。	柬埔寨沦为法国保护国。 波兰爆发反对俄国沙皇的起义。
1864	太平军撤出杭州、常州，洪秀全逝世，天京陷落，太平天国革命失败。太平军余部转战于江西、福建等地。 新疆库车爆发回、维吾尔等族人民反清斗争，南北各城纷起响应。 俄国强迫清政府签订《中俄勘分西北界约记》。	国际工人协会——第一国际成立。 普鲁士、奥地利对丹麦战争爆发。 英、法、美、荷四国舰队炮击日本下关。

续表

公元	中　国	外　国
1865	捻军在山东菏泽大败清军北方主力——僧格林沁统率的蒙古骑兵，杀死僧格林沁。清政府命曾国藩督办直、鲁、豫三省军务，进攻捻军。 中亚浩罕汗国军事头目阿古柏，在英、俄支持下侵入新疆。 李鸿章在上海建江南制造总局，在南京设金陵机器局。 海关总税务司署由上海迁至北京。	
1866	捻军突破沙河、贾鲁河防线，进入山东；后在河南陈留、杞县间分为两支，赖文光等统率东捻军，南进湖北，克麻城；张宗禹等统率西捻军，西进陕西，逼近西安。 曾国藩防河战略失败，清政府改派李鸿章专办“剿捻”事宜。 太平军余部败亡。 左宗棠在福州设福建船政局。 崇厚筹办天津机器局。 孙中山诞生。	普奥战争爆发；意大利对奥宣战。 第一国际第一次代表大会在日内瓦召开。
1867	东捻军进入山东，在郓城突破运河长墙，过济南，进逼烟台；突破胶莱防线，西走潍县；在江苏赣榆与淮军战，大败。西捻军进攻西安，在十里坡大败清军，克陕西绥德州，渡河入山西吉州、乡宁。 清政府派陕甘总督左宗棠为钦差大臣，督办陕甘军务。 清政府委派美国卸任驻华公使蒲安臣为“办理各国中外交涉事务大臣”，率代表团出使欧美有约各国。 阿古柏窃踞天山南路，建立“哲德沙尔汗国”，自立为汗。	奥匈二元制帝国建立。 北德意志联邦成立。 埃塞俄比亚爆发抗英斗争。 法国侵占越南南圻西部三省。

续表

公元	中　　国	外　　国
1868	东捻军败亡于扬州，赖文光被俘就义；西捻军自山西入河南，败亡于山东茌平陡骇河，捻军起义失败。 蒲安臣“代表”中国与美国订立《中美续增条约》，又称《蒲安臣条约》。 上海英商耶松船厂工人罢工，反对降低工资。 《中国教会新报》（1874 年改为《万国公报》）在上海创刊。	日本明治维新。 俄国吞并中亚布哈拉汗国。
1869	四川酉阳、贵州遵义、安徽安庆等地先后发生反教会斗争。 中俄改订《陆路通商章程》、签订《科布多界约》和《乌里雅苏台界约》。 英、俄、德、美、法公使于北京订立上海公共租界土地章程。	德国社会民主工党（埃森纳赫派）成立。 苏伊士运河通航。
1870	天津爆发大规模反教会斗争。 中俄签订《塔尔巴哈台界约》。	法国对普鲁士宣战，普法战争爆发；巴黎发生革命，法兰西第二帝国崩溃。 列宁诞生。
1871	俄国派兵侵占新疆伊犁地区。 上海、香港间海底电线修成。上海和伦敦、纽约开始通电报。 中日签订《修好条约》和《通商章程》。	巴黎公社成立。 阿尔及利亚爆发民族大起义，反对法国殖民者。 德意志帝国成立。 日本废藩置县。 朝鲜击退美国侵略军。
1872	贵州苗民起义首领张秀眉被俘，苗民起义军败亡。 云南杜文秀领导的回民起义军败亡。 侨商陈启源在广东南海县创办继昌隆丝厂。 上海轮船招商局开始创办。 中国第一批留学生赴美留学。 英国商人在上海创办《申报》。	日本强行封琉球国王为藩王，否认琉球为独立国。

续表

公元	中　　国	外　　国
1873	那拉氏“归政”，同治帝载淳“亲政”。 陕甘回民起义失败。 四川黔江县发生反教会斗争。	美国经济危机爆发。 俄国吞并中亚希瓦汗国。
1874	日本派兵侵入台湾；中日签订《北京专条》，日本撤兵。 沙俄拒不交还伊犁，清政府命左宗棠催令出关诸军迅速西进。	法国迫使越南订立法越《和平同盟条约》（又称第二次《西贡条约》），越南承认法国代越南主持外交。
1875	清同治帝载淳死，光绪帝载湉继位，那拉氏再次“垂帘听政”。 清政府命左宗棠为钦差大臣督办新疆军务；派李鸿章督办北洋海防，沈葆桢督办南洋海防。 清政府命郭嵩焘为出使英国钦差大臣，成为正式派遣常驻各国公使的开端。 云南发生马嘉理事件。	日本派兵侵占琉球。 德国社会民主工党在哥达召开统一大会。 南俄工人协会成立。 印度马拉特农民起义。
1876	左宗棠督湘军大举出关，进军新疆，克复乌鲁木齐。 四川江北厅发生反教会斗争。 直隶开平矿务局创办。 中英订立《烟台条约》。 英商擅筑的淞沪铁路通车；清政府购回该路（次年拆毁）。	第一国际宣布解散。 美国工党成立（次年改名为社会主义工党）。 日本强迫朝鲜订立《江华条约》。 保加利亚反土耳其起义。 俄国吞并中亚浩罕汗国。
1877	中国军队收复南疆八城；阿古柏自杀，残部逃入俄境。 左宗棠在兰州创办织呢局。	英国女王宣布为印度女皇。 俄土战争爆发。 罗马尼亚独立。 美国全国铁路工人大罢工。
1878	清军攻克和阗，南疆全部光复。 上海机器织布局创办。	俄土战争结束，柏林条约签订。 俄国北方工人协会成立。 德国议会通过反社会主义“非常法”。 阿富汗第二次抗英战争爆发。

续表

公元	中　　国	外　　国
1879	崇厚与俄国全权大臣签订《里瓦几亚条约》。 上海耶松船厂、祥生船厂工人先后罢工。 福建延平发生反教会斗争。	德奥签订秘密军事同盟条约。 日本废琉球国王，正式吞并琉球，置为冲绳县。 法国工人党成立。 印度第三次马拉特农民起义。 斯大林诞生。
1880	清政府宣布崇厚与俄国订立的条约无效，下令将崇厚革职，改派曾纪泽赴俄重开谈判。 天津设立水师学堂。	
1881	曾纪泽与俄签订中俄《改订条约》和《改订陆路通商章程》。 唐山——胥各庄铁路通车。 上海——天津电报线敷成。	日本自由党成立。 美国劳联成立。 英国民主同盟成立。 法国侵占突尼斯。
1882	中俄订立《伊犁界约》《喀什噶尔界约》。 电报招商局设立。 开平煤矿工人罢工。	朝鲜发生“壬午兵变”，日本迫使朝鲜订立《仁川条约》。 法国侵占越南河内。 法国发动征服马达加斯加战争。 英国侵占埃及。 德、奥、意三国军事同盟条约签订。 意大利工党成立。
1883	刘永福率黑旗军在越南河内附近大败法军。 清政府应越南国王之请，派兵援越；法军进攻越南山西的清军阵地，中法战争爆发。 云南浪穹县群众烧毁法国教堂，杀法国教士。 广州人民举行示威，焚毁沙面外商房屋。 上海制造局工人罢工。 中俄订立《科塔界约》《塔尔巴哈台西南界约》。	法越签订《顺化条约》。 俄国“劳动解放社”成立。 马克思逝世。

续表

公元	中　国	外　国
1884	清政府命李鸿章办理中法和议，签订中法《简明条款》；法国重新挑起战端，清政府正式对法宣战；法军轰毁马尾船厂和福建水师舰船，侵占台湾基隆，进攻台北，被守军击退。 广东、福建、浙江、贵州、云南等省人民驱逐法国教士；香港工人举行反法总罢工。 中俄订立《续勘喀什噶尔界约》。 新疆建立行省。	朝鲜发生“甲申政变”。 英国资产阶级“社会主义”团体——费边社成立。 欧洲列强召开柏林会议，讨论瓜分刚果问题。
1885	法军侵犯浙江镇海，占领澎湖；中国军队在镇南关（今友谊关）外大败法军，攻克谅山等地；中法《越南条款》签订，中法战争结束。 中日《天津会议专条》签订。 台湾府改为行省。 清政府设立海军衙门。 天津设立北洋武备学堂。	法国茹·费理内阁倒台。 越南沦为法国殖民地。 印度国民大会党（简称国大党）成立。
1886	中英签订《缅甸条款》，承认英国占领缅甸。 四川重庆发生反教会斗争，烧英、法教堂和英国领事馆。	美国工人为争取八小时工作日于5月1日举行罢工。1889年第二国际通过决议，规定“五一”为国际劳动节。 英国吞并缅甸。
1887	中法签订《续议界务专条》，划定中越边界。 中葡签订《北京条约》。 台湾成立铁路总局，募集商股，兴筑铁路。	法国将越南、柬埔寨合并，组成“印度支那联邦”。 埃塞俄比亚击败意大利侵略军。 法国发生布朗热运动。
1888	康有为第一次上书清帝，请求变法，未达。 北洋水师正式建成。 天津——唐山铁路通车。 张之洞在广州筹办枪炮厂。 上海开设华新纺织新局。 英国派兵侵入西藏。	巴西废除奴隶制。

续表

公元	中　　国	外　　国
1889	那拉氏“归政”，光绪帝“亲政”。 芦汉铁路开始筹办。 上海机器织布局开工。	第二国际成立大会在巴黎召开。 英国爆发新工联运动。 日本颁布宪法。 第一次泛美会议在华盛顿召开。 巴西推翻帝制，成立联邦共和国。
1890	中英签订《藏印条约》，划定西藏与哲孟雄（锡金）边界，承认哲孟雄由英国保护。 四川大足县余栋臣反教会起义，号召驱逐外国教会。 湖北铁政局建立。 江南制造局工人罢工，反对延长工时。	
1891	长江中下游爆发大规模反教会斗争，江苏、安徽、江西、湖北、湖南等省几十个州县发生骚动和暴动。 热河朝阳一带金丹教、在理教发动反教会起义，杀教士，烧教堂，抗击官兵。 开平煤矿工人罢工，反对洋人殴打工人。 康有为著《新学伪经考》刊行。	第二国际第二次代表大会在布鲁塞尔召开。 保加利亚社会民主党成立。 俄国开始修筑西伯利亚铁路。
1892	湖北织布局开工。 湖北铁政局大冶铁矿建成。	意大利社会党成立。
1893	中英订立《藏印续约》，亚东开为商埠。 湖北纺纱官局创办。 毛泽东诞生。	第二国际第三次代表大会在苏黎世召开。 英国独立工党成立。 法俄军事同盟建立。

续表

公元	中　　国	外　　国
1894	清政府应朝鲜请求派兵赴朝鲜，日军击沉中国运兵船，偷袭驻牙山清军，中日甲午战争爆发；中日海军在黄海激战；清军自平壤败退，日军侵入辽东，占领大连湾和旅顺港；清政府命两江总督刘坤一为钦差大臣，指挥山海关内外各军。 孙中山在檀香山组织中国第一个资产阶级革命小团体——兴中会。 汉阳铁厂建成。 上海华盛纺织总厂开工。 中英签订《续议滇缅界、商务条款》。	朝鲜发生农民战争（东学党起义）；日本出兵朝鲜；日军闯入王宫，劫持国王，成立傀儡政府，宣布废除中朝之间一切约章。 英日条约签订。 美日条约签订。 赤道非洲瓜分完毕， 美国工业生产跃居世界首位。
1895	日军攻陷威海卫，北洋水师全军覆没；清政府派李鸿章为头等全权大臣赴日“议和”，与日本签订《马关条约》，中日甲午战争结束。 中日签订《辽南条约》。 中俄法签订四厘借款合同。 割台委员李经方与日本台湾总督订立《交接台湾文据》；日军在台湾登陆；台湾军民展开大规模抗日武装斗争。 英俄订立瓜分中国领土帕米尔的协议。 福建古田爆发反教会起义；四川成都等府县发生反教会斗争。 康有为发起“公车上书”，创办《中外纪闻》，组织强学会。 兴中会在香港成立总部，孙中山谋划广州起义失败，逃亡国外。 烟台张裕酿酒公司、苏州苏纶纱厂、无锡业勤纱厂、南通大生纱厂、杭州通益公纱厂和通惠公纱厂创办。 清政府命袁世凯在天津小站督练新建陆军。	彼得堡工人阶级解放斗争协会成立。 古巴反西班牙起义爆发。 恩格斯逝世。

续表

公元	中　　国	外　　国
1896	清政府派李鸿章出使俄、英、美、法、德五国；与俄国签订《御敌互相援助条约》，即《中俄密约》。 中英德签订五厘借款合同。 中日签订《通商行船条约》。 中俄订立《合办东省铁路公司合同章程》。 清政府设立邮政、铁路总公司；令各省督抚分别在省会设立商务局，在水陆通衢设立通商公所。 上海裕通纱厂、宁波通久源纱厂、无锡机器纱厂、上海中国通商银行创办。 清政府封闭北京强学会，禁止《中外纪闻》发行。 《时务报》在上海创刊。	第二国际第四次代表大会在伦敦召开。 菲律宾反西班牙起义爆发。 法国吞并马达加斯加。 日俄订立莫斯科协定。 日俄订立朝鲜汉城协定。
1897	中英签订《续议缅甸条约附款及专条》，重新调整中缅边界。 法国强迫清政府声明海南岛不割让给他国；取得在滇、桂两省敷设铁路和雇用法人开矿等特权。 中比签订《芦汉铁路借款合同》。 东清铁路（又称中东铁路）正式开工。 德国借口山东巨野教案，出兵强占胶州湾。 俄国舰队驶入旅顺湾，占据旅顺、大连。 黄遵宪等在湖南长沙创办《湘学新报》；维新派在长沙设立时务学堂。 严复等在天津创办《国闻报》。 康有为第五次上书清帝；所著《孔子改制考》刊行。 商务印书馆在上海创办。	

续表

公元	中　　国	外　　国
1898	中德订立《胶澳租界条约》，胶州湾成为德国租借地。 中俄订立《旅大租地条约》，旅大地区成为俄国租借地。 英国强迫清政府声明不将长江流域各省让与他国。 中英签订《展拓香港界址专条》、《订租威海卫专条》，九龙地区、威海卫地区成为英国租借地。 中英订立山西省开矿合同、河南矿务合同，英国取得山西、河南开矿权。 中美订立《粤汉铁路借款合同》。 法国要求租借广州湾，迫使清政府声明不将两广、云南割让给他国。 日本迫使清政府声明不将福建割让给他国。 清政府发行“昭信股票”，举借内债；并再次向英、德借款。 张之洞发表《劝学篇》。 谭嗣同等在长沙成立南学会，创办《湘报》。 严复译《天演论》出版。 康有为在北京组成粤学会，成立保国会，进呈《日本变政考》和《俄大彼得变政记》，上《应诏统筹全局折》。 光绪于6月11日下“明定国是”诏书，宣布变法。百日维新开始。9月21日，那拉氏发动政变，重新“训政”，囚禁光绪，取消新政。百日维新结束。28日谭嗣同等六君子死难。 梁启超在日本横滨创办《清议报》。 四川大足县余栋臣再次发动反教会起义，提出“顺清灭洋”口号；湖北、贵州、浙江、福建、江西、广东、广西等省几十个州县发生反教会斗争。 山东冠县义和拳起义。	美西战争；美西巴黎和约签订。 美国吞并夏威夷群岛。 英国吞并苏丹。 俄国社会民主工党召开第一次代表大会。 菲律宾宣布独立。 德国取得修筑巴格达铁路的特权。

续表

公元	中　　国	外　　国
1899	中法签订《广州湾租界条约》，广州湾成为法国租借地。 中英订立四川矿务合同，英国取得四川开矿权。 英俄两国达成铁路协议，相互承认各自在华势力范围。 美国提出对华“门户开放”政策。 义和团在山东平原起义，抗击清军；山东、直隶义和团迅速发展。清政府命袁世凯署理山东巡抚，袁世凯接任后大杀山东义和团。 孙中山派人在香港筹办《中国日报》，次年创刊。 康有为、梁启超在日本组织保皇会。	英国发动侵略布尔人战争。 菲律宾爆发反对美国侵略战争（美菲战争）。
1900	义和团遍及直隶各地，大批进入北京、天津，在京津沿线击退西摩联军；八国联军攻陷大沽炮台，进犯天津；清政府对外“宣战”，义和团和清军攻打北京西什库教堂和东交民巷使馆区，在天津与八国联军激战；八国联军攻陷天津、北京，大肆烧杀掳掠；那拉氏等逃往西安，命令各地清军屠杀义和团。 清政府对外“宣战”后，刘坤一、张之洞等督抚与外国侵略者实行所谓“东南互保”。 俄国制造海兰泡和江东六十四屯大血案，疯狂屠杀中国居民；并分兵六路大举侵入我国东北。 英、俄、美、日、德、法、意、奥、西、比、荷等十一国公使向清政府全权大臣奕劻、李鸿章提出《议和大纲十二条》，清政府照允。 兴中会发动惠州起义失败。 自立军起义失败。	第二国际第五次代表大会在巴黎召开。 英国“工人代表委员会”成立（1906年改名为工党）。

续表

公元	中　国	外　国
1901	清政府在西安发布“变法”上谕，宣称“维新”，成立督办政务处；改总理衙门为外务部。 清政府与十一国公使签订《辛丑条约》。 那拉氏自西安启程回北京。 秦力山、沈翔云等在日本东京创办《国民报》，宣传革命排满。	日本社会民主党成立。 美国社会党成立。

二　外人译名对照表

（依汉语拼音字母为序）

A

阿古柏	Якуб-бек
阿礼国	R．Alcock
阿历克谢耶夫	E．И．Алексеев
艾　伦	James Allen
安保罗	Paul Kranze
安　邺	F．Garnier

B

巴布罗福（巴府罗富）	A．И.Павлов
巴德诺	J．Patenôtre
巴兰德	M．A．S．von Brandt
巴留捷克	Л．Баллюзек
巴麦尊（巴麦斯顿）	H．J．T．Palmerston
巴夏礼	H．S．Parkes
柏　郎	H．A．Browne
柏卓安	J．McLeary Brown
包　令	J．Bowring
宝复礼	F．Brown

宝海	F．A．Bourée
宝克乐	W．N．Beauclerk
贝克莱	G．Berkeley
贝思福	C．W．Beresford
彼德一世	Петр I
俾斯麦	Ott von Bismarch
裨治文	E．C．Bridgman
毕德格	W．N．Pethick
毕方济	Francois Sambiaso
毕　鲁	B．von Bülow
毕　盛	S．J．M．Pichon
波兹德涅耶夫	Д．М．Позднеев
勃里也	de L．Brière
伯　驾	P．Parker
伯克胡里	Бек-Кули-Бек
泊洛内	C．H．M．Bellonnet
布　策	E．К．Бюцов
布尔布隆	A．de Bourboulon
卜罗德	A．L．Protet

C

查　顿（查甸）	William Jardine

D

达尔第福（买忒勒）	Tardif de Moidrey
达尔文	C．R．Darwin

达奇特	A. S. Daggett
戴维逊	J. W. Davidson
但　丁	Alighieri Dante
德庇时	J. F. Davis
德璀琳	G. Detring
德拉玛	L. C. Delamarre
德尔比	E. H. S. Derby
德　隆	De Long
德　尼	O. N. Denny
德　善	E. De Champs
颠　地	L. Dent
狄　隆	Dillon
狄斯累利	B. Disraeli
棣么甘	De Morgan
丁韪良	W. A. P. Martin
定　令	Tinling
哃乐德克	Roderick Dew
董若望	V. Delbrouck
杜　昂	M. J. Dunand
窦纳乐	C. M. MacDonald

E

额尔金	Earl of Elgin
恩格斯	F. Engles

F

法尔思德	Edward Forrest

樊国梁	P. M. A. Favier
方根拔	J. von Gumpach
丰大业	H. V. Fontanier
佛兰西斯・培根（柏庚）	F. Bacon
福开森	J. C. Ferguson
佛　克	J. H. Focke
福　久	L. H. Foote
福禄诺	F. E. Fournier
弗赛斯	T. D. Forsyth
傅兰雅	J. Fryer

G

哥白尼	N. Copernicus
哥利支	T. R. Colledge
哥伦布	C. Colombo
哥士耆	M. A. C. Kleczkowsk
戈　登	C. G. Gordon
戈可当	G. Cogordan
葛兰斐尔	L. Granville
葛　罗	Baron J. B. L. Gros
葛绒姆布切夫斯基（康穆才甫斯基）	Громбчевский
格尔思	M. H. Гирс
格里布斯基	K. H. Грибский
格　林	J. R. Green
格罗德科夫	H. И. Гродеков
耿　尼	Kenney
恭思当	J. A. E. Constans
孤　拔	A. A. P. Courbet
顾　盛	C. Cushing

郭士立	K. F. A. Gützlaff

H

哈洛托	A. A. G. Hanotaux
海约翰	J. Hay
浩　威	Howie
贺　布（何伯）	James Hope
赫　德	Robert Hart
赫拉克利特	Herakleitos
赫胥黎	T. H. Huxley
赫　政	J. H. Hart
侯失勒（约翰·赫歇尔）	J. F. W. Herschel
胡缚理	L. Faurie
花之安	E. Faber
华　尔	F. T. Ward
华尔身	J. Walsham
华芳济	François Fleury
华若翰	J. E. Ward
华西里耶夫斯基	Васильевский
霍必澜	P. L. Warren

J

基利杰勃兰特	Гильдебрандт
金登干	J. D. Campbell
金伯雷	J. W. Kimberley
金执尔	W. R. Gingell

K

喀西尼	A. П. Кассини
凯克纳尔	A. B. Кирхнер
凯阳德	A. Кояндер
康　格	E. H. Conger
考尔巴尔斯	A. B. Каульбарс
科士达	J. M. Foster
克利尔曼	James Creelman
克利夫兰	G. Cleveland
克林德	F. von Klemens Ketteler
库罗巴特金	A. H. Куропаткин

L

拉本德	G. G. H. de Larpent
拉萼尼（剌萼尼）	Théodose de Lagrené
拉姆斯道夫	B. H. Ламсдорф
拉纳·忠格·巴哈杜尔	Rana Jung Bahadur
辣厄尔	Laguerre
赖伊尔	C. Lyell
赖因塔尔	Рейитал
琅威理	W. M. Lang
勒伯勒东	Le Brethon de Caligny
李佳白	G. Reid
李　梅	V. G. Lemaire
李泰国	H. N. Lay
李提摩太	T. Richard

李维业	H. L. Rivière
李仙德	C. W. Le Gendre
利玛窦	Matteo Ricci
利士比	Lespès
列　宁	В. И. Ленин
列卫廉	W. B. Reed
林乐知	Y. J. Allen
卢　梭	J. J. Rousseau
路易十四	Louis XIV
路易十六	Louis XVI
伦得根（伦琴）	W. K. Röntgen
罗安当	Antoine Anot
罗拔诺夫	К. Лобанов
罗密士	E. Loomis
罗曼诺夫	Б. А. Романов
罗孝全	I. J. Roberts

M

马尔萨斯	T. R. Malthus
马格里	H. Macartney
马格禄	J. McLure
马嘉理	A. R. Margary
马科蕾	C. Macaulay
马克思	K. Marx
马　赖	A. Chapdelaine
马礼逊	R. Morrison
马儒翰	J. R. Morrison
马沙尔	B. von Marschall
马　士	H. B. Morse

麦华陀	W. H. Medhurst
麦金莱	W. McKinley
麦克卡拉	B. N. McCalla
麦垦西	R. Mackenzie
麦　莲	R. M. McLane
孟德斯鸠	C. Montesquieu
米特福（密福特）	A. B. Freeman-Mitford
米　乐	Millot
密妥士	J. A. T. Meadows
明恩溥	A. H. Smith
慕维廉	W. Muirhead
木哩斐岳幅（穆拉维约夫）	Н. Н. Муравьёв
穆麟德	P. G. von Möllendorff

N

南怀仁	Ferdinand Verbiest
拿破仑第三	Napoléon III (Louis Napoleon Bonaparte)
尼格里	Négrier
尼古拉第二	Николай II
奈端（牛顿）	I. Newton

O

欧格讷	N. R. O’Conor

P

丕业罗幅斯奇（彼罗夫斯基）	П．Н．Перовский
撇武撮伏（毕藻甫）	М．В．Певцов
颇颇夫	А．А．Попов
蒲安臣	A．Burlingame
蒲尔捺	J．Bourne
璞鼎查	H．Pottinger
璞科第	Д．Д．Покотилов
普尔热瓦尔斯基	Н．М．Пржевальский
普鲁斯（卜鲁斯）	F．W．A．Bruce
普提雅廷（布恬廷）	Е．В．Путятин

Q

瞿纱微	Andreas Xavier Koffler

R

日意格	P．M．Giquel
茹费里	J．Ferry
若士得	J．W. Ragsdale

S

萨道义	E．M. Satow

赛义德	Саид Якуб
沙第·米尔咱	Шади Мирза
施阿兰	A. Gérard
史密斯，约翰	John Abel Smith
史雅各	J. Speicher
士迪佛立	C. W. Staveley
式百龄	Sebelin
斯宾塞	H. Spencer
斯多塞尔	A. M. Стессель
宋忠坚	D. Ferguson
苏格那底	Socrates

T

谭　恩	E. Dun
田　贝	C. Denby
脱利古（德理固）	A. Tricou

W

瓦德西	Court von A. H. K. L. Waldersee
威廉第二	William II
威妥玛	T. F. Wade
维　特	С. Ю. Витте
韦　登	H. Wheaton
韦廉臣	A. Williamson
卫斐列	F. W. Williams
卫三畏	S. W. Williams

文　翰	S. G. Bonham
文尼阔夫	Г. В. Винников
倭良嘎里	А. Е. Влангалн
乌赫托姆斯基	Э. Э. Ухтомский

X

夏福礼	F. E. B. Harvey
徐日升	Thomas Pereyra
西　摩	E. H. Seymour
锡　袍	Theebaw
谢满禄	de Semallé
薛斐尔	R. W. Shufeldt

Y

亚马勒	T. M. F. do Amaral
亚当·斯密	Adam Smith
杨格非	G. John
伊格那提业幅（依格纳切夫）	Н. П. Игнатьев
义　律	C. Elliot
懿　律	G. Elliot

Z

张若望	J. A. L. Terrasse

图 版

图版 1. 停泊在伶仃洋面的鸦片飞剪船

（采自 Basil Lubbock, The Opium Clippers, p.49）

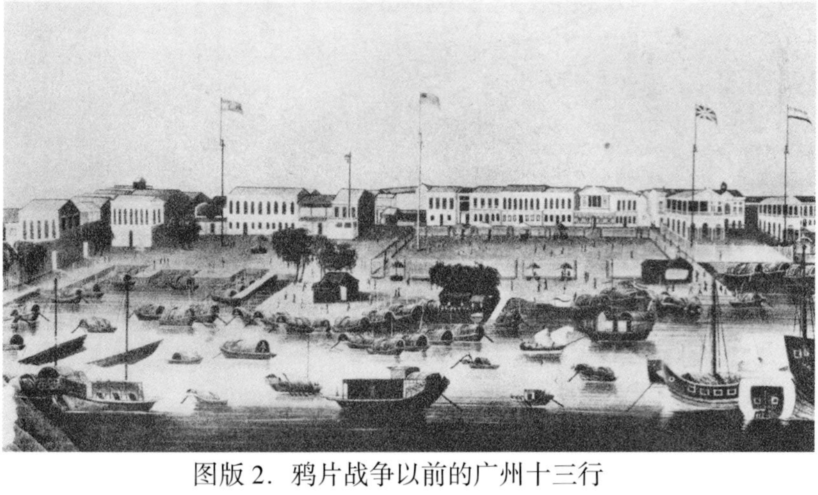

图版 2. 鸦片战争以前的广州十三行

（采自 H.B. Morse, The Chronicles of the East India Company Trading to China 1635–1834, Vol. III, p.368）

图版 3. 虎门销烟图

（采自《鸦片战争》第 1 册）

图版 4. 中国水师与英国海军在川鼻洋面激战

（采自 Basil Lubbock, The Opium Clippers, p.192）

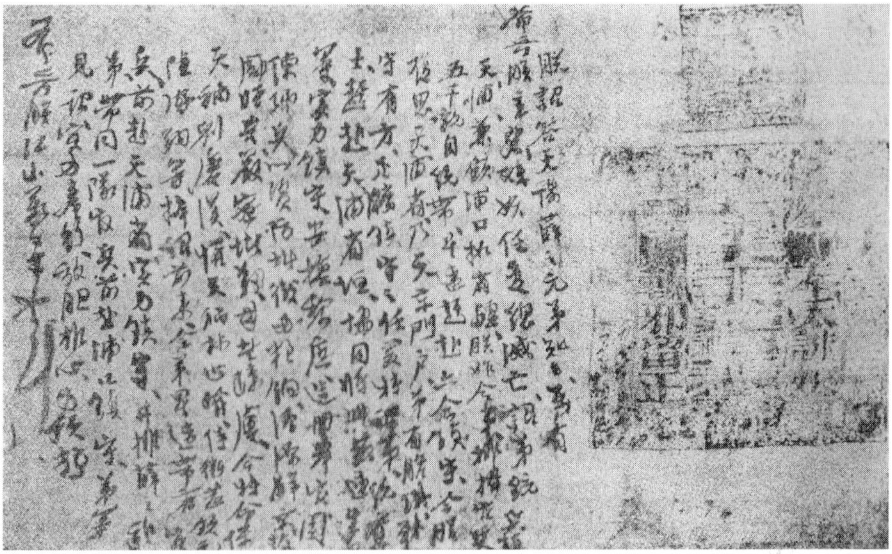

图版 5．太平天国天王洪秀全手迹

（采自《太平天国》第 1 册）

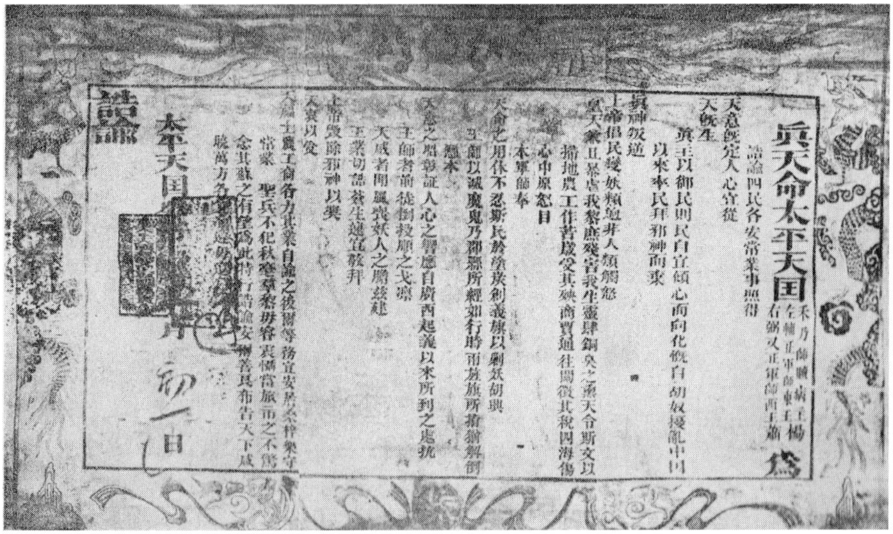

真天命太平天国禾乃师赎病主左辅正军师东王杨右弼又正军师西王萧为

诰谕四民各安常业事照得

天意既定人心宜从

诰谕

图版 6．太平天国东王杨秀清诰谕

（采自罗尔纲《太平天国文物图释》，第 300 页）

图版 7．太平天国首都——天京

（采自 Lin-Le, Ti-Ping Tien-Kwoh, Vol. I, p.372）

图版 8．太平军官兵图

（采自 C.A. Montalto, Historic Shanghai, p.104）

图版 9. 太平军作战图

（采自 Lin-Le，Ti-Ping Tien-Kwoh, Vol.I, p.68）

图版 10. 太平军在湖口大败清骑兵

（采自 Lin-Le, Ti-Ping Tien-Kwoh, Vol.I, p.260）

图版 11. 1857 年的上海黄浦滩

（采自 H. B. Morse, The International Relations of the Chinese Empire, Vol. I，p.464）

图版 12. 1857 年英军侵犯广州

（采自 L. Oliphant, Narrative of the Earl of Elgin's Mission to China and Japan, Vol.1, p.128）

图版 13. 大沽炮台

（采自 Edgar Holt, The Opium Wars in China. p.157）

图版 14. 圆明园残迹

（采自滕固辑《圆明园欧式宫殿残迹》第 5 图）

图版 15. 天京，太平军与清军在长江激战

（采自 Lin-Le, Ti-Ping Tien-Kwoh, Vol. II, p.628）

图版 16. 第一批赴美留学生

（采自 Imperial China Photographs 1850—1912，U. S. A. ，1978. p.70）

图版 17．1874 年抗击日军侵略的台湾高山族人

（采自日本《近代百年史画报》，第 4 集，东京，1954 年，第 288—289 页）

图版 18．镇南关大捷

（采自《点石斋画报》）

图版 19. 致远舰在奋战

（采自日本《近代百年史画报》，第 6 集，第 468 页）

图版 20. 黄海海战（右为日舰，左为清北洋水师）

（采自日本《近代百年史画报》，第 6 集，第 468—469 页）

图版 21．日军在旅顺屠杀居民

（采自日本《近代百年史画报》，第 6 集，第 476 页）

图版 22．日军在花园口登陆后野营情形

（采自 Jukichi Inouye, The Japan-China War: On the Regent's Sword: Kinchaw，Port Arthur, and Talienwan，东京，1895 年 2 月，图版 3）

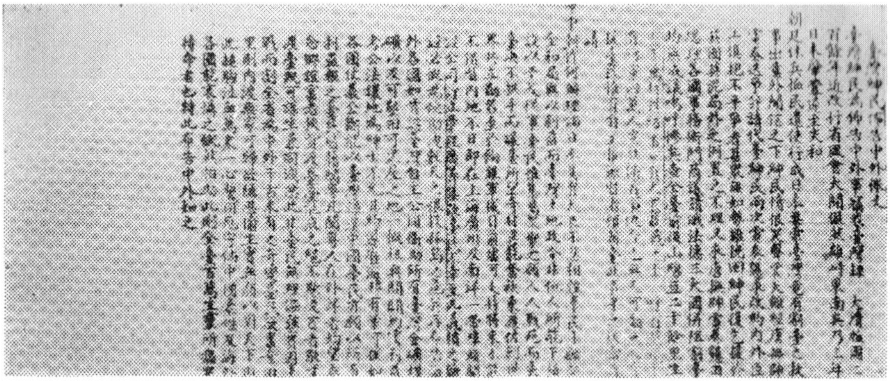

图版 23．台湾绅民布告中外檄文

（采自《中国近代史参考图片集》中集，第 72 页）

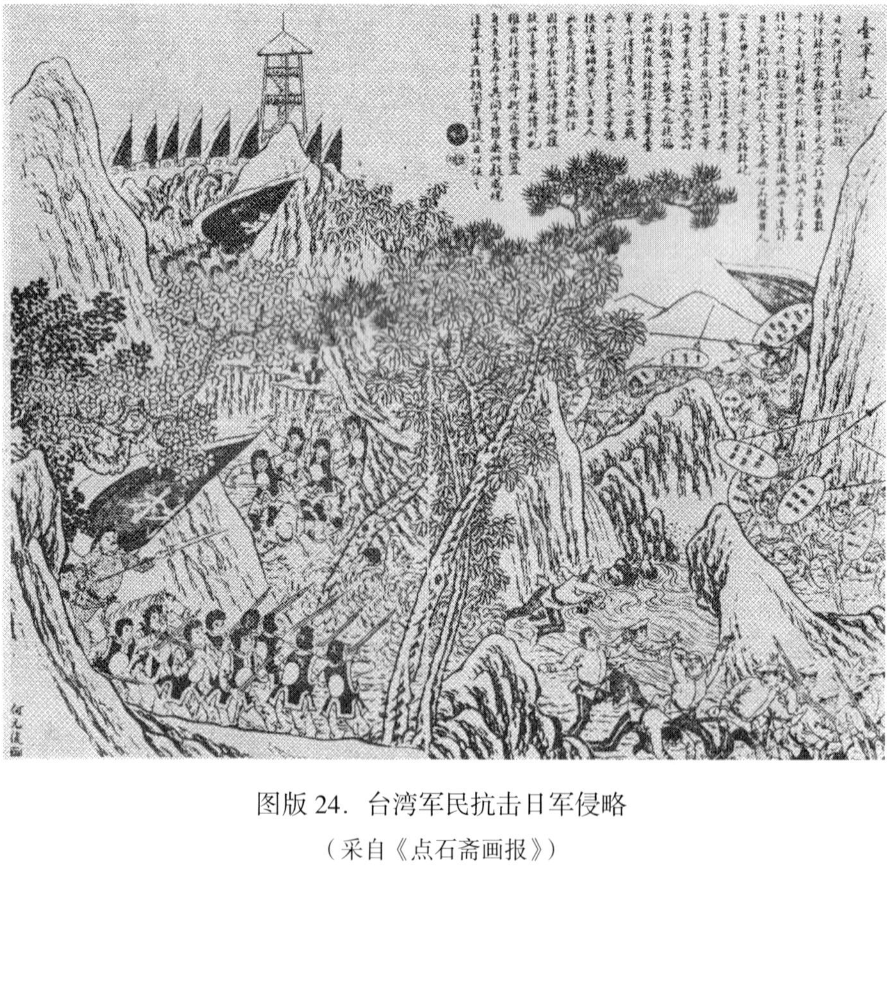

图版 24．台湾军民抗击日军侵略

（采自《点石斋画报》）

图版 25．1896 年孙中山断发改装后摄于美国

（采自 J. O. P. Bland, Recent Events and Present Policies, London, 1912. p.54）

图版 26．德皇设计的黄祸图，鼓吹欧洲各国联合起来对付中国

（采自 P. Fleming, The Siege at Peking, London, 1959. p.193）

图版 27．打鬼烧书图——十九世纪末湖南散发的反教宣传品

（采自 P. A. Cohen, China and Christianity, Cambridge, Mass., 1963. pp.140—141）

图版 28．长沙时务学堂的教习

（采自《谭嗣同全集》，北京，1954 年版，卷首）

图版 29．义和团在练武

（采自 A.H. Savage–Landor, China and the Allies, London, 1901. V. I, p.12）

图版 30．1900 年的东交民巷，外国人骑马驰过

（采自 P. Fleming, The Siege at Peking，p.16）

图版 31．八国联军舰队在大沽口外示威

（采自 A. H. Savage-Landor, China and the Allies, p.116）

图版 32．俄军在塘沽登陆

（采自 A.H. Savage-Landor, China and the Allies, p.60）

图版 33．义和团在落垡阻击西摩联军的火车

（采自 P. Fleming, The Siege at Peking, p.81）

图版 34．天津北仓义和团大破洋兵（1900 年秋的民间彩色木版画）

（采自《中国近代史参考图片集》中集，第 142 页）

图版 35．英军首先突破北京内城

（采自 A.H. Smith, China in Convulsion, New York, 1901, V. I, p.282）

图版 36. 北京正阳门被八国联军炮弹击坏

（采自山本诚阳《北清事变写真帖》，东京，1901 年，第 34 页）

图版 37. 八国联军统帅瓦德西在紫禁城前检阅通过皇宫的联军部队

（采自 L. Giles, The Siege of the Peking Legations, A Diary, Australia, 1970, pp.136—137）

图版 38．联军用机枪扫射，北京市民伏尸在地

（采自 A. H. Savage-Landor, China and the Allies, p.224）

图版 39．联军破坏了义和团的一处坛口，

枪杀了四十多名团民（照片上可见尸体和血泊）

（采自 L. Giles, The Siege of the Peking Legations, A Diary, Australia, 1970, pp.120—121）

图版 40.《辛丑条约》签字仪式（谈判桌右边座位上的是清政府代表奕劻、李鸿章，左边座位上的是各国公使）

（采自 L. Giles, The Siege of the Peking Legations, A Diary, pp.144—145）